Daniela Schetar und Friedrich Köthe

Sizilien, Egadische, Pelagische & Liparische Inseln

Ein weißer Glanz ruht über Land und Meer,
und duftend schwebt der Äther ohne Wolken.

Johann Wolfgang von Goethe

Impressum

Daniela Schetar, Friedrich Köthe
**REISE KNOW-HOW Sizilien, Egadische, Pelagische
& Liparische Inseln**

erschienen im
REISE KNOW-HOW Verlag Peter Rump GmbH
Osnabrücker Str. 79, 33649 Bielefeld

© REISE KNOW-HOW Verlag Därr GmbH 1997, 1999
© REISE KNOW-HOW Verlag Peter Rump GmbH 2001, 2003,
2005, 2007, 2010, 2013
**9., neu bearbeitete und komplett aktualisierte
Auflage 2015**

Alle Rechte vorbehalten.

Gestaltung
Umschlag: G. Pawlak, P. Rump (Layout);
   André Pentzien (Realisierung)
Inhalt: Günter Pawlak (Layout);
   André Pentzien (Realisierung)
Karten: B. Spachmüller, T. Buri, C. Raisin
Fotonachweis: die Autoren (sk, fk),
   www.fotolia.de (Autorennachweis jeweils am Bild)
Titelfoto: Friedrich Köthe (fk)
   (Motiv: In den Salinen von Trapani)

Lektorat: Michael Luck
Lektorat (Aktualisierung): André Pentzien

Druck und Bindung
   Media-Print, Paderborn

ISBN 978-3-8317-2623-3
Printed in Germany

Dieses Buch ist erhältlich in jeder Buchhandlung
Deutschlands, der Schweiz, Österreichs, Belgiens
und der Niederlande.
Bitte informieren Sie Ihren Buchhändler
über folgende Bezugsadressen:
Deutschland
   Prolit GmbH, Postfach 9,
   D–35461 Fernwald (Annerod)
   sowie alle Barsortimente
Schweiz
   AVA Verlagsauslieferung AG,
   Postfach 27, CH–8910 Affoltern
Österreich
   Mohr Morawa Buchvertrieb GmbH
   Sulzengasse 2, A–1230 Wien
Niederlande, Belgien
   Willems Adventure, www.willemsadventure.nl

Wer im Buchhandel trotzdem kein Glück hat,
bekommt unsere Bücher auch über unseren
Büchershop im Internet: www.reise-know-how.de

Wir freuen uns über Kritik, Kommentare und Verbesserungsvorschläge, gern auch per E-Mail an info@reise-know-how.de.

Alle Informationen in diesem Buch sind von den Autoren mit größter Sorgfalt gesammelt und vom Lektorat des Verlages gewissenhaft bearbeitet und überprüft worden.

Da inhaltliche und sachliche Fehler nicht ausgeschlossen werden können, erklärt der Verlag, dass alle Angaben im Sinne der Produkthaftung ohne Garantie erfolgen und dass Verlag und Autoren keinerlei Verantwortung und Haftung für inhaltliche und sachliche Fehler übernehmen.

Die Nennung von Firmen und ihren Produkten und ihre Reihenfolge sind als Beispiel ohne Wertung gegenüber anderen anzusehen. Qualitäts- und Quantitätsangaben sind rein subjektive Einschätzungen der Autoren und dienen keinesfalls der Bewerbung von Firmen oder Produkten.

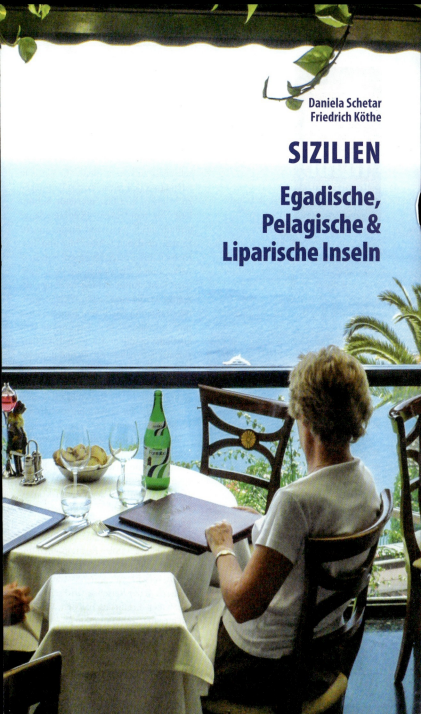

Daniela Schetar
Friedrich Köthe

SIZILIEN

Egadische, Pelagische & Liparische Inseln

Vorwort

Viele verbinden mit Sizilien den Begriff „Mafia", doch Italiens südlichste Provinz nur als Brutstätte der ehrenwerten Gesellschaft zu sehen, hieße, ihr Unrecht zu tun und sich selbst um das Vergnügen zu bringen, ihre **faszinierende Schönheit** zu entdecken: Kilometerlange Strände aus feinem Sand, buchtenreiche Küsten, an denen Schnorchler und Taucher auf ihre Kosten kommen, Nationalparks, durch die es sich herrlich wandern lässt, Ruinenfelder, in denen die Antike wieder zum Leben erwacht, quirlige Städte mit herrlichen Barockbauten und normannischen Festungen, eine köstliche ländliche Küche mit Anklängen aus dem nahen Afrika und nicht zuletzt der Ätna, der immer noch raucht und manchmal auch Feuer spuckt. Mit Kriminalität ist der Reisende auf Sizilien ebenso oft oder selten konfrontiert wie im übrigen Italien.

Die **Geschichte** Siziliens ist bestimmt von Fremdherrschaft und Ausbeutung: Phönizier und Griechen, Römer, Byzantiner, Araber und Normannen bis hin zu französischen und spanischen Königshäusern hatten daran teil. Immer wieder wurde heftig um Sizilien und seine Naturgaben gekämpft. Das Ergebnis sind die Sizilianer – stolze Kosmopoliten und von umwerfender Gastfreundschaft die einen, verschlossen und misstrauisch die anderen. Jeder Reisende wird seine eigene Sizilien-Erfahrung machen, Verallgemeinerungen sind unmöglich.

Dieses Buch ist im Routenteil in **acht Küstenkapitel** gegliedert, in dem wir Sie – beginnend in Palermo – einmal um die

Auf der Reise zu Hause
www.reise-know-how.de

- Ergänzungen nach Redaktionsschluss
- kostenlose Zusatzinformationen und Downloads
- das komplette Verlagsprogramm
- aktuelle Erscheinungstermine
- Newsletter abonnieren

Bequem einkaufen im Verlagsshop

Oder Freund auf Facebook werden

Vorwort

größte Insel des Mittelmeers führen. In Abstechern sind die **Sehenswürdigkeiten im Landesinneren** und die Inselgruppen der Egaden und Pelagen, die Inseln Ùstica und Pantelleria beschrieben. Im neunten Kapitel „Von Catania nach Agrigento" durchqueren wir **Zentralsizilien,** das zehnte und letzte Kapitel führt auf die Liparischen Inseln. In Kapitel 11, „Praktische Reisetipps A–Z", haben wir zusammengestellt, was an praktischen Informationen vor und während der Reise nötig und sinnvoll erscheint. Kapitel 12, „Land und Leute" beschreibt Siziliens Natur und Geschichte, das Brauchtum und die Menschen sowie deren aktuelle soziale Probleme. Im Anhang, Kapitel 13 schließlich, finden sich weiterführende Literaturhinweise und ein ausführliches Register.

Die **reisepraktischen Informationen** über Unterkunft, Restaurants, Cafés und Nachtleben beruhen auf persönlichen Besuchen, sodass immer nur eine Auswahl aus dem tatsächlich vorhandenen Angebot genannt ist. Für Reaktionen, Kritik und Anregungen von Ihrer Seite bedanken wir uns im Voraus ganz herzlich.

Bleibt nur, Ihnen einen angenehmen, spannenden und erholsamen Aufenthalt auf der „Insel der Sonne" zu wünschen!

Daniela Schetar und *Friedrich Köthe*

Inhalt

Vorwort 4
Exkursverzeichnis 8
Kartenverzeichnis 10
Die Regionen im Überblick 12

1 Palermo und Umgebung 14

Palermo 17
Mondello 44
Monreale 45
Sferracavallo 47
Isola delle Femmine 48
Insel Ustica 48

2 Von Palermo nach Messina 54

Die Route im Überblick 57
Bagheria 60
Solunto 61
Termini Imerse 63
Archäologische Zone von Himera 67
Caccamo 68
Collesano 68
Cefalù 69
Naturschutzgebiet der Madonie 77
Polizzi Generosa 80
Petralia Sottana/Soprana 81
Gangi 84
Geraci Siculo 86
Castelbuono 86
Castel di Tusa 89
Santo Stefano di Camastra 91
Abstecher ins Nebrodi-Gebirge 92
Zwischen Santo Stefano und Sant'Agata 97
Sant'Agata di Militello 98
Capo d'Orlando/San Gregorio 99
Brolo 100
Gioiosa Marea/San Giorgio 101
Patti 103
Tindari 103
Castroreale 105
Milazzo 106

3 Von Messina nach Catania 112

Die Route im Überblick 115
Messina 117
Ali Terme 125
Sàvoca 125
Letojanni 127
Taormina 129
Giardini Naxos 140
Der Ätna 145
Nicolosi 148
Adrano 150
Bronte 152
Randazzo 156
Linguaglossa 158
Ätna Nord 160
Zafferana Etnea 161
Ätna Süd 163
Acireale 165
Aci Trezza 169
Aci Castello 170

4 Von Catania nach Siracusa 172

Die Route im Überblick 175
Catania 176

Inhalt

Lentini/Carlentini	190
Brucoli	191
Augusta	192

5 Von Siracusa nach Ragusa — 196

Die Route im Überblick	200
Siracusa	201
Sortino	217
Pantalica	218
Palazzolo Acrèide	221
Cassibile	223
Àvola	224
Noto	225
Naturschutzgebiet Vendicari	235
Marzamemi	237
Pachino	238
Portopalo di Capo Passero	238
Ìspica	239
Pozzallo	241
Mòdica	242
Marina di Mòdica	250
Sampieri	251
Scicli	251

6 Von Ragusa nach Agrigento — 254

Die Route im Überblick	256
Ragusa	257
Chiaramonte Gulfi	269
Donnafugata	270
Marina di Ragusa	272
Punta Braccetto/ Punta Secca	273
Comiso	274
Vittoria	277
Gela	279

Folconara	282
Licata	283
Palma di Montechiaro	284
Naro	285

7 Von Agrigento nach Trapani — 286

Die Route im Überblick	288
Agrigento	293
San Leone	307
Sant'Àngelo Muxaro	309
Porto Empèdocle	311
Siculiana (Marina)	312
Die Pelagischen Inseln	**313**
Lampedusa	314
Linosa	317
Eraclea Minoa	318
Ribera	319
Caltabellotta	320
Burgio	322
Sciacca	322
Menfi	329
Castelvetrano	331
Campobello di Mazara	335
Selinunte/Marinella	336
Mazara del Vallo	341
Marsala	346
Isole dello Stagnone und Mozia	351

8 Von Trapani nach Palermo — 356

Die Route im Überblick	359
Trapani	361
Erice	372
Die Egadischen Inseln	**376**
Levanzo	376

Favignana	378
Marettimo	385
Pantelleria	**387**
San Vito lo Capo	397
Naturpark von Zingaro	400
Segesta	402
Castellammare del Golfo/Scopello	405
Àlcamo	407
Corleone	408
Prizzi	410

9 Von Catania nach Agrigento 412

Die Route im Überblick	415
Grammichele	416
Caltagirone	419
Piazza Armerina	426
Enna	435
Caltanissetta	444

Exkurse

Palermo und Umgebung
Aufschwung in Palermo	30
Die schönsten Märkte – Vucciria und Ballaró	39

Von Palermo nach Messina
Rezepte	84

Von Catania nach Siracusa
Von Göttern, Magiern und Heiligen	187
Castello Eurialo	194

Von Siracusa nach Ragusa
Von Schutzpatronen und Wundern	215
Die Bequemlichkeit des Dichters	216
Barocke Architektur und Stadtplanung	232
Johannisbrot – Juwel der Iblei	240
Der reiche Südosten	249

Von Ragusa nach Agrigento
Guiseppe Tomasi di Lampedusa: Kirchgang	284

Von Agrigento nach Trapani
Nachts im Tal der Tempel	304
Empedokles	305
Die geheimnisvolle Insel	324
Karneval in Sciacca	328
Die Engländer und der Wein	347
Weinproben in Marsala	350

Von Catania nach Agrigento
Phönizier – Karthager – Punier	432
Der Raub der Persephone	443
Über den Schwefel	444

Praktische Reisetipps A–Z
Zu Fuß von Leipzig nach Syrakus	491
Ein sizilianisches Menü	509

Land und Leute
Umwelt	558
Tyrannis in Sizilien	561
Friedrich II. – eine Legende	565
Der Bandit Salvatore Giuliano	569
Mafia – eine ehrenwerte Gesellschaft	570
Geschichte im Schnelldurchlauf	572
Der Moloch Bürokratie	579
Illustre Sizilianer – eine kleine Ahnengalerie	587
Odysseus	588
Hochzeitstag	590

Inhalt

10 Die Liparischen Inseln 450

Überblick	453
Geschichte	455
Praktische Informationen	455
Lipari	456
Vulcano	467
Salina	470
Panarea	476
Filicudi	478
Alicudi	480
Stromboli	481

11 Praktische Reisetipps A–Z 488

Als Gast in Sizilien	490
Anreise	490
Elektrizität	500
Essen und Trinken	501
Feiertage und Feste	511
Finanzen	514
Gesundheit	515
Informationen	517
Notfall	520
Öffnungszeiten	522
Post/Telefon	523
Reisen im Land	525
Reisezeit	534
Sicherheit	535
Souvenirs	537
Sport und andere Aktivitäten	538
Sprache	546
Unterkunft	546
Versicherungen	549

>> Foto S. 11: Blick auf den ruhenden Ätna

12 Land und Leute 550

Geografie und Geologie	552
Klima	555
Flora und Fauna	556
Geschichte und Politik	559
Wirtschaft	576
Gesellschaft und Kultur	578
Religion	580
Architektur, Kunst und Literatur	582

13 Anhang 592

Literaturhinweise	594
Kleine Sprachhilfe	598
Register	603
Die Autoren	612

Unterkunftsbetriebe unter deutschsprachiger Leitung finden Sie bei den Regionen Cefalù (S. 85), Taormina (S. 137), Siracusa (S. 220), Agrigent (S. 320), Trapani (S. 405) und Stromboli (S. 487). Diese Betriebe werden dort genauer beschrieben.

Der Schmetterling ...

... zeigt an, wo man besonders gut Natur erleben kann oder Angebote im Bereich des nachhaltigen Tourismus findet.

UNSER TIPP ...

... steht für spezielle Empfehlungen der Autoren: abseits der Hauptpfade, persönlicher Geschmack.

Nicht verpassen!

Die Highlights der Region erkennt man an der **gelben Hinterlegung.**

Karten

Sizilien	Umschlag, vorn
Regionen im Überblick	12

Übersichtskarten

Agrigento – Trapani	290
Ätna	154
Capo Calava	102
Catania – Siracusa	174
Catania – Agrigento	414
Favignana	381
Fiumare d'Arte	90
Im Landesinneren	436
Lampedusa	315
Levanzo	377
Linosa	317
Liparische Inseln	452
Madonie (Nordöstliche)	88
Marettimo	386
Messina – Catania	114
Mozia	354
Palermo, Umgebung	16
Palermo – Messina	56–58
Pantelleria	389
Ragusa – Agrigento	258
Siracusa – Ragusa	198
Stromboli	483
Trapani – Palermo	358–360
Ustica	49
Vendicari Naturschutzgebiet	235
Zingaro-Naturpark	401

Stadtpläne

Agrigento/San Leone	300
Augusta	193
Caltagirone	422
Caltanissetta	446
Castelvetrano	334
Catania	182
Cefalù	70
Còmiso	275
Enna	440
Èrice	373
Favignana-Stadt	382
Gela	280
Giardini Naxos	142
Grammichele	418
Lipari Stadt	461
Marsala	348
Mazara del Vallo	342
Messina	123
Milazzo	108
Modica	246
Noto	228
Palazzolo Acreide	221
Palermo Zentrum	Umschlag hinten
Piazza Armerina	428
Ragusa	262
Sciacca	326
Siracusa	210
Taormina	132
Termini Imerese	64
Trapani	364
Vittoria	278

Lagepläne

Anapo/Pantàlica	218
Apollotempel in Selinunte	583
Himera	67
Morgantina	434
Segesta	402
Selinunte	337
Soluntu	61
Tindari	104
Villa Casale	430

Thematische Karten

Klima	555
Schiffsverbindungen	530
Streckennetz der Bahn	526
Streckennetz der Fernbusse	528

Die Regionen im Überblick

1 Palermo und Umgebung | 14

Siziliens Hauptstadt ist das Verwaltungs- und Handelszentrum der Insel, modern und aufgeschlossen, aber auch voll barockem Charme und auf seinen Märkten Mittler zwischen Afrika und Europa.

2 Von Palermo nach Messina | 54

Die Nordküste brilliert im Landesinneren mit unberührter Natur, an der Küste wechseln sich Industrieanlagen mit schönen Stränden und antiken Stätten ab.

3 Von Messina nach Catania | 112

Taormina (S. 129) an der Ostküste ist traditionell eines der Hauptziele für Kulturtourismus und *easy living*, das nahe Giardini Naxos (S. 140) befriedigt die Strandwünsche, und über allem wacht der gewaltige Ätna mit seinen fruchtbaren Flanken.

4 Von Catania nach Siracusa | 172

Die Südostküste zeigt sich mit Industrieanlagen zwischen Catania und Augusta eher spröde, doch auch hier gibt es antike Stätten und Strandleben.

5 Von Siracusa nach Ragusa | 196

Siracusa (S. 201) ist für die Spurensuche in griechischer und römischer Vergangenheit ein Muss, die Landschaften des Südostens sind von tiefen und rauen Schluchten geprägt, von lieblichen Hügeln und von den schönsten Stränden der Insel, Städte wie Scicli (S. 251), Noto (S. 225) oder Mòdica (S. 242) zeigen Barock pur.

6 Von Ragusa nach Agrigento | 254

Ragusa (S. 257) gibt sich nochmal hochbarock, das Schloss Donnafugata (S. 270) erinnert an die Olivenhaine und Tomasis „Leopard", und Weinreben ziehen sich zwischen perfekten Steinmauern über die Hügel in die Ferne.

7 Von Agrigento nach Trapani | 286

Das Tal der Tempel (S. 297) lockt mit bestens erhaltenen Tempelanlagen, Marsala (S. 346) mit den berühmtesten Weingütern, die kleine Insel Mozia (S. 351) erinnert an die großen Rivalen Roms – die Punier – und die Pelagischen Inseln laden zum Badeurlaub.

Die Regionen im Überblick

8 Von Trapani nach Palermo | 356

Salinen, weißer Marmor in den Städten, um Trapani (S. 361) gleißt alles – Afrika ist nahe, wen wundert's, dass Couscous auf den Speisekarten steht. Zingaro (S. 400), eines der schönsten Naturschutzgebiete Siziliens, sollte man nicht versäumen. Im Inneren erwarten Corleone (S. 408) und Prizzi (S. 410) einen Besuch – Erinnerung an Sternstunden der Mafia-Filme Hollywoods.

9 Von Catania nach Agrigento | 412

Einmal quer über die Insel muss sein: Keramik in Caltagirone (S. 419), eine fantastische römische Villa bei Piazza Armerina (S. 426) und die sich verschlossen gebenden Gebirgsstädte Enna (S. 435) und Caltanisetta (S. 444) mit ihrer rauen Umgebung.

10 Die Liparischen Inseln | 450

Das Inselarchipel im Norden Siziliens ist der wahr gewordene Wunschtraum eines Italienurlaubes: blaues Wasser, Kapernbüsche an weißen Felsen, Strände, Vulkane, Bootsfahrten und beste Küche.
Hier wird von Insel zu Insel gesprungen, morgens hier, mittags dort und abends Nachtleben wieder ganz woanders.

Insel Ùstica	48
Isola delle Femmine	48
Mondello	44
Monreale	45
Palermo	17
Sferracavallo	47

1 Palermo und Umgebung

Enge Gassen, lebhafte Märkte, Mittelalter, Barock

und immer wieder Kirchen – Siziliens Haupstadt Palermo ist ein stolzer Hexenkessel.

◁ Cattedrale di Palermo

Palermo und Umgebung

PALERMO UND UMGEBUNG

Zwischen häufig wolkenverhangenen Bergen eingelagert, an der Mündung des Flusses Oreto und am Golfo di Palermo sich in einem breiten Tal ins Landesinnere ziehend, liegt die **Hauptstadt** der Region Sizilien. Hier laufen alle administrativen Fäden zusammen, und mit seinem Hafen bildet Palermo das Handelszentrum der Insel. Im Norden ragt der Monte Pellegrino hoch über die Stadt, im Osten bildet der Monte Catalfano den Abschluss der Bucht.

NICHT VERPASSEN!

- **Vucciria-Markt,** der ursprünglichste Markt der Stadt mit internationalen Besuchern | 24
- **Normannenpalast,** erbaut im 11. Jh., in ihm verbrachte Friedrich II. seine Jugend | 31
- **Beachen in Mondello,** dem Badevorort Palermos, mondän und lebendig | 44
- **Dom von Monreale,** Kirche und Kreuzgang stammen aus dem 12. Jh. | 46
- **Unterwasserpark bei Üstica,** tauchen im ersten Unterwasserschutzpark Italiens | 51

Diese Tipps erkennt man der gelben Hinterlegung.

Palermo

Die Hauptstadt

1,05 Mio. Einwohner *(Palermitani)*, 14 m ü.N.N., PLZ 90 100

Der Verkehr schiebt sich ungeordnet über die breiten Straßen und durch die engen Gassen. Vorfahrt wird durch Hupen erkämpft und langsames Abdrücken des Gegners, Motorrad- und Vespafahrer sind – betrachtet man ihren Fahrstil – hochgradig unfallgefährdet. Ist man zum ersten Mal mit Palermo konfrontiert, verzweifelt man schier. Wer aber sein Fahrzeug verlässt, durch die Gassen wandert, die Hilfsbereitschaft der Palermitaner kennenlernt, sich treiben lässt auf seinen Rundgängen in den Altstadtvierteln, in den typischen Trattorien einkehrt und seinen Espresso an einem der kleinen Tische auf dem Trottoir oder mitten in der Straße genießt, der wird die Stadt binnen kürzestem lieben lernen und sie nicht nur als Ort der Ankunft sehen, den man schnellstens verlässt.

Geschichte

Im 8. Jh. v. Chr. entstand Palermo als Siedlung und Handelsstützpunkt der Phönizier unter dem Namen Ziz. Von Karthagische Flüchtlinge nannten die Stadt Panormus, griechisch für „ganz Hafen". 480 v. Chr. schlug sich Palermo auf die Seite Karthagos und kämpfte bei der Schlacht von Himera gegen die Griechen. Die Griechen gewannen. Die zweite Niederlage erlebte Palermo – wieder an der Seite Karthagos – im Ersten Punischen Krieg, den die Römer für sich entschieden. Sie nahmen 251 v. Chr. die Stadt ein. Dann geriet Sizilien unter byzantinische Herrschaft. Ab dem Jahr 831 spielte Palermo als Hauptstadt des arabischen Sizilien wieder eine wichtige Rolle für die Region, die Stadt wuchs, das Viertel am Hafen entstand und erhielt bereits damals seinen heutigen Namen Kalsa. Die Normannen nahmen den Arabern Sizilien schließlich ab, bestätigten aber Palermo als Hauptstadt. Unter *Friedrich II.* erlebte die Stadt einen ungeheuren wirtschaftlichen und kulturellen Aufschwung. Als das französische Fürstengeschlecht der Anjou die Macht übernahm und den Herrscher über das Königreich Neapel-Sizilien stellte, begann für die Stadt eine lange, dunkle Periode. Neapel löste sie als Hauptstadt Siziliens ab, Palermo verfiel zusehends, bittere Armut kehrte ein. Es kam zum Volksaufstand, die sogenannte „Sizilianische Vesper" im Jahr 1282. Unter den Aragonesern erstand die Stadt wieder in neuem Glanz. Schließlich betraten 1415 die Spanier die Bildfläche und blieben bis zum Jahr 1860 – nur kurz unterbrochen durch eine 5-jährige Herrschaft der Savoyer und einem 15-jährigen Gastspiel der Österreicher. Mehrfach revoltierte in der ersten Hälfte des 19. Jh. das Volk, endlich gipfelte der Freiheitsdrang der Italiener in der Landung der Tausend unter der Führung Garibaldis. Palermo stimmte für den Anschluss an Italien. Im Zweiten Weltkrieg beschädigten und zerstörten Bombardements der Alliierten viele Kunstschätze und Gebäude. Die Landung der Alliierten und deren Kooperation mit mafiosen Strukturen führten zur Renaissance der Verbrecherorganisationen, die zuvor unter Mussolini schwere Rückschläge hinnehmen musste. An die wechselvolle Geschichte mit ihren unterschiedlichen Herrschern knüpft die heutige Stadtverwaltung an. In bestimmten Vierteln ist die Straßenbeschriftung inzwischen wieder dreisprachig vorhanden – Italienisch, Arabisch und Hebräisch.

> **Zu Fuß** heißt die Devise – besonders seitdem auch in Palermo die Segnungen von Fußgängerzonen publik geworden sind. Die **Via Maqueda** und die **Via Roma** sind seit 2014 als **verkehrsberuhigte Zonen** ausgewiesen. Kein Auto darf auf den beiden wichtigen Achsen im Bereich um die Quattro Canti fahren, zumindest nicht zwischen 10 und 22 Uhr. Die Palmeritaner schimpfen ob dieser Gängelung – und genießen die Ruhe auf dem Rad oder per pedes.

Palermo entdecken

Die Sehenswürdigkeiten stehen dicht gedrängt in den ursprünglichen Quartieren *(mandamenti)* des alten Zentrums, die sich um das **Quattro Canti** genannte Straßenkreuz der Via Maqueda und des Corso Vittorio Emanuele (oder del Cassaro) gruppieren – *Kalsa* (südöstlich), *Loggia* (nordöstlich), *Capo* (nordwestlich) und *Albergheria* (südwestlich). Nur wenige der wichtigen Gebäude und Museen sind nicht auf Schusters Rappen zu erreichen, dies sind hauptsächlich die Villen im Tal, welches zum nördlich hinter dem Monte Pellegrino gelegenen Ort Mondello führt, insbesondere der Palazzo Cinese und noch einige weitere Sehenswürdigkeiten im Westen und Süden.

Je nach „musealischer" Interessenslage und Verweildauer muss man für einen Rundgang mit **7–10 Stunden** rechnen. Es ist angeraten, ihn in zwei oder drei Morgen- und Abendspaziergänge aufzuteilen, die Aufnahmefähigkeit lässt dann nicht nach, und die Mittagshitze des Hochsommers wird gemieden. Auch haben die meisten Museen, Kirchen und Konvente in den Mittagsstunden geschlossen. Wer nicht alleine durch die Stadt streunen will, kann alternativ an einer geführten Bustour teilnehmen, die sich auf einen ganzen Tag ausdehnen lässt (s. unter „Stadtrundfahrt").

Rund um die Piazza Castelnuovo

An der Piazza Castelnuovo steht das **Teatro Politeama** (vor dem gleichnamigen Hotel am Platz starten auch die Bustouren). Es entstand in den Jahren 1867–1874 im neoklassischen Stil. Baumeister war *Giuseppe Damiani Almeyda*. Die Via della Libertá, 750 m nach Norden, führt zum „Englischen Garten", dem **Giardino Inglese,** einer schön gestalteten Parkanlage (tgl. 8–20 Uhr geöffnet). Im Schatten der Dattelpalmen, des Olean-

> Kirchtürme bestimmen das Panorama von Palermo

Palermo

der und der Lorbeer- und Frangipangibäume lässt sich angenehm rasten, Kaffee trinken, und Kinder können Ponyreiten und Karussell fahren. Ginge man am Ende des Gartens die Via Duca della Verdura etwa 500 m nach Osten, käme man zum Carcere Ucciardone, einer zum Hochsicherheitsgefängnis umgewandelten Trutzburg. Schwerbewaffnet patrouillieren die Wachen auf den Wehrgängen und hinter Sicherheitsglas.

■ **Giardino Inglese,** Eingänge in der Via della Libertà, Via Duca della Verdura, Via del Giardino, Via Croci, tgl. 8–20 Uhr, Winter 9–17 Uhr.

Archäologisches Museum Mormino

Ginge man dagegen die Via della Libertà 500 m weiter geradeaus nach Norden, stieße man linker Hand auf das Museum Mormino. Die *Banco di Sicilia* hat die durch Sicherheitsmaßnahmen gut geschützte Ausstellung gestiftet. Sie befindet sich im ersten Stock der Villa Zito. Bedeutende archäologische Funde finden sich neben einer Münzsammlung mit Exponaten aus byzantinischer, arabischer und normannischer Zeit bis heute. Im letzten Saal kommt schließlich auch noch der Philatelist auf seine Kosten.

■ **Museo d'Arte e Archeologia Ignazio Mormino,** Via della Libertà 52, Tel. 091 60 72 02 11, http://fondazionesicilia.it, Di–So 10–13, 16–20 Uhr, 4 €.

Villa Trabia

Folgt man der Via Notarbartolo weiter nach Westen und dann der Via Persanti Mattarelle nach Süden, erreicht man den

Park der Villa Trabia (Via Salinas 3). Hier haben ältere Kinder ihre Freude, können sie doch in einer Bibliothek schmökern, auf dem Spielplatz toben oder mit Computern spielen – ein **Kulturzentrum** für die nicht mehr ganz so Kleinen, aber noch nicht ganz Großen.

Teatro Massimo

Die Via Ruggero Settimo führt von der Piazza Castelnuovo nach Süden zur Piazza Giuseppe Verdi mit dem Opernhaus, das mit zu den größten Europas zählt (es bedeckt eine Fläche von mehr als 7500 m²). Der Architekt *Giovanni Battista Basile* begann den Bau 1875 in historischem Stil, 1897 stellte ihn sein Sohn *Ernesto Basile* fertig. 3200 Besucher passen in den Aufführungssaal. Die Oper gehörte einst zu den Spitzenhäusern Europas. Die Freitreppe wird von zwei Bronzegruppen flankiert, *La Lirica* und *La Tragedia*. An einer Ecke des Platzes steht ein kleiner Kiosk, ebenfalls von *Ernesto Basile* geschaffen.

■ **Teatro Massimo,** Piazza Verdi, Tel. 09 16 05 35 80, www.teatromassimo.it, tgl. 9.30–18 Uhr, Dauer der Führung 30 Min. (8 €), bei Proben kein Einlass, Spezialtour hinter der Bühne an zwei Montagen im Monat um 9.30, 10.30, 11.30, 12.30 und 13.30 Uhr (zusätzlich 15 Min., 13 €, Buchung mind. 7 Tage im Voraus).

Kirche des hl. Augustinus

Links am Teatro Massimo vorbei und die Via Favara nach Süden stößt man an der dritten Querstraße auf die Kirche. Sie entstand Ende des 13., Anfang des

▽ Teatro Politeama

☐ Übersicht S. 16, Stadtplan Umschlag hinten

14. Jahrhunderts. Über dem Eingang befindet sich eine sehr sehenswerte gotische Rosette. Das Innere wurde zu Beginn des 18. Jahrhunderts durch die Stuckarbeiten von *Giacomo Serpotta* im barocken Stil neu gestaltet. Die fehlende Einheitlichkeit des Stucks spricht für eine starke Beteiligung von Hilfskräften. In dem einschiffigen Bauwerk finden sich Werke vieler weiterer Künstler aus den Jahrhunderten vom Bau bis zur Neugestaltung.

■ **Chiesa di S. Agostino,** Via Sant'Agostino, Tel. 091 58 46 32, www.museodiocesanopa.it/chiese-di-palermo, Mo–Sa 7–12 und 16–18 Uhr, sonn- und feiertags 7.30–12 Uhr, Eintritt frei.

In der Altstadt

Jetzt befindet man sich auf der Via Agostino und mitten im Dickicht des alten Palermo mit schmalen Gassen, über den Köpfen der Spaziergänger zum Trocknen aufgehängte Wäsche, Märkten und dem Trubel einer multikulturellen Gesellschaft. Die Via Agostino, selbst Marktstraße, verbindet den **Mercato del Capo** im Westen mit dem **Mercato della Vucciria** im Osten.

Kirche des hl. Ignaz

Zurück am Großen Theater überquert man die Hauptachse der Stadt, die verkehrsberuhigte Via Maqueda, und folgt der Via dell'Orologio, vorbei an zerfallenen Häusern, kleinen Marktständen mit allem, was das Herz oder der Haushalt begehren, bis zur **Piazza Olivella** mit ihrer Kirche. Ihr Bau wurde 1593 begonnen, 1622 war sie teilweise fertig, aber erst im 18. Jh. konnte sie als vollständig bezeichnet werden. Sie gehörte zum Klosterkomplex am Platz, der heute das Archäologische Museum beherbergt. Während des Zweiten Weltkrieges bekam sie einen Bombentreffer ab, wurde aber weitgehend renoviert.

■ **Chiesa Sant'Ignazio Martire dell'Olivella,** Piazza Olivella, Tel. 091 58 68 67, http://oratoriosanfilipponeripalermo.org, Mo–Sa 7.30–10, 17–20 (Mi erst ab 8.30), So 9–13 Uhr.

Kirchenbesuche

Mehrere Kirchen Palermos und Kirchenmuseen sind durch ein **Ticketsystem** miteinander verbunden; bei der ersten Kirche wird voll gezahlt, bei den weiteren erhält man einen Rabatt. Dies betrifft folgende Kirchen (Ersteintrittspreis/Rabattierter Preis in Euro): S. Cita und S. Domenico 6/5, S. Cita oder S. Domenico 4/3, S. Maria della Catena 2,50/1,50, S. Lorenzo 2,50/1,50, Chiesa della Magione 3/2, Admiralskirche 2/1, S. Cataldo 2,50/1,50, SS. Salvatore 2,50/1,50, Diözesanmuseum Monreale 5/4.

Palermo-Krimis

Wer Palermo literarisch weiterentdecken will, ist mit „Palermo sehen und sterben" und „Es war der Sohn" (beide bei *Hanser*) von *Roberto Alajmo* (www.robertoalajmo.it) gut beraten. Besser und intensiver und ehrlicher – wenn auch ab und an überzeichnet – wird man selten einer Stadt in einem Krimi begegnen.

Archäologisches Museum

In einem ehemaligen Klosterkomplex wird die reiche Sammlung in mehreren hintereinander liegenden Höfen und davon abgehenden Räumen ausgestellt; der kleine Springbrunnen des Museums ist in der Hitze des Tages willkommene Abkühlung. Neben punischen und griechischen Grabstelen werden römische Statuen, die Löwenköpfe aus Himera und Skulpturen aus Selinunt verwahrt. Ein bronzener Widder aus dem 3. Jh. v. Chr. und der römische Herakles im Kampf mit dem Hirsch, ebenfalls aus Bronze, gehören zu den Glanzstücken der Ausstellung (in der ersten Etage).

■ **Museo Archeologico Regionale Antonino Salinas**, Piazza Olivella 24, Tel. 09 16 11 68 07, bis Ende 2015 ist wegen Renovierung die Hauptausstellung geschlossen, Di–Fr 9.30–19, Sa, So 9.30–13.30 Uhr.

Bethaus der hl. Zita

Rechts hinter dem Museum kommt man auf die Via Roma, in die man südlich einbiegt, nur um sie gleich wieder in die Via Valverde nach links Richtung Bethaus zu verlassen. Es wurde im 17. Jh. geschaffen und von *Giacomo Serpotta* mit Stuckarbeiten ausgestaltet. Beachtenswert ist das „Relief der Seeschlacht von Lepanto". Eine steile Treppe führt an einem Innenhof vorbei nach oben auf eine Galerie. Von dort geht ein Bildersaal ab, dessen Türen in die Kirche münden – häufig finden hier Hochzeiten statt, meist in den kühlen Abendstunden.

■ **Oratorio di Santa Cita**, Via Squarcialupo, Tel. 091 33 27 79, www.santacita.it, Mo–Sa 9–14 Uhr, 4 €, mit Oratorio del SS. Rosario in San Domenico 6 €.

Bethaus des hl. Rosario

Der Weg quert nun die Piazzetta Valverde zur Kirche hin. Die 1640 begonnene und in den folgenden 64 Jahren fertiggestellte Kirche **San Domenico** mit ihrer plastischen Fassade gilt als eines der wichtigsten Bauwerke des Barock in Palermo. Berühmte Sizilianer haben hier ihre letzte Ruhestätte gefunden. Das angefügte Bethaus enthält Stuckarbeiten von *Serpotta*.

■ **Oratorio del SS. Rosario in San Domenico**, Via dei Bambinai 2, Tel. 09 18 43 16 05, Mo–Sa 9–13 Uhr, 4 €, mit Oratorio di Santa Zita 6 €.

Museum des Risorgimento

An der Piazza ist auch das Museum zu Italiens jüngerer Geschichte zu finden. Mit Uniformen, Waffen, Medaillen und Dokumenten wird des *Risorgimento* (der Wiedererstehung) gedacht und an *Garibaldis* „Marsch der Tausend" erinnert, der zur Staatsgründung des Italiens der Neuzeit führte.

■ **Museo del Risorgimento Vittorio Emanuele Orlando**, Piazza San Domenico 1, Tel. 091 58 27 74, www.storiapatria.it/museo_risorgimento.htm, Mo–Fr 9–13 Uhr, Eintritt frei.

> Die fruchtbare Vulkanerde sorgt für eine gute Bestückung der Marktstände

Auch eine Oper

Das **Puppentheater** – die „Opera dei Pupi" – hat auf Sizilien eine lange Tradition (und steht auf der Liste des UNESCO-Weltkulturerbes), *Mimmo Cuticchio* gehört zu den renommiertesten und besten Puppenspielern der Insel. Vier- bis sechsmal in der Woche wird eine Vorstellung gegeben (meist nachmittags und am frühen Abend, manchmal auch vormittags), im Repertoire stehen „Macbeth", „Don Giovanni" oder „Das große Duell von Orlando und Rinaldo, um das Herz der schönen Angelica".

■ **Opera dei Pupi,** Figli d'Arte Cuticchio, Via Bara all'Olivella 95, Tel. 091 32 34 00, www.figlidartecuticchio.com.

Die Vucciria

Nun kann man sich auf dem Markt der Vucciria verirren und verköstigen, bevor man zum Hafenbecken **La Cala** schlendert. Weiter nach Osten am Hafenbecken entlang geht der Weg an einer typisch palermitanischen Einrichtung vorbei: Straßenstände mit *pane con meusa* – Milz auf Brot. Heiß umlagert sind die Stände, hinter der Theke kommen die Köche kaum noch nach, davor wird aus der Hand gegessen, diskutiert und gestikuliert. Auch Selfservice-Cafés bieten einen schnellen und billigen Imbiss, an der Qualität wird aber nicht gespart, das nähme ein Palermitaner übel.

Kirche der hl. Maria der Kette

Gleich hinter den Ständen der Vucciria steht das Gotteshaus, das mit seinem Namen daran erinnert, dass der Hafen früher des nachts mit einer schweren Kette gesichert wurde. Im 15. Jh. erbaut, steht sie für den Übergang von der Hochgotik zur Renaissance. Als Baumeister vermutet man *Matteo Carnalivari*. Im 18. Jh. wurde Stuck angebracht, den man aber wieder entfernt hat, um die Originalität des Bauwerkes zur Geltung zu bringen.

■ **Chiesa Santa Maria della Catena,** Piazzetta delle Dogane, Ecke Corso Vittorio Emanuele, Tel. 091 32 15 29, www.museodiocesanopa.it/chiese/s-maria-della-catena, tgl. 10–18 Uhr, 2,50 €.

Porta Felice

Die Porta Felice stammt aus dem 16. Jh. An diesem Prunktor endet (oder beginnt) der Corso Vittorio Emanuele. Der Bau dauerte über 50 Jahre, im Zweiten Weltkrieg wurde das Monument teilweise zerstört und danach rekonstruiert.

Marionettenmuseum

Nahe dem Brunnen mit der berühmten „Seepferdchenstatue" aus dem 18. Jh. kommt man an der Via Butera zum Puppenmuseum. Eine Klingel öffnet die Türe, man steigt hinauf, zahlt und befindet sich im kühlen Halbdunkel der Theaterwelt. Liebevoll und perfekt sind die Puppen aus den verschiedensten Epochen und Weltregionen arrangiert. Gespenstisch leuchten Scheinwerfer auf, wenn sich der Betrachter einer Szene nähert. Von Oktober bis Juni gibt es jeden Dienstag und Freitag um 17.30 Uhr eine Aufführung zu sehen.

■ **Museo Internazionale delle Marionette,** Piazzetta Pasqualino 5 (Via Butera), Tel. 091 32 80 60, www.museomarionettepalermo.it, Mo–Sa 9–13, 14.30–18.30 Uhr, So 10–13 Uhr, Juni–Sept. So, 11.–18. August generell geschl., 5 €.

Botanischer Garten

Die Via Butera wird südlich zur Via Torremuzza und mündet in die Piazza Kalsa. Wer mag, kann sich hier mit frischen Schnecken und Innereien verköstigen und den Straßenkindern zuschauen, wie sie mit Mülltonnen Sperren errichten und an einem Durchgang von den Autofahrern einen Wegzoll verlangen.

Noch weiter südlich heißt die Straße dann Via N. Cervello und endet am Botanischen Garten. Unter schattigen Baumriesen, zwischen Beeten und an kleinen Wasserstellen lässt sich hier gut eine Verschnaufpause einlegen.

■ **Orto Botanico,** Via Lincoln 2/b, Tel. 09 16 23 82 41, www.ortobotanico.unipa.it, ab 9 Uhr, Schließzeit Nov.–März 17 Uhr, Apr., Okt. 18 Uhr, Mai, Sept. 19 Uhr, Juni–Aug. 20 Uhr, So bis 14 Uhr, 5 €.

Kulturzentrum Lo Spasimo

Beim Botanischen Garten lockt der Komplex der säkularisierten **Chiesa Santa Maria dello Spasimo** mit Kunst und Kultur. Ausstellungen und Konzerte, Opernaufführungen und Jazz-Sessions finden hier statt. Sie geht auf das Jahr 1506 zurück, wurde aber schon knapp 70 Jahre später wieder verlassen, da man die Räumlichkeiten als Teil des Verteidigungssystems des mittelalterlichen Palermo benötigte.

■ **Centro Culturale Lo Spasimo,** Via dello Spasimo 35, Tel. 09 16 16 14 86, 8/9–20 Uhr.

Kirche della Magione

Am Botanischen Garten vorbei nach Westen und die Via C. Rao nach Norden, steht ab der Piazza Magione das auch *Chiesa della Trinita* genannte Gotteshaus. Die Normannen erbauten es 1191 als eine ihrer letzten Kirchen. Wenn sie auch über die Jahrhunderte immer wieder verändert wurde, kann man doch noch ihre ursprüngliche Formgebung erahnen. Links der Kirche sind die Reste des alten Kreuzganges zu sehen. Wie auch die Sala Cecilia und die Cappella della Misericordia ist er täglich zugänglich.

■ **Chiesa della Real Magione,** Piazza Magione 44, Tel. 091 67 05 96, www.basilicalamagione.diocesipa.it, Mo–Sa 9–19 Uhr, So 9–13 Uhr (Winter), 9–19 Uhr (Sommer), 3 €.
■ **Chiostro,** Sala Cecilia, Capella della Misericordia, geöffnet wie oben.

Galerie der Modernen Kunst

Die Via Magione nach Westen und die Via Garibaldi nach Norden führt zur Piazza Rivoluzione, auf der der Brunnen **Fontana del Genio** steht. 1684 geschaffen, symbolisiert er auf bizarre Weise palermitanischen Hochmut.

Wenige Meter im Nordosten der Fontäne Richtung Via Roma befindet sich die Kunstgalerie im Komplex Sant' Anna, einem ehemaligen Konvent. Gezeigt werden Werke meist süditalienischer Künstler des 19. und 20. Jahrhunderts.

Die Galerie war lange im Teatro Politeama untergebracht, wo sie aber keinen Platz zur Vergrößerung hatte und so umziehen musste.

■ **Galleria d'Arte Moderna,** Via Sant'Anna 21, Tel. 09 18 43 16 05, www.galleriadartemodernapalermo.it, Di–So 9.30–18.30 Uhr, 7 €.

Kirche della Gancia

Nun heißt es, sich durch das Straßengewirr über die Via Scavuzzo und die Via Alloro bis zur auch *Chiesa Santa Maria degli Angeli* genannten Kirche durchzuschlagen. Sie entstand Ende des 15. Jh. in Form eines einzigen Schiffes mit angelagerten Seitenkapellen. In einer der Kapellen – Madonna della Guadalupe – hat *Serpotta* Stuckarbeiten ausgeführt, von *Antonello Gagini* sind die Statuen.

■ **Chiesa Santa Maria degli Angeli (La Gancia),** Via Alloro 27, Tel. 09 16 16 52 21, www.museodiocesanopa.it/chiese/s-maria-degli-angeli-la-gancia, Mo–Sa 9.30–13.30 Uhr, Eintritt frei.

Abatellis-Palast/Regionalgalerie

Gleich über der nächsten Straße findet sich der auch Patella-Palast genannte Komplex. Er beherbergt die wichtigste Bildergalerie auf Sizilien. Die Sammlung hat ihren Schwerpunkt in der Malerei und Bildhauerei vom Mittelalter bis zum 18. Jh. Wesentliche Stücke sind das Großgemälde „Triumph des Todes" aus dem Sclafani-Palast, die „Büste der Eleonora d'Aragon", die Madonnen von *Turino Vanni* und *Bartolomeo da Camogli* und die „Annunziata" von *Antonello di Messina*. Der Palast selbst stammt aus dem 15. Jh., Baumeister war *Matteo Carnalivari*.

■ **Galleria Regionale Sicilia,** Via Alloro 4, Tel. 09 16 23 00 11, Di–Sa 9–19 Uhr, So 9–13.30 Uhr, 8 €.

Chiaramonte Palast

Durch eine der kleinen Straßen im Norden des Palastes gelangt man zur Via Scopari und zum Palazzo Chiaramonte. 1320 wurde der Palast unter *Manfredi I. Chiaramonte*, Graf von Mòdica, nur teilweise fertiggestellt. Erst sein Nachfolger konnte einziehen. Im 17. Jh. nahm das Inquisitionsgericht hier seinen Sitz und blieb bis 1782.

Kirche des hl. Franz von Assisi

Es geht nun an dem 1860 angelegten kleinen Park **Villa Garibaldi** vorbei die Via Lungari entlang und an der Piazza Marina in die Via Merlo hinein. Nach wenigen Schritten ist die Kirche erreicht. Sie wurde 1255 errichtet und im letzten Jahrhundert restauriert. Das Portal stammt vom Anfang des 14. Jh., und in den Folgejahren baute man noch einige Kapellen an. In der **Mastrantonio-Kapelle** stehen Skulpturen von *Francesco Laurana* (15. Jh.), und im Jahr 1723 schuf der Tausendsassa *Giacomo Serpotta* ebenfalls Skulpturen für die Kirche.

■ **Chiesa di San Francesco d'Assisi,** Piazza San Francesco d'Assisi, Tel. 091 58 23 70, www.fratiminoriconventualisicilia.it/conventi/palermosf.htm, Mo–Sa 7–11.30 und 16–18 Uhr, So 7–13 und 16–18.30 Uhr, Eintritt frei.

Bethaus des hl. Laurenz

Gleich nebenan befindet sich das Bethaus aus dem 16. Jh. Hier goss Serpotta im beginnenden 18. Jh. die Geschichten des *hl. Lorenzo* und des *hl. Francesco* in Gips. Lebensgroße Figuren stellen die Tugenden nach, die Erzählungen sind auf Tafelwerken dargestellt. Beachtenswert auch das Altarbild von *Caravaggio*, das 1609 fertiggestellt wurde.

■ **Oratorio di San Lorenzo,** Via dell'Immacolatella, Tel. 09 16 11 81 68, www.museodiocesan opa.it/chiese/s-lorenzo, tgl. 10–18 Uhr, 3 €.

Quattro Canti

Nun folgt man der Via Vittorio Emanuele in Richtung der „Vier Ecken". Am auch **Piazza Vigliena** genannten Herzstück der Stadt kreuzen sich die Via Maqueda und die Via Vittorio Emanuele, zwei der Hauptverkehrsstränge. Die konkave Struktur der vier Hausecken mit den vom Architekten *Giulio Lasso* konzipierten und von den damals besten Steinhauern ausgeführten Skulpturen aus den Jahren 1608–1620 – „Sonnentheater" genannt – findet sich auf Fotos in allen Büchern über Sizilien. Die Statuen symbolisieren die Jahreszeiten und stellen die spanischen Herrscher und die Schutzheiligen der Stadt dar.

An diesem symbolischen Zentrum und um die benachbarten Plätze Piazza Pretoria und Piazza Bellini stehen natürlich auch viele Kirchen, die Chiesa di San Matteo östlich, die Chiesa di Santa Caterina an der Piazza Bellini (östlich), wie auch die nebeneinander liegenden Kirchen Santa Maria dell'Ammiraglio und San Cataldo die den westlichen Platzrand einnehmen und schließlich San Giuseppe dei Teatini nordöstlich.

Kirche des hl. Matthäus

Die Franziskanerkirche wurde im 17. Jh. mit Spendengeldern erbaut; die Fassade ist barocktypisch reich verziert, im Inneren zeichnete *Serpotta* für die weißgoldenen Stuckarbeiten verantwortlich. Man achte auf die Fresken in der Zentralkuppel. Die Kirche war als Grablege der besseren Stände begehrt.

■ **Chiesa San Matteo Apostolo al Cassaro,** Via Vittorio Emanuele 257, Tel. 091 33 48 33, www.san toantonioabate.diocesipa.it, Mo–Sa 10–16.30 Uhr (Winter), 10–18 Uhr (Sommer), Eintritt frei.

Kirche der hl. Katarina

Die einschiffige Kirche der Dominikanerinnen ist eine der reichst geschmückten barocken Kirchen der Stadt. Sie entstammt dem 16. Jh., die Innendekoration wurde in den folgenden Jahrhunderten angebracht, die Schaufassade orientiert sich an der Spätrenaissance. Die Kuppel wurde im 18. Jh. aufgesetzt.

■ **Chiesa di Santa Caterina,** Piazza Bellini, Tel. 33 87 22 87 75. Derzeit wegen Restaurierung geschlossen.

Admiralskirche

Die Kirche wird auch *Chiesa della Martorana* genannt. Sie entstand 1140, im 16. Jh. wurden aber viele Umbauten vorgenommen, zu beachten sind die herrlichen byzantinischen Mosaiken und die perfekte Harmonie, die der Bau trotz der Eingriffe nach wie vor ausstrahlt. Die Kirche hat aber nicht nur als religiöser Ort eine Bedeutung. Sie war Symbol für die städtische Macht Palermos als Gegenpol zur Königsmacht, die vom Normannenpalast ausging. Die Kirche – unter dem Admiral *Georg von Antiochien* entstanden – wacht über die Piazza Bellini, die abends zu einem der stimmungsvollsten Aufenthaltsorte der Stadt wird.

Unser Tipp: **Chiesa Santa Maria dell'Ammiraglio (la Martorana),** Piazza Bellini 3, Tel. 09 16 16 16 92, Mo–Sa 9.30–13, 15–17.30, So 9–10.30 Uhr, 2 €.

Kirche des hl. Cataldo

Die der Admiralskirche benachbarte Kirche San Cataldo ist Kontrastprogramm zum Gold der Mosaiken. Ganz schlicht gehalten in normannischem Stil und mit arabischen Einflüssen (wie den drei Kuppeln über der Mittelhalle) zeigt sie sich im Inneren dreischiffig mit korinthischen Säulen, die die wuchtigen Gewölbe aus blankem Naturstein und die Kuppeln tragen. Errichten ließ das Gotteshaus der Großadmiral *Maio von Bari* Mitte des 12. Jh. als Privatkirche. Heute gehört sie zum Orden der Ritter vom Heiligen Grab zu Jerusalem, deren typisches Kreuz mehrfach zu sehen ist (u.a. am Fenster in der Hauptapsis).

■ **Chiesa Capitolare San Cataldo,** Piazza Bellini 5, Tel. 09 16 16 16 92, tgl. 9.30–12.30, 15–18 Uhr, 2,50 €.

Kirche des hl. Giuseppe

Sie ist direkt von den Quattro Canti zugänglich. 1612 wurde sie vom reichen Theatiner-Orden begonnen, 1645 konnte sie geweiht werden, bei der Inneneinrichtung des dreischiffigen Gebäudes legte man besonderen Wert auf die Wirkung von Farben, die allerdings im Halbdunkel heute fast nicht zu sehen

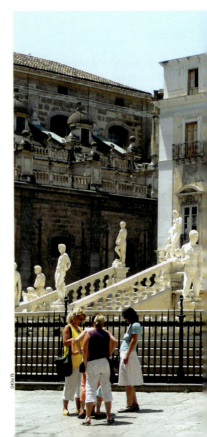

Der schönste Brunnen Palermos – auf der Piazza Pretoria

sind. Die Stuckarbeiten führte ein weiteres Mal *Serpotta* aus.

■ **Chiesa di San Giuseppe dei Teatini,** Corso Vittorio Emanuele, Tel. 091 33 12 39, www.sangiuseppeteatini.arcidiocesi.palermo.it, tgl. 10–13, 17–19 Uhr, Eintritt frei.

Pretoria-Platz

Die Piazza Pretoria steht den Quattro Canti bzw. dem Platz Vigliena in seiner Berühmtheit nur wenig nach. Als Standort des Rathauses ist es der Repräsentationsplatz Palermos schlechthin. Die riesige **Brunnenanlage,** von der die Piazza dominiert wird, wurde vom Florentiner *Francesco Camilliani* in den Jahren 1554/55 geschaffen und sollte ursprünglich den Garten einer Villa in Florenz schmücken. Der Sohn des Auftraggebers entschloss sich aber zum Verkauf, und so erstand der palermitanische Senat 1573 das Werk günstig für 30.000 Scudi und ließ die 644 marmornen Einzelteile ein Jahr später vor dem Senatspalast aufstellen.

Kirche des Allerheiligsten Erlösers

Auf dem Weg von den Quattro Canti zum Dom passiert man auf halber Wegstrecke rechter Hand die abermals einen vollständig anderen Eindruck hinterlassende **Chiesa Santissimo Salvatore**. Geradezu erschreckend wirken die Fratzen der Puti inmitten des Plüschs. 1528 am Platz einer Vorgängerkirche neu errichtet, 1699 barockisiert und 1726 nach dem Erdbeben abermals erneuert, besitzt sie heute einen ellipsenförmigen Hauptraum, der mehr wie ein Theater, denn wie ein Gotteshaus wirkt.

Aufschwung in Palermo

Palermo, früher glanzvolle Metropole der Araber, Normannen und Bourbonen, galt in den letzten Jahrzehnten – unabhängig von ihrem Status als eines der **touristischen Highlights Siziliens** – als eine der gefährlichsten Städte Europas. Die Jahre, in denen Mafia-nahe Bürgermeister das Stadtsäckel plünderten und befreundete Bauunternehmer im Westen der Stadt, der ehemals so lieblichen „Conca d'Oro", graue Betonwüsten aus dem Boden stampfen ließen, haben die Innenstadt Palermos völlig dem Verfall preisgegeben. Wer es sich leisten konnte, zog in die hübschen Vororte oder zumindest an die Betonperipherie, wo man einigermaßen sicher sein konnte, nicht von einstürzenden Dächern im Schlaf erschlagen zu werden. Die Altstadt wurde mehr und mehr zum Lebensraum der Außenseiter, der Halbwelt, der Arbeitsemigranten.

Der ehemalige Bürgermeister *Leoluca Orlando* hat dieser Entwicklung mit schier unglaublichem Elan und Todesverachtung ein vorläufiges Ende gesetzt. Mit spektakulären Aktionen ist es ihm gelungen, seine Landsleute aufzurütteln und sie aus ihrer Apathie zu reißen. Überall in Palermo wird jetzt gebaut und restauriert, im Großen mit enormem Material- und Geldaufwand an den berühmten Bauwerken, aber auch im Kleinen, wenn Privatleute versuchen, von ihren Wohnungen und Häusern zu retten, was zu retten ist, wo die Bewohner einer Straße sich zusammenschließen, um sie sauber zu halten und – soweit möglich – instand zu setzen, wo Schüler Denkmäler „adoptieren" und sie restaurieren. In der Bewegung **Palermo Anno Uno** haben alle diese Initiativen ein gemeinsames Forum gefunden.

Leoluca Orlando hatte die Devise ausgegeben, dass diejenigen, die Sizilien schaden, keine Sizilianer seien – und damit Erfolg: Bei der Bürgermeisterwahl 1993 errang er 75 % der Stimmen. Doch der agile, freundliche Bürgermeister wurde auch heftig kritisiert: Nicht nur der Kampf gegen die Mafia sondern Eitelkeit seien für seine Umtriebigkeit verantwortlich. Mag sein, dass ein Schuss Eitelkeit *Orlando* auch zu dem Entschluss getrieben hat, sich 2001 um das Amt des sizilianischen Regionalpräsidenten zu bewerben. Dabei scheiterte er. Seine politische Karriere setzte er als Abgeordneter im Europa-Parlament fort. 2007 versuchte er erneut Bürgermeister von Palermo zu werden, errang aber nur einen Achtungserfolg. Im zweiten Anlauf gelang es ihm schließlich 2012, den Bürgermeisterposten erneut zu erobern.

Chiesa Santissimo Salvatore, Corso Vittorio Emanuele 395, Tel. 091 33 33 92, tgl. 10–18 Uhr, 2,50 €.

Kathedrale

Die Fassadengestaltung nimmt dem Dom viel von seiner Wucht und Massewirkung. An der Stelle einer byzantinischen Kirche, die einstmals von den Arabern zur Moschee umgebaut wurde, legte man 1184 den Grundstein für die Kathedrale. In den folgenden Jahrhunderten wurde das Gebäude mehrfach verändert und erweitert. In den Jahren von 1781 bis 1801 erhielt das Gebäude seine jetzige Form und seinen klassizistischen Charakter im Inneren. Die Außenwände der Apsiden sind mit Intarsienarbeiten aus Lava und Kalkstein geschmückt. Südlich des Haupteinganges im hinteren rechten Seitenschiff liegen die Kaisergräber mit den Sarkophagen von *Friedrich II.*, *Roger II.* und *Heinrich VI.* (Sohn Friedrichs), *Guglielmo Duca di Atene*, der Frau Friedrichs *Costanza di Aragona* und der Tochter von Roger *Costanza d'Altavilla*. Im rechten Seitenschiff befindet sich auch die Kapelle der hl. *Rosalia*, der Stadtpatronin; sie ist durch ein Gitter abgeschirmt, das die silberne Urne schützt. In der Schatzkammer, dem *Tesoro* (Eingang rechts vom Altar), kann der Kirchenschatz bestaunt werden, darin befindet sich die im Grab der Heiligen gefundenen Krone der *Konstanze*. Auch die Krypta kann besichtigt werden. Augenfällig ist der die Kirche schneidende Meridian aus Metall im Boden. Unter Begleitung eines Führers darf man die Dächer der Kathedrale entdecken.

Cattedrale di Palermo Maria SS. Assunta, Via Vittorio Emanuele, Tel. 091 33 43 76, www.cattedrale.palermo.it, Mo–Sa 7–19 Uhr, So 8–13 und 16–19 Uhr, Eintritt frei.
Schatzkammer, Königsgräber und Krypta, Mo–Sa 9–13.30 Uhr, So Schatzkammer und Krypta geschl., Königsgräber 9–13 Uhr, Gräber 1,50 €, Krypta und Schatzkammer 2 €, Kombiticket 3 €.
Dachbesteigung, mit Führer Mo–Sa 10, 10.30, 11, 11.30, 12, 12.30, 13 Uhr, 5 €, Kombiticket mit Krypta, Gräber und Schatzkammer 7 €.
Kombiticket mit Diözesanmuseum (nur Krypta, Gräber und Schatzkammer) 5 €.

Erzbischöflicher Palast/ Diözesan-Museum

Über den, der Kathedrale vorgelagerten, großen, 1452 geschaffenen und heute als Park angelegten Platz, gelangt man zur **Residenz des Erzbischofs,** Ecke Via Bonello. Erzbischof *Simone di Bologna* ließ ihn im 15. Jh. erbauen, beachtenswert ist die gotisch-katalanische Triphore. Im Inneren des Palastes befindet sich das Diözesan-Museum mit einer reichen Sammlung an religiöser Kunst und vielen Sakralgegenständen.

Museo Diocesano, Via Bonello 2, Tel. 091 60 77 24, www.museodiocesanopa.it, Di–Fr/So 9.30–13.30 Uhr, Sa 10–18 Uhr, 4,50 €.

Der Normannenpalast

UNSER TIPP Ein Stückchen weiter auf der Via Vittorio Emanuele kommt nach dem ausgesprochen netten und zu einer Pause einladenden **Park Villa Bonano** mit Resten einer römischen Villa linkerhand das **Denkmal Phillip V.** aus dem Jahr

1661 und an den Normannenpalast oder Palazzo Reale angrenzend die **Porta Nuova**. Sie entstand im 16. Jh. als Stadttor, beachtenswert sind besonders die Majolika-Spitze sowie die Büsten der „vier gefangenen Mohren". Der Normannenpalast selbst wurde am Standort des muslimischen Herrschersitzes errichtet. Der Stauferkönig *Friedrich II.* hat hier seine Kindheit verbracht, in einem Bau, der ebenso stark von muslimischen wie christlichen Bauelementen geprägt war. Heute residiert in ihm die Regionalregierung. Der Palast geht auf das 11. Jh. zurück und wurde im 16. Jh. umgebaut. Zu dieser Zeit erhielt er sein heutiges Gesicht. Die Mauern wirken recht abweisend, mehr Trutzburg als Palast, mehr Zwingburg, als Residenz des Herrschers.

Der Eingang zu den der Öffentlichkeit zugänglichen Teilen des Palastes befindet sich an der stadtabgewandten Seite. Die zwischen dem Hof Maqueda und dem Hof Pensile detto della Fontana gelegene **Palatina-Kapelle** repräsentiert wie wenige andere Bauten Siziliens noch fast ursprünglichen normannischen Stil aus der Zeit *Roger II.* Spätere Jahrhunderte haben ihr zwar zusätzliche Ausschmückungen eingebracht, doch der Gesamteindruck ist nach wie vor sehr homogen. Im Mittelpunkt der dreischiffigen Basilika steht der Marmorthron Rogers; an Wänden und Decken um dieses zugleich weltliche wie religiöse Zentrum des Gotteshauses erzählen wunderbare Mosaiken die Legenden von Heiligen und Königen, und darüber wölben sich die Kirchendecken, geschmückt mit *muqqarnas*, den in der islamischen Baukunst so beliebten, kunstvoll aus Gips gearbeiteten Stalaktiten.

Im „Zimmer Rogers" in den Königlichen Gemächern steht die Wandgestaltung im Zeichen der persischen Kunsttradition jener Zeit – auch hier ist ein faszinierender Bilderbogen zu sehen, der den Betrachter in Erstaunen versetzt.

Nach diesen Glanzlichtern eines Palermobesuches kann man noch in die Krypta hinabsteigen, in der immer wieder Ausstellungen stattfinden und schließlich die **Punischen Mauern** besichtigen, die Fundamente des Palastes.

■ **Palazzo Reale/dei Normanni,** Piazza Indipendenzia, Tel. 09 16 26 28 33, www.federicosecondo.org, Königl. Gemächer, Palatina-Kapelle, Krypta und Punische Mauern, Mo–Sa 8.15–17.40 Uhr, So 8.15–13 Uhr, So ist die Palatina-Kapelle wegen Messen 9.45–11.15 Uhr geschlossen, Di–Do sind die königl. Gemächer wegen Parlamentssitzungen geschlossen, Fr–Mo 8,50 €, Di–Do 7 €.

Kirche des hl. Johannes der Eremiten

Mit einem kleinen Abstecher zur 1132 auf Wunsch Roger II. errichteten, strengen und schmucklosen Kirche mit ihrem kleinen, friedvollen Park und dem wunderschönen Kreuzgang endet der Spaziergang durch Palermo.

UNSER TIPP Der **Garten** ist eine Oase des Friedens und wirkt mit seinem dichten Bewuchs fast subtropisch. Die Kirche gilt als Paradebeispiel für die Verschmelzung arabo-berberischer und normannischer Baustile, von Weitem schon an den vier Kuppeln zu erkennen, die den sonst schlichten Kubus der Kirche krönen.

Für mehrere Jahre geschlossen, konnte im Oktober 2008 die Renovierung beendet werden. Dennoch wurde der Komplex aus dunklen Gründen weitere Jahre nicht der Öffentlichkeit zugänglich gemacht. Heute kann man ihn besuchen und auch noch im **Turm** der benachbarten Kirche San Giuseppe 90 Stufen nach oben steigen und aus 20 m Höhe auf die Kirche und den Kreuzgang blicken.

■ **Chiesa di San Giovanni degli Eremiti,** Via dei Benedettini, Tel. 09 16 51 50 19, Mo–Sa 9–18.30, So 9–13 Uhr, 6 €.

■ **Campanile della Chiesa San Giuseppe Cafasso,** Via dei Benedettini, tgl. 10.30–15.30 Uhr, 2 €.

Kirche des hl. Johannes der Leprösen

Die Kirche liegt südlich des Zentrums. Sie ist das älteste Gotteshaus der Normannen in Palermo und stammt aus dem Jahr 1072, der Turm entstand in den 1930er Jahren. Ihren Namen erhielt sie von einem angrenzenden, 1150 errichteten Leprahospital. Nahebei steht die **Ponte dell'Ammiraglio.** Sie ist auch auf die Normannen zurückzuführen. *Georg von Antiochien* ließ sie erbauen.

■ **Chiesa di San Giovanni del Lebbrosi,** Via Cappello 38, Tel. 091 47 50 24, Mo–Sa 9–11 und 16–19 Uhr, So 7.30–12.30 Uhr, Eintritt frei.

Cuba-Palast

Der recht heruntergekommene Komplex stammt aus normannischer Zeit und wurde von *Wilhelm II.* initiiert. Ursprünglich lag der Palast auf einer Insel in einem künstlichen See inmitten eines Gartens. Mit ihren hervorstechenden architektonischen Elementen (*muqqarnas*, Banddekors, Spitzbögen) besaß die Cuba mit ihrem Garten einen legendären Ruf und wurde noch 200 Jahre nach dem Bau von *Boccaccio* im „Decamerone" erwähnt. Die Cubula, ein gutes Stück stadtauswärts auf der anderen Straßenseite, ist ein kleiner Pavillon, der als einziger noch an die Gartenbebauung erinnert.

■ **Cuba,** Corso Calatafimi 100, Tel. 091 59 02 99, Mo–Sa 9–19, So 9–13.30 Uhr, 2 €.

Zisa-Kastell

Die Anlage wurde zwischen 1165 und 1167 von *Wilhelm I.* und *Wilhelm II.* erbaut. Mitten im königlichen Park gelegen diente das Kastell als Sommerresidenz, ein vorgelagerter Teich kühlte die Meereswinde und schuf ein angenehmes Klima im Gebäude. Ab dem 16. Jh. wurden mehrfach Umbauten vorgenommen, die den ursprünglichen Charakter des Bauwerks stark veränderten.

Hammam

Nordafrika ist nah, und außerdem haben ja schon die Römer das Schwitzbad zu schätzen gewusst. Mehrere Räume unterschiedlicher Temperatur (Tepidarium, Calidarium und Ruhezonen), traditionelle Waschungen, Massagen, weitere Wellness-Anwendungen (u.a. Heißer Stein, Aromatherapie). Alles sehr edel und super sauber, beste Erholung nach einem langen Besichtigungstag.

■**Hammam,** Via Torrearsa 17d, Tel. 091 32 07 83, www.hammam.pa.it. Frauen Mo, Mi 14.30–20.30, Fr 11.30–20.30, Männer Di 16–20, Sa 11.30–20, Ehepaare Do 14.30–20.30 Uhr, Bad und Peeling um 40 €.

■ **Castello della Zisa,** Piazza Guglielmo il Buono, Tel. 09 16 52 02 69, Mo–Sa 9–19 Uhr, So 9–13.30 Uhr, 6 €.

Armenhaus

Als Hospiz für Mittellose und Kranke wurde das Armenhaus 1733 gegründet; wenn man von der Größe des Gebäudes auf die Anzahl der Armen schließt, war diese beträchtlich, heute dient er als Galerie mit wechselnden Ausstellungen.

■ **Albergo delle Povere,** Corso Calatafimi 217, Tel. 091 42 23 14, nur bei Veranstaltungen geöffnet.

Kapuziner-Gruft

Eine der beeindruckendsten Besichtigungen in Palermo ist sicherlich der Besuch der Katakomben. Am Eingang ein uralter Mönch, der für die notwendige Pietät den Toten gegenüber sorgt, ein dunkler Treppenabgang, kreidebleiche Gesichter, die einem entgegenkommen und schließlich die adrett gekleideten, in Positur gebrachten, hinter Gitter gestellten, an Haken aufgehängten und blicklos den Betrachter anstarrenden Mumien. Bruder Notello trotzt seit 500 Jahren der Verwesung, Babys in ihrem Kinderwägelchen, aus dem Leben gerissen und in den Katakomben ausgestellt – zurück im Hotel, wird man mit Sicherheit schlecht schlafen. Das Fotografieren ist verboten.

■ **Catacombe dei Cappuccini,** Piazza Cappuccini 1 (von der Piazza Indipendenza mit Bus Nr. 327 zu erreichen), Tel. 091 652 41 56, tgl. 9–12.30, 15–17.30 Uhr (Nov.–März So nachmittags geschl.), 3 €.

Favorita-Park

Nördlich des Zentrums liegt der **Parco della Favorita** und an dessen Ende das chinesische Palästchen **Palazzina Cinese Pitrè**, das sich fotogen im Park den Kameras der Touristen präsentiert. Erbaut hat es *Venanzio Marvugli*. In einem Nebengebäude befindet sich das **Ethnografische Museum.** *Pitrè* gründete es im Jahre 1909, um die sizilianische Kultur zu dokumentieren. Inzwischen immer wieder erweitert, beherbergt es 4000 Ausstellungsstücke, die die Sitten und Gebräuche und das tägliche Leben der Sizilianer beschreiben.

■ **Museo Etnografico Pitrè,** Via Duca degli Abruzzi 1, Di–Fr 9.30–19 Uhr, Eintritt frei.

Monte Pellegrino und Santuario di Santa Rosalia

Ob zu Fuß (etwa 2 Std.) auf dem alten gepflasterten Weg, die Autostraße immer wieder kreuzend, oder mit dem Wagen – die Aussicht ist atemberaubend (Anfahrt mit dem Bus Nr. 812 von Politeama). Die Serpentinen der Autostraße Via Pietro Bonano beginnen bei der **Villa Igiea.** Nach 9 km ist man beim **Santuario,** das **Castello Utveggio** bei Km 5 – früher ein Hotel – ist jetzt eine Management-Schule und nicht zu besichtigen. Das Heiligtum ist umgeben von Souvenirständen mit Devotionalien und Bars. Über zwei Vorräume betritt man die 1625 entstandene Kapelle. Hinter ihr befindet sich die Höhle, in der die Heilige als Einsiedlerin lebte, nachdem sie ihre Familie verlassen und auf ihr nicht unbeträchtliches Erbe verzichtet hatte, und in der man ihre Gebeine entdeckt hat. Das vom Fels ausgeschwitzte Wasser gilt als wundertätig.

Hinter dem Santuario rechts gelangt man nach 1 km zur **Statue der Santa Rosalia** in 460 m Höhe, Schauplatz sommerlicher Musik- und Theaterveranstaltungen. Fährt man links, ist man nach 7 km an der Hauptstraße Richtung Mondello und genießt von der Höhe den Blick auf das Städtchen. Vorbei an stark gesicherten, luxuriösen Villen geht es hinunter an den Strand. Der Monte Pellegrino mit seinen Pinienwäldern ist beliebtes Ausflugsziel für picknickliebende Palermitaner, unter der Woche finden Liebespaare auf ihren Vespas die nötige Ruhe.

Ins Valle dello lato

Wer gerne wandert, fährt ins Valle dello lato. Es gibt eine kleine Wanderkarte, auf der über 20 Wanderungen von einer halben Stunde bis über fünf Stunden Dauer beschrieben werden. Sie führen durch ein Ausgrabungsgebiet (tgl. 9–13, Di, Do, Sa bis 18 Uhr) und an Ruinen aus hellenistischer Zeit vorbei bis nach **Piana degli Albanesi** oder auf die Berge vor dem Meer. Anfahrt: Über Monreale Richtung Sciacca und bei San Cipirello von der SS 624 herunter (ca. 40 km). Die Parkplätze sind ausgeschildert.

Praktische Informationen

Touristeninformation

■ **Centro di Informazione Turistica** (CIT), Piazza Bellini (Largo Cavalieri del Santo Sepolcro), Tel. 09 17 40 80 21.

■ **CIT Bahnhof,** Stazione Centrale FF.SS., Piazza Giulio Cesare, nur vormittags Mo–Fr.
■ **Weitere Informationsstellen** an der Piazza Castelnuovo (Mo–Fr vorm./nachm.), Via Cassari (Yachthafen, nur vorm. Mo–Fr), Via del Mare (Hafen, nur vorm. Mo–Fr).
■ **Ufficio Informazione Provinciale,** Flughafen Falcone – Borsellino, Tel. 091 59 16 98.
■ www.comune.palermo.it

Führungen

■ **Deutschsprachige Führungen,** *Anita Bestler,* Tel. 33 96 60 06 12, www.sizilienreisen.com.

Unterkunft

■ **Hotel Cavour** ①
Via Manzoni 11, Tel. 09 16 16 27 59, www.albergocavour.com. Direkt am Bahnhof in einer Seitenstraße gelegen, einfach, sauber und nicht zu kleine Zimmer. Freundlich, aber etwas spartanisch eingerichtet.
■ **B & B Arte Palermo** ①
Vicolo Madonna del Cassaro 7, Tel. 091 32 57 80 oder 33 81 31 17 09, www.marjoleinwortmann.com. In einer Seitenstraße des Corso Vittorio Emanuele nahe dem Mercato del Vucciria, der Via Roma und Piazza Marina. Die Künstlerin und Holländerin *Marjolein Wortmann* spricht sieben Sprachen, wohnt schon lange in Palermo, gibt viele Tipps und bietet einfache, aber schöne Räume mit Benutzung von Küche, Dachterrasse usw., allerdings darf man sich nicht scheuen, das Geschirr selbst zu spülen und mangels Lift zu Fuß in die 4. Etage zu steigen.
■ **Hotel Regina** ①
Corso Vittorio Emanuele 316, Tel. 09 16 11 42 16, http://hotelreginapalermo.wix.com/hotelreginapalermo. Günstiges und sauberes Hotel in der ersten Etage eines Gebäudes im absoluten Zentrum um die Quattro Canti, viele junge Gäste.

Palermo

■ **Hotel Cortese** ①-②
Via Scarparelli 16, 90 133 Palermo, Tel. 091 33 17 22. Sehr freundliches und hilfsbereites Personal, zentrale Lage, perfekt unterhalten, 20 Zimmer mit Telefon, TV und Bad, sechs Zimmer ohne Bad.

■ **Hotel Moderno** ①-②
Via Roma 276, Tel. 091 58 86 83, Fax 091 58 82 60, www.hotelmodernopa.com. Rabatte bei längeren Aufenthalten, Möglichkeit der Halbpension in einem nahen, sehr guten Lokal zu einem güstigen Preis. Unter „modern" versteht der sympathische Besitzer die 1950er-Jahre-Einrichtung; etwas verwohnt aber sauber und nicht uncharmant, Zimmer mit Bad. Wie immer in Palermo lieber die Zimmer nach hinten nehmen!

UNSER TIPP: Hotel Columbia ②
Via del Celso 31, Tel. 09 16 11 37 77, www.hotelcolumbiapalermo.com. Modernes Hotel in einer Seitenstraße in unmittelbarer Nachbarschaft der Quattro Canti, 24 unauffällige, praktisch eingerichtete Zimmer, gegen Gebühr Parkmöglichkeit in der Nähe, gutes Frühstück und angenehmes und hilfsbereites Personal.

■ **Hotel Villa D'Amato** ②-③
Via Messina Marine 180, Tel. 09 16 21 27 67, Fax 09 16 21 27 67, www.hotelvilladamato.it. 3 km vom Zentrum am Meer gelegenes, Hotel mit 36 komfortabel eingerichteten, hellen Zimmern, teils mit Seeblick, für Stadtbesichtigungen etwas abseits.

■ **B&B Al Giardino dell'Alloro** ②-③
Vicolo San Carlo 8, Palermo, Tel. 09 16 17 69 04, www.giardinodellalloro.it. In der Kalsa im Herzen der Stadt ist das B&B mit künstlerischem Anspruch eingerichtet, alle Zimmer mit Bad, Klimaanlage, TV.

■ **Hotel Tonic** ②-③
Via Mariano Stabile 126, 90 139 Palermo, Tel. 09 16 05 53 38, www.hoteltonic.com. Zentrale Lage nahe der Oper. Elegante und angenehme Atmosphäre. 36 Zimmer mit TV, Klimaanlage und Minibar.

■ **B&B La Locanda del Gagini** ②
Via Gagini 111, Tel. 091 33 38 78, www.lalocandadelgagini.it. In der Vuccria eröffnetes Edelbedand-

breakfast mit eleganten Zimmern mit allem Komfort zu durchaus annehmbaren Preisen, wer mindestens drei Nächte bleibt, bekommt 20 % Rabatt.

■ **Hotel Quintocanto & Spa** ②-③
Corso Vittorio Emanuele 310, Tel. 091 58 49 31, www.quintocantohotel.com. In einem sanierten historischem Haus direkt im Herzen der Stadt an den Quattrocanti, nur 21 architektonisch gekonnt eingerichtete Zimmer, ein angesagtes Restaurant und ein Wellness-Bereich mit Sauna, Türkischem Bad und diversen Anwendungen.

■ **Hotel Europa** ③
Via Agrigento 3, 90141 Palermo, Tel. 09 16 25 63 23, Fax 09 16 25 92 09. In einer Seitenstraße der Via della Libertà, der Edeleinkaufsstraße der Stadt, sehr zentrales, modernes Hotel mit 73 Zimmern.

UNSER TIPP: **B&B BB22** ③
Largo Cavalieri di Malta 22, Tel. 09 16 11 16 10, www.bb22.it. Dort wo die Vucciria schon hübsch gemacht ist, stylishes B&B mit sieben luxuriösen Zimmern und einem Gastgeber, der viele Tipps zu bieten hat.

■ **Grand Hotel Federico II** ③
Via Principe di Granatelli 60, Tel. 09 17 49 50 52, www.grandhotelfedericoii.it. Vier-Sterne-Klasse in edlem, modernem Design im Herzen des Zentrums, 63 mit allem Luxus ausgestattete Zimmer, das Restaurant im 5. Stock hat eine Terrasse.

■ **Hotel Vecchio Borgo** ②
Via Quintino Sella 1/7 (Piazza Borgo Vecchio), Tel. 09 16 11 83 30, www.ghshotels.it/vecchioborgo. Modernes Haus östlich der Piazza Castelnuovo, zentral nahe der Piazza Sturzo gelegen.

■ **Grand Hotel Wagner** ④-⑤
Via Richard Wagner 2, Tel. 091 33 65 72, www.grandhotelwagner.it. Gediegenes Luxushotel mit 61 Zimmern unweit des Teatro Massimo, das außerhalb der Saison für die Hotelklasse recht günstige Angebote hat. Alle Annehmlichkeiten eines Fünf-Sterne-Hauses.

■ **Grand Hotel et Des Palmes** ③-⑤
Via Roma 398, Tel. 09 16 02 81 11, www.grandhoteletdespalmes.it. Mitten im Zentrum, eines der traditionsreichsten Häuser Palermos. Hier schrieb *Richard Wagner* an seinem Parzival und auch die Mafia hat sich gerne einquartiert, Sonderangebote ab 99 €.

■ **Hotel Villa Igiea** ④-⑤
Salita Belmonte 43, Tel. 09 16 31 21 11, www.villa-igiea.com. Die einst wahrscheinlich beste Hoteladresse der Insel, das Gästebuch aus vergangener Zeit ist beeindruckend: 1907 die Königin von England und *Alexander von Dänemark*. In den Folgejahren *König Konstantin von Griechenland*, *Mussolini*, der König von Siam, *Greta Garbo*, *Aristoteles Onassis*, *Grace Kelly*, *Claudia Cardinale*. *Alain Delon* und *Burt Lancaster* nahmen 1962 an der Bar einige Gläser zur Brust. *Hillary Clinton* schaute 1999 vorbei.

Jugendherbergen

■ **Ostello San Saverio** ①
Via Giuseppe di Cristina 39, Tel. 09 17 57 45 80, www.ballaro.org. Nahe dem Normannenpalast werden die 230 Betten in den Einzel-, Zwei- und Dreibettzimmern des Studentenwohnheims in den Semesterferien (Ende Juli bis Anfang Sept.) an Touristen vermietet (inkl. Bettwäsche). Günstiger kommt man nicht mehr an ein Einzelzimmer. Günstiges Mittag- und Abendessen. Rabatte für größere Gruppen.

■ **Ostello Baia del Corallo** ①
Via Plauto 27 (in Sferracavallo, 15 km nördlich von Palermo, erreichbar mit Bus Nr. 101 von Bahnhof und Hafen, an der Piazza Alcide de Gasperi umsteigen in Bus Nr. 628, die Haltestelle bei der Jugend-

◁ Die Via Maqueda ist für Autos gesperrt – Fußgänger und Radfahrer freut's

herberge heißt „Punta Matese"), Tel. 09 16 79 78 07, www.ostellopalermo.it. Auf einem 1 ha großen Gartengrundstück am Meer, Doppelzimmer und Vierbettbungalows im Garten, alle mit eigenem Bad, Fahrradverleih, Kreditkarten werden akzeptiert, Mittag- oder Abendessen 10 €.

Camping

■ Degli Ulivi ①
Via Pegaso 25 (in Sferracavallo, 15 km nördlich Palermo, Anfahrt mit dem Bus Nr. 628, 400 m von der Haltestelle), Tel. 091 53 30 21, www.campingdegliulivi.com. Ganzjährig offen Platz 500 m vom Strand unter Olivenbäumen, Waschgelegenheit, Behinderten-WC, sehr sauber und angenehm, auch Bungalows.

■ La Playa ②
Viale Marino 55 (in Isola delle Femmine etwa 20 km nördlich von Palermo, 300 m vom Bahnhof Isola delle Femmine), Tel. 09 18 67 70 01, www.laplayacamping.it. Angenehmer Platz unter Olivenbäumen am Meer (Sandstrand 500 m entfernt), Spielplatz, Schwimmbad, Waschmöglichkeit, Gefrierschrank, Internetpoint. Wohnmobilservice, 21. März–15. Okt. geöffnet.

Essen und Trinken

■ Pizzeria Italia ①-②
Via Orologio 54, Tel. 091 58 98 85, www.pizzeriaitaliapalermo.it, Mo geschl. Pizza (nur abends) in neapolitanischem Stil und aus dem Holzofen. Und wenn man hier is(s)t: *Pizza Palermitana* mit Anchovis, Pinienkernen, Käse, Öl und natürlich Brotkrumen. Am schönsten sitzt man in der Gasse.

■ Antica Focacceria San Francesco ②-③
Via Alessandro Paternostro 58, Tel. 091 32 02 64, www.anticafocacceria.it, Mo geschl. *Pasta con le Sarde* z.B., danach Schwertfisch nach Pantellerìa-Art (mit Kapern), unten wird der Imbiss gereicht (unbedingt Brot mit Milz probieren), im ersten Stock ist das kleine Restaurant – San Francesco ist eine Institution (obwohl das Personal dem nicht immer gerecht wird), Jugendstilambiente.

■ Pizzeria/Ristorante Bellini ②
Piazza Bellini 6, Tel. 09 16 16 56 91. Schöner kann man abends in der ganzen Stadt nicht sitzen; Pizza auf dem großen Platz mit Blick auf die Barockkirchen, auch Restaurant – nicht wegen der Küchenqualität, sondern wegen der herausragenden Lage immer gut besucht.

■ Pizzeria/Ristorante O Scugnizzo ①-②
Via Mariano Stabile 39, Tel. 091 32 20 56, http://ristorantepizzeriaoscugnizzo.jimdo.com, Di geschl. Hat man den langen, schmalen ersten Gastraum für die Pizzaesser hinter sich, gelangt man in den hinteren Raum, in dem man auch nach der Restaurantkarte bestellen kann.

■ Il Pipino Rosso ①-②
Salta San Antonia 7, Tel. 091 58 76 15, www.ilpipinorosso.it. Mehrere kleine Räume auf verschiedenen Ebene, einfache aber gemütliche Einrichtung, nettes Personal und unschlagbar günstige, leckere Gerichte in riesigen Portionen; für was man sich auch entscheidet – Pizza, Pasta, Fleisch oder Fisch – die Vorspeisen sollte man keinesfalls verpassen.

■ Pizzeria/Rosticceria Pelledoca ①-②
Piazza Marina 32, Tel. 091 58 84 26. Großer Freisitz an der Piazza, der im Sommer immer proppenvoll ist mit Leuten, die Pizza und Grillhühnchen in lockerer Atmosphäre verputzen wollen.

■ Focacceria & Trattoria Basile ②
Via Bara all'Olivella 76, Tel. 091 33 56 28, So geschl., www.facebook.com/TrattoriaBasile. Eine besonders mittags von Einheimischen aufgesuchte, einfache Lokalität zur Selbstbedienung, schön und originell, zu Essen gibt es Typisches, Milz auf der Semmel oder Arancini, die frittierten Reisbällchen, zumindest zwei Pastagerichte finden sich immer auf der Tageskarte.

■ Trattoria Ai Cascinari ②
Via d'Ossuna 43, Tel. 091 6519804, Mo und Di/So abends geschl. Sehr gut zubereitete, traditionelle

sizilianische Küche in manchmal etwas hektischer Atmosphäre, dafür speist man in authentischem Ambiente.

UNSER TIPP: Trattoria Ferro di Cavallo ②
Via Venezia 20, Tel. 091 33 18 35, www.ferrodicavallopalermo.it, Mo und Di abends (nicht im Aug.) und So geschl. Entlang des abgesenkten Bürgersteiges ist es immer brechend voll, die Karte ist auf die Papiertischdecken gedruckt, die leckeren Gerichte sind für die hohe Qualität wirklich sensationell günstig.

■ **Ristorante/Pizzeria Casanova** ①-②
Via SS. Quaranta Martiri a Guilla 8, Tel. 091 25 10 689. Mitten im Capo-Viertel treffen sich die Einheimischen zu den ausgezeichneten Pizze; kleiner Freisitz mit Schatten.

■ **Osteria Lo Bianco** ②
Via E. Amari 104, Tel. 09 12 51 49 06, So geschl. Angenehmes, familiäres Lokal, kleine Tageskarte mit typischen Hausmannskost, Fisch, Fleisch und Gemüsegerichte, wird gerne zur Mittagspause aufgesucht, nicht nur wegen der Preise, sondern auch wegen des schnellen und bestimmten Personals.

■ **Trattoria La Cambusa** ②-③
Piazza Marina 16, Tel. 091 58 45 74, www.lacambusa.it, Mo abend geschl. Ins Cambusa geht man, wenn man Fisch essen und dabei nicht arm werden will, Freisitz und überschaubarer Gastraum, legendär ist das Vorspeisenbuffet.

■ **Casa del Brodo** ②
Corso Vittorio Emanuele 175, Tel. 091 32 16 55, www.casadelbrodo.it, So geschl. Suppen und sizilianische Fleisch- und Fischküche in zwei übersichtlichen Gasträumen des seit 1890 bestehenden Familienbetriebs.

■ **Ristorante La Scuderia** ③-④
Viale del Fante 9, Tel. 091 52 03 23, www.lascuderiapalermo.it, So Abend und halben August geschl. Einziger den Palermitani verbliebener Fresstempel im Zentrum; alle anderen wurden geschlossen, unter ihnen auch das berühmte „Charleston". La Scuderia ist nun konkurrenzlos, seine Weinkarte ebenso, die Atmosphäre superelegant und das Personal bestens trainiert. Vergleichsweise günstig fährt man mit dem festen Menü ③.

Vegetarisch
✻ **Ristorante Il Mirto e la Rosa** ②
Via Principe di Granatelli 30, Tel. 091 32 43 53, www.ilmirtoelarosa.com, So und Aug. geschl. Seit 1987 wird (auch) fleischlos gekocht, auf beste Qualität der Zutaten wird dabei akribisch geachtet, auf

Die schönsten Märkte – Vucciria und Ballarò

Von den Quattro Canto Richtung Piazza Sturzo gehend durchquert man die **Vucciria**. Eine kleine Treppe bringt einen vom Corso Emanuele gleich zum Herzstück, dem ehemaligen Fischmarkt. Heute sind in der Vucciria tagsüber nur noch wenig Lebensmittel im Angebot, die frühere Betriebsamkeit ist verschwunden, das Viertel ist mehr zur Destination für Feierwütige geworden, die hier abends und nachts in den Gassen schlendern und sich an den wenigen verbliebenen Ständen mit Essen versorgen. Dennoch ist in der Vucciria immer noch authentisches palmeritanisches Leben zu erspüren, und ein Bummel zu nicht allzu später Stunde ist durchaus empfehlenswert.

Westlich der Via Maqueda, südlich des Corso Emanuele, sieht es ganz anders aus. Auf dem **Ballarò** herrscht Hektik, die Händler schreien die Qualität ihrer Ware aus vollem Hals in die Menge, frischer Fisch wird angepriesen, Kochbananen, Okra, Zitronen, Fleisch, eingelegte Oliven in unendlicher Sortenvielfalt. Händler und Kunden sind nicht nur aus Sizilien, sie kommen auch aus Nordafrika, das ganze Viertel ist lärmend und bunt, die Stimmung entspannt, aus Kofferradios dröhnt Musik – *dolce vita*.

der Karte das eine oder andere Fisch- und Fleischgericht, doch werden Vegetarier immer fündig, Couscous gibt es natürlich auch in der Gemüseversion, elegante Atmosphäre.

Süßigkeiten
■ Pasticceria Cappello
Via Colonna Rotta 68, Tel. 091 48 96 01, www.pasticceriacappello.it. Seit Jahrzehnten gibt es bei Cappello die besten Süßigkeiten der Stadt: Schokoladencrème, Torten, Plätzchen, Marzipan, Cassata, Canolli – wer nicht stark bleibt, ist zu schwach.

■ Al Gelatone
Via Autonomia Siciliana 98, Tel. 091 36 36 04, www.algelatone.com. Eismachen ist Kunst, und die Sizilianer respektieren *Peppe Cuti* als einen ihrer Meister. Ehrensache, dass alles Handarbeit mit frischen Ingredienzen ist und keine konfektionierten Zutaten verwendet werden – die Palmeritaner danken es und stellen sich klaglos in die Schlange.

Nachtleben

Die Nachtschwärmer fahren zumeist in den nahen Vorort **Mondello**; dort spielt sich das palermitanische Nacht- und Wochenendleben ab: Diskotheken im Freien und Geschlossenen, Bars haben bis in die frühen Morgenstunden geöffnet, auf der Strandpromenade schieben sich – zäh wie Magma – Körper an Körper die Touristen und die Einheimischen entlang. In Palermo sind die bedeutenden In-Viertel die Piazza Marina und natürlich die Vucciria.

Wer eine Disco aufsucht, muss dem Türsteher gefallen und mit einem Eintritt bis zu 10 € rechnen.

Das in Hotels und Lokalen ausliegende **Flugblatt** *Lapis Palermo* gibt Veranstaltungstipps im Bereich Kultur, Theater und Live-Konzerte.

■ Kursaal Kalhesa
Foro Umberto I 21, Tel. 09 16 16 22 82, www.facebook.com/kursaalkalhesa. An manchen Tagen Jazz live mit vorwiegend jungem Publikum.

■ La Cuba
Viale F. Scaduto, in der Villa Sperlinga beim Velodrom, Tel. 091 30 92 01. Bei Jungen und Reichen die Adresse für Sushi, Cocktails und evtl. auch Abtanzen bis früh in den Morgen.

■ Lo Spasimo
Via Spasimo (nordwestlich des Botanischen Gartens), Tel. 09 16 16 14 86. Wem es nicht ums Tanzen geht, der besucht das Kulturzentrum, dessen Programm von klassischen Konzerten bis zu Pop und Jazz reicht. Die Aufführungen finden in der dachlosen, säkularisierten Kirche statt.

■ Taverna Azzurro
Via Maccheronai 15 (Vucciria). Nur abends auf, aber dann richtig. Abhänge und Szenetreff für die Alkoholgestählten und die, die dazugehören wollen – einer der Plätze, wo nicht nur an den Wochenenden das Nachtleben so richtig abgeht.

■ A'Cala
Via Cala (Yachthafen), Tel. 091 33 25 24. Restaurant und Lounge in einer modernen Struktur direkt am Hafen, wo heiße Sommerabende durch coole Drinks mehr als erträglich werden.

Kulturveranstaltungen

■ Parco Letterario G. Tomasi di Lampedusa,
Tel. 09 16 25 40 11, www.parcotomasi.it, liebevoll inszenierte Aufführungen, Rundgänge und „eine sentimentale Reise" auf den Spuren von *Tomasi di Lampedusa*. Treffpunkte werden auf der Internetseite bekannt gegeben, Kostenbeitrag für einen zweieinhalbstündigen Themenspaziergang um 8 €.

Feste

■ 15. Juli, es enden die **Feierlichkeiten zu Ehren der Stadtheiligen Santa Rosalia,** die Palermo von der Pest befreite, mit einer Prozession in Kostümen und mit Musik. Sie findet zwischen der Kathedrale und der Piazza Quattro Canti statt.

☐ Übersichtskarte S. 16, Stadtplan Umschlag hinten **Palermo** 41

■ 3. September, **nächtliche Fackelprozession** auf der alten Straße den Monte Pellegrino hoch zum Santuario der Heiligen Rosalia.

Stadtverkehr

Die Verkehrsbetriebe unterhalten ein Streckennetz bis in die Vororte. An den Kiosken der AMAT (www.amat.pa.it) ist ein Streckenplan erhältlich (im Zentrum an der Piazza R. Settimo beim Teatro Politeama an der Einmündung der Viale della Libertà, an der Piazza Sturzo und an der Stazione Centrale).

Tickets für Einzelfahrten erhält man an Zeitungsständen und in den Tabacchi-Läden für 1,40 € (bis 90 Minuten nach Stempelung im Bus gültig). Ganztageskarten werden meist nur von den AMAT-Kiosken verkauft und kosten 3,50 €. Alle Tickets müssen im Bus entwertet werden (man steigt vorne und hinten zu, die mittlere Tür ist für die Aussteigenden reserviert). Ein Heftchen mit 20 Einzelfahrkarten kostet 23,50 €.

Haltestellen werden nicht aufgerufen, allerdings steht an jeder Haltestelle ein Streckenplan der jeweiligen Linie (es ist also hilfreich, die Haltestellen abzuzählen, auch die, an denen der Bus mangels Bedarf nicht hält, um dann richtig auszusteigen). Wer aussteigen will, muss einen der Klingelknöpfe betätigen.

■ **Nr. 101:** Nord-Süd (Piazza Vittorio Veneto – Teatro Politeama – Stazione Centrale)
■ **Nr. 102:** Nord-Süd (Politeama – Stazione Centrale)
■ **Nr. 103:** Nord-südöstlich (Politeama – Porta Felice)
■ **Nr. 105:** West-Ost (Porta Felice – Piazza – Indipendenza)
■ **Nr. 108:** Nord-Südwestlich (Politeama – Piazza Indipendenza)
■ **Nr. 110:** Nord-südwestlich (Piazza Indipendenza – Castello Zisa)
■ **Nr. 806:** nach Mondello von Politeama
■ **Nr. 389:** nach Monreale von Piazza Indipendenza
■ **Nr. 628:** nach Sferracavallo und Isola delle Femmine vom Piazzale de Gasperi (von dort Verbindung zum Politeama mit Nr. 101)
■ **Nr. 812:** nach Monte Pellegrino von Politeama.

Die Stadt hat drei **Touristenlinien** mit Elektrobussen eingerichtet, auf denen man für ein Ticket zu 0,52 € (ebenfalls in den Kiosken erhältlich) den ganzen Tag diese (und nur diese) Busse benutzen darf (bei Pech kann man aber schon mal eine Stunde auf den nächsten Bus warten).

Rote Linie/Linea rossa vom Bahnhof die Via Roma entlang nach Norden bis zum Giardino Inglese und auf der Via della Libertà wieder zum Bahnhof zurück.

Gelbe Linie/Linea gialla vom Bahnhof zum Orto Botanico und die Quattro Canti auf einem Rundkurs.

Grüne Linie/Linea verde zwischen Porta Felice und Piazza Indipendenza.

Stadtrundfahrten

Abfahrt täglich ab 9 Uhr (etwa jede Stunde) beim Politeama am *Politeama Palace Hotel* (Dauer 4 Std.), Preis für Erwachsene um 20 € (www.palermo.city-sightseeing.it). Die Rundfahrten sind ohne Führung, wer einen Führer in Anspruch nehmen möchte, wende sich ans Tourismusbüro. Dort werden Mo bis Fr 9–14 Uhr kompetente Reiseführer vermittelt.

Fernbusse

Der **zentrale Busbahnhof** befindet sich beim Bahnhof.

Busunternehmen

■ **AST,** www.aziendasicilianatrasporti.it, nach Altofonte, Baucina, Bisacquino, Bologneta, Borgetto, Campofelice di Fitaia, Campofelice di Roccella, Camporeale, Castelbuono, Chiusa Sclafani, Collesano, Corleone, Giardinello, Godrano, Isenello, Lercara Friddi, Marineo, Montelepre, Palazzo Adriano, Prizzi, Ragusa, Roccamena, San Cipirello, San Giuseppe

Jato, Termini Imerese, Ventimiglia di Sicilia, Vicari, Villafranti, Altavilla Milicia, Bagheria, Campofiorito, Capaci, Carini, Casteldaccia, Castronovo di Sicilia, Cinisi, Ficarazzi, Isola delle Femmine, Partinicio, Santa Flavia, Terrasini, Trabia.

■ **Cuffaro,** www.cuffaro.info, nach Agrigento, Canicattì, Favara, Grotte, Racalmuto, Castrofilippo, Comitini.

■ **Gallo,** www.autolineegallo.it, nach Bisacquino, Cattolica, Chiusa Sclafani, Giuliana, Ribera, Sciacca.

■ **Lombardo e Glorioso,** www.lombardoeglorioso.it, nach Pollina, San Mauro Castelverde.

■ **Randazzo,** http://autolineerandazzo.it, nach Termini Imerese.

■ **Russo,** www.russoautoservizi.it, nach Balestrate, Cinisi, Trappeto, San Vito lo Capo.

■ **SAIS,** www.saisautolinee.it, nach Alimena, Àvola, Blufi, Bompietro, Caltavuturo, Campofelice di Roccella, Caltagirone, Caltanissetta, Castelbuono, Castellana Sicula, Catania, Cefalà Diana, Cefalù, Cerda, Collesano, Enna, Gangi, Geraci Siculo, Isnello, Nicosia, Noto, Pachina, Petralia Soprana, Petralia Sottana, Piazza Armerina, Pietraperzia, Polizzi Generosa, Portopalo, Sciara, Scillato, Sclafani Bagni, Siracusa, Sperlinga, Termini Imerese, Trabia.

■ **Salemi,** www.autoservizisalemi.it, nach Campobello, Marsala, Mazara.

■ **Segesta,** www.interbus.it, nach Partinico, Siracusa, Terrasini, Trapani.

■ **Sicilbus,** www.interbus.it, nach Bemonte Mezzagno, Bolognetta, Misilmeri, Villabatet.

■ **Stassi,** www.stassibus.com, nach Contessa Entellina, Corleone und Marineo.

> Auf der Piazza Marina gibt's am Wochenende Antiquitäten

Bahn

■ **Bahnhof,** Giulio Cesare, Tel. 89 20 21, www.trenitalia.it, Richtung Agrigento, Catania, Messina, Siracusa, und Trapani

Schiff

Will man frühmorgens mit einer **Fähre,** einem **Aliscafo** oder einem **Katamaran** fahren, sollte man die Tickets am Vortag kaufen (allerdings wird u.U. eine Vorverkaufsgebühr fällig).

■ **Tirrenia/Fähren:** *Magazzini Generali,* Via Filippo Patti 25, www.tirrenia.it, nach Cagliari und Neapel.

■ **Grandi Traghetti u. Grandi Navi/Fähren:** *Calata Marinai d'Italia,* Tel. 091 60 72 61 62, www.gnv.it, Civitacecchia, Genua und Livorno.

■ **Siremar/Schnellboote:** *Prestiflippo, Via F. Crispi 118,* Tel. 091 58 24 03, www.siremar.it, nach Ùstica.

■ **Ùstica Lines/Schnellboote:** *Pietro Barbaro,* Molo Vittorio Veneto dir. Nord, Tel. 091 32 42 55, www.usticalines.it, zu den Äolischen Inseln (Juni bis Sept.).

■ **SNAV/Schnellboote:** Stazione Marittima, Call Center 08 14 28 55 55, www.snav.it, nach Neapel.

Funktaxi

Die Grundgebühr für eine Taxifahrt kostet etwa 6 €, der Kilometerpreis beträgt etwa 1 €. Zusätzliche Gebühren werden nachts, an Sonn- und Feiertagen, für die Anfahrt und für Gepäck fällig. Fahrten stadtauswärts sind ebenfalls zuschlagpflichtig (Mondello, Sferrocavallo, Monte Pellegrino, Baida und zum Flughafen).

■ **Funktaxi Autoradio** 091 51 33 11, www.autoradiotaxi.it.

■ **Funktaxi Trinacria** 091 68 78, www.radiotaxitrinacria.it.

Palermo

Flughafen

■ **Aeroporto Falcone Borsellino/Punto Raisi,** 30 km westlich von Palermo, Autobahnanbindung, Tel. 09 17 02 07 18, www.gesap.it.
■ **Busverbindung,** vom Flughafen zum Hauptbahnhof von Palermo (Dauer etwa 50 Min.) mit *Prestia & Comandè,* 5, 6.30 Uhr, dann alle 30 Min. bis 24 Uhr, 6,30 €.
■ **Taxifahrt,** ins Zentrum, um 40 €.
■ **Flüge nach Lampedusa,** *Alitalia,* www.alitalia.it, mindestens ein Flug täglich, in der Hochsaison mehrmals täglich, um 150–200 € (je nach Saison) hin und zurück.
■ **Flüge nach Pantellerìa,** *Alitalia,* www.alitalia.it, ein Flug täglich, in der Hochsaison mehrmals täglich, um 140 € hin und zurück.

Einkaufen

Souvenirs

■ **Fabrica Carrettini Siciliani e Souvenirs,** Via La Masa 82, Tel. 091 58 57 46, nahe der Piazza Borgo Vecchio, stellt seit Jahrzehnten das charmante Ehepaar Wägelchen und Puppen in allen erdenklichen Größen her und verkauft sie in ihren kleinen Räumlichkeiten.
■ **Cittacotte di Vizzari,** Via Vittorio Emanuele 120, Tel. 33 83 62 67 84, www.cittacotte.com, feine Tonmodelle von Sehenswürdigkeiten, die bis ins kleinste Detail von Hand gearbeitet sind, nicht billig aber schön.
■ **Alta Moda**
  Alle erdenklichen Marken sind in den Läden der Via Ruggero Settimo zwischen Piazza Castelnuovo und Quattro Canti zu finden.

Antiquitäten

■ **Trionfante,** Via Altofonte 82, www.trionfante.it. Antiquitäten auf rund 6000 m² und vier Etagen. Seit über 50 Jahren verkauft man Kunstvolles und Altes.

Wein

Zahlreiche Weinhandlungen sind im Stadtgebiet verstreut. Zwei Empfehlungen sind **Enoteca Picone,** Via G. Marconi 36, Tel. 091 33 13 00, www.enotecapicone.it, mit Verkostungssaal und die **Enoteca Ai Vini d'Oro,** Piazza Francesco Nasce 11/9, Tel. 091 58 62 74, wo man an den Tischen auf dem Platz die Weine probiert. Beide haben ein großes Angebot an sizilianischen Provenienzen.

Bücher und Landkarten

■ **Mondadori,** Via Ruggero Settimo 18, Tel. 09 17 60 61.

Märkte

■ **Mercato di Ballarò:** Lebensmittel (täglich)
■ **Mercato Calderai:** Via Calderai, Eisenwaren (Mo bis Sa 9–13 und 17–19 Uhr)
■ **Mercato del Capo:** Lebensmittel, Kleidung (täglich)

- **Mercato Lattarini:** Kleidung, Eisenwaren (täglich)
- **Mercato delle Pulci:** Piazza Peranni (hinter der Kathedrale), Antiquitäten (Mo bis Sa, So vormittag)
- **Mercatino Antiquariato:** Piazza Marina, bunte Mischung aus Nützlichem und Schrott, Schönem und Hässlichem (Sa und So).
- **Mercato della Vucciria:** Lebensmittel (Mo bis Sa).

Sonstiges

- **Postamt,** Via Roma 322.

Mondello

5000 Einwohner *(Mondellonesi)*, 10 m ü.N.N., PLZ 90 151, Palermo 10 km (Anfahrt mit Bus Nr. 806 von Politeama)

Im **Villen- und Badevorort Palermos** 10 km nördlich am Meer explodiert der Trubel am Wochenende und den ganzen Juli und August über (entsprechend langwierig kann die Anfahrt sein). Bars, Restaurants und das Lungomare, die Strandpromenade, sind am späten Nachmittag und abends übervoll, nachts stößt das Fassungsvermögen der Diskotheken an seine Grenzen, tagsüber verlustieren sich die Besucher am Strand, der bewirtschaftet ist. Die Mieten für die Umkleidehäuschen, Sonnenschirme und -liegen sind nicht billig, und die Selbstreinigungskraft des Sandstrandes reicht im Hochsommer bei Weitem nicht aus. Dennoch: Die luxuriösen Villen, Hotels und Restaurants geben Zeugnis vom Reichtum der Oberschicht und von der Tradition Mondellos, Ziel für die zu sein, die es sich leisten können.

Beherrschender Bau der Strandpromenade ist der **Kursaal**, ein Jugendstilgebäude ins Wasser hinein gebaut. Es beherbergt das *Restaurant Charleston*, ergänzt durch einen Sportclub (Tauchen, Segeln und Windsurfen).

Unterkunft

- **Villa Esperia** ③
Via Margherita di Savoia 53, Tel. 09 16 84 07 17, www.hotelvillaesperia.it. Hübsches Hotel in einer für Mondello typischen Jugendstilvilla mit 22 elegant eingerichteten Zimmern 150 m vom Strand. Restaurant im Haus.
- **Mondello Palace** ④
Viale Principe di Scalea, Tel. 091 45 00 01, www.mondellopalacehotel.it. Das Hotel ist vom Strand nur durch die Uferstraße und den eigenen Garten mit Pool getrennt, aus den Zimmern genießt man den Blick auf das bunte Treiben am Lungomare, den Strand und auf den Kursaal.

Essen und Trinken

- **Ristorante/Pizzeria Al Gabbiano** ③
Via Piano Gallo 1, Tel. 091 45 03 13, www.ristorantealgabbiano.it, Mi geschlossen. Gutes Mittelklasserestaurant am Wasser, Meeresrauschen garantiert, Fischgerichte, bei denen sich die Rechnung schnell hochsummiert, wer auf die Terrasse will, sollte besonders am Wochenende reservieren. Spezialität: *Gnocchi al pesto gamberetti* und *Risotto alla pescatora*.
- **Ristorante Bye Bye Blues** ③-④
Via del Garofalo 23, Tel. 09 16 84 14 15, www.byebyeblues.it, Di geschl. (nicht im Sommer). Wenige Schritte abseits vom Strand, kleines, michelinsternprämiertes Lokal mit ausgezeichneter und einfalls-

reicher Küche, die Traditionelles fantasievoll abwandelt, große Auswahl sizilianischer Weine.
■ **Ristorante Alle Terrazze** ④
Viale Regina Elena (Kursaal), Tel. 09 16 26 29 03, www.alleterrazze.it, Mi geschl. (nur Nov.–März). Edelrestaurant, Fischküche am oberen Ende der Skala, der Service ist legendär, die Lage ebenso im 1913 erbauten Kursaal auf Pfeilern über dem Wasser.

Sport

■ **Sportclub Albaria**
Viale Regina Elena 89/a, Tel. 09 16 84 44 83, www.albaria.org. Windsurfen, Segeln, Wasserski, Kanu fahren, Schnorcheln, Tennis, Stand-up-Paddling etc. Jedes Jahr im Mai wird das Weltfestival des Strandes ausgetragen mit allen Wassersportarten, Beach Volley Ball, Sky Diving und Jazz am Strand.

Monreale

25.000 Einwohner *(Monrealesi)*, 310 m ü.N.N., PLZ 90 046, Palermo 8 km (Anfahrt mit Bus Nr. 389 von Piazza Indipendienza)

Monreale im Westen Palermos erreicht man von der Piazza Indipendenza über den Corso Calatafimi und an der **Fontana del Pescatore** nach rechts abbiegend. Die Straße führt in Serpentinen, vorbei am Brunnen **Fontana del Drago,** auf den Monte Caputo. Beide Brunnen wurden 1767/68 von *Ignazio Marabitti* geschaffen. Viele Gebäude Monreales entstanden im 17./18. Jh., so auch das Rathaus. Der Ort erstreckt sich auf einem Hügelkamm westwärts, und Autofahrer werden im Straßengewirr schier wahnsinnig. Man sollte unbedingt den Parkplatz unterhalb des Doms aufsuchen und das Städtchen zu Fuß erkunden.

In die Schlagzeilen der Weltpresse gelangte der Dom von Monreale im Jahre 1997, nicht wegen seiner außergewöhnlichen Kunstschätze, sondern weil der Klerus zu den großen Mafia-Familien Verbindungen pflegte. Das Bistum liegt nämlich im „Goldenen Dreieck" der Cosa Nostra; legendäre Städtchen wie Prizzi und Corleone gehören in seinen Zuständigkeitsbereich. Und so wundert es nicht, dass die Mafia im Bistum sogar einen eigenen Priester besaß, der gerufen wurde, wenn es um nicht ganz saubere Angelegenheiten ging. *Don Agostino Coppola* dachte sich beispielsweise nichts dabei, den damaligen Paten *Salvatore „Toto" Riina* mit seiner geliebten *Ninetta* zu trauen, während ganz Sizilien per Haftbefehl nach dem Ober-Mafioso suchte. Riina war unter anderem verantwortlich für die Ermordung der Mafiajäger *Borsellino* und *Falcone* (1993 wurde er endlich verhaftet, sein Vermögen von über 150 Mio. € beschlagnahmt).

Schließlich hat sich herausgestellt, dass die Verquickung von Klerus und Mafia nicht nur die unteren Ränge betraf. Gegen *Monsignore Salvatore Cassisa*, den Erzbischof, strengten die Gerichte ein Verfahren wegen Verdachts der Korruption an. Er hatte sich im Sumpf von Bauaufträgen und Zuschüssen verstrickt, mit denen der Dom restauriert werden sollte. Das Funktelefon seines Privatsekretärs nutzte ein Mafiapate im Untergrund. 1997 trat *Cassisa* „aus Altersgründen" zurück – vor Gericht zu erscheinen verweigerte er.

Touristen können ungerührt von den dunklen Seiten des sizilianischen Alltags

vor der Kathedrale die berühmten **Eselskarren** für eine Besichtigungstour mieten oder sich auch nur davor oder darin fotografieren lassen.

Dom von Monreale

Wilhelm I. ließ 1172 in einem festungsartigen Gebäude einen neuen Erzbischofspalast, den Königspalast, Dom und ein Kloster errichten, um ein Gegengewicht zur Diözese Palermo zu schaffen. Das Kloster unterstellte er den Cluniazensern, einem Zweig des Benediktinerordens. Heute sind nur noch der **Dom** und der schöne **Kreuzgang** erhalten. Die Kathedrale im arabisch-normannischen Stil besitzt zwei Wehrtürme und einen klassizistischen Portikus aus dem 18. Jh. Die Bronzetüren mit Bildern aus dem Alten und Neuen Testament schuf *Bonnano Pisano* 1186. Die heutige Decke ist eine Nachbildung der ursprünglichen, die 1811 durch einen Brand zerstört wurde. Die Wände sind mit leuchtenden, farbenfrohen byzantinischen Mosaiken verkleidet.

UNSER TIPP Die **Capella Roano** links vom Hauptaltar ist ein von einem Jesuitenmönch 1686 geschaffenes Meisterwerk des Barock und wirkt mit seinem Marmorskulpturenprogramm fast wie eine Grotte. Putten, Monstergrimassen und Vögel geben sich hier ein buntes Stelldichein. Der Kreuzgang ist wiederum eine Ode an das Licht. Die auf Bleiplatten stehenden Doppelsäulen sind mit Mosaikbändern und wunderschönen Kapitellen verziert und umfassen einen quadratischen Innenhof. Die Kapitelle zeigen Motive biblischer Szenen und symbolische Darstellungen der islamischen Welt. Wer sich für die Details der Mosaikzyklen interessiert, sollte eine der Bro-

◁ Byzantinische Mosaike im Dom von Monreale

☐ Übersichtskarte S. 16 **Sferracavallo** 47

schüren oder Bücher erstehen, die zum Thema im Umfeld des Domes verkauft werden. Hinter dem Dom kann man im **Diözesanmuseum** Teile des Domschatzes und überaus wertvolle Gemälde besichtigen.

■ **Duomo di Monreale**
Piazza Vittorio Emanuele, Tel. 09 16 40 44 13, www.duomomonreale.it. Dom Mo–Sa 8.30–12.45, 15.30–17 Uhr, So 8–10, 15.30–17 (im Sommer nachm. 16.30–19.15 Uhr); Capella Roano 3 € (mit Terrassen, 4 € mit Diözesanmuseum und Terrassen); Kreuzgang Mo–Sa 9–19, So 9–13.30 Uhr, 6 €; Terrassen Mo–Sa 9–12.30, 15.30–17.15 Uhr, 2,50 €; Diözesanmuseum Di, Do, Sa 9–13.30 Uhr, 4 € (mit Capella Roano und Terrasse).

Unterkunft/Essen und Trinken

■ **B&B Villa Montereale** ③
Corso Calatafimi, Rocca-Mezzomonreale, Tel. 09 16 68 80 66, www.villamontereale.com. Auf dem Weg nach Monreale an einer Kehre gegenüber der Fontana del Pescatore, einige Zimmer und Miniapartments in einer eleganten Villa mit Schwimmbad, bei Voranmeldung auch Restaurant.

■ **B&B Domus Notari** ②
Via Duca degli Abruzzi 3, Monreale, Tel. 09 16 40 42 98, www.domusnotari.com. Mitten in Monreale gelegenes, kleines und charmantes Bed & Breakfast in historischen Gemäuer mit großzügigen Zimmern und Frühstück auf der Dachterrasse.

UNSER TIPP: Agriturismo
Portella delle Ginestra ③
C.da Ginestra, Piana degli Albanesi, an der SP34, 20 km von Monreale auf der SS624, Tel. 09 18 57 48 10, agriturismoportelladellaginestra.it. Befreiter Boden – Liberta Terra! Konfiszierter ehemaliger Mafiabesitz, der von einer Kooperative als Beherbergungsbetrieb geführt wird, nur drei Zimmer und ein gutes Restaurant.

■ **Osteria Peper's** ②
Via Cappuccini 6, Tel. 34 80 17 36 03. 10 m vom Dom gibt es in Pub-Atmosphäre recht ordentliche Küche zu durchaus erträglichen Preisen und mit Aussicht.

Sferracavallo

5000 Einwohner (*Sferracavallesi*), 5 m ü.N.N., PLZ 90 148, Palermo 15 km (Anfahrt mit Bus Nr. 628 vom Piazzale de Gasperi)

Das kleine Städtchen nördlich Palermo gehört den Fischern und Badegästen. Sandstrand findet sich östlich und scharfkantige Felsen westlich des Ortes. Die Restaurants am Hafen locken mit frischem Fisch. Sferracavallo ist besonders im Sommer nicht zuletzt wegen der Campinggäste betriebsam, befinden sich hier doch die Palermo nächsten Zeltplätze.

Unterkunft/Essen und Trinken

■ **Hotel Bellevue del Golfo** ②-③
Via Plauto 40, Tel. 091 53 06 18, www.hotelbellevuepalermo.com. Sauber und angenehm, 40 zweckmäßig eingerichtete Zimmer, alle mit Panoramablick aufs Meer, Restaurant, Strand, Rabatt bei längeren Aufenthalten.

■ **Trattoria il Delfino** ③
Via Torretta 80, Tel. 091 53 02 82, www.trattoriaildelfino.com, Montag geschl. Am Meer mit Blick übers Wasser, die Tintenspaghetti sind ein Gedicht, aber auch die Langusten und andere Meeresfrüchte sind vorzüglich, die Karte hängt vom täglichen Fang ab; die Qualität des Essens entschädigt für den Rechnungsbetrag. Sparen kann man mit dem festen Menü inkl. Getränke.

Isola delle Femmine

5000 Einwohner *(Isolani)*, 5 m ü.N.N., PLZ 90 040, Palermo 20 km (Anfahrt mit Bus Nr. 628 vom Piazzale de Gasperi)

Zuerst stand hier im 16. Jh. nur ein Leuchtturm, später kamen einige Thunfischplätze hinzu. Der kleine Fischerort hat sich erst im 18. Jh. entwickelt. Zum Gebiet der Gemeinde gehört auch die gleichnamige Insel, 600 m von der Landspitze **Punta del Passaggio** entfernt. Der Name entstand vermutlich durch eine falsch überlieferte Aussprache des arabischen Wortes „fim" für Mündung. Die kleine Insel ist unbewohnt, aber ein beliebtes Ziel für Bootstouren. Auf ihr befindet sich ein verfallener Wachturm.

Unterkunft/Essen und Trinken

■ **Hotel Saracen Club** ④
Via dei Saraceni 1, Tel. 09 18 67 14 23, www. hotelsaracen.it. Komfortables Strand- und Clubhotel am Lungomare mit zahlreichen Freizeitangeboten, in der Hochsaison nur wochenweise buchbar.

■ **Hotel Sirenetta** ③-④
Via dei Saraceni 81, Tel. 09 18 67 15 38, www.hotelsirenettapalermo.it. Kleines Strandhotel mit nur 29 Zimmern und persönlicher Atmosphäre. Das Highlight ist das Schwimmbad und der eigene Hotelstrand; vom Essen sollte man aber nicht allzu viel erwarten.

■ **Trattoria/Pitteria Carlo Magno** ②
Via Piano Ponente 74, Tel. 09 18 67 76 16. Gutes, familiengeführtes Fischlokal und ausgezeichnete Pizze, kein Chichi, sondern ehrliche Küche mit dem, was die Fischer im nahen Hafen anlanden.

Insel Ùstica

1350 Einwohner *(Usticesi)*, 54 m ü.N.N., PLZ 90 010, bis Palermo ca. 67 km

Wie eine große grüne Schildkröte liegt die 8,5 km^2 große, annähernd runde **Vulkaninsel im Tyrrhenischen Meer.** Der fruchtbare Boden wird intensiv kultiviert. Der grottenreiche Untergrund mit Höhlen und Sandbänken bietet den verschiedensten Meerestieren und Meerespflanzen eine Heimat, weswegen hier 1986 der erste **Unterwassernaturschutzpark** Italiens entstand – ein Eldorado für Schnorchler und Taucher, in dem Angeln und Fischen streng untersagt ist. Die Insel selbst, auch unter Naturschutz stehend, ist hügelig (die höchste Erhebung, der Guardia di Mezzo, misst 244 m), die Küste sehr abwechslungsreich, mit zahlreichen Grotten und Felsbuchten. Besonders erwähnenswert ist die Grotta del Tuono wegen ihrer einzigartigen Formen und Lichtreflexe.

Seit 1959 findet jedes Jahr die Internationale Ausstellung für Unterwasser-

Parkplatzsorgen

Wer auf Ùstica übernachten will, sollte sein Auto besser in einem der **Parkhäuser Palermos** unterbringen, z.B. in der Via Principe di Belmonte zwischen Via Francesco Crispi und Via Miraglia oder an der Piazza XIII Vittime, oder es auf dem Parkplatz an der Haupteinfahrt zum Hafen abstellen (für 24 Stunden ist mit etwa 15 € zu rechnen).

Insel Ùstica

sport statt. 1984 wurde in Ùstica die Akademie für Unterwasserwissenschaften und Techniken eingerichtet. Im Hochsommer explodiert die Bewohnerzahl auf das Zehnfache, entsprechend ist der Trubel. Eines sollte man auf Ùstica aber dennoch nicht erwarten: Sandstrände. Gebadet wird zwischen dem scharfkantigen schwarzen Vulkangestein auf Betonrampen, die ins Wasser gebaut sind. Andererseits macht die felsige Küste das Wasser glasklar.

Geschichte

Ùstica war bereits 1500 v. Chr. bewohnt. In karthagischer Zeit verhungerten 6000 Menschen auf der Insel; die Phönizier gaben ihr deshalb den Namen *osteodes* (Beinhaus). Den Römern verdankt sie schließlich ihren heutigen Namen (von „ustum" = verbrannt). Zwischen dem 8. und 11. Jh. war Ùstica in arabischer Hand, später dann unter der Herrschaft der Normannen. Bis ins 18. Jh. gelang es den jeweiligen Herrschern Siziliens nicht, die Bevölkerung vor den ständigen Piratenüberfällen zu schützen; die Dörfer wurden wiederholt zerstört und die Menschen in die Sklaverei verkauft. Die Bourbonen errichteten schließlich an der Cala Santa Maria eine Festung mit zwei Wehrtürmen, um die Insel gegen Korsaren und Piraten zu verteidigen, und siedelten Familien von den Liparischen Inseln an.

Wanderungen

Auf den Monte Guardia dei Turchi

Vom Hafen ist es etwa 1 Stunde Wegzeit, durch den Ort Richtung Westen an einer Zisterne und der Fundstätte spätrömischer Keramiken vorbei. Unterhalb des Bergzuges weiter, wendet sich der Weg im letzten Viertel nach oben zur **Radarstation.** Von hier hat man rundherum ungestörte Aussicht in die Ferne.

Um die Insel

In etwa 5–6 Stunden kann die Insel zu Fuß auf dem mal breiteren, mal pfadartigen Küstenweg umrundet werden. Dieser bewegt sich meist oberhalb der Steilküste; die Abstiege zum Meer sind mit losem Gestein bedeckt, lohnen aber die Mühe mit der Aussicht auf ein erfrischendes Bad.

Wer morgens aufbricht, verlässt die Ortschaft Ùstica in Richtung Süden (im Uhrzeigersinn). Er passiert die **Grotta Azzurra,** die nur vom Meer her zugänglich ist, doch die gleich folgende **Grotta di San Francesco Vecchio** ist auch auf dem Landweg erreichbar.

Nach 2 Stunden Gehzeit ist der südlichste Punkt der Insel, Punta di Licciardolo, erreicht, die Küstenlinie wendet sich nach Westen und nach einer halben Stunde am **Punta Gavazzi** beim **Leuchtturm** nach Norden. Hier trifft man auf die Straße, die der Küstenlinie im Landesinneren gefolgt ist. Der Torre dello Spalmatore ein Stückchen weiter markiert die einzige Stelle auf Ùstica, die man mit einigem guten Willen als Strand bezeichnen kann. Klar, dass hier im Sommer der Teufel los ist. An der Punta di Megna hat man die Möglichkeit, ein Stück im Landesinneren **spätrömische Ausgrabungsstätten** zu besichtigen, auf denen Keramiken gefunden wurden.

Die Straße verlässt nun die Küste wieder. An der nördlichsten Stelle der Insel, Punta Gorgo Salato, trifft man auf eine antike **Zisterne** und etwas weiter nördlich auf **Fundstätten aus der Bronzezeit,** eine Siedlung, von der Reste der Stadtmauer und Befestigungstürme entdeckt wurden. Sie wird der sogenannten Milazzo-Kultur zugeordnet, die vor allem auf den Liparischen Inseln beheimatet war (siehe dort).

An einer weiteren **Fundstelle von Keramik aus dem 2. Jh. v. Chr.** vorbei kann man nun direkt ins Städtchen hineingehen. Wer noch nicht genug hat, kann die Ùstica vorgelagerte **Landzunge** nach weiteren Zeugnissen aus der Vergangenheit abgrasen. Hier befinden sich die **Nekropolen der Roccia della Falco-**

> Der gut geschützte Hafen von Ùstica

Insel Ùstica

niera. Zu besichtigen sind hier eine in den Felsen gehauene Treppe, Überreste von Zisternen sowie Felsengräber, die aus den letzten Jahrhunderten der punischen Herrschaft über Ùstica stammen. Das **Archäologische Museum** in Ùstica-Ort stellt zahlreiche Funde aus den Nekropolen und den Ausgrabungsstätten der Insel aus und organisiert auf Anfrage auch Besichtigungstouren unter der Führung eines Archäologen.

■ **Museo Cicico Archeologico,** Case Carabozzelo, Largo Gran Guardia, Tel. 09 18 44 92 37, Mo–Fr 9–12, 15–18 Uhr (im Winter nur nach Voranmeldung), 2 €.

Bootsfahrten

UNSER TIPP Am Hafen kann man Barken mieten, die die Insel umrunden und zu den Grotten fahren, die zu Fuß nicht erreichbar sind. Unbedingt sehenswert ist die 100 m tiefe **Grotta Azzurra** im Licht des späten Nachmittags, wenn die Sonnenstrahlen das Wasser in einem hellen Türkis erstrahlen lassen. Die Reservatsverwaltung organisiert in der Saison auch täglich Fahrten in Booten mit Glasboden.

Der Unterwasserpark

Ùsticas glasklare Gewässer sind der Lebensraum für eine Heerschar verschiedenster Meerestiere. Darunter sind Riesen wie Thun- und Schwertfisch, zahlreiche Brassenarten, Barsche, Pilotfische, große Schwärme des hübschen *pesce azzurro*, aber auch Langusten und Seeschildkröten. Auch mehrere endemische und seltene Algenarten haben um Ùstica

Palermo und Umgebung

ein geschütztes Habitat. Die Insel ist in drei Zonen eingeteilt, in denen strenge Bestimmungen zum Schutz der Unterwasserwelt gelten. Angeln und Harpunieren sind nur außerhalb des Kernbereiches A (zwischen Caletta und Cala Sidoti) erlaubt (Genehmigung einholen!). In der Zone A darf auch nur an den ausgewiesenen Stellen gebadet werden.

Ein Unterwasserspaziergang auf den Spuren der Antike gehört zu den außergewöhnlichen Erlebnissen für Taucher. An der **Punta Gavazzi** (nahe des Leuchtturms) markieren Bojen den Einstieg für den Tauchgang, der bis auf 18 m Tiefe hinunterführt. Zu sehen sind verschiedene römische Anker und Amphoren in Tiefen zwischen 8 und 20 m, ein moderner und ein byzantinischer Anker komplettieren die „Unterwasserausstellung".

Praktische Informationen

Unterkunft

■ **Ferienzimmer UsticaTour** ②-③
Piazza Vittoria 7, Tel. 09 18 44 95 42, www.usticatour.com. Ferienhäuser und Wohnungen unterschiedlicher Preiskategorie, alleinstehend oder in der Stadt, Bootstouren.

■ **Agriturismo Hibiscus** ②
Località Tramontana, Tel. 09 18 44 95 43, www.agriturismohibiscus.com. Nette ländliche Unterkunft mit einfachen, geschmackvollen Zimmern.

■ **Residenzhotel Ùstica** ②-③
Via Cristoforo Colombo, Tel. 09 18 44 97 96, www.usticahotelresidence.it. Auf dem Weg vom Hafen ins Zentrum, modernes Haus, Zimmer mit Kochecke, Klimaanlage und Bad.

■ **Hotel Diana** ③
C.da San Paolo, Tel. 09 18 44 91 09, www.hoteldiana-ustica.com. In einem kleinen Park oberhalb der Steilküste gelegen, mit Zugang zum Meer, Schwimmbad und Tauchschule; in der Saison nur mit Halbpension.

■ **Hotel Ariston** ②-③
Via della Vittoria 5, Tel. 09 18 44 90 42 oder 09 18 44 93 35, www.usticahotels.it. Im Zentrum, trotz mehr als 20 Zimmern ist es recht familiär; mit Bootsvermietung.

■ **Hotel Punta Spalmatore** ②
Localita Spalmatore, Tel. 09 18 44 93 88, www.villaggiopuntaspalmatore.com. Juli bis Sept. geöffnet; Touristendorf im Bungalowstil.

■ **Residenzhotel Stella Marina** ③-④
Via Cristoforo Colombo 35, Tel. 09 18 44 81 21, www.stellamarinaustica.it. Komfortable Apartments am Hafen, im August nur wochenweise zu mieten, sonst 2 Tage Minimum, außerhalb der Hochsaison Sonderangebote.

Essen und Trinken

■ **Trattoria Schiticchio** ③ Via Tre Mulini, Tel. 09 18 44 96 62. Etwas abseits oberhalb des Zentrums Richtung Spalmatore, Lokal im Rustico-Stil; auch wenn es Pizza gibt, hierher geht man zum Fisch essen, wobei die Antipasti besonders lecker schmecken – wie überall mag der Service in der Hochsaison an seine Grenzen gelangen.

■ **Ristorante da Umberto** ②-③
Piazza della Vittoria 7, Tel. 09 18 44 95 42. Auf der schattigen Terrasse vor dem kleinen begrünten Platz im Zentrum kommt nur der morgendliche Fang auf den Tisch, Fisch vom Vortag ist verpönt, beste lokale Küche mit herzlicher Bedienung.

■ **Trattoria Clelia** ②
Via Magazzino 7, Tel. 09 18 44 90 39, www.hotelclelia.it. Familiäres Lokal mit Fischgerichten, Zimmervermietung.

■ **Ristorante da Giulia** ③
Via San Francesco 8/16, Tel. 09 18 44 90 07, www.giuliahotel.com. Lokale Küche wie die anderen Restaurants, aber mit einem Kick bei der Zubereitung,

das angeschlossene Hotel ist modern-komfortabel eingerichtet).

Nachtleben

Zum Tanzen geht es in die open Air-Diskothek **Rosa d'Eventi** (Tel. 33 82 84 57 18) unterhalb des Leuchtturmes am Punta Gavazzi, den Aperitiv nimmt man bei **Kiki's** (Tel. 32 80 38 47 62) oberhalb des Hafens auf der weiten Terrasse ein, später gibt's hier Party; darunter liegt der Komplex des **Il Faraglione** (Tel. 09 18 44 97 52, Mo geschl.) mit Restaurant und Lounge, ein guter Platz für Cocktails; im Ort geht man hinter dem Municipio in die Disco **Ailanto**.

Schiff

■ **Siremar** (Fähre und Schnellboote), Fähre Juni bis Sept. täglich nach/ab Palermo, sonst Okt. bis Mai fünfmal pro Woche (um 20 €/Person, um 40 €/Auto, Dauer 140 Min.); Aliscafi nur Juli/Aug. dreimal täglich nach/ab Palermo, ansonsten zweimal/Tag (um 25 €/Person, Fahrzeit 80 Min.). Büro Palermo, Prestifilippo, Via Crispi 118, Tel. 091 58 24 03. Büro Ùstica, Salvatore Militello, Piazza Di Bartolo, Tel. 09 18 44 90 02.

Sonstiges

■ **Vespaverleih,** auf dem Weg von der Anlegestelle hoch zum Zentrum passiert man mehrere Anbieter von Vespas. Mit 15 € muss man für eine rechnen, darf dann aber den ganzen Tag damit herumkutschieren (inkl. Benzin). Um Ùstica-Ort zu verlassen, fährt man hoch und durchs Zentrum, am Municipio vorbei, wo sich die Straße gabelt, links im Uhrzeigersinn um die Insel, nach rechts entgegen.
■ **Tauchzentrum Profondo Blu,** Via Cristoforo Colombo, Tel. 09 18 44 96 09, www.ustica-diving.it.
■ **Tauchzentrum Barracuda,** Cintrada Spalmatore, Tel. 09 18 44 91 32, www.barracudaustica.com.
■ **Tauchzentrum Mare Nostrum,** Via Cristoforo Colombo, Tel. 09 22 97 20 42, www.marenostrumdiving.it.

> An den Steilküsten sind die schönsten Tauchgründe

Die Route im Überblick | 57

Bagheria | 60

Brolo | 100

Caccamo | 68

Capo d'Orlando/San Gregorio | 99

Castelbuono | 86

Castel di Tusa | 89

Castroreale | 105

Cefalù | 69

Collesano | 68

Gangi | 84

Geraci Siculo | 86

Gioiosa Marea/San Giorgio | 101

Himera, Archäologische Zone | 67

Madonie, Naturschutzgebiet | 77

Milazzo | 106

Nebrodi-Gebirge, Abstecher ins | 92

Patti | 103

Petralia Sottana/Soprana | 81

Polizzi Generosa | 80

Sant'Agata di Militello | 98

Santo Stefano di Camastra | 91

Solunto | 61

Termini Imerse | 63

Tindari | 103

Zwischen Santo Stefano
und Sant'Agata | 97

2 Von Palermo nach Messina

Strände und Kultur, die Nordküste Siziliens bietet

für alle etwas, Antike am Meer und liebliche Natur im Landesinneren.

◁ Blick von der Rocca di Cefalù

Von Palermo nach Messina

VON PALERMO NACH MESSINA

Diese abwechslungsreiche Route entlang der westlichen Nordküste Siziliens bietet die Möglichkeiten eine **Ausgrabungsstätte** zu besuchen, **Strandbesuche** zu machen und interessante **Abstecher** ins bergige Landesinnere, z.B. nach Castel di Tusa, zu unternehmen.

NICHT VERPASSEN!

- **Cefalù,** Städtchen in herrlicher Lage | 69
- **Castel di Tusa,** große Landschaftskunst mit Erklärungsbedarf | 89
- **Sperlinga,** eine Bilderbuch-Festung | 95
- **Milazzo,** das Sprungbrett zu den Liparen ist selbst sehenswert | 106

Diese Tipps erkennt man an der gelben Hinterlegung.

Die Route im Überblick

Palermo nimmt kein Ende, und die Städte und Städtchen, die sich anschließen, laden nicht zum Verweilen ein. Die ganz Eiligen benutzen die Autobahn, wer wenigstens ein bisschen was sehen möchte, nimmt die SS113, und wer noch mehr Zeit hat, kann die SS113 verlassen und am Meer entlang um den Monte Catalfano (376 m) herum am Capo Mongerbino und dem Capo Zafferano vorbei an Villen und grünen Hängen zur Ausgrabungsstätte Solunto fahren. Ansonsten bietet die Küste bis Termini Imerese nicht viel mehr als Zersiedelung und Industrie.

Die Straße im Landesinneren führt parallel zur Küste und durch die fruchtbare Ebene des Mündungsgebietes der Flüsse Torto und Imera. Beim Bahnhof von Cerda, kurz hinter der Überquerung des Torto, geht rechts die SS120 ins Landesinnere ab. Wenig befahren, bietet sie

Von Palermo nach Messina

dem „Kurvenkünstler" eine Alternative zur Autobahn. Sie führt durch das Inselinnere, die **Madonie** und am nebrodischen Gebirge entlang und endet nördlich des Ätna an der Küste.

Bis **Cefalù** und weiter ist die SS113 von der Küste durch die Eisenbahnlinie abgetrennt. Wer genügend Zeit und Laune hat, kann die **Ausgrabungsstätte Himera** besuchen und einen Abstecher nach **Collesano** in die Madonie hinein machen.

Bis etwa **Sant'Àgata di Militello** sind nur wenige Ansiedelungen zu sehen (wohl aber einige Feriendörfer), die Küste ist zu steil, der Platz reicht nicht, nur Sand- und Kiesbuchten laden zum Baden ein (wobei meist die Schienen durch Unterführungen zu unterqueren sind). Trotz der Eisenbahn ist es eine schöne Strecke mit ständiger Aussicht aufs Meer.

Beim Bahnhof von **Pollina** – mit der Möglichkeit eines Abstechers zum gleichnamigen Ort in den Bergen (hier wird die Provinz Palermo verlassen, und man fährt in die Provinz Messina ein) – ist ein Highlight auf dieser Strecke erreicht, **Castel di Tusa** mit seinen in die Landschaft gestellten Großkunstwerken. Drei Stunden sollten für einen Abstecher eingeplant werden, Übernachtung ist in einem Hotel möglich, dessen Zimmer von Künstlern als Unikate eingerichtet wurden (Beschreibung siehe unten).

Ab Sant'Àgata di Militello verlässt die SS113 die Küste und macht Platz für Zitrusplantagen bis zum **Capo d'Orlando**. Capo d'Orlando, im Sommer überfüllter Ferienort, und das ruhigere **Gioiosa Marea** gleich nebenan eignen sich beide als Standorte für Unternehmungen in das Nebrodi-Gebirge. Dahinter winken die **Ausgrabungsstätte Tindari** und **Milazzo** am Kap, Ausgangspunkt für Besuche auf den Liparischen Inseln, ein Muss bei jedem Sizilienurlaub.

Bagheria

56.000 Einwohner *(Bagheresi),* 76 m ü.N.N., PLZ 90 018, bis Palermo 15 km

Wer Bagheria schnell durchfährt, wird dem Ort das Fehlen jeglichen Charmes attestieren. Bei genauerem Hinsehen, kann man jedoch einige Juwele aus dem 17. und 18. Jh. entdecken. Der Grundstein des Ortes wurde von *Giuseppe Branciforte*, Fürst von Butera, gelegt, der 1658 seine **Villa Butera** errichtete. Es dauerte aber ein ganzes Jahrhundert, bis tatsächlich eine Ansiedelung stattfand und Straßen entstanden. Das 18. Jh. stand im Zeichen reger Bautätigkeit. Errichtet wurden z.B. die **Villen Valguarnera** in einem großen Park und **Villarosa** mit einem klassizistischen Säulengang.

Villa Cattolica

Die Villa Cattolica ist Sitz der **Galerie für Moderne Kunst** mit Gemälden von *Renato Guttuso*. Der Freund *Pablo Picassos* hat sich dem Realismus verschrieben, war Kommunist, Stadtrat von Palermo und nahm sich in seinen Werken seine sizilianische Heimat zum Thema.

■ **Museo Guttuso**
Via Rammacca 9, Tel. 091 94 39 02, www.museoguttuso.it, Di–So 9.30–14, 15–19.30 Uhr, 5 €.

Villa Palagonia

Auch die Villa Palagonia ist zugänglich. Sie wurde aus Sandstein gebaut und innen wie außen mit fantastischen Figuren ausgestattet. Der Bau begann um 1715, die Arbeiten, die dem Gebäude seinen Namen „Villa der Monster" verliehen, gab aber der Enkel des Be-gründers erst Mitte des 18. Jh. in Auftrag – purer sizilianischer Barock, der die Villa in ganz Europa bekannt machte.

Unser Tipp: Villa Palagonia
Piazza Garibaldi 3, Tel. 091 93 20 88, www.villapalagonia.it, tgl. 9–13 und 16–19 Uhr (Winter 9–13, 15.30–17.30 Uhr), 5 €.

Capo Zafferano

Der Abzweig ans Meer (Aspra – Sant' Elia – Porticello – Solunto – Santa Flavia) beginnt in **Ficarazzi,** 10 km von Palermo entfernt. Im Jahr 1458 gründete der Feudalherr *Pietro Speciale* den Ort. Das von ihm erbaute Kastell wurde im 18. Jh. zur Villa umgebaut. Beachtung verdient ihr Treppenaufgang. Der kleine Fischerort **Aspra** mit Strandbad besitzt mehrere Hotels, doch Palermo ist nahe und die Wasserqualität entsprechend. Das Örtchen **Sant'Elia** gegenüber dem Capo Zafferano ruht zu Füßen des Monte Catalfano. Das kleine Fischerdorf **Porticello** sollte – besonders an den Wochenenden, wenn die Palermitani zum Baden einfallen – von ruhebedürftigen Menschen gemieden werden. Das von Palermo 16 km entfernte Dorf **Santa Flavia** entstand um das Kastell Solunto (Soloeis oder Solus), das zu einer der wichtigsten Städte des punischen Sizilien gehörte. Herzstück der Siedlung ist der von einem Park umgebene **Filangeri-Palast** aus dem 18. Jh. (heute Rathaus). Die zahlreichen Villen zeugen noch von der Zeit, als der palermitanische Adel hier seine Sommerresidenzen bezog.

Solunto

Solunto liegt in 235 m Höhe, 18 km auf der SS113 (plus 1 km Nebenstraße) von Palermo entfernt. Es bedeckt ein Plateau des Monte Catalfano über dem Städtchen Santa Flavia. Weit geht von hier der Blick über das Meer, die großen Reise-

busse fehlen, ein angenehmer Aufenthalt ist garantiert.

Solunto wurde wahrscheinlich von den **Phöniziern** als Handelsniederlassung zeitgleich mit Mozia und Palermo unter dem Namen **Kfra** (Kafara) gegründet und war später dem punischen Karthago untertan. Im 4. Jh. v. Chr. wurde die Stadt im Laufe des ersten Feldzuges *Dionysios' des Älteren* (397 v. Chr.) zerstört und ein Jahr später wieder im griechischen Stil aufgebaut. Die Historiker glaubten lange, dass die phönizische Siedlung an einer anderen Stelle lag, heute beweisen aber entdeckte Gräber aus dem 6. Jh. v. Chr., dass die geschlagenen Punier ihre Stadt an der alten Stelle wiederaufgebaut haben. Im Laufe des Ersten Punischen Krieges eroberten die Römer 245 v. Chr. Kafara. Die wechselvolle Geschichte führte zu dem Gemisch aus römisch-hellenistischem Stil mit punischem Einfluss, wie er heute noch in den Ruinen sichtbar ist. Ende des 3. Jh. v. Chr. verließen die Bewohner die Stadt nach und nach, und sie verfiel.

Die archäologische Zone gibt eine gute Vorstellung von der regelmäßigen Anordnung entlang der Hauptstraßen, *decumanus* und *cardo*, die sich rechtwinklig kreuzen und an denen die einzelnen Wohnviertel lagen. Ein von vier Straßen begrenzter Bereich wurde *insula* genannt. Darauf wurden je nach Wohlstand eines bis mehrere Häuser errichtet. Die Villen von Solunto sind erstaunlich groß, besitzen der römischen Tradition entsprechend einen von einem Säulengang eingefassten Innenhof (meist mit herrlichen Mosaiken ausgestattet) und eigene Zisternen.

Bei den Resten des **Hauses der Leda** findet man noch einige Fresken und Mosaikböden. Interessant sind die Ruinen des Gymnasiums und des Theaters. Auf dem höchsten Punkt der Stadt steht ein punisches Heiligtum mit labyrinthartig verschachtelten Räumen und Gängen, deren Anlage und Bedeutung sich dem ungeübten Betrachter allerdings kaum erschließen. Offensichtlich wollte man dadurch die wichtigen Sakralräume vor den Blicken der Nichteingeweihten schützen. Viele Funde wurden nach Palermo verbracht und dort ausgestellt (u.a. eine Statue des *Baal Hammon*), einige verblieben vor Ort und sind im Antiquarium am Eingang zu sehen (Keramiken aus dem 4. Jh. v. Chr., bemalte Wände der Wohnhäuser, Kapitelle aus römisch-hellenistischer Zeit und spätgriechische Statuen).

■ **Zona Archeologica di Solunto**
Via Collegio Romano , Santa Flavia, Tel. 33 87 84 51 40, Antiquarium und archäologische Zone Di–Sa 9–17.30, So 9–13 Uhr (Winter nur bis 12 Uhr), 4 €.

Anfahrt mit Bus der Gesellschaft AST von Palermo/Piazza Lolli oder dem Zug, jeweils nach Santa Flavia, Bahnhof ca. 1,5 km vom Ausgrabungsgebiet entfernt.

Unterkunft

■ **Hotel Da Franco il Conte** ②
Via Vallone de Spuches, Bagheria, Tel. 091 96 68 15, www.dafrancoilconte.it. Kleines, modernes Hotel, 23 Zimmer mit allem Komfort und ein angeschlossenes Restaurant mit guter Fischküche. Den einen oder anderen Prominenten hat man auch in der Gästeliste, z.B. *Jim Belushi*.

■ **Agriturismo Villa Cefala** ③
SS113 Nr. 48, 4 km von Bagheria in Richtung Santa Flavia, Tel. 091 93 15 45, www.cefala.it. In einer und um eine Villa aus dem Jahr 1778 werden Zim-

mer und Apartments vermietet. Auf rund 40 ha wachsen vornehmlich Oliven und Zitrusfrüchte, das angeschlossene Restaurant ist empfehlenswert (ca. 25 €).

Unser Tipp: Hotel Kafara ③-④
Litoranea Mongerbino, Santa Flavia/Sant'Elia, Tel. 091 95 73 77, www.kafarahotel.it. Hotel mit 66 Zimmern in traumhafter Lage mit zwei Pools, einer davon am Felsstrand mit Meerwasser; auch einige Bungalows. Alle Einrichtungen, die eine Ferienanlage haben muss.

Essen und Trinken

■ **Ristorante/Pizzeria Antica Solunto/La Grotta** ②
Zona Archeologica di Solunto, Tel. 091 90 32 13, Mi und im Winter werktags tagsüber geschl. Pizza gibt es abends immer, mittags nur am Wochenende – auch ausgezeichnete Fischgerichte und eine herrliche Sicht über die Küste.

■ **I Piscaturi Cuore Marittimo** ③
Largo Pescheria 16, Santa Flavia/Olivella, Tel. 091 95 77 58, nur abends offen, Mo geschl. Gehört zu den besten Fischrestaurants; am Wochenende überlaufen, unprätentiöse, fast einfache, gemütliche Einrichtung. Kochkurse; in Familienbesitz.

■ **Trattoria La Muciara** ②-③
Via Roma 105, Santa Flavia/Porticello, Tel. 091 94 72 74, www.nelloelgreco.it, Mo geschl. Elegantes Fischrestaurant, von Einwohnern Palermos gut besucht. Man versuche auf alle Fälle die Fischpastetchen und die Fischsuppe alla Muciara.

Termini Imerese

27.000 Einwohner *(Termitani),* 77 m ü.N.N., PLZ 90 018, bis Palermo 38 km

Von Palermo kommend fährt man in die Oberstadt ein. Folgt der Besucher den Straßenschildern nach Messina, geht es kurvig zur Unterstadt bergab. Morgens und abends erlebt Termini Imerese eine Stoßzeit, die jeden Fahrer zur Verzweiflung bringt. Als Industriezentrum (*Fiat* ließ hier Autos montieren, hat das Werk allerdings 2012 geschlossen) strahlt es nicht gerade den Charme eines Kurortes aus, und so bleibt der Thermalismus mehr oder weniger auf den kleinen Bereich um das Grand Hotel in der Unterstadt beschränkt, der durch düstere, hochgesetzte Bahnanlagen vom Hafen getrennt ist. Trotzdem bietet die Stadt dem historisch Interessierten einiges, war doch schon zu Zeiten der Sikaner die Heilkraft der Quellen bekannt.

Das 42°C warme Wasser der beiden **Thermalquellen** wird auch heute noch zur Linderung von Entzündungen der Atemwege, von Hautkrankheiten und Magenleiden genutzt. Die Anlagen sind vorzüglich unterhalten, Physiotherapie ist möglich.

Berühmt ist Imerese auch für seinen **Karnevalsumzug.** Er gehört sicher zu den schönsten in ganz Sizilien, die zahlreichen Wagen sind liebevoll geschmückt und nehmen auch politisch kein Blatt vor den Mund. Besonders schön wird es in den Abendstunden, wenn die Themenwagen illuminiert sind.

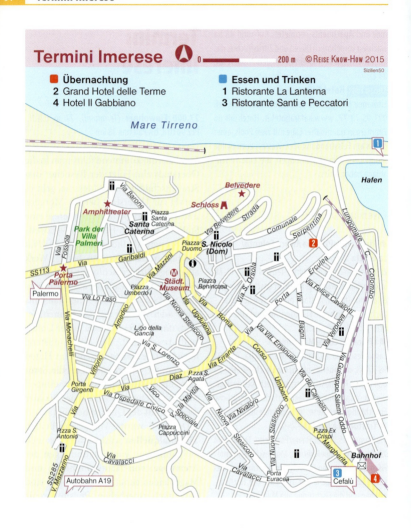

Besichtigung

Die Gegend ist, wie Fundstücke aus den umliegenden Grotten belegen, seit dem Paläolithikum, der Bronze- und Kupferzeit, besiedelt. Von der Stadtmauer aus dem 16. Jh. steht heute nur noch das Stadttor, **Porta Palermo.** Über die Via Garibaldi gelangt man in den öffentlichen **Park der Villa Palmeri,** der 1845 angelegt wurde und Ruinen eines römischen Bauwerkes enthält. Nördlich davon befinden sich noch die Reste eines **Amphitheaters**.

Auf dem Weg zum Dom wird die Kirche **Santa Caterina** aus dem 15. Jh. passiert, interessant wegen eines Malereizyklus mit alten sizilianischen Sprichworten und dem spätgotischen Tor mit Spitzbogen. „Il Duomo" stammt vom Anfang des 16. Jh. und wurde im Barock neu konzipiert. Im Inneren finden sich Skulpturen auch aus der Renaissance. Beachtenswert ist ein Relief aus römischer Zeit und das Gemälde der Kreuzigung von *Ruzzolone*.

Wenige Schritte nördlich des Doms hat man von der Via Belvedere aus einen herrlichen Blick über die Küste. Noch schöner ist die Sicht von den sanierten Ruinen des **Schlosses** oberhalb vom Aussichtspunkt und Park **Belvedere**.

Städtisches Museum

Das **Städtische Museum Baldassare Romano** befindet sich unterhalb der Piazza Duomo in einem ehemaligen Krankenhaus aus dem 14. Jh. Es zeigt Funde aus Himera (darunter eine wertvolle attische Vase), Gemälde aus der Zeit vom 12. bis 17. Jh., eine numismatische Sammlung und beleuchtet die Stadtgeschichte über die Jahrhunderte.

■ **Museo Civico Baldassare Romano**
Via Marco Tullio Cicerone, Tel. 09 18 12 85 50, Di–Sa 9–13 und 16–18.30 Uhr, So 8–12.30 Uhr, 1,50 €.

Hotel delle Terme

Das Hotel residiert in einem Gebäude vom Ende des 19. Jh., erbaut von *Damiani Almejda*. Im Souterrain sprudeln die Thermalquellen, die seinerzeit den palermitanischen Adel anzogen.

Praktische Informationen

Touristeninformation

■ **Ufficio Informazione/Pro Loco**
Via Vincenzo La Barbera 18, Tel. 33 46 23 60 61.
■ **www.prolocotermini.it**

Unterkunft

■ **Hotel Il Gabbiano** ②
Via Libertá 221, Tel. 09 18 11 32 62, www.hotelgabbiano.it. In der Nähe des Bahnhofs (1 km) am Ortsausgang Richtung Cefalù an der SS113, 24 Komfortzimmer mit Balkon und Fernsehen, Restaurant.
■ **Grand Hotel delle Terme** ③-④
Piazza Terme 2, Tel. 09 18 11 35 57, www.grandhoteldelleterme.it. Elegant-gediegene Einrichtung in einem schönen alten Bau mit 70 luxuriösen Zimmern, terrassenförmig angelegtem Park, es gibt Kureinrichtungen und ein großzügiges Freibad.

Essen und Trinken

■ **Ristorante/Pizzeria La Lanterna** ②
Via Lungomare Cristoforo Colombo, Tel. 09 18 11 52 13, Mo geschl. Fischküche am Hafen in einem familiären Lokal, kleiner Speisesaal und Veranda auch für kühlere Abende. Spezialitäten des Hauses: Schwertfischrouladen und Pizza mit Meeresfrüchten (auch mittags).
■ **Ristorante Santi e Peccatori** ③
Piazza Duomo 8, Tel. 09 18 14 11 23, Mi geschl. Eleganteres Fischrestaurant bei der Kathedrale, manchmal von der Tagesform beeinträchtigte, sonst aber sehr gute Küche.

Verkehr

■ **Bahnhof,** Via Libertà (Tel. 89 20 21, www.tren italia.it), Richtung Palermo, Messina, Agrigento und Caltanissetta.

■ **Busterminal,** beim Bahnhof, nach Caccamo, Cefalù und Palermo.

◩ Auch das kleinste Städtchen besitzt seine Barockkirche

Archäologische Zone von Himera

Himera liegt an der Autobahn (Ausfahrt „Agglomerato Industriale") und direkt an der SS113, 15 km westlich Termini Imerese und 20 km von Cefalù. Die griechische Kolonie wurde 648 v. Chr. von den Chalkidiern aus Messina und Milazzo gegründet. Zwischen den Flüssen Himera und Torto war das Land fruchtbar, und bald hatte die Stadt 4000 Bewohner. Bekannt wurde sie durch eine Schlacht im Jahr 480 v. Chr., als die Kartagher von Syrakusern und Agrigentern geschlagen wurden. Sechzig Jahre später rächte sich die punische Armee, zerstörte die Stadt bis auf die Grundfesten und ermordete 3000 Gefangene. Am besten erhalten ist der **dorische Tempel** jenseits der Eisenbahn, zum Gedenken des griechischen Sieges über die Karthager und als Danksagung an die Götter errichtet. Die archäologischen Funde, z.B. die Wasserspeier in Form von Löwenköpfen, sind im Archäologischen Museum von Palermo und im Städtischen Museum von Termini Imerese zu sehen. Das diesseits gelegene Tempelareal und die zwei Wohngebiete (Nord und Süd) verlangen vom Betrachter Fantasie, will er sich ein Bild früherer Zustände machen.

■ Parco archeologico di Himera
Tel. 09 18 14 01 28, Antiquarium Mo–Sa 9–17.30, archäologische Zone Mo–Sa 9–16.30, So 9–14 Uhr Uhr, 2 €. Anfahrt mit Bus der Gesellschaft AST von Palermo/Piazza Lolli nach Santa Flavia, mit dem Zug zum Bahnhof Buonfornello, ca. 1 km vom Ausgrabungsgebiet entfernt.

Unterkunft/Essen und Trinken

■ Acacia Resort ③-⑤
Litorale di Himera SS 113, Campofelice di Roccella, Tel. 09 21 93 54 00, www.acaciaresort.com. 224 Zimmer mit allem erdenklichen Komfort und modernster Technik und für Feragosto sind alle Fenster und die Innentüren schalldämmend ausgelegt, so dass die Feierwütigen nicht die Ruhesuchenden stören. Allerdings ist die Klientel eher gesetzt und profitiert von Einrichtungen wie dem vorzüglichen Spa oder dem großzügigen Pool.

■ Ristorante Baglio Himera ②
Strada Statale Buonfornello 113, Tel. 09 18 14 00 05. Landgaststätte in einer umgebauten Scheune mit leckerer sizilianischer Bauernkost und Pizze – bei Einheimischen beliebt, deshalb zumindest am Wochenende reservieren.

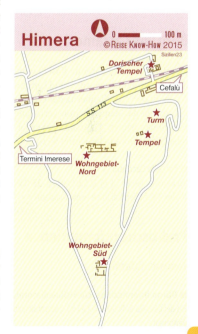

Caccamo

8500 Einwohner *(Caccamesi)*, 520 m ü.N.N., PLZ 90 012, bis Palermo 48 km

Caccamo im Landesinneren 11 km südlich von Termini Imerese an der SS285 und den westlichen Hängen des Monte San Calogero geht wahrscheinlich auf eine Siedlung der Karthager zurück, die sich nach der Zerstörung Himeras 480 v. Chr. hier niedergelassen haben.

Zwischen Mitte August und Anfang September findet das bekannte **Kostümfest** *Castellana di Caccamo* statt. Mittelalterlich gewandet führen die Bewohner des Städtchens zahlreiche Spiele auf und defilieren zwischen den Marktständen.

Burg von Caccamo

Das den Ort dominierende Kastell wurde von Normannen gestiftet und kam im 14. Jh. in den Familienbesitz der *Chiaramonte*, die das damals schon verfallene Kastell neu bauten. Das heute gut erhaltene Gebäude kann besichtigt werden.

- **Castello Caccamo**
Via Castello, Tel. 09 18 14 92 52, Di–So 9–13, 15–19 Uhr, 4 €. Ab Termini Imerese mit *Randazzo*.

Praktische Informationen

Touristeninformation

- **Ufiicio Informazione, c/o Siciliaedintorni,** Via del Castello 8, Tel. 09 18 12 13 12, www.siciliaedintorni.it.

Caccamos Kulturverein vermittelt Führer und organisiert außerdem Besichtigungstouren mit Schwerpunkt auf Kunstgeschichte und Natur.
- www.caccamo.sicilia.it

Essen und Trinken

- **Ristorante/Pizzeria La Spiga d'Oro** ②
Via Margherita 74, Tel. 09 18 14 89 68, www.ristorantelaspigadoro.it, Mi geschl. Familiäres Lokal mit hausgemachten Nudeln, Terrasse, große Karte, Pizza nur abends.

Collesano

5000 Einwohner *(Collesanesi)*, 468 m ü.N.N., PLZ 90 016, bis Palermo 69 km

Das Städtchen liegt in der nördlichen Madonie, 15 km vom Küstenort Campofelice di Roccella (mit den Ruinen des Roccella-Turmes aus dem 14. Jh.) weg im Landesinneren, mitten in Olivenhainen, umgeben von Bergen.

Collesano wurde im 12. Jh. am Normannenkastell gegründet, dessen Ruinen noch zu sehen sind. Zu besichtigen sind auch die **Marienkirche** (erbaut im 15. Jh. und in den folgenden Jahrhunderten mehrfach verändert, Kreuz aus dem 16. Jh., ein Gemälde der Santa Rosalia von *Pietro Novelli*, ein marmornes Ciborium von *Donatello Gagini*, Fresken von *Giuseppe Salerno*), die **Alte Kirche** (im 12. Jh. entstanden, im 15. Jh. umgebaut, Marienstatue von *Antonello Gagini* von 1516), das **Rathaus** im Gebäude eines ehemaligen Dominikanerklosters und die Kirche **Santa Maria di Gesu** aus dem 17. Jh. (Kruzifix von *Umile da Petralia*).

Das **Museum Targa Florio** mitten in Collesano widmet sich dem berühmten Rennen auf Siziliens Straßen, das hier zwischen 1906 und 1977 als Teil der Sportwagen-Weltmeisterschaft abgehalten wurde und seit 1978 als Rally fortgeführt wird.

■ Museo Targa Florio
Corso Vittorio Emanuele 3, Tel. 09 21 66 46 84, www.museotargaflorio.it, tgl. 9.30–12.30 und 15.30–19 Uhr (Mo und Do nachmittag geschl.), Eintritt 2 €.

Praktische Informationen

Touristeninformation

■ Ufficio Turistico Parco Madonie
Viale Vincenzo Florio. Tel. 09 21 66 40 01.

Unterkunft/Essen und Trinken

■ Agriturismo Arione ②-③
C.da Pozzetti (Collesano), Tel. 34 74 76 37 38, www.agriturismoarione.it. 12 km von Collesano (erst Richtung Isnello fahren und dann auf die SP128 nach Lascari abbiegen), vornehmlich Reiterhof, der ausgedehnte, auch mehrtägige Trekking-Touren auf dem Pferderücken in die Madonie unternimmt. Wer reiten will, ist hier genau richtig.

■ Agriturismo Case Tabarani ②
C.da Tabarani (Collesano), Tel. 09 21 85 41 89, www.tabarani.it. 9 km westlich von Collesano auf dem Land in einer tollen Panoramalage und in modern-rustikalem Stil, nur wenige Apartments; ausgezeichnete Madonie-Landküche, sehr gute Basis für Exkursionen und abendliche Ruhe und Entspannung.

■ Ristorante/Pizzeria Casale Drinzi ②
C.da Drinzi, Tel. 09 21 66 40 27, www.casaledrinzi.it, 20 €. Am Stadtausgang Richtung Isnello mitten im Grünen, Blick aufs Meer, Pizza nur abends, auch Zimmervermietung. Wurst und Käse aus der Madonie, Pilzgerichte, Wildschwein, angenehme Atmosphäre. Ein Erlebnis sind die Mittelalterabende mit Gerichten nach fast vergessenen Rezepten.

Cefalù

14.000 Einwohner *(Cefalùtani)*, 16 m ü.N.N., PLZ 90 015, bis Palermo 70 km

Wer auf der SS113 bleibt, sieht außer ein paar Hotels und einem Straßentunnel nichts von Cefalù. Es heißt hineinfahren und einen Parkplatz suchen. Cefalù ist **einer der beliebtesten Touristenorte Siziliens** und im Sommer heillos überfüllt. Die Einwohner machen das Beste daraus. Souvenirläden, Restaurants, Hotels bieten alles, was des Pauschaltouristen Herzen wünscht und sein Geldbeutel ihm erlaubt. Trotz der touristischen Beanspruchung hat der Ort mit seinen engen, überfüllten Gassen seinen Charme nicht verloren. Die Stadt liegt am Fuße einer imposanten Felswand aus Muschelkalk – *Rocca di Cefalù* direkt am Meer – und besitzt einen schönen, weiten Sandstrand im Westen mit sauberem Wasser. Im Osten liegt der Hafen.

Vermutlich war die Region schon in der Vorgeschichte bewohnt, verlässliche Informationen über eine Ansiedelung besitzt man allerdings erst aus dem 4. Jh. v. Chr., auf das auch der Name zurückgeht (von „Kephaloidion" = Spitze). Die Geschichte ist typisch für das Kommen

Cefalù

Übernachtung
1. B&B Collegio di Maria di Cefalù
3. Hotel La Giara
5. B&B Dolce Vita
9. B&B Case Villelmi al Duomo
17. B&B Locanda Cangelosi
19. Hotel Mediterraneo
21. Villa Cerniglia
22. Camping San Filippo
23. Villa Margherita
24. Hotel Alberi di Paradiso Club
25. B&B delle Rose
26. Hotel Al Pescatore
27. B&B Alfa Tra i Pini
28. Hotel Kalura

Essen und Trinken
2. Ristorante Al Porticciolo
4. Trattoria La Botte
6. Trattoria L'Antica Corte
7. Ristorante Lo Scoglio Ubriaco
8. Ristorante Ostaria del Duomo
10. Ristorante Le Chat Noir
11. Ristorante La Brace
12. Trattoria Il Carretto
13. Antica Focacceria, Café La Galleria
14. Le Petit Tonneau
16. Bar/Gelateria di Noto
20. Pizzeria White Horse

····· Wanderweg

---

und Gehen der fremden Mächte auf Sizilien. Syrakuser, Römer und Araber eroberten und zogen wieder ab. Schließlich kamen die Normannen, und unter ihnen erlebte Cefalù seine eigentliche Blüte (auf ein Gelübde *Rogers II.* geht auch der Bau des Domes zurück).

Das Auto sollte direkt geparkt werden (z.B. am Lungomare, im Sommer sind die Parkplätze gebührenpflichtig und kosten um 1 €/Stunde). Parkplätze sind rar und der Wagen für die Entdeckung der Stadt vollkommen sinnlos.

Via Vittorio Emanuele

Die Via Vittorio Emanuele – Hauptgasse der Altstadt – verläuft parallel zum Meer, kurz hinter der Kreuzung mit der Via XXV Novembre passiert man linkerhand das **Lavatoio Medievale,** pittores-

Cefalù

kes Überbleibsel der arabischen Herrschaft. Es war eine in den Felsen gehauene Wäscherei mit ausgeklügeltem Wassersystem und dient heute nur noch als Touristenattraktion.

Mandralisca-Museum

Die nächste Querstraße nach rechts führt zum Museum. Sein Name geht auf den *Baron Mandralisca* zurück, der den Grundstein für die hier ausgestellte Sammlung gelegt hat. Neben weiteren archäologischen Ausstellungsstücken besticht die „Vase des Thunfischverkäufers", die aus dem 4. Jh. v. Chr. stammt. Zudem finden sich Gemälde der venezianischen Schule und flämischer Maler. *Antonello di Messinas* „Portrait eines Unbekannten" ist eines der Glanzstücke.

■ Museo Mandralisca
Via Mandralisca 13, Tel. 09 21 42 15 47, www.fondazionemandralisca.it, Juni, Juli, Sept. 9–19 Uhr, Aug. 9–23 Uhr, sonst 9–13 und 15–19 Uhr, Winter Mo geschl., 6 €.

Kathedrale

Weiter geradeaus endet die Via Mandralisca am Domplatz. Die Entstehung des Domes geht auf Roger II. zurück. Der Dom gilt als eines der großartigsten Bauwerke der Normannenzeit überhaupt. Baubeginn war im Jahr 1131, die Fassade wurde aber erst im Jahr 1472 von *Ambrogio da Como* geschaffen. Der Dom erhielt die Form einer Basilika mit drei Schiffen, getrennt durch Säulenreihen. Das Sanktuarium hat drei Apsiden, das Querschiff zwei Flügel. Die Spitzbögen des Domes sind besonders schlank ausgeführt. Die mittlere Apside schützt die wunderschönen byzantinischen Mosaiken aus dem Jahr 1148. Die Halbkuppel dominiert das Bildnis des „Christus Pantokrator". Der Bau war zur damaligen Zeit ein so ungeheuerliches Unterfangen, dass er mehrfach eingestellt werden musste, um bautechnische Lösungen für die aufgetretenen Probleme zu finden.

■ Duomo
Piazza Duomo, Tel. 09 21 92 63 54, 8.30–13, 15.30–17 Uhr, Messen So 10, 11.30, 18, Sa 18 Uhr.

Kreuzgang

Das neben dem Dom befindliche Kloster besitzt einen wunderschönen Kreuzgang. Er entstammt wohl dem Ende des 12. Jh. oder dem Beginn des 13. Jh. Zierliche Doppelsäulen aus weißem, venezianischem Marmor verleihen dem Hof eine zarte Verspieltheit. In der Nord-Süd-Ausrichtung besteht der Kreuzgang aus 20 Bögen, in der Ost-West-Ausrichtung aus 15 Bögen, an der südwestlichen Ecke besitzt der Kreuzgang einen drei Bögen im Geviert messenden Bruder. Die Säulen sind mit Kapitell und Basis 1,70 m hoch. Derzeit ist nur eine Hälfte des Kreuzganges aufgestellt, die andere noch zur Sanierung in der Werkstatt. Ein Faltblatt hilft bei der Entdeckung der Säulenpaare, darunter „Gänsegeier und

Krokodile", „Bestiarium" und „Akrobaten".

■ Chiostro
Piazza Duomo, Tel. 33 88 17 54 98, 10–13 und 15–18 Uhr, Winter nur vorm., 3 €.

Osterio Magno

Verlässt man den Domplatz auf dem Corso Ruggero nach Süden, stößt man bei der Via Amendola auf die ehemalige Residenz von *Roger II.* (beim Tourismusbüro), den Osterio Magno. Das befestigte Gebäude wurde schon im 13. Jh. restauriert, deshalb ist nicht mehr viel von der ursprünglichen Bausubstanz zu sehen.

Abendstimmung am Stadtstrand von Cefalù

Rocca di Cefalù und Diana-Tempel

Ein Stück weiter Richtung Piazza Garibaldi halten wir uns bei der Via Carbonari links und gehen hoch zum Kassenhäuschen am Zugang zur **Rocca di Cefalù,** die in einer halben Stunde – erst auf einem Treppenweg, dann auf einem holprigen Pfad – erstiegen werden kann. Zwischen dem Verteidigungswall aus byzantinischer Zeit hindurch (mit überbauten Resten aus vorgeschichtlicher Zeit), an Ruinen vorbei (Kirche und Backöfen, da hier oben die Fluchtburg der Stadt war) geht es zum **Tempel der Diana,** einem megalithischen Bauwerk in einem kleinen Wald. Weiter oben, 270 m über dem Meer, sind die Reste einer Burg zu besichtigen.

UNSER TIPP Auch für den geschichtlich nicht Interessierten ist der Aufstieg auf den Felsen von Cefalù lohnenswert. Der Blick in die Ferne und auf die darunter liegende Stadt ist fantastisch.

■ **La Rocca di Cefalù**
Tel. 0921424055, 9–20, Winter 9–17 Uhr, bei schlechtem Wetter geschl., 4 €.

Praktische Informationen

Touristeninformation

■ **Ufficio Informazione**
Corso Ruggero 77, Tel. 09 21 42 10 50, www.cefalu.it.
■ **Informationsbüro Madonie**
Corso Ruggero 116, Tel. 09 21 92 33 27, www.parcodellemadonie.it, das Büro des Parks schräg gegenüber der Touristeninformation verkauft die Wanderkarte der Madonie (derzeit Ausgabe 2012, 3 €), gibt zu den Ortschaften um den Park hilfreiche Broschüren aus und berät zu Wanderungen.
■ **C.A.I. Cefalù (Bergsteigerclub)**
Vicolo alle Falde 4, www.Caicefalu.it.

Unterkunft

UNSER TIPP: **Hotel Mediterraneo** ②
Via A. Gramsci 2, Tel. 09 21 92 25 73, www.htlmediterraneo.it. Kleines modernes Hotel garni auf einer Etage eines Geschäftshauses, ganz zentral direkt am Bahnhof gelegen und mit Parkplatz versehen, 300 m von der Altstadt.
■ **Villa Cerniglia** ③
Lungomare G. Giradina, Tel. 32 03 06 42 75, www.villacerniglie.com. 11 Apartments, alle mit Küche, TV, Klimaanlage und einem Balkon oder einer Terrasse, unweit von Strand und Zentrum.
■ **B&B Villa Margherita** ②-③
Lungomare G. Giradina, Tel. 09 21 42 00 13, www.villamargheritacefalù.it. Kleiner und sympathischer Betrieb mit einem hervorragenden und ausgiebigen Frühstück.
■ **B & B Alfa Tra i Pini** ②-③
Via dei Casali, C.da San Cosimo/Cefalù (3 km außerhalb im Südosten), Tel. 09 21 92 15 93, www.albatraipini.it. Zimmer in Panoramalage, große Gemeinschaftsterrasse, auch Familienzimmer, wegen vorhandener Heizung auch gut im Winter zu buchen.
■ **B&B Locanda Cangelosi** ①
Via Umberto I. 26, Tel. 09 21 42 15 91, www.locandacangelosi.it. Vier Zimmer, zentral gelegen, einfachst ausgestattet mit Ventilator und Etagenbad, ein kleines Apartment für 2 Personen (40–50 €) wird auch vermietet.
■ **B&B Collegio di Maria di Cefalù** ②-③
Piazza Marina 3, Tel. 09 21 42 12 29 oder 32 91 41 13 71, www.conventisicilia.it. Zentraler gehts wohl nicht. Am Meer und im Zentrum, von den Terrassen Blick auf die Altstadt. Die freundlichen Schwestern vermieten Zimmer mit Bad in einer Gästen vorbe-

haltenen Etage. Lift. Eine angenehme Atmosphäre macht die Herberge empfehlenswert, wenn auch das eine oder andere Zimmer einer Renovierung bedürfte und das Frühstück eher mager ausfällt.

■ **Hotel La Giara** ②-③
Via Veterani 40, Tel. 09 21 42 15 62, www.hotellagiara.it. Das einzige direkt in der Altstadt gelegene Hotel (50 m vom Meer). Von der Dachterrasse genießt man einen herrlichen Blick, angeschlossenes Restaurant.

■ **B&B Dolce Vita** ②-③
Via Bordonaro 8, Tel. 09 21 92 31 51, www.dolcevitabb.it. Nördlicher (und zentraler) geht's nimmer, von den Dachterrassen blickt man über das Meer, das Hostel hat Zimmer mit Bad, Klimaanlage und Balkon und bietet Internet, Küchenbenutzung und einen Barbecue-Platz.

■ **B&B delle Rose** ②-③
Via Gibilmanna (1 km außerhalb des Zentrums), Tel. 09 21 42 18 85, http://dellerosecefalu.com. Einfach und sauber, das frühere Hotel Germania; mitten zwischen Olivenbäumen, einige Zimmer mit kleinen Terrassen ausgestattet, mit Blick auf Cefalù, eigener Parkplatz.

■ **B&B Case Villelmi al Duomo** ③
Corso Ruggero 149, Tel. 09 21 51 46 43. Direkt am Domplatz gelegen, Blick aus den Fenstern des Palais auf die Kathedrale, die vier Wohnungen sind auch als Ferienwohnungen jeweils komplett zu mieten.

■ **Hotel Al Pescatore** ③
Localita Caldura (1 km außerhalb Richtung Messina an der SS113), Tel. 09 21 42 15 72, www.hotelalpescatore.it. Komfortable Zimmer 500 m vom Strand, Parkplatz, kein Restaurant.

Unser Tipp: **Hotel Kalura** ③-④
Via Vincenzo Cavallaro 13, Tel. 09 21 42 13 54, www.hotel-kalura.com. Hotel in fantastischer Lage in der Caldura-Bucht (15 Gehminuten ins Zentrum) mit einem ebenso fantastischen Ausblick auf die Felsen von Cefalù; der Gebäudekomplex ist in mehreren Ebenen angeordnet mit eigenem Privatkai am Wasser mit Liegen und Schirmen, schöne Restaurantterrasse, Zimmer unterschiedlicher Kategorien, großer Pool; es gibt zahlreiche Aktivitätsangebote wie Tauchen, geführte Wanderungen, Straßenrad- und Mountainbike-Touren ins Madonie-Gebirge.

■ **Hotel Alberi di Paradiso Club** ④
Via dei Mulini 18 (1 km westlich der Altstadt), Tel. 09 21 42 39 00, www.alberidelparadiso.it. Die Preise sind abhängig von der Zimmerlage und Saison; vorzuziehen sind die abgeschieden gelegenen Bungalows im Olivenhain; Shuttle in die Altstadt.

Camping

■ **Camping San Filippo** ①-②
Località Ogliastrillo (3 km westlich von Cefalù Richtung Palermo), Tel. 09 21 42 01 84, www.campingsanfilippo.com. Sehr sauberer, terrassenförmiger Platz am Meer, Olivenbäume und Pinien spenden Schatten, schöner Sandstrand in einer Bucht, minimale Einkaufsmöglichkeit, Bus vom Bahnhof (den Fahrer nach dem Camping fragen, damit er hält); 10. Apr. bis 10. Okt. geöffnet.

Essen und Trinken

■ **Antica Focacceria** ①
Via Gioeni 87, Tel. 09 21 92 58 59, So geschlossen. Belegte Brötchen, Pizza vom Blech und Hühnchen vom Grill als günstige Mahlzeit aus der Hand.

■ **Pizzeria White Horse** ①-②
Via Roma 106, Tel. 09 21 42 01 37, nur abends. Keine Terrasse am Meer, unspektakuläre Einrichtung und keine Aussicht – was bleibt da anderes, als die beste Pizza der Stadt zu servieren. Probieren Sie unbedingt einmal die Calzone (und meiden Sie das Vorspeisenangebot).

■ **Il Carretto** ②-③
Via Mandralisca 66, Tel. 39 34 29 55 43. Kleine Karte mit Spezialitäten wie Vorspeise mit geräuchertem Fisch, Salsiccia vom Grill oder Pasta alle Sarde – nur zehn Tische drinnen und sechs draußen in der Gasse.

Cefalù

■ **Trattoria/Pizzeria L'Antica Corte** ②
Cortile Pepe 7, Tel. 09 21 42 32 28, Do geschl. Ausgezeichnete Vorspeisen, zu empfehlen ist das Couscous mit Meeresgetier, Pizza nur abends, Tische zum Meer hin.

■ **Trattoria La Botte** ②
Via Veterani 6, Tel. 09 21 42 43 15, www.ristorante labottedal1987.it, Mo und Juli/Aug. mittags geschl. Sympathisches, familiäres kleines und einfaches Lokal, das für seine unprätentiöse Küche mit besten Zutaten gelobt wird, große Weinkarte mit einem etwas zu gemütlich hantierenden Service.

Unser Tipp: **Le Petit Tonneau** ②
Via Vittorio Emanuele 49, Tel. 09 21 42 14 47, tgl. bis 22 Uhr, Sa bis 1 Uhr. Enoteca mit ausgezeichneter Auswahl und kleinen Gerichten. Der Hit ist die winzige Terrasse über dem Wasser – hoch beliebt, deshalb schon frühzeitig sein Handtuch hinlegen!

■ **Ristorante/Pizzeria Lo Scoglio Ubriaco** ③
Via C. O. Bordonaro 24, Tel. 09 21 42 33 70, Di geschl. Fischrestaurant mit großer Terrasse zum Meer, angenehme Atmosphäre, Pizza nur abends, die Einheimischen bestellen meist den Fisch vom Grill. Spezialität: Pasta mit luftgetrocknetem Kaviar, Knoblauch und Olivenöl.

■ **Ristorante Ostaria del Duomo** ③
Via Seminario 5, Tel. 09 21 42 18 38, www.ostaria delduomo.it, Mo geschlossen. Sizilianische Gerichte, wegen der tollen Lage auf dem Domplatz im Sommer abends überlaufen, sozusagen „Fischküche in der ersten Reihe".

■ **Ristorante La Brace** ③
Via XXV. Novembre 10, Tel. 09 21 42 35 70, www. ristorantelabrace.com, Mo u. Di Mittag geschl. Sizilianische und internationale Küche in netter Jugendstil-Bistroatmosphäre. Der holländische Wirt lebt seit 20 Jahren in Sizilien.

■ **Ristorante/Pizzeria Al Porticciolo** ②-③
Via C.O. di Bordonaro 66, Tel. 09 21 92 19 81, www.alporticcioloristorante.com, Mi geschl. Sehr beliebtes Restaurant mit Terrasse am Meer und einigen Menüvorschlägen zum Festpreis; günstige und gute Pizza!

■ **Ristorante Le Chat Noir** ③-④
Via XXV Novembre 1856 17, Tel. 09 21 42 06 97, www.ristorantelechatnoir.com, Mi geschl. Elegantgemütlich, unter den Gewölben wird beste Küche serviert, die ihren Preis hat, darunter Carpaccio vom Schwertfisch, *spaghetti tonno e limone* und Filet vom Grill mit Rucola und Pilzen.

Eis

■ **Gelateria di Noto**
Via Bagno Cicerone 3/4, Tel. 32 72 46 49 33, März–Okt. Direkt über dem Stadtstrand sitzt man besonders gerne bei Sonnenuntergang und löffelt das (anerkannt gute) Eis, danach gibt's Cocktails, und man ist mehr Lounge denn Gelateria; die tolle Lage rechtfertigt die Preise.

Nachtleben

Den Abend beginnt man natürlich mit einem späten, sehr späten Mahl in einem der vielen Lokale der Altstadt. Gesättigt wendet man sich dann einer Bar zu, um die wenige Zeit bis zum Discobesuch herumzubringen. Am besten sucht man hierzu die **Bar Duomo** am Domplatz auf, mit Drinks, Kaffee und süßen Nascherreien (im Sommer bis 2 Uhr morgens). Wer dann noch hungrig ist, kann sich wieder ins Zentrum aufmachen und im **Al Covo del Pirata** (Via V. Emanuele) zu DJ-Musik eine Kleinigkeit essen.

Die Disco **Le Calette** im Hotel desselben Namens hinter dem Hafen (C.da Caldura) lockt die Ragazzi im Sommer fast jeden Abend zum Tanzen.

Frische Luft schöpfen die Nachtschwärmer an der Piazza Colombo an den Tischen über dem Meer, wo es gute Cocktails gibt.

Unser Tipp: Das Café **La Galleria** mit Buchladen im Innenhof des Museums in der Via Mandralisca, wo man sich abends auf einen Drink trifft.

Einkaufen

Im Sommer findet der Markt am Samstag Vormittag außerhalb im Süden auf der **Via Cirrincione** statt, nach der Saison holt man ihn wieder in die Stadt und hält ihn am **westlichen Lungomare** ab.

Verkehr

■ **Busterminal,** Piazza Stazione (beim Bahnhof), nach Castelbuono, Enna, Gibilmanna, Isnello, Palermo, Petralia
■ **Bahnhof,** Piazza Stazione 1, Tel. 89 20 21, www.trenitalia.it, nach Messina, Palermo.

Vespa-/Radverleih

■ **Scooter for Rent,** Vittorio Emanuele 57, Tel. 09 21 42 04 96, www.scooterforrent.it.

Fest

■ **Fest zu Ehren von San Salvatore** – des Stadtheiligen – in der Nacht vom **5. August** (Prozession am 6. August).

Sonstiges

■ **Tauchzentrum Barakuda,** *Hotel Kalura,* Via Vincenzo Cavallaro 13, Tel. 34 76 85 30 51, www.sicilia-divers.com, unter deutscher Leitung.
■ **H2OME,** Piazza C. Colombo 9, Tel. 38 81 88 53 97, http://h2omediving.com. Tauchzentrum mit Schule nach Padi und Isda.
■ **Bike Zone,** Via Vincenzo Cavallaro 5 (neben dem *Hotel Kalura,* Tel. 0551-48 99 38 (Deutschland), www.bikezone-sizilien.de, organisieren Wanderungen und Mountainbike-Touren in der Madonie und auf ganz Sizilien.

Naturschutzgebiet der Madonie

Wer im Hochsommer der Hitze des Tages entgehen, im Frühling und Herbst seine überflüssigen Pfunde auf Wanderungen oder auf dem Rücken der Pferde loswerden oder aber im Winter auf Brettern die Hänge hinuntersausen will, fährt in das Landesinnere hoch in die Madonie. Auf engen und kurvenreichen Straßen verlässt man die Küste und gelangt in die waldreichen Berge, bei klarem Himmel ein einzigartiges Erlebnis.

Übrigens wird in der Madonie um Castelbuono – einzigartig in Europa – noch **Manna** gewonnen und verarbeitet; in Castelbuono kann man die Produkte (Hautpflege, Naturmedizin) kaufen. Natürlich hat es nichts mit der Speisung des israelitischen Volkes zu tun, es ist eine Art Harz der Manna-Esche *(fraxinus ornus),* süßlich und für medizinische Zwecke geeignet. Eine ganz andere Sensation war das Bergrennen **Targa Florio,** das zwischen 1906 und 1977 immer im Mai in der Madonie stattfand. 150 harte Kilometer auf großteils unbefestigten Straßen von Buonfornello über Castellana Sicula, Petralia Sottana, Geraci Siculo, Castelbuono, Isnello und Collesano zurück nach Buonfornello. Fand die Targa statt, wurden die Häuser zu- und Tiere und Kinder weggesperrt, immer wieder kam es zu tödlichen Unfällen. Unter den Teilnehmern des Rennens: *Stirling Moss, Huschke von Hanstein* und *Graf Berghe von Trips.* Die Autos: alle Marken. Porsche lieh sich das Wort „Targa" für eine Bauart seiner Wagen (siehe auch bei Targa Florio-Museum in Collesano weiter oben).

Ausflug zur Wallfahrtskirche Gibilmanna

Maria Sanitissima di Gibilmanna liegt 15 km außerhalb Richtung Isnello und Madonie. Man verlässt Cefalù von der Piazza Garibaldi über die Via Umberto I. Das Heiligtum liegt seit dem 17. Jh. an den Ausläufern des 1080 m hohen Pizzo Sant'Angelo in 800 m Höhe. Gibilmanna soll auf ein Benediktinerkloster aus dem 6. Jh. zurückgehen. Ein kleines Museum widmet sich dem Klosterleben. Im rechten Seitenflügel der Kirche steht ein kostbarer, polychromer Marmoraltar von *Baldassare Pampillonia* (1684). Der Altar war ursprünglich für die Kathedrale von Palermo vorgesehen. 1785 hat ihn das Kloster gekauft.

Im Kloster von Gibilmanna findet sich auch das **ethnografische Museum** *Fra Giammaria da Tusa* mit einer Ausstellung zum Klosterleben und mit Sakralkunst in 10 Sälen.

■ **Santuario di Gibilmanna**
Gibilmanna, Tel. 09 21 42 22 21, Kirche 8.30–12.30 und 15.30–20 Uhr (Winter bis 19.30 Uhr), Museum 10.30–12.45 und 15.30–19 Uhr (Winter bis 18 Uhr); Messen tgl. 18.30 Uhr (Winter bis 16.30 Uhr), feiertags auch 9.30, 11, 12, 16.30, 18 und 19 Uhr (im Winter nicht um 18 und 19 Uhr).
■ **Museo Fra Giammaria da Tusa,** Tel. 09 21 42 18 15, tgl. 10.30–13, 15.30–19 Uhr, Winter nachm. 15–17 Uhr, 2 €.

Isnello

Nach etwa 25 Kilometern hinter Cefalù erreicht man auf 500 m Höhe **Isnello** mit 1500 Einwohnern. Der mittelalterliche Ort geht auf eine prähistorische Ansied-

◰ Im Gebirge wird der Baustil trutzig, und auch im Sommer wird es hier abends kühl

lung zurück, in diversen Grotten in der Umgebung wurden Funde aus diesen Zeiten eingesammelt. Heute ist Isnello ein beliebtes Ausflugs- und Ferienziel. In der Dorfmitte steht die **Marienkirche** aus dem 15. Jh.; Gemälde von *Giuseppe Salerno,* Fresken von *Antonio Ferraro* und Stuck von *Giuseppe Li Volsi* sind zu sehen. Die **Chiesa San Michele** stammt aus dem 14. Jh., die Orgel wurde im 18. Jh. eingebaut. Ein Holzkruzifix und das Bild der „Vierzig Märtyrer" von *Giuseppe Salerno* verdienen Beachtung. In der **Chiesa San Rosario,** im 16. Jh. Palastkapelle derer zu Isnello, befinden sich die Gräber der adeligen Familie.

Piano Zucchi/ Piano Battaglia

Von Isnello geht es nun immer weiter hinauf. Nach 5 km kommt ein Abzweig nach Collesano, wir halten uns links nach Süden, passieren in einer Höhe von

1105 m den *Rifugio Luigi Orestano* und das *Hotel La Montanina* auf der Piano Zucchi und 4 km danach auf 1400 m das *Hotel Baita del Faggio*.

15 km nach dem Abzweig nach Collesano geht es links weg zur *Rifugio Ostello della Gioventu* und zur *Rifugio Marini* in einer Höhe von 1680 m, Ausgangspunkt diverser **Wanderungen,** erfahrene Reiter können Pferde mieten.

Unterkunft

■ Rifugio Ostello della Gioventu Piero Merlino ①-②
Piano della Battaglia, Tel. 09 21 64 99 95, www.rifugiopieromerlino.it. Auf 1600 m, insgesamt 18 saubere 4- und 6-Bett-Zimmer mit Bad, ganzjährig offen, im Winter sind unmittelbar in der Nachbarschaft Schlepplifte, Restaurant mit Wildgerichten.

■ Rifugio Luigi Orestano ①-②
Piano Zucchi, Tel. 09 21 66 21 59, www.rifugiorestano.com. Die Schutzhütte auf 1100 m geht auf das Jahr 1910 zurück als die sizilianischen Alpinisten begannen, die Madonie zu entdecken. Die Küche hat nichts mit einer Berghütte zu tun, sie ist gut, und man speist à la carte wie gewohnt drei Gänge ②. Teils haben die 31 Zimmer (auch Einzel und Doppel) ein eigenes Bad.

■ Hotel Baita del Faggio ③
Acque del Faggio, Tel. 09 21 66 21 94, www.baitadelfaggio.it. Schönes Berghotel auf 1400 m mit Reitmöglichkeit und im Winter Skiangebot (in 3 km Entfernung), 23 komfortable und großzügige Zimmer.

Polizzi Generosa

3500 Einwohner *(Polizzesi),* 920 m ü.N.N., PLZ 90 028, bis Palermo 90 km

Roger I. ließ 1076 ein Kastell errichten, um das herum sich diese Ortschaft entwickelte. *Friedrich II.* gestand ihr einige Vorrechte zu und verlieh ihr den Beinamen *Generosa,* da der Boden so fruchtbar und die Einwohnerschaft recht wohlhabend und großzügig war.

Der Schriftsteller *Antonio Borgese* stammt von hier, er heiratete eine Tochter von *Thomas Mann.* Doch ist er nicht der einzige **berühmte Sohn der Stadt.** Der Schauspieler *Vincent Schiavelli* wurde in Polizzi geboren und Signore *Dolce,* der mit seinem Partner *Gabbiano* eine Modefirma gründete. Schließlich wanderten die Großeltern des Regiseurs und Produzenten *Martin Scorsese* von Polizzi in die USA aus.

Wandern in der Madonie

Wer wandern will, sollte sich in einem der Büros des Madonie-Schutzgebietes (beispielsweise in Petralia oder Cefalù) die **Wanderkarte Carta Sentieri del paesaggio Cefalù – Madonie** besorgen. Mehrere Wanderwege sind genau dokumentiert – die Broschüren sind aber nicht immer erhältlich, lassen sich aber auf dem Internet herunterladen: www.parcodellemadonie.it. Zu jeder Tour gibt es Downloads einer Karte mit dem Verlauf und einer zusätzlichen Wegbeschreibung mit Dauer, Länge Auf- und Abstiegsdaten (alles auf italienisch).

Die Kirche **Santissima Trinita** gehörte einst dem Deutschritterorden. In der **Marienkirche** (17. Jh.) sind das Gemälde „Rosenkranzmadonna" von *Giuseppe Salerno*, der „Sarkophag von San Gandolfo" und von *Domenico Gagini* das Basrelief „Das Letzte Abendmahl" zu sehen.

Archäologisches Museum

Das Museum neben dem Rathaus zeigt Funde aus hellenistischen Nekropolen in der Umgebung (etwa 4.–2. Jh. v. Chr.): Skulpturen, Amphoren und einige gut erhaltene, fein bemalte Vasen.

■ **Museo Archeologico**
Via Garibaldi 11, Tel. 09 21 55 11 37, Di–So 10–13, am Wochenende auch 16–19 Uhr.

Umweltmuseum

Ganz oben im Ort im weitläufig-verwinkelten Palazzo Notarbartolo ist im Museum die Fauna der Madonie in Schaukästen aufgereiht. Vogelbälger und zahlreiche weitere Tiere sind zu sehen und vermitteln den Artenreichtum des Naturparkes.

■ **Museo Ambientalistico Madonita**
Piazza Castello 7, Tel. 32 92 25 00 48, www.mam.pa.it, tägl. 9–13 Uhr, nur nach Voranmeldung offen, 4 €.

Praktische Informationen

Touristeninformation

■ **Ufficio Informazione,** Via Garibaldi, im Rathaus von Polizzi Generosa, Tel. 09 21 55 16 10.

Unterkunft

■ **Hotel Ai Templari** ③
Piazza Castello 7, Tel. 09 21 68 81 73. In den ehrwürdigen Mauern des schlossähnlichen Hauses mit Innenhöfen, Terrassen und Gärtchen werden Zimmer mit Frühstück vermietet. Beliebt ist die kühle Weinbar im Innenhof. Auch die Restaurantküche verdient einen Besuch.

Essen und Trinken

■ **Ristorante Itria** ②
Via Beato Guglielmo Gnoffi 8, Tel. 09 21 68 87 90, Mi geschlossen. Gute Madonie-Küche mit Pilzgerichten, Spargel, typischen *Antipasti* und Fleischspeisen als *Secondi*, rustikale und gemütliche Atmosphäre, auch Pizzeria.

Petralia Sottana/ Petralia Soprana

8000 Einwohner *(Petralesi)*, 1000–1150 m ü.N.N., PLZ 90 027/90 026, bis Palermo 110 km

Etwa 10 km hinter Castellana Sicula werden Petralia Sottana und Petralia Soprano erreicht.

Die beiden **Gebirgsdörfer** besitzen nette Natursteinhäuser. Bereits im 3. Jh. v. Chr. wurde eine Ortschaft auf einem Felsplateau in 1147 m Höhe im östlichen Teil der Madonie unter dem Namen *Petra* erwähnt. Zu arabischer Zeit galt er als uneinnehmbare Festung, die gemeinsam von Muslimen und Christen bewohnt war. Soprana ist sikanischen oder

Hochseilgarten

Zwischen den Baumwipfeln turnt man in unterschiedlichen Schwierigkeitsgraden herum, es gibt Abschnitte für Kinder unter 1,10 m und natürlich die große Herausforderung 12 m über dem Boden mit ausgefeilten Hindernissen, die es zu bewältigen gilt – immer natürlich mit Sicherungsgurt.

Weitere Aktivitäten sind im Angebot (MTB-Rundkurse, Bogenschießen, Eselreiten, Trekking etc.)

■ **Parco Avventura**
Von Petralia Sottana Richtung Piano Battaglia auf der SP54 (3 km), Tel. 09 15 64 73 37, www.parcoavventuramadonie.it, Juli/Aug. 9.30–18 Uhr, April bis Juni und Sept bis Nov. nur an Wochenenden, unterschiedliche Preise für die einzelnen Aktivitäten (Erwachsene ab 15 €).

griechischen Ursprungs, während Sottana unter den Normannen entstand.

In **Petralia Sottana** weist die **Chiesa Santa Maria della Fontana** ein herrliches Portal im Stil der katalanischen Gotik auf, das Innere ist allerdings nicht zu besichtigen. In der Kirche **San Francesco** finden sich Fresken aus dem 18. Jh., und in der Kirche am Domplatz, der Chiesa Madre, sind Gemälde von Giuseppe Salerno, Statuen von Gagini und eine barocke Orgel zu besichtigen.

In **Petralia Soprana** dient das ehemalige **Karmeliterkloster** am Corso Umberto heute als Rathaus und erinnert an die Namensänderung der Stadt im 12. Jh., vermutlich zu Ehren des *hl. Elias*, dem Gründer des Ordens der barfüßigen Karmeliter. Die **Marienkirche** (Chiesa Maria Santissima Santa di Lorento) am Ende der Altstadt steht an der Stelle eines Normannenkastells. Sehenswert ist auch die Kirche **San Salvatore** in der Via Cavour aus dem 18. Jh. mit ihrer mächtigen Kuppel.

Stadtmuseum

In dem modernen Museum im Tourismusbüro wird die Geologie und die Archäologie der Umgebung aufgefächert. Es ist wegen der Sammlung des Namensgebers sehenswert. Eine eigene Abteilung widmet sich den Funden aus der **Grotta del Vecchiuzzo** in der Umgebung.

■ **Museo Civico Antonio Collisani**
Corso Paolo Agliata, Petralia Sottana, Tel. 09 21 64 18 11, Mo–Fr 8.30–14, 15.30–18, Sa/So 9.30–12.30, 16–19 Uhr, 2 €.

Praktische Informationen

Touristeninformation

■ **Ufficio Informazione**
Corso Paolo Agliato 100, Tel. 09 21 64 18 11.
■ **Ente Parco delle Madonie**
Corso Paolo Agliato 16, Petralia Sottana, Tel. 09 21 68 40 11, www.parcodellemadonie.it.
■ **C.A.I. (Alpinclub)**
Corso Paolo Agliato 158, Petralia Sottana, Tel. 09 21 64 10 28.

▷ Die Petralias liegen im Gebirge, gebaut wird mit grobem Bruchstein

Petralia Sottana/Petralia Soprana

Unterkunft

■ **B&B La Meridiana** ②
Corso Paolo Agliata 139, Petralia Sottana, Tel. 09 21 64 15 37, www.lameridianadelcorso.com. Große, saubere Zimmer direkt in der Altstadt an der Hauptstraße, Küchenbenutzung.

■ **Hotel Il Castello** ③
Via Generale Di Maria 27, Petralia Sottana, Tel. 09 21 64 12 50, www.il-castello.net. Hotel mit Burgatmosphäre und nur neun geschmackvoll eingerichteten Komfortzimmern, das Restaurant serviert Holzofenpizza und Typisches aus der Madonie, gegessen wird drinnen oder in einem kleinen Hof.

■ **Hotel Madonie** ③
Corso Paolo Agliata 83, Petralia Sottana, Tel. 09 21 68 46 16, im Winter nur am Wochenende. Empfehlenswertes kleines Haus (seit 1890), von jungen Leuten geführt. Das hübsch eingerichtete Restaurant mit lokaler Küche und Pizzaofen gut (**Antheus** ②).

Essen und Trinken

■ **Ristorante Petrae Lejum** ②
Corso Paolo Agliata 113, Petralia Sottana, Tel. 09 21 64 19 47, www.petraelejumristorante.it, Mo geschl. In einem einfachen Gastraum gibt es aus der Küche der Madonie Pilzgerichte, Wildgerichte, Fleisch vom Schwein, Schinken und Würste.

■ **Trattoria/Pizzeria Da Salvatore** ①-②
Piazza S. Michele 3, Petralia Soprana, Tel. 09 21 68 01 69, Di geschl. Hübscher Freisitz an kleinem Platz mit Brunnen; man beginne mit den Antipasti aus eingelegten Pilzen, danach eine Pasta mit Gemüse-Sugo, und dann vielleicht Würste aus der Pfanne mit Salat, dazu gibt's offenen Rotwein.

Fest

■ Am ersten Sonntag nach dem 15. August findet ein **Kostümfest** statt, das einen Hochzeitszug nachstellt (Soprana).

Von Palermo nach Messina

Gangi

7000 Einwohner *(Gangitani),* 1050 m ü.N.N., PLZ 90 024, bis Palermo 120 km

Hinter Petralia Sottana der SS120 folgend, gelangt man nach 15 km nach Gangi.

Dicht an dicht überziehen die Häuser, von Süden im Tal beginnend, die ganze Kuppe: Ebenso wie die modernen Wohn-silos in einem fließenden Übergang den Backsteinbauten der Altstadt weichen, münden die breiten Straßen in die unglaublich steilen Gassen der Bergsiedlung. Genau weiß man es nicht zu sagen, doch es ist durchaus möglich, dass sich hier einst die sikulische Siedlung „Engyon" befand. Im Tal wurden auch Artefakte aus altrömischer Zeit gefunden. Gangivecchio, die ursprüngliche Siedlung, wurde von *Friedrich II.* 1299 zerstört, im 14. Jh. wurde dann Gangi unter *Francesco Ventimiglia* gegründet.

Neben dem Schloss und den Palästen von Mocciaro, Bongiomo und Sgadari ist der Sarazenenturm und der Turm von Ventimiglia unter den historischen Gebäuden sehenswert.

Rezepte
(zusammengestellt von *Giardino Donna Lavia*)

■ **Pomodori Verdi** – grüne Tomaten
Die grünen Tomaten in Scheiben schneiden und für ca. 12 Std. in Salz einlegen. Abtropfen und für weitere 12 Std. in Weißweinessig einlegen. Mit einem Tuch abtrocknen und mit Pfeffer, Oregano, fein gehacktem Knoblauch und Olivenöl würzen.

■ **Caponata** – gemischtes Gemüse süß-sauer
Auberginen in Würfel schneiden und ca. 12 Std. (am besten über Nacht) in Salzwasser einlegen (beschweren, sodass alle Auberginen gut bedeckt sind), abtropfen und frittieren. Danach einzeln Zwiebeln, Stangensellerie, grüne Oliven, schwarze Oliven und Kapern frittieren. Eine süß-saure Soße zubereiten aus passierten Tomaten (evtl. geschälte aus der Dose; mit Zucker und Essig gut abschmecken und mind. 10 Min. rühren!) Alle Zutaten gut mischen. Vor dem Verzehr mind. 10 Stunden durchziehen lassen (auch Einwecken ist möglich.)

■ **Macco di Fave chi Tagghiarini** – Bandnudeln mit Ackerbohnenpüree
Ackerbohnen (oder „Saubohnen") kochen und pürieren und mit etwas Fenchelgrün, Salz, Pfeffer und Olivenöl würzen.

■ **Cavaluna c'a Tuma** – gratinierter Schafs-Frischkäse
Schafskäse in Scheiben schneiden und mit div. gekochten Gemüsesorten (Mangold, Fenchel, Lauch, Brokkoli o.Ä.) und gebratenem Kalbshackfleisch füllen (Rollen formen). Mit gehackten Haselnüssen bestreuen und gratinieren.

■ **Cavateli freschi** – frische Cavateli-Nudeln
Aus grobem Weizenmehl, Wasser und Salz einen Nudelteig zubereiten (gut kneten, der Teig soll kleine Bläschen zeigen!). Daumendicke Rollen formen, in würfelgroße Stücke schneiden. Nun diese Würfel einzeln mit dem Daumen über die Rückseite eines Reibeisens drücken, sodass eine halbmondförmige Nudel mit Gitterabdruck entsteht (sie sieht fast wie Gnocchi aus). Je nach Größe 10–15 Min. in Salzwasser kochen. Die Nudeln passen gut zu Fleischsoße.

Museen

Hoch oben und am Ende der Altstadt bietet Gangi gleich vier Museen auf – alle im selben Gebäude. Das **Archäologische Museum** zeigt Funde aus der Umgebung, so aus zwei Nekropolen und aus Gangivecchio, dessen Besiedelung bis ins 1. Jh. zurückreicht, darunter Amforen, Masken, Grabsteine und Säulenreste aus altrömischer Zeit. In der **ethnoanthropologischen Abteilung** sind Werkzeuge und Haushaltsgegenstände aus der Stadt und vom Land zu sehen. Die **Pinakothek** *Gianbecchina* kümmert sich auch um modernere Kunst, und im **Waffenmuseum** sind u.a. Vorderlader und Winchester-Gewehre ausgestellt – und natürlich die *Lupara*, die kurzläufige Schrotflinte, mit der man auf Sizilien recht gerne Ehre, Geld und Leben verteidigt.

■ **Musei Civici**
Via Giuseppe Fedele Vitale, Tel. 09 21 68 99 07, Di–So 9–13 und 15.30–19.30 Uhr, 3 €.

Praktische Informationen

Unterkunft

■ **Agriturismo Tenuta Gangivecchio** ③
C.da Gangi Vecchio, Gangi, Tel. 09 21 68 91 91, www.gangivecchio.org. 3 km von Gangi geht es rechts ab (dann noch 3,5 km). In einem Tal steht das ehemalige Benediktinerkloster, 8 Zimmer und mit allem Luxus, kleines Schwimmbad, Gelände mit 60 ha und der Möglichkeit von Spaziergängen; ebenso auf dem Gelände: ein kleines, abseits liegendes, verschwiegenes Cottage für Ruhesuchende.

■ **Agriturismo Capuano** ②
C.da Capuano, Gangi, Tel. 09 21 64 41 32, www.agriturismocapuano.com. 5 km von Gangi geht es 2 km den Berg hoch, einfacherer Betrieb mit mehreren Zimmern (insgesamt 22 Betten) und herrlicher Fernsicht auf die Madonie. Gute bäuerliche Küche.

■ **Agriturismo Tenuta Castagna** ②-③
C.da Castagna, Gangi, Tel. 09 21 64 40 89, www.tenutacastagna.com. 6 km von Gangi geht es 5 km den Berg hoch. Wer den Blick bei Capuana schon unvergleichlich fand, wird erstaunt sein, denn der

Deutschsprachiger Agriturismusbetrieb Giardino Donna Lavia

Die Gebäude des Landgasthofes gehen auf das 14. Jh. zurück. Im Tal der Haselnüsse wurde ein Wachturm errichtet, um die Mühlen und die strategisch wichtige Straße von Termini Imerese an der Küste ins Landesinnere zu schützen. Im 15. Jh. entstanden die beiden Seitenflügel am Turm und um diese Zeit wohl auch der alte Brunnen. Im 17. Jh. wurde die Anlage zur Sommerresidenz des Jesuitenordens. Im 19. Jh. gelangte der Komplex in Privathände. Strategisch günstig gelegen, ist man von Donna Lavia in weniger als einer halben Stunde am Meer oder in den Bergen zum Wandern oder im Winter zum Skifahren. Der idyllische Ort sollte aber nicht nur deswegen besucht werden. Die Küche der perfekt deutschsprachigen Gastgeber nimmt alte Rezepte der Madonie auf und bringt sie in aller Vielfalt auf den Tisch. In Sizilien kann man nicht oft eine so ausgezeichnete, ökologisch orientierte Traditionalküche essen wie hier (siehe unten). Übrigens trinkt man hier bestes Quellwasser, das auf dem Gelände entspringt.

■ **Giardino Donna Lavia** ②, C.da Donna Laura (von Polizzi Generosa 5 km auf der SS643 Richtung Collesano), Tel. 09 21 55 11 04, www.giardinodonnalavia.com.

Blick wird hier noch einmal überboten, weit reicht die Sicht über die Bergwelt der Madonie. Der Betrieb hat 7 Apartments mit unterschiedlicher Bettenzahl, ein Kongresszentrum, ein großes Schwimmbad und rund 160 ha mit Wanderwegen.

Geraci Siculo

2000 Einwohner *(Geracesi)*, 1077 m ü.N.N., PLZ 90 010, bis Palermo 120 km

Fährt man nun auf der SS120 wieder 9 km zurück und nimmt die SS286 Richtung Norden und Küste gelangt man nach 5 km nach **Geraci Siculo.**

Auch dieser kleine Gebirgsort mit seinen Häusern aus Naturstein hat sehr enge Gassen, und Parkplätze sind Mangelware. Am Hauptplatz steht die barocke Kirche **Collegio di Maria** gegenüber der spätmittelalterlichen **Marienkirche.** In deren Innerem sind Statuen von Gagini und der reich geschmückte Kirchenschatz zu sehen. Die **Chiesa Santa Maria della Porta** wurde im 15. Jh. gegründet, und aus dieser Zeit stammt auch noch das Spitzbogenportal. Wie viele Orte des Landesinneren kämpft auch Geraci Siculo mit dem Problem, dass Jugendliche und Männer in die größeren Städte an der Küste ziehen, um Arbeit zu finden: Zurück bleiben die Alten, Frauen und Kinder, prägend für das Ortsbild.

Unterkunft

■ **Agriturismo Casalvecchio** ②
C.da Montededaro, an der SP60 Km 26 (zwischen San Mauro Castelverde und Gangi), Tel. 09 21 64 58 85, www.casalvecchiogeraci.it. Einfache, aber günstige Zimmer auf einem Hofgut mit sehr guter ländlicher Küche, dazu gibt's Wein aus der Gegend und eine herzliche Betreuung.

Castelbuono

9200 Einwohner *(Castelbuonesi)*, 423 m ü.N.N., PLZ 90 013, bis Palermo 91 km

Von Geraci Siculo sind es 20 km bis Castelbuono, neben dem Piano della Battaglia der zweite gute Ausgangspunkt für **Wanderungen in der Madonie.**
In byzantinischer Zeit hatte das Städtchen den Namen *Ypsigro* („kühler Ort").

Im Jahr 1316 erbaute *Francesco I. Ventimiglia* ein Kastell auf dem Hügel San Pietro und verlegte seine Residenz dorthin.

Die Burg

Das **Kastell** ist auf zwei großen Sockeln erbaut, begonnen wurde es 1316 im Stil eines byzantinischen Festungswerk. Über die Jahrhunderte wurde es stark verändert, sodass sein ursprüngliches Aussehen nicht mehr rekonstruierbar ist. Doch wirkt es noch immer mächtig und unnahbar. Im Museum ist eine Sammlung zur Geschichte und zur Naturkunde der Region zu sehen. In der Schlosskapelle haben die Brüder *Serpotta* Stuckarbeiten ausgeführt. Der Kirchenschatz befindet sich ebenfalls im Museum.

● Il Castello
Via Sant'Anna, Tel. 09 21 67 12 11, www.museocivico.eu, Di–So 8.30–14, 14.30–20 Uhr (im August bis 22 Uhr und auch Mo offen), 4 €.

Alte Marienkirche

Geht man von der Burg die Via Sant'Anna zur Piazza Margherita, sollte man einen Blick in die **Chiesa Madrice Vecchia** werfen. Das Gotteshaus aus dem 14. Jh. hat am Hauptaltar ein Polyptychon von *Antonello de Saliba* (1520) und in der Krypta zahlreiche Fresken aus dem Mittelalter, aus der Renaissance und dem Barock. Auffallend ist auch ihr Campanile.

◁ Die Muttergottes wird auf ganz Sizilien hoch verehrt

Neue Marienkirche

Die prachtvolle Kirche **Madrice Nuova** stammt aus dem 17. Jh. und wurde im 19. Jh. aufwendig umgestaltet. Im Inneren befinden sich einige Bilder von *Giuseppe Velasquez* sowie ein Christuskreuz aus dem 14. Jh. von *Riccardo Quartaro*.

Palumbo Museum

In den restaurierten Räumen des **Klosters S. Venera** ist die sehenswerte Sammlung des Naturforschers *Mina Palumbo* untergebracht, der die Madonie erforschte und sich der Botanik, Naturgeschichte, Geologie und Archäologie in der Gegend verschrieben hatte.

● Museo Palumbo
Via Roma 72, www.museominapalumbo.it, Tel. 09 21 67 18 95, Di–So 9–13 und 15–19 Uhr, 2 €.

Praktische Informationen

Touristeninformation

● **Ufficio Informazione (Pro Loco)**
Piazza Margherita 29, www.prolococastelbuono.it, Tel. 09 21 67 34 67

Unterkunft

● **Rifugio Francesco Crispi** ①
Piano Sempria (am Endpunkt der Stichstraße westlich von Castelbuono), Tel. 09 21 67 22 79, www.rifugio-crispi.it. Für Wanderungen ein günstiger Übernachtungsort am Einstieg zur Madonie; auch Ausflüge mit Pferden sind möglich. Die Küche ist so

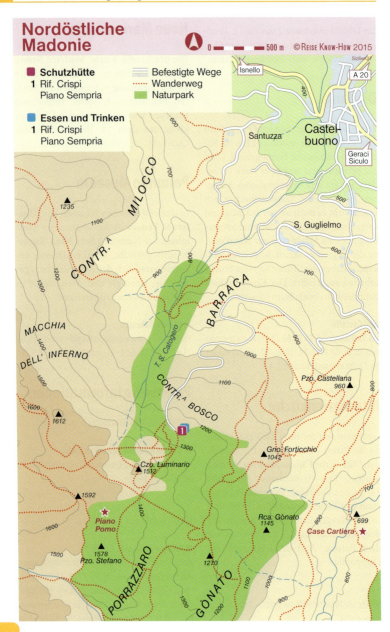

gut – besonders das Fleisch vom Grill – dass die Sizilianer auch gerne nur zum Mittagessen herkommen. Sieben Zimmer mit Bad, insgesamt 27 Betten.

■ **B&B Villa Letizia** ②
Via Isnello 34a, Tel. 09 21 67 32 47, www.bebvilla letizia.it. Zimmer zur Selbstversorgung nahe dem Marktplatz, aber auch mit Frühstücksmöglichkeit, klimatisiert mit Terrasse (fürs Frühstück) und TV, zuvorkommende Besitzerin.

■ **Agriturismo Villa Levante** ③
Via Isnello, C.da Farbauda, 2 km westlich Castelbuono Richtung Isnello an der SP9, Tel. 09 21 67 19 14, www.villalevante.it. Luxuriöses Anwesen in einer Burg aus dem 8. Jh. auf einem Hügel, 3 Apartments und drei Zimmer; kein eigenes Restaurant (zu Fuß kann man zwei Trattorie erreichen).

■ **Agriturismo Bergi** ③
C.da Bergi, Km 17,6 SS 286 per Geraci Siculo, Tel. 09 21 67 20 45, www.agriturismobergi.com. Angenehme, ruhige Unterkunft in der Madonie in einem ausgedehnten Obst- und Olivenbaumhain, bäuerlich-sizilianische Kost, Schwimmbad.

Essen und Trinken

■ **Ristorante Romitaggio** ②-③
C.da San Guglielmo, Tel. 09 21 67 13 23, www. romitaggio.it, Mi und Mitte Juni bis Anfang Juli geschl. Das Restaurant ist in den Räumen eines ehemaligen Klosters untergebracht und serviert regionale Küche der Madonie, darunter Maccheroni mit Salbei-Ragù, Ravioli mit Räucherkäse und zahlreiche Pilzgerichte, rustikale Atmosphäre.

■ **Ristorante/Enoteca Nangalarruni** ③
Via delle Confraternite, 5, Tel. 09 21 67 14 28, www. hostarianangalarruni.it. In dem sympathischen Feinschmeckerrestaurant dreht sich in der Saison alles um regionale Pilzgerichte. Sonst noch: Auberginenrouladen mit Ricotta und Minze oder Wildschwein mit Nero d'Ávola und Honig. Reservierung empfohlen.

Castel di Tusa

850 Einwohner, 5 m ü.N.N., PLZ 98070, bis Messina ca 140 km

90 km von Palermo und rd. 140 km vor Messina liegt das Örtchen an einer schönen Bucht mit einer kleinen Piazza, Restaurants, zwei Bars und dem **Hotel L'Atelier sul Mare.** Ein Großteil der Hotelzimmer wurde von bekannten italienischen und internationalen Künstlern eingerichtet. Vielleicht nichts für den gesamten Sommerurlaub, doch für einige Nächte durchaus beeindruckend, ist doch auch das Restaurant über die Grenzen der Provinz hinaus bekannt. Anhand einer im Hotel erhältlichen Broschüre kann man sein Zimmer „à la carte" wählen (wenn das Hotel nicht allzu ausgebucht ist); Motto: „Hast Du jemals in einem Kunstobjekt geschlafen?" Als zweites Kunstereignis wurde im Tal des Flusses Tusa kurz hinter dem Ort ein „Giro" der Kunst installiert (**„Fiumare d'Arte"**). **Riesige Kunstobjekte** stehen am Strand und im Tal, die auf mehreren Rundtouren zwischen zwei Stunden und einem Tag besichtigt werden können. Diese Garnierung der Natur ist bei Weitem nicht unumstritten. Initiator beider Projekte ist der Unternehmer *Antonio Presti*. Ein Zubrot verdient er sich mit dem „Atelier della Ceramica" vor Santo Stefano di Camastra.

Halaesa

Auf der kleinen Straße von Castel di Tusa nach Tusa erreicht man nach 3 km die

Castel di Tusa, Umgebung

Ausgrabungsstätte Halaesa. Die Siedlung wurde 403 v. Chr. von *Dionysios von Siracusa* gegründet. Als Dank für die Unterstützung der Römer im Ersten Punischen Krieg gegen Karthago erhielt die Stadt Steuerfreiheit und prosperierte. Von der schachbrettartigen Anlage ist nicht mehr viel zu sehen. Ruinenreste eines Säulen- und eines Bogenganges waren wohl früher Teile eines Tempels. Ein weiterer Tempel stand auf dem Hügel ganz oben.

■ **Parco Archeologico di Halaesa**
Tel. 09 21 33 45 31, tägl. 9 Uhr bis 1 Std. vor Sonnenuntergang, Eintritt frei.

Unterkunft

■ **L'Atelier sul Mare** ③-⑤
Via Cesare Battisti, Tel. 09 21 33 42 95, www.ateliersulmare.it. 20 Zimmer die geschmackvoll und luxuriös eingerichtet sind. Die Künstlerzimmer, 16 an der Zahl, heißen z.B. „Hammam", „Das Zimmer der

Verleugneten" oder „Der Mund der Wahrheit". Die Speisesäle des Restaurants sind auch Kunstausstellungen, von der Terrasse blickt man über Meer und das Nebrodi-Gebirge.

■ **Agriturismo Borgo degli Olivi** ③
C.da Aielli (2 km östlich von Tusa Richtung Pettineo), Tel. 090 71 90 81, www.borgodegliulivi.com. Herrenhaus umgeben von Olivenbäumen 6 km vom Meer, 8 Apartments und 3 Zimmer mit komfortabler Einrichtung, bei Voranmeldung wird für die Gäste auch gekocht.

Camping

■ **Camping Lo Scoglio** ①-②
Hinter Castel di Tusa in Richtung Cefalù, Tel. 09 21 33 43 45, www.parcovacanzeloscoglio.it. Platz direkt am Wasser mit Schatten, Privatstrand mit Wackersteinen, Bungalows und Stellplätze, nettes Camping-Restaurant, Transfermöglichkeit vom 2 km entfernten Bahnhof, auch Zimmer- und Bungalowvermietung.

Santo Stefano di Camastra

4700 Einwohner *(Stefanesi)*, 70 m ü.N.N., PLZ 98 077, bis Messina 130 km

Ein Erdrutsch zerstörte den antiken Ort Santo Stefano di Mistretta, woraufhin der Herzog von Camastra die Erlaubnis bekam, eine Siedlung näher an der Küste zu gründen. Diese legte er streng geometrisch an. Wegen der Zersiedelung der Umgebung und der hässlichen Strände bietet das an sich hübsche Städtchen nicht viel; am richtigen Platz ist hier, wer Keramik kaufen will, denn dank der reichen Tonvorkommen der Gegend konnte sich die Keramikindustrie außerordentlich gut entwickeln. Zahlreiche Läden weisen mit bunten, fliesengeschmückten Fassaden auf ihr Angebot hin. Außerdem gibt es ein Kunstinstitut für Keramik und ein **Keramikmuseum**.

Keramikmuseum

Es ist im Palazzo Sergio untergebracht und zeigt die schönsten Stücke der Meister der Stadt, darunter ein Werk von *Lorenzini*, „Der Abschied": Detailliert gearbeitete Kriegerfiguren verschwinden nach und nach im Boden. Man beachte auch die noch original erhaltenen Fliesenböden des Palastes.

■ **Museo della Ceramica**
Via Palazzo, Tel. 34 92 98 79 08, Di–So 10–13 und 16–20 Uhr (Winter 9–13, 15–19 Uhr), Eintritt frei.

Praktische Informationen

Informationen

■ **www.santostefanodicamastra.net**

Unterkunft

■ **Hotel Club La Playa Blanca** ③
C.da Fiumara Marina, Tel. 09 21 33 12 48, www.laplayablanca.it. Zwischen Eisenbahn und Strand gelegene nette Anlage mit 42 modernen, komfortablen Zimmern; Schwimmbad.
■ **Hotel Za'Maria** ③
Via Nazionale SS113, 3 km von Santo Stefano in Richtung Messina, Tel. 09 21 33 12 03, www.zama

ria.it. Modernes Haus mit beliebtem Restaurant (Terrasse über dem Meer), einige Gehminuten zum Strand, 38 Zimmer mit Meerblick.

Bahn

■ **Bahnhof,** an der Küste, Tel. 89 20 21, www.trenitalia.it.

△ Keramik ist in Santo Stefano di Camastra allgegenwärtig

Abstecher in das Nebrodi-Gebirge

Das Nebrodi-Gebirge ist das Zentralmassiv des sizilianischen Appennins. Der **Naturschutzpark** Nebrodi-Gebirge ist mit 86.000 ha einer der größten Europas. Steineichenwälder wechseln sich mit Zedern und Korkeichenwäldern ab. Das Gebirge ist ein Wanderparadies, allerdings gibt es kaum markierte Wege. In *Paolo Carrubas* „A piedi in Sicilia" findet sich eine Fülle von Wanderungen und Spaziergängen.

■ **www.parcodeinebrodi.it, www.parks.it**

Fahrt durch die Nebrodi

Auf Stützpfeilern führt die SS117 von **Santo Stefano di Camastra** in elegantem Schwung kühn ins Gebirge hinauf. Nach 18 km ist **Mistretta** erreicht. Dahinter geht es auf 12 km an Kuhweiden entlang zum **Sella di Contrasto**. Der Name spricht für sich; auf 1100 m wechselt die Landschaft, plötzlich dominiert wieder Wald, auch Wolkentürme können sich zusammenballen, selbst im Hochsommer. 6 km hinter dem „Sattel der Kontraste" kann man in einem Wald ein Picknick abhalten. In Serpentinen schlängelt sich die Straße danach 12 km hinunter nach **Nicosia**. Von hier kann man nach Westen fahrend der Burg von **Sperlinga** einen Besuch abstatten. Ein weiterer Abstecher führt nach **Agira**. Der direkt Weg von dort nach **Troina** verläuft auf 30 km enger, kurviger Gebirgsstraße.

Über **Cesaro** und **San Teodoro** geht es nun zum Pass Portella Femmina Morta (1254 m ü.N.N.), Ausgangspunkt für Wanderungen um den Monte Soro.

An der **Portella Femmina Morta** führt parallel zur Asphaltstraße ein alter Weg auf den Gipfel. Der Anstieg dauert 1½ Stunden. Nach einem Drittel des Weges kann man an der Portella Calaudera nach Norden zum Maulazzo-See und weiter zum Biviere di Cesaro wandern (2 Std). Von dort nimmt man den gleichen Weg zurück oder um den See herum Richtung Monte Soro und zurück zur Portella Femmina Morte.

20 km hinter der Portella Femmina Morta liegt **San Fratello**. Zweimal, 1754 und 1922, wurde der Ort von einem Erdrutsch schwer in Mitleidenschaft gezogen. Auf dem Felsen über dem Dorf sind noch die Ruinen eines normannischen Schlosses sowie die der Kirche San Nicolò Vecchio zu sehen. Mächtigstes Bauwerk im unteren Teil des Ortes ist das Konvikt des Heiligen *Franziskus*.

So wichtig die Gebote der katholischen Kirche das ganze Jahr über sind, während der ersten drei Tage der Karwoche ist hier der Teufel los. Die Männer schwören ihrem Glauben ab und führen sich ähnlich toll auf wie bei einer allemannischen Fastnacht. In prächtigen Kostümen, mit roten Masken und langen Zungen, stellen sie jedem Rock nach, blasen auf Hörnern und Trompeten schauerliche Töne und kennen keine Grenzen. Für diese drei Tage sind sie, die Giudei (Judäer), die Herren der Stadt. Mit 15 km ist es jetzt nur noch ein Katzensprung zu dem Küstenort **Sant'Àgata di Militello**.

Mistretta

4900 Einwohner *(Mistrettesi)*, 950 m ü.N.N., PLZ 98 073, bis Messina 125 km

In der Römerzeit hieß die Stadt „Amestratus" und genoss das Privileg des „municipiums", war also Teil des römischen Stadtverbandes. Im Mittelalter übernahm sie mitsamt ihrer normannischen Burg eine wichtige Funktion für den Schutz Reisender auf dem Weg vom Tyrrhenischen Meer ins Inneren Siziliens. Dank ihrer Lage ist Mistretta heute beliebtes Ferienziel, mit Blick auf das Meer und das nebrodische Gebirge. Die Natursteinhäuser des Städtchens sind nett anzuschauen. Hübsch ist auch die **Freitreppe** zur Piazza dei Vespri mit der Kirche **San Giovanni** (1534) und ihrem imposanten Glockenturm. Ebenso sehenswert ist die **Marienkirche** im Stadtzentrum mit ihrem Portal von *Giorgio da Milano* aus dem Jahre 1494. Jeden 8. September eines Jahres findet in Mistretta eine **Madonnen-Prozession** statt, die zwei riesige Kriegerfiguren mit sich führt.

Nicosia

14.000 Einwohner (Nicosiani), 700 m ü.N.N., PLZ 94 014, bis Enna 48 km

Der heutige Ort ist in byzantinischer Zeit, im 7./8. Jh., an der Straße von Messina nach Palermo um das Kastell herum entstanden. Die Normannen bauten Burg und Stadt aus und siedelten Einwanderer aus der Lombardei und dem Piemonte an, was sich bis jetzt am gallisch-italienischen Dialekt der Bevölkerung bemerkbar macht. Die mittelalterliche Stadt ist zwischen und auf Felskuppen angelegt. Die Zufahrt auf den Serpentinen zwischen den Hügeln ist allerdings verwirrend, die eine oder andere Straße endet an einer Treppe oder mündet in einer sich verengenden Gasse, die nur noch Fußgänger durchlässt.

Die **Burg** ist noch als Ruine erhalten. Der **Dom** aus dem 14. Jahrhundert besitzt ein wunderschönes gotisches Eingangsportal und einen imposanten Glockenturm aus dem 12. Jh. An seinem Eingang sieht man eine Tafel, auf der im 18. und 19. Jh. die Jahre verzeichnet wurden, in denen die Schwalben von ihrer „Sommerfrische" in Mitteleuropa zurückkehrten. In den Cafés am Platz kann man eine Erfrischung zu sich nehmen. In der **Chiesa Santa Maria Maggiore** steht ein Thron, auf dem *Karl V.* nach seiner Rückkehr aus Tunesien gesessen haben soll.

> Dicht gedrängt
stehen die Häuser von Sperlinga ...

☐ Übersichtskarte S. 56 **Abstecher ins Nebrodi-Gebirge**

Informationen

■ **www.cittadinicosia.it**

Unterkunft

■ **Hotel Vigneta** ②
C.da San Basilio, Tel. 09 35 64 60 74. An der SS120 Richtung Mistretta (6 km) gelegen, Herberge mit 10 Zimmern und relativ gutem Restaurant.

Essen und Trinken

■ **Ristorante/Pizzeria La Torretta** ②
C.da Torretta (2 km östlich Nicosia Richtung Agira), Tel. 09 35 64 73 25, http://latorrettanicosia.wee bly.com, Mo geschl. Mit Terrasse und Fernsicht, auch saubere, freundlich eingerichtete Zimmer mit Bad (②), am Wochenende Tanz.

■ **Ristorante La Cirata** ②-③
An der SS117 3 km außerhalb Richtung Enna, Tel. 09 35 64 05 61, www.ristorantelacirata.it, Mo geschl. Hausgemachte Makkaroni bei schöner Sicht von der großen Terrasse, Spezialitäten wie Pasta mit Blumenkohl und Ricotta oder panierter Schwertfisch.

Sperlinga

Der kleine Ort (1000 Einwohner) 10 km von Nicosia machte beim sogenannten Vesper-Aufstand 1282 Geschichte, als die Bevölkerung fliehenden Franzosen Zuflucht gewährte. Daran erinnert jetzt

Von Palermo nach Messina

noch die Inschrift am zweiten Eingangstor der Burg: Quod siculis placuit sola sperlinga negavit („Was ganz Sizilien wollte, wollte nur Sperlinga nicht"). Die **Normannen-Festung** ist als Krönung des Dorfbildes aus dem 11. Jh. mit ihren Felsräumen und Korridoren sehenswert, schon die Anfahrt durch die in ihrem Grün fast lieblich wirkende Hügelwelt lohnt. Die Säle der Burg wurden in den Granit geschlagen, der das Fundament für die Aufbauten bildete.

■ **Fortezza Sperlinga**
Tel. 09 35 64 33 72, www.castellodisperlinga.it, 9.30–13 und 15.30–19 Uhr (Winter 9.30–13 und 14.30–18 Uhr), 3 €.

Agira

Agira 25 km südöstlich Nicosia ist in fantastischer Lage auf einer Felskuppe mit steilen Flanken angelegt. Weit reicht der Blick von hier in die Landschaft. Unter *Timoleon von Korinth* wurde dieser sikulische Ort 399 v. Chr. griechische Kolonie und erhielt den Namen „Agyrion". Hier erblickte im 1. Jh. v. Chr. der Historiker *Diodorus von Sizilien* das Licht der Welt, der als erster eine universelle Weltgeschichte entwarf. Das Erdbeben 1693 traf den Ort schwer; heute leben noch 8500 Menschen hier.

Auf dem Gipfel des Hügels über dem Pozzillo-See erhebt sich das **Kastell,** von dem noch einige Türme und Gewölbe erhalten sind. Der Lago di Pozzillo liegt östlich, auf ihm finden öfter Ruderbootrennen statt. Ökologisch bedeutend ist der **Eukalyptuswald** an seinen Ufern.

Troina

9500 Einwohner *(Troinesi),* 1121 m ü.N.N., PLZ 94 018, bis Enna 62 km

Der Ort 30 km östlich Nicosia liegt an einem Bergrücken und ist von Weiden und Wäldern umgeben. Gassen, Treppen und Torbögen prägen das Stadtbild, der Blick auf die Bergwelt Siziliens mit dem Ätna im Osten ist einer der schönsten auf der Insel. Als sikulische Siedlung gegründet, kam auch Troina in die Hände der Araber. Die Normannen begannen hier die Eroberung der Insel, und Troina blieb während ihrer Regentschaft strategisch bedeutsam. Zwei Klöster wurden gegründet, und mit dem Bau der Kathedrale Ende des 11. Jh. wurde die Stadt zum ersten normannischen Bistum Siziliens erklärt. Die **Marienkirche** weist noch einen Campanile auf, der aus normannischer Zeit stammt und integriert wurde. In ihrem Inneren finden sich spätbyzantinische Gemälde und ein vergoldeter „Heiliger Michael" aus dem Jahr 1512. Das Grab des *San Silvestre*, Schutzheiliger der Stadt, befindet sich in der **Chiesa San Silvestro**.

Unterkunft

■ Rifugio del Parco ②
Loc. Villa Miraglia, 1 Kilometer südlich von Portella Femmina Morta gelegen, Tel. 095 69 73 97, www.rifugiodelparco.com. Angenehme und ruhige Unterkunft im Park mit eher einfach eingerichteten Zimmern teils im Hüttenstil Restaurant mit herzhafter Gebirgsküche.

◁ ... unterhalb der schützenden Höhlenburg

Zwischen Santo Stefano und Sant'Agata

Die Fahrt entlang des Küstenabschnittes zwischen Santo Stefano di Camastra und Sant'Agata di Militello verläuft ereignisarm parallel zur Bahnlinie und dem meist aus Kies bestehenden Strand.

Marina di Caronia/Caronia

Der Küstenableger von Caronia besteht lediglich aus einigen festbewohnten Häusern und einer ganzen Reihe an Ferienhäusern an einem Geröllstrand. Interessanter ist da schon Caronia, ein Stück im Landesinneren, weg von der „Küstendependance" in 300 m Höhe. Hier befand sich im 5. Jh. v. Chr. die griechische Stadt Calacte. Das heutige Städtchen ist wahrscheinlich arabischen Ursprungs. Der gleichnamige Berg (**Monte de Caronia**) kann stolz auf den größten geschlossenen Waldbestand Siziliens verweisen. Im nördlichen Bereich Caronias befindet sich ein recht gut erhaltenes normannisches Schloss (in Privatbesitz, kann nicht besichtigt werden).

Eine Besonderheit stellt das **Fest des Heiligen Biagio** dar. Dabei wird die Statue desselben mit Mandelkringeln verziert durch den Ort getragen, und die Gläubigen pilgern barfuß hinter ihr her.

Torre del Lauro

Die **Feriensiedlung** liegt am Mündungsgebiet des Flusses Furiana, die Hauptstraße macht einen Bogen ins Landesinnere. Ein Hotel liegt am Strand, der mit seinem groben Kies nicht zum Verweilen einlädt. Auch die Uferstraße auf ihren hohen Betonpfeilern trägt nicht zum positive Ambiente bei. Die Eisenbahn entlang der Küste ist ebenfalls allgegenwärtig.

Acquedolci

Das Städtchen (5800 Einw.) wurde erst 1922 gegründet, da die Bewohner des durch einen Erdrutsch zerstörten San Fratello eine neue Bleibe suchten. Der Geröllstrand ist vom Ort durch Schienen abgetrennt. Einziges Zeugnis der Vergangenheit ist ein fast völlig verfallenes **Kastell** aus dem 17. Jahrhundert.

Sant'Agata di Militello

13.000 Einwohner *(Santagatesi)*, 30 m ü.N.N., PLZ 98 076, bis Messina 110 km

Der Ort wurde 1630 von *Luigi Callego* in der Nähe eines normannischen Turms unweit des Meeres gegründet. Sehr besuchenswert ist das ethno-anthropologische **Museum im Palazzo Gentile.** Dort erfährt man viel über das Leben der Menschen im nebrodischen Gebirge. Die Ausstellung hat drei Abteilungen: Die Frau und ihre Arbeit, Leben und Arbeit der Hirten und Bauern sowie Folklore und religiöses Gefühl. Zudem gibt es im Städtchen ein **Schloss** der *Fürsten von Trabia* und *Lanza di Scala* (18. Jh.).

■ **Museo Nebrodi**
Am östlichen Teil des Lungomare, Tel. 09 41 72 23 08, Mo–Sa 8.30–13.30 Uhr.

Praktische Informationen

Unterkunft/Essen und Trinken

■ **Agriturismo Giardino di Sicilia** ②-③
Margherita Calderone, c.da Cuntura, Tel. 09 41 70 36 72, www.giardinodisicilia.com. Von Sant'Agata in Richtung Militello. Charmante Anlage inmitten von Oliven- und Zitronenhainen, Unterkunft in sehr hübsch eingerichteten Kuppelhäusern (ähnlich den traditionellen Schäferhütten), regionale Spezialitätenküche, auch Sprachkurse.
■ **Trattoria/Pizzeria Da Tano** ②
Lungomare (am östlichen Ende), Tel. 09 41 70 15 47, Mo geschl. In einem Gebäude, das ein Palazzo, aber auch eine Industriehalle gewesen sein könnte, etwas vom Lungomare zurückgesetzt. Im Sommer sitzt man draußen, elegant-entspannte Atmosphäre.
■ **Trattoria La Carrubba** ①-②
C.da San Leo (im Westen etwas abseits vom Meer), Tel. 09 41 70 19 87. Eine Küche, wie sie der Sizilianer liebt: lecker und einfach, beste und frische Zutaten – wie bei Mamma eben; überaus angenehmes Preis-Leistungsverhältnis.

Verkehr

■ **Bahnhof**, Via Stazione, Tel. 89 20 21, www.trenitalia.it.
■ **Schnellbootverbindung** im Hochsommer **zu den Liparischen Inseln.**

Capo d'Orlando/ San Gregorio

13.300 Einwohner *(Orlandini)*, 8 m ü.N.N., PLZ 98 071, bis Messina 105 km

Hier befand sich die antike Stadt „Agathyrnum". Man nimmt an, dass an diesem Platz bereits vor dem ersten vorchristlichen Jahrtausend Menschen lebten. Der Legende nach gab *Karl der Große* dem Ort seinen Namen zu Ehren seines Enkels *Orlando*, eines tapferen Ritters, dessen legendäre Abenteuer viele sizilianische Marionettenstücke inspiriert haben.

Auf dem Vorgebirge befinden sich die Überreste eines **Schlosses** aus dem 14. Jh. und das Heiligtum der **Maria SS di Capo d'Orlando**. Weiterhin gibt es eine kleine Ausgrabungsstätte römischer **Thermen** im Vorort San Gregorio aus dem 3. Jh. v. Chr. Heute ist der Ort ein **wahres Freizeitparadies** mit Stränden und kulturellen Veranstaltungen. Zum Baden sollte man den breiten Kiesstrand im Osten vorziehen. Dicht gedrängt stehen in der Saison die Schirme und Liegen, im Wasser tollen die Kinder und treten die Boote weit hinaus aufs Meer. An der Marina legen die Yachten an – und nicht die kleinsten.

Praktische Informationen

Touristeninformation

■ **Ufficio Informazione**
C.da Muscale, Palazzo Satellite, Tel. 09 41 91 53 18, www.turismocapodorlando.it.

■ **Info-Kiosk**
Lungomare (nur im Sommer)

Unterkunft

■ **Hotel Nuovo Faro** ②-③
Via Libertà 7, Tel. 09 41 90 24 66, www.nuovohotelfaro.com. Einfaches Stadthotel in guter Lage beim Meer, zweckmäßig konzipierte Zimmer mit Bad.

■ **Hotel Il Mulino** ③-④
Via Andrea Dorià 46, Tel. 09 41 90 24 31, www.hotelilmulino.it. Modernes Mittelklasse-Hotel am Lungomare, mit Restaurant.

■ **Hotel La Tartaruga** ④
Lido di San Gregorio (am Lungomare 2 km östlich Richtung Messina), Tel. 09 41 95 50 12, www.hoteltartaruga.it. Erstes Haus am Platz, gute Lage am Lungomare, alle Annehmlichkeiten eines Ferienhotels, Pool mit Meerwasser, gutes Restaurant.

■ **Hotel Residence Baia Verde** ③
Loc. Testa di Monaco (5 km östlich Richtung Messina an der SS113), Tel. 09 41 95 53 25, www.albergobaiaverde.it. Ferienanlage an einem Geröll-/Kiesstrand mit angeschlossenem Touristendorf, viele Aktivitäten und Restaurants, Pizzeria und Animation.

Camping

■ **Santa Rosa** ①
Via Trazzera Marina (3 km westlich am Lungomare), Tel. 09 41 90 17 23, www.campingsantarosa.it. Gut ausgestatteter, schattiger Platz, mit Animation. Busverbindung zum Bahnhof Mo–Sa 7x tgl., auch Bungalow-Vermietung 15. Juni bis 15. Sept.

Essen und Trinken

■ **Ristorante/Pizzeria da Matteo** ②-③
Lido San Gregorio, Tel. 09 41 95 50 29, Di geschl., 15–30 €. Am Lungomare, auch Pizzeria, hausge-

machte Nudeln *Pennette alla Matteo,* Spaghetti mit Tintenfisch und Fisch vom Grill, einfache Einrichtung, das Schwergewicht liegt auf der Qualität des Essens.

Nachtleben

■ **Coconut Club** und **Tartaruga** sind die beiden Discos der Stadt.

Verkehr

■ **Bahnhof,** Piazza Stazione, Tel. 89 20 21, www.trenitalia.it.

Ausflüge/Fischen

■ Umweltschutz und Tourismus verbindet die Organisation **Il mare d'amare,** Tel. 33 56 59 99 41, www.maredamare.com. Die Feriengäste wohnen bei Privatleuten in dem kleinen Hafenort San Gregorio, unternehmen geführte Ausflüge in die Nebrodi und fahren mit den Fischern hinaus. Die Fischer von San Gregorio haben alle umweltzerstörenden Fischzüge aufgegeben und arbeiten nun streng mit traditionellen Techniken: Sie verwenden keine Schleppnetze und natürlich erst recht kein Dynamit. Einige der Mitglieder dieser Initiative sprechen Englisch; mehr Spaß hat man allerdings, wenn man einigermaßen Italienisch parlieren kann.

Brolo

5800 Einwohner *(Brolesi),* 8 m ü.N.N., PLZ 98 061, bis Messina 95 km

Kernstück des Ortes ist das mittelalterliche Schloss **Lancia,** das durch die engen Gassen zu Fuß zu erreichen ist. In ihm befinden sich zwei Mittelaltermuseen. Das eine widmet sich der Geschichte der sizilianischen Küstenbefestigungen, das andere ganz schauerlich der Folter. Gesellschaftlicher Höhepunkt ist am ersten Sonntag im September das *Luminaria di Luccu,* ein wahres Fest des

Feuers. Es ist der Madonna gewidmet, deren Statue bei einer Feuersbrunst unversehrt blieb.

Der lange **Kiesstrand** wird durch Betonmolen unterteilt, vorgelagert ist eine kleine Felseninsel.

■ **Museo delle Fortificazioni Costiere della Sicilia/Museo della Pena e della Tortura**
Piazza Castello, Tel. 09 41 56 26 00, www.castellodibrolo.com, tgl. Mai/Juni 9–13, 16–20, Juli–Sept. 9–13, 16–24 Uhr, Winter So 9–13, 15–19 Uhr, 5 €.

Praktische Informationen

Touristeninformation

■ **Ufficio Informazione**
Via Marina 62, Tel. 09 41 56 12 24, www.brolo.it.

Unterkunft/Essen und Trinken

■ **Hotel Costa Azzurra** ③-④
Via Marina 66, Tel. 09 41 56 12 23, www.vacanzemare.it. Ferienanlage am Sandstrand mit Pool, Sportmöglichkeiten, Restaurant/Pizzeria und Animation.

■ **Hotel Gattopardo Sea Palace** ③
Via Marina 69, Tel. 09 41 56 14 12, www.gattopardobrolo.it. Hotelturm am Lungomare etwas unterhalb und in Höhe des Castello.

■ **Ristorante La Quercia**
Via V. Emanuele 170, Tel. 09 41 56 10 69, www.laquerciaristorante.eu. An der Hauptstraße im Ort sitzt man drinnen gemütlich oder draußen auf der Terrasse und speist ausgezeichnete Fischgerichte, ohne arm zu werden.

◁ Tiefenentspannt in den Abend hinein

Gioiosa Marea/ San Giorgio

7200 Einwohner *(Gioiosani)*, 30 m ü.N.N., PLZ 98 063, bis Messina 88 km

Beliebt ist der **Strand** von Gioiosa Marea. Oberhalb des Ortes findet man die Überreste der antiken Siedlung von *Gioiosa Guardia*. Der Aufstieg lohnt sich auch wegen der Aussicht. In der Umgebung gibt es Wandermöglichkeiten am **Capo Calava** (siehe Karte S. 102). Der Strand bei San Giorgio, dem Ort östlich des Kaps, besteht aus Kies, die SS113 um das felsige Capo Calava bietet schöne Ausblicke auf die Liparischen Inseln.

Praktische Informationen

Unterkunft/Essen und Trinken

■ **B&B Mare Blu** ②-③
C.da Mangano 3, Gioisa Marea, Tel. 09 41 30 15 41, www.bedandbreakfastmareblu.com. Angenehmes Bed-and-Breakfast 100 m vom Meer, Zimmer mit TV, Minibar und Wifi.

■ **Ristorante Borgo San Francesco** ②-③
C.da San Francesco (5 km im Landesinneren an der SP41), Tel. 094 13 84 93, www.borgosanfrancesco.it. Gutshof mit Zimmervermietung und empfehlenswertem, festen Menü, das eine breite Auswahl an sizilianischen Spezialitäten auf den Tisch bringt.

Bahn

■ **Bahnhof,** Gioiosa Marea, Via Stazione 4, Tel. 89 20 21, www.trenitalia.it.

Gioiosa Marea/San Giorgio, Umgebung

Patti

13.500 Einwohner *(Pattesi)*, 157 m ü.N.N., PLZ 98 066, bis Messina 76 km

Seit dem 12. Jh. ist Patti Diözese. Die heutige **Kathedrale** steht auf Fundamenten einer normannischen Kirche. König *Roger II.* ließ im 18. Jh. den Dom bauen und bestattete darin seine Mutter *Adelaide*. Gut erhalten sind außerdem Teile einer **Römischen Villa**.

Römische Villa

1 km außerhalb und extrem unromantisch aber regensicher direkt unter der Autobahn, auf der Höhe von Marina di Patti. Die Villa stammt vermutlich aus dem 3. Jh. n. Chr., verfügt über ein **Thermalbad** sowie eigentlich schöne Mosaike, die vom Prunk des örtlichen Adels erzählen könnten. Immerhin muss sich die Anlage über eine Fläche von rund 20.000 m² erstreckt haben, bevor ein Erdbeben im 4. Jh. alles zerstörte. Leider ist die Ausgrabungsstätte aber derart heruntergekommen, dass es einem graust.

■ **Villa Romana**
Tel. 09 41 36 15 93, 9–19 Uhr, 4 €.

Praktische Informationen

Touristeninformation

■ **Ufficio Informazione**
Piazza Marconi 11, Tel. 09 41 24 11 36, www.comune.patti.me.it.

Unterkunft/Essen und Trinken

■ **Hotel Villa Romana** ②
Via Playa, Localita Playa, 98066 Patti, Tel. 09 41 36 12 68, www.hotelvillaromanapatti.com. 1970er-Jahre-Hotel mit einem kleinen Strand mit Stühlen, Liegen und Schirmen, Restaurant mit Fischküche und Pizza, komfortabel eingerichtete Zimmer (im August nur mit Halbpension).

■ **Hotel La Playa** ③
Marina di Patti, Tel. 09 41 36 13 98, www.laplaya-hotel.it. Überschaubarer Touristenkomplex am Strand mit 42 Zimmern im Hauptgebäude und 26 kleinen Villen.

■ **Trattoria Donna Elvira** ②
C.da Provenzani (2 km südlich Patti an der SS116), 98 066 Patti, Tel. 094 12 28 93, Mo geschl. Ausgezeichnete sizilianische Küche zu ehrlichen Preisen, Fischgerichte, besonders gelobt werden die Vorspeisen.

Verkehr

■ **Bahnhof,** außerhalb gelegen, etwa 20 Minuten zu Fuß bergauf, Busverbindung, Tel. 89 20 21, www.trenitalia.it.
■ **Busterminal,** am Bahnhof, 2 x täglich über San Piero und entlang der Nebrodi nach Randazzo (1½ Std.).

Tindari

8 km von Patti und 5 km von Oliveri entfernt schlängelt sich eine Stichstraße 1,5 km auf den 250 m hohen **Felsen**. Meist ist sie am Ende gesperrt, sodass man je nach Andrang auf das Santuario bis zu 1 km zu Fuß zurücklegen muss. Wer sich schinden will, kann auch von

Tindari

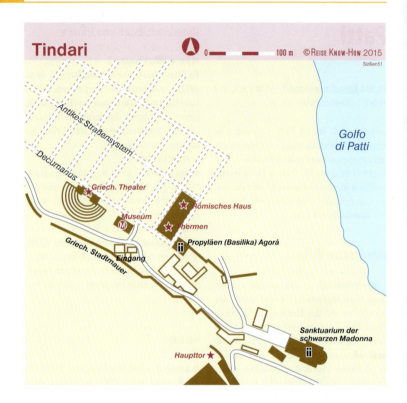

Oliveri in einer Dreiviertelstunde auf Schusters Rappen den Hang hochsteigen und in der Hitze des Tages Buße tun für seine Sünden. *Dionysios I.* erbaute 396 v. Chr. die **Festung Tyndaris** als Bollwerk und Heiligtum (s. u.).

Geschichte

Nach dem Sieg *Dionysios'* über die Karthager und der Gründung von Tindari siedelte der Tyrann Flüchtlinge aus Messina, die den Peloponnes verlassen hatten, in die Stadt Tindari um. Bald lebten in ihr über 5000 Menschen, die sich 344 v. Chr. mit den Karthagern verbündeten und an deren Seite am Ersten Punischen Krieg teilnahmen. 254 v. Chr., zwei Jahre nach dem Sieg der Römer über Hannibal, wechselten sie die Seiten und blieben fortan Bündnisgenossen Roms. Für die Unterstützung bei der Zerstörung Karthagos zeigten sich die Römer erkenntlich, und die Stadt wurde immer wohlhabender. Doch dann begannen die Römer Händel untereinander, und die Bewohner Tindaris wählten die falsche Seite. Die Stadt verlor daraufhin ihre Selbstständigkeit und wurde Kolonie. Allerdings blieb es den Arabern überlassen, die Stadt im Jahre 836 zu zerstören.

Heiligtum der Schwarzen Madonna

Auf dem ehemaligen Platz der Akropolis steht heute das Wallfahrtsziel. Die „Schwarze Madonna" stammt, so wird vermutet, aus dem östlichen Mittelmeerraum und gilt als **wundertätig.** Am 8. September ist hier die Hölle los. Ganz Sizilien scheint seine Probleme von der Madonna Nera lösen lassen zu wollen. Vom Felsvorsprung über dem Capo Tindari reicht der Blick über das Meer und die Bucht, die sich unterhalb bis Oliveri ausbreitet. Sie gilt als schönster Strand Siziliens – weißer Sand und das Wasser türkisschimmernd unter blauem Himmel wecken Assoziationen an die Südsee. Das flache Meer bildet kleine Lagunen, in denen sich die Sonne fängt.

■ **Santuario Maria Santissima del Tindari**
www.santuariotindari.it, Mo–Sa 6.45–12.30 und 14.30–19 Uhr, So 6.45–12.45 und 14.30–20 Uhr. Messen Mo–Sa 7.30, 10, 17 Uhr, So 7.30, 9, 10, 11, 12, 17, 18 und 19 Uhr.

Antike Ruinen

Im antiken Tindari sind Überreste eines griechischen Theaters samt Bühnengebäude, ein kleines **öffentliches Bad** mit Räumen für Kalt- und Warmwasserbäder sowie einem **Gymnasium,** zwei **Wohnhäuser** und eine dreistöckige **römische Basilika** zu sehen. Diese war über die Hauptstraße gebaut und wurde als Versammlungshalle, aber auch als Gefängnis genutzt. Die **Stadtmauern** gehören zu den besterhaltenen auf Sizilien. Im **Antiquarium** sind ein großer Augustuskopf, griechische Statuen, Gläser, Keramiken und Terrakotten zu sehen.

■ **Zona Archeologica di Tindari**
Tel. 09 41 36 90 23, 9 Uhr bis 1 Std. vor Sonnenuntergang, Antiquarium 9–19 Uhr (Winter bis 16 Uhr), 4 €.

Praktische Informationen

■ **Ufficio Informazione**
bei der Ausgrabungsstätte (nur im Sommer), Tel. 09 41 36 91 84.
■ **Camping Marinello Oliveri** ①-③
Via del Sole 17, Tel. 09 41 31 30 00, www.villaggio marinello.it. Schöner Platz, der besonders beliebt bei Surfern ist. Der Strand gilt als einer der besten Surf-Spots Siziliens. Auch Bungalow-Vermietung.
■ **Ristorante Tyndaris**
Via Quasimodo 1 (gegenüber dem Santuario), Tel. 09 41 36 90 02. Schöner Garten und herrliche Sicht; ob man Platz bekommt, hängt von der Anzahl der Pilger ab – trotz des teilweise starken Ansturms verlässlich gute Küche.
■ **Busanreise**
T.A.I. (www.autolineetai.it) zwischen Tindari, Brolo, Patti und Gioiosa Mare, **AST** nach Milazzo.

Castroreale

2500 Einwohner *(Castrensi),* 24 m ü.N.N., PLZ 98 053, bis Messina 53 km

Castroreale hat sich seine **mittelalterliche Atmosphäre** bewahrt – am besten macht man sich zu Fuß auf, um den Ort zu erkunden. Innerhalb einer Festungsanlage der Araber, von *Friedrich II.* erweitert, breitete sich im 15./16. Jh. eine lebhafte kleine Stadt aus. Zu den ältesten

Kirchen des Ortes gehört **Sant'Agata** aus dem 15. Jh.; im Inneren befinden sich ein Kruzifix aus Pappmaché aus dem 18. Jh. und eine Statue der Heiligen Agathe von *Giovanni Angelo Montorsoli* von 1554. An der Via Siracusa steht das **Oratorio di San Filippo** mit einem schönen Portal aus dem 17. Jh. Ende Juli, Anfang August begeht Castroreale das **Jazz-Festival** (www.prolocoartemisia.it).

Jalari-Parkmuseum

Der ethnografische Komplex liegt oberhalb der Ortschaft Barcellona P.G. an den Hängen des Peloritani-Gebirges. Die 35 ha große Anlage besteht aus fantasievoll-bizarren Steinskulpturen und rekonstruierten Werkstätten, in denen sich die Besucher über traditionelle Handwerkstechniken informieren können. Zum Park gehören außerdem ein **Bio-Agrarbetrieb** sowie ein **Agriturismo**.

■ **Parco Museo Jalari**
Tel. 09 09 74 62 45, www.parcojalari.com, Jan.–Juni/Sept.–Dez. Di–So 9.30–13, Sa/So auch 15–19, Juli/Aug. Di–Sa 9.30–13, 17–20 Uhr, 10 €, Familien 20–26 €.

Praktische Informationen

Unterkunft

■ **Agriturismo Jalari** ③
Frazione Maloto, Barcellona P.G., Tel. 09 09 74 62 45, www.parcojalari.com. In der Anlage des Ethnomuseumsparks mit seinen zahlreichen Einrichtungen kann man auch übernachten und sich im Restaurant verköstigen lassen.

Essen und Trinken

■ **Ristorante/Pizzeria Aquila** ②
Corso Umberto 2, Castroreale, Tel. 09 09 74 60 39, Mo geschl. Lokale Küche in einem einfachen Lokal am Hauptplatz, Sandwiches, Pasta, abends auch Pizza – wenn es sich lohnt, den Ofen anzuwerfen.

Milazzo

32.000 Einwohner *(Milazzesi)*, PLZ 98 057, bis Messina 33 km

Die Anfahrt nach Milazzo lässt die Herzen nicht gerade höher schlagen; die Basis der weit in das Meer hinausragenden, schmalen Halbinsel ist großflächig mit Schwerindustrie bebaut, die Schlote rauchen und die Metallgerippe blitzen in der Sonne. Durch die Neustadt mit ihren gesichtslosen Klötzen kommt man aber schließlich in Höhe des Hafens zur Altstadt und noch weiter zu den kleinen Gassen, die zum Kastell hinaufführen und durchaus Charme besitzen.

Heute ist die Stadt auf dem gleichnamigen Kap vor allem als **Ablegehafen zu den Liparischen Inseln** bekannt. Doch sie blickt auf eine lange Geschichte zurück. Die Landzunge wurde oft und heiß umkämpft, von Griechen, Mamertinern („Söhne des Mars", eine Söldnergruppe aus Syrakus), Karthagern und Syrakusern, und im Zweiten Weltkrieg fielen Bomben.

▷ Eingang zur Burg hoch über Milazzo

Geschichte

Bereits im Neolithikum (4000 v. Chr.) befanden sich hier Siedlungen, deren besondere Charakteristika sich in den prähistorischen Fundstellen auf den Liparischen Inseln wiederfinden lassen. Dieser gesamte Kulturkomplex wird zusammenfassend **„Milazzo-Kultur"** genannt. 714 v. Chr. gründeten die Griechen auf der Anhöhe die Stadt „Mylai". Im Kampf der Römer gegen Karthago fand im Jahr 260 v. Chr. die große Seeschlacht vor Milazzo statt, die der Konsul *Cajus Duilius* für sich entschied.

Die Normannen errichteten eine Festungsanlage, die *Friedrich II.* Anfang des 13. Jh. weiter ausbauen ließ. 1860 fügte *Garibaldi* auf den Schlachtfeldern den Bourbonen die Niederlage zu, die sie zwang, Sizilien zu verlassen.

Burganlage

Die Stadt besteht aus drei Teilen: **Burganlage, Borgo** (Vorstadt) und **Unterstadt,** die vor allem im 19. Jh. entstand. Das mächtige, die ganze Stadt dominierende Kastell stammt aus dem 13. Jh. und entstand unter Friedrich II. von Hohenstaufen auf den Ruinen einer ehemaligen arabischen Zitadelle, die schon um 1130 in den Schriften auftauchte. Um 1450 verstärkte *Alfonso von Aragon* die Verteidigungsanlagen mit den aragone-

sischen Wällen. Die Anfang des 16. Jahrhunderts in Angriff genommenen spanischen Wälle wurden im Jahre 1605 unter *Lorenzo Suarez de Figueroa* vollendet. Die Anlage lädt ein zu einem Nachmittagsspaziergang mit Blick über die Stadt und das Meer, bei klarem Wetter bis zu den Liparischen Inseln – und auf die Industrie des Festlandes. Finden in den Burgmauern Aufführungen oder Konzerte statt, ist das Gelände bis weit in die Nacht zugänglich.

■ **Castello di Milazzo**
Tel. 09 09 22 12 91, Sommer tgl. 8.30–13.30, 16.30–21.30, Juli/Aug. Fr–So bis 24 Uhr, 5 €.

Vor- und Unterstadt

In der Via Crispi im alten Stadtgebiet befindet sich ein **Karmeliterkonvikt** aus dem 16. Jh. Ein Flügel stammt aus dem 19. Jh. und beherbergt die Stadtverwaltung. Über eine prunkvolle Freitreppe gelangt man zum **Heiligtum des San Francesco di Paolo,** mit einem schönen Portal aus dem 17. Jh. In der Nähe der Piazza Roma, genauer in der Via Praticella, befindet sich eine **Nekropolis,** in der man Skelette und Tonwaren aus dem 14. Jh. v. Chr. gefunden hat. Die **Grotte des Polyphem** westlich und unterhalb der Burg liegt heute auf Privatgrund, ist abgezäunt und kann nicht mehr besichtigt werden. Da bleibt nur, des menschenfressenden einäugigen Riesen zu gedenken, der durch den listigen Odysseus derart aus der Fassung gebracht wurde, dass er mit Felsbrocken nach den fliehenden Griechen schmiss. Der **Neue Dom** aus dem 20. Jh. im Zentrum der Stadt beherbergt Werke von *Antonello de Saliba.*

Das kleine **Meeresmuseum** neben der Touristeninformation widmet sich dem Thunfischfang, der in der Vergangenheit für die Region eine wichtige Einnahmequelle war und eine jahrhundertealte Tradition besitzt.

■ **Museo della Tonnara e del Mare**
Piazza Caio Duilio, Tel. 33 58 43 42 11, Mo–Fr 9–12, 15–19 Uhr, Eintritt frei.

Praktische Informationen

Touristeninformation

■ **Ufficio Informazione**
Piazza Caio Duilio 21, Tel. 09 09 22 28 65, www.milazzo.info, www.comune.milazzo.me.it.

Unterkunft

■ **B&B Casantica** ②
Via Nazionale 31, Tel. 090 93 04 64, www.casanticabeb.it. Etwas abseits gelegen in einem großen, parkähnlichen Garten, 5 Zimmer mit Bad.
■ **B&B Giardino di Sicilia** ②-③
Via S. Maria Maggiore 29, Tel. 09 09 22 21 91, www.giardinodisicilia.net. Im Zentrum, sauberer und nett eingerichteter Betrieb, Garten und Restaurant.
■ **Jack's Hotel** ②
Via Col. Magistri 47, Tel. 09 09 28 33 00, www.jackshotel.it. Kleines, sauberes Stadthotel mit 14 Zimmern und Garage nahe den Anlegestellen der Schiffe.
■ **La Bussola** ③
Via XX Luglio 29, Tel. 09 09 28 29 55, www.hotelabussola.it. Luxushotel in Hafennähe mit eigener Garage, modernst eingerichteten Zimmern; für diese Hotelklasse ausgezeichnetes Preis-/Leistungsverhältnis, im angeschlossenen *Sofia's Bistro* speist man passend erster Klasse (feste Menüs mit 4 Gängen teils ab 25 €).

■ **Riviera Lido** ③-④
Strada Panoramica (2 km außerhalb Richtung Kap östlich am Meer), Tel. 09 09 28 34 56, www.hotelrivieralido.it. In guter Lage am Meer und mit eigenem Kiesstrand. Ferienhotel mit Sportmöglichkeiten.
■ **Petit Hotel** ③
Via dei Mille 37, Tel. 09 09 28 67 84, www.petithotel.it. Kleines Haus am Hafen aus dem 19. Jh. mit geschmackvoller Einrichtung, sehr freundliches Personal, sympathische Adresse mit ökologisch korrekter Einrichtung (von der Latex-Matrazen bis zum natürlichen Wandanstrich aus Eiern, Kalk und Kasein), die Hafenblickterrasse auf dem Dach ist an heißen Tagen ein Ort der Erholung.

Camping

■ **Viallaggio Touristico Cirucco** ①-②
Via Capo (am Kap 4 km nördlich Milazzo), Tel. 09 09 28 47 46, www.cirucco.it, schattige Stellplätze, oberhalb einer Kiesbucht, auch Bungalows und Zimmer, Minimarkt, Restaurant, auch Zimmervermietung.
■ **Camping Riva Smeralda** ①-②
Strada Panoramica (am Kap 3 km nördlich Milazzo), Tel. 09 09 28 29 80, www.rivasmeralda.it, Touristendorf mit Bungalows, Caravan- und Zeltplätzen, Tauchcenter, Restaurant und Bar, direkt am Wasser.

Essen und Trinken

■ **Panineria del Porto** ①
Via Luigi Rizzo 22, Tel. 09 09 22 49 48, 5 €. Belegte Brötchen, die man sich nach Gusto zusammenstellt, dauert seine Zeit, aber sie schmecken köstlich (sonst kämen die Hafenarbeiter nicht her).
■ **Il Covo del Pirata** ②-③
Lungomare Garibaldi, Ecke Via del Quartiere, Tel. 09 09 28 44 37, www.ilcovodelpirata.it. Fischgerichte werden im eleganten maritimen Ambiente serviert, die Pizza im urig eingerichteten Saal, und wer mag, sitzt im Garten.
■ **Trattoria da Pignataru** ②
Via Luigi Rizzo 24, Tel. 09 09 28 68 88, So geschl. Man speist auf der Terrasse am Hafen unter einem großen Baum, Vorschlag: *antipasto misto* und Stockfisch auf Messina-Art, dazu Wein aus der Region.
■ **Trattoria Casalinga** ③
Via Riccardo d'Amico 13, Tel. 09 09 22 26 97, So abend geschl. In einem kleinen Bistro werden Fischgerichte serviert, angenehme, unauffällige Atmosphäre, junges Publikum.
■ **Ristorante Al Castello** ③
Via Frederico di Svevia 20, Tel. 09 09 28 21 75, Mo geschl. Eine der besten Küchen am Ort mit eleganter Atmosphäre, die Lage am Schloss verpflichtet.
■ **Salamone a Mare** ④
Strada Panoramica (3 km in Richtung Kap an der Ostseite), Tel. 09 09 28 12 33, Mo geschl. Vorzügliche Küche. Die Besitzer sind Fischer und gehen jeden Tag auf Fang, abends wird der Fang dann vorgeführt und die Fisch- und Zubereitungsart mit dem Gast diskutiert.
■ **Ristorante Piccolo Casale** ④
Via Riccardo D'Amico 12, Tel. 09 09 22 44 79, www.piccolocasale.it, mittags und Mo geschl. In einer alten Residenz eines der Generäle von Garibaldi und auf der Terrasse werden feine Gerichte (u.a. Fisch-Ravioli und Schwertfisch-Auberginen-Ragout) im geschmacklich oberen Bereich serviert, tolle Nachspeisen.

Nachtleben

Im Sommer wird der Weststrand von Milazzo mit mehreren Lidos ausgestattet, wo man Liegen und Schirme mieten und essen kann. Abends wird die Zone zur Big Party umfunktioniert und die Musik schallt über den Strand. An der Ostseite Milazzos südlich vom Hafen wird auf **Le Terrazze „Lido Azzurro"** getanzt oder Pianoklängen in der Bar gelauscht, tagsüber ist es ein Strandbad mit Pool, www.lidoazzurromilazzo.it. Im Industriegebiet lockt am Wochenende das **Dalì** (Via Tonnara 94, www.facebook.com/dalimilazzo).

Verkehr

■ **Bahnhof,** Piazza Marconi, Tel. 89 20 21, www.trenitalia.it, Richtung *Messina* und *Palermo*. Der Bahnhof liegt ca. 5 km von der Altstadt und dem Fährhafen entfernt. Stadtbusse der AST (Linie 5, meist stündlich) stellen die Verbindung her; wird es mit der Abfahrtszeit der Fähre knapp: Taxi nehmen!
■ **Stadtbusse,** vom Hafen geht es mit der Linie Nr. 6 hinaus zum Kap.
■ **Fernbusse,** Via Luigi Rizzo, direkt am Fährhafen, Messina (an Werktagen Busse der Fa. *Giunta* beinahe stündlich, an Sonn- und Feiertagen ca. vier Fahrten täglich), Flughafen Catania (April bis Sept. direkter Shuttlebus, www.autonoleggioalibrando.it, ansonsten mit *Giunta* über Messina).

Schiff

Die **Büros der Schifffahrtsgesellschaften** *(Siremar, NGI, SNAV/Ustica Lines)* finden sich beim Abfertigungsgebäude der Schnellboote an der Via Luigi Rizzo.

■ **Taranto Navigazione,** Tel. 09 09 22 36 17, www.minicrociere.tarnav.it. Wer es exklusiv liebt oder in größerer Gruppe unterwegs ist, kann sich die Überfahrt auf die Inseln mit Taranto individuell gestalten.

Parken

Von April bis Oktober ist der größte Teil der Liparischen Inseln für **Fahrzeuge der Nicht-Residenten gesperrt,** möglicherweise erhält man bei Vorlage einer Buchungsbestätigung über mindestens 7 Tage eine Genehmigung, sein Fahrzeug mitzunehmen. Pro Tag muss man in Milazzo mit 10–15 € Parkgebühr für das Fahrzeug rechnen (auch abhängig von Größe des Fahrzeugs und der Dauer). Das Parken am Hafen ist verboten. Bei geplanter Rückkehr an einem Sonntag oder spätabends, sollte man vorher sicherstellen, dass die Garage auch feiertags oder nachts geöffnet ist.

■ **Central Garage,** Via Borgia, Tel. 09 09 28 24 72, www.centralmilazzo.com.
■ **Marconi Parcheggio,** außerhalb Richtung Bahnhof, abgezäunte Freifläche (Bushaltestelle und Shuttle-Service), Tel. 32 74 78 96 71.
■ **Garage delle Isole,** Via S. Paolino 66, Tel. 09 09 28 85 85, www.garagedelleisole.it.
■ Weitere Adressen sind über das Tourismusbüro erhältlich.

Ausflüge

■ **Zwei kleine Spaziergänge** sind am Kap möglich: in 20 Min. auf den Monte Trino mit herrlicher Rundsicht und von der Baia di San Antonio um das Kap herum zur Punta Mazza.

Kap von Milazzo

Hinter der Stadt Richtung Kap wird es richtig idyllisch: Zitrusplantagen, Olivenhaine, fast keine Bebauung und ganz am Ende Gartenlokale. Am Kap kann die kleine Kapelle **Chiesa di San Antonio** besucht werden, die im 16. Jh. in eine Grotte hineingebaut und nach Zerstörungen im II. Weltkrieg renoviert wurde. Sie besitzt schöne Marmor-Intarsienarbeiten.

Die Route im Überblick | 115

Aci Castello | 170

Acireale | 165

Aci Trezza | 169

Adrano | 150

Ätna, Der | 145

Ätna Nord | 160

Ätna Süd | 163

Ali Terme | 125

Bronte | 152

Giardini Naxos | 140

Letojanni | 127

Linguaglossa | 158

Messina | 117

Nicolosi | 148

Randazzo | 156

Sàvoca | 125

Taormina | 129

Zafferana Etnea | 161

3 Von Messina nach Catania

Die Alten Griechen hoch über der Küste,

viele feinsandige Strände für einen Badeurlaub und der Ätna für den Aktivurlauber.

⟨ Der lange und schmale Lago di Ganzirri, Messinas bevorzugte Wohnlage

Von Messina nach Catania

VON MESSINA NACH CATANIA

Diese Route führt Sie sehr nah am **Ätna** vorbei, eine gute Gelegenheit, zu einer Vulkanumrundung mit der Ätna-Eisenbahn aufzubrechen.

Die Route im Überblick

Die Strecke bewältigen Eilige am schnellsten auf der Autobahn. Sie bietet schöne Panoramen und umgeht die vielen Ortsdurchfahrten, die entlang der SS114 den Verkehr immer wieder zum Stocken bringen. Wer sich aber etwas

NICHT VERPASSEN!

- **Taorminas Nachtleben,** mit den Reichen und Schönen und tollem Ausblick | 137
- **Alcantara-Schlucht,** willkommene Abkühlung wenn es zu heiß wird | 139
- **Ätna-Gipfel,** Fuß oder mit dem Jeep, 3300 m über dem Meer | 145
- **Calzone in Zafferana Etnea,** die beste gefüllte Teigtasche Siziliens | 163

Diese Tipps erkennt man an der gelben Hinterlegung.

Zeit nehmen kann, folgt der SS114 an den Osthängen des Peloritanischen Gebirges entlang nach Südwesten. Die Küste ist zumeist felsig, und Dörfchen um Dörfchen reihen sich im Wechsel mit Marinas jenseits der Eisenbahnschienen aneinander. Badefreuden kann man angesichts der zumeist durchorganisierten und im Sommer restlos überfüllten Kiesstrände kaum genießen, außerdem scheint das Wasser des Stretto nicht unbedingt ein Ausbund an Sauberkeit zu sein. Man passiert 18 km nach Messina den Ort **Scaletta Zanclea** und sein älteres Pendant weiter oben, **Scaletta Superiore,** und erreicht 7 km weiter, nachdem man die Eisenbahnlinie gekreuzt hat, **Ali Terme.**

Wieder auf der SS114 geht's weiter an der Küste entlang, bis kurz hinter Santa Teresa di Riva ein Sträßchen nach rechts in Richtung **Sàvoca** und **Casalvecchio Siculo** abzweigt. Beide Orte sind wegen ihrer Ausblicke eine Stippvisite wert. Am Meer folgt die nächste Marina, **S. Alessio,** und der nächste Abstecher für Panoramasüchtige: das Dorf **Forza d'Agro.**

Kurz vor Taormina geht es noch durch den Badeort **Letojanni.** Er ist interessant als Übernachtungs- und Ferienzielalternative zum teuren Taormina. **Mazzarò** liegt bereits zu nahe an bzw. direkt unterhalb von Taormina, daher ist es genauso kostenintensiv wie das Highlight der Ostküste Siziliens. Eine Panoramastraße zweigt in Mazzarò ab, die in kühnen Serpentinen und über schwindelerregende Brücken, vorbei an Luxushotels und Villen, in das Städtchen Taormina hinaufklettert.

Nur wenige Kilometer sind es von Taormina nach **Giardini Naxos,** in den Ort, der als erste griechische Siedlung Siziliens in die Geschichte eingegangen ist. Davon ist heute natürlich nichts mehr zu spüren. Giardini Naxos ist ebenso überfüllt wie Taormina, nur besitzt es nicht dessen Charme.

Autobahn und Staatsstraße verlaufen weiterhin parallel zur Küste an der Ostflanke des Ätna vorbei. Man passiert die Abzweigung zur **Alcantara-Schlucht** und biegt an der Ausfahrt „Fiumefreddo" in Richtung **Randazzo** zur großen Ätna-Rundfahrt auf der SS120 ab. Die Ätna-Rundfahrt kann mit dem eigenen Fahrzeug, mit Bussen oder mit der berühmten **Ätna-Eisenbahn** (s. Exkurs „Die Circumetnea-Bahn" bei Bronte) unternommen werden. Abstecher von der Rundtour auf den Berg sind ohne eigenen fahrbaren Untersatz nur bedingt möglich; bei schlechtem Wetter erkundige man sich nach dem Straßenzustand!

Verzichtet man auf die Ätna-Rundfahrt und bleibt auf der Autobahn oder der SS114, folgt **Riposto.** Depots für Weintrauben und Lebensmittel gaben diesem Hafenstädtchen seinen Namen. Mit dem Weinhandel begann in der zweiten Hälfte des 19. Jh. sein Aufschwung. Zusammen mit **Giarre** bildet es eine Doppelgemeinde.

Der nun folgende Küstenabschnitt bis Catania wurde durch die Aktivitäten des Ätna geprägt. Bizarren Felsnadeln gleich ragen Inselchen aus dem tiefblauen Meer, und die Legende will, dass eben hier die **Zyklopen** in verzweifelter Wut den listigen Odysseus mit riesigen Steinbrocken bewarfen. *Polyphem,* den *Odysseus* geblendet hatte, soll seinen Sitz ja auf dem Ätna gehabt haben. Und noch mit einem anderen Mythos ist *Polyphem* verbunden. Er soll sich, so der Dichter *Ovid,* unsterblich in die Nymphe *Gala-*

thea verliebt haben. Diese fand allerdings den Hirten *Akis* weitaus attraktiver als den grobschlächtigen Zyklopen. Es kam, wie es kommen musste: *Polyphem* brachte *Akis* um, der von gnädigen Göttern flugs in ein Flüsschen verwandelt wurde, das sich mit seiner Geliebten *Galathea*, einer Quelle, so endlich vereinigen konnte. Die Erinnerung an den Hirten ist in den vielen mit dem Präfix *Aci* versehenen Ortsnamen lebendig.

Die Zyklopenküste ist aber nicht nur reich an Mythologie, sondern auch an heilkräftigen Quellen. Die Natur und auch die von Menschen geschaffenen Bauten zeichnen sich in diesem Teil Siziliens hauptsächlich durch ein Material aus: **schwarzer Basalt.** Erstarrte Lava, ob nun in Form abgeschliffener Felsplatten und Klippen oder kunstvoll zu Türumrandungen und Blendsteinen verarbeitet, beherrscht das Bild.

Dann nähert man sich der Großstadt **Catania,** ihren „Vororten" wie **Acireale** und einer der fruchtbarsten Regionen Siziliens. Unübersehbar – das heißt Wildwuchs im Bau, viel Verkehr, zubetonierte Küste. Es erinnert nur wenig an jene Zeiten, als berühmte Sizilienreisende die Schönheit dieser Landschaft priesen.

Messina

241.000 Einwohner *(Messinesi),* 3 m ü. N.N., PLZ 98 100, Provinzhauptstadt

Der antike Name Messinas ist *Zankle*, griechisch für „Sichel", ein Hinweis auf die sichelförmige Gestalt ihres natürlichen Hafens. In der Meerenge von Messina treffen sich Ionisches und Thyrrenisches Meer mit einem halben Meter variierender Meereshöhe. Starke Strömungen und gefährliche Strudel im Stretto sind die Folge.

Messina ist die **drittgrößte Stadt Siziliens,** entsprechend trubelig kann es werden: Über den großen Hafen strömt der gesamte Schwerlastverkehr vom Festland ein, die Stadt ist Einfallstor für die Touristen, die sich übers Land verstreuen, zuvor oder danach aber auch die Stadt mit ihrer langen Geschichte und den dazugehörigen Bauwerken kennenlernen möchten, und in Messina endet die Landflucht vieler Sizilianer – all das formt Leben und Erscheinungsbild Messinas. Wem es zuviel wird, besucht die Stadt am Wochenende, sie liegt dann ruhig in der gleißenden Sonne, in den breiten Straßen und Alleen herrscht fast kein Verkehr, und die Touristenströme halten sich in Grenzen.

Geschichte

Im 8. Jh. v. Chr. gründeten Ionier einen Ort zwischen der Halbinsel St. Raineri und dem heutigen Hafen. Einwanderer aus Messenien liehen ihm den Namen.

Die Stadt erlebte diverse Herrscher, Blütezeiten und Zerstörungen. Unter normannischer Herrschaft entwickelte sich Messina zum bedeutendsten Zentrum Siziliens. Ein königlicher Palast wurde erbaut und die Festung verstärkt. Der Handel mit Seide, Häuten und Wolle brachte der Wirtschaft vom 12. bis 17. Jh. Aufschwung. Ein Aufstand gegen die spanische Herrschaft (1674–78) war aber nicht erfolgreich; es folgten Sanktionen, und Messina verarmte.

Das **Erdbeben** von 1783 tat das seinige, und das Beben von 1908 und der folgenden Flutwelle fielen 60.000 Menschen zum Opfer. Die Stadt errichtete man danach einem Schachbrettmuster folgend neu, nur die Palazzi lockerten den strengen Grundriss auf.

Im Zweiten Weltkrieg legten Bomben wieder große Teile in Schutt und Asche, als die Flugzeuge der Alliierten den Rückzug der deutschen Truppen auf das Festland zu stören versuchten – was ihnen nur unzureichend gelang. Leidtragende waren die Bewohner der Stadt.

Kirche Santa Maria degli Alemanni

Hauptachsen der Stadt sind die elegante Einkaufsstraße Viale San Martino und die davon schräg abzweigende Via Garibaldi. Nahe dieser Verzweigung liegt mit der Kirche Santa Maria aus dem 13. Jh. eines der bemerkenswertesten Gebäude Messinas. Sie wurde von den Erdbeben schwer beschädigt. Nach dem Zweiten Weltkrieg begann man mit der Restaurierung. Ein Seitenportal ist vollständig

Universität

An der Piazza Maurolico liegt die traditionsreiche Universität von Messina. Sie wurde 1548 von und für Jesuiten gegründet, wurde zur allgemeinen Hochschule 1591, 1679 von den Spaniern aufgelöst und 1838 wieder eröffnet.

Kathedrale

Der Dom, ursprünglich aus normannischer Zeit, im 12. Jh. erbaut von *Roger II.*, eingeweiht 1197 von *Heinrich VI.*, wurde beim Erdbeben 1908 zerstört, wiederaufgebaut und von den Bomben des Zweiten Weltkriegs erneut vernichtet; verschont blieb nur die Sakristei. Der heute zu sehende Nachbau weist nur wenige Originalteile auf. Seinen Campanile kann man besteigen. Sehenswert ist die rechts vom Hauptaltar liegende **Schatzkammer,** in der ein goldener Mantel von 1668 zu sehen ist, mit dem jeden 3. Juni das Altarbild der Madonna geschmückt wird. Im Glockenturm befindet sich der Welt größtes mechanisches Uhrwerk mit eindrucksvollen Szenen (gebaut von den *Gebr. Ungerer* aus Straßburg); täglich beginnt Punkt 12 Uhr ein zwanzig Minuten langes Spektakel. Ein Löwe (Sinnbild der Macht Messinas) brüllt dann durch die Stadt, ein Gockel kräht (und zeigt die Wachsamkeit der Stadt), die Glocken läuten – und schließlich ertönt herzberührend und symphonisch das Ave Maria über den Platz.

erhalten geblieben. Sie ist säkularisiert und wird für Ausstellungen genutzt.

Aquarium

Das Aquarium Messinas zeigt in 22 Bassins mit ca. 100.000 Liter Fassungsvermögen die Fische des Mittelmeeres, Schildkröten und die Unterwasserflora.

■ **Acquario**
Viale Bocceta, Tel. 09 04 88 97, www.acquariomessina.it, Di–Sa 9–13 und 15–19 Uhr, So 9–13 Uhr, 3 €.

◁ Das Universitätsgebäude von Messina

Messina

■ Duomo/Tesoro
Piazza Duomo, Tel. 090 67 51 75. Schatzkammer April bis Sept. Mo–Sa 9.30–13 Uhr, 4 €; Besteigung des Campanile Mo–So 9.30–13, Aug. auch 16.30–18.30 Uhr, Winter geschl., 4 €; Kombiticket Schatzkammer/Campanile 6 €.

Orion-Brunnen

Seitlich vor dem Dom steht eine aus dem 16. Jh. stammende Kopie des Orion-Brunnens von *Giovanni Angelo Montorsoli* (eines Schülers *Michelangelos*). Der Brunnen wurde zur Erinnerung an die erste städtische Wasserleitung errichtet. Orion soll der Mythologie zufolge der Stadtgründer Messinas gewesen sein. Im inneren Becken sind die Flüsse Tiber, Nil, Ebro und Camaro dargestellt; der untere Teil ist mit Meeresgöttern verziert.

Piazzetta Catalani

Die Piazzetta Catalani schmückt das Denkmal Johanns von Österreich, eines unehelichen Sohnes des Habsburgerkaisers *Karl V.* Es wurde anlässlich seines Besuchs 1572/73 nach dem Sieg von Lepanto errichtet.

Normannenkirche

Die älteste Kirche Messinas ist **Santissima Annunziata dei Catalani.** Sie stammt aus dem 12. Jh., wurde aber im 13. Jh. umgebaut, das Schiff verkürzt und die Fassade verziert. Besonders die östliche Fassade und die Intarsienbänder aus Lavastein (Rauten und Kreise) sind bemerkenswert.

Kirche della Pieta

Eines der schönsten Barockdenkmäler Messinas ist der **Monte di Pieta,** das Leihhaus. Es verfügt über einen schönen Innenhof mit Brunnen und eindrucksvoller Freitreppe, die zur **Kirche della Pieta** führt, von der allerdings nur die Vorderseite erhalten ist.

Regionalmuseum

In der Via Libertà ist das Regionalmuseum, mit bemerkenswerten Gemälden, u.a. von *Caravaggio, Mario Minniti, Carlo Sellitto* und *Antonello da Messina* und Skulpturen von *Antonello Gagini, Francesco Laurana* und *Montorsoli* sowie Zeugnissen der bei den Naturkatastrophen zerstörten Kirchen und Paläste des Mittelalters aus byzantinischer und normannischer Zeit.

■ Museo Regionale di Messina
Via della Libertà 465 (Anfahrt von Bahnhof und Hafen mit der Straßenbahn ATM Tram Nr. 28 Richtung Nord bis zur Endhaltestelle), Tel. 090 36 12 92, Di–Sa 9–19, So 9–13 Uhr, 8 €.

Praktische Informationen

Touristeninformation

■ Ufficio Informazione comunale
Viale Boccetta 373 (Palazzo della Cultura), Tel. 09 02 93 52 92, www.comune.messina.it.

▷ Orionbrunnen und Campanile, ganz oben der brüllende Löwe

■ **Ufficio Informazione provinciale**
Corso Cavour 86, Tel. 09 07 76 10 48.

Unterkunft

■ **Hotel Paradis** ②
Loc. Contemplazione, Via Pompea, 441 (3 km außerhalb Richtung Torre Faro), Tel. 090 31 06 82, www.hotelparadis.it. Stadthotel außerhalb des Zentrums mit 90 Zimmern, von den Balkonen Blick über den Stretto.

■ **Hotel Touring** ②
Via N. Scotto 17, Tel. 09 02 93 88 51, www.hoteltouring-me.it. Einigermaßen sauberes Budget-Hotel in fußläufiger Entfernung zu Bahnhof, den Bushöfen und Hafen, ausreichend große Zimmer mit Bad, aber sehr einfache Einrichtung.

■ **Hotel Cairoli** ③
Viale San Martino 63, Tel. 090 67 37 55, www.hotelcairoli.it. Zentral gelegen mit großen, komfortablen Zimmern, die Zimmer nach hinten sind ruhiger.

■ **Royal Palace** ②
Via T. Cannizzaro 3, Tel. 090 65 03, www.royalpalacemessina.it. Luxushotel, das einen ganzen Block einnimmt, mit Tiefgarage; günstige Preise über das Internet.

Essen und Trinken

Unser Tipp: Osteria Etnea ①-②
Via Antonino Martino 38, Tel. 090 67 29 60, www.osteriaetnea.it, Mo geschl. Kleines Lokal mit Spezialitäten der Region zu äußerst fairen Preisen. Besonders lecker sind die Miesmuscheln, danach könnte es Pasta mit Meeresgetier oder Bucatini mit Sardinen geben. Die Stockfischzubereitungen werden sehr gelobt.

■ **Trattoria Paradisiculo** ②
Via Gibellina 154, Tel. 090 71 79 92, www.paradisiculo.it. Mo geschl. Hier ist alles köstlich, von den vegetarischen Vorspeisen über die Fischgerichte (beispielsweise Sardinen nach Hafenart) bis zu den hausgemachten Dolce, und natürlich ist die Pasta frisch, und die Grissini sind auch aus eigener Herstellung; einige Tische sind auf der Straße platziert, ansonsten rustikal zwischen unverputztem Mauerwerk.

■ **Ristorante/Pizzeria Al Gattopardo** ①-③
Via S. Cecilia 184, Tel. 090 673076, www.ristorantegattopardomessina.it. Modern-elegant eingerichtetes Lokal, das nahezu jede Richtung abdeckt: Restaurant, Rosticceria, Friggitoria und Thekenverkauf aller Gerichte. Trotzdem hohe Qualität der Speisen.

■ **Trattoria Al Padrino** ②
Viale S. Cecilia 54/56, Tel. 09 02 92 10 00. Kleine Trattoria, einfach eingerichtet, über die Theke geht der Blick in die Küche, die ganze Familie ist hier beschäftigt, und abends wird es voll, hier gibt es mit die beste Fischküche in der Stadt – zu erschwinglichen Preisen. Der Grappa danach 1 €.

■ **Trattoria Don Nino** ②-③
Viale Europa 59, Tel. 090 69 42 95, abends und So geschl. Wer nur mittags auf hat, muss schon gut sein, um die Geschäftsleute herzulocken, typische Messineser Küche (u.a. mit Stockfisch), eine Institution und besser vorauszubuchen.

Unser Tipp: Ristorante Lilla Curro ②
Via Lido Ganzirri 10, auf dem Weg zum Capo Peloro am See auf ein Schild nach rechts achten, Tel. 090 39 50 64, Mo geschl. Acht Tische drinnen, weißblanke Wände, eine abgeschattete Terrasse, eine kleine Küche und die besten Fischgerichte der Provinz zu absolut fairen Preisen: *Spaghetti Vongole*, Fisch-Involtini, Tintenfisch vom Grill – was der Tagesfang eben hergibt! Abends reservieren!

Bahn

■ **Bahnhof,** Piazza della Repubblica (30), Tel. 89 20 21, www.trenitalia.it, Richtung Catania und Palermo.

Fernbusse

- **Autobus:** Piazza della Repubblica (beim Bahnhof), *SAIS* (Tel. 09 06 01 21 36) über Taormina nach Catania (auch zum Fughafen) und nach Palermo; *Giuntabus* (Tel. 090 67 57 49) nach Milazzo und Villafranca; *AST* (Tel. 090 66 22 44) nach Patti und Tindari; *Jonica* (Tel. 090 77 14 00) fährt an der Piazza Cavallotti ab (Richtung Sàvoca); *TAI* (Tel. 090 67 51 84) Richtung Patti ebenfalls.

Schiff

- **Fähre für Autos** zum Festland, Gesellschaft *Caronte* (Villa San Giovanni, zwei- bis viermal pro Std.) – Via della Libertá.
- **Fähre für Eisenbahn und Autos** zum Festland, staatl. Eisenbahn FS (Villa San Giovanni stündlich, Reggio di Calabria zweistündlich) – Via Luigi Rizzo.
- **Schnellboote** zu den Liparischen Inseln und dem Festland (Reggio di Calabria zweimal pro Std., zu den Liparischen Inseln im Sommer täglich) – Via Vittorio Emanuele.

Straßenbahn

- Die **ATM-Tram** verbindet mit ihrer Linie Nr. 28 den Bahnhof (Haltestelle Piazza della Repubblica) mit der Autofähre der Gesellschaft *Caronte* (Haltestelle Brasile), mit den Anlegestellen der Schnellboote (Haltestelle Boccetta) und mit dem Regionalmuseum (Endhaltestelle Museo), 1,20 € für eine einfache Fahrt.

Taxi

- **Radiotaxi,** Tel. 090 65 05, www.radiotaxijolli.it.

Parken

- **Cavalotti,** zentrales Parkhaus beim Bahnhof, www.atmmessina.it, 6 € für 24 Std.

Markt

- **Nouvo Mercato Zaera,** Via Cesare Battisti, neu gebaute Markthalle für Lebensmittel: Mo–Sa.
- **Piazza Zaera,** Lebensmittel: Mo–Sa.

Feste

- **15. August, „Vara"-Prozession** (Ferragosto).
- **13./14. August, Umzug der Riesen Mata und Grifone:** Die beiden gigantischen Figuren stellen ein römisch gekleidetes Paar dar; jede Figur trägt das Wappensymbol Messinas, ein Kastell mit drei Türmen, und wird durch einen inneren Mechanismus bewegt. Dass diese Veranstaltung im Vorfeld des großen Festtages der Urmutter aller Sizilianer, der *hl. Maria,* stattfindet, zeigt die Verschmelzung heidnischer und christlicher Riten; wen die beiden *Giganti* symbolisieren sollen, ist unklar.

Das Kap von Messina/Stretto

Folgt man der SS113 der Küste entlang durch das dichtbesiedelte Gebiet mit seinen Badestränden nördlich des Zentrums, gelangt man schließlich an die **Binnenseen** mit zahlreichen Fischerbooten und Fischgeschäften, mit Restaurants (die die in den Lagunenseen gezüchteten Muscheln anbieten) und Wohnhäusern – eine fast romantische Gegend und Kontrastprogramm zu Messina. Schließlich gelangt man an den nordöstlichsten Punkt Siziliens, zum

Capo Peloro mit seinem Leuchtturm. Zu Recht heißt die Straße *Panoramica dello Stretto*: In nächster Nähe ziehen die Schiffe von Nord nach Süd, schwimmen behäbig auf dem Wasser, vom Festland kommend, mit Kurs auf Messina.

Hier sollte mit dem Bau der **Brücke über den Stretto** begonnen werden, 3½ km hätte sie lang werden sollen, in einem keinesfalls erdbebensicheren Gebiet. Die Technologie mit zwei Aufhängepunkten, einer beim Torre di Faro, der andere auf dem Festland bei Porticello Santa Trada, stand bereits fest, aber die Kosten stiegen über die Jahre immer weiter. Je nach Regierung wurde die Bauplanung mal eingestellt, mal wieder aufgenommen. Das endgültige Aus kam dann Ende 2012. Italien kann sich ein Bauwerk solcher Größenordnung wohl die nächsten Jahre definitiv nicht mehr leisten bzw. hat ganz andere Sorgen.

Ali Terme

2700 Einwohner *(Alioti),* 9 m ü.N.N., PLZ 98 021, bis Messina 33 km

Die heilkräftigen **Quellen** der kleinen Hafenstadt wurden schon im 18. Jh. besucht. Das Wasser sprudelt hier bis zu 46° C heiß aus dem Boden und soll Hautentzündungen heilen. Der Stolz des Kurortes ist ein runder **Turm aus der Normannenzeit,** der eindrucksvoll auf einer Klippe thront. Ein kurzer Abstecher führt auf enger Serpentinenstraße hinauf nach **Ali,** einem mittelalterlichen Örtchen, dessen Bausubstanz noch deutlich ihren Ursprung erkennen lässt: Ein Stadtteil ist arabo-islamischer Herkunft (erkennbar an der verwinkelten Gassenführung, an Sackgassen und Innenhöfen), ein Teil stammt aus dem späten 15. Jh. In der Umgebung gedeihen an den Hängen der Peloritani Zitrusfrüchte und Wein.

Sàvoca

1750 Einwohner *(Savocani),* 300 m ü.N.N., PLZ 98 021, bis Messina 45 km

Das Dorf ist eine normannische Gründung. Seinen Namen erhielt es vermutlich vom schwarzen Holunder, der in der Region üppig wächst. Von der Piazzetta hat man eine wunderschöne Sicht über die Küste und das Meer. Von den drei Kirchen stammen zwei, die **Marienkirche** und **San Michele,** aus dem 15. Jh. Besonders malerisch ist das **Burgviertel** um die normannische Burgruine. In Sàvoca entstanden einige Szenen für den Film „Der Pate".

Museum von Sàvoca

Das Museum beleuchtet die landwirtschaftliche Tätigkeit der Bewohner des Ortes und widmet sich der Geschichte von Sàvoca. Ursprünglich lebten die Menschen unten am Meer vom Fischfang, mussten aber wegen zahlreicher Überfälle in den Bergen Schutz suchen.

■ **Museo di Sàvoca**
Via San Michele, Tel. 09 42 76 11 25, 9–13 und 16–20 Uhr (Aug. bis 24 Uhr, Winter 9–13 und 14–19 Uhr), 2 €.

Kapuzinerkloster

Das Museum unterhalb der Klosterkirche der Kapuziner bietet eine makabre Attraktion: Mumien von Priestern und Adligen mit zum Teil grausig verzerrten Gesichtern. Empörte Besucher haben versucht, diese „Sehenswürdigkeit" mit Farbspray zu zerstören. Jetzt unterstreichen die Farbspuren zusätzlich die Gruselatmosphäre dieses Ortes.

■ **Monastero dei Cappuccini**
Via Cappucini, Tel. 09 42 79 87 69, 9–13 und 15–20 Uhr (Winter 9.30–13.30 Uhr).

Praktische Informationen

Touristeninformation

■ **Ufficio Informazione,** am Ortseingang, Tel. 09 42 76 11 25, http://turismo.comune.savoca.me.it.

Unterkunft/Essen und Trinken

■ **B&B Il Padrino** ②
Via Borgo 3, Tel. 09 42 79 43 97, www.bebilpadrino.com. Apartment in der Altstadt, nett ausgestattet, gute Kücheneinrichtung, sauber und angenehm.
■ **Hotel Borgo San Rocco** ⑤
Via San Rocco, Tel. 09 42 76 12 34, www.borgosanrocco.com. 23 Zimmer, edel mit Antiquitäten eingerichtet, Luxus pur mit grandioser Sicht und Schwimmbad, nur die Anfahrt in das abseits des Zentrums gelegene Viertel durch enge Gassen wird Fahrer edlerer und schwerer Karossen kollabieren lassen, ausgezeichnetes Restaurant mit Panoramascheiben.
■ **Ristorante/Pizzeria La Pineta** ②
Via Pineta 3, Tel. 09 42 76 10 94. Man nennt sich immer nach dem, was man nicht hat – eine Pineta; einfacheres Lokal mit Blick auf Berge und Küste von der Terrasse, Pizza nur abends, ansonsten Standardgerichte relativ guter Qualität.

Strand

■ **Sunkisses,** zwischen Forza d'Agro und Letojanni geht es von der SS114 (bei Kilometer 40) zum Parkplatz (Parken 8–19 Uhr gebührenpflichtig) ab und dann zu Fuß durch einen schmalen Tunnel zum teils bewirtschafteten Strand, Bar, Pizzeria, hier ist man mit den Einheimischen alleine (die in der Hochsaison aber auch recht zahlreich erscheinen).

Casalvecchio Sicula

Weitere 6 km bergan wartet Casalvecchio Sicula bei klarem Wetter mit einem herrlichen Panorama auf Stretto, den Kegel des Ätna und auf die liebliche Landschaft der Peloritani. Fragen Sie sich im Ort durch nach dem Weg zu einem der schönsten Schmuckkästchen der normannischen Epoche, der Kirche SS Pietro e Paolo (3 km außerhalb im Tal des Forza d'Agro).

Kirche SS Pietro e Paolo

Wie eine frühmittelalterliche Festung erscheint der **Kirchenbau aus dem 12. Jh.,** den wahrscheinlich *Rogers I.* als Erinnerung an einen Sieg über die sizilianischen Muslime errichten ließ. Die zweigegliederte Fassade ist mit überlappenden schmalen Rundbögen geschmückt. In Streifen wurden verschiedene Materialien – Ziegel, Lava und Kalkstein – an den Außenwänden verlegt. Sie sorgen für einen ungemein dekorativen Effekt.

Den Sims ziert ein Kranz wehrhafter Zinnen, über den die beiden Kuppeln der Kirche hinwegschauen. Dieser einsame Kirchenbau mitten in einem schönen Tal der Peloritani lohnt den Abstecher unbedingt. Gerade ihrer malerischen Lage und Schlichtheit wegen wirkt die Kirche sehr eindrucksvoll.

Forza d'Agro

Die knapp 1000 Einwohner des kleinen Dorfes (Anfahrt: hinunter zur Küstenstraße, 3 km nach Süden und wieder in die Berge hoch in 430 m Höhe) leben noch in der mittelalterlich geprägten Bausubstanz. *Graf Roger* schenkte 1117 das Dorf den „Basilianischen Mönchen" aus dem nahen Kloster der SS Pietro e Paolo d'Agro. Einige Ruinen des **normannischen Schlosses** – als Friedhof genutzt – sind noch im oberen Teil des Ortes zu sehen. Ein kleiner Spaziergang (Auto am Hauptplatz parken!) führt durch enge und steile Gassen, an Bars, hübsch sanierten Häusern und Ruinen vorbei. Die Sicht auf Meer und Berge ist herrlich. Rund um den Burgberg wurden inzwischen verlassene Häuser renoviert und an betuchte Investoren als Feriendomizile verkauft.

Letojanni

2800 Einwohner *(Letojannesi)*, 5 m ü.N.N., PLZ 98 037, bis Messina 43 km

Letojanni entstand erst Ende letzten Jahrhunderts aus einem kleinen Weiler. Neben der Landwirtschaft, die aber immer weniger Gewicht hat, lebt der Ort hauptsächlich vom Tourismus. Das lange Lungomare hat einen **Sand- und Kiesstrand,** an dem sich im Hochsommer die Touristen Körper an Körper aalen (wer keine Sonnencreme dabei hat, braucht sich nicht sorgen – man liegt so eng, dass man nach dem Sonnenbad automatisch eingeölt ist). Durch die vielen Pauschaltouristen ist jedem Hotel auch ein Restaurant angeschlossen.

▷ Malerische Motive findet man in den meisten Orten

Kunst- und Kulturmuseum

Im Palazzo Omni findet sich das Museum mit einer Sammlung an Möbeln, Kunstgegenständen, Stickereien und einer eigenen Abteilung, die den chirurgischen Instrumenten des Prof. *Francesco Durante* gewidmet ist.

■ **Museo d'Arte e di Cultura Siciliana**
Via Battisti, Tel. 09 42 37 61 39, Mo–Fr 10.30–12.30 Uhr, Mo, Mi, Do und Fr auch 15.30–18.30 Uhr, Eintritt frei.

Praktische Informationen

Touristeninformation

■ **Ufficio Informazione**
Via Vittorio Emanuele 117, Tel. 09 42 65 73 26, www.comune.letojanni.me.it

Unterkunft/Essen und Trinken

■ **Casa San Giuseppe** ①
Piazza Francesco Durante 14, Tel. 094 23 61 35, http://web.tiscali.it/casaferieSangiuseppe (Groß- und Kleinschreibung beachten). Von Herz-Jesu-Missionaren geführtes Haus, 26 Zimmer mit Klimaanlage und Bad, gute Küche und eigene Kapelle.
Unser Tipp: **Hotel Da Peppe** ②-③
Via Vittorio Emanuele 345, Tel. 094 23 61 59, www.hoteldapeppe.com. Mittelgroßes Hotel am Lungomare mit eigenem bewirtschafteten Strand, deutschsprachiges Personal, berühmt für sein entspanntes Strandrestaurant mit Fischgerichten (②-③ nur Juli–Okt.).

◁ An der Ostküste schwingt sich die Autobahn kühn am Meer entlang

■ Hotel Albatros ③
Via Luigi Rizzo, Tel. 094 23 70 92, www.hotel-albatros.it. Am Lungomare, 77 komfortable Zimmer mit Balkon in modernem Haus, Restaurant mit Menüwahl, in der Hochsaison Halbpension obligatorisch.

■ Da Nino ③
Via Luigi Rizzo 29, Tel. 094 23 61 47. Restaurant am Strand mit großer Terrasse und vielempfohlener Fischküche.

Camping

■ Paradise International ①-③
Locatione Miliano (2 km nördlich von Letojanni an der SS114/Km 41), Tel. 094 23 63 06, www.campingparadise.it. Direkt am Strand gelegener Platz, ausreichend Schatten, wenn der Platz nicht voll ist, auch Bungalow- und Apartmentvermietung.

Taormina

11.000 Einwohner *(Taorminesi)*, 204 m ü.N.N., PLZ 98 039, bis Messina 50 km

Hoch auf dem Felssporn des **Monte Tauro** gelegen, zu einer Seite die buchtenreiche Küstenlinie, zur anderen den mächtigen **Ätna**, aus dem immer wieder Rauchfäden aufsteigen – bereits das Panorama von Taormina ist atemberaubend. Auch das Städtchen selbst könnte mit seinen verwinkelten Gassen und der alten Bausubstanz verzaubern, wären da nicht die **Massen von Besuchern** aus aller Welt, die sich von morgens bis abends durch Taormina schieben. Wo früher Werkstätten und kleine Läden das Straßenbild prägten, türmen sich heute die Nachbildungen der *caretti*, der farbenfrohen sizilianischen Karren, billige Keramik und in China hergestellter Korallenschmuck. Dazwischen locken elegante Boutiquen und Künstlerateliers die betuchtere Kundschaft. Nur am frühen Morgen, wenn die Gäste aus Europa und Übersee noch in ihren Hotelbetten liegen, entfaltet Taormina seinen ursprünglichen Charme, und der Besucher stellt erstaunt fest, dass in diesem Ort sogar Sizilianer leben, die morgens in der Bar nebenan ihren Café schlürfen, bevor es losgeht mit dem Dienst an zahlungskräftigen Gästen.

Geschichte

Bewohner des nahegelegenen **Naxos** flüchteten sich 358 v. Chr. zu dieser von Sikulern bewohnten Siedlung auf dem 200 m hohen Felsen, nachdem *Dionysios I.*, Tyrann von Syrakus, ihre Heimat zerstört hatte. Die Lage des Ortes ist unübertrefflich, damals wie heute. Auf dem Gipfel des Monte Tauro stand eine Akropolis, und die Agorà ist heute die Piazza Vittorio Emanuele II. Bewohnt war Taormina offensichtlich von notorischen Querköpfen: Bei den Sklavenaufständen stellten sich die Taorminesi auf die Seite der Leibeigenen und wurden dafür hart bestraft. Nicht besser erging es ihnen, als sie im Machtkampf zwischen *Pompeius* und *Oktavian* Partei für den Rebellen ergriffen und von Oktavian dafür erneut gemaßregelt wurden. Den Arabern konnte sich die nahezu uneinnehmbare Stadt lange widersetzen; nach der doch noch erfolgreichen Eroberung erhoben sich die Bewohner Taorminas gleich zweimal gegen die neuen Herren – mit dem Erfolg, dass die Muslime die Stadt schleifen ließen.

Eine neue, zukunftsweisende Rolle wurde Taormina **im 19. Jh.** auf den Leib geschrieben. Dank der malerischen Umgebung von Ätna und Meer entwickelte es sich zu einem **beliebten Reiseziel.** Einer der prominenten Förderer dieser Mode war *Baron Wilhelm von Glöden,* der zum Fotografieren herkam und seine romantischen Knaben- und Landschaftsbilder zu Hause ausstellte. Damit weckte er das Interesse der High-Society Europas für Taormina. Die feinen Herrschaften verbrachten den Winter im milden Klima an Siziliens Ostküste.

Corso Umberto

Die Innenstadt zeigt sich heute im typisch taorminischen Stil, einer interessanten Mischung aus normannischer und arabischer Baukunst, die noch an manchen Palästen und Kirchen zu bewundern ist. Hauptstraße von Taormina ist der **Corso Umberto,** der die Innenstadt von Ost nach West durchschneidet. Wir betreten ihn durch das alte Stadttor, die **Porta Messina,** an seinem östlichen Ende und laufen bis zur **Piazza Vittorio Emanuele Badia.** Unterwegs kreuzt die

Via Pirandello, an der etwa hundert Meter nach links die Station der **Seilbahn** liegt (Talstation), die Taormina mit dem **Lido von Mazzaro** verbindet.

Palazzo Corvaja

Der Palast wurde wahrscheinlich auf den Fundamenten einer arabischen Festungsanlage im 11. Jh. errichtet und bis zum 15. Jh. wiederholt umgebaut. Das Herzstück des Palastes bildet ein arabischer Wachtturm. Gegenüber verbergen sich hinter der barocken **Katharinenkirche** die ausgegrabenen Sitzreihen des **Odeon**, in dem vermutlich in römischer Zeit der Magistrat tagte. Im Palazzo selbst ist das örtliche Büro der AAST (Touristeninformation) untergebracht.

Theater

Die Via Teatro Greco führt uns nach Süden zur berühmtesten Sehenswürdigkeit Taorminas, dem griechisch-römischen Theater. Unter römischer Herrschaft im 2. Jh. v. Chr. errichtet, überrascht der Bau mit seiner griechisch inspirierten Architektur. Die Baumeister nutzten das natürliche Halbrund mit dem grandiosen Panorama des Ätna und verzichteten, wie sonst üblich, darauf, ein freistehendes Theater aufzumauern. Das Theater war mit 109 m Durchmesser das zweitgrößte Schauspielhaus Siziliens (nach dem griechischen Theater von Siracusa). Mit Säulen und Statuen geschmückte Bühnenaufbauten schlossen das Theater zum Meer hin ab.

UNSER TIPP In den Sommermonaten finden hier **Theater-, Opern- und Ballettaufführungen** statt. Wer in Ruhe besichtigen oder fotografieren möchte, komme am besten möglichst früh, bevor die Busladungen von Touristen zum Theater pilgern.

◁ Das griechisch-römische Theater in Taormina mit dem Ätna im Hintergrund

Eine Oase der Stille ist dagegen der wunderschöne **Stadtpark** (Parco Ducchi di Cesarò bzw. Giardino Trevelyan) gleich unterhalb des griechisch-römischen Theaters.

■ **Teatro Romano-Greco**
Via Teatro Greco, Tel. 094 22 32 20, Mai bis Aug. 9–19 Uhr, April bis Sept. bis 18.30 Uhr, Okt. bis 17.30 Uhr, März bis 17 und Nov. bis Feb. bis 16 Uhr, 8 €.

Piazza IX Aprile

Zurück zum Corso und zur Piazza IX. Aprile: Einer großen Terrasse gleich schwebt sie hoch über der Stadt. Die Jugend Taorminas gibt sich hier gerne ein Stelldichein, während ältere Herrschaften in der traditionsreichen „Wunderbar" ihren Cappuccino genießen. Ein weiteres Stadttor, der sogenannte **Uhrturm,** wird passiert, der Corso ist nun schmaler, das Gedränge zwischen Läden, Cafés und Pizzerias heftiger.

Mittelalterliches Taormina

Südlich der Flanierstraße führen Treppen und Gassen durch das **mittelalterliche Stadtlabyrinth**, in dem Cafés, Galerien, Souvenirläden und Edelrestaurants Tür an Tür um Kunden werben. Fast schon überraschend, dass es auch hier, in diesem so scheinbar völlig den Touristen ergebenen Taormina, noch lauschige Innenhöfe gibt, in denen frischgewaschene Wäsche von den Leinen weht und Kinder Fußball und Gummitwist spielen. Richtig malerisch wird das Viertel nachts, erhellt von wenigen Laternen und übervoll mit Gerüchen, Musik und dem vielsprachigen Chor der fremden Gäste. Parallel zum Corso führt hier auch die sogenannte **Naumachie,** eine 122 m lange Mauer mit Bogennischen, die vermutlich den Zweck hatte, den dahinter liegenden Hügel abzustützen.

Dom Palazzo Badia Vecchia

Nächstes Sightseeing-Ziel ist die Piazza del Duomo mit dem Dom S. Nicolò aus dem 15. Jh. (tägl. 10–12 und 16–19 Uhr). Der **Barockbrunnen** ist gekrönt vom Wahrzeichen Taorminas, einer Zentaurin mit Szepter und Krone. Gegenüber führt die Salita Badia Vecchia über Treppen hinauf zum Palazzo Badia Vecchia. Schwarzweiße Schmuckbänder aus Stein und Fensterbögen sind Zeugen des arabischen Erbes an diesem Bau aus dem 15. Jh., der Teil der Befestigungsanlage war und später zu einem herrschaftlichen Wohnhaus umgewandelt wurde. Nach wenigen Schritten schließt das dritte Tor **Porta Catania** den Corso nach Westen hin ab. Hier befindet sich auch der **Palazzo Duca di Santo Stefano** (Palazzo Spuches) mit einer interessanten Ausstellung mit Werken des Bildhauers *Giuseppe Mazzullo* und einem hübschen Park (beliebt auch für Hochzeiten).

Zum Santuario Madonna della Rocca

UNSER TIPP Vom Corso geht es zwischen Porta Messina und Piazza IX Aprile eine der Treppengassen hinauf bis zur Via Circonvallatione und von dort auf Treppchen und Serpentinen zum knapp 400 m hoch gelegenen **Heiligtum der Felsenmadonna** (Festtag 20. September) in einer Grotte (der Aufstieg dauert ca. 30–45 Min.) – die **Sicht über die Dächer Taorminas** aufs Meer ist mal wieder herrlich. Von dort kann man auch den Felssporn erklimmen, auf dem die Überreste der ehemaligen Festung stehen. Wer noch ausreichend Energie besitzt, kann über die Staatsstraße und einen weiteren Treppenweg bis **Castelmola** (s.u.) wandern (etwa 3 km).

Praktische Informationen

Touristeninformation

■ Ufficio Informazione
Piazza V. Emanuele (im Palazzo Corvaja), Tel. 094 22 32 43, www.comune.taormina.me.it.

Unterkunft

In Taormina
■ Hostel Odyssey ①
Via Paternò di Biscari 13, Tel. 094 22 45 33. 10 Fußmin. vom Zentrum, 6 Mehrbettzimmer (Gemeinschaftsbad), teils als Doppelzimmer zu buchen, Küchenbenutzung.

■ Hotel Villa Nettuno ②-③
Via L. Pirandello 33, Tel. 094 22 37 97. Bei der Bergstation der Seilbahn mit hübschem Garten (Tempelchen!), Zimmer mit Balkon, familiär eingerichtet.

■ Hotel Villa Chiara ③
Via Don Bosco 10b, Tel. 09 42 62 54 21. 10 komfortable Zimmer am Corso, schöne Dachterrasse mit Meerblick, nicht unbedingt leise, dafür im Herzen der Stadt.

■ B&B Villa Floresta ②-③
Via Damiano Rosso 1, bei der Piazza Duomo, Tel. 09 42 62 01 84, www.villafloresta.it. 4 zweckmäßig eingerichtete Zimmer mit Bad und Balkon in zentraler Lage, Frühstück in einer benachbarten Bar.

■ Hotel Elios ②-④
Via Bagnoli Croce 98, Tel. 094 22 34 31, www.elioshotel.com. Einige der 18 Zimmer gehen auf eine Terrasse mit Blick auf den Ätna, 10 Gehminuten zum Zentrum, 300 m von der Seilbahn.

■ Hotel Villa Astoria ②-③
Via L. Pirandello 38, Tel. 094 22 39 43, www.villastoriataormina.com. Gegenüber der Busstation etwas abseits der Fußgängerzone, 8 zweckmäßige Zimmer zur Straße mit Meerblick und Balkon, in der Hochsaison etwas laut.

■ Hotel Condor ③
Via Dietro Cappuccini 25, Tel. 094 22 31 24, www.condorhotel.com. 18 Zimmer, einige mit Blick auf das Meer, schöne Terrasse, Familienhotel 10 Gehmin. vom Zentrum, Terrasse.

■ Hotel Svizzera ③-④
Via L. Pirandello, Tel. 094 22 37 90, www.pensionesvizzera.com. Nähe Busstation in italienischer Villa; 16 nett eingerichtete Zimmer (mit Meerblick anfragen), kleiner Palmengarten.

■ Hotel del Corso ③-④
Corso Umberto 38, Tel. 09 42 62 86 98, www.hoteldelcorsotaormina.com. 15 Zimmer am Corso und 7 Zimmer in der Dependance wenige Schritte entfernt, Standardzimmer mit allem Komfort.

■ Hotel Villa Belvedere ④-⑤
Via Bagnoli Croce 79, Tel. 094 22 37 91, www.villabelvedere.it. 50 Zimmer mit Balkon und Meerblick, Schwimmbad in einem schönen Garten unterhalb von Taormina auf dem Weg zum Meer.

■ Hotel Villa Schuler ④-⑤
Piazzetta Bastione, Tel. 094 22 34 81, www.hotelvillaschuler.com. Ende des 19. Jh. erbaut, seit 1905 Hotel; 26 Zimmer und Suiten, teils Meerblick.

■ Hotel Isabella ③-④
Corso Umberto 58, Tel. 094 22 31 53, www.gaishotels.com. Mitten im Corso, Weitblick auf Taormina

und Ätna, Terrasse, elegante Atmosphäre mit Komfort, 30 komfortable Zimmer.

■ **Hotel Villa Ducale** ④-⑤
Via Leonardo da Vinci 60, Tel. 094 22 81 53, www.villaducale.com. Romantik pur und von allen Zimmern Taorminas Superpanorama.

■ **Hotel Excelsior Palace** ③-⑤
Via Toselli 8, Tel. 094 22 39 75, www.excelsiorpalacetaormina.it. Fast alle Zimmer mit Weitblick über die Bucht und Taormina, gelassen-luxuriöse Einrichtung, angenehmes Personal, weitläufiger Garten mit Pool am äußersten Ende (man schwimmt über dem Meer).

■ **Hotel San Domenico Palace** ⑤
Piazza San Domenico 5, Tel. 09 42 61 31 11, www.san-domenico-palace.com. In mehrhundertjährigem Kloster, fünf Sterne, mehr muss man nicht sagen.

Am Meer

■ **Hotel Villino Gallodoro** ③
Via Nazionale 151, Tel. 094 22 38 60, www.hotelgallodoro.it. Unten am Meer, wenige Treppenschritte vom Strand hat das von zwei Brüdern familiär geführte Ein-Sterne-Haus nette, saubere Zimmer mit TV und Klimaanlage, Wifi-Zone, manche mit eigener Terrasse, und – einen eigenen Parkplatz für die Gäste (kostenlos). Beim Frühstück auf der Terrasse herrlicher Blick auf die Bucht. April bis Okt. geöffnet.

■ **Hotel Villa Bianca Resort** ③
Piazzale Funivia, Tel. 094 22 44 88, www.villabiancaresort.it (Juli/Aug. nur Pauschaltouristen). An der Seilbahnstation, 1970er Jahre-Bau mit 41 Komfort-Zimmern in drei Gebäuden, viele Treppen, nur das Hauptgebäude mit Aufzug, Strand mit Schirmen und Liegen.

■ **Hotel Villa Sant'Andrea** ⑤
Via Nazionale 137, Tel. 094 22 31 25, www.villasantandreahotel.com. In einer Villa von 1830 oberhalb des Felsstrandes, Einrichtung, wie es dem Preis gebührt, darunter natürlich ein Wellness-Bereich.

In der Umgebung

■ **Agriturismo Le Case del Principe** ②-③
Frazione Trapitello/Taormina, Tel. 09 42 57 71 37, www.lecasedelprincipe.it. Bungalows für 4–12 Pers. Gräfliches Anwesen mit geschmackvoll eingerichteten Cottages, in gepflegtem Garten, viele Sport- und Freizeitmöglichkeiten. Der adelige Hausherr veranstaltet Kochkurse.

Essen und Trinken

In Taormina

Das Angebot ist groß und Essengehen nicht gerade billig. In den Sommermonaten nehmen die Lokale keinen Ruhetag, erst wenn weniger Gäste in der Stadt sind, schließt man einen Tag in der Woche.

■ **Bar Trinacria** ①
Piazza V. Emanuele 7, Tel. 094 22 38 53.
Bar und Panineria mit Tischen zum Palazzo Corvaja, hier treffen sich die Einheimischen auf einen Café, eine *Granita* oder ein *panino con wurstel*.

■ **Unser Tipp: Rosticceria Da Cristina** ①
Via Strabone 2, Tel. 094 22 11 71. Die Treppengasse vom Domplatz hinunter, Pizze vom Blech, Focacce, Arancini und Panini, alles ganz frisch und herrlich lecker, aus der Hand gegessen, wie die Einheimischen es machen.

■ **Caffè Solaris** ①-②
Via Timeo 31, Tel. 34 95 77 27 32. Direkt am Zaun zum Odeon werden *Piadine* gereicht, leckere crêpeartige Teile, knusprig gebacken und mit verschiedensten (würzigen) Dingen gefüllt – Schinken, Käse, Gemüse. Auch Pizza, Salate und Bruschette.

■ **Ristorante/Pizzeria Etna** ①-②
Via Dietro Cappuccini 3, Tel. 094 22 35 86, www.ristorantetna.it. Einfaches Lokal mit neben den Pizze guten und günstigen Gerichten, nur der glasweise ausgeschenkte Wein ist etwas teuer.

■ **Bar Billy e Billy** ①
Piazza Duomo 6. Bar mit Blick auf den Dom, guter Platz um ein Panino zu speisen, dazu ein Gläschen

Wein oder ein Softdrink – entspannt liegt man unter Schirmen und hat die Massen der Touristen immer im Blickfeld.

■ **Trattoria U Lantirnaru/Malvasia**
Via Apollo Arcageta 8, Tel. 094 22 45 65, Di geschl. Einfaches Lokal mit Hühnchen vom Grill und guten Antipasti, einige Tische auf der Straße.

■ **Ristorante/Pizzeria La Buca** ②
Corso Umberto 140, Tel. 094 22 43 14, Do geschl. Lokal mit großem Saal und hübscher Gartenterrasse, gute und preiswerte Pizze, schneller Service.

■ **Ristorante/Pizzeria Gran Duca** ②-③
Corso Umberto 172, Tel. 094 22 49 83, www.granduca-taormina.com, Do geschl. Edellokal, das mittags auch Pizza macht und im Speisesaal mit Veranda serviert, abends werden die Pizzagänger auf die Gartenterrasse unterhalb verwiesen, mit Blick und im Grünen sicherlich nicht der schlechteste Platz in Taormina für Teigfladen.

🌸 **Ristorante Tischi Toschi** ②-③
Via Francesco Paladini 3, Tel. 33 93 64 20 88, im Winter Mo geschl. Gastraum klein, Terrasse klein, Karte klein – aber sonst ganz groß. Slowfood auf hohem Niveau und abseits des Trubels der Hauptgasse.

■ **Trattoria Da Nino** ③
Via Luigi Pirandello 37, Tel. 094 22 12 65,www.trattoriadaninotaormina.com, Fr geschl. Frische sizilianische Küche und ein temperamentvoller Chef; man lässt sich die Tagesgerichte empfehlen! Sehr touristisch, aber was ist das in Taormina nicht?

■ **Ristorante Al Duomo** ③
Piazza del Duomo, Tel. 09 42 62 56 56; www.ristorantealduomo.it. Nachts hat man aus dem Lokal in der 1. Etage einen fantastischen Blick auf den beleuchteten Dom; wenn die Einheimischen sizilianisch essen wollen, kommen sie hierher.

■ **Ristorante A'Zammara** ④
Via Fratelli Bandiera 13/15, Tel. 094 22 44 08, www.zammara.it, Mi geschl. Serviert werden vorzügliche Pasta und gute, aber sehr teuere Fischgerichte, rustikal-gemütliche Atmosphäre drinnen, mit Terrasse und Garten.

Am Meer
■ **Ristorante Castellucio** ③
Via Nazionale 157, am Meer in Mazzarò, Tel. 094 22 11 99. In einem kleinen Lokal an der Straße wird ausgezeichnete Fischküche serviert, die einem nicht das letzte Hemd auszieht, weiter: sizilianische Spezialitäten und vegetarische Gerichte.

■ **Il Delfino** ③
In Mazzarò am Meer beim Strand, Tel. 094 22 30 04, http://ildelfino.8m.com. Eine Treppe führt zum Strand hinunter, dort sitzt man auf der Terrasse, genießt tagsüber den Blick auf die Badenden und abends über die Bucht. Gute und ehrliche Fischküche.

Nachtleben

Das Nachtleben Taorminas ist ausgeprägt, gilt die Stadt doch als Hotspot für Singles mit weitergehenden Interessen – entweder dem anderen oder auch dem eigenen Geschlecht gegenüber. Einer der frühen Prominenten: *D. H. Lawrence,* Wüstenkämpfer und Autor, Lebe- und Liebemann, der Taormina 3 Jahre auskostete (1920–23).

Deutschsprachiger Agriturismusbetrieb Terrenia

Betrieb mit deutschsprachigen Gastgebern, sehr schöne Anlage mit 16 ausgesucht eingerichteten und komfortablen Zimmern mit Klimaanlage in einem Park mit Pecanuss- und Zitrusfrucht-Bäumen, Tennisplatz, Schwimmbad, Kinderspielplatz, Fahrrad- und Vespa-Verleih, ausgezeichnetes à-la-carte-Restaurant.

■ **Terrenia** ③, Via C.da Filomena, Frazione Trapitello/Taormina, Tel. 094 25 29 49, www.agriturismoterrenia.it.
 Anfahrt: Von Giardini Naxos 3 km auf der SS185 Richtung Francavilla, dann nach links (1 km).

■ **Wunderbar**
Piazza IX Aprile, Tel. 094 22 53 02, www.wunderbarcaffe.it. Um sich umzusehen, was so los ist, Cocktails auf der Terrasse.

■ **Bella Blu**
Via Guardiola Vecchia, Tel. 094 22 42 39, www.bellablutaormina.com. Hier ist man alles: Piano Bar, Restaurant, Pizzeria und schließlich Disco, von der Terrasse Blick auf Seilbahn und Meer.

■ **Salotto 123**
Piazzetta Garibaldi 123, Tel. 094 22 11 54, www.facebook.com/salotto123. Erst speisen, dann eine Combo mit Barmusik, und zu späterer Stunde fetzen die Bässe durchs Lokal.

■ **Daiquiri Lounge**
Piazza Duomo, Cocktailbar direkt am Domplatz mit perfekten Drinks, perfekter Aussicht und perfektem Personal.

Verkehr

■ **Seilbahn,** zwischen Taormina und Mazzarò am Meer, alle 15 Min. von 8 Uhr bis 1 Uhr morgens (Mo erst ab 9 Uhr, Winter nur bis 20.15 Uhr), einfache Fahrt 3 €, Tagesticket 10 €, Wochenticket 30 €.

■ **Parkplatz** an der Talstation erste Stunde 2 €, jede weitere 1 € (8–20 Uhr).

■ **Busterminal,** Via Pirandello (Taormina), zum Bahnhof und nach Castelmola, Acireale, Castelmola, Catania, Catania Aeroporto, Messina, Randazzo, Siracusa.

■ **Bahnhof,** Via Nazionale (Giardini Naxos), Tel. 89 20 21, www.trenitalia.it, nach Catania und Messina.

Parken

Einige (aber nicht alle) der großen Hotels in Taormina und Mazzarò besitzen Parkplätze (bei Buchung anfragen). Wer nur tagsüber zu Besuch ist, sollte keinesfalls versuchen in der Stadt zu parken – keine Chance, dis Stadt ist verkehrsberuhigt und die Einfahrt verboten. Man stelle seinen Wagen in den Parkhäusern ab (um 15 €/24 Std.). Achtung: Die Einfahrten sind niedrig (max. 1,90 m); wer ein höheres Fahrzeug hat, muss auf die Busplätze ausweichen (und mehr zahlen).

■ Parkhaus **Lumbi** im Norden, Tel. 094 22 43 45.

■ Parkhaus **Porta Catania** im Süden, Tel. 094 26 20 196.

■ Parkplatz an der **Talstation der Seilbahn.**

Taxi

■ **Radiotaxi,** Tel. 095 6188

Tauchen

■ **Tauchcenter Nike Diving,** C. da Isolabella, Mazzarò, Tel. 33 91 96 15 59, www.diveniketaormina.com.

Strände

Fahrwütige quälen sich mit dem Auto und hinter Buskolonnen zur Küste hinunter, Gehfaule benutzen die Seilbahn (Via Pirandello, s.o.), wer gern läuft, nimmt die Treppe, die nahe der Seilbahn beginnt und in 20 Min. hinunterführt zur **Bucht von Isola Bella** und dem jenseits des **Capo di S. Andrea** liegenden **Lido di Mazzarò.**

■ **Mazzarò,** direkt unterhalb von Taormina, grober Sand.

■ **Isola Bella,** Kieselstrand.

■ **Spisone,** feiner Sandstrand in der Bucht von Spisone, gleich nördlich an Mazzarò anschließend.

■ **Mazzeo,** nördlich von Spisone, breiter Strand mit feinem Sand.

■ **Recanati,** bei Giardini Naxos, feiner Sand.

■ **Giardini Naxos,** große Bucht mit gröberem Sand und felsigen Abschnitten.

Nach Castelmola

Auf der Circonvallazione verlässt man Taormina in Richtung Castelmola und biegt später in die Rotabile Castelmola ein. Auf dem Weg passiert man die Felsenmadonna (s.o.) und erreicht nach rd. 4½ km und zahlreichen Serpentinen das 529 m hoch gelegene Dorf Castelmola, zu dem auch ein Wanderweg von Taormina heraufführt. Zentrum ist die **Piazza S. Antonio,** wegen der Aussicht auch *Belvedere* genannt. Wer noch höher hinaus will: Stufen führen hinauf zum **Castello** (16. Jh.) mit Blick vom Ätna bis hinüber nach Kalabrien. Der Ort ähnelt mit seinem mittelalterlichen Stadtbild der großen Schwester im Tal, und wenn sich wochenends Busse und Pkw mit Ausflüglern gen Castelmola in Bewegung setzen, sollte man ihn besser meiden.

Alcantara-Schlucht

Hinter Taormina verlässt man die Küstenstraße und folgt der SS185 landeinwärts (Autobahnausfahrt *Giardini Naxos,* dann in Richtung Francavilla). Etwa 15 km weiter sind die groß ausgeschilderten **Gole dell'Alcantara** (auch Gole di Larderia). Was den Besucher besonders an Wochenenden und zu italienischen Ferienzeiten zunächst erwartet, ist ein **wahres Volksfest,** von der romantischen Schlucht des Flüsschens Alcantara keine Spur! Man hat die Wahl, zu Fuß 200 Stufen hinab (und wieder hinauf) zu steigen oder per Lift zum Schluchteingang hinunterzusausen. Wer vorhat, die Schlucht auch zu durchwandern, stattet sich gegen Gebühr mit Gummihosen und -stiefeln aus. Die Miete für die Kleidung ist allerdings recht hoch. Vorsicht, es wird nass und sehr kalt! Das Wasser hat eine weitgehend konstante Temperatur von 14°C.

Die etwa 400 m lange Schlucht ist extrem schmal (max. 8 m) und von hohen Felswänden und Basaltnadeln begrenzt. Der **Fluss Alcantara** hat sich mühsam seinen Weg durch dieses Nadelöhr gegraben, er ist eine der wenigen Wasseradern Siziliens, die auch im Hochsommer noch fließen. Auf einem Stück von 150 m müssen die Besucher die Schlucht im Wasser durchwaten. Nach heftigen Regenfällen ist dies nicht möglich, und noch im Hochsommer steht der Fluss hüfthoch. Die meisten Sizilianer begnügen sich damit, an den Kiesbänken ihre Picknickkörbe auszupacken und die Kinder im Wasser planschen zu lassen. Lange hält das Vergnügen an der kalten Erfrischung nicht an, denn allzuschnell werden die Füße zu Eiszapfen. Es gibt aber auch immer ein paar Wagemutige, die sich angefeuert von Applaus und Zurufen des Publikums in die Fluten werfen. Es bietet sich ein Spektakel, bei dem man nicht nur eine der vielen Naturschönheiten Siziliens bewundern kann, sondern auch einen amüsanten Einblick in das Freizeitverhalten der Sizilianer präsentiert bekommt.

Sind erst einmal die ersten Wasserhürden überwunden, findet sich der Wanderer in einer stillen und friedvollen Schlucht. Vor der Wanderung sollte man sich unbedingt über den Wasserstand informieren, denn Regenfälle in den Nebrodi-Bergen, dem Quellgebiet des Alcantara, verwandeln das Flüsschen überraschend schnell in einen Sturzbach, dessen Wucht Unvorsichtigen durchaus gefährlich werden kann.

■ Gole dell'Alcantara

Tel. 09 42 98 50 10, www.parcoalcantara.it, 8–19 Uhr, im Winter nur bis 18 Uhr, 9–20 € je nach Aktivität und Wanderung. 2014 war die Schlucht in einigen Bereichen gesperrt, was aber nicht zur Minderung des hohen Eintritts geführt hat. Busanfahrt mit *Interbus/Etna* (www.interbus.it) ab Taormina bis zu viermal täglich (Mo–Sa), So nur einmal in der Früh, letzte Rückfahrt am späten Nachmittag, Fahrtdauer 1 Std. (hin und her 5,10 €), ab Giardini Naxos sechs- bis achtmal täglich (Mo–Sa, hin und her 4,20 €).

Giardini Naxos

9500 Einwohner *(Giardinesi)*, 5 m ü.N.N., PLZ 98 030, bis Messina 50 km

Weit und lang streckt sich die Bucht, an ihr eine nicht enden wollende Häuserzeile – Hotels, Bars, Restaurants und das Gewimmel offenherzig gekleideter Strandbesucher: Wer hier ist, will sich amüsieren.

Wie der Name sagt, steht der Badeort in enger Verbindung zu Naxos, der ersten griechischen Kolonie auf Sizilien. Aussiedler aus Euböa sollen hier ihre erste Siedlung gegründet haben.

Von Beginn der byzantinischen Herrschaft an erlebte Naxos einen stetigen Niedergang, bis es um die Wende zum 20. Jh. wegen seines schönen Strandes in der Nähe des malerischen Taormina wiederentdeckt und zum Touristenzentrum ausgebaut wurde.

Museum

Bedingt Sehenswertes gibt es nur aus der großen Vergangenheit: In einem 21 ha großen **archäologischen Park mit Museum** können die Reste von Stadtmauer

> Blick auf Giardini Naxos

und Wohnhäusern sowie Ausgrabungsstücke besichtigt werden.

■ Zona Archeologica
Tel. 094 25 10 01, Via Lungomare Schisò. Park und Museum 9 Uhr bis 1 Std. vor Sonnenuntergang, 2 €.

Praktische Informationen

Touristeninformation

■ Ufficio Informazione
Lungomare Tysandros 54, Tel. 094 25 10 10, www.strgiardini.it.

Unterkunft

■ Hotel Sirenetta ②-③
Via Naxos, 177, Tel. 094 25 36 37, www.hotellasirenetta.com, in der Hochsaison ist Halbpension Pflicht. Einfach und zentral, allerdings in zweiter Reihe gelegen, Restaurant für Hotelgäste.

■ Hotel La Sirena ②
Lungomare Schisò 36, Tel. 094 25 18 53, info @lasirena-giardininaxos.com. Winzige, ruhige Pension mit Blick über die Bucht und gutem Fischrestaurant.

■ Hotel Costa Azzurra ②-③
Via Naxos 35, Tel. 094 25 14 58, www.hotelcostazzurra.net. Kleines Familienhotel in der 2. Reihe, zweckmäßig eingerichtete Zimmer.

Giardini Naxos

■ **Hotel La Riva** ③
Lungomare Tysandros 24, Tel. 094 25 13 20, www.hotellariva.com. Angenehmes Hotel mit Terrasse zum Meer, 40 gut eingerichtete Zimmer mit Klimaanlage, Restaurant.

■ **Hotel Nike** ②-④
Via Calcide Eubea 27, Tel. 094 25 12 07, www.hotelnike.it. In der ruhigsten Ecke am Kap, 57 Zimmer mit Balkon teilweise zum Meer, Restaurant und Bar.

■ **Hotel Palladio** ④
Via Umberto I 470, Tel. 094 25 22 67, www.hotelpalladiogiardini.com. Schöne und individuell eingerichtete Zimmer, etwas laute Umgebung. Die herrliche Aussicht, die Doppelverglasung und das üppige Frühstücksbuffet machen es wett. Sonnenterrasse auf dem Dach.

■ **Hotel Arathena Rocks** ④
Via Clacide Eubea 55, Tel. 094 25 13 49, www.hotelarathena.it. In einem Park, komfortabel ausgestattete Zimmer, sehr angenehm, Schwimmbad, Restaurant.

■ **Hotel Naxos Beach** ③-⑤
Via Recanati 26, Tel. 09 42 66 11, www.atahotels.it. Großes Luxushotel, an breitem Strand, über 700 Zimmer und Suiten, 5 Restaurants, 4 Bars und Animation in der Hochsaison.

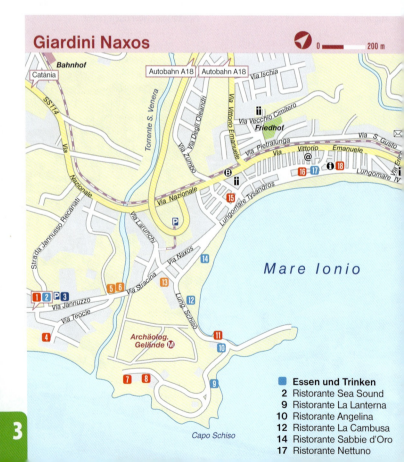

Essen und Trinken
2 Ristorante Sea Sound
9 Ristorante La Lanterna
10 Ristorante Angelina
12 Ristorante La Cambusa
14 Ristorante Sabbie d'Oro
17 Ristorante Nettuno

Hotel Hellenia Yachting Club ④-⑤
Via Jannuzzo 41, Tel. 094 25 17 37, www.hotel-hellenia.it. Ursprünglich elegante, aber in die Jahre gekommene Anlage mit ansehnlichem Garten und Schwimmbad, Restaurant der gehobenen Kategorie, Bars, exklusiv eingerichtete Zimmer und Suiten.

Camping

Almoetia ①
Via San Marco 10, Calatabiano (9 km südlich Giardini Naxos unweit des Strandes), Tel. 095 64 19 36, www.campingalmoetia.it. Schattiger Platz mit Bungalows, Supermarkt und Pizzeria, 400 m vom Meer mit öffentlichem Strand, ganzjährig offen.

Essen und Trinken

Ristorante/Pizzeria La Lanterna ②
Via Calcide Eubea 1, Tel. 094 25 13 69, www.ristorantelalanterna.eu. Unaufdringliches Lokal mit Standardfischküche zu günstigen Preisen am Lungomare.

Ristorante/Pizzeria Angelina ②
Via Calcide Eubea 2, Tel. 094 25 14 77, Mi geschl. Fisch und hausgemachte Nudeln, auch Fleischgerichte am Hafen, abends gibt's Pizza. Spezialitäten: Fischsuppe, gratinierte Muscheln.

Ristorante Sabbie d'Oro ③
Lungomare Schisò 12, Tel. 094 25 23 80, www.ristorantesabbiedoro.it, Mo geschl. Restaurant des gleichnamigen Hotels, sizilianische Spezialitäten zu noch erträglichen Preisen.

Ristorante Sea Sound ③
Via Jannuzzo 37, Tel. 094 25 43 30, www.ristoranteseasound.com. Meeresfrüchte bei Kerzenlicht und in rustikalem Ambiente, unbedingt den Fisch in Salzkruste probieren (wenn es der Tagesfang hergibt), weiter: Antipasto mit geräuchertem Thunfisch und die Risotti.

Ristorante La Cambusa ③-④
Lungomare Schisò, Tel. 094 25 14 37, www.lacambusanaxos.com, Di geschl., 40 €. Meeresgetier auf Stelzen im Wasser und in „Fischeratmosphäre", man richte sich nach den Tipps des effizienten Personals, eine *pasta marinara* sollte dabei sein.

UNSER TIPP: Ristorante Nettuno ④
Lungomare Tysandros 68/d, Tel. 094 25 64 62, www.ristorantenettunodasiciliano.it, Mi geschl. Das Auge isst mit! Auf's eleganteste angerichtete Speisen, die Geschmackssensationen hervorrufen, wie z.B. der Orangen-Fenchel-Inwer-Salat mit ungekochten Scampi und Gamberi, oder blättrige Aubergine mit frischen Tomaten und Basilikum – und

■ **Übernachtung**
 1 Hotel Naxos Beach
 4 Hellenia Yachting Club
 7 Hotel Arathena Rocks
 8 Hotel Nike
 11 Hotel La Sirena
 15 Hotel Sirenetta
 16 Hotel Costa Azzurra
 18 Hotel La Riva
 19 Hotel Palladio

■ **Nachtleben**
 5 Diskothek Marabù
 6 Diskothek Panarea
 13 Diskothek Taitù

■ **Wassersport**
 3 Taormina Diving Centre

Giardini Naxos

dass die Nudeln hausgemacht sind, ist wohl klar. Schon wegen der Rechnung nicht für jeden Tag, aber einmal sollte schon sein.

Nachtleben

Gute Kleidung an, den hohen Eintrittspreis bezahlt, und schon kann die Post abgehen! Die Diskotheken sind oft mit Restaurants und Piano-Bars versehen, teilweise gehören Pools zur Einrichtung; in diesen Entertainment-Centers trifft man sich vornehmlich am Wochenende, im Hochsommer aber auch unter der Woche in den Sommerdiskotheken (ab etwa Mai) und tanzt bis in die frühen Morgenstunden.

- **Marabù,** Via Jannuzzo, Tel. 094 25 40 76, nur im Sommer.
- **Panarea,** Via Jannuzzo, nur im Sommer.
- **Taitù,** Via Vulcano, Tel. 094 25 14 07, nur im Winter.

Verkehr

- **Bus,** mehrere Haltestellen am Lungomare Richtung Taormina/Messina und an der Via Umberto/Via Vittorio Emanuele in Richtung Catania.
- **Bahnhof,** Via Nazionale, Tel. 89 20 21, www.trenitalia.it, Richtung Messina und Catania.

Tauchen

- **Tauchzentrum Taormina Diving Centre,** Via Jannuzzo 14, Tel. 38 06 41 43 86, www.divingtaormina.it.

Castello di Calatabiano

4 km südlich Giardini Naxos führt eine Stichstraße zum kleinen Ort Calatabiano. 250 m über ihm thront die gleichnamige **Festung,** lange Jahre eine Ruine in Besitz der Diözese von Acireale. Doch hat man begonnen, sie zu restaurieren und ihr einen Schrägaufzug verpasst. Heute lässt sich die Baugeschichte nachvollziehen, von den griechisch-römischen Anfängen, über Byzanz bis ins Mittelalter. Buchladen, Café und ein Restaurant komplettieren das Angebot.

- **Castello di Calatabiano**
Via Alcantara 142, Tel. 095 64 04 50, www.castellodicalatabiano.it, tgl. 9–20, Winter Mo–Fr 9–17.30 Uhr, Sa, So 9–20 Uhr, Eintritt 5 €, Fahrt mit dem Aufzug 2 €.

Fiumefreddo-Reservat

10 km südlich von Giardini Naxos kommt man zum **Reservat des „Kalten Flusses",** sein Mündungsgebiet mit Sümpfen und Auwäldern ist geschützt und bietet Vögeln ein Habitat, ist aber auch für einen Spaziergang zwischen der reichen – und kühlenden – Flora gut. Seerosen, Farne, Schilf, bunte Wildblumen, das Schutzgebiet ist eine richtige Oase. Um das Reservat herum wird eifrig gebadet, die Strände sind bewirtschaftet und eine Alternative zu denen von Giardini Naxos.

- **Riserva Fiume Fiumefreddo**
Masseria Belfiore, Tel. 095 64 18 60, Besuchszentrum und didaktischer Rundweg tgl. 9–13, Di und Do auch 15.30–17.30 Uhr.

Der Ätna

Mongibello („Monte-Djebel", italienisch-arabisch „Berg-Berg"), wird der Ätna im sizilianischen Dialekt genannt, oder auch einfach nur „a'Muntagna". Er ist der höchste Berg der Insel, wobei seine Höhe je nach Ausbrüchen zwischen 3200 und 3350 m variiert. Im Augenblick steht sie bei etwa 3330 m, sein Umfang beträgt ca. 200 km. Der Ätna ist **einer der wenigen noch tätigen Vulkane Europas** und zudem der größte. Im Gegensatz zu seinen bislang recht zahmen Geschwistern auf den Liparischen Inseln, Stromboli und Vulcano ist seine Aktivität relativ unberechenbar. Vom Vesuv bei Neapel zieht sich die Vulkankette – Ausdruck eines Risses oder einer relativ dünnen Schicht der Erdkruste – in einem Bogen über die Liparischen Inseln zum Ätna und weiter durch Südostsizilien. Die Region ist besonders erdbebengefährdet.

Entstehungsgeschichte und Mythos

Vor einer halben Million Jahren bildeten sich in der Gegend von Aci Castello die Urformen des heutigen Ätna heraus. Die Region war damals noch von Meer bedeckt, in dem der Feuerberg nach und nach auf eine Höhe von 4000 m heranwuchs und eine neue Landmasse zwischen Taormina und Catania schuf. Gleichzeitig wurde sein Inneres durch die Erdbewegungen ausgehöhlt. Irgendwann stürzte der Kegel ein; übrig blieb ein etwa 2000 m hoher Vulkan, der seine heutige Höhe im Laufe der letzten zwei Jahrtausende durch immer neue Ausbrüche erhielt. Den ersten historischen Bericht eines Ausbruchs sind dem römischen Dichter *Pindar* gedankt (375 v. Chr., der Ätna war wohl erst 2000 m hoch); im Jahre 1669 begrub die Lava Teile Catanias, im 20. Jh. gab es 1928 und 1971 zerstörerische Ausbrüche. Als mystisches Wesen beschrieben die griechischen und römischen Dichter den Berg – der Schmiedegott *Hephaistos* sollte im Ätna seinen Wohnsitz genommen haben –, und natürlich hatte der Vulkan auch bei den **Irrfahrten des Aeneas** eine Rolle zu spielen:

Der geräumige Port ruht sicher vorm Anfall der Stürme,

Aber nahe dabei brüllt Ätna mit grauser Verwüstung;

Manchmal stößt er schwärzeste Wolken von glühender Asche,

Wirbelnden Pechrauch hervor, wirft Feuerklumpen gen Himmel

Und beleuchtet die Sterne ...

(Vergil, Aeneis, Dritter Gesang)

Homer ließ am Ätna den einäugigen Zyklopen *Polyphem* dem Reisenden *Odysseus* und dessen Gefährten übel mitspielen. Der Einäugige wird gleichgesetzt mit dem tödlichen Lavaauge des Berges. Noch heute sind die Aktivitäten des Berges unheimlich, wenngleich die Menschen seine Hänge immer wieder besiedeln, um die fruchtbare Erde – die gute Seite der vulkanischen Zerstörungskraft

Info zur aktuellen Lage

Zwischen 2000 und dem Winter 2002/2003 ist der Ätna wiederholt und mit heftigster Intensität ausgebrochen; Anfang 2003 begann der Stromboli unkontrolliert zu spucken, und obgleich Vulkanologen bislang eine Verbindung zwischen diesen Vulkanen für ausgeschlossen halten, ist die gleichzeitige Aktivität doch verblüffend.

Durch die Ausbrüche hat sich die Landschaft verändert, die Infrastruktur wurde teilweise zerstört. Rifugio Sapienza und die Bergbahn gab es Ende 2002 nicht mehr, Piano Provenzana war unter Lava begraben; die „Circumetnea" war unterbrochen.

Inzwischen hat sich die Situation jedoch wieder beruhigt, die Seilbahn fährt wieder, Rifugio Sapienza funktioniert, und auf dem Piano Provenzana verkehrt im Winter ein Sessellift; doch immer wieder ist mit Veränderungen zu rechnen. So war z.B. im Oktober 2004 der Zugang zum Gipfel – weil zu gefährlich – nicht möglich. Im Jahr 2012 ist der Ätna fünfmal ausgebrochen, keine der Eruptionen hat aber eine Gefahr für die Bevölkerung dargestellt. 2013 gab es Lavafontänen von mehreren Hundert Metern Höhe, und im Oktober 2014 bildete sich ein immerhin 3 km langer Lavastrom, der etwa in 2000 m Höhe zum Stillstand kam. Eine Exkursion mit Seilbahn, Jeep und schließlich zu Fuß lohnt immer. Über den aktuellen Stand kann man sich auf folgenden Websites informieren:

- **www.parcoetna.ct.it** bietet allgemeine Infos zu Natur, Flora, Fauna, Vulkanologie, Routen und Unterkunft.
- **www.hotelcorsaro.it** ist eigentlich die Site des höchstgelegenenen Hotels am Ätna (2000 m), liefert aber auch viele Informationen zum Vulkan.
- **www.vulkan-etna-update.de** ist eine weitere aktuelle Site mit Infos u.a. zur Vulkan-Aktivität.
- **www.guide-etna.com/webcam,** mehrere Webcams mit aktuellen Bildern.

– für Zitrusplantagen und Weingärten zu nützen.

Der Nationalpark

Die italienische Regierung hat das gesamte Ätna-Gebiet im Jahr 1987 unter Naturschutz gestellt und den 57.000 ha großen Ätna-Nationalpark geschaffen (was aber nicht heißt, dass der Sizilianer nicht hoch fährt, um seinen Müll in die Landschaft zu kippen). Mehrere **Vegetationszonen** lassen sich deutlich unterscheiden: Bis etwa 800 m Höhe herrschen Pflanzungen und Felder vor, daran anschließend erstreckt sich eines der größten zusammenhängenden Waldgebiete Siziliens mit Eichen, Kastanien und Buchen, weiter oben dann abgelöst von Pinienwäldern. Ab ca. 2000 m geht die Vegetation in niedriges Buschwerk über (auffällig die hübschen Ätna-Veilchen und der goldene Ätna-Ginster dazwischen), und schließlich liegt ab 3000 m das grauschwarze Lavagestein nackt und

▷ Goldener Herbst:
Blick im Oktober von Taormina auf den Ätna

– abgesehen von einigen Flechten – kahl vor dem Betrachter. Der Reichtum der Pflanzenwelt verdankt sich dem besonders guten **Wasserhaushalt** des Vulkans. Als höchster und alleinstehender Berg wirkt er als Barriere für die Wolken, die an seinen Hängen sehr häufig abregnen (170 mm Regen, an der Küste sind es im Durchschnitt nur 40 mm). Das Wasser versickert im porösen Gestein und schießt weiter unten über undurchlässigen Schichten in zahlreichen Quellen aus dem Berg. Zu den seltenen **Tieren** am Ätna-Massiv zählen Wölfe, Füchse, Marder und Hasen (im übrigen Sizilien wegen der Jagdleidenschaft der Italiener weitgehend ausgerottet), das Stachelschwein und der Siebenschläfer. Besonders vielfältig ist die Vogelwelt, neben allerlei Singvögeln sind am Ätna auch Wanderfalken und Königsadler zu beobachten.

Rundfahrt mit dem Auto

Im Süden Richtung Catania und im Osten Richtung Küste sind die Hänge des Ätna dicht besiedelt, ein enges Straßennetz und -gewirr verbindet die ineinander übergehenden Orte untereinander und mit Stadt und Meer. Kaum zu unterscheiden, was Haupt-, oder was Nebenstraße ist. Immer wieder muss man die Straßenschilder konsultieren, die ständig andere Orte in der Fahrrichtung benennen. Und in den Morgen- und Abendstunden herrscht zudem starker Berufsverkehr. Beste Zeit, um für eine Umrundung loszufahren, ist der spätere Vormittag, wer allerdings auf den Berg will, sollte sich recht früh auf den Weg machen.

Nicolosi

7400 Einwohner *(Nicolositi)*, 698 m ü.N.N., PLZ 95 030, bis Catania 15 km

Das Städtchen ist aus historischen Gründen der **Hauptort des Ätna-Tourismus**, Ausgangspunkt der gut ausgebauten Straße zum Rifugio Sapienza, wo eine Kabinenbahn die Gäste die letzten Höhenmeter hinauf zur Kraterlandschaft des Ätna bringt.

Der Ort entstand im 12. Jahrhundert im Umkreis des Benediktinerklosters San Nicolò l'Arena. Mehrmals wurde der Ort von **Ätna-Ausbrüchen** zerstört, aber im Jahrn 1886 geschah ein kleines Wunder: Der Erzbischof von Catania hielt den Lavamassen den Schleier der *heiligen Agatha* entgegen, und siehe da, sie stoppten. *Giovanni Varga* machte daraus die Novelle: „L'angoscia di un villaggio".

Nicolosi avancierte bereits im 19. Jahrhundert zu einem beliebten Villendomizil der Reichen aus Catania, zahlreiche herrschaftliche Anwesen in schattigen Gärten sind Zeugnisse dieser Expansion. Auch viele Prominente, darunter *Goethe*, haben Nicolosi als Standort für ihre Ätna-Besteigung gewählt.

Vulkanologie-Museum

In dem Museum im ehemaligen Wohnhaus der Brüder *Gemellaro* – Vulkanologen – erfährt man alles über den Vulkan und seine geologischen Gegebenheiten. Schaubilder und Gesteinsproben, Modelle und Fotos beschreiben die vulkanische Tätigkeit, ihre Wirkungen auf die Menschen und deren Kampf gegen die Natur – die doch meistens siegt.

◼ Museo Vulcanologico
Via Cesare Battisti 28, Tel. 09 57 91 45 89, Di–So 10–18, Winter 9–17 Uhr, 3 €.

Ethnologie-Museum

In einem ehemaligen Gutshof ist das Museum untergebracht und illustriert das ländliche Leben am Ätna, die Arbeit der Handwerker – der einfachen Leute eben. Die Ausstellungsstücke sind nett arrangiert und geben gute Einblicke in das Leben einer vergangenen Zeit.

◼ Casa Museo della Civiltà contadina
Via Garibaldi 58, Tel. 095 91 09 80, bis auf Weiteres wegen Umbauten geschlossen.

Praktische Informationen

Touristeninformation

◼ Ufficio Informazioni
Piazza Vittorio Emanuele (Ecke Via Etnea und Via Cesare Battisti), Tel. 095 91 44 88.
◼ Parco dell'Etna
Via del Convento 45 (am Stadtrand nordwestlich des Zentrums), Tel. 095 82 11 11, www.parco etna.it.

Unterkunft

◼ B&B Sotto il Vulcano ②
Via Mompilieri traversa „V", Mascalucia, Tel. 095 91 48 51, www.sotto-ilvulcano.it. Angenehme Gastgeber, komfortable Zimmer mit Bad, TV, Klimaanlage und eigenem Eingang, sehr gutes Restaurant mit lokaler Küche, Garten, unterhalb des Zentrums.
◼ B&B Da Tomaselli ②
Via Giovanni Verga 39, Tel. 095 91 44 45, www.beb tomaselli.it. 4 Zimmer mit Bad in einem Neubau, zentral gelegen, sauber, zweckmäßig eingerichtet, TV, Klimaanlage, freundliche Gastgeber.
◼ B&B La Giara ②
Viale della Regione 12/a, Tel. 09 57 91 90 22, www.giara.it. Herzliche Atmosphäre, schöne Zimmer mit Bad, TV, Heizung und Klimaanlage, supersauber, im Ort gelegen, ausgesprochen gutes und reichhaltiges Frühstück.
◼ Hotel Alle Pendici ②-③
Viale della Regione 18, Tel. 09 57 91 43 10, www.hotelallependici.com. Familiär geführtes Hotel mit Garten und angenehm und individuell eingerichteten Zimmern, teils mit Blick auf den Ätna.
◼ Hotel Biancaneve ③
Via Etnea 163, Tel. 095 91 11 76, www.hotel-biancaneve.com. Großbau im Gebirgsstil mit allen Annehmlichkeiten, darunter natürlich ein „Beauty-Center" und ein Schwimmbad.
◼ Hotel Gemellaro ③
Via Etnea 160, Tel. 095 91 13 73, www.hotelgemmellaro.it. 50 Zimmer mit Bad und Balkon mit Blick auf Meer und Berge, Restaurant, Pizzeria, Bars.

Camping

◼ Etna ①
Via Goethe, außerhalb Richtung Ätna in Pineta di Monti Rossi, Tel. 095 91 43 09, campingetna@tiscali.it. Schöner Platz in 900 m Höhe, mit Pool und winterfester Einrichtung, 100 Stellplätze.

Essen und Trinken

◼ Ristorante Macumba ②
Via della Quercia 42, Tel. 09 57 91 48 93. Ethno-Küche mit afrikanischem Einfluss, aber auch Siziliani-

sches wird gereicht, gute Antipasti und Pizze. Immer wieder Veranstaltungen, gute Adresse für einen gelungenen Abend.

■ **Osteria del Siciliano** ②
Via Cesare Battisti 202, Tel. 095 91 16 89, www.osteriadelsiciliano.com, Mo geschl. Ehemalige Weinpresse, leckere Gerichte und guter Wein vom Ätna drinnen oder im Innenhof.

■ **Orto dei Limoni** ③
Via Grotte 4, Tel. 095 91 08 08, www.ortolimoni.it, Di geschl. Als Ölmühle hergerichtet, mitten im Ort, Spezialitäten vom Ätna, Fleisch, Würste, Pilzgerichte, ausgezeichnete Antipasti.

UNSER TIPP: **Ristorante/Pizzeria Feudo Delizia** ②-③, C.da Segreta, an der Straße von Nicolosi nach *Ragalna* (nach 3 km rechts, dann noch 1,5 km), Tel. 095 91 89 50, www.ristorantefeudodelizia.it. Restaurant in einer stilsicher hergerichteten Ölmühle, für die Region typische Spezialitäten.

Nachtleben

Das Nachtleben in Nicolosi ist dezent gesagt nicht besonders ausgeprägt. Wer ausgehen will, besucht die **Bar/Lounge Santo Doca,** Piazza Vittorio Emanuele 20, auf ein Glas Wein oder einen Cocktail, hier wird auch Wein flaschenweise verkauft, Schokolade und allerlei Spezereien sind ebenso im Angebot.

Zweiter Fluchtpunkt an der Piazza ist die Pasticceria/American Wine Bar **Dolce Vita** auf Nr. 31. Das **New Titanic** (Via Etnea 187) ist Restaurant, Pizzeria, Birreria, Disco, Lounge, Pub und Abhänge in einem. Im **Ai Pini** (Via Etnea, Zona Pini) treten im Sommer am Wochenende Livebands auf, man lagert unter den Pinien, genießt die Drinks, ein Eis oder eine Pizza und entspannt.

Autobus

■ AST, Verbindungen von und nach Catania (5–20.30 fast stündlich, Dauer 50 Min.) und von Nicolosi weiter zum Ätna/Rifugio Sapienza (und zurück) nur einmal am Tag (9.05 Uhr, Dauer 1 Std. 10 Min.). Catania – Ätna – Catania etwa 6 €, www.aziendasicilianatrasporti.it.

Adrano

35.000 Einwohner *(Adranesi)*, 560 m ü.N.N., PLZ 95 031, bis Catania 37 km

In dem Städtchen hatte sich zu Zeiten des Dionysios I. ein dem Gott *Adrano* geweihter Tempel befunden. *Adrano* war die Personifizierung des Ätna und wurde von Tausenden Hunden bewacht – deren Nachfahren seien noch heute hier anzutreffen. Fundstücke beweisen die Besiedelung der Gegend in vorgeschichtlicher Zeit. Neben der Kirche Santa Lucia, Via Roma, befand sich einst ein mächtiges Kloster; 1158 von der Gräfin *Adelaide* gegründet. Heute nutzt eine Schule die dominierende Randbebauung des Stadtparkes. Am Ostersonntag findet die *Diavolata* statt, bei der der Teufel „leibhaftig" in Erscheinung tritt, aber im Laufe des Spiels unter Rauch und Schwefeldämpfen durch einen Pfeilschuss stirbt.

▷ Typisch für den Ätna ist die Wolkenfahne – auch bei bestem Wetter

Archäologisches Museum

Das Museum im Schloss von Adrano, dem **Castello Normanno,** das früher auch als Gefängnis genutzt wurde, ist unbedingt sehenswert. Der wuchtige Turm stammt vermutlich aus dem 11. Jh. Er wurde perfekt saniert und die auf 1902 zurückgehende Sammlung aus Archäologie, Kunsthistorie und Ethnologie liebevoll darin eingerichtet. Man achte auf die intime Kapelle in der 2. Etage und trete unbedingt auf die Dachterrassen, um den Ausblick zugenießen.

■ **Museo di Adrano**
Castello Normanno, Tel. 09 57 69 26 60, Mo–Sa 9–19 Uhr, So 9–13, Winter Mo–Sa 9–13, 15–18, So 9–13 Uhr.

Praktische Informationen

Touristeninformation

■ **Ufficio Informazione**
Piazza Umberto (Palazzo Bianchi), Tel. 09 57 60 61 02.

Unterkunft, Essen und Trinken

■ **Agriturismo Le Cisterne** ③
C.da Scolaro Cisterna, Zona Vigne, Adrano, Tel. 09 57 60 22 02, www.facebook.com/lecisterne. Charmanter Agriturismusbetrieb mit allerlei Annehmlichkeiten wie Pool, Kinderspielplatz, Wifi, Bibliothek.

Fest

■ **In der ersten Augustwoche** wird der **Stadtpatron San Nicolò Politi** gefeiert.

Verkehr

■ **Circumetnea**
Stazione Adrano, *Biglietteria FCE,* Tel. 09 57 69 30 15, von/nach Catania einfach 3,45 €, hin und her 5,50 €.

In der Umgebung

Außerhalb der Stadt, am Fluss Simeto, kann man den kühnen Wurf der **Sarazenenbrücke** bestaunen; sie stammt vermutlich aus dem 14. Jh. und wurde folglich nicht, wie der volkstümliche Name vermuten lässt, von den Arabern erbaut. Zu erreichen ist die Brücke über ein Sträßchen, das Adrano nach Nordwesten verlässt und am Weiler Mendolito vorbei zur Schlucht des Simeto hinunterführt. Wer Lust auf einen Spaziergang hat, erreicht dem Fluss aufwärts folgend schon bald die *gola,* die zwar nicht so bizarr geformt ist wie die Schlucht des Alcantara, dafür aber ein ungestörtes Naturerlebnis bietet.

16 km südwestlich von Adrano (über die SS121) liegt das Örtchen **Centuripe** mit einem der schönsten und neuesten Museen der Insel, dem Archäologischen Museum von Centuripe. Es versammelt die Fundstücke der Ausgrabungen einer römischen Stadt und einer antiken Nekropole. Im Jahr 2000 eingeweiht, wurde es 2014 aus „Sicherheitsgründen" und wegen administrativer Streitereien wieder geschlossen. Wie es weitergeht weiß niemand.

■ **Museo Archeologico di Centuripe**
Via Giulio Cesare 1, Tel. 093 57 30 79, derzeit geschlossen.

Bronte

19.500 Einwohner *(Brontesi),* 760 m ü.N.N., PLZ 95 034, bis Catania 48 km

Im Mittelalter gehörten der Ort und weitere 23 Weiler zum mächtigen Benediktinerkloster von **Maniace**. *Karl V.* vereinte sie alle 1520 zur Stadt Bronte, und Ende des 18. Jh. wurde das Herzogtum als Lehen dem britischen Admiral *Nelson* übergeben. Mehrmals verwüstete der Ätna Bronte, doch profitierte es auch von den fruchtbaren Böden, die ihm die Lava bescherte: Das Städtchen ist ein bedeutendes Zentrum des Pistazienanbaus. Einzigartig ist die Grüne Pistazie, die nur hier gedeiht, mit dem Siegel DOP geschützt ist und ernährungsphysiologisch als sehr gesund gilt. In der Stadt selbst fällt der gewaltige **Palast** am Corso Umberto auf. Er besitzt eine schöne Rokoko-Fassade und war unter dem Namen **„Collegio Capizzi"** (1779) lange wichtigste Bildungsstätte Siziliens. Heute beherbergt er ein Gymnasium. Da die

Straßen konsequent als Einbahnstraßen organisiert sind, ist eine Fahrt durch das hügelige Bronte ein Ereignis für sich. Hat man eine Abfahrt oder eine Stelle verpasst heißt es wieder ganz von vorne anfangen.

Das private **Museum der sizilianischen Karren** etwas außerhalb zeigt 20 der ungewöhnlichen zweirädrigen Gefährte in ihrer typischen knallbunten Bemalung.

■ **Museo del Carretto Siciliano,** C.da Cantera (5 km im Nordwesten an der SP17), Tel. 095 69 15 80, www.carrettigullotti.it, nach Voranmeldung, 3 €.

Praktische Informationen

Touristeninformation

■ **Centro Visite di Parco dei Nebrodi/Pro Loco**
Palazzo del Parco die Nebrodi, Via Laenza 1, Tel. 34 86 41 19 97, www.itinerarietneidelgusto.it, www.comune.bronte.ct.it.

Unterkunft

■ **Hotel Parco dell'Etna** ②-③
C.da Borgonovo, Via c. Allberto dalla Chiesa, Tel. 095 69 19 07, www.hotelparcodelletna.it, DZ m. F. 70–80 €. Kleines Hotel mit 19 Zimmern, Pool und Restaurant, Wifi, Blick auf den Ätna.

■ **Hotel La Fucina di Vulcano** ②
C.da Piano Palo – Difesa, 2 km vom Zentrum Brontes auf der SS184 in Richtung Randazzo, Tel. 095 69 37 30, www.fucinadivulcano.it. Von der Terrasse sieht man über die weite Ebene und hinauf zum Kegel des Ätna, der sich hier in seiner ganzen Pracht zeigt, zweckmäßige Komfortzimmer, gutes Restaurant.

Essen und Trinken

■ **Trattoria Conti** ①-②
Piazza Saitta 16, Tel. 095 69 21 95, So geschl. Sehr kleines, familiäres Lokal im Herzen Brontes mit schmackhafter Küche, das von den Einheimischen bevorzugt wird.

■ **Ristorante/Pizzeria Da Zino** ②
C.da Tartaraci, 10 km von Bronte Richtung Randazzo, Tel. 095 69 92 34, www.ristorantedazino.it, Di

Die Circumetnea-Bahn

Ein besonderes Vergnügen verspricht die Fahrt mit der Schmalspurbahn Circumetnea, (www.circumetnea.it) die den Vulkan von Catania aus in einem großen Bogen umkreist, ihn aber nicht ganz umrundet.

Ausgangspunkt ist Catania (allerdings nicht der Hauptbahnhof sondern der Bahnhof der FCE; siehe dort unter „Nahverkehr"), **Endpunkt Riposto.** Die Billets sind am Bahnhof in Catania zu kaufen (*Biglietteria FCE*, Stazione Borgo, Hauptbahnhof und in vielen Tabacchi-Läden). Die Fahrzeit für die etwa 115 km lange Strecke beträgt 3½ Stunden; Preis des Tickets für die Gesamtstrecke Catania – Riposto einfach 7,25 €, hin und zurück 11,60 €. Aktuelle Infos zum Fahrplan (auch über die auf die Bahn abgestimmten Fahrpläne der Busse) gibt es auf der Website, s.o. Für den Rückweg ab Giarre bzw. Riposto stehen zwei Möglichkeiten zur Verfügung: Entweder man nimmt den nächsten Zug zurück oder man steigt in einen Bus um, der von Giarre nach Catania fährt.

Die Bahn ist übrigens kein Touristenzug, sondern ein vielbenutztes öffentliches Verkehrsmittel für die Menschen am Berg. Der Ätna wird dreimal am Tag umrundet, für **Sonntagsfahrten** sollte man aktuelle Informationen einholen.

Ätna

- **Übernachtung**
  - 2 Agriturismo Kikajon
  - 6 Hotel Ai Vecchi Crateri
  - 14 Hotel Corsaro

- **Essen und Trinken**
  - 1 Ristorante Monte Conca
  - 3 Ristorante Chalet delle Ginestre

- **Schutzhütte**
  - 4 Rif. Ragabo
  - 5 Rif. Brunek
  - 7 Rif. Saletti
  - 8 Rif. Casermetta
  - 9 Rif. Mte. Maletto
  - 10 Rif. Mte. Scavo
  - 11 Rif. Mte. Palestra
  - 12 Rif. della Galverina
  - 13 Rif. Ariel
  - 15 Rif. Sapienza
  - 16 Rif. Torre del Filosofo

.... Wanderweg
╾╾╾╾ Kabinenseilbahn

Ätna

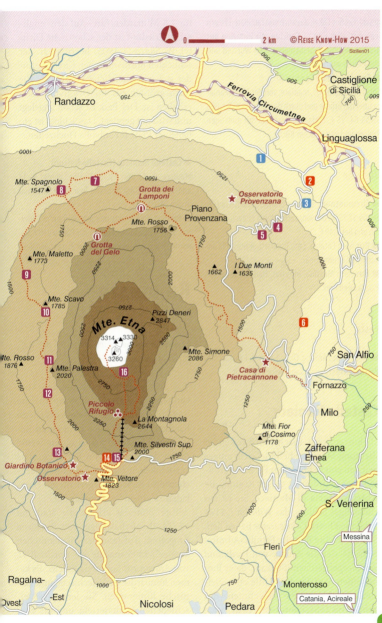

geschl. Großes Lokal, das auch von familiären Feiern lebt, natürlich gibt es Gerichte mit Pistazien aus Bronte, mit Pilzen, selbstgemachten Würsten und viel Fleisch vom Grill.

■ **Tavola Calda O Contea** ②
Corso Margherito 69, Maniace, von der Abtei Maniace über die Brücke und durch den Ort durch, Tel. 095 69 51 64, 15 €. Einfaches Dorflokal mit günstigen Preisen und verlässlicher Küche.

Verkehr

■ **Circumetnea,** Stazione Bronte, *Biglietteria FCE,* Tel. 09 57 72 41 06, von/nach Catania einfach 4,65 €, hin und her 7,40 €.
■ **Bus** nach Catania, Etna Trasporti, Haltestelle am Bahnhof Circumetnea.
■ **Bus** nach Messina, Interbus, Haltestelle an der Piazza Spedaleri.

Feste

■ Ende Sept./Anfang Okt., Sagra del Pistacchio, **Pistazienfest,** www.sagradelpistacchio.it.

Castello Maniace

10 km entfernt (nach Nordwesten in Richtung Maniace) befindet sich, umgeben von einem hübschen Park, die größte Sehenswürdigkeit dieser Region, die **Abtei S. Maria di Maniace.** Sie ist ein ehemaliges Schloss, das *Wilhelm I.* 1174 für seine Ehefrau *Margarethe* bauen ließ. Seit 1799 lebte hier die Familie Admiral Nelsons, der die Anlage von *Ferdinand von Neapel* geschenkt bekam, da er ihm bei einem Aufstand zu Hilfe eilte. Nelsons Nachkommen bewohnten das Schloss bis 1981, dann kaufte es der Staat für 1,8 Milliarden Lire. Auf dem englischen Friedhof ist der schottische Dichter *W. Sharp* († 1905) beerdigt. In der schlichten normannischen Kirche befindet sich eine herrliche Holzdecke, die noch größtenteils im Originalzustand erhalten ist. Der Park ist schön angelegt und wird gut gepflegt. Das Schloss ist ein beliebter Platz für stilvolle Hochzeiten.

■ **Castello Maniace (Castello Nelson)**
Maniace, 9–13 und 14.30–19 Uhr (Winter 9–13 und 14.30–17 Uhr), geführte Tour 3 €, Eintritt nur in den Park 1,50 €.
■ **Bus** von/nach Bronte morgens/mittags mit *Interbus,* Haltestelle in Maniace an der Piazza dell'Autonomia, Haltestelle in Bronte an der Piazza Spedaleri.

Randazzo

11.500 Einwohner *(Randazzesi),* 765 m ü.N.N., PLZ 95 036, bis Catania 70 km

Von den Städtchen rund um den Ätna verdient besonders das sympathische Randazzo mit seinen beeindruckenden Kirchen aus schwarzer Lava einen Besuch. Schlendern Sie also ein wenig durch die Altstadt von Randazzo. Die ver-winkelten Gassen des mittelalterlichen und hübsch hergerichteten Ortes laden zu einem Spaziergang ein.

Ihre Blütezeit erlebte die Stadt im 13./14. Jh. als Basislager von *Peter von Aragon* im Aufstand der „Sizilianischen Vesper". 1305 machte sie *Friedrich II. von Aragon* zur Sommerresidenz. Es kamen lombardische, griechische und latinische Emigranten. Sie lebten in verschiedenen Stadtvierteln und bis zum

Anfang des 20. Jahrhunderts wurden hier drei Sprachen gesprochen.

So gibt es auch drei Kathedralen: Die Kirche **Santa Maria** an der Piazza Basilica aus dem 13. Jh. dient heute als Hauptkirche. Die größte Kirche Randazzos ist **San Nicola** (14. Jh.) mit einigen Werken von *Antonello Gagini* wie z.B. einer Skulptur des *San Nicolò in Cattedra*. Zum Kirchenschatz gehört ein Prozessionskreuz von 1498 von *Michele Gambino*. Die Statue vor der Kirche soll die drei Bevölkerungsgruppen Randazzos symbolisieren: Der Adler steht für die Latiner, der Löwe für die Lombarden und die Schlange für die Griechen. Die dritte Kathedrale ist **San Martino** mit einem besonders schönen Glockenturm.

Archäologisches Museum

Einen guten Einblick in die Geschichte der Region erhält man im **Museum Vagliasindi** mit seiner Sammlung aus attischer, ionischer und hellenistischer Zeit. Aufmerksamkeit sollte man den schönen Stücken Schwarzkeramik widmen, auch Bauern- und Puppenmuseum.

■ **Museo Archeologico Vagliasindi**
Piazza Rabata, Tel. 09 57 99 00 64, tgl. 9–13 und 15–20, Winter tgl. 9–13, Sa/So auch 14.30–18.30 Uhr, 2,60 € (Kombiticket 4 €).

Naturkundliches Museum

Das Museum hat sich **Geologie** und **Fauna** nicht nur Siziliens zum Thema gemacht. Zu sehen sind u.a. Bälger eines Straußes, Geier, Jaguar und Leoparden.

■ **Museo di Sciene Naturali**
Via Cesare Beccaria 2, Tel. 09 57 99 00 64, tgl. 9–13 und 15–20, Winter tgl. 9–13, Sa/So auch 14.30–18.30 Uhr, 2,60 €, Kombiticket 4 €.

Praktische Informationen

Touristeninformation

■ **Ufficio Informazione**
Piazza Muinicipio 1 (im Rathaus), Tel. 09 57 99 18 63.

Unterkunft

■ **B&B Ai Tre Parchi Bed & Bike** ②-③
Via Tagliamento 49, Tel. 0957 99 16 31, www.aitreparchibb.it. Nicht nur für Radfahrer auf großer Tour, aber besonders für diese ist der Besitzer – ein Radrennfahrer – eine unerschöpfliche Quelle an Tipps.

■ **B&B Edelweiß** ②
Via Duca degli Abruzzi 233, Tel. 095 92 28 89. Bei der Kirche Santa Maria, 3 Zimmer mit Bad, sauber und nett eingerichtet.

■ **Agriturismo L'Antica Vigna** ②-③
Via Montelguardia (2 km östlich von Randazzo bei dem Dorf Montelaguardia), Tel. 095 92 40 03, www.anticavigna.it. Zimmer und Apartments auf einem Wein-/Olivenbaumgut, Speisen aus eigener Produktion, Tennis, Abendessen nach Voranmeldung.

■ **Agriturismo Borgo San Nicolao** ②
C.da Runbola (3 km östlich von Randazzo, 400 m von der Straße), Tel. 095 92 40 84, www.borgosannicolao.it. Sympathischer Betrieb mit 8 komfortablen Apartments, sehr guter ländlicher Küche, Produktion von Wein, Käse und Fleisch, Akivitäten: Tennis, Fußball, Reiten, Mountainbiken.

■ **Hotel Scrivano** ③
Via Bonaventura, Tel. 095 92 11 26, www.hotelscrivano.com. Komfort-Hotel im Ort mit gutem Restau-

Die Lava schlägt weite Schneisen, bis es fruchtbarer Boden wird, dauert es

rant, das Ätna-Spezialitäten auf den Tisch bringt, 30 neu eingerichtete Zimmer mit TV und Klimaanlage.

Essen und Trinken

Ristorante Veneziano ②-③
C.da Arena (2 km außerhalb im Osten an der SS120), Tel. 09 57 99 13 53, www.ristoranteveneziano.it. Do abend, Mo und im Juli geschl. Großrestaurant mit Blick auf den Ätna, die Zutaten (insbesondere Pilze) kommen frisch von den Ätna-Hängen bzw. aus den Nebrodi.

San Giorgio e il Drago ②
Piazza S. Giorgio 28, Tel. 095 92 39 72, Di geschl. Mitten in der Altstadt wurde eine alte Weinschenke zur Trattoria, unter den Gewölben ist es urig, und draußen, am Ende der Piazza, sitzt man zwischen mittelalterlichen Mauern; Mamma kocht alles, was der Familie schon immer geschmeckt hat, den Gästen ist es recht und billig.

Verkehr

Circumetnea, Stazione Randazzo, *Biglietteria FCE,* Tel. 095 92 11 56, von/nach Catania einfach 5,15 €, hin und her 8,20 €.
Bus nach Catania, *Etna Trasporti,* Haltestelle Autostazione.
Bus nach Messina, *Interbus,* Haltestelle Autostazione.

Linguaglossa

5400 Einwohner *(Linguaglossesi),* 550 m ü.N.N., PLZ 95 015, bis Catania 44 km

Eine Lavazunge, die der Ätna im Jahr 1634 ausstreckte, gab dem Ort wahrscheinlich seinen Namen. Viele Gebäude stammen aus der Barockzeit. Sehenswert sind das **Konvikt** und die Kirche der **Kapuzinermönche** aus dem Jahr 1644 mit schönem Intarsienaltar aus dem 19. Jh. und einem hölzernen Baldachin von *Pietro Bencivenni* von 1710. 11 km außerhalb des Ortes liegt der berühmte dichte Pinienwald, der beim letzten Ätna-Ausbruch fast völlig abbrannte. Dank seiner relativ hohen Lage gibt es in Linguaglossa sogar Wintersporteinrichtungen.

Ethnografisches Museum

Das kleine, dem Tourismusbüro angeschlosse Museum gibt einen Überblick über Geschichte und Traditionen der Ätna-Region, über Fauna und Mythologie und über das bäuerliche Leben.

■ **Museo Etnografico dell'Etna**
Piazza Annunziata 5, Tel. 095 64 30 94, Mo–Sa 9.30–13 und 16–20 und 16–19.30 Uhr, So 9.30–12.30 Uhr (Winter 9.30–13 und 15–19).

Praktische Informationen

Touristeninformation

■ **Ufficio Informazione**
Piazza Annunziata 5, Tel. 095 64 30 94, www.prolocolinguaglossa.it.

Unterkunft

■ **B&B Villa Refe** ②
Via Mareneve 42, Tel. 095 64 39 26, www.villarefe.it. Saubere, kleine Pension 400 m vom Zentrum in einem ruhigen Wohngebiet.
■ **Hotel Il Nido dell'Etna** ③-④
Via Matteotti, Tel. 095 64 34 04, www.ilnidodelletna.it. Modernes Hotel mit 18 Zimmern in der Stadt in minimalistisch-kubischem Stil eingerichtet, ebenso das Restaurant, wo man drinnen und im Garten sitzen kann und sich aufs Essen (③) konzentriert – Slow Food.
■ **Agriturismo Kikajon** ④
An der Strada Mareneve, bevor die Straße hinauf zum Piano Provenzana abgeht, nach links, Tel. 33 31 85 95 88, www.kikajon.it. Liebevoll in ein altes Weingut gebauter Agriturismus am Ätnahang in 650 m Höhe. Gutes Restaurant (②-③), herrliche Sicht von der Terrasse, zahlreiche Aktivitäten: Bogenschießen, Tischtennis, Mountainbiking, Boccia etc.

Essen und Trinken

■ **Trattoria/Pizzeria Sciaramanica** ②
Via Mareneve (3 km Richtung Ätna), Tel. 095 64 30 07, mittags und Mi geschl. Gute Küche, riesige Pizza, und am Wochenende scheinen alle sizilianischen Familien zu Besuch zu kommen.
■ **Agristorante Liperus** ②-③
SS120 Piedimonte Etneo, 3 km außerhalb Richtung Küste, Tel. 095 64 86 49, www.liperus.it. Mittags und abends beste sizilianische Küche in mehreren festen Menüs zur Auswahl (Mare, Monti, Mare i Monti), um Voranmeldung wird gebeten.

Verkehr

■ **Circumetnea,** Stazione Linguaglossa, *Biglietteria FCE,* Tel. 095 64 79 55, von/nach Catania einfach 6,35 €, hin und her 10,20 €.

Golf

■ **Golf Club Il Picciolo,** www.ilpicciologolf.com. Golfplatz in Traumlage unterhalb des Ätna an der SS120 zwischen Linguaglossa und Randazzo, 800 m hinter dem Abzweig nach Castiglione di Sicilia in Richtung Randazzo in 650 m Höhe; auf 45 ha erstrecken sich 18 Löcher auf einer Länge von 5870 m (72 Par). Die *Green Fee* beträgt 85 € (18-Loch) oder 50 € (9-Loch). Es besteht die Möglichkeit zur Übernachtung (③-④).
■ **Weinprobe Tenuta Scilio.** Bei Linguaglossa am Ortsausgang Richtung Küste rechts abbiegen (letzte Abzweigung im Ort), dann 3 km den Schildern folgen. Tel. 095 93 36 94, www.scilio.com. Auf der *Tenuta Scilio di Valle Galfina* wird man zur Weinprobe empfangen; Mo bis Fr 7–15.30, Sa 9–13 Uhr.

Ätna Nord

Warme Kleidung (auch im Hochsommer) ist auf dem Ätna angebracht, schließlich befindet man sich im Hochgebirge, und Wetterumschwünge kommen schnell. Von Linguaglossa klettert eine schmale Straße in Windungen durch die Wälder des mittleren Ätna hinauf. Schließlich erreicht man das **Rifugio Brunek.** Gegenüber steht das **Rifugio Ragabo** mit Zimmervermietung und Restaurant. 2 km weiter zweigt die Straße nach Piano Provenzana ab. Angekommen stellt man auf den gebührenpflichtigen Parkplätzen sein Fahrzeug ab (um 4 €/Tag). Die Landschaft hier oben auf 1800 m Höhe wirkt unwirtlich wie auf dem Mond – die Zerstörungen des Ausbruchs von 2002 sind immer noch präsent. Souvenirstände trotzen in Blockhütten den Unbillen schlechten Wetters. Mit Geländebussen der Firma *S.T.A.R.* geht es hoch zur Piano delle Concazze auf 2800 m und schließlich weiter bis unter den Gipfel auf 3000 m Höhe. Von hier aus besteht die Möglichkeit mit Führern bis auf 3300 m Höhe zu den Kratern zu wandern.

Auf der Straße von Piano Provenzana wieder hinunter nun Richtung Süden passieren wir die links und rechts stehenden **Due Monti** (1635 und 1662 m) und erreichen das erste große **Lavafeld,** entstanden im Jahre 1865. Die lieblichen Pinienwälder sind vergessen; hier ist das Reich der Unterirdischen, die das flüssige Gestein in bizarre Formen gegossen haben. Dazwischen behaupten sich einige Flechten und winzige Blüten, rechterhand stehen die stumpfen Krater, die diese Urlandschaft geschaffen haben. Ein Weiterkommen ist hier nicht mehr möglich.

Die Straße schwingt wieder bergabwärts, frisst sich durch weitere Lavaströme (1928 und 1971) und trifft bei **Milo** wieder auf die Ebene.

Schutzhütten am Ätna

Dem Wanderer stehen im Ätna-Gebiet zahlreiche Schutzhütten zur Verfügung, bewirtschaftet werden aber nur wenige: **Rifugio Brunek** (Ätna Nord), **Rifugio Ragabo** (Ätna Nord), **Rifugio Sapienza** (Ätna Süd) und **Rifugio Ariel** (nur nach Voranmeldung, Tel. 36 87 33 79 66, www.rifugioariel.it. Bei der Abfahrt von der Talstation Richtung Nicolosi zum *Osservatorio* abbiegen und noch ein Stück weiter, auch Radverleih). Alle sonstigen Hütten, von denen es an der Westflanke des Ätna zahlreiche gibt, sind nur mit Feuerholz und Wasser ausgestattet und man muss sich selbst versorgen.

Praktische Informationen

Unterkunft

■ **Rifugio Brunek**
Bosco Ragabo, 13 km von Linguaglossa in 1370 m Höhe, Tel. 095 64 30 15, www.rifugio-brunek.it. Bett m. F. 25 €, m. Halbpension 40 €. Hüttencharakter, Bar und Abendessen, viele Wanderer.

■ **Rifugio Ragabo**
Bosco Ragabo, 13 km von Linguaglossa in 1400 m Höhe, Tel. 095 64 78 41, www.ragabo.it, DZ m. F. 70 €, DZ m. Halbpension 100 €. Mehr Hotel als Hütte, die Zimmer haben Bad und TV, gutes Restaurant mit Spezialitäten.

Essen und Trinken

■ **Ristorante Monte Conca** ②
Piano Provenzana, Tel. 360 76 18 81, www.ristorantemonteconca.com. Do geschl. Pilzgerichte und Würste hoch in den Bergen auf 1800 m, der Blick ist natürlich einzigartig.

■ **Ristorante Chalet delle Ginestre** ②
Via Mareneve, Tel. 34 78 18 09 90, www.chaletdelleginestre.it, Do geschl. Auf halbem Weg hoch von Linguaglossa (nach 12 km auf 1300 m Höhe) kann man bei lokaler Küche Halt machen.

Gipfelsturm

■ **Gipfelwanderung mit Führern,** *Gruppo Guide Etna Nord* (nicht im Winter), Piazza Castrogiovanni 19, Linguaglossa, Tel. 09 57 77 45 02, www.guidetnanord.com. Mit Geländewagen geht es bis unter den Gipfel auf 2950 m, dann zu Fuß zum Zentralkrater auf 3250 m (Treffpunkt Büro der Gesellschaft *S.T.A.R.,* Piano Provenzano, Dauer 6–7 Std. 70 €/Person), weitere Exkursionen (nur nach Voranmeldung im Büro in Linguaglossa): Eisgrotte (6–7 Std., 250 €/Gruppe), Wanderung zum Eruptionskrater von 2002 (2–3 Std., 150 €/Gruppe).

■ **Auffahrt mit Geländebussen,** *S.T.A.R.,* Büro Piano Provenzano, Tel. 095 371333 oder 346 6002176, www.funiviaetna.com/star_etna_nord.html, 60 €/Person, April bis Oktober.

Zafferana Etnea

9500 Einwohner *(Zafferanesi),* 600 m ü.N.N., PLZ 95 019, bis Catania 24 km

In dem langgestreckten Ort laufen die beiden jeweils zu Einbahnstraßen deklarierten Hauptstraßen parallel zueinander, Herz ist die Piazza mit der Hauptkirche. Zafferana ist als **Honigstadt** berühmt, angeblich sollen 30 % des sizilianischen Honigs in der Umgebung pro-

⌄ Honig ist eines der beliebtesten Mitbringsel von den Ätnaflanken

duziert werden. Immer wieder mit glühenden Lavamassen konfrontiert, ließen sich die Einwohner von Zafferana Etnea trotzdem nicht entmutigen, denn zu gut sind hier der Boden und das Klima, als dass man es dem Berg alleine überlassen wollte. Zafferana ist heute eine beliebte Sommerfrische der Menschen aus Catania, die auch schon mal nur abends hochkommen, um eine der legendären Pizze zu vertilgen.

Vulkan und Mensch scheinen in Zafferana Etnea ein Auskommen gefunden zu haben, denn sowohl 1852 als auch 1992 stoppten die Lavamassen genau am Ortsrand ihren Vernichtungszug. Besonders der letzte Ausbruch wird den Menschen hier lange in Erinnerung bleiben, denn mit allen nur erdenklichen technischen Mitteln (z.B. Sprengungen) wurde versucht, die Lava von ihrem direkten Weg auf den Ort zu abzulenken, doch vergebens. Wenige Meter vor Zafferana kam die glühende Zunge dann allerdings doch noch zum Stillstand. Von Zafferana geht es auf gut ausgebauten Straße zum Gipfel des Ätna hinauf.

Beliebt als Ausflugsziel ist Zafferana bei Sizilianern und Touristen wegen seiner **Piazza,** auf der man abends auf und ab wandeln kann. Tatsächlich findet hier noch ein richtiges **dörfliches Leben** statt, im Gegensatz zu den anderen Siedlungen in gleicher Höhe, die immer mehr zu Villenvororten Catanias oder Feriendörfern mutieren. Zafferana eignet sich also – genau in der Mitte zwischen Etna Nord und Etna Sud – hervorragend als **Basis für Exkursionen auf den Ätna** tagsüber und abends für den Genuss dörflichen sizilianischen Lebens mit einem fantastischen Blick über die Küste und das Meer.

Praktische Informationen

Touristeninformation

■ **Ufficio Informazione**
Piazza Luigi Sturzo 1, Tel. 09 57 08 28 25, www.prolocozafferanaetnea.it, www.comunezafferanaetnea.it.

Unterkunft

UNSER TIPP: B&B Villa Rosa ②
Via Garibaldi 357, Tel. 34 83 38 05 19, www.etnabedbreakfast.com. Drei unterschiedlich große Apartments in einem üppigen Garten unmittelbar im Zentrum von Zafferana Etnea 1 Minute vom Hauptplatz. Super Beratung bei Ausflügen auf und rund um den Ätna und für Unternehmungen in der Stadt. Weitere Zimmer werden in einem Haus in den Weinbergen vermietet.

■ **Hotel Milomax** ②
Via Bellini, Milo, Tel. 095 95 51 77, www.hotelmilomax.it. Modernes Haus an der Hauptdurchgangsstraße, gut für eine Nacht, Zimmer nach hinten nachfragen.

■ **Hotel Ai Vecchi Crateri** ③
C.da Rosella, 3 km oberhalb von Sant'Alfio Richtung Ätna, Tel. 095 96 81 51, www.aivecchicrateri.it. Hübscher, moderner Landsgasthof, ruhig gelegen, 9 kleine, nett eingerichtete Zimmer mit Bad, Restaurant mit feiner, lokaler Küche und gute Weinkarte.

■ **Palmento la Rosa** ④
Lorenzo Bolano 55, Pedara, 10 km südlich von Zafferana Etnea, Tel. 095 789 62 06, www.palmentolarosa.com. 1791 als Weinpresshaus in 700 m über dem Meer errichtet bietet es heute eine tolle Sicht über Berg und See und im Hochsommer ein ausgeglicheneres Klima als unten am Meer. Vier hochelegante Doppelzimmer mit jeweils eigener Terrasse, ein Park und Selbstverständlichkeiten wie Wifi sorgen für luxuriösen Urlaub. Das der Wein vom eige-

nen Gut ausgezeichnet schmeckt und die Küche dazu korrespondiert ist klar.

Essen und Trinken

Wer in Zafferana Etnea is(s)t, muss unbedingt die *Pizza Siciliana* probieren, nirgends sonst auf der Insel wird sie so perfekt zubereitet, wie in den beiden Bars am Anfang des Hauptplatzes – sich gegenüberliegend an den Ecken, eine links, eine rechts. Wie eine Calzone geformt (zusammengeklappt), im Original befüllt nur mit Tuma-Käse, Pfeffer und Sardellen, heute mit unterschiedlichen Ingredienzen verfeinert, wird sie im Gegensatz zur „normalen" Pizza nicht im Ofen gebacken, sondern frittiert. Man isst sie an den kleinen Tischen auf dem Platz – zusammen mit einem Bier oder einem Glas Wein. Die Bewohner des Ortes sind meist darüber zerstritten, welche der beiden Bars die bessere Pizza auf die Piazza bringt, wobei man durchaus und immer wieder die Seiten wechselt und der anderen Partei beispringt.

■ **Ristorante/Pizzeria Belvedere** ①-②
Viale dei Giardini 4, Tel. 09 57 08 16 63, www.ristorantebelvederezafferana.it. Mo geschl. Man sitzt unterhalb des Hauptplatzes am kleinen Park und speist köstliche Antipasti und sehr gute Pizza (die „normalen" aber auch *à la siciliana*).

■ **Ristorante Il Castello di Bacco** ②
Piazza Umberto I, Tel. 09 57 09 30 09. Di geschl. Elegante Atmosphäre am Ende der Piazza, einige Tische auf dem Platz. Kämpft als jüngste Adresse an der Piazza mit den anderen um die Ehre der besten Pizza Siciliana. Ansonsten: Fisch, Fleisch, Pilzgerichte und gute Antipasti.

Einkaufen

■ **Honig,** Fresta Apicoltura, Via Roma 359, Tel. 09 57 08 19 79, www.apicolturafresta.it. Honig aus eigener Produktion (u.a. Orange, Zitrone, Kaktus, Eukalyptus, Sulla), 500 g 5 €, 1 kg 8 €.

Ätna Süd

In **Zafferana Etnea** verlässt die Straße den Ort bergan, vorbei an schönen Villen mit altem Baumbestand. Die beiden grünen Buckel linkerhand sind die Überreste zweier Krater, der **Monti Rossi,** die Nicolosi 1669 mit ihrem Lava- und Sandregen zerstörten. Dann geht es durch Obstgärten, später durch Wälder hinauf, bis schließlich wieder das schwarze Lavagestein die Herrschaft übernimmt. In schmalen Serpentinen quält sich die Straße durch diese düstere Mondlandschaft, die erst 1983 von einem Ausbruch angerichtet wurde. Die ersten Ginsterbüsche haben bereits in der erstarrten Lava Wurzeln geschlagen und bereiten in mühseliger Arbeit vor, was weiter unten schon vollendet ist: Sie brechen die Gesteinsschollen auf und ermöglichen es damit anderen Pflanzen, sich in dieser Wüste anzusiedeln. Voran steht die Gipfelpartie des Ätna, doch leider häufig in Wolken, ist der Berg doch Regenfänger Nummer Eins an der Ostküste Siziliens.

15 km von Zafferana Etnea ist der **Rifugio Sapienza** erreicht (wer von Nicolosi gekommen ist, hat 20 km hinter sich gebracht). Was man hier definitiv nicht hat: den Eindruck einsamen Bergerlebnisses! Eine riesige asphaltierte Fläche, am Wochenende zugestellt mit Bussen, Souvenirläden, Hotels, Restaurants, Menschenmassen auf dem Weg zur Seilbahn und zurück.

Will man Richtung **Gipfel** wandern, folgt man an der Talstation der Seilbahn der breiten Piste für die Geländewagen, in die weiter oben dann die Seilbahnbenutzer zusteigen. Etwa zwei Stunden dauert der Aufstieg zur Bergstation der Seilbahn. Dahinter, etwa dort, wo früher das Piccolo Rifugio stand, verlässt man dann die breit ausgefahrene Piste und wandert den schmalen Saumpfad entlang an der Ostseite des Piano del Lago bis zum Endpunkt der Geländewagentour am **Torre del Filosofo** in 2919 m Höhe. Hier ist nun auch für Fußgänger Schluss mit dem Alleingang. Den letzten Streckenabschnitt sollte man wie alle anderen auf jeden Fall nur unter kundiger Führung unternehmen. Für Auf- und Abstieg muss ein ganzer Tag eingeplant werden. Gutes Schuhwerk und warme, winddichte Kleidung sind unbedingt notwendig!

Sollten, was nicht selten vorkommt, die Wetterbedingungen schlecht sein (und auch die Seilbahn wegen heftigen Windes nicht mehr fahren), bleiben noch die beiden kleinen Krater im Umfeld der Talstation – **Monte Silvestri Superiore** (2000 m) und **Inferiore** (1989 m) – für einen relativ gefahrlosen Spaziergang auf dem Vulkan.

Tipp

Man sollte sich **an der Talstation der Seilbahn** bei den **Führern** über die **aktuellen Möglichkeiten an Exkursionen** oben am Gipfel erkundigen. Schon viele sind enttäuscht worden, weil sie die organisierte Tour mitgemacht haben und oben dann nur eingeschränkte Aktivitäten erlaubt waren (Wetter, Vulkanausbruch).

Praktische Informationen

Unterkunft

● **Hotel Corsaro** ③
Etna Sud, Tel. 095 91 41 22, www.hotelcorsaro.it. Berghotel mit 17 Zimmern bei der Seilbahnstation, alle mit Bad, TV und Telefon, gutes Restaurant, Traditionsadresse, die auf die 1940er Jahre zurückgeht.

● **Rifugio Sapienza** ③
Etna Sud, Tel. 095 91 53 21, www.rifugiosapienza.com. Direkt am Großparkplatz gelegen, zumindest tagsüber der Massenabfertigung im Restaurant- und Barbereich verpflichtet, abends wird's ruhiger, das Essen ist nicht schlecht, die 24 Zimmer mit Bad durchaus komfortabel.

Verkehr

● **Busanfahrt,** mit der Gesellschaft *AST* zum *Rifugio Sapienza* von Catania täglich um 8.15 Uhr (Bahnhof Catania) über Nicolosi (9.05 Uhr ab Piazza Vittorio Emanuele), Ankunft 10.15 Uhr. Vor Fahrtantritt über mögliche Fahrplanänderungen unter Tel. 09 16 20 81 11 oder www.aziendasicilianatrasporti.it informieren.

● **Seilbahn,** Tel. 095 91 41 41, www.funiviaetna.com, Kabinenanlage mit Gondeln für je 6 Personen, Talstation *Rifugio Sapienza* auf 1910 m, Bergstation *Piccolo Rifugio* auf 2500 m, Sommer 9–17.45 Uhr, Winter 9–15.45 Uhr, Hin- und Rückfahrt um 30 €, Fahrtdauer 15 Min.

Gipfelsturm

● **Gipfelwanderung mit Führern** der *Gruppo Guide Alpine Etna Sud* (Via Etnea 49, Nicolosi, Tel. 09 57 91 47 55, www.etnaguide.com); mit Seilbahn und Geländewagen geht es bis unter den Gipfel auf 2900 m, dann zu Fuß zum Zentralkrater auf 3250 m und wieder hinunter zum Rifugio Sapienza. Treffpunkt ist der Kiosk auf dem Piano Sapienza, Dauer: 5–6 Std., 60 €. Weitere Exkursion nur nach Voranmeldung im Büro in Nicolosi: Eisgrotte (7 Std., 250 €/Gruppe).

■ **Wanderungen an den Ätna-Flanken:** Einige Wanderwege sind gut ausgebaut und auch von Laien mit etwas Kondition und ohne Führung begehbar, allerdings muss man mit teils unwegsamem und schlecht markiertem Gelände rechnen (der italienische *Touringclub TCI* hat einen handlichen Ätna-Führer mit Wandervorschlägen und eine Wanderkarte im Maßstab 1:50.000 herausgebracht).

■ **Wanderungen unter deutschsprachiger Leitung** und auf Wunsch auch individuell zusammengestellt bietet *Siciltrek* an, Tel. 34 88 53 03 10, www.siciltrek.ch.

Etnaland

Wenn man mit den Kindern und Jugendlichen partout nicht mehr weiß wohin: Etnaland! **Themenpark** (mit zahlreichen Fahrgeschäften für alle Altersgruppen) und **Aquapark** mit ihren Attraktionen lassen einen Tag wie im Flug vergehen. Restaurants, Fast Food, Bars, Diskos, Rutschen, Wassermassagen, Rafting, Twister und, und, und. Der Spaß ist nicht billig, aber schließlich wird einiges geboten.

Von Catania auf die Umgehungsautobahn, dann die 2. Ausfahrt Richtung *Misterbianco* und auf der SS121 Richtung *Paternò*, Abfahrt Valcorrente, Tel. 09 59 89 71 01, www.etnaland.eu. *Themenpark* Mitte April–Sept., im Hochsommer nur abends, unter 1 m Körpergröße frei, bis 1,40 m 15–20 €, darüber 20–25 €, *Aquapark* Juli–Mitte Sept., unter 1 m Körpergröße frei, bis 1,40 m 13–15 €, darüber 20–24 €.

Acireale

53.000 Einwohner *(Acirealesi)*, 161 m ü.N.N., PLZ 95024, bis Catania 10 km

Acireale, etwas landeinwärts auf einem Lavasockel hoch über dem Meer liegend, wurde vermutlich von Piraten Mitte des 14. Jh. gegründet. *König Philipp IV.* von Spanien gab ihr 1642 ihren Namen und machte sie zur königlichen Domäne. Nach dem Erdbeben von 1693 wurde die Stadt wie Catania nach Plänen des Herzog von Canastra wieder aufgebaut. Die Straßen legte man sehr breit an, was für ein ungewöhnliches Stadtbild sorgt. Empfehlenswert ist ein Besuch der Kirche **San Sebastiano**; sie hat eine schöne Barockfassade und einen in den Bau integrierten Glockenturm. Im Inneren gibt es Fresken von *Pietro Paolo Vasta* (einem lokalen Meister) und *Vito d'Anna* zu sehen.

UNSER TIPP Vom **Park Belvedere** in der nördlichen Oberstadt hat man einen fantastischen Blick über die Küste.

Domplatz

Ebenfalls Fresken von Ersterem enthält die Kirche **S. Pietro e Paolo** am Domplatz, ihr fehlt der zweite Turm. Man musste auf ihn verzichten, da sonst das Lichteinfallsloch des Meridians im benachbarten Dom abgedeckt worden wäre. Der Meridian wurde von *Christian Heinrich Friedrich Peters* aus Schleswig-Holstein konzipiert, der auch in Catania tätig war (San Nicolò). Die Bewohner von Acireale standen in Konkurrenz zu

Catania und wollten alles schöner und besser haben (was ihnen nicht gelang).

Am 20. Januar wird der – eigentlich nachgeordnete – **Stadtpatron San Sebastian gefeiert.** Erster Stadtpatron ist *San Venera* (Fest am 26. Juli), dem auch der Dom gewidmet ist, doch San Sebastino genießt eine wesentlich innigere Verehrung und patroniert deshalb das Stadtfest.

Ein gutes Beispiel sizilianischer Architektur des 17. Jh., mit Balkonen, Konsolen und Loggien, ist der **Palazzo**, in dem heute der Bürgermeister residiert.

Thermalbad

Die Thermalquellen von Acireale waren bereits zur Römerzeit bekannt. Einige Überreste der antiken Thermalanlage wurden ausgegraben; die heutige Bäderanstalt entstand Ende des 19. Jh. Der Park der Thermen ist öffentlich und seiner Anlage wegen einen kleinen Spaziergang wert.

Praktische Informationen

Touristeninformation

■ **Ufficio Informazione Palazzo di Città** (Rathaus), Tel. 095 89 52 49, www.comune.acireale.ct.it.

Unterkunft

■ **B&B Palazzo Giovanni** ②
Via 21 Aprile 103, Ortsteil Stazzo (Acireale), Tel. 09 57 64 23 05, www.palazzogiovanni.it. Das Herrenhaus aus dem beginnenden 20. Jh. liegt ruhig und schön im Grünen mit Blick auf Ätna und Meer, sehr angenehme Gastgeber und ein ausgezeichnetes Frühstück.

■ **Hotel Capomulini** ④
SS114, Km 85 (500 m vom Capo Mulini), Tel. 095 87 75 11, www.parkhotelcapomulini.it. Ferienanlage mit über 100 Zimmern, komfortabel bis luxuriös, Schwimmbad, direkter Strandzugang, Restaurant, Bars.

Camping

■ **La Timpa** ①-③
Via Santa Maria La Scala 25 (2 km nördlich Acireale Richtung Riposto an der Strada provinciale), Tel. 09 57 64 81 55, www.campinglatimpa.it. Hoch über dem Meer, das Wasser muss man aber nicht missen, ein Lift führt 40 m hinunter, hübscher, sauberer und schattiger Platz mit hohen Bäumen, Zimmervermietung, exklusiver Bungalow als Krähennest, Restaurant/Pizzeria, Einkaufsmöglichkeit.

■ **Al Yag** ①
Via Altarellazzo (in *Pozzillo* 8 km nördlich von Acireale Richtung Riposto an der Strada Provinciale), Tel. 09 57 64 17 36, www.campingalyag.com. Einfach ausgestatteter Platz mit Schatten durch Bäume und Mattendächer, Camper-Service.

Essen und Trinken

■ **Caffè Cipriani** ①-②
Piazza L. Vigo 3/4, Tel. 095 60 19 29. Marzipan, Granita, Arancini, Eis, Sachertorte und und und. Der über die Provinzgrenzen hinaus bekannte Zuckerbäcker bietet seine süßen Verlockungen unweit des Doms an.

◁ Acireale: Abseits des Meeres wird alles ruhig und bedächtig

■ Bar Urna ①-②
Piazza Urna, Viagrande, von Acireale Richtung Etna Sud in der nächsten Ortschaft, Tel. 09 57 89 45 79. Hinter dem Stadtpark wird seit 1885 beste *Tavola calda* serviert, insbesondere ist man berühmt für die *Arancini* und die sizilianische Pizza, die – hier mit Pecorino, Anchovis und Peperoncini gefüllt und frittiert wird.

■ Trattoria La Grotta ③
S.M. La Scale, Ortsteil von Acireale unten am Meer, Via Scalo Grande 46, Tel. 09 57 64 81 53. Di geschl., Pasta mit Öl, Knoblauch und Peperoncini; richtig los geht es erst mit den Fischgerichten; in einem alten Fischerhaus mit Aushöhlungen in der Lavawand.

■ Ristorante Bettola dei Marinai da Lorenzo ③
Via Canale Torto 34, Santa Tecla (5 km nördlich von Acireale am Wasser), Tel. 095 87 63 52, Di geschl. Fischküche (u.a. *insalata di polpe*, *cozze gratinate*, *alice marinate*) nach sizilianischem Geschmack, viele Einheimische.

Verkehr

■ **Bahnhof,** Piazza Pennisi am Ortsausgang von Acireale Richtung Catania, Tel. 89 20 21, www.trenitalia.it. Richtung Catania und Messina.

■ **Bushaltestelle,** Piazza Duomo (eine von mehreren), nach Catania.

Feste

■ Am **20. Januar** wird **San Sebastian** gefeiert, am **26. Juli San Venera.**

■ Im **Februar** wird der **schönste Karneval ganz Siziliens** in Acireale begangen. Geschmückte Wagen, Folkloregruppen und mit viel Liebe hergestellte Pappmachéfiguren ziehen dann mit großem Getöse durch die Innenstadt.

Strände

Will man schwimmen und in der Sonne liegen, fährt man zum Fischerhafen von **S. Maria della Scala,** dessen malerischer Ortskern allerdings angesichts der Bauwut der Tourismusindustrie kaum noch auszumachen ist, nach **Pozillo** (ebenfalls nördlich von Acireale) oder nach **S. Tecla.**

Therme

■ **Terme di Acireale/Santa Caterina,** Via delle Terme, Tel. 095 60 15 08, www.terme-acireale.com. 1987 gebautes Thermalbad mit allem, was zum traditionellen Kuren und zur Rehabilitation dazugehört; gegen rheumatische Erkrankungen, Osteoarthrose, Hautkrankheiten, Venenkrankheiten sowie Hals-, Nasen- und Ohrenerkrankungen.

Aci Trezza

4900 Einwohner *(Acitrezzanesi, Castellanesi)*, 5 m ü. N.N., PLZ 95021, bis Catania 5 km

Das Fischerdorf Aci Trezza ist berühmt für seine **Klippen,** die der enttäuschten Liebe des *Polyphem* bzw. seiner Wut auf *Odysseus* zu danken sein sollen. Eine andere Legende aus der Gegend berichtet von dem Schäferjungen *Akis*, der sich in die schöne *Galatea* verliebte und deshalb *Polyphem* erboste. Dieser verwandelte *Akis* in einen Fluss, doch *Galatea* stürzte sich in dessen Fluten, wurde zur Wasserlilie und konnte auf ewig bei ihrer Liebe sein. Der Fluss Akis gab den Ortschaften der Umgebung ihre Namen.

Heute ist Aci Trezza ein beliebter Badeort, und die **Inselchen der Zyklopen** (Isole dei Ciclopi) liefern die malerische Kulisse zum Strandvergnügen. Die größte, nach dem schönen *Akis* benannte **Isola d'Aci** wird von der Universität von Catania als meeresbiologisches Forschungszentrum genutzt. Auf ihr kann man interessante geologische Beobachtungen machen (Muscheleinlagerungen im Gestein) oder sich auf die Spuren der Sikuler begeben, die hier einige Gräber hinterlassen haben.

Die Fahrt an der Küste entlang lässt nur wenig Ausblicke auf die bizarre Felsenlandschaft zu.

◁ Dolce allüberall – süß und vollkommen

Rief den Kyklopen ich also an mit höhnenden Worten:

„Keines schwächlichen Mannes Gefährten solltest, Kyklop, du In der gewölbten Höhle verzehren in starker Gewalttat, Sehr bald sollten dich selbst deine bösen Taten ereilen, Frevler, der sich nicht scheute, die Gäste im eigenen Hause Aufzuessen; drum strafe dich Zeus und die anderen Götter."

So rief ich; doch jener ergrimmte im Herzen noch stärker: Er riß ab eines großen Berges Gipfel und warf ihn, Und der schlug ganz dicht vor dem dunkelbugigen Schiff ein …

(Homer, Odyssee, Neunter Gesang)

Das Nespolo-Haus und Visconti

Die überaus dramatische Atmosphäre der Landschaft – im Hintergrund der Ätna, davor das tiefblaue Meer und die schwarzbraunen, wild gezackten Felsen und über allem thronend die Ruine einer aus Lava erbauten Festung – nutzte der bekannte Filmregisseur *Luchino Visconti* für die Verfilmung des Romans „I Malavoglia" von *Giovanni Verga* („La Terra trema"). Thema ist, dass man seinem Schicksal nicht entkommt. Dies bekommt eine Fischerfamilie, die Familie Malavoglia, zu spüren. Visconti beschäftigte viele Laiendarsteller und gab seinem Film eine sehr authentische Note. Noch heute begegnet man Mitarbeitern bei den Dreharbeiten von 1948/49. Das Haus, in dem die Filmfamilie wohnte – **Casa del Nespolo** – ist heute ein Museum. Es besteht die Möglichkeit an einer **„Literarischen Tour"** teilzunehmen, die wichtige Schauplätze des Romanes besucht und den Rundgang teilweise mit nachgespielten Szenen auflockert.

■ **Casa del Nespolo**
Via A. S. de Maria 15 (bei der Hauptkirche), Tel. 09 57 11 66 38, www.museocasadelnespolo.info. Besuch nur nach Voranmeldung.

Unterkunft

■ **Hotel Lachea** ③
Via Dusmet 4, Aci Trezza, Tel. 095 27 68 25, www.lacheahotel.it. Modernes Haus mit 36 Zimmern rd. 150 m vom Meer entfernt, Schwimmbad und Restaurant.

■ **Hotel Galatea** ③
Via Livorno, am Ortsausgang von Aci Trezza Richtung Acireale, Tel. 09 57 11 69 02, www.galateaseapalace.it. Modernes Residenzhotel direkt am Meer, 130 Zimmer, größtenteils mit Meerblick, Terrassenrestaurant.

Essen und Trinken

■ **Ristorante Verga da Gaetano** ③
Via Provinciale 119, Tel. 095 27 63 42, www.trattoriaverga.it, Do geschl. Bekannte Fischküche über dem Fischereihafen von Aci Trezza und zwischen den zahlreichen anderen Lokalen – und mit Fotos von einem Visconti-Film an der Wand (die Frau des Besitzers hat mitgespielt).

■ **Ristorante Gente di Mare 1991** ③-④
Via Dietro Chiesa 20/22, Tel. 09 58 17 87 81. Hier stimmt alles, das Preis-/Leistungsverhältnis, die Freundlichkeit des Personals, die Schnelligkeit beim Service. Und die Einheimischen halten es für das beste Fischlokal der Gegend. Beim Bestellen sollte man besonders auf die *antipasti* ein Augenmerk richten.

Aci Castello

15.000 Einwohner *(Acicastellanesi)*, 5 m ü. N.N., PLZ 95021, bis Catania 3 km

Die schwarzbedrohlichen Lavafelsen und die Inselchen in der Umgebung, die das Bild der Küste bestimmen, sind das Ergebnis unterseeischer Eruptionen lange bevor der Ätna überhaupt tätig wurde. Die Normannen errichteten auf ihnen an der Stelle einer byzantinischen Siedlung eine Festung, um die herum 1169 zahlreiche Menschen Zuflucht suchten, um der Gewalt des Ätnaausbruches zu entgehen. Aci Castello war damit gegründet. Ursprünglich lag die Festung auf Meereshöhe, doch durch weitere unterseeische Vulkanaktiviäten hat sich die Küstenlinie seit dem Mittelalter um 17 m gehoben. Sehenswert ist das **Städtische Museum für Mineralogie, Paläontologie und Archäologie.** Ganz oben auf der Terrasse der Festung findet sich ein kleiner, aber fotogener Garten mit Sukkulenten.

■ **Museo Civico di Aci Castello**
Castello Normanno, Tel. 095 27 10 26, tägl. 9–13 und 16–20 Uhr (Winter 9–13 und 15–17 Uhr), 3 €.

▷ Auch auf den zerklüfteten Felsen von Aci Castello wird das Badetuch ausgebreitet

Die Route im Überblick | 175

Augusta | 192

Brucoli | 191

Catania | 176

Lentini | 190

4 Von Catania nach Siracusa

Business in Catania, Wanderungen im Hinterland,

Zeugen aus der Steinzeit – ein weit gespanntes Potpourri erwartet den Besucher der Ostküste.

◁ Über den Dächern von Catania mit Blick auf die Kathedrale

Von Catania nach Siracusa

VON CATANIA NACH SIRACUSA

Die Region ist von extremen Gegensätzen geprägt. **Augusta** zeigt eine bizarre Industrielandschaft, ein kleines Stück weiter erfreut ein geradezu romantisches, **ländliches Sizilien** das Auge – es gibt belebte Strände vor der Kulisse von Fabriken und Halden und weite Ebenen mit Feldern und Zitrusfrüchten.

NICHT VERPASSEN!

- **Ursino-Kastell, Catania**, die mächtige Festung wurde einst von Friedrich II. erbaut | 181
- **Archäologischer Park, Lentini**, zeigt vielfältige Spuren der Geschichte auf Sizilien | 190
- **Castello Eurialo**, antike Festung über Siracusa | 194

Diese Tipps erkennt man an der gelben Hinterlegung.

Die Route im Überblick

Auf der Stadtautobahn in Richtung Flughafen bzw. Siracusa verlässt man Catania durch den Kordon der heruntergekommenen Vorstädte, vorbei am Flughafen und erreicht über ein Gewirr von Unter- und Überführungen schließlich wieder Ackerland. Nur wenige Kilometer südlich der Großstadt mündet der **Simeto** ins Meer, einer der wenigen sizilianischen Flüsse, der ganzjährig Wasser führt, wenngleich er im Sommer mehr einem kläglichen Rinnsal denn einem Fluss gleicht. Sein sumpfiges Mündungsgebiet wurde unter Naturschutz gestellt. Die Schwemmlandebene **Piana di Catania** verdankt ihr Entstehen dem Fluss und ist mit 430 km² die größte Ebene der gebirgigen Insel. Sie galt bereits in der Antike als eine der fruchtbarsten Regionen Siziliens. Hier wachsen vor allem Zitrusfrüchte und Weintrauben.

Kurz nach der großen Simeto-Brücke zweigt nach rechts die Staatsstraße 194 *Ragusana* in Richtung **Lentini** ab, ein Abstecher von 26 km in die Ausläufer der Ibleischen Berge.

Zurück auf der Strada Statale 114 folgt man dem Küstenverlauf nach Süden. Feriensiedlungen reihen sich aneinander und versperren den Zugang zum Meer bis schließlich ein Schild nach links zum Städtchen **Brucoli** weist. Dahinter führt die Provinzstraße 61 in Richtung Augusta. Auf dem Weg dorthin überquert man die zersiedelte Halbinsel des **Capo Santa Croce.**

Nach wenigen Kilometern ist dann **Augusta** erreicht, und man ahnt, warum die Stadt als einer der schlimmsten Umweltzerstörer der Insel in Verruf geraten ist. Im Süden beginnen die gigantischen Raffinerien und bilden einen surreal-utopischen Hintergrund für die vorgelagerten Sandstrände.

Durch Fabrikungetüme, dampfende Schlote, metallisch blinkende Leitungen, die sich wie Lindwürmer durch die Landschaft wälzen, vorbei an Abfallhalden und LKW-Parkplätzen überquert man eine Bahnlinie und ist plötzlich wieder zurück im ländlichen Sizilien: Zikaden zirpen, Steinmäuerchen begrenzen die Feldwege, und auf einer kleinen Landzunge liegen zwischen Oleanderbüschen die Überreste einer versunkenen Stadt: **Megara Hyblaea** – ein Echo aus der Antike, umgeben vom Orwellschen Szenario der Gegenwart.

Der nächste Abzweig von der Provinzstraße führt wiederum durch Fabriken und Halden hinunter an beliebte und belebte Strände. Marina di Mellili – das ist Sonnenbaden im Angesicht von Supertankern, beschattet von den gelbgrauen Abgasen unzähliger Schlote. Ein Vergnügen, dessen Reiz sich nur ganz besonders Hartgesottenen erschließt. Von hier führt ein Sträßchen auf die **Magnisi-Halbinsel,** auf der sich hinter Tor und Stacheldraht die Überreste der Handelsstadt Thapsos verbergen, die von 1400 bis etwa 800 v. Chr. existierte und damals wohl zu den bedeutendsten Handelszentren der Mittelmeerwelt zählte. Die hier gefundenen mykenischen Keramiken sind ein Hinweis auf die weitreichenden Handelsbeziehungen der Siedlung. Die Funde aus Thapsos haben einer ganzen bronzezeitlichen Kultur

Von Catania nach Siracusa

(Thapsos-Kultur) den Namen gegeben, sind auf den Liparischen Inseln und auf Ùstica zu finden. Im Archäologischen Museum von Siracusa stehen einige in Vitrinen.

Auf der Provinzstraße sind es nun noch knapp 10 km durch Industriegebiet (diesmal Zementfabriken) nach Siracusa.

Unser Tipp Die Alternativroute geht hinauf zum Ort **Belvedere,** wo man eine herrliche Sicht über Küste und Stadt genießen kann, bevor man sich in den Hexenkessel Siracusa stürzt. Dazu kehrt man von Marina di Mellili auf die SS114 zurück und folgt ihr etwa 15 km bis zum Abzweig Belvedere. Der Ort selbst ist ohne besonderen Reiz, unbedingt einen Besuch wert sind aber die **Ruinen des Castello Eurialo,** etwas außerhalb auf einem Felsplateau gelegen.

Die Straße nach Siracusa durchschneidet die antike Stadtmauer. Man fährt hinunter in die Küstenebene, immer neue Ausblicke genießend, bis man unweit der Ausgrabungsstätten von Neapolis im Verkehrschaos der Stadt Siracusa steckenbleibt.

> Die Frontfassade der Kathedrale von Catania

Catania

315.000 Einwohner *(Catanesi)*, 10 m ü.N.N., PLZ 95 100, Provinzhauptstadt

Catania ist die **zweitgrößte Stadt Siziliens** und empfängt ihre Besucher mit einem eher abstoßenden Gürtel von heruntergekommenen Wohnblocks sowie verrotteten Unter- und Überführungen. Außerdem hat der Verkehr Catanias den Zustand des Chaotischen inzwischen weit hinter sich gelassen und ist ins komatöse Stadium getreten. (Außer in der Nacht oder am Sonntag dauert es mindestens 60 Minuten, um mit dem Auto ins Zentrum oder aus ihm hinaus zu gelangen!). „Die schwarze Tochter des Ätna" mit vielen aus Lavagestein gebauten Häusern ist heute **keine Augenweide.** Recht achtlos gehen die Catanesi mit ihrer Vergangenheit um. Viele Häuser sind verfallen, die Straßen schmutzig. Die Kriminalität ist erschreckend hoch (Schmuck, Handtaschen, Autos – in Catania heißt's aufpassen!). Dass sich ein Besuch Catanias trotz allem lohnt, ist dem **sehenswerten Altstadtkern** zu danken, der zum „**Parco Archeologico**" erklärt ist.

Catanias Schicksal ist eng verknüpft mit dem Ätna, der das Umland zwar mit seinen fruchtbaren Lavamassen segnet, aber immer auch eine Bedrohung darstellt. Siebenmal wurde die Stadt durch Erdbeben zerstört oder von glühender Lava überrollt. 2002 versank die Stadt unter einem Ascheregen. Doch immer wieder kamen die Menschen zurück und fingen von vorne an.

Geschichte

Die Chaldikier haben die Stadt 729 v. Chr. gegründet. Das heutige Zentrum Catanias war auch Kern der antiken Siedlung *Katane,* der barocke Aufbau folgte den alten Strukturen. Unter römischer Herrschaft erlebt Katane eine Blüteperiode, doch ihren wahren Aufschwung verdankt die Stadt den Muslimen, die die fruchtbare **Piana di Catania** mit Zitruspflanzungen zu einem bedeutenden landwirtschaftlichen Zentrum ausbauten. *Friedrich II.* befestigte Catania mit seinem berühmten **Castello Ursino,** und unter der Herrschaft des Hauses *Aragon* erhielt die Stadt eine Universität, Siziliens erste höhere Bildungsanstalt. 1669 vom Ätna unter Lava begraben und 1693 durch das schreckliche Erdbeben zerstört, das Südostsizilien in Schutt und Asche legte, wurde Catania wie die anderen Städte im Südosten als prunkvolle Barockmetropole neu errichtet. Seine große wirtschaftliche Bedeutung konnte es allerdings erst ab dem 19. Jh. wiedererlangen, als es zur Provinzhauptstadt avancierte.

Piazza Duomo

Auf der Piazza Duomo steht der berühmte Brunnen von *Gian Battista Vaccarini* mit dem Wahrzeichen der Stadt, einem aus Lavastein gehauenen Elefanten, der wohl noch aus der byzantinischen Epoche stammt. Der ägyptische Obelisk auf seinem Rücken soll im römischen Circus Catanias gestanden haben. An der Südwestseite der Piazza Duomo geht's durch das Stadttor **Porta Uzeda** über den Fischmarkt in Richtung Hafen durch einen Park und dann ins lebhafte Straßengewirr, in dem vormittags mit Lebensmitteln gehandelt wird. An der nördlichen Seite des Platzes steht das Rathaus, dessen Hauptfassade ebenfalls von *Vaccarini* entworfen wurde.

Prunkstück der Piazza jedoch ist die **Kathedrale,** der Schutzpatronin *S. Agata* geweiht. Ursprünglich hat die Kirche *Graf Roger* 1097 als Wehrkirche beauftragt, die heutige Barockfassade entwarf *Vaccarini*. In der Kathedrale befinden sich das Grab von Siziliens berühmtestem Komponisten – *Vincenzo Bellini* – und eine **Kapelle der hl. Agatha.** Die Gebeine der Heiligen werden in einem kostbaren Reliquiar in der **Schatzkammer** aufbewahrt. Ans Tageslicht kommt Agatha, die Catania und die umliegenden Ortschaften mit ihrer wundertätigen Kraft mehrmals vor dem Grollen des Ätna rettete, nur am 5. Februar. In einem *ferculum,* einer Art Tempel auf Rädern, wandern die Reliquien von einer feierlichen Prozession begleitet durch Catania. Das **Diözesanmuseum** rechts des Doms ist auf mehreren Stockwerken im Seminario der Kathedrale untergebracht und zeigt Möbel und liturgische Instrumente des Bischofssitzes. Das angeschlossene Café lädt zu einer kleinen Pause ein.

■ **Cattedrale**
Piazza Duomo, www.cattedralecatania.it, Mo–Sa 7–12, 16–19, So 7.30–12.30, 16.30–19 Uhr.
■ **Museo Diocesano**
Piazza Duomo, Tel. 095 28 16 35, www.museodiocesano.it, Di–So 10–18 Uhr, 8 €, am Dienstag 4 €.

Piazza Università

Am Rathaus vorbei gelangt man über die Via Etnea nach Norden unmittelbar zur

Piazza Università mit der im Stil des Barock wiederaufgebauten Universität, die Anfang des 19. Jh. erneut beschädigt wurde und danach ihre heutige Fassade erhielt. Beachtenswert sind die vier **Straßenlampen** an den Ecken des Platzes. Jede von ihnen ist an eine der vier Hauptlegenden der Stadt Catania gebunden. Die Lampen wurden um 1950 aufgestellt. Eine erinnert an die Brüder *Pifratres,* die versuchten, ihre Eltern vor einem Ätnaausbruch zu retten. Es gelang ihnen nur, weil sich der Lavastrom auf wundersame Weise teilte und den Weg frei gab. Die zweite berichtet vom Soldaten *Uzeda,* der einst heldenhaft die Stadt verteidigte. Nummer drei gedenkt der *Gammazita,* die sich vor der Vergewaltigung durch zwei französische Soldaten mit dem Sprung in einen Brunnen „rettete". *Cola Pesce* hingegen war ein Seemann, dem einst aufgetragen wurden, nach den drei Säulen zu tauchen, die Sizilien tragen. Er kam wieder an die Oberfläche und berichtete von den Säulen bei Siracusa und Trapani, die in Ordnung gewesen seien, nur die Säule bei Catania sei nicht mehr stabil. Sein König trug ihm auf, wieder zu tauchen und die Säule zu stützen. Cola Pesce kehrte nie zurück.

Piazza Stesicoro

Die **Via Etnea** führt von der Piazza Università aus weiter nach Norden. Sie ist die lebhafteste Straße Catanias, gesäumt von Designerboutiquen und Hotels. In den Straßencafés lesen die Catanesi Zeitung oder verhandeln auf dem Trottoir mit den Straßenhändlern über ihre „schwarze" Ware. Die Piazza Stesicoro ist der gesellschaftliche Mittelpunkt Catanias, hier trifft man sich, um zu plaudern oder einer der vielen Kulturveranstaltungen beizuwohnen, die auf dem Platz stattfinden. Das **Denkmal** erinnert an den Komponisten *Bellini* mit Statuen von Hauptgestalten aus seinen Musikwerken. Daneben befinden sich die Überreste eines **römischen Amphitheaters.** Nur der unterste Rang ist noch vollständig erhalten, und man könnte den kreisförmigen Gang vollständig durchschreiten (leider sind einige Abschnitte wegen Wassereinbruches noch gesperrt). Aus schwarzem Lavastein wurde es errichtet, an manchen Stellen ist noch die Marmorverkleidung zu sehen, die das Theater einst blendend weiß gestaltet haben muss. Nach Rom und Verona war es das drittgrößte Amphitheater im römischen Mutterland.

■ **Anfiteatro romano**
Piazza Stesicoro, Tel. 09 57 47 22 68, Di–Sa 9–13.30, 14.30–17 Uhr, Eintritt frei.

Piazza Alberto

Geht man von der Piazza Stesicoro nach Nordosten, gelangt man zur **Piazza Alberto.** Hier ist täglich Markttreiben, und am Sonntagvormittag stellen Antiquitätenhändler ihre Handelsware aus. Der Platz wird von der **Basilica dell Carmelo** beherrscht, der zweitbedeutendsten Kirche Catanias (geöffnet nur sonntags zur Messe). Sie stammt aus dem 18. Jahrhundert und beherbergt schöne Statuen. Der Konvent nebenan wird heute von der italienischen Armee genutzt. Etwas im Süden steht hinter Eisen eine kleine Kapelle, die **Cripta San Gaetano,** mit Fresken aus dem 14. und 16. Jahrhundert. Leider ist sie nur nach komplizierten Anmeldungen beim Erzbischof Catanias zugänglich.

Piazza Bellini

Zurück zum Universitätsplatz. Liebhaber klassischer Musik können über die Via Teatro Greco nach Osten einen Abstecher zur Piazza Bellini und dem gleichnamigen Opernhaus **Teatro Bellini** unternehmen. Der schöne Bau wurde Ende des 19. Jh. errichtet und am 31. Mai 1890 mit *Bellinis* „Norma" eingeweiht. Im Umfeld der Piazza gibt es mehrere Kneipen, teils mit Livemusik, in denen sich Catanias Jugend die Nächte um die Ohren schlägt, während ihre Eltern nebenan Opernklängen lauschen.

Bellini-Museum

Die Via S. Orsola führt in Richtung Hafen und kreuzt den Corso V. Emanuele, dem wir westwärts zur **Piazza S. Francesco** mit dem **Geburtshaus von Bellini** folgen; u.a. gibt es hier das Cembalo zu sehen, das der Musiker 1832 zur Aufführung seiner „Norma" spielte.

■ **Museo Civico Belliano**
Piazza San Francesco, Tel. 09 57 15 05 35, Mo–Sa 9–19, So 9–13 Uhr, 5 €.

Museo Emilio Greco

Im selben Gebäude wie das Bellini-Museum befindet sich das Museum zu Ehren des berühmten italienischen Bildhauers *Emilio Greco* (1913–1995), der zusammen mit Größen wie *Marino Marini* die Wiederentdeckung der italienischen Klassik auf dem internationalen Parkett vertrat. Bekannt wurde er auch wegen seiner Vorliebe für weibliche Akte.

■ **Museo Emilio Greco**
Piazza San Francesco, Tel. 095 31 76 54, Mo–Sa 9–19, So 9–13 Uhr, 5 €.

Via Crociferi

Unser Tipp An der Piazza S. Francesco beginnt auch die Via Crociferi, eine kurze Straße, die aber von einem der schönsten Ensembles barocker Baukunst beidseitig begrenzt wird. Besonders auffallend ist die reich geschmückte Fassade der **Chiesa S. Benedetto**. Weniger augenfällig ist der **Convento dei Gesuiti,** heute eine Kunstschule. *Vaccarini* hatte bei der Erstellung seine Hand im Spiel, und so entstand ein wunderschöner Innenhof mit mehrstöckigen Säulengängen.

Griechisch-römisches Theater

Geht man von der Piazza weiter nach Westen, steht inmitten von Häusern das eindrucksvolle Theater, das 7000 Zuschauer fasste und aus Lavastein erbaut wurde. Offenbar konnte man die Orchestra einst für Wasserspiele überfluten, wie der wasserresistente Wandverputz beweist. Neben dem Theater liegt das kleinere **Odeon** für 1300 Zuschauer, etwas dahinter die **Terme della Rotonda,** eine der vielen Thermenanlagen aus römischer Zeit.

■ **Teatro Romano/Odeaon**
Via Vittorio Emanuele 266, Tel. 09 57 15 05 08, tgl. 9–18.30, Winter bis 16.30 Uhr, 6 €.

Kloster San Nicolò

Die Via Teatro Greco weiter stadtauswärts erreicht man die Piazza Dante mit dem ehemaligen Benediktinerkloster S. Nicolò L'Arena von 1558. Es war einst das prächtigste Gebäude der Stadt, Reisende – unter ihnen *Goethe* – verwechselten es beim ersten Blick mit einem Königspalast. Nicht so sehr die heute säkularisierte Kirche ist reich geschmückt, sondern das Kloster zeigt eine Fassade, die tatsächlich jedem König zur Ehre gereicht hätte. Das Kloster gehört heute zur Universität und beherbergt die geisteswissenschaftliche Fakultät. Man kann sie betreten und befindet sich augenblicklich inmitten junger, wissensdurstiger Menschen, die sich aber bald in den ausgedehnten Flügeln verlieren. Besonders schön ist der maurische Pavillon im ersten Innenhof (dem interessanteren), um den herum die Studenten ihre Pausen genießen (der Pavillon wird *Caffeaos* genannt). Im dritten Stock liegt die Bibliothek, und sie versteckt ein absolutes Kleinod, die **Bibliothek von Vaccarini**. Vor dem Kloster wurde die bislang einzige Straße aus römischer Zeit freigelegt, ein kostbarer Fund, der Einblicke in die damalige Stadtanlage erlaubt.

Die anschließende **Kirche San Nicolò** gehört zu den größten Siziliens. Im Innern der Kirche findet sich ein Meridian, von den Holländern *Peters* und *Walterhausen* im 17. Jh. geschaffen. Ein kleines Loch 21 m darüber lässt zur Mittagszeit (im Winter um 12 Uhr, im Sommer wegen der Zeitumstellung um 13 Uhr) den Sonnenstrahl auf das genaue Tagesdatum scheinen. 1693 wurde die komplette Anlage vom Erdbeben zerstört, 1703 jedoch wieder aufgebaut, vergrößert und 1866 schließlich verstaatlicht und als Schule und Kaserne genutzt.

■ **Chiesa San Nicolò**
Piazza Dante, Tel. 09 57 15 99 12, Mo–Sa 9–13 Uhr.
■ **Università**
Piazza Dante, Mo–Sa 9–17, Aug. 11–18 Uhr, Eintritt frei, geführter Rundgang (jede volle Stunde, Dauer 75 Min.) 6 €, die *Vaccarini-Bibliothek* ist wg. Renovierung bis Mitte 2016 geschl.

Ursino-Kastell

An der Piazza Federico di Svevia erhebt sich das Castello Ursino mit der typischen Struktur einer Befestigungsanlage der Stauferepoche. *Friedrich II.* ließ es zwischen 1239 und 1250 erbauen. Damals stand es direkt am Hafenbecken, das der Ätna-Ausbruch von 1669 verschüttete. Heute wirkt es inmitten der Stadt nach wie vor sehr eindrucksvoll, aber etwas deplatziert. In ihm befindet sich das **Städtische Museum** mit Gemälden und archäologischen Fundstücken aus der Region.

■ **Castello Ursino**
Piazza Federìco di Selvia, Tel. 095 34 58 30, Mo–Sa 9–19, So 9–13 Uhr, 6 €.

D-Day-Museum

Das **historische Museum zur Ausschiffung der US-amerikanischen Streitkräfte** vom 10. Juli bis 8. September

1943 auf Sizilien. Mit Installationen wird die Vergangenheit nachgestellt: Rekonstruktion einer kleinen Piazza vor der Ausschiffung, verriegelte Häuser, besetztes Sizilien, ein bombensicheres Versteck. Schließlich expolodieren die Bomben, dass die Wände wackeln und die Ohren wehtun. Dann ein zerstörtes Haus, Vormarsch, ein Bunker mit Soldaten. Schließlich zahlreiche Waffen, Uniformen und die Wachsfiguren von *Churchill, Roosevelt, Mussolini, Vittorio Emanuele* und *Hitler*.

■ **Museo Storico dello Sbarco in Sicilia 1943**
Viale Africa, Tel. 095 53 35 40, www.provincia.ct.it, Di–So 9–16.45, Winter bis 15.45 Uhr, 4 €.

Kino-Museum

Mit Kameras und Vorführgeräten, Bibliografien von Regisseuren und anderen Filmkünstlern wird die **Geschichte des Kinos** nachgestellt, speziell auf Sizilien, wo nicht die schlechtesten der italienischen Regisseure arbeiteten: von *Antonioni* über *Rosellini* bis *Visconti*.

■ **Museo del Cinema**
Viale Africa, Tel. 09 54 01 19 28, Di–So zwischen 10 und 16 Uhr, Einlass jede halbe Stunde (nicht 13.30 Uhr) zu einer geführten Tour, 4 €.

Praktische Informationen

Touristeninformation

■ **Ufficio Informazione Centro**
Via Vittorio Emanuele 172, Tel. 09 57 42 55 73, www.comune. catania.it/la_città/turismo
■ **Ufficio Informazione Aeroporto** Flughafen

■ Übernachtung
- 2 Hotel Katane Palace
- 4 Hotel Gresi
- 5 Hotel UNA Palace
- 6 Hotel Rubens
- 7 B&B Sicilia Home
- 9 B&B I Vespri
- 11 B&B San Barnabà
- 15 Hotel Centrale Europa
- 16 Hostel Agorà
- 18 B&B Antica Profumesia
- 19 Hostel Bellini
- 22 B&B Sol Sicily

■ Essen und Trinken
- 1 Trattoria da Rinaldo
- 3 Ristorante Il Sale Art Café
- 8 Trattoria del Cavaliere
- 10 Trattoria Il Mare
- 11 Ristorante Vico San Barnabà
- 13 Trattoria/Pizzeria Romantica
- 14 Osteria Antica Sicilia
- 17 Trattoria La Paglia + Osteria Antica Marina
- 20 Ristorante La Pentolaccia
- 23 Antica Friggitoria Catanese Stella
- 24 Ristorante Novecento
- 25 Trattoria Paranza

■ Einkaufen
- 20 REGLAB

■ Nachtleben
- 12 Nievski
- 16a Bar Agorà
- 21 Bar Exit
- 26 Banacher

Stadtrundfahrt

■ **Trenino Turistico/Touristenzug,** www.touristservice2006.com, Abfahrt an der Piazza Duomo zu einer 35-minütigen und 6 km langen Stadtrundfahrt mit 12 Haltstellen, ein Tag lang hop-on-hop-off 5 €.

Unterkunft

■ **B&B Sicilia Home** ②-③
Corso Sicilia 10, Tel. 09 52 50 33 01, www.siciliahome.it. Sehr freundlicher B&B-Betrieb mit fünf Zimmern mit Klimaanlage, TV und Wifi, zentral gelegen (10 Fußminuten vom Dom).

■ **B&B Sol Sicily** ②
Via Giovanni di Prima 130, Tel. 09 52 86 14 02, www.solsicilybed.it. Elegantes B&B im günstigen Bereich in einem Palazzo mit allem Komfort, wie Klimaanlage, TV und DVD-Player.

■ **B&B I Vespri** ②
Via Montesano 5, Tel. 095 31 00 36, www.ivesprihotel.it. In einem restaurierten Flügel eines alten Stadtpalastes; Zimmer zum Hof sind ruhiger; freundlicher Empfang, auch Zimmer mit Bad und Apartment mit Kochmöglichkeit.

■ **Hostel Bellini** ①-②
Via Landolina 41, Tel. 09 57 15 09 69. Etagenhotel an der Piazza Bellini mitten im Nachtleben, auch Zimmer mit Bad auf den Innenhof, einige Parkplätze, kein Frühstück – einfach eingerichtet, aber sehr sauber.

■ **Hostel Agorà** ①-②
Piazza Currò 6, Tel. 09 57 23 30 10, www.agorahostel.it. Im Herzen der Stadt beim Fischmarkt und Dom in einem Gebäude aus dem 19. Jh., Mehrbett- und Doppelzimmer mit/ohne Bad, sauber und gut organisiert, mit Bar und Restaurant, Waschmöglichkeit, Küchenbenutzung, Internet, 24 Std. offen.

■ **B&B San Barnabà** ②
Via San Barnabà 21, Tel. 34 75 22 40 13, www.grupposanbarnaba.com. 10 Gehminuten vom Domplatz in einer ruhigen kleinen Gasse mit niedrigen Häusern hinter der Carabinieri-Kaserne wohnt man in netten Zimmern mit Bad, die Gastgeber helfen bei der Planung eines Cataniaaufenthaltes und bieten Touren wie z B. „Das nächtliche Leben" an.

■ **Hotel Rubens** ②
Via Etnea 196, Tel. 095 31 70 73. Familienpension mit 8 Zimmern inkl. Bad, zentral gelegen in einer der Hauptstraßen, Frühstückbuffet, Internet.

■ **B&B Antica Profumeria** ②-③
Via Erasmo Merletta 19, Tel. 09 50 93 30 76, www.bbanticaprofumeria.it. Gleich um die Ecke vom Dom, in den Innenhof und über die Außentreppe in die erste Etage, 3 Zimmer, sauber und zweckmäßig eingerichtet und mit der Atmosphäre typischen Stadtlebens.

■ **Hotel Gresi** ②-③
Via Pacini 28, Tel. 095 32 27 09, www.gresihotel.com. 30 schön eingerichtete Zimmer mit Bad und alten Deckengemälden in einem 1900 erbauten Palazzo, Rezeption im 1. Stock.

■ **Hotel Centrale Europa** ③
Via Vittorio Emanuele 167, Tel. 095 31 13 09, www.hotelcentraleuropa.it. Neues und angenehmes Hotel, zentral gelegen direkt beim Dom, 17 Zimmer in einem historischen Palazzo meist mit Blick auf den Dom und komfortabel eingerichtet mit Bad, Klimaanlage, TV, Telefon.

■ **Hotel Katane Palace** ③-④
Via Finocchiaro Aprile 110, Tel. 09 57 47 07 02, www.katanepalace.it. Palast mit allen Annehmlichkeiten in einer kleinen Nebenstraße der zentralen Via Umberto, elegante und gediegene Einrichtung, sehr zuvorkommendes Personal und ein ausgezeichnetes Frühstück, Tiefgarage.

■ **Hotel UNA Palace** ③-④
Via Etnea 218, Tel. 095 32 53 44, www.unahotels.it. Luxus in einem Neubau in der Altstadt, 94 Zimmer,

◁ Jugendstil findet man in Catania immer wieder

Fitness, Hammam (türkisches Bad), Parking, Dachterrasse mit Restaurant und Bar.

Unterkunft außerhalb
■ **Azienda Trinità** ③
Via Trinità 34, Mascalucia, Tel. 09 57 27 21 56, www.aziendatrinita.it. Acht kleine, schön eingerichtete Apartments ohne Küche, das Anwesen aus dem 17. Jh. liegt in einem herrlichen Garten mit Pool und Ätna-Blick, Abendessen. Anfahrt: Autobahnausfahrt Gravina, Richtung Ätna hoch und dann in Mascalucia an der AGIP-Tankstelle vorbei, über die Ampelkreuzung und die Via Trinita.

■ **Hotel Villa Paradiso del'Etna** ③-④
Via per Viagrande 37, S.G. La Punta, Tel. 09 57 51 24 09, www.paradisoetna.it. 1929 hat ein Journalist und begeisterter Keramikdesigner das erste Hotel am Ätna eröffnet – eine Villa in einem herrlichen Park, eine Oase der Ruhe und eine Insel des Friedens abseits der Hektik Catanias und doch so nah, dass die Stadt bequem erreicht werden kann. Beheiztes Schwimmbad, ausgezeichnetes Restaurant, das auch die Catanesi gerne aufsuchen. Anfahrt: an der Hauptstraße zwischen S. Giovani La Punta und Viagrande auf dem Weg von Catania nach „Etna Sud".

Camping

■ **Villaggio Turistico Europeo** ①
Viale Kennedy 91 (7 km südlich des Zentrums am Meer), Tel. 095 59 10 26, www.villaggioeuropeo.it. 150 Stellflächen am Meer mit Sandstrand, schattige Plätze, Restaurant, Supermarkt, Shopping Center, Schwimmbad, Bungalowvermietung, Diskothek.

Essen und Trinken

■ **Trattoria Paranza** ②
Via Cali 11, Tel. 095 53 86 21, www.trattoriaparanza.com. Ausgezeichnete Fischgerichte zu erschwinglichen Preisen, zahlreiche Einheimische.

■ **Trattoria/Pizzeria Romantica** ①-②
Via Collegiata 9, Tel. 09 52 50 31 86. Im Sommer sitzt man schön in der breiten Gasse; Menü Pizza und Fischmenü sensationell günstig – allerdings kommen die Gerichte nicht immer in gleichbleibender Qualität auf den Tisch, und die Servicebereitschaft des Personals kann tagesabhängig sein.

■ **Antica Friggitoria Catanese Stella** ①-②
Via Ventimiglia 66, Tel. 095 53 50 02, http://friggitoriastellact.jimdo.com. Juli bis Sept. geschl. In familiärer Atmosphäre wird hier gegessen, Mamma steht vor den großen Töpfen und kocht wie schon ihre Mutter Spezialitäten, wie die *Scacciatta*, die catanesische Abwandlung der *Focaccia*, ein Fladen, traditionell gefüllt mit Käse, Anchovis und Blumenkohl und eine Küche nicht für die heiße Jahreszeit.

✿ **Ristorante Il Sale Art Café** ②
Via S. Filomena 10, Tel. 095 31 68 88, www.ilsaleartcafe.com. Avantgardistisches Ambiente, dennoch gemütlich-angenehme Atmosphäre, das Essen versteht sich als Slow Food mit extravagant angerichteten Platten, Freisitz in der Gasse.

■ **Trattoria La Pentolaccia** ②
Via Coppola 28, Tel. 09 52 50 00 10. Ausgezeichnete catanesische Küche zu absolut erschwinglichen Preisen und ein bis zur Selbstaufgabe servicebereites Personal – und man sitzt sehr angenehm.

■ **Trattoria da Rinaldo** ②-③
Via G. Simili 59, Tel. 095 53 23 12, Di geschl. Rustikale Einrichtung mit karierten Tischdecken, im Winterhalbjahr tragen die Kellner sogar traditionelle Kleidung, sehr gute und erschwingliche Spezialitätenküche.

■ **Trattoria del Cavaliere** ③
Via Paternò 11, Tel. 095 31 04 91, www.trattoriadelcavaliere.it. Unscheinbar von außen, drinnen aufmerksames Personal mit Stil, frischer Fisch und moderate Preise, gute Weine, viele Einheimische.

■ **Ristorante Novecento** ③
Via Monsignore Ventimiglia 43, Tel. 095 31 04 88. Wine Bar, Lounge und Restaurant, teils mit zarter Jazzbegleitung, moderne Einrichtung mit viel weiß – für Bauch und Auge ein Erlebnis.

☐ Übersichtskarte S. 174, Stadtplan S. 182 **Catania**

Unser Tipp: Ristorante Vico San Barnabà ③
Via Santa Barbara 67, Tel. 095 31 10 68, www.grup posanbarnaba.it. Nur Do–Sa um 20.30 Uhr laden die *Amici della Tavola* in ihr Lokal ein, von außen fast nicht erkennbar, nur ein kleines Schild weist darauf hin. Eine enge Treppe führt hoch in die fast wie Wohnzimmer eingerichteten Geträume und auf die Terrassen inmitten eines alten Wohngebietes der Stadt und Blick auf das Kloster San Nicolò. 60 Stühle, frisch und selbst zubereitete Menüs, die in ihrer Authentizität ihresgleichen erst finden müssen.

■ **Trattoria Il Mare** ③
Via San Michele 7, Tel. 095 31 70 24, www.trattoria ilmare.com, Mo geschl. Nette Atmosphäre, man sucht sich seinen Fisch mit hilfreicher Unterstützung durch das Personal selbst aus, das Restaurant ist oft ausgebucht.

■ **Trattoria La Paglia** ②-③
Via Pardo 23, Tel. 095 34 68 38, www.trattoriala paglia.it, So geschl. Frischer Fisch am Fischmarkt hinter dem Dom, einstmals die Adresse für Meeresgetier, heute scheint man sich ein wenig auf den Lorbeeren auszuruhen.

■ **Osteria/Pizzeria Antica Sicilia** ②-③
Via Roccaforte 15, Tel. 09 57 15 10 75, www.risto ranteosteriaanticasicilia.it. Hervorragendes Vorspeisenbuffet und ausgezeichneter Fisch, eine der besten Weinkarten der Stadt, eine der Traditionsadressen im oberen Segment.

■ **Osteria Antica Marina** ④
Via Pardo 29, Tel. 095 34 81 97, www.antica mari na.it. Am Fischmarkt trifft sich *tout catania* in der Osteria, um den Tagesfang so gut wie möglich zubereitet auf die Teller zu bekommen. Ist man ge-

Von Göttern, Magiern und Heiligen

Warum die Catanesi im 13. Jh. ihren bisherigen Stadtheiligen *St. Georg* absetzten und einen Lavaelefanten zum Wappentier der Stadt erklärten, lässt sich heute nicht mehr so ganz nachvollziehen. Was den Bildhauer *Vaccarini* dazu bewegte, eben diesen Elefanten mit einem römischen Obelisken zu schmücken, der der ägyptischen Göttin *Isis* geweiht ist, und das Ganze auf dem Domplatz gegenüber jener Kirche aufzustellen, in der die Reliquien der heiligen Agatha ruhen, mögen rein ästhetische Gründe gewesen sein. Doch der Verdacht drängt sich auf, dass Catania sich bei allen Göttern Schutz vor der ewig rumorenden Natur in ihrer Nähe erbitten wollte.

Noch etwas mehr Magie gefällig? Die Catanesi nennen ihren Elefantenbrunnen auch *Liotru*, nach dem Zauberer *Heliodoros*, der als fliegender Irrwisch die Kräfte des christlichen Gottes herausforderte. Erst dem frommen Bischof *Taumaturgos* gelang es im 8. Jh., den Hexenmeister zu überlisten. Er lockte ihn in ein Feuer, in dem der Zauberer verbrannte, während der Bischof den Flammen unversehrt entkam. Die Symbolik des Feuers kommt nicht von ungefähr, gilt doch die *hl. Agatha* als Schutzpatronin der Feuerwehrleute und Hüterin der Stadt vor Feuersbrünsten.

Noch ein letztes zu *Agathas* Fest: Früher gab es einen Brauch, der inzwischen völlig in Vergessenheit geraten ist. Die Frauen durften während des Festes nämlich ihre traditionelle Rolle ablegen und sich – verhüllt mit einem schwarzen Tuch – alle Freiheiten herausnehmen, die einer Dame mit Anstand sonst nicht gestattet sind. Die „verkehrte Welt" ist ein Bestandteil vieler heidnischer Fruchtbarkeitsriten; in Catanias **Agathen-Fest** haben sie unter dem christlichen Deckmantel noch lange ins 20. Jh. hinein überdauert.

fragt, hat man mit der Preisfindung kein Problem. Was es so gibt? Panzerotti mit Ricotta und Tinte, Farfalle mit Thunfischrogen oder Hummer – oder mit Pesto aus Mandeln und Gamberetti.

Nachtleben

Der Eintritt in die Diskotheken beträgt 5–10 €, manchmal inklusive eines Getränkes, eher formelle Kleidung erwünscht.

■ **Banacher**
Via Vampolieri 6, 95 026 Aci Castello, Tel. 095 27 12 57, www.banacher.com. Der Dauerbrenner der Open-Air-Discos, nur im Sommer.
■ **Nievski**
Via Alessi 15/17, Tel. 095 31 37 92, www.nievski.it. Mo geschl., lebendig gebliebenes 68er-Lokal, gute Musik und Stimmung bis spät in die Nacht, besonders im Sommer tummelt sich alles auf den breiten Treppen im Freien, auch von der Gay-Szene frequentiert.
■ **Bar Agorà**
Piazza Currò 6. In der Bar der Jugendherberge in den Kellern treffen sich die Traveller.
■ **Bar Exit**
Piazza Bellini, Cocktails genießt man abends auf der Piazza mit Blick auf das Bellini-Theater.

Einkaufen

REGLAB, Via Coppola 14, Tel. 32 86 19 14 37, www.reglab.it; wunderschöne Ledertaschen in allen nur erdenklichen Farben und Formen und Taschen aus recycleten Materialien, direkt im Laden hergestellt.

Nahverkehr

■ **Alibus** zum Flughafen alle 20 Min. ab Bahnhof (Busnummer 457, zwischen 5 und 24 Uhr, Dauer 15–30 Min., 1 €); mit dem Taxi kostet es zum Flughafen etwa 15 €.
■ **FCE** (Ätna-Rundfahrt mit der Gesellschaft *Ferrovia Circumetnea),* Via Leonardo da Vinci 13, Tel. 095 54 12 50 oder 095 54 11 11, www.circumetnea.it. Die Bahn fährt nur werktags.
■ **Stadtbusse,** vom Hauptbahnhof zum Bahnhof Circumetnea (Via Etnea) verkehren die Buslinien 432, 448 und 449. Vom Bahnhof zur Piazza Stesicoro fahren die Linien 429, 536 und 449. Von der Piazza Borsellino über die Piazza Europa verbindet die Linie 534 Catania mit den Orten Aci Castello und Aci Trezza. Einfache Fahrt 1 €, Tageskarte 2,50 €.
■ **Metro,** vom Hafen zum Bahnhof und die Station der Circumetnea.
■ **Radio Taxi,** www.radiotaxicatania.org, Tel. 095 33 09 66, Nachtdienst Tel. 095 38 67 94.

Fernbusse

Der Busterminal befindet sich in der **Via d'Amico** beim Bahnhof
- **SAIS,** (www.saisautolinee.it) nach Palermo, Messina Milazzo und Agrigento.
- **Etna Trasporti,** (www.interbus.it) nach Giardini Naxos, Taormina, Piazza Armerina, Caltagirone, Ragusa und Gela.
- **Interbus,** (www.interbus.it) nach Siracusa, Taormina, Giardini Naxos und Noto.
- **Giuntabus,** (www.giuntabus.com) nach Milazzo, Taormina, Giardini Naxos und Noto.
- **AST,** (www.aziendasicilianatrasporti.it) einmal täglich **zum Ätna** (Rif. Sapienza) mit AST (Abfahrt 8.15 Uhr.

Bahn

- **Bahnhof,** Piazza Giovanni XXIII, Tel. 89 20 21, www.trenitalia.it, Richtung Enna, Messina und Siracusa.

Flughafen

- **Aeroporto Fontana Rossa,** 5 km südlich von Catania im Schnellstraßengewirr; Tel. 09 57 23 91 11, Anfahrt siehe unter „Nahverkehr".

Feste

- **2. bis 5. Februar:** Fest der Stadtpatronin *Agatha*, deren Reliquien auf einem kunstvoll gearbeiteten Wagen von weißgekleideten Männern mit schwarzen Käppis durch die Straßen gezogen werden. Dem Heiligenschrein folgen die einzelnen Handwerksgilden Catanias. Sie schleppen schwere Holzgestelle, *candelore*, die mit Schnitzarbeiten und Lichtern dekoriert sind. Zur Festzeit werden aus Marzipan geformte Oliven verkauft, eine Erinnerung an eins der vielen Wunder, die die heilige *Agatha* vollbracht haben soll.
- Um den **1. November** wird jedes Jahr die „**Fiera del Morte**" gefeiert, das Totenfest. Früher wurden bei dem einwöchigen Fest auf dem Markt bis spät in die Nacht Spielsachen und Süßigkeiten für die Kinder gekauft, heute ist auf dem Markt alles, aber auch wirklich alles zu haben. Da er regelmäßig ein Verkehrschaos bis weit nach Mitternacht produziert, sucht man zurzeit jedes Jahr einen neuen Standplatz.

Sonstiges

- **Hauptpost,** *Via Etnea 215,* Tel. 09 57 15 51 11, Mo–Fr 8–18.30 Uhr, Sa 8–12.30 Uhr.
- **Fischmarkt,** unterhalb des Domes, an der Fonte Amenano vorbei, ist täglich Fischmarkt.
- **Lebensmittelmarkt** und Haushaltswaren, an der Piazza Carlo Alberto, täglich außer sonntags.
- **Antiquitäten- und Trödelmarkt,** Sonntag Vormittag an der Piazza Carlo Alberto.

Strände

- Schwimmen und in der Sonne liegen kann man im Norden des Zentrums ab etwa des Kulturzentrums mit dem Kino-Museum. Lange Strände mit Lounges, Bars und Schirm- und Liegenvermietung, am Wochenende ist hier die Hölle los – Tag und Nacht – unter der Woche ist es wesentlich ruhiger. Die **Playa di Catania** ist mit 30 km der längste Sandstrand der Ostküste und zieht sich entlang der Bucht von Catania nach Süden, auch hier ist im Sommer einiges los, bewirtschaftete Abschnitte wechseln mit freien Stränden ab.

◁ Einem kleinen Spielchen kann keiner widerstehen

Lentini/Carlentini

24.000 Einwohner *(Lentinesi)*, 56 m ü.N.N., PLZ 96 016, bis Siracusa 56 km

26 km sind es von der Staatsstraße 194 „Ragusana" durch dicht bepflanzte Felder ins Landesinnere und ins unscheinbare Handelsstädtchen an den nordöstlichen Ausläufern der Ibleischen Berge. Dem Ort sieht man seine große Vergangenheit kaum an: Hier lag eine der ersten griechisch-dorischen Siedlungen, das im 8. Jh. v. Chr. gegründete Leontinoi.

Geschichte

Der Sage nach sollen im früheren Leontinoi die *Laystrygonen* gelebt haben, menschenfressende Riesen, auf die Odysseus bei einem seiner Abenteuer traf (Odyssee, Vers 10). Bei Ausgrabungsarbeiten hat man auf dem Metapiccola-Hügel Reste eines **prähistorischen Dorfes** mit rechteckigen Holzhütten gefunden, das wahrscheinlich von Sikulern bewohnt war. Im 8. Jh. v. Chr. gründeten Kolonisten aus Naxos (beim heutigen Taormina) die Stadt Leontinoi. In den Kämpfen um Macht und Einfluss zwischen den griechischen Städten auf Sizilien spielte Leontinoi immer eine Rolle – mal war es Gela, dann wieder Si- Die Römer verwüsteten Leontinoi schließlich. Zu neuen Ehren als Bischofssitz kam es in frühchristlicher und byzantinischer Zeit. Unter den Staufern zählte es zu den wichtigsten Domänenstädten Siziliens, doch die beiden Erdbeben von 1542 und 1693 setzten der Blüte ein Ende.

Erst im 19. Jh. begann wieder ein leichter baulicher und wirtschaftlicher Aufschwung. Standbein der Wirtschaft sind die Agrumenpflanzungen der Umgebung.

Janusköpfige Retter

In die Geschichte eingegangen ist **Leontinoi** als Auslöser der ersten athenischen Expedition nach Sizilien im Jahre 427 v. Chr. Die Athener sollten *Leontinoi* vor den Machtgelüsten aus Siracusa schützen, scheiterten aber an den komplexen Befestigungsanlagen des mächtigen Gegners. Einen Beschützer aus der Fremde zur Hilfe zu rufen, wurde von da an eine vielgeübte Praxis auf Sizilien, und nicht immer endete dieses riskante Spiel so glimpflich. Meist nutzten die zu Hilfe Kommenden – Karthager, Athener, Araber usw. – nämlich die Gunst der Stunde und setzten sich selbst als neue Herren von Sizilien ein.

Besichtigung

Im Ortszentrum wacht wie üblich der Dom, in Lentini mit einem ungewöhnlich alten christlichen Grab aus dem 4. Jh. ausgestattet. Architektonisch ist Lentini nicht, wie die anderen Städte des Südostens, vom Barock geprägt, obgleich auch hier das Erdbeben von 1693 verheerende Schäden angerichtet hatte. Bemerkenswert ist das **Archäologische Museum** mit interessanten Funden aus der prähistorischen und der griechischen Epoche. Lentinis eigentliche Sehenswürdigkeit ist aber der **Archäologische Park Carlentini** südlich des Ortes auf dem Hügel San Mauro. Die antike Stadt Leontinoi lag über einem **Sumpfgebiet**, die Überreste dokumentieren ihre Entwicklung zwischen dem 7. und 3. Jh. v. Chr., die Erweiterung der Siedlung auf den von den Sikulern bewohnten Hügel **Metapiccola**; auch Teile der antiken Stadtmauer und des südlichen Tores *(porta siracusana)* sind erhalten. Außerhalb der ehemaligen Stadtbefestigung befindet sich eine Nekropole mit Gräbern, die bis auf das 4. Jh.v. Chr. zurückgehen. In der Umgebung findet man interessante Höhlenkirchen aus dem 7. Jh.

■ **Museo Archeologico**
Via Museo 1, Tel. 09 57 83 29 62, 9–18 Uhr, tgl. 9–18 Uhr, 2015 wegen Umbaumaßnahmen Eintritt frei, sonst 4 €.

■ **Zona Archeologica Carlentini,** 3 km südlich des Ortes, tgl. 9–13.30 Uhr, Eintritt frei.

Praktische Informationen

Touristeninformation

■ **Ufficio Informazione**
Piazza Umberto 2, Tel. 09 57 86 20 18, www.prolocolentini.it

Unterkunft

■ **B&B Al Giardino dei Cavalieri** ②
Salita Pisano 13, in der Altstadt von Lentini, Tel. 095 94 53 07, www.algiardinodeicavalieri.com. In einem Palazzo einer Adelsfamilie der Stadt, schöner Garten, geschmackvolle Zimmer mit Bad und Klimaanlage.

■ **Agriturismo Tenuta di Roccadia** ③
3 km südöstlich Carlentini an der Straße nach Villasmundo, 96 013 Carlentini, Tel. 095 99 03 62, www. roccadia.com. Reitmöglichkeit, Streicheltiere; Verkauf landwirtschaftlicher Erzeugnisse; bestes Essen; Schwimmbad; besser vorher reservieren!

Brucoli

Um die felsige Halbinsel ist aus dem ehemaligen Fischerdörfchen ein **beliebtes Seebad** gewachsen, das berühmt ist für sein glasklares Wasser – trotz der Nähe zu Catania und Augusta – und zu den schönsten Schnorchelrevieren Siziliens zählt. Leider steht der Strand ausschließlich Hotelgästen zur Verfügung. Sehenswert ist auch die aus dem 15. Jahrhundert stammende Festung, die dem Schutz vor Piratenangriffen diente. Der schmale Fjord wird heute als natürlicher Hafen genutzt.

Praktische Informationen

Unterkunft

■ **Commenda di San Calogero** ③-④
C.da San Calogero, 10 km noredwestlich von Brucoli, Tel. 095 99 84 17, www.commendadisancalogero.com. Prächtiger Gutshof und Gestüt im Landesinneren mit 12 Zimmern im Gästekomplex, für den gediegenen Urlaub mit Bibliothek und Kamin-Lounge, großzügigem Schwimmbad und gutem Restaurant.

Essen und Trinken

■ **Ristorante Al Castello** ③-④
Via Libertà 1, Tel. 09 31 98 24 07, www.alcastellobrucoli.it, 30–50 €. Elegantes Lokal mit Fischküche

direkt am Wasser und mit Panoramafenstern unmittelbar neben der Burg, mit dem *Menu turistico* fährt man günstiger.

Augusta

36.500 Einwohner *(Augustani)*, 15 m ü.N.N., PLZ 96 011, bis Siracusa 40 km

Augusta erstreckt sich entlang einer schmalen, länglichen Insel, die durch Brücken mit dem Festland verbunden ist. Die Stadt verdankt ihren üblen Ruf den petrochemischen Anlagen, die den Küstenstreifen im Süden verschandeln. Wirtschaftlich lebt Augusta von der nahen Industrie und als Garnisonsstadt der Marine vom Militär. Schon zu Lebzeiten *Friedrich II. von Hohenstaufen*, dem Stadtgründer, diente Augusta auf der vorgelagerten Insel zur Verteidigung der Südostküste. Der Ort wurde einer der wichtigsten Militärstützpunkte Siziliens. Ihre geradlinige, rasterförmige Anlage verdankt die Stadt dem Entwurf des Staufers, der von den Baumeistern nach dem Erdbeben von 1693 wiederaufgenommen wurde.

Durch das **Spanische Tor** erreicht man das mächtige Kastell, das zwischen 1231 und 1241 entstand und heute kein Augenschmaus mehr ist, auch wenn um es herum eine Promenade verläuft. Halb zerfallen markiert es den Stadtbeginn, und es wird nicht besser. Ein verfallener Gebäudekomplex, einst der Kursaal *Augusteo* und Hotel, dann ein kleiner Park. Wie mit dem Lineal gezogen führt die Hauptstraße Via Prinzipe Umberto von hier nach Süden, zum anderen Ende der Insel. Zahlreiche Läden und barocke Palazzi säumen die Straße, auf der man schließlich zum Domplatz gelangt. Nachdem der **Dom** über Jahrzehnte nur von Stützpfeilern und Gerüsten zusammengehalten wurde, erstrahlt zumindest er in neuem Glanz. Sehenswert ist außerdem das **Rathaus** aus dem Jahre 1699, in dessen erster Etage das städtische Theater residiert.

Die Straße endet schließlich an einem ausgedehnten Militärgelände. Zutritt verboten.

Praktische Informationen

Unterkunft

■ **Villa dei Cesari** ③
C.da Monte Tauro (auf dem Weg nach Brucoli), Tel. 09 31 98 33 11, www.hotelvilladeicesari.com. Mittelklassehotel mit 24 Zimmern an der Straße, eher für Geschäftsleute, für eine Nacht aber die beste Wahl in der Gegend, Restaurant.

Essen und Trinken

■ **Trattoria 448** ②
Via Umberto 448, Tel. 09 31 97 87 79, Mo geschl. Urige Trattoria mit leckeren Antipasti, guten Fleischgerichten und abends Pizza, hinten speist man im kleinen Hof.
■ **Locanda Scorfano Rosso** ③
Via San Giuseppe, Tel. 09 31 97 76 28, www.locandascorfanorosso.it. Feine Edelküche und ein ausgezeichneter Weinkeller, elegant-gemütliche Atmosphäre, sizilianisches Highlight an der Ostküste.
■ **Ristorante Roma** ②
Via Roma 40, Tel. 09 31 97 80 99. Elegantes, klimatisiertes Lokal hinter dem Dom mit Fischküche, abends auch Pizza.

Übernachtung
1 Villa dei Cesari

Essen und Trinken
2 Locanda Scorfano Rosso
3 Ristorante Roma
4 Risto Trattoria 448

Castello Eurialo

Die **antike Festungsanlage** wurde von *Dyonisios I.* in den Jahren 402–397 v. Chr. als Eckpunkt der nördlichen und der südlichen Stadtmauer von Siracusa errichtet. Bis hier oben also reichte die Millionenstadt Siracusa in der Antike – unvorstellbar, wenn man heute das im Vergleich dazu winzige Siracusa von der Burg aus unter sich liegen sieht. Etwas relativiert wird der Größenunterschied vielleicht, wenn man bedenkt, dass die Griechen es vorzogen, in den Stadtvierteln auf dem Hochplateau zu wohnen. Das jetzige Stadtgebiet und die Halbinsel selbst dienten hauptsächlich dem Handel sowie repräsentativen und kultischen Zwecken.

Wer sich für die Festungsbaukunst der Griechen interessiert, wird leider Mühe haben, auf Eurialo noch Spuren der genialen Architekten (angeblich war auch *Archimedes* in Um- und Ausbau verwickelt) zu finden, denn die Festung wurde in byzantinischer Zeit überbaut. 60.000 Arbeiter und 6000 Gespanne sollen laut *Diodorus von Sizilien*, dem römischen Geschichtsschreiber, die 6 km lange Stadtmauer innerhalb von nur zwanzig Tagen errichtet haben. Tiefe Gräben, Geheimgänge und Stollen ermöglichten es den hier stationierten Truppen, sich innerhalb der Mauern sicher zu bewegen. In den Auseinandersetzungen mit Karthago sollen 3000 Soldaten und 400 Reiter in der Festung Platz gefunden haben. Erfolglos liefen Punier wie Römer gegen das Bollwerk an, erobert und geschleift wurde es erst, nachdem die Römer unter *Marcellus* 212 v. Chr. durch Verrat Zugang erhielten.

■ **Castello Eurialo,** Belvedere (7 km von Siracusa), Tel. 09 31 71 17 73, tgl. 9–18 Uhr, 4 €.

Megara Hyblaea

Im 8. Jh. v. Chr. gründeten griechische Auswanderer aus Megara die Kolonie zwischen Augusta und Siracusa in der Nähe einer Sikulersiedlung. Die Anfahrt gestaltet sich nicht einfach, man muss auf die richtige Abfahrt von der Schnellstraße finden. Megara Hyblaea **zählt zu den ältesten griechischen Niederlassungen auf Sizilien** und war selbst wiederum Mutterstadt der Kolonie Selinunt. Die Stadt prosperierte, vor allem dank der polychromen Keramiken, die von den örtlichen Töpfern in höchster Vollendung hergestellt wurden. Doch es lag kein guter Stern über dem Ort. Zweimal wurde Megara Hyblaea von feindlichen Truppen zerstört: zuerst 483 v. Chr. von *Gelon von Siracusa*, dann 214 v. Chr. vom römischen Heer des *Marcellus*. Seither ist der Ort nicht mehr besiedelt. 1948 begann man mit Ausgrabungen, die Megara Hyblaea schließlich zu einer der am besten erforschten griechischen Siedlungen auf Sizilien machten. Man fand Wohnhäuser, Thermen, Werkstätten und die Nekropole. Im örtlichen **Antiquarium** sind einige Fundstücke ausgestellt, die meisten von ihnen befinden sich jedoch im Archäologischen Museum von Siracusa.

■ **Antiquario**
Tel. 093 14 50 82 11, tägl. von 9 Uhr bis 1 Std. vor Sonnenuntergang, 4 €.

▷ Die Vaccarini-Bibliothek in Catania – prächtiger Barock

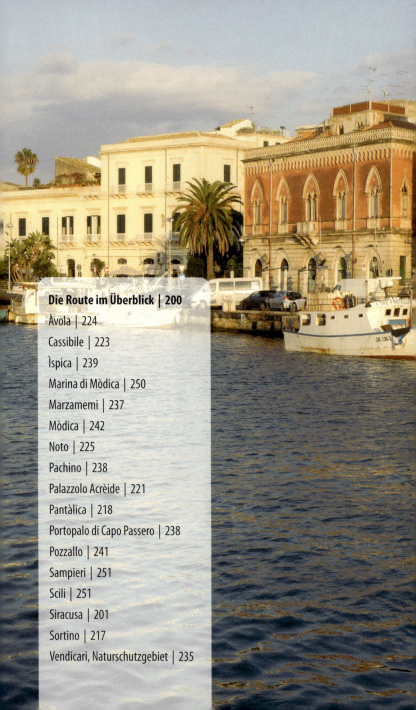

Die Route im Überblick | 200

Àvola | 224

Cassibile | 223

Ìspica | 239

Marina di Mòdica | 250

Marzamemi | 237

Mòdica | 242

Noto | 225

Pachino | 238

Palazzolo Acrèide | 221

Pantàlica | 218

Portopalo di Capo Passero | 238

Pozzallo | 241

Sampieri | 251

Scili | 251

Siracusa | 201

Sortino | 217

Vendicari, Naturschutzgebiet | 235

5 Von Siracusa nach Ragusa

Die schönsten Barockstädte der Welt und die

schönsten Strände der Insel – vereint im Süden Siziliens.

◁ Wasserpaläste in Siracusa

VON SIRACUSA NACH RAGUSA

Diese Route führt entlang der **Ibleischen Berge** teils parallel zur Küste, teils durch das Bergland zu den Hochburgen des sizilianischen Barock: **Noto, Mòdica, Ragusa** und **Scicli.** Sie passiert Sandstrände und üppig grüne Naturschutzgebiete, streift mondäne Badeorte und folgt den alten Karrenwegen durch Felder und Gärten zu einsamen Schluchten und archäologischen Stätten: **Landschaft, Kultur und Baden** – all dies lässt sich bei dieser Strecke durch Siziliens Südosten hervorragend verbinden.

NICHT VERPASSEN!

- **Neapolis in Siracusa,** der archäologische Park erhellt die Inselgeschichte | 206
- **Fonte Ciane,** Bootsausflug dahin, wo der wilde Papyrus wächst | 212
- **Noto und Scicli,** besser geht Barock nicht | 225, 251
- **Dolceria Antica,** Pralinen nach traditionellen Rezepten | 244

Diese Tipps erkennt man an der gelben Hinterlegung.

Die Route im Überblick

Von **Siracusa** sollte man unbedingt einen Abstecher zu den **Nekropolen** in der **Schlucht von Pantàlica** unternehmen, hier verbindet sich Naturerlebnis mit Kultur aus einer untergegangenen Epoche.

Auf der SS115 gelangt man von Siracusa nach Südosten in Richtung Noto. Immer wieder führen Stichstraßen ans Meer zu den Wochenendrefugien der Siracusaner: Arenella, Ognina etc. Nur 25 km sind es von Siracusa bis **Cassibile** und seiner **Cava Grande,** einer weiteren tiefen Schlucht mit Wandermöglichkeit.

Durch Oliven- und Obstpflanzungen geht es landeinwärts etwa 9 km nach **Noto,** der ersten Perle in der Krone der sizilianischen Barockstädte auf dieser Route, die bereits zum Städteverbund des Weltkulturerbes im Südosten Siziliens gehört. Wer wenig Zeit hat, kann von Noto auf der SS115 direkt über Rosolini nach **Ìspica** weiterfahren. Ein Muss ist aber – auch bei aller Eiligkeit – der Besuch der **Römischen Villa von Tellaro;** und mit etwas Muße ist die **Umrundung des Capo Pàssero,** des südöstlichen Zipfels von Sizilien, ein Genuss: Endlose Sandstrände und kleine, freundliche Badeorte – darunter **Marzamemi** – erwarten den Gast. Die Region war früher eines der Zentren des Thunfischfanges und der Fischverarbeitung – jeder Ort besitzt seine Ruine der stillgelegten Thunfischfabrik. Die alten Salinen sind ebenso aufgegeben wie die schmucken Bahnstationen entlang der Strecke Noto – Pachino. Landwirtschaftlich setzt man auf dem Kap auf Oliven und Wein. Heute beschert der wachsende Tourismus den Örtchen neuen Wohlstand, verschandelt aber auch die Landschaft mit Feriensiedlungen und Schwarzbauten, die vielerorts aus dem Boden geschossen sind.

An der Westseite des Kaps übernehmen schließlich die grauen Plastikplanen der **Gewächshauskulturen** die Regie – zuungunsten der Ästhetik, doch zugunsten einer florierenden Wirtschaft. Von Pachino geht es auf schmalen Straßen durch diese Landschaft nach **Pozzallo,** einem großen Fischereihafen, dessen Industriegebiet sich nach Norden tief in die malerische Landschaft der Iblei-Ausläufer frisst. Der Küstenstrich ist in der Hauptsaison stark besucht, das Geschäft mit Pizza, Eis und Cooldrinks blüht, ebenso wie das der vielen Schwarzafrikaner und Inder, die sich beladen mit allem nur Denkbaren durch den Sand quälen, um Haarspangen, Handtücher oder Strandkleider an die Frau zu bringen.

Die Küstenstraße Richtung Westen ist nun fast durchgängig von Ferienhäusern gesäumt, manche zu offiziell entwickelten Marinas zusammengefasst, andere einfach illegal in die Landschaft gestellt: **Marina die Mòdica, Donnalucata, Marina di Ragusa.** Zweites Charakteristikum sind die grauen Planen aus Polyäthylen, die die Felder bedecken und sich mit den Gerippen von Gewächshäusern abwechseln, wo gerade abgeerntet wurde. So weit das Auge reicht ist die Gegend davon dominiert. Jahrzehnte war der Anbau von Tomaten, Artischocken, Paprika und vielen Frühobstsorten, die Monate vor den natürlich gezogenen Früchten auf den europäischen Markt kamen, ein gutes Geschäft. Auf den sandigen Böden direkt am Meer bis auf 200 m ü.n.N. lohnte sich der Anbau, die früher sumpfige und Malaria verseuchte Ebene wurde damit trockengelegt; doch die Karawane ist weitergezogen – nach Nordafrika. So versucht man heute in den verbliebenen funktionsfähigen Gewächshäusern Nischenprodukte zu ziehen. Die verfallenen Gewächshäuser allerdings kümmern keinen, sie werden nur in den seltensten Fällen zurückgebaut.

Von Sampieri, aber auch von Cava d' Agila und Donnalucata, kann man zur nächsten Perle an der Kette der barocken Iblei-Städte ca. 10 km ins Landesinnere fahren: **Scicli**. Alternativ kann man aber auch direkt nach Rosolini (an der SS115 Noto-Ìspica) zurückkehren und dort weiter der Hauptroute folgen.

Schroffe Felsen, sanfte Hügel, Schlösser und Dörfer, Trockenmauern und Oliven sind auf ihr zu sehen, die Welt der Ibleischen Berge und ihrer Ausläufer.

Über Ìspica und entlang einer weiteren Schlucht gelangt man schließlich zu den Hauptorten der Provinz, **Mòdica** und **Ragusa**. Pures Barock, verteilt über die Hügel, mit engen Gassen verbunden.

Siracusa

122.000 Einwohner *(Siracusani)*, 16 m ü.N.N., PLZ 96 100, Provinzhauptstadt

Siracusa ist eine zweigeteilte Stadt: Umgeben von Ausgrabungsstätten in üppigem, satten Grün erstreckt sich der modernere Teil von der Küste landeinwärts. Durchs klassizistische Zentrum leitet der Corso Umberto I. über eine Brücke zum historischen Siracusa auf der Insel **Ortygia**, dem unbedingten touristischen Muss. Der Verkehr auf dem Festland ist mörderisch, Ortygia selbst ist dank der engen Gassen für Autos ungeeignet und deshalb ruhiger. Es empfiehlt sich, das Fahrzeug gleich auf den Parkplätzen im Umfeld der antiken Stätten abzustellen, von dort per Taxi oder zu Fuß nach Ortygia – der Wachtelinsel – zu gelangen oder die Stellflächen am Inselanfang (beim Porto Piccolo) zu nutzen.

Am besten lässt man sich im Gassengewirr der Altstadt einfach treiben – das Areal ist nicht groß, sodass man unweigerlich immer wieder auf die Highlights trifft und sich kaum verlaufen kann. In den Einkaufsstraßen sind alle großen italienischen Designer vertreten und wetteifern um die Gunst der modebewussten Sirakusanerinnen; kurzbehoste und sonnenbehütete Touristen aus aller Herren Länder versuchen, mit ihren jeweiligen Reiseleitern Schritt zu halten, Vespas knattern, und allerorten laden Straßencafés oder Bars zum Verweilen ein. Daneben gibt es aber auch die **stillen Ecken:** eine alte, schwarzgekleidete Frau auf der Treppe ihres Hauses, Kinder, die eine träge Katze necken, das

Bimmeln einer Kirchenglocke zur Andacht. Das Sympathische an Ortygia ist, dass es Mondänes wie Althergebrachtes, Kunst und Alltag hervorragend zu verbinden weiß.

Geschichte

Diese Gegend soll schon im 14. Jh. v. Chr. besiedelt gewesen sein. Als der Korinther Archias mit seinen Leuten 735 v. Chr. anlandete, fand er ein verlassenes Rundhüttendorf auf der Insel nördlich der großen Hafenbucht vor. Die neuen griechischen Siedler nannten den Ort Siracusa (Syrakka) nach dem nahegelegenen Sumpf. Bald wurde er eine der mächtigsten Städte Siziliens. Unter dem Tyrannen *Gelon* expandierte man stark und setzte sich an die Spitze der Griechen Großgriechenlands, was Athen verständlicherweise missfiel. Im Laufe des Peleponnesischen Krieges kam es zu schweren Kämpfen zwischen den beiden großen Rivalen. Vom nahen Leontinoi zur Hilfe gegen das mächtige Siracusa gerufen, landete eine athenische Flotte auf Sizilien, belagerte die Stadt allerdings vergebens. 413 v. Chr. wurden die Athener geschlagen und in die Steinbrüche zur Strafarbeit gesteckt. Kaum war diese Gefahr gebannt, regten sich im Westen die Karthager. 392 v. Chr. wurde ein Friedensvertrag geschlossen, in dem Dionysios I. auch die Herrschaft über die Städte Ostsiziliens erhielt. 27 km lang sollen die Mauern gewesen sein, die die Stadt im 3. Jh. v. Chr. umgeben haben.

Eine Million Menschen haben hier einmal gelebt. Als Rom zur Großmacht aufstieg, verbündete sich Siracusa mit ihm. Doch nach dem Niedergang Roms wurde Siracusa nacheinander von Vandalen, Goten und Byzantinern besetzt. Zur Zeit der Normannen musste es sogar seine Rolle als Hauptstadt an Palermo abtreten, blieb aber nach wie vor eine wichtige Metropole. Zu einer Stadt des Barock machten sie Jesuiten und Karmeliter, die zur Zeit der spanischen Herrschaft hierher gekommen waren.

Piazza Pancali

Bereits der erste Blick nach Überquerung der Brücke **Ponte Nuovo** (auch Ponte Umbertino) fällt auf die Überreste des 1939–40 ausgegrabenen dorischen **Apollon-Tempels**. In byzantinischer Zeit diente er als christliche Kirche, unter arabischer Herrschaft als Moschee und schließlich wieder als Kirche. Um die Tempelfragmente herrscht auf der Piazza Pancali reges Treiben – hier befinden sich Bushaltestellen, ein Taxistand, etwas abseits auch die Hauptpost. Über den Corso Matteotti geht's hinein ins barocke Gassengewirr: Rechterhand residiert im Greco-Palast das „Nationale Institut für das Antike Drama" (INDA). Von der Piazza fährt auch der Bus Nr. 12 zur Archäologischen Zone in der Neustadt ab.

Piazza Archimede

Das Zentrum von Ortygia bildet die Piazza Archimede, die gesäumt ist von Palazzi aus dem 14.–16. Jh., darunter der schöne **Uhrenpalast** (heute *Banca d'Italia*) und der **Lanza-Buccheri-Palast** (16. Jh.). Mittelpunkt der Piazza ist der **Artemis-Brunnen**. Die Straßencafés verführen bereits hier zur Rast, aber vor den Genuss eines köstlichen Cappuccino setzt der neugierige Besucher sicherlich erstmal den Spaziergang durch das mittelalterliche Herz Ortygias im Osten des Platzes.

Via Maestranza/ Via V. Veneto

Verwinkelte Gassen führen zu kleinen, lauschigen Plätzchen; durch die großen Portale herrschaftlicher Häuser kann man einen Blick auf einen hübschen Innenhof erhaschen. Efeu, Oleander und Rosen begrünen in Terrakottatöpfen die grauen Steinfassaden. Beispielhaft der Palazzo, in dem eine Touristeninformation untergebracht ist (**Via Maestranza**) – eine kühle Oase der Ruhe! Man kommt an kleinen, urigen Läden vorbei, passiert Kirchen und Kapellen und erreicht schließlich die **Via Vittorio Veneto**, die parallel zum Ufersaum der Insel verläuft und früher als bevorzugte Wohngegend des spanischen Adels galt.

Puppenmuseum

Im Gassengewirr rechts der Via Maestranza lag einst – der Straßenname **Via Giudecca** verrät es schon – das Viertel der Juden. Im Gebäude mit der Hausnummer 17 gibt es ein kleines **Puppentheater.** Zu besonderen Gelegenheiten tritt Herr *Vaccaro* mit seinen Puppen hier auf; meist liegen in der Touristeninformation dann Handzettel mit den Terminen aus. Das zugehörige Museum befindet sich unweit ebenfalls in der Via Giudecca an der Piazza San Giuseppe.

■ **Museo dei Pupi**
Via Giudecca 17, Tel. 09 31 46 55 40, www.pupari.com, tgl. 10.30–13, 16–18.30 Uhr, Winter 11–13, 16–18 Uhr, 6 €.

Vermexio-Palast

Zurück zum Archimedes-Platz. Über die elegante **Via Roma** mit ihren Designerboutiquen nach Süden erreicht man Ecke Via Minerva den barocken Vermexio-Palast, der heute als Rathaus genutzt wird. Im Erdgeschoss informiert eine kleine Ausstellung über die Geschichte des Ortes und die Ausgrabungen, die unter dem Fundament dieses Hauses die Reste eines ionischen Tempels aus dem 5. Jh. v. Chr. zutage gefördert haben, der wahrscheinlich Artemis geweiht war.

Kathedrale

Auch die Kathedrale **Santa Maria delle Colonne** (La Vergine del Piliere) an der Piazza Duomo wurde an der Stelle eines antiken Tempels errichtet. In diesem Fall bezogen die Baumeister aber die griechische Bausubstanz in die Kirche ein. Der Athene-Tempel aus dem 5. Jh. v. Chr. war im dorischen Stil erbaut, wie heute noch unschwer an den Säulen am Kircheneingang und an der Seitenfassade des Domes außen und innen erkennbar ist. Die barocke, zweigegliederte, von Säulen und Voluten getragene Fassade des Doms ist u. a. mit den Statuen mehrer Apostel geschmückt. Sie wurde 1725–1753 von *Andrea Palma* entworfen. Der Dom ist eine Synthese griechischer, arabischer, normannischer und barocker Baustile. Im Erzbischöflichen

Palast an seiner Südseite befindet sich heute die **Alagoniana-Bibliothek,** in der wertvolle griechische, lateinische und arabische Handschriften sowie antike Münzen aufbewahrt werden.

Unser Tipp Unter der Piazza lässt sich ein altgriechisches und mittelalterliches **Labyrinth** von Gängen, Zisternen, Steinbrüchen und Höhlen begehen, in dem während des II. Weltkrieges die Bewohner Zuflucht vor Bombenangriffen fanden (l'Ipogeo di Piazza Duomo).

■ Cattedrale
Piazza Duomo, 7–13, 16–19, Winter 9–19 Uhr, 2 €.
■ l'Ipogeo di Piazza Duomo
Piazza Duomo, Tel. 09 31 45 08 01, tgl. 10–12, 19–24 Uhr, Mi nur 10–12 Uhr, 4 €.

Palazzo Beneventano del Bosco

Zu den gelungensten Baukompositionen von Siracusa zählt der Palazzo Beneventano del Bosco (1779–1788) an der Nordwestseite der **Piazza Duomo**. Der ursprünglich mittelalterliche Bau ging 1778 in den Besitz der Familie Beneventano über und wurde im Stil der Zeit elegant und nicht überladen renoviert.

Migliaccio-Palast

Über die Via Picherali gelangt man zur Piazetta San Rocca und trifft dort auf den Migliaccio-Palast mit schönen Lavasteinintarsien; von hier genießt man einen herrlichen Panoramablick über die Bucht hinüber auf das Festland.

Arethusa-Quelle

Nur wenige Schritte weiter ist dann endlich die legendenreiche Arethusa-Quelle erreicht: ein halbrundes Wasserbecken, umstanden von Papyrusstauden und mit einer Mauer gefasst. Ein Tor hinein in dieses Stückchen Grün gibt es zwar, doch es ist verschlossen. So muss man sich damit begnügen, über die Brüstung gelehnt der kleinen widerspenstigen Nymphe *Arethusa* zu gedenken: Diese hatte sich mit Hilfe der Jagdgöttin *Artemis* lieber in eine Quelle verwandelt, als den Flussgott *Alpheios* zu heiraten. Doch *Alpheios*, so heißt es, kam dennoch ans Ziel: Als Fluss durchquerte er das Ionische Meer, erreichte Sizilien und vereinte sein Wasser mit der Arethusa-Quelle. Die Siracusani verdanken ihrer Nymphe ihre Existenz, denn die Stadt hätte ohne das Trinkwasser dieser Quelle nie entstehen können – kein Wunder, dass ein Konterfei der grazilen Stadtpatronin die antiken Münzen des mächtigen Siracusa schmückte.

Regionalgalerie

Fast am Ende der Insel befinden sich die Kirche San Benedetto und das ehemalige Benediktinerkloster mit der Regionalgalerie im Palazzo Bellomo. Der gesamte Komplex besteht aus dem **Parisio-Palast,** dem Kern des Klosters (13. Jh.) und dem **Bellomo-Palast** (14. Jh.), dem einstigen Wohnsitz der gleichnamigen Adelsfamilie. Die Kunstgalerie enthält Gemälde und Skulpturen aus dem Mittelalter sowie ein große Sammlung von Krippenfiguren aus der Zeit zwischen dem 18. und 20. Jh. Das bemerkenswerteste Werk der Gemäldesammlung ist die „Verkündigung" von *Antonello da Messina* (1430–1479), dem berühmtesten Maler Siziliens. Außerdem besitzt das Museum auch *Caravaggios* „Bestattung der hl. Lucia", das ursprünglich in der Lucia geweihten Kirche hing.

■ **Galleria Regionale (Museo Bellomo)**
Via Capodieci 16, Palazzo Bellomo, Tel. 093 16 95 11, Di–Sa 9–19 Uhr, So 9–13 Uhr, 8 €.

Die Quelle der Arethusa auf Ortigia – Palmen und Papyrus

Maniace-Kastell

Das Maniace-Kastell am äußersten Ende der Insel ist ein Beispiel für die Architektur zur Zeit *Friedrich II.* und für die militärische Bedeutung, die er der Stadt zuschrieb. Das Staufer-Schloss war bis vor Kurzem militärische Sperrzone, kann nun aber besichtigt werden. Sehenswert ist vor allem der **Säulensaal,** der die gesamte Länge der Südseite einnimmt. Wer einen kleinen Imbiss oder auch ein richtiges Pranzo mit Blick aufs Kastell einnehmen möchte, kann es sich in den Cafés und Restaurants gutgehen lassen.

■ **Castello Maniace**
Via Maniace, Tel. 09 31 46 44 20, Di/So 9.30–13.30, Mi–Sa 9,30–18.30 Uhr, 4 €.

Archäologischer Park Neapolis

Aus dem Siracusa des Barock und der Neuzeit zurück ins Siracusa der Antike. Entweder zu Fuß (ca. 20 Minuten über Corso Umberto, Via Catania und Corso Gelone), per Taxi oder mit einem Linienbus geht's zur grünen Lunge von Siracusa, dem Archäologischen Park. Pferdedroschken, Taxen und Eisverkäufer warten im Eingangsbereich auf Kunden.

Das archäologische Areal besteht aus zwei Teilen: dem römischen Amphitheater mit dem Altar des *Hieron* südlich der Via Paradiso und dem griechischen Theater, den Steinbrüchen und dem „Ohr des *Dionysios*" im nördlichen Teil. Schattiges Grün umfängt den Besucher, zwischen den Oleanderbüschen, Pinien, Hibisken und Zypressen lugen grauweiße Mauerreste aus griechischer Zeit hervor. Das **griechische Theater,** das größte, das aus der Antike in unsere Zeit gerettet wurde und zugleich eines der größten seiner Zeit wurde im 3. Jh. v. Chr. erbaut, wahrscheinlich unter dem Tyrannen *Hieron II.,* der – man sieht es auch an seinem Altar – offensichtlich eine Neigung zum Größenwahn hatte. Das Theater ist von klassischem Ebenmaß. Aus Fels gehauen öffnet sein Halbrund sich einem wunderschönen Panorama, das als Hintergrund der Bühne fungierte und das auch heute wieder tut, wenn das INDA ihre Klassikeraufführungen veranstaltet. 15.000 Menschen fanden auf 61 Sitzreihen Platz – kein Wunder, dass es für griechische Dichter reizvoll war, hier Stücke aufzuführen.

Oberhalb des Theaters versteckt sich in einer Grotte ein kleines Nymphäum, folgt man dem Weg weiter nach rechts, gelangt man an Grabhöhlen aus byzantinischer Zeit vorbei zu den **Latomien,** den Steinbrüchen der antiken Stadt. Hier brachen Sklaven und Kriegsgefangene Kalkstein, mit dem das antike Siracusa verschönert und ausgebaut wurde. Heute sind die bis zu 30 m tiefen Höhlen überwuchert; Vögel zwitschern und alle möglichen Blumen blühen um die Wette. Hauptattraktion ist die *Latomia del Paradiso,* von der ein Geheimschacht zum **„Ohr des Dionysios"** führt, eine künstliche Grotte, berühmt für ihre eigenartige Akustik. Der Tyrann, so die Legende, habe hier die Gespräche seiner Gefangenen in den Latomien belauscht.

> Das griechische Theater im archäologischen Park Neapolis

Nicht weit entfernt liegt die **Seilergrotte,** in der früher die Seilmacher ihrem Handwerk nachgingen – die feuchte Luft der Grotte war den Fasern besonders zuträglich.

Über die Via Paradiso geht es nun nach Süden zum **Altar des Hieron II.** Was heute noch erhalten ist, lässt die Gigantomanie dieses Bauwerks nur erahnen: 192 m war der aus Felsen geschlagene Opfertisch lang, 22 m breit und wahrscheinlich 15 m hoch. Über zwei Rampen trieb man die 450 Opfertiere zu Ehren des *Zeus Eleutherios* an seinem Festtag auf den Altar und tötete sie rituell. *Hieron II.* stiftete den Altar im Gedenken an das Ende der Tyrannis einer seiner Vorgänger.

Monumental ist auch das **römische Amphitheater** in unmittelbarer Nähe. Es wurde im 3. Jh. errichtet und hat die klassische geschlossene Form der römischen Vergnügungsstätten. Die Gänge für Gladiatoren und wilde Tiere sind noch deutlich erkennbar.

■ **Parco Archeologico della Neapolis**
Eingang in der Via Paradiso, Tel. 09 36 50 68, tgl. 9–18, Winter 9–15.30 Uhr, 10 € (Sammelticket mit Arch. Museum 13,50 €, mit Villa Tellaro 12 €, mit Museo Bellomo 13,50 €, alle vier Stätten 24 €).
■ **Stadtverkehr Bus**
Nr. 12 alle 15 Min. von der Piazza Pancali zur Haltestelle Parco Archeologico.

Archäologisches Museum

Vom Archäologischen Park gelangt man zu Fuß in etwa 10 Minuten über Via Augusto und Viale Teocrito (Ecke Via Augusto von Platen) zum Museum. Auf dieser Strecke wird rechter Hand das monströse Heiligtum der **Madonnina delle Lacrime** passiert.

Das Museum besitzt eine der bedeutendsten Sammlungen Siziliens und zog 1988 von Ortygia in den Neubau der **Villa Landolina.** Die Sektionen widmen sich der geologischen und paläontologischen Geschichte der Insel; den wichtigsten Raum nehmen aber die Funde aus griechischer und römischer Zeit ein. In der ersten Abteilung (A) ist der auf Sizilien gefundene Schädel eines Vorgängers des heutigen Elefanten ausgestellt, den man als Beweis dafür ansehen kann, dass Sizilien und Europa früher tatsächlich mit Afrika verbunden waren. Die griechischen Siedler sollen in diesen Schädeln die Überreste von einäugigen Riesen gesehen haben – daher die Geschichte von Odysseus und

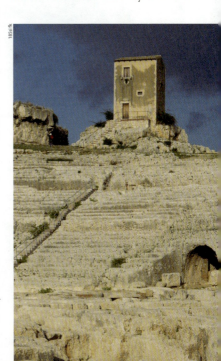

den Zyklopen, die Homer an der „Zyklopenküste" beim heutigen Taormina angesiedelt hat.

Architektonisch interessant ist die Rekonstruktion des Athene-Tempels aus Ortygia (Abteilung B), der heute in der Kathedrale nur noch schemenhaft wiederzuerkennen ist. Sehenswert auch für diejenigen, die den Abstecher nach Megara Hyblaea nicht unternommen haben, sind die Funde aus dieser Stadt aus vorgriechischer und griechischer Zeit, so die Statue einer Fruchtbarkeitsgöttin, die ihre Kinder stillt (6. Jh. v. Chr.).

Benannt ist das Museum nach dem italienischen Archäologen *Paolo Orsi*, der die wichtigsten Ausgrabungen in Gela und Agrigento geleitet hat. Und noch ein anderer bekannter Name ist mit der Villa Landolina verbunden, der des Dichters *Graf August von Platen*, dessen Grab man im Park des Museums besichtigen kann.

■ **Museo archeologico P. Orsi (Villa Landolina)**
Viale Teocrito 66, Tel. 09 31 46 40 22, Di–Sa 9–19 Uhr, So 9–14 Uhr, 8 € (Sammeltickets s. oben). Stadtverkehr Bus Nr. 5.

Papyrus-Museum

Das kleine, aber äußerst informative Papyrus-Museum ist jetzt auf die Halbinsel Ortigio verlegt worden und befindet sich dort in der Altstadt. Hier erfährt man alles über die Papyrus-Herstellung und viel über die Kulturen, die es nutzten.

■ **Museo del Papiro**
Via Nizza 14, Tel. 0931 22100, http://museodelpapiro.it, Di–Sa 9.15–19, So bis 14, Winter Di–So 9.15–14 Uhr, 4 €.

Katakomben von San Giovanni

An heißen Tagen sorgt ein Abstecher zu den Katakomben für Abkühlung. Die weitläufige Anlage stammt aus dem 4./5. Jh., einige Räume sind mit Wandmalereien geschmückt. Erst vor wenigen Jahren wurden die sterblichen Überreste der hier bestatteten Christen in ein Sammelgrab überführt. Die Öffnungszeiten sollte man nicht allzu genau nehmen; ein Besuch ist nur im Rahmen einer Führung möglich (an der Pforte klingeln!).

■ **Catacombe di San Giovanni**
Via Padre Pacifico Amato, Tel. 093 16 46 94, www.kairos-wep.it, tgl. 10.30–18 Uhr, 8 € (mit Führung).

Villa Reimann

Wer ein wenig Entspannung und Schatten sucht, begibt sich in den **botanischen Garten** der Villa Reimann. Der Park umschließt das Institut für siracusanische Studien und ein römisches Grab.

■ **Villa Reimann**
Via Necropoli Grotticelle 14, Tel. 09 31 41 19 39, Mo–Fr 9.30–13 Uhr, Eintritt frei.

◁ Die Seilergrotte im Park Neapolis – Die Ohren der Götter sind überall

Zur Fonte Ciane

Der Ciane fließt von seiner Quelle gemächlich mäandernd in Richtung Meer, wo er in Höhe der Salinen mündet. Fluss und Salinen wurden als **Riserva Naturale Orientata** *Fiume Ciane e Saline di Siracusa* unter Naturschutz gestellt. Auf einer Kahnfahrt kann man dem Lauf des Ciane folgen und über die gleichnamige Nymphe nachdenken, die eigentlich am Pergusasee (bei Enna) lebte und dort versuchte, den Raub der *Persephone* durch den Fürsten der Unterwelt zu verhindern (s. Exkurs „Der Raub der Persephone" bei Enna). *Hades* zerhieb sie daraufhin in zwei Teile, und die gnädigen Götter verwandelten die Nymphe schließlich in einen von zwei Quellen gespeisten Fluss, der direkt aus Hades' Reich ans Tageslicht tritt: den **Ciane**. Die Besonderheit hier ist wie bei der Arethusaquelle in Siracusa der **wildwachsende Papyrus**, der unter strengem Naturschutz steht, nachdem der Bestand durch die Begradigung des Flussverlaufes seiner Bewässerung beraubt und fast zerstört wurde. Ursprünglich war nämlich die gesamte Region ein von mehreren Flussarmen und Zuflüssen des Anapo gebildetes Sumpfgebiet – ideales Habitat für die elegante Pflanze vom Nil. Mit dem Kahn und zu Fuß auf einem Spazierweg gelangt man unter Führung zur Quelle. Papierherstellung hatte auf Sizilien keine Tradition, doch als im 17. Jh. die ersten Berichte über Papyrus und seine Verwendung in Ägypten auftauchten, machte sich der findige Syracusaner *Saverio Landolina* daran, daraus den haltbaren Beschreibstoff herzustellen.

■ Ciane Ausflug
Via Elorina, an der SS115 Richtung Cassibile, knapp 2 km hinter Siracusa bei der Kanalquerung Kiosk, Tel. 36 87 29 60 40 und 34 61 59 96 35, März bis Nov. 9.30–18 Uhr, Dauer 1 Std., ab 10 €/Person (abhängig von Gruppengröße).

Praktische Informationen

Touristeninformation

■ Ufficio Informazione Comunale
Via Maestranza 33, Tel. 09 31 46 42 55, www.comune.siracusa.it/politiche_culturali, nur vormittags.

■ Ufficio Informazione Provinciale
Via Roma 31, Tel. 800 05 55 00.

Führungen

■ Deutschsprachige Führungen
Elisabeth Bruckmeier, Tel. 093 13 79 95, oder *Anne-Marie Jost,* Tel. 093 16 24 71, Führungen durch Stadt und Provinz.

Unterkunft

■ Hostel LOL ①-②
Via F. Crispi 92–96, Tel. 09 31 46 50 88, www.lolhostel.com. Kleiner Palazzo am Bahnhof, Mehrbett- und

---

Papyrus

Woher der hier und entlang des Flüsschens Ciane (s.o.) wachsende Papyrus stammt, weiß man bis heute nicht so ganz genau. Entweder er wächst hier tatsächlich originär – was sehr umstritten ist – oder er wurde von einem der vielen Eroberer nach Sizilien gebracht und kultiviert. In den Läden im Umfeld der Quelle werden echte und falsche Papiri verkauft.

☐ Übersichtskarte S. 198, Stadtplan S. 210 **Siracusa**

Privatzimmer, alle mit eigenem Bad, Garten, alle Einrichtungen, die ein modernes Hostel benötigt, Internet, Wasch- und Kochmöglichkeit und natürlich Nachrichtenbörse, supercool und sauber.

■ B&B Tre Archi ②-③
Via del Crocifisso 30, Tel. 09 31 48 30 20, www.trearchisiracusa.com. Mitten im Herzen der Altstadt, 5 geschmackvoll eingerichtete Zimmer mit Bad und Küchenzeile, deutschsprachig.

■ Hotel Centrale ②-③
Corso Umberto 141, Tel. 093 16 05 28, www.hotelcentralesr.com. Mittelklassehotel am Bahnhof mit 43 Zimmern, häufig von Geschäftsleuten aufgesucht, Standardeinrichtung.

■ B&B Aretusa Vacanze ②-③
Vicolo Zuccala 1, Tel. 09 31 48 34 84, www.aretusavacanze.com. 12 Apartments mitten in der Altstadt, schön möbliert, Frühstück auf der Terrasse mit Blick aufs Meer, beliebte Adresse bei internationalen Publikum.

■ B&B Diana ②-③
Piazza Archimede 2, Tel. 09 31 72 11 35 und 34 87 20 69 31, www.bbdolcecasa.it. 4 Zimmer mit Bad im Herzen der Altstadt (zwei mit Blick auf den Brunnen am Platz), elegant eingerichtet. Die Besitzer vermieten auch noch außerhalb im *B&B Dolce Casa*.

■ B&B Ares ③
Via Vincenzo Mirabella 49, Tel. 09 31 46 11 45, www.aresbedandbreakfast.it. Charmantes B&B, zentral gelegen, aufmerksam und mit Bedacht eingerichtet, Zimmer mit Dusche (ohne WC) und Balkon.

■ Hotel Gutkowski ③
Lungomare di Levante 26, Tel. 09 31 46 58 61, www.guthotel.it. Das Hotel hat 25 Zimmer in zwei benachbarten Palazzi mit allem Nötigen und liebevoll, doch keineswegs überladen, eingerichtet. Direkt am Wasser auf der Insel Ortygia. Familiäre und angenehme Führung, zuvorkommender Service, viele Tipps für Spaziergänge in Stadt und Umgebung (auch Vermittlung von Führern mit ökologischem Hintergrund).

■ Hotel Gran Bretagna ③
Via Savoia 21, Tel. 093 16 87 65, www.hotelgranbretagna.it. Hotel mit 20 Betten in komfortablen Zimmern, sehr sauber.

■ Hotel Domus Mariae ④
Via Vittorio Veneto 76, Tel. 093 12 12 48 54, www.domusmariaebenessere.com. Kleines und sehr angenehmes Hotel, das von Ursulinerinnen geführt wird (mit hauseigener Kapelle!) und sogar über ein Wellnesscenter verfügt.

■ Hotel Roma ④-⑤
Via Minerva 10, Tel. 09 31 46 56 26, www.hotelromasiracusa.it. Überschaubare Edelherberge in einem sanierten Palast mit 44 Zimmern mitten in der Altstadt, den einst schon der Archäologe *Paolo Orsi* bewohnt hat. Man erkundige sich nach Angebotspaketen.

Aischylos auf Sizilien

Zu Lebzeiten des Athener Dramatikers *Aischylos* (525–456 v. Chr.) galt Siracusa unter seinem Tyrannenherrscher *Hieron* als einer der bedeutenden geistig-kulturellen Brennpunkte des Mittelmeerraumes. Auf Einladung *Hierons* reiste *Aischylos* nach Sizilien und überwachte persönlich eine Aufführung seiner „Perser" im Theater von Siracusa. Dem kunstsinnigen Tyrannen widmete der Dichter sogar ein eigenes Stück: „Aitnaiai". 458 v. Chr. reiste *Aischylos* ein zweites Mal nach Sizilien, wo er in Gela starb. Das INDA (Istituto Nazionale Dramma Antico, www.indafondazione.org) organisiert zu jedem geraden Jahr im Frühsommer (meist zwischen Mitte Mai und Mitte Juni) ein *Ciclo di spettacoli classici* im griechischen Theater – dass bei den aufgeführten Werken (die in italienischer Sprache vorgetragen werden) auch immer eines von *Aischylos* dabei ist, versteht sich von selbst (Informationen und Spielplan sind bei der Touristeninformation erhältlich).

Unterkunft außerhalb

■ **Agrituristica Il Limoneto** ③
SP14 Mare Monti, (9 km westlich Siracusa auf der SP14 Richtung Canicattini Bagni, Tel. 09 31 71 73 52, www.limoneto.it. 10 Zimmer und Apartments auf einer Zitrusplantage, auch Abendessen, Reitstall in der Nähe, im November geschlossen.

■ **Agriturismo Erbavoglio** ③
C.da Renaura, Via Laganelli 3, Tel. 33 89 65 39 19, www.erbavoglio-siracusa.it. Auf der SS115 von Siracusa nach Süden und nach dem Fluss Ciane nach rechts über die Eisenbahn. Ökologisch orientierter Betrieb mit 4 Zimmern, Aromatherapie und lehrreiche Führungen durch den Garten.

■ **Hotel Minareto** ④
Via del Faro Massooliveri 26, Tel. 09 31 72 12 22, www.grandhotelminareto.it. Luxushotel mit 97 Zimmern und Suiten auf dem Kap gegenüber der Altstadt mit allem, was das internationale Jetset zum gelungenen Urlaub benötigt. Besonders stolz ist man darauf, das einzige sizilianische Luxusresort in einem Naturschutzgebiet zu sein – dem *Riserva Marina del Plemmirio*. Auch historisch bietet das Gebiet des Plemmirio Interessantes: auf dem Meeresboden wurden schon mehrere Amphoren aus verschiedensten Epochen, auch aus der Zeit des Zweiten Weltkriegs, gefunden.

Essen und Trinken

■ **Ristorante La Cambusa** ③
Passeggio Adorno 9, Tel. 09 31 46 57 07, www.lacambusa-siracusa.it, nur abends, Sa/So auch mittags. In den Tonnengewölben hinter dem Dom gibt's eine große Weinkarte, sizilianische Gerichte und – Sushi! Der Herr des Hauses ist Italiener, die Dame Japanerin, perfekter Service und beste Küche ist also garantiert.

■ **Ristorante La Medusa** ②-③
Via S. Teresa 21/23, Tel. 093 16 14 03. Unweit der Arethusa-Quelle gibt es donnerstags tunesische Spezialitäten und natürlich Couscous, sonst sizilianische Küche. Der nordafrikanische Besitzer macht gerne Vorschläge, was am jeweiligen Tag am besten mundet.

■ **Ristorante Il Porticciolo** ③
Via Trento, Siracusa, Tel. 093 16 19 14, www.ristoranteilporticciolo.it, Mo geschl. Familiäres Lokal mit guter Fischküche zu annehmbaren Preisen.

UNSER TIPP: Taberna Sveva ③
Piazza Federico di Svevia 1–2, Tel. 093 12 46 63, nur abends. Abendstimmung auf der Piazza, dazu Wein und Fisch als Primo und Secondo, rustikale Atmosphäre an groben Holztischen. Wird gerne auch später am Abend aufgesucht.

■ **La Finanziera di Lucia Mela** ③
Via Epicarmo 41, Tel. 09 31 46 31 17. Fischsuppe und allerlei Meeresgetier, entweder man mag das Lokal, oder nicht; dass die Besitzerin die Rechnungen nach Sympathiebewertung der Gäste zu entwickeln scheint ist – naja, zumindest sehr individuell.

■ **Ristorante La Terrazza** ③
Via Picherali 10, Tel. 09 31 46 80 09. Von der schattigen Terrasse super Blick über den Hafen, das Essen ist in Ordnung.

■ **Ristorante/Pizzeria Jonico –
,a Rutta e' Ciauli** ③
Riviera Dionisio il Grande 194, Tel. 093 16 55 40, im Winter Di geschl. Elegantes Restaurant in Jugendstil mit Hafenpanorama, gerne für Geschäftsessen oder Familienfeiern gebucht, berühmt ist es für seinen Schwertfisch in Kräutersauce und die hausgemachte Pasta.

❀ **Trattoria La Foglia**
Via Capodieci 29, Tel. 093 16 62 33, www.lafoglia.it, Di geschl. Winziges Restaurant im Herzen der Altstadt, viele vegetarische Gerichte und selbst angebaute Ingredienzen, originelle Einrichtung. Unbedingt reservieren, da es nur wenige Plätze gibt!

■ **Ristorante Don Camillo** ④
Via Maestranza 96, Tel. 093 16 71 33, www.ristorantedoncamillosiracusa.it, So geschl. Ausgezeichnete Küche in der Altstadt, das vielleicht beste Lokal der Stadt.

Nachtleben

Die **Bars um die Arethusa-Quelle** und rund um die Piazzetta San Rocco in der Altstadt sind die beliebten Treffpunkte der Ragazzi.

■ **Disco La Nottola**
Via Gargallo 61, Tel. 093 16 00 09, www.lanottolaricevimenti.it.

■ **Disco La Piscina**
Viale Lidi, Fontane Bianche, Tel. 09 31 79 16 30 (nur im Sommer, im Winter heißt sie **Caligula**, ist aber an der selben Stelle).

Einkaufen

■ **Artesania,** Via del Apollonion 5, Tel. 093 12 17 78. Ausgesprochen engagierte Künstler beim Apollo-Tempel, hier werden antike Methoden der Herstellung von Fäden, Geweben und Holzteilen wiederentdeckt, es entsteht u.a. Wandschmuck und Gardinen und Lampen; alle Materialien stammen von Feigenbäumen, Agaven, Weiden und Palmen, gefärbt wird mit Extrakten aus Nüssen, Kaffeeblüten und Chrysanthemen.

■ **Hélène Moreau** und **Dino Pantano,** Via Roma 27, Tel. 09 31 71 74 78, http://silkinortigia.wordpress.com, Schals aus Seide, die von den Künstlern gestaltet wurde.

UNSER TIPP: Fish House Art, Via Cavour 39, Tel. 33 97 77 13 64, www.fishhouseart.it. Fische, Fische und nochmals Fische: aus Papier, Holz, Metall, Glas ..., in dezenten Farben oder bunt zum quietschen ... klein und groß ...

Fernverkehr

■ **Bahnhof,** Via Francesco Crispi, Tel. 89 20 21, www.trenitalia.it, Richtung Ragusa und Catania.
■ **Zentraler Busterminal,** beim Bahnhof; *AST* (Tel. 09 31 46 27 11) nach Àvola, Catania, Ferla, Gela, Mòdica, Noto, Palazzolo Acrèide, Ragusa und Sorti-

Von Schutzpatronen und Wundern

Was wäre Siracusa ohne die **hl. Lucia,** die gewissermaßen die Rolle der heidnischen Nymphe übernommen hat. *Lucia* starb als Märtyrerin Anfang des 4. Jh. an der Stelle, an der sich heute die ihr geweihte Kirche S. Lucia erhebt (an der Piazza S. Lucia). Ihre Grabkammer ist allerdings leer, denn Lucia wurde von den Byzantinern geklaut und von den Kreuzrittern schließlich nach Venedig verbracht. Verehrt wird heute ihre silberne Statue, die zu den schönsten Kunstwerken des Doms gehört (1599 von *Pietro Rizzo* geschaffen) und in einer eigenen Lucia-Kapelle aufbewahrt wird. Nur zum Festtag der Heiligen am 13. Dezember und am ersten Sonntag im Mai darf Lucia ihr Versteck verlassen und sich den Siracusanern zeigen. Dann wird das silberne Kleinod in großer Prozession durch Siracusas Straßen getragen. Und viele schwören, dass die schöne Lucia erbleicht, wenn sie die ihr geweihte Kirche erreicht, denn hier stand der Pfahl, an dem sie den Märtyrertod erlitt. Für die sizilianischen Kinder hat die **hl. Lucia** eine ganz besondere Bedeutung – viele bekommen nämlich nicht zu Weihnachten, sondern am Festtag der Heiligen ihre Geschenke.

In den 1950er Jahren hat die jungfräuliche *Lucia* allerdings starke Konkurrenz bekommen, denn eine völlig unscheinbare Madonnenstatue begann 1953, Tränen zu vergießen und Wunder zu tun. Flugs wurde der *Madonnina delle Lacrime* eine monströse Kirche errichtet, die mit ihrem zeltähnlichen Umriss Siracusas Stadtbild nachhaltig und nicht gerade zum Vorteil prägt (im Stadtteil Acradina). Die Kirche ist eines der wichtigsten Wallfahrtsziele in Südeuropa. Dem Madönnchen ist ob des Rummels das Weinen vergangen; Wunder wirkt es aber angeblich immer noch.

no; *SAIS* (Tel. 09 31 46 35 88), nach Àvola, Catania, Messina, Pachino, Palermo, Portopalo und Ragusa.

Nahverkehr

■ **Touristenlinien,** Linie 1 von Ortigia zum Bahnhof, Linie 2 von der Arch. Zone zum Arch. Museum, Linie in 3.

■ **Stadtbusse,** der Gesellschaft AST, Tickets in den Tabacchi-Läden (entwerten!) für 1,10 € für eine Fahrt von 2 Std., Bus Nr. 1 verkehrt zwischen Bahnhof und Ortigia, Bus Nr. 2 fährt die archäologischen Sehenswürdigkeiten ab, Bus Nr. 12 verbindet die Piazza Pancali am Eingang zur Insel (dort auch die Fernbushaltestellen) mit der Archäologischen Zone, Nr. 11 fährt nach Belvedere.

■ **Radiotaxi,** Tel. 025353.

■ **Parkplatz,** Parccheggio Talete, Lungomare di Levante, 1. Std. 0,50, jede weitere 1 €.

■ **Radverleih,** Corso dei Mille 52 und Corso Umberto 38.

Sonstiges

■ **Hauptpostamt,** Riva della Posta 1.
■ **Lebensmittelmarkt,** Via de Benedictis, Mo bis Sa vormittags.
■ **Hafenrundfahrt,** mit der *Selene* geht es etwa 60 Min. durch den Hafen von Siracusa, Tel. 34 00 55 87 69, www.compagniadelselene.it, ca. 12 € pro Person.

Strände

Beliebt ist der **Lido d'Arenella** 10 km im Süden mit abwechselnd felsigen und sandigen Strandabschnitten (Bus Nr. 23). Unterhaltungssüchtige finden hier Discos, Pizzerias und geordnete Strandverhältnisse (stabilimenti). Hübsch gelegen ist der Fischerort **Ognina** an einem fjordähnlichen Einschnitt 12 km südlich von Siracusa, der als Hafen für die Boote der Fischer und die Yachten der Feriengäste dient (Bus Nr. 27 und 28). Der Felsküste vorgelagert ein kleines Inselchen, die Ferienhäuser diskret im Grün – einer der wenigen schönen Lido-Orte Siziliens. 32 km weiter südlich schließ-

---

Die Bequemlichkeit des Dichters

Graf August von Platen (1796–1835) war eine der herausragenden Dichtergestalten des frühen 19. Jh. Nach Sizilien verschlug es den Schöngeist erst kurz vor seinem Lebensende. In seinem Tagebuch schrieb er am 13. November 1835 über Siracusa:

„Vorgestern bin ich hier angekommen, um meine Winterquartiere zu beziehen, die jedoch, wie ich fürchte, etwas langweilig oder doch unbehaglich ausfallen werden; denn man ist hier in der Tat von der ganzen Welt abgeschieden. Einen guten, aber unerschwinglich teuren Gasthof mußte ich verlassen und befinde mich nun zwar in einem anderen ziemlich erträglich, aber keineswegs so wie ich wünschte. Diese Unterkunft verschaffte mir Don Mario Landolina … ein alter Mann von außerordentlicher Güte und Gefälligkeit, aber was den Umgang betrifft, leider ein wenig taub, und wiewohl der gelehrteste Mann in Siracusa, keineswegs frei von der allgemeinen sizilianischen Unwissenheit, wie denn dies in einem Lande, wo es weder Bücher noch Zeitungen gibt, nicht anders sein kann."

Als *Graf von Platen* knapp einen Monat später starb, ließ ihn *Don Landolina* im Garten seiner Villa begraben.

lich das beliebte **Fontane Bianche** (Bus Nr. 21/22) mit allem, was das Herz des Badegastes begehrt: Hotels, Bars, Cafés, Reitausflüge, Wandertouren in die Cava Grande (eine Nebenschlucht von Pantàlica, ebenfalls mit Grabhöhlen) etc.

Sortino

9000 Einwohner *(Sortinesi)*, 438 m ü.N.N., PLZ 96 010, bis Siracusa 33 km

Der kleine Ort wurde nach dem Erdbeben 1693 an der heutigen Stelle neu errichtet. Touristische Bedeutung hat das Städtchen aber eigentlich nur als Ausgangspunkt für die **Wanderungen zu den Nekropolen von Pantàlica**.

Ganze zwölf Gotteshäuser gibt es in der Kleinstadt! Besonders eindrucksvoll ist die **Chiesa della Natività di Maria e Monastero di Montevergine** (Via San Benedetto) mit reich geschmückter konkav-konvexer Fassade. Der Boden des Kircheninneren ist mit Majolika-Kacheln aus Valencia ausgelegt!

Auch der **Convento e Chiesa dei Padri Cappuccini** (am untersten Ende des Corso Umberto) verdienen einen Besuch, denn die sonst schlichte Kirche schmückt ein kunstvoll verzierter, ausladender Holzaltar mit zahlreichen Intarsienarbeiten.

Ein schwarz-weißes Mosaik aus Kieselsteinen bedeckt schließlich den gesamten Vorplatz der **Chiesa Madre** (Piazza Madrice). Kirchenfassade und -inneres wurden renoviert und erstrahlen in eindrucksvollem, barockem Glanz.

Puppenmuseum

Interessant ist auch ein Besuch im Marionettenmuseum. Die kleine Ausstellung in einem ehemaligen, renovierungsbedürftigen Kloster zeigt Marionetten mit Kostümen, Rüstungen und Bühnenbildern aus dem 18. Jh. Fotos von Aufführungen ergänzen die Sammlung.

■ **Museo Pupi Siciliani**
Piazza S. Francesco, Tel. 39 20 77 99 20, www.operadeipupi.it, Mo–Fr 10–12 Uhr, 2 €.

Praktische Informationen

Touristeninformation
■ **Ufficio Informazione**
Kiosk am östlichen Stadteingang, Tel. 09 31 91 74 33, www.comunesortino.gov.it.

Essen
■ **Osteria da Vincenzo**
Via Libertà 35, Tel. 09 31 95 45 45, Mo geschl., um 15 €. Das schlichte Lokal mit leckerer, einfacher Küche fungiert als Treff einheimischer alter Herren (am Wochenende besser vorbestellen).

Feste
■ **10. September,** Fest der Stadtheiligen Santa Sofia
■ **Karfreitagsprozession**
■ **Oktober,** Honigfest

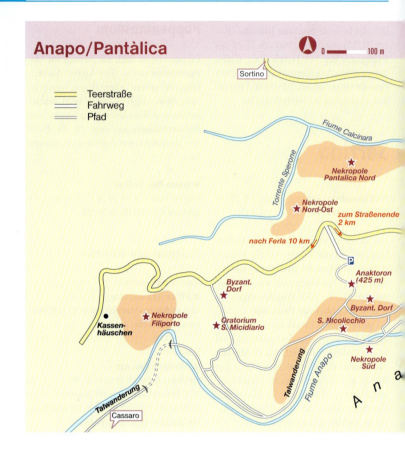

Pantàlica

Die Nekropolen von Pantàlica gruppieren sich in und um die **Anapo-Schlucht** zwischen den Orten Ferla und Sortino. Die Straße oben am Rand der Schlucht entlang zwischen diesen beiden Orten ist seit vielen Jahren durch einen Brückeneinsturz unterbrochen, aus Naturschutzgründen wurde diese Brücke nicht neu errichtet.

Ein ehemaliger Fahrweg und die Eisenbahntrasse unten im Tal sind für den **Verkehr gesperrt** und den Wanderern vorbehalten. Auf ihnen geht es durch das Naturschutzgebiet und auf Entdeckungstour bei den Höhlenwohnungen und Begräbnisstätten. Achtung: **Baden** ist **verboten** und wird mit einer Strafe von bis zu 300 € geahndet!

Fast senkrecht wachsen die **Monti Iblei** aus der Ebene. In den tief eingeschnittenen Schluchten des Flusses Ana-

Kolonien sich immer weiter ausdehnten. Von der antiken Stadt sind Reste eines kleinen Heiligtums zu sehen und etwas höher die Zyklopenmauern des einzigen Steinbaus, des **Anaktoron** (Königspalast). Rundherum liegt die größte Nekropole Siziliens mit mehr als 5000 Kammergräbern aus dem 12.–7. Jh. v. Chr., die der Landschaft eine unheimliche Atmosphäre verleihen. Im frühen Mittelalter siedelten sich drei christliche Gemeinden an, die in Felswohnungen lebten, wofür sie zum Teil antike Grabkammern ausgebaut hatten. Wie aus unzähligen blinden Augen starren die Felswände die Besucher an, unten im Tal ertönt der Ruf eines Vogels oder das Heulen des Windes – man muss sich wirklich einen Ruck geben, die Höhlen einer näheren Betrachtung zu unterziehen.

Ein **Wanderweg** führt vom Anaktoron an mehreren zu Wohnungen umgebauten Grabhöhlen und sogar an einem Höhlenkirchlein vorbei allmählich hinunter ins Tal des Anapo. In den Wohnhöhlen sind die Spuren des Herdfeuers zu erkennen, auch einige in den Stein gehauene Reliefs sind erhalten. Die hier gefundenen Grabbeigaben (Keramiken und Bronzegegenstände) sind im Archäologischen Museum Siracusa ausgestellt.

po und des Calcinara haben Menschen seit der Urzeit Grab- und Wohnhöhlen in das Kalkgestein geschlagen. Pantàlica ist eine der größten urgeschichtlichen Fundstätten Siziliens.

Hier befand sich vermutlich auch das antike **Hybla**, die Hauptstadt der Sikuler, die – wie man vermutet – in Holzhäusern gelebt haben, sodass heute keine Spuren davon mehr auffindbar sind. Der Niedergang Pantàlicas setzte vermutlich im 8. Jh. v. Chr. ein, als die griechischen

Unterkunft

■ **Agriturismo Porta Pantàlica** ②-③
C.da Masca, 4,7 km von Ferla, 800 m abseits der oben verlaufenden Straße nach Panatalica (300 m vor dem Besucherzentrum), Tel. 33 13 86 43 54, www.agriturismoportapantalica.com. 7 Zimmer (ganzjährig, nur Di geschlossen) in absolut ruhiger Lage, erstklassige ländliche Küche, herzliche Gastgeber, Begleitung bei Wanderungen z.B. zu den

byzantinischen Felskirchen mit Fresken in der Umgebung, Juli/Aug. bei Vollmond herausragende Nachtkonzerte über der Schlucht.

■ **Agriturismo Pantàlica Ranch** ③
C.da Chianazzo, an der unteren Straße zwischen Sortino (8 km) und Solerino (10 km), Tel. 09 31 95 44 25, www.pantalicaranch.com. Zimmer mit Bad und Klimaanlage in der Schlucht, ruhig und einsam gelegen, gewürzt wird mit den Kräutern der Umgebung, selbstgemachte Pasta und Brot (Mahlzeit im Restaurant 20–25 €).

■ **Agriturismo Giardino di Pantàlica** ③
C.da Savary, an der unteren Straße zwischen Ferla und Floridia (5 km vom Kassenhäuschen), Tel. 33 87 10 06 24, www.pantalica.it. Einziger Beherbergungsbetrieb direkt in der Schlucht und im Naturschutzgebiet, Schwimmbad, Apartments mit 1 und 2 Schlafzimmern, Restaurant.

Anfahrt

Es gibt **vier Zugangsmöglichkeiten** zur Schlucht und ihren Nekropolen:

■ Man fährt auf der oberen Straße von Sortino 6 km und gelangt an ein Kassenhäuschen mit Parkplatz nördlich der ehemaligen Brücke, hier führen Pfade hinunter in die Schlucht.

■ Man fährt auf der oberen Straße von Ferla 13 km und gelangt an einen Parkplatz südlich der ehemaligen Brücke; auf der Fahrt gibt es mehrere Abstiegsmöglichkeiten in die Schlucht, am Parkplatz kann man über einen dort beginnenden Pfad zum nördlichen Parkplatz gelangen und von ihm ebenfalls absteigen.

■ Man fährt auf der nach unten führenden Straße von Sortino Richtung Solarino und gelangt unten in der Schlucht an ein Kassenhäuschen mit Parkplatz. Diese Anfahrt ist nicht ausgeschildert: Man achte unten auf den Abzweig zum Agriturismo *Sacre Pietra*, nehme diesen, biege allerdings nach 200 m nicht ab, sondern fahre geradeaus weiter für 100 m, ignoriere dort die linke Abgabelung, ignoriere nach 50 m die rechte Abgabelung, nach weiteren 800 m ist der Parkplatz erreicht.

■ Man fährt auf der nach unten führenden Straße von Ferla Richtung Cassaro und Floridia nach Osten und gelangt unten in der Schlucht (4,5 km von Ferla) an ein Kassenhäuschen mit Parkplatz.

Eine **Wanderung** in nur einer Richtung ist nur mit **öffentlichen Verkehrsmitteln** möglich; es ist auf alle Fälle angeraten, die Busfahrzeiten zu vor Ort zu verifizieren:

■ **Busse** der AST (jeweils nur werktags, Fahrzeit ca. 30 Min, www.aziendasicilianatrasporti.it), Ferla – Sortino ein- bis zweimal frühmorgens, Sortino – Ferla ein- bis zweimal mittags/nachmittags.

Deutschsprachiger Agriturismusbetrieb Don Mauro

Am Stadtausgang von Floridia Richtung Solarino nach links, inmitten einer Zitrus- und Olivenbaumplantage, Komfort-Zimmer mit Bad, teils mit Terrasse. Auf Don Mauro herrscht eine sehr herzliche Atmosphäre, die Gastgeber, Herr *Scalora* und Frau *Reddemann*, sprechen beide perfekt deutsch, geben gerne Ratschläge und teilen ihre Tipps für den Besuch von Siracusa und Ausflüge in die Umgebung (darunter natürlich Pantàlica und die Cavagrande). Bei Vorbestellung wird Abendessen zubereitet, mit ‚Kochen' ist dies nur halb beschrieben, perfekte Landküche mit besten Zutaten (Olivenöl aus eigener Produktion!) – schon deshalb sollte man hierher kommen. Am späteren Nachmittag entspannen die Gäste am großzügigen Pool des Agriturismo.

■ **Don Mauro** ②, C.da Cugno di Canne, Tel. 09 31 94 10 25, www.donmauro.com.

Palazzolo Acrèide

9000 Einwohner *(Palazzolesi)*, 697 m ü.N.N., PLZ 96 010, bis Siracusa 49 km

Die kleine Stadt wurde 664 v. Chr. von Siracusa gegründet; sie sollte die Route zu den Städten an der Südküste überwachen. Das griechische *Akrai* erlebte unter römischer Herrschaft einen wirtschaftlichen Niedergang und wurde schließlich von den Arabern zerstört. Einen erneuten Aufschwung brachten die Normannnen. Nach dem Erdbeben von 1693 baute man Palazzolo als Barockstadt wieder auf.

Die Stadt rühmt sich, den längsten **barocken Balkon** Siziliens zu besitzen – nach dem Geschmack der Zeit mit allerlei Fratzen verziert. Schöner sind die Fassaden der Kirchen **Annunziata** und **San Paolo** (angeblich vom berühmten sizilianischen Barockarchitekten *V. Sinatra* geschaffen), beide in der Via Roma etwas abseits vom heutigen Stadtzentrum um die Piazza del Popolo. Hier versammeln sich jeden Tag aufs Neue die Pensionäre in ihrem Lieblingscafé zum unermüdlichen Schwatz gegenüber dem **Dom San Sebastiano**, einem barocken Kleinod mit schöner Freitreppe. Südöstlich davon befindet sich an der Piazza Marconi der sehenswerte **Giardino Storico**, ein botanischer Garten. In der Via Garibaldi im neueren Teil der Stadt (aus dem 18. Jh.) sind vornehme Wohnhäuser zu sehen.

Hausmuseum Ucello

Das Museum ist eine urige Besonderheit. Hier sind vom Hausrat bis zur Tracht alle möglichen ethnografischen Ausstellungsstücke versammelt. Die Sammlung geht auf den Anthropologen und Dichter *Ucello* zurück, sie ist stimmig arrangiert, und man sollte sich etwas Zeit für sie nehmen.

■ **Casa Museo A. Ucello**
Via Macchiavelli 19, Tel. 09 31 88 14 99, Mo–Sa 9–18.30, So 14–19.30 Uhr, 2 €.

Archäologische Zone Akrai

Der archäologische Distrikt liegt etwas außerhalb im Südwesten der Stadt. Zu dem 36 ha großen Ausgrabungsbereich gehört ein gut erhaltenes antikes **Theater** (3. Jh. v. Chr.), in dem es im Sommer Vorstellungen gibt. Daneben befindet sich der Versammlungsraum der Senatoren, das **Buleuterion**, dahinter zwei **Steinbrüche**, die von späteren christlichen Generationen als Kult- und Begräbnisstätten genutzt wurden. Von den **Ferali-Tempeln** (Totenkult) führt ein Weg ins *Valetta* (Tal), in dem sich die *Santoni* befinden, große Steinfiguren aus dem 3. Jh. v. Chr., die einst bemalt und mit Metallornamenten verziert waren und dem Kult um die Göttin *Kybele* dienten (nicht immer zugänglich, fragen Sie den Wächter). Die „Große Mutter" und Fruchtbarkeitsgöttin, deren orgiastischer Kult eigentlich aus Kleinasien stammte, wird mit ihrem Wappentier, dem Löwen, dargestellt. In Sizilien war sie so beliebt wie ihr griechisches Pendant *Demeter*.

■ **Zona Archeologica Akrai**
Tel. 09 31 87 66 02, Mo–Sa 8–17.30, So 9–13 Uhr, geführte Touren zu den Santoni Mo–Sa 10, 11, 15, 16 und im Sommer auch 17.30 und 18.30 Uhr, 4 €; Sammelticket mit Museo Ucello 5 €.

Praktische Informationen

Touristeninformation

■ **Ufficio Informazione**
Piazza del Popolo 7, Tel. 09 31 87 12 13.

Unterkunft

■ **Hotel Senatore** ②-③
Largo Senatore 2, Tel. 09 31 88 34 43, www.hotelsenatorepalazzolo.com. Kleines, modernes Hotel im Zentrum mit 21 Zimmern und einem Restaurant, vornehmlich Geschäftsleute.

Camping

■ **Villaggio La Torre** ①-②
Via Primosole (2 km südwestlich Palazzolo Acrèide), Tel. 09 31 88 33 22. Auf einem Hügel in einem Pi-

nienwald gelegen, in der Hochsaison teils sehr überlaufen, auch Bungalows und Zimmer.

Essen und Trinken

■ **Trattoria dell Gallo** ①-②
Via Roma 228, Tel. 09 31 88 13 34, Mi geschl. *Casarecccio*, was bedeutet, dass die Rezepte von der Mutter stammen; ihre Vorspeisen (und nicht nur die) waren und sind immer eine Sünde wert.

■ **Ristorante/Pizzeria La Trota** ②-③
C.da Pianetta (an der SS287, 7 km südöstlich von Palazzolo Acrèide), Tel. 09 31 88 34 33, www.latrota.it, Mo geschl. Das Restaurant ist berühmt für seine Forellen aus eigener Zucht, großzügige Anlage mit viel Grün und Wasser.

Süßigkeiten

 Antica Pasticceria Corsino
Via Nazionale 2, Tel. 0931 875533, http://corsino.it. Die leckersten Naschereien der ganzen Region: Marzipan, Canelle, Granita und natürlich Eis nach uralten Rezepten. 2011 zur besten Pasticceria auf Sizilien gekürt.

Sonstiges

■ **Bushaltestelle,** Piazza Marconi, Caltagirone, Catania, Noto, Ragusa und Siracusa.

Cassibile

4500 Einwohner *(Cassibilesi)*, 53 m ü.N.N., PLZ 96 010, bis Siracusa 15 km

In Cassibile wurde am 3. September 1943 der Waffenstillstand zwischen Italien und den beiden Alliierten Großbritannien und USA unterzeichnet – an einem historischen Ort übrigens, denn im Jahr 413 v. Chr. unterlagen an dieser Stelle die Athener den Syrakusern (siehe auch Kapitel „Geschichte").

Ein Ausflug zu den Ruinen von Àvola Antica (Àvola Vecchia) lohnt nicht; wer allerdings **Höhlengräber** sehen möchte und Pantàlica versäumt hat, kann sich von Àvola aufmachen zur Cava Grande del Cassibile (s.u.), ca. 7 km entfernt von Àvola in Richtung Palazzolo (man passiert dabei Àvola Antica und das dazugehörige Kloster).

Unterkunft/Essen und Trinken

■ **Hotel Lady Lusya** ③-④
Strada Spinagello 16 (6 km außerhalb im Norden von Cassibile jenseits der A18, Anfahrt über die SP12), Tel. 09 31 71 02 77, www.ladylusya.it. 17 luxuriöse Zimmer in einem herrlichen Palazzo aus dem 15./16. Jh., äußerst geschmackvoll eingerichtete Zimmer, Pool und alles, was das Herz begehrt, darunter ein ausgezeichnetes Restaurant (Menü um 30 €).

■ **Trattoria Cava Grande** ②
C.da Monzello di Pietre, Àvola Antica/Belvedere (10 km nordwestlich Àvola Richtung Palazzolo Acrèide), Tel. 09 31 81 12 20, Mo geschl. Probieren Sie das *Antipasto alla Cavagrande* und die Ravioli mit Ricotta und Spinat.

Cava Grande del Cassibile

Etwa 2 km nach Àvola Antica erreicht man einen Aussichtspunkt mit Parkplatz über der Schlucht, den Belvedere. Von hieraus kann man in die Schlucht hinabsteigen. Das Tal des Cassibile erreicht einer Tiefe von bis zu 250 m. Mehr als 80.000 Höhlengräber aus dem 11. bis 9. Jh. v. Chr. wurden hier entdeckt. In den Gräbern sind Werkzeuge und Keramiken gefunden worden, die einer eigenen prähistorischen Epoche, der **Cassibile-Kultur,** ihren Namen gegeben haben. Eine botanische Rarität sind die **riesigen Platanen,** die beidseits des Flüsschens wachsen. Im Jahre 1984 wurde die 10 km lange Schlucht zum Naturschutzgebiet erklärt.

Cava Grande kann, wie Pantàlica und Ìspica, bewandert werden. Es gibt zwei Zugangspunkte: **Belvedere/Carrubella,** wo eine Registrierung zu erfolgen hat, und **Madonna del Lourdes/Canicattì** ohne Registrierung. Von Belvedere hinunterzusteigen dauert etwa 30 Min., der Aufstieg 1 Stunde. Bei Madonna del Lourdes ist eine **Rundwanderung** von 2 Std. möglich. Auf dem Weg hinunter begegnet man u.a. sechs verschiedenen Orchideenarten.

Der Fluss hat große Auswaschungen hinterlassen, die zum Schwimmen einladen (im Gegensatz zu Pantàlica ist hier das **Baden erlaubt!**). Festes Schuhwerk ist unbedingt notwendig (rauer Ab- und Anstieg). Auch ausreichend Trinkwasser darf nicht fehlen! Vor dem Abstieg muss man sich am Kiosk registrieren lassen und bei Rückkehr wieder abmelden – vergisst man dies, wird ein Suchtrupp losgeschickt und die Kosten dafür dem Säumling auferlegt. Jeweils drei Tage nach heftigeren Regenfällen ist der Zugang zur Schlucht aus Sicherheitsgründen nicht möglich.

■ **Riserva Naturale della Cava Grande del Cassibile**
Tel. 093 16 74 50, www.cavagrandedelcassibile.it, 7.30–19 Uhr, Eintritt frei (Registrierung notwendig); geführte Touren unter Tel. 33 89 73 30 84 buchbar (um 30 €/Person). Die Schlucht war ab Mitte 2014 wegen schwerer Waldbrände geschlossen, für 2015 ist die Wiedereröffnung vorgesehen.

Àvola

32.000 Einwohner *(Avolesi)*, 37 m ü.N.N., PLZ 96 012, bis Siracusa 23 km

Das alte, von Byzantinern und Arabern besiedelte Àvola lag 8,5 km südöstlich der heutigen Stadt, die 1695 gegründet wurde, nachdem sie ein Erdbeben 1693 völlig zerstört hatte. Sie erhielt dem barocken Stadtgedanken entsprechend die Umrisse eines Sechsecks; ihr Zentrum, die **Piazza Umberto I.,** ist ein viereckiger Platz, von dem vier Straßen abgehen, an deren Enden viereckige Plätze liegen, die mit abknickenden Straßen verbunden sind. Gesäumt werden die Straßen der Altstadt von Häusern und Kirchen des späten Barock, der hier etwas einfacher, bäurischer erscheint.

Sehenswert ist der **Dom** an der Piazza Umberto I., dessen Front mehrere Heilige schmücken. Interessant sind auch die zahlreichen Jugendstilgebäude der Altstadt, besonders entlang des **Corso,** ein Zeugnis der wirtschaftlichen Entwicklung um die Wende vom 19. zum 20. Jh.

Dass Àvola auch heute zu den wichtigen landwirtschaftlichen Orten im Südosten zählt, sieht man an den dicht bebauten Feldern in der Umgebung (Àvola ist Zentrum des Mandelanbaus) und an dem ausfernden Gürtel hässlicher Beton-Vorstädte.

Der nahe **Lido d'Àvola** besteht aus Felsküste mit schmalen Kies- und Sandabschnitten.

Praktische Informationen

Touristeninformation

■ **Ufficio Informazione**
Piazza Umberto I (im Museum), Tel. 09 31 82 29 05, www.infopointlarete.com.

Unterkunft

■ **B&B Villa Urso** ②-③
Lido Àvola, Via Pietro Metastasio 11, Tel. 09 31 82 23 16, www.villaurso.it. Familiäre Unterkunft in einem Haus direkt über dem Meer, gutes Frühstück und ein hilfsbereiter Hausherr mit zahlreichen Tipps.

■ **Hotel Merlino** ③
C.da Merlino, am Stadtausgang Richtung Siracusa, Tel. 09 31 82 15 48, www.hotelmerlino.it. Modernes Haus mit 11 Zimmern, alle mit Bad und klimatisiert, das Restaurant ist nicht im Hotel, ein Shuttle-Service wird angeboten.

■ **Agriturismo Masseria sul Mare** ③-④
C.da Gallina, SS115 km 391 (5 km von Àvola Richtung Siracusa), Tel. 09 31 56 01 01, www.masseriasulmare.it. Wohnen in einem alten Gutshof mit 21 Zimmern und einer 1 km langen Privatküste mit mehreren Badestellen, ländlich eingerichtet aber mit allem Komfort, gutes Restaurant mit lokaler Küche (②-③).

Camping

■ **Sabbiadoro** ①
Chiusa di Carlo (3 km nördlich Àvola Richtung Siracusa), Tel. 09 31 82 24 15, www.campeggiosabbiadoro.com. Unter Olivenbäumen, Einrichtung für Campmobile, einige Apartments werden vermietet, am Meer mit Privatzugang zum Sandstrand.

Essen und Trinken

■ **Ristorante La Prua** ③
Viale Mattarella 12, Tel. 09 31 82 23 84, www.lapruarestaurant.it. Kühl-moderne Einrichtung und eine sehr gute, einfallsreiche Küche, die allerdings nicht immer „Jedermanns Sache" ist.

Verkehr

■ **Bushaltestelle,** Piazza Vittorio Veneto, nach Catania, Mòdica, Noto, Pachino, Palermo, Portopalo, Ragusa und Siracusa.

■ **Bahnhof,** Piazza Ferroviaria, Tel. 89 20 21, www.trenitalia.it, nach Ragusa und Siracusa.

Noto

24.000 Einwohner *(Notinesi)*, 152 m ü.N.N., PLZ 96 017, bis Siracusa 33 km

Steil hinauf und hinunter ziehen sich die Straßen von Noto über die Meti-Hügel, das Auto fahren wird zum Verwirrspiel mit Einbahnstraßen, Treppen, Gefälle und Steigungen – am besten, man lässt das Fahrzeug unterhalb der Altstadt an den Grünanlagen vor der **Porta Reale** stehen und macht sich zu Fuß auf, das barocke Kleinod zu erkunden. Eine weitere gute Parkmöglichkeit gibt es an der **Piazza XVI. Maggio** neben dem Theater. Im Halbrund am Hügel gelegen, kühn immer höher hinaufsteigend und zugleich offen zum Meer, wirkt die ganze Stadt wie das Halbrund eines Theaters, dessen Bühne Adelige und Klerus mit großer Geste betraten. 1989 wählte der Europarat Noto zur **Hauptstadt des sizilianischen Barocks,** doch bereits im Jahre 1990 stürzte ein Teil des Jesuitenpalastes ein. Dies hinderte die zuständigen Beamten und Minister nicht daran, die von der EU bewilligten Gelder weiter zurückzuhalten und dem Prozess der Projektbewilligung zu frönen, der in Sizilien kafkaeske Ausmaße erreichen kann – drei Jahre Wartezeit für die Behebung eines städtischen Wasserrohrbruches sind keine Seltenheit (vgl. Exkurs „Der Moloch Bürokratie"). 1995 brach schließlich die Kuppel des Doms ein, worauf in Noto fieberhaftes Sichern und Bauen begann. „Noto ist eine Komödie", hat der Stadt berühmtester Sohn *Leonardo Sciascia* mal gesagt.

Als schließlich klar war, dass Noto mit einigen anderen Städten der Region zum **Weltkulturerbe** erklärt wird, flossen die Gelder dann doch und die Rekonstruktion der Stadt begann. Noch sind nicht alle Gebäude saniert, doch wurde schon viel fertiggestellt und so glänzt Noto wieder in seiner barocken Pracht.

Geschichte

Bereits die Sikuler siedelten über dem Tal von Noto; ihnen folgten Griechen und Römer, bis Noto unter den Arabern sogar die Funktion eines Hauptortes eines der drei Verwaltungsbezirke Siziliens erhielt, des Tales von Noto. Die Stadt fiel als letzte arabische Bastion 1088 an die Normannen. Nachdem *Noto Antica* (s.u.) nach dem Erdbeben 1693 zerstört war, wurde zehn Jahre später 6 km südöstlich ein neues, geometrisch strukturiertes, barockes Noto am Ufer des Asinaro gegründet. Die Bevölkerung war nicht begeistert, ihren alten Siedlungsort verlassen zu müssen, der rituell mit dem Stadtheiligen *Corrado* verbunden war. Doch man verfrachtete sie zwangsweise in das neue Noto, was zu retten war, kam in die Neustadt mit, darunter die Gebeine des *hl. Corrado* und die *Sacra Spina* (s.u.). Rund hundert Jahre beherrschte die Stadt das ganze Tal, bis sich Siracusa als Hauptstadt der Region und der später gegründeten Provinz durchsetzte. Wirtschaftlich basiert Notos Einkommen vor allem auf der Landwirtschaft, die in der fruchtbaren Umgebung intensiv betrieben wird.

Stadtanlage

Die Stadtanlage folgt einem klaren, geradlinigen Muster, daher kann man eigentlich von jeder Ecke aus wieder zur Hauptstraße zurückfinden: Als Längsachsen durchschneiden der **Corso Vittorio Emanuele** und westlich davon die höhergelegene **Via Cavour** die Altstadt. Östlich des Corso (und etwas tiefer gelegen) verlaufen **Via Aurispa** und **Via Roma,** die Einfallstraße, wenn man mit dem Auto von Ragusa oder Siracusa nach Noto hineinfährt. Geradlinig kreu-

▷ Brunnen an der Piazza XVI. Maggio in Noto

zend führen Straßen und Gassen den Hügel hinauf, manche mit steilem Gefälle, andere unterbrochen durch Treppen.

Öffentliche Gärten

Man betritt Noto an den **Giardini Pubblici,** wo sich abends Jung und Alt versammelt, passiert die **Porta Reale,** das Stadttor, und trifft dahinter auf den Corso Vittorio Emanuele. Links und rechts säumen eindrucksvolle Gebäude aus dem 18. Jh. die Flaniermeile, so die San-Francesco-Kirche, das Franziskanerkloster und das mächtige **Benediktinerkloster.**

Rathaus und Dom

Erster Höhepunkt der Städtebaukunst ist die **Piazza Municipio** mit dem **Rathaus,** dem Palazzo Ducezio. Den Palast hatte der sizilianische Stararchitekt des Barock, *Vicenzo Sinatra,* ursprünglich einstöckig konzipiert; erst Mitte des 20. Jh. wurde das Obergeschoss aufgepfropft, nicht unbedingt zum Vorteil des Ensembles. Man darf hinein und den Spiegelsaal (Sala dei Specchi) mit seinem Deckenfresko bewundern, Empfangshalle des Rates der Stadt. Die gegenüberliegende Seite des Platzes wird beherrscht von der breiten Barockfassade des **Doms S. Nicolò** (erbaut zwischen 1700 und 1770), zu dem eine breite Treppe hinaufführt. Flankiert von zwei niedrigen Türmen rechts und links, zeigt sich die Fassade der *chiesa madre* in einem erstaunlich schlichten Kleid. Sie ist zweistöckig, gegliedert von Säulen und wird von einem Giebel überkrönt. Dahinter erhebt sich die beeindruckende Dachkuppel. Im Inneren der Kathedrale werden in einem Schrein aus Silber die Reliquien des hl. Corrado aufbewahrt. Der Schutzpatron der Stadt lebte als Einsiedler in einer Höhle unweit des alten Noto. Sein Festtag wird am 19. Februar mit einer Prozession begangen, bei der die Reliquien auf einem von Greifen getragenen Podest durch die Stadt geschleppt werden.

■ **Palazzo Ducezio/Rathaus**
Corso Vittorio Emanuele, Tel. 09 31 57 40 80, tgl. 9–19.30, Winter bis 19 Uhr 2 €, Kombiticket mit Theater und Museum 4 €.

Stadtmuseum

Neben dem Rathaus zeigt das Stadtmuseum Kunst, Skulpturen und Reliefarbeiten aus den unterschiedlichsten Materialien: Bronze, Terracotta, Marmor, Kupfer, Gold und Silber. Ein Großteil der Sammlung geht auf das 19. Jh. zurück.

■ **Museo Civico**
Corso Vittorio Emanuele, Tel. 09 31 57 40 80, tgl. 9–17 Uhr 2 €, Kombiticket mit Theater und Rathaus 4 €.

Nicolaci-Palast

Eine der berühmtesten Fassaden von Noto verbirgt sich in der schmalen Via (oder Salita) Nicolaci, die als nächste den Corso kreuzt. Frisch restauriert erfreuen die von Dämonenfratzen getragenen Balkonbrüstungen des **Palazzo**, in dem auch die Bibliothek untergebracht ist.

■ **Palazzo Nicolaci**
Via Nicolaci 18, Tel. 32 05 56 80 38, www.palazzonicolaci.com, 10–18 Uhr, 4 €.

Montervergine-Kirche

Den Abschluss der steil ansteigenden Gasse bildet wiederum eine barocke Kirchenfassade, nämlich die der Chiesa di Montevergine, die dem zweiten großen Baumeister des sizilianischen Barock, *Rosario Gagliardi*, zugeschrieben wird. Die Salita Nicolaci wirkt mit den Barockfassaden links und rechts, die perspektivisch verkürzt auf die konkave Kirchenfront zuführen, wie eine Theaterkulisse. Am dritten Sonntag im Mai wird diese Gasse über und über mit bunten Blüten bedeckt – die örtlichen Floristen und Künstler komponieren ein florales Bild, das je nach vorgegebenem Thema mal aus der Geschichte, mal aus der Mythologie der Stadt herrührt und die Gasse vollends in ein Spectaculum verwandelt.

Piazza XVI Maggio/Teatro

Zurück zum Corso: Man trifft schließlich auf die Piazza XVI Maggio, an der neben dem klassizistischen städtischen Theater auch die Touristeninformation liegt. Das **Theater** kann gegen Gebühr besichtigt werden und zeigt sich im Inneren herrlich nostalgisch und plüschig. Die Bühne misst immerhin 9 x 9 Meter und der veritable Orchestergraben fasst 15 Musiker, die Akustik gilt als exzellent.

UNSER TIPP Ist man zwischen November und April in Noto, sollte man keinesfalls eine der **Aufführungen** in dem intimen Schauspielhaus mit nur 320 Plätzen versäumen (2–3 mal im Monat, ca. 25 €). Beherrscht wird auch der Platz vom barocken Prunk einer weiteren Kirche – der **Chiesa di S. Domenico** mit angeschlossenen Klosterbauten (ebenfalls von *Rosario Gargiardi)*. Unterhalb der Kirche lockt die kleine grüne Oase um den Herkulesbrunnen zur Entspannung. Entlang des Corso und auf dem Platz gibt's auch mehrere Cafés. Von der Piazza XVI Maggio steigt man eine der nach oben führenden Gassen bergan. Man passiert die Via Cavour, die ebenfalls von bemerkenswerten Barockgebäuden gesäumt ist: Mindestens ebenso erstaunlich ist, mit welcher Energie sich die Natur die aufgelassenen Palazzi wieder zurückerobert. „Bärte" langer Gräser wachsen aus Regenrinnen, ab und an ist es einem Bäumchen gelungen, die mürben Dachsparren zu durchstoßen und seine Krone über den Dächern Notos zu entfalten; von Balkonbrüstungen wuchern Moos und Efeu.

■ **Teatro Vittorio Emanuele**
Piazza XVI Maggio, Tel. 09 31 57 40 80, tgl. 9–17 Uhr, 2 €, Kombiticket mit Rathaus und Museum 4 €.

Agata-Kirche

Durch Gassengewirr, vorbei an immer neuen Kirchen und Klöstern sollte man unbedingt versuchen, die Via Trigonia zu finden, die parallel zur Via Cavour verläuft und durch Treppengassen mit ihr verbunden ist. Hier versteckt sich ein von außen und innen sehr schlichtes, aber umso eindrucksvolleres Kleinod der Kirchenbaukunst von Rosario Gagliardi, die 1710 erbaute Kirche der hl. Agata. Neu renoviert strahlt sie aus dem bröckelnden Barock ihrer Umgebung (daneben residiert das Ospedale im ehemaligen Kloster der Weißen Benediktinerinnen). Gegenüber verbirgt sich in dem kühlen weißen Innenraum der S. Annunziata ein eigenwilliger, aus Holz geschnitzter und mit Gold und Spiegelplättchen dekorierter Altar – ein ungewöhnliches Ensemble!

Crocifisso-Kirche

Weiter bergan kommt man schließlich zur **Piazza Mazzini** mit der Chiesa del Crocifisso, einem gelungenen Werk von *Rosario Gagliardi* von 1715. Die Kirche besitzt eine wertvolle Heiligenfigur des berühmten Bildhauers *Francesco Laurana*: die auf 1471 datierte *Madonna della Neve*. Ein besonderes Heiligtum verbirgt sich in einem goldenen Schrein, die aus Noto Antica gerettete *Sacra Spina*: Der „heilige Dorn" aus der Dornenkrone Christi wird am Karfreitag durch die Straßen von Noto getragen.

Auf der Piazza vor der Kirche spielen Kinder, während alte (pensionierte) und junge (arbeitslose) Männer zuschauen und die Tagesthemen diskutieren. Durch schmale Toreinfahrten sieht man in enge, mit Petunien und Oleander begrünte Hinterhöfe. Hohe vergitterte Fenster und eine gleichförmige graue Fassade beherrschen die Längsseite der Piazza Mazzini: Es ist ein ehemaliges Kloster und heute Gefängnis und Amtsgericht.

Praktische Informationen

Touristeninformation

■ **Ufficio Informazione**
Piazza XVI Maggio, Tel. 09 31 83 67 44, www.comune.noto.sr.it.

Unterkunft

■ **Ostello della Gioventù Il Castello** ①-②
Via F. Bandiera 1, Tel. 32 08 38 88 69, www.ostellodinoto.it. Mitten im Zentrum in einem alten Palast, auch Einzel-, Doppel- und Familienzimmer.
■ **Agriturismo Bioecologico Terra di Pace** ②
C.da Zisola, 3 km über die SS115 von Noto nach Ragusa, Tel. 09 31 83 84 72, www.terradipace.eu. Rustikal eingerichtete Zimmer teils auch mit Kochgelegenheit, kleines Schwimmbad, etwas einfaches Ambiente, aber dafür günstige Preise.
■ **Agriturismo Il Roveto** ③
Torre Vendicari (9 km südlich von Noto an der Straße nach Pachino, 500 m nach dem Abzweig nach Vendicari), Tel. 093 13 69 46, www.roveto.it. Barockes Weingut, von dem aus Spaziergänge in Vendicari, Vogelbeobachtung und Pferde-Ausritte unternommen werden können. Begehrte Unterkunft, so dass eine frühe Buchung wichtig ist. 7 Apartments mit Kochgelegenheit.
■ **B&B Neathon Rooms** ③
Via Giambattista Vico, Vico Poppo 14, Tel. 09 31 83 57 90, www.neathonrooms.com. Nette Zimmer und Apartments mit Bad, Fernsehen und Klimaanlage mitten in der Altstadt.
■ **B&B Al Canisello** ③
Via Pavese 1, Tel. 09 31 83 57 93, www.villacaniselo.it. Unterkunft in sechs Zimmern am Stadtrand in einem Gebäudekomplex aus dem 19. Jh. mit Garten.
■ **Residence Hotel Villa Teresa** ③
C. da Baronzzo, S. Corrado F. M. (5 km auf der SS287 nach Norden), Tel. 09 31 81 30 65, www.villa-teresa.eu. Sehr gute Ausstattung, Pool und Gartenterrasse; die Besitzer sind sehr zuvorkommend und hilfsbereit, moderne Gebäudestruktur, Möglichkeit zu essen.
■ **Hotel Villa Favorita** ④
C. da Falconara (7 km auf der SP59 Richtung Meer), Tel. 09 31 81 29 12, www.villafavoritanoto.it. Restauriertes Barockpalais, freundliche, helle und zweckmäßig eingerichtete Zimmer, schöne Hotelpoolanlage mit Weitsicht, ein sehr gutes Restaurant ist angeschlossen.
■ **Hotel Villa Mediterranea** ④
Viale Lido, Tel. 09 31 81 23 30, www.villamediterranea.it. April bis Okt. geöffnet, vom Meer nur durch das Lungomare getrennt, unter dem ein Durchgang hindurchführt, 15 Zimmer, schöne grüne Anlage, kleiner Pool und angenehmer Service.
■ **Hotel Masseria degli Ulivi** ④
C.da Porcari (9 km von Noto, Richtung Noto Antica, kurz hinter der Abzweigung an der Hauptstraße nach rechts), Tel. 09 31 81 30 19, www.masseriadegliulivi.com. Ein Gutshof auf einer Olivenbaumplantage wurde in ein herrliches Hotel umgebaut, großes Schwimmbad, tolle Atmosphäre (Halbpension 28 € zusätzlich p.P.).

Essen und Trinken

Unser Tipp: **Caffè Sicilia** ①
Corso Vittorio Emanuele 125, Tel. 09 31 83 50 13, Mo geschl. Süße Köstlichkeiten von einem Meister seines Faches, der in der ganzen Welt neue Ideen sammelt, nicht billig aber etwas für Gaumen und Auge.
■ **Ristorante/Pizzeria Al Terrazzo** ①-②
Via Baccarini 4, Tel. 09 31 83 97 10. Leckere Pizze und großes Vorspeisenbuffet für den schnellen Gast, der keine Zeit hat.

Barocke Architektur und Stadtplanung

Der Barock kennzeichnet in der europäischen Geschichte eine Epoche, die sich gewissermaßen als **religiöse und geistige Gegenbewegung zur Reformation** besonders in katholischen Ländern entwickelte. Kirche und Klerus manifestierten in den großen Barockbauten, wie dem Petersdom, ihre nach wie vor vorhandene **Macht,** zugleich versinnbildlichten die Kirchen aber auch durch ihre Konzeption und Anlage den **Übergang von der weltlichen in die religiöse Sphäre.** Alle Linien drängen in der Perspektive in die Horizontale, hohe Treppen verstärken noch den Eindruck des Himmlischen. Einer von Italiens berühmtesten Architekten, *Andrea Palladio,* gab folgende Devise für den Bau von Kirchen aus: „… gibt es Hügel in der Stadt, so muß man deren höchsten Punkt wählen. Gibt es aber keine solchen erhöhten Plätze, so muß man den Grund des Tempels so hoch wie nur möglich über die Stadt anheben." In Sizilien sind beide Varianten vertreten.

Mittelpunkt des Ortes ist die **Piazza**, im Falle größerer Städte gibt es auch mehrere Plätze, die durch Prunkstraßen miteinander verbunden sind. Die Piazza des Barock umgibt nicht mehr das Gassengewirr des Mittelalters, sondern die einer strengen Konzeption folgende Straßenanlage. Zumeist sind die Straßen **rechtwinklig kreuzende Hauptachsen,** die oft perspektivisch in die Ferne, aus der Stadt hinaus zu führen scheinen. Es gibt aber auch Städte mit **sternförmigem Grundriss.** Der Gedanke dahinter war, die einzelnen Stadtviertel mit den großen Verkehrsachsen und der zentralen Piazza zu einer **Einheit** zu verschmelzen, was sich oft auch in recht ähnlicher Gestaltung der Hausfassaden einer Straße manifestiert. Die Stadt besteht im Barock nicht mehr aus zusammengewachsenen Einzelteilen, sondern ist Ausdruck des planerischen Denkens ihrer Baumeister bzw. der Könige oder Feudalherren, die den Bau in Auftrag gaben. So dramatisch die Zerstörungen des Erdbebens von 1693 im Südosten Siziliens waren – kein Architekt hätte sich etwas Besseres wünschen können. Endlich war der Weg frei, die Ideale der barocken Stadtplanung in die Tat umzusetzen.

Auch in der Gestaltung der Häuser und Kirchen gibt es eine Abkehr von der bislang vorherrschenden Richtung. Die Architektur versuchte nun, **Bewegung** zu simulieren: Fassaden mit vorspringendem Mittelteil oder abwechselnd konkavem und konvexem Schwung, spiralenförmige Säulen, Voluten (schnecken- oder spiralenförmiges Schmuckelement), Balkons und Balustraden, die das Gebäude wellenförmig umschließen, ein ausgeklügeltes Spiel mit den Effekten von Licht und Schatten – alle Bauteile versuchen, den toten Stein zum „Schwingen" zu bringen. Am deutlichsten spürt man diesen Effekt an der Kirche **S. Giorgio in Mòdica.** Wenn man in der späten Nachmittagssonne die steilen Stufen zum Dom hinaufsteigt, schwebt die massige Kirche geradezu wie eine Sinnestäuschung über dem Dächergewirr der Altstadt. Mit jedem Schritt auf sie zu verändert sich die Perspektive, werfen die Schatten neue Effekte auf den goldgelben Stein, scheinen Gesimse und Statuen zu tanzen. Fast magisch ziehen alle Elemente den Blick nach oben: zunächst die Treppe hinauf zum großen Eingangsportal, das höher ist als die Seiteneingänge, dann am vorspringenden, von Säulen flankierten Mittelteil der Fassade weiter nach oben bis zum Kreuz, auf das alle perspektivischen Linien dieser Kirche gerichtet sind. Oben angekommen hat man das Gefühl, in eine andere Sphäre eingetaucht zu sein.

■ Ristorante/Pizzeria Il Falco ①-②
C.da Baronazza (5 km Richtung Noto Antica), Tel. 09 31 81 30 80, www.ristoranteilfalco.it. Hoch oben in den Bergen mit einer Terrasse und fantastischem Blick, wem der Sommerabend zu heiß wird, ist hier richtig, eine Brise bringt Abkühlung, Pizza nur abends.

■ Trattoria del Carmine ②
Via Ducezio 9, Tel. 09 31 83 87 05, www.trattoria delcarmine.it. Mo geschl. Winziges, familiäres Lokal mit vorzüglicher Küche, sehr überlaufen, Reservierung ratsam, man kann z.B. das Kaninchen bestellen oder die Pasta mit Gemüsepesto.

✿ Trattoria Crocefisso ③
Via Umberto 48, Tel. 09 51 57 11 51, www.ristoran tecrocifisso.it. Mi geschl. Ausgezeichnete sizilianische Küche (u.a. *ravioli di ricotta*) und sehr angenehme Atmosphäre, dennoch zivile Preise, Mitglied bei *Slow-Food*, der Chef spricht deutsch und berät gerne.

■ Ristorante/Pizzeria Antico Mercato ③
Via Rocco Pirri 30, Tel. 09 31 83 74 32, Mo geschl. In einem Palast mit Innenhof, sehr gute Pizze und leckere Antipasti, auch die (frische) Pasta schmeckt vorzüglich.

■ Ristorante Dammuso ④
Via Rocco Pirri 10, Tel. 09 31 83 57 86, www.ristoran tedammuso.it. Der Edelitaliener von Noto, superelegant in zurückhaltendem Design, auf die Teller kommt nur das Beste – das alles hat seinen Preis.

Verkehr

■ **Busterminal,** nahe der Porta Reale südlich des Parks, mehrmals täglich nach Pachino, Àvola, Catania, Ragusa, Mòdica und Siracusa, zweimal täglich zum Capo Pàssero, im Sommer häufig Stadtbusse nach Marina di Noto (Lido di Noto).

■ **Bahnhof,** Via Stazione Ferroviaria (1 km südlich), Tel. 89 20 21, www.trenitalia.it, Richtung Ragusa, Siracusa und Pachino (Busdienst 1x werktags).

■ **Taxi,** Piazza XVI Maggio 1, Tel. 09 31 57 35 57.

Feste

■ **19. Februar, Fest des Stadtheiligen** *Corrado Confalonieri*
■ **Osterprozession,** *Santo Spina*
■ **Frühlingsfest,** am dritten Sonntag im Mai
■ **8. Dezember, Fest der** *Madonna Immacolata*

Nach Marina di Noto

Zum Baden geht's an die Sandstrände der 8 km entfernten Marina di Noto hinunter in die Ebene (Busverbindungen vom zentralen Busbahnhof in Noto). Trockenmauern unterteilen die Hänge in ein Puzzle weiß-brauner Flächen, auf denen knorrige Oliven- und Johannisbrotbäume stehen. Eine Eisenbahnlinie wird gequert, und schon steckt man mitten im Badetrubel beim **Seebad Calabernardo** an der Asinaro-Mündung. Am Hafen sind noch ein paar ältere Fischerhäuser erhalten, an der Küste wechseln Sand und Felsen ab.

Nach Noto Antica

Der Abstecher lohnt eigentlich mehr wegen der landschaftlichen Schönheit der Strecke als wegen der spärlichen Ruinen, die es zu sehen gibt. Am Ospedale vorbei verlässt man Noto auf der SS227 in Richtung Palazzolo Acrèide und durchquert den Vorort **San Corrado di Fuori** mit schönen alten Villen und Palazzi in üppigen Gärten. Die Adelsfamilien *Notos* hatten neben den Stadtpalästen hier ihren bevorzugten Sommersitz. Weiter geht es durch Olivenpflanzungen, die allerorten von den für die Iblei typischen Trockenmauern begrenzt werden. Nach etwa 10 km zweigt links ein Sträßchen nach Noto Antica ab. Ein Stadttor, die Porta Reale, und die Überreste einer turmbewehrten Burg sind alles, was das Erdbeben 1693 von der Stadt übrig gelassen hat. Die übrigen Ruinen hat sich die Natur zurückerobert – ein verwunschenes Örtchen.

Von hier kann man nach Noto zurückkehren oder aber der Straße weiter nach Nordwesten in Richtung Testa d'Acqua folgen, in dessen Nähe sich die **Überreste der Bronzezeitsiedlung von Castelluccio** finden. Bemerkenswert ist nicht das, was vor Ort noch zu sehen ist, sondern die Fundstücke, die im Orsi-Museum in Siracusa ausgestellt sind. Sie belegen, dass die Einwohner Castelluccios bereits im 2. Jahrtausend v. Chr. Kontakte zur Insel Malta unterhielten. Ihre Keramiken sind von gelbem oder rötlichem Grund und mit schwarzen Linien verziert. Die Grabkammern hatte man mit monumentalen Steinplatten verschlossen, auf denen spiralenförmige Symbole eingemeißelt waren. Archaisch und fremd erscheint hier auch die Landschaft: Kultivierter Boden ist selten, zu sehr haben die Kräfte der Erosion bereits die Erde zerstört. Auf Hügelkuppen „wachsen" romantische Herrenhäuser über die ehemaligen Güter.

Cava Paradiso

Folgt man westlich von Noto der SP17 Richtung Mòdica gelangt man nach 7 km zum Agriturismo Paradiso, 100 m davor muss man schon genau schauen, um linker Hand einen **Durchbruch an der Trockenmauer** zu sehen. Steigt man hier über die Mauer, gelangt man, roten Pfeilen folgend, nach etwa 2 Minuten an einen Fahrweg, den man überqueren muss und auf der anderen Seite weiter geradeaus gehend wieder verlässt. Es geht bald hinunter in die idyllische, dicht bewachsene Schlucht mit Badeplätzen, tatsächlich ein kleines Paradies. Doch derjenige, dem das umliegende Land gehört – einer der größten Verleger Italiens – möchte keinesfalls teilen, so werden immer wieder die Hinweisschilder abgebaut und der Pfad in die Cava Paradiso nicht gepflegt.

Römische Villa von Tellaro

Man erreicht die Villa von der Straße Noto – Pachino. Die Villa von Tellaro bietet dem Besucher nach der Villa Romana del Casale bei Piazza Armerina die **schönsten römischen Mosaike** auf Sizilien. Nachdem die hier gefundenen Mosaike über Jahrzehnte eine Odyssee durch die Museen von Noto gemacht haben, sind sie heute in dem kleinen Museum an ihrem ursprünglichen Fundort untergebracht. Auch wenn sie nicht so zahlreich sind wie in Casale, einen Besuch sind sie allemal wert. Die Mosaike stammen aus dem 4. Jh. und zeigen insbesondere drei großflächige Arbeiten mit Jagdszenen, erotischen Bildern und eine Szene, die die Übergabe des Lösegeldes für den Leichnam Hektors zum Thema hat. Über 5000 m² soll die Villa eines Senators und/oder Großgrundbesitzers einst bedeckt haben, sie wurde ein Raub der Flammen. Die genaue Datierung auf die 2. Hälfte des 4. Jh. ermöglichten Münzfunde.

☐ Übersichtskarte S. 198

Villa Romana del Tellaro
Tel. 33 89 73 30 84, www.villaromanadeltellaro.com, 9–20 Uhr (im Winter bis 19 Uhr), 6 €, Kombiticket mit dem Archäologischen Museum von Siracusa 10,50 €.

Naturschutzgebiet Vendicari/Eloro

Die Sumpflandschaft um die Mündung des Tellaro wurde als *Riserva naturale orientata di Vendicari* unter Naturschutz gestellt. Vendicari ist mit einer Fläche von 1450 ha das **bedeutendste Feuchtgebiet Siziliens** und liegt südlicher als Tunis. Erst sollte hier eine Raffinerie entstehen, und als die Naturschützer gegen diese Pläne Sturm liefen, entwickelten Spekulanten ein Tourismusprojekt, das Feriensiedlungen für über 5000 Besucher vorsah. Unter Einschaltung internationaler Organisationen gelang es 1977, Vendicari zum Schutzgebiet und 1983 zum Reservat erklären zu lassen.

Vendicari bildet eine kleine, sehr vielfältige Welt. Auf dem Mergel- und Sandboden des Küstenstreifens wachsen Myrte, Levkoje, Oleaster, Sandschilf und die Zwergpalme. An den Felsen klammern sich Thymuspflanzen, Kamille, wilder Knoblauch und Bibernelle. Am Strand wachsen Leimkraut, Wegerich, Fenchel und Strandnelken; auf den Sanddünen stehen Wacholderbüsche und Mastixbäume. In den salzigen Sumpfgebieten gedeihen Binsen und Knöterich

Vendicari Naturschutzgebiet

■ Übernachtung
1 Agriturismo Calamosche

■ Essen und Trinken
1 Agriturismo Calamosche

und im Süßwasser Schilf und Riedgras. Dazwischen tummeln sich Stachelschweine, Füchse und Kaninchen – und die Sumpfschildkröte. Vendicari ist auch das Habitat seltener Wasservögel wie des weißen Löfflers und von Flamingos. Wenn die Zugvögel auf ihrem Weg in den und vom Süden Halt machen, kommen auch die Ornithologen voll auf ihre Kosten.

Außerhalb der Hochsaison in den frühen Morgenstunden ist man hier alleine und kann das Naturschauspiel genießen. Im Sommer werden die scheuen Vögel vom Massenansturm der Badenden verdrängt, da die Sandstrände an der Tellaro-Mündung beliebte Badeplätze sind. Zur Saison sind dann auch die Zufahrtswege vollgeparkt, und alle wollen ans Meer. Zurecht, der Sand ist fein, das Wasser sauber, die Natur intakt. Von den fünf Stränden Cittadella, Centro, Marianelli, Eloro und Calamoche gilt letzterer als schönster Strand (manche sagen sogar, von ganz Sizilien).

Zu erreichen ist das Gebiet über die Straße Noto – Pachino, von der es nach links mehrfach nach Vendicari abgeht. Das Auto muss man an einem der Parkplätze abstellen. Mehrere Wanderwege führen duch das Gebiet bzw. an der Küste entlang.

Das Ausgrabungsgebiet von Eloro im Naturpark von Vendicari

Auf einem Felsvorsprung über dem Strand von Vendicari erheben sich die Überreste der **Siedlung Eloro,** des griechischen *Heloros,* einer Gründung des nahen Siracusa. Die Ruinen sind für den Laien ohne Aussagekraft und meist abgeschlossen; eindrucksvoll ist nur ihre schöne landschaftliche Lage. Nicht weit entfernt steht inmitten von Olivenbäumen die **Pizzuta**, eine aus dem 3. Jh. v. Chr. stammende, 10 m hohe Säule.

■ **Riserva Naturale di Vendicari,** von Sonnenaufgang bis eine Stunde vor Sonnenuntergang, Eintritt frei, Parken 3 €.
Unser Tipp: Agriturismo Calamoche ②
La Banca, am Eingang zum Vendicari-Reservat/Calamoche-Strand, Tel. 34 78 58 73 19. Uriger Bauernhof mit Zimmervermietung und einer Landtrattoria. In der Hochsaison fast keine Chance, ein Zimmer zu kriegen, der Strand gilt schließlich als schönster der Region.

Marzamemi

250 Einwohner *(Marzameminesi),* 3 m ü.N.N., PLZ 96 010, bis Siracusa 55 km

Marzamemi besteht aus dem neueren Ortsteil mit Hafen und Ferienhäusern und dem hübschen, geradezu pittoresken alten Fischerort auf einer Landzunge. Das kleine Dorf war Kulisse für die Verfilmung der Novelle von *Thomas Mann*, „Mario und der Zauberer", die *Klaus Maria Brandauer* 1994 hier drehte. Eine schlichte Piazza, ein restauriertes Kirchlein, eine große, verlassene Thunfischfabrik und ein Adelspalast aus dem 16. Jh., Katzen liegen träge im Schatten der niedrigen Fischerhäuschen – immer noch ein idyllisches Örtchen mit kleinem Sandstrand, auch wenn einige Restaurants inzwischen ihre Pforten geöffnet haben, im Hinterland immer weitere Ferienhäuser entstehen und die Yachten an der neu erbauten Marina anlegen.

Praktische Informationen

Unterkunft

■ **Hotel La Conchiglietta** ②-③
Via Regina Elena 9, Tel. 09 31 84 11 91, www.laconchiglietta.it. 12 zweckmäßig eingerichtete Zimmer mit Bad, Klimaanlage und Meerblick in einem für die Verhältnisse des Ortes modernem Hochhaus.

Essen und Trinken

■ **Taverna La Cialoma** ②-③
Piazza Regina Margherita 23 (Hauptplatz), Tel. 09 31 84 17 72, www.lacialoma.it. Nov. geschl. Sehr morbide, sehr schön und in Händen einer Fischerfamilie; delikate sizilianische Küche auf der riesigen steingepflasterten Piazza mit Tonnara und Kirche, grell-glänzend sticht die Sonne in die Augen desjenigen, der mittags kommt, abends erleuchten stilvoll Kerzen die Tische.

■ **Ristorante/Pizzeria L'Acquario** ③
Via Jonio 1, Tel. 09 31 84 12 51, 30 €. In einer großen ehemaligen Werfthalle werden in rustikaler Atmosphäre und auf der Terrasse davor mit Blick auf den Hafen von April bis Oktober Fischgerichte serviert.

Verkehr

■ **Autobus AST,** Mehrmals am Tag Verbindung über Pachino nach Ragusa.

Pachino

Pachino (22.000 Einw.) ist eigentlich der Hauptort am Kap und dessen wirtschaftliches Zentrum (u.a. Weinanbau), für den Tourismus jedoch ohne Belang. Gegründet wurde der Ort Ende des 18. Jh. von den Grafen *Giardinelli*, die Einwanderer von Malta ansiedelten. Das geometrische Raster der Stadtanlage ist heute noch gut zu erkennen. In der nahen **Coruggi-Grotte** wurden Zeugnisse aus dem Neolithikum, in der **Calafarina-Grotte** Spuren aus der Kupfer- und Bronzezeit gefunden – unweit von Marzamemi sind sie heute nicht mehr zugänglich.

Portopalo di Capo Passero

3800 Einwohner *(Portopalesi)*, 20 m ü.N.N., PLZ 96 010, bis Siracusa 57 km

Das Fischerdorf und sein vorgelagertes Inselchen bilden den **südöstlichsten Punkt Siziliens.** Eine modernere Stadt (die meisten Bauten stammen aus dem 20. Jh.) mit zahlreichen Cafés und Läden entlang der Hauptstraße, die am kleinen Hafen gegenüber der Felseninsel mündet. Vorherrschendes Baumaterial: Beton. Einziges Bauwerk mit „Geschichte" ist das 1933–1935 errichtete, ausgeflippte **Schloss Tafuri,** das sich keinem Baustil zuordnen lässt. Es wurde lange Jahre als Hotel genutzt und verfällt heute. Der mächtige Festungsturm auf der Insel dient zugleich als Leuchtturm, die Meeresgründe gelten als hervorragendes Schnorchelrevier, und auch der Wind lässt die Surfer nicht „verhungern".

Im Zweiten Weltkrieg landeten hier 1943 die anglo-amerikanischen Verbände, die Sizilien befreien sollten.

Portopalo ist durchaus als Standort für die Erkundung der vielen Sandstrände in der Umgebung und für Ausflüge zu den nahen Barockstädten geeignet, wenn man dies mit einem Badeurlaub verbinden mag und keinen großen Wert auf ein ausgeprägtes abendliches Stadtleben oder besonders romantisches Mauerwerk mit lauschigen Plätzen legt.

Praktische Informationen

Touristeninformation

■ **Ufficio Informazione**
Via Francesco Garrano 21, www.prolocoportopalo.it.

Unterkunft

■ **Hotel Perseo** ②-③
Via Carducci 2, Tel. 09 31 84 27 01, www.scalasicilia.com. Etwa 5 Minuten zu Fuß vom Strand im Ort gelegen, elf Zimmer im Hauptgebäude und neun in der Dependance, alle komfortabel und modern eingerichtet, gutes Restaurant (Scala, ②-③).

■ **Feriendorf Capo Pàssero** ②-③
Via Tagliamento 63, Tel. 09 31 84 20 30, www.capopassero.it. Kleines Touristendorf mitten im Ort am Meer, Tauchgänge können organisiert werden, Miniapartments, Restaurant, Meerwasserschwimmbad.

■ **Hotel La Rosa dei Venti** ③-⑤
C.da Corridore Campana, 2 km von Portopalo im Landesinneren, Tel. 09 31 84 43 43, www.hotellaro

sadeiventi.it. Schöne und luxuriöse Anlage zwischen Portopalo und Marzamemi, 10 elegante Zimmer mit Meerblick, eigener Strand mit kleinem Restaurant, kein Restaurant im Hotel.

Camping

■ **Capo Pàssero** ①-②
Vigne Vecchie (2 km westlich Portopalo di Capo Pàssero), Tel. 09 31 84 23 33, www.campingresidence capopassero.it, schattiger Platz mit Infrastruktur (Pizzeria, Laden) und Animation, Schwimmbad. Bungalowvermietung.

Essen und Trinken

■ **Ristorante/Pizzeria Popeye** ①-②
Via Scalo Mandria, Tel. 09 31 84 29 67. Schattige Terrasse mit Blick auf die vorgelagerte Insel, in der Hochsaison knackevoll.

■ **Ristorante/Pizzeria La Giara** ②-③
C.da Porto, Tel. 09 31 84 32 17, Mo geschl. Direkt am Fischereihafen kommt das beste Meeresgetier auf den Tisch, der Küchenchef hat Catania für die Ruhe Portopalos geflüchtet, nur ab und an tritt er bei Kochsendungen im Fernsehen auf.

■ **Ristorante/Pizzeria da Maurizio** ③
Via Tagliamento 22, Tel. 09 31 84 26 44, Di geschl. Mitten im Ort, ideal für diejenigen, die gern fein essen gehen wollen, gute Küche, gute Weinkarte!

Bus

■ **AST,** mehrmals am Tag Verbindung über Pachino nach Ragusa.

Ìspica

16.000 Einwohner *(Ispicesi)*, 170 m ü.N.N., PLZ 97 014, bis Ragusa 33 km

Hoch thronen die grauweißen Mauern und Palazzi von Ìspica **auf einem Felssporn** über der gleichnamigen Schlucht, in der Felsengräber aus der Frühzeit und christliche Katakomben zu sehen sind. An der großen Kreuzung geht es entweder in die Schlucht hinein *(Parco forza)* oder hinauf in die sehr sehenswerte Altstadt.

Ìspica war eine prähistorische Siedlung, die im Mittelalter von den Normannen ausgebaut und befestigt wurde. Die Stadt *Spaccaforno*, so ihr damaliger Name, entstand um einen Felssporn herum am gegenüberliegenden Rand der Cava d'Ìspica. Sie wurde beim Erdbeben 1693 zerstört. Die neue Stadtgründung wurde erst 1935 in Ìspica umbenannt; der Name orientiert sich am lateinischen *Ìspicae Fundus*, das sich auf die Lage am Ausgang der Ìspica-Schlucht bezieht.

Besonders sehenswert ist der **Jugendstil-Palast Bruno Belmonte** von *Ernesto Basile*, in dem sich heute das Rathaus befindet. Schräg gegenüber kann man noch einen Blick auf die schön sanierte ehemalige **Markthalle** werfen Darüber hinaus besitzt das Städtchen auch zahlreiche **Barockkirchen.**

Praktische Informationen

Touristeninformation

■ **Ufficio Informazione**
Corso Umberto 34 (Mercato), in der Hauptstraße beim Palazzo Belmonte, vormittags.

Johannisbrot – Juwel der Iblei

Geerntet werden die langen, schotenförmigen **Früchte der Karube** Ende August nach dem Fest *Johannes des Täufers,* das jährlich am 29. August begangen wird – daher auch der deutsche Name Johannisbrot *(Ceratonia siliqua),* in Sizilien heißt der Baum **Carrubo.** Die Provinz Ragusa produziert 70 % des sizilianischen Johannisbrots; entsprechend häufig sieht man die gedrungenen, knorrigen Stämme mit ihren weit ausladenden Kronen, an denen kleine, gefiederte Blätter wachsen, auf den Feldern der Iblei. Eingeführt wurde das Johannisbrot von den **Arabern,** die seine harten Samen des immer gleichen Gewichts (0,18 g) wegen auch gerne zum Abwiegen von Gold und Edelsteinen benützten. Diesen Brauch hatten die Araber von den Griechen übernommen: *keration,* das Hörnchen, nannten diese die Frucht des Johannisbrots, und über das arabische *qirat* wandelte sich der Begriff zum französischen *Karat,* der Maßeinheit bei der Größenbestimmung von Diamanten.

Die bis zu 20 cm langen Hülsenfrüchte des Johannisbrots sind also vielseitig verwendbar. Geröstet und gemahlen ergeben unreife Früchte eine Art Muckefuck (Karobkaffee), reif geerntet werden sie zu Mehl vermahlen, das besonders gute Verdickungseigenschaften besitzt und von den Konditoren geschätzt wird. Daneben dienen die Früchte auch als Viehfutter, und aus ihrem ausgepressten Saft wird ein leicht alkoholisches Getränk gekeltert.

Unterkunft

■ **Palazzo Gambuzza** ③
Via Giovanni Meli 6, Tel. 09 32 95 08 34, www.palazzogambuzza.it. Mitten in der Stadt wurde einer der schönen Paläste restauriert und als *Maison de Charme* mit acht Suiten ausgestattet. Wer eine Woche bleibt erhält günstigere Preiskonditionen.

Verkehr

■ **Bus,** *AST,* mehrmals am Tag Verbindungen nach Mòdica, Noto, Ragusa und Siracusa.
■ **Bahnhof,** C. da Garzalla (2 km südlich Ìspica), Tel. 89 20 21, www.trenitalia.it, Verbindung nach Mòdica, Ragusa, Noto und Siracusa.

Parco della Forza

Die Überreste der ursprünglichen Siedlung sind im **Parco della Forza** zu besichtigen. Ein beschilderter Wanderweg führt durch das Ausgrabungsgelände vorbei an den Befestigungsmauern aus dem 15. Jh., den Resten eines Palazzo und einer Kirche. Besonders sehenswert ist der **Centoscale:** 280 Stufen führen in einem unterirdischen Tunnel auf die Höhe des Flussbettes, wo man bei einer Belagerung Wasser holen konnte. Die Wände der Schlucht sind über und über mit Löchern gespickt. In byzantinischer Zeit wurden die Gräber als Wohnstadt genutzt; einige Grottenräume sind noch erhalten. Die Schlucht lässt sich durchwandern, allerdings ist es wegen dem Gefälle günstiger, am anderen Ende (unweit Mòdicas, s. dort) einzusteigen.

■ **Parco della Forza**
tgl. 9–19, Winter 9–13 Uhr, 2 €.

Rosolini

Rosolini, 5 km nordöstlich von Ìspica, war eine römische, anschließend byzantinische Siedlung, bis man es im 15. Jh. dem **Feudalbesitz der Platamone** zuschlug. Seit 1713 ist es eine eigenständige Gemeinde. Ein Palast der Familie *Platamone* von 1668 sowie eine kleine, in den Felsen gehauene frühchristliche Kirche befinden sich in der Nähe der Marienkirche (18. Jh.). Unweit des Ortes liegen eine Nekropole aus der Bronzezeit sowie christliche Katakomben.

Pozzallo

17.000 Einwohner *(Pozzalesi),* 10 m ü.N.N., PLZ 97 016, bis Ragusa 35 km

Pozzallo wurde Ende des 14. Jahrhunderts von *Cabrera* gegründet, der über den Hafen den Weizen seines Feudalbesitzes *Mòdica* exportieren ließ. Später löste Johannisbrot den bodenintensiven Weizenanbau ab. Johannisbrot war noch ins 20. Jh. hinein einer der wirtschaftlichen Motoren der Region, und über den Hafen Pozzallos lief der Export. Doch Johannisbrot oder auch die Fischerei wurde längst vom Tourismus abgehängt.

Hat man einmal den Industriegürtel hinter sich gelassen, wirkt Pozallo emsig und freundlich mit teils alter, teils moderner Bausubstanz. Auch hier feiern Portale, Fenstersimse und Balkons den Barock, doch schlichter und sachlicher, wie es sich für eine Hafenstadt gehört. Eine hübsche Piazza mit Cafés und Parkbänken lädt zum Verweilen ein; entlang der Strandpromenade trifft sich die männliche Bevölkerung und starrt je nach Alter hinunter auf den breiten Sandstrand oder hinaus aufs Meer. Im Sommer finden auf der Piazza Veranstaltungen statt.

Der wuchtige **Turm** (Torre Cabrera) der ehemaligen Küstenfestung ist eins der zwei markanten Baudenkmäler des Städtchens; erbauen ließ es der Graf von Mòdica 1429 zum Schutze des Hafens. Heute befindet er sich am westlichen Stadtrand. Von ihm starten im Sommer auch die Schnellboote nach Malta. Das zweite interessante Gebäude ist die **Villa Tedesci,** perfekt saniert und Sitz der Stadtbibliothek.

Praktische Informationen

Touristeninformation

■ **Ufficio Informazione**
Corso Vittorio Veneto, Spazio Cultura Meno Assenza, Tel. 09 32 79 50 10, www.comune.pozzallo.rg.it.

Unterkunft

■ **Hotel Villa Ada** ③
Corso Vittorio Veneto 3, Tel. 09 32 95 40 22, www.hotelvillaada.it. Nettes kleines Hotel, am Hauptplatz gelegen, aller Komfort, Zimmer mit Klimaanlage und Internetanschluss, angeschlossenes Restaurant.

■ **B&B Mediterraneo** ②-③
Via Londra 25, Tel. 09 32 79 50 15, www.bb-mediterraneo.it. Modernes Haus und professionelle Gastgeber etwas abseits vom Strand gelegen, 10 Zimmer, jeweils mit Bad, Balkon, Klimaanlage und Wifi.

Camping

■ **The King's Reef** ①-②
C.da Scaro (3 km östlich Pozzallo an der Straße nach Pachino), Tel. 09 32 95 76 11, www.kingsreef.it. Teilweise schattiger Platz, jenseits der Straße ein schmaler Sandstrand, Restaurant/Pizzeria, Wind- und Kite-Surfen, auch Bungalow-Vermietung, Mai bis Sept. offen.

Essen und Trinken

■ **Ristorante Armenia Al Porto** ③
Via Puccini, am Hafen, Tel. 09 32 95 71 90, www.ristorantealporto.it, Mo geschl. An der Anlegestelle der Maltafähren versammeln sich die Einheimischen, wenn sie ausgehen wollen. Kein Chichi, der Fisch wird so einfach wie möglich zubereitet, schließlich soll er für sich selbst schmecken.

■ **Osteria sul Mare** ③
Via sulla Scogliera, Tel. 33 37 20 55 27. Fischlokal direkt am Strand, nicht nur von Touristen gelobt, auch die Einheimischen kommen her; tagsüber Strandbar, abends elegant-entspannte Ausgehadresse mit Südseefeeling.

Nachtleben

■ **Blue Heaven**
An den Wochenenden im Juli und August wird im Blue Heaven, Corso Vittorio Veneto, immer wieder Party gefeiert.

■ **Zabbatana**
Im Zentrum, direkt am Torre Cabrera, große Crêperie-Birreira-Bar-Lounge-Pub mit Tischen auf der schmalen Terrasse zum Meer, Feiern mit Cocktails bis zum frühen Morgen.

▷ Der Dom San Giorgio in Mòdica

Verkehr

■ **Busterminal,** Piazza della Rimembrenza, nach Ìspica, Mòdica, Noto, Ragusa und Scicli.
■ **Bahnhof,** Stazione Ferroviaria, Tel. 89 20 21, www.trenitalia.it, Richtung Ragusa und Siracusa.
■ **Malta-Fähre,** *Virtu Ferries,* Via Studi 80, Tel. 09 32 95 40 62, www.virtuferries.com, Hin- und Rückfahrt (je 1½ Stunden) ab 68 €/Person, 2 Abfahrten/Tag, sodass eintägige Ausflüge nach Malta möglich sind.

Fest

■ **2. Sonntag im August,** das große **Fischfest „Sagra del Pesce"** mit einer Bootsprozession.

Strände

Die Gegend ist für ihre Sandstrände bekannt, die sich die gesamte Küste entlang ziehen und auch im Zentrum von Pozzallo das Baden erlauben.

Mòdica

55.000 Einwohner *(Mòdicani),* 381 m ü.N.N., PLZ 97 015, bis Ragusa 15 km

Die Stadt entlang der Y-förmigen Schlucht besteht aus drei Teilen: **Mòdica bassa** im Tal der beiden, heute unterirdisch verlaufenden Bäche, die sich hier zum *Fiumara di Mòdica* vereinigen, **Mòdica alta,** das sich die Berghänge nach oben und am Rande der Schlucht entlangzieht (wer sich hierher mit dem Auto verirrt, findet keinen Ausgang und muss wieder hinunterfahren), und das

moderne Mòdica, dessen jüngster Vorort Sacro Cuore sozusagen als Vorzeigeprojekt des Städtebaus mit etwas mehr Sorgfalt geplant wurde als die in Sizilien üblichen wuchernden Vorstädte der 1960er und -70er Jahre. Zwischen Mòdica *alta* und *bassa* gibt es eine kurvenreiche schmale Straße, die die einheimischen Fahrer gerne in halsbrecherischem Tempo nehmen. Die Parkmöglichkeiten sind begrenzt (man kann es in Mòdica bassa um den Corso herum versuchen).

Geschichte

Die Stadt, seit der Bronzezeit bewohnt, gehörte dank ihrer günstigen Lage Jahrhunderte lang zu den wichtigsten Feudalbesitztümern sizilianischer Adliger. Beim Erdbeben 1693 wurde sie stark zerstört und dann als Barockstadt mit zahlreichen Palästen und neuen Kirchen wiederaufgebaut. Bereits im 18. Jh. entstand hier durch die florierende Landwirtschaft ein wohlhabendes Bürgertum,

wie man noch heute an den schönen Fassaden erkennen kann. Aber vor allem die geistlichen Orden prägten das Gesicht der Stadt.

Corso Umberto/San Pietro

Eine lebhafte Geschäftsstraße ist der Corso Umberto I. zwischen den beiden Piazze B. Buozzi und Municipio, wo er sich der Schlucht folgend nach links wendet. Rechterhand steht dann auch gleich Mòdicas (zweit)schönste barocke Kirche S. Pietro eine dreischiffige Säulenbasilika. Die Kirchenbesucher betreten das Gotteshaus über eine hohe Freitreppe, die von Statuen der 12 Apostel gesäumt wird. Die Madonna di Trapani rechterhand in der zweiten Seitenkapelle stammt aus dem 16. Jh.

Kirche San Nicolò

Ein Abstecher durch die Via Grimaldi führt zu der kleinen Höhlenkirche San Nicolò inferiore und weg vom Barock in die Epoche byzantinischer Kunst. Erst 1987 wurde die Kirche mit ihren farbenfrohen Fresken aus dem 12. Jh. entdeckt.

■ **Chiesa Rupestre di San Nicolò**
Piazza Grimaldi, Tel. 09 32 75 28 97, www.etnos mòdica.it, Di–Sa 10–13, 16–19, Winter Mo–Sa 10–13 Uhr, 2 €.

Dom

Das eigentliche Kleinod, der Duomo, auch **San Giorgo** genannt, versteckt sich etwa 100 m weiter hoch über dem Corso im Gewirr von Gassen und Treppchen. Der Aufgang ist vom Corso aus gar nicht so leicht zu finden. Über 250 Stufen arbeitet man sich hinauf und steht schließlich vor einem Meisterwerk des sizilianischen Architekten *Rosario Gagliardi,* der den meisten Sakralbauten der Provinz Ragusa persönlich oder durch einen seiner Schüler den Stempel eines leichten, fröhlichen Barock aufgedrückt hat. Bereits im 12. Jh. stand hier eine Kirche. Nach dem Erdbeben 1693 sammelten fromme Bürger und der Senat für einen Wiederaufbau, der 1738 eingeweiht werden konnte. In der Kirche werden Reliquien des *hl. Georg* aufbewahrt. Das innen wie außen hervorragend erhaltene Gotteshaus erstrahlt besonders in den späten Nachmittagsstunden in einem honigfarbenen Licht, in dem die bildhauerischen Details besonders schön zur Geltung kommen (s.a. Exkurs „Barocke Architektur und Stadtplanung" bei Noto). Baustoff war hier wie bei den anderen Barockbauten der Region der Kalkstein aus den ibleischen Bergen. Er ist leicht zu bearbeiten und von der typisch gelblichen Farbe, die die restaurierten Bauwerke in einen goldenen Glanz setzt. Im Inneren beachte man insbesondere das wertvolle **Polyptychon,** das mehrteilige Gemälde des Hauptaltares von *Bernardino Niger* aus dem Jahr 1573.

Dolceria Antica

Nun kehrt man zurück zur Piazza Municipio und biegt kurz vor dem Platz nach rechts in eine kleine Sackgasse, wo sich die **Dolceria Antica** in holzgetäfelten Ladenräumen als wahre Schatztruhe der köstlichsten *Dolci* (Mandeln und Marzipan in vielen Varianten) entpuppt. Wer in Sizilien etwas auf sich hält, kauft seinen Konfekt hier zu zivilen Preisen. Zu den Kunden zählen auch die besten und feinsten Hotels des Inselarchipels.

Stadt-/Schokoladenmuseum

Am Corso findet sich auch die städtische Bibliothek mit dem angeschlossenen Museum, nur wenige Schritte von der Tourismusinformation entfernt. Besuchenswert ist das Museum wegen seiner **archäologischen Ausstellung** und der **Kunstsammlung.** Eine Abteilung firmiert als Schokoladenmuseum und zeigt Skulpturen aus der nach besonderem Rezept hergestellten Schokolade. In Mòdica wird traditionell bei der Schokoladenherstellung geringe Wärme verwendet, sie erhält so den typischen „Biss", da sich der Zucker nicht vollständig löst, sondern als größere Kristalle für Geschmackssensation sorgt.

■ **Museo Civico/Museo del Cioccolato**
Corso Umberto 149, Tel. 09 32 75 28 97, www.etnosmòdica.it, Di–So 10–13, 17–20, Winter Di–Sa 10–13, 16–19 Uhr, 2 €, Schokoladenmuseum 2,50 €.

Kirche S. Maria

Von der Piazza Municipio folgen wir nun der Via Marchese Tedeschi nach rechts zur dritten bedeutenden Kirche von Mòdica, der S. Maria di Betlemme, einem ebenfalls vom Barock geprägten Gotteshaus mit einer sehenswerten Kapelle, der Capella Cabrera oder Capella del Sacramento, die noch vom Vorgängerbau aus dem ausgehenden 15. Jh. stammt. Im Eingangsbereich dokumentieren historische Aufnahmen die verheerende Überschwemmung von 1903, nach der die beiden durch die Schlucht fließenden Bäche abgedeckt wurden.

Garibaldi-Theater

Beim Busterminal steht das intime Teatro Garibaldi mit seinem Logen-Halbrund. Neben der Fassade ist vor allem das Innere interessant. Der Künstler *Pietro Guccione*, der heute in Scicli lebt, hat darin die sehenswerten Fresken geschaffen.

■ **Teatro Garibaldi**
Corso Umberto I 207, www.teatrogaribaldi.it, in der Saison Nov.–April Mo–Sa 10–18 Uhr zu besuchen, 3–4 Vorstellungen im Monat, im Sommer kann das Touristenbüro eine Besichtigung organisieren, Eintritt zur Besichtigung frei.

Quasimodo-Haus

Kein Glöckner, sondern Dichter und Nobelpreisträger für Literatur 1959. *Salvatore Quasimodo* (1901–1968) ist der berühmteste Sohn der Stadt, sein Geburtshaus herzurichten war Ehrensache. Hier wird seines Lebens und seines Werkes gedacht.

■ **Casa Quasimodo**
Via Posterla 84, Tel. 09 32 75 28 97, www.etnosmodica.it, Di–Sa 10–13, 16–19, Winter Mo–Sa 10–13 Uhr, 2 €.

Medizin-Museum

Das Medizin-Museum Mòdicas ist wohl nur für Eingefleischte aus dem Gesundheitssektor interessant. Der Arzt *Campailla* (1668–1740) hatte in Mòdica ein Sanatorium gegründet, in dem er versuchte die Menschen von Syphillis zu heilen. Dazu zog er die Erkrankten aus ganz Süditalien in Mòdica zusammen und forschte. Zu sehen sind chirugische Instrumente und der Platz, wo er seine anatomischen Studien vornahm.

■ **Museo della Medicina Tommaso Campailla**
Piazzetta neben der Piazza Matteotti, Haus Nr. 7, Mo–Fr 9–12, 16–18 Uhr, nur nach Voranmeldung, 2 €.

Praktische Informationen

Touristeninformation

■ **Ufficio Informazione**
Corso Umberto I 141, Tel. 34 66 55 82 27, www.comune.mòdica.gov.it.

Unterkunft

UNSER TIPP: **B&B Mòdica Old Town Rooms** ①-②
Via Santa 15 (Piazza Matteotti), Tel. 32 78 52 23 77, www.modicaoldtownrooms.it. Ein B&B mit tollem Design und wohlüberlegt-eleganter Einrichtung, sehr angenehmer Gastgeber mit vielen Tipps und Ratschlägen für Unternehmungen in Mòdica und Umgebung.

■ **B&B I Tetti di Siciliando** ②
Via Cannata 24, Tel. 09 32 94 28 43, www.siciliando.it. Von einer Kooperative geführte, freundliche und angenehme Unterkunft unweit des Domes. Die Besitzer organisieren auch Wanderungen, kunsthandwerkliche Workshops (Mosaiklegen, Keramik) sowie Besichtigungstouren.

■ **B&B Relais Mòdica** ③
Via Tommaso Campailla 99, Tel. 09 23 75 44 51, www.hotelrelaismòdica.it. 10 Zimmer mit allem Komfort in der Altstadt von Mòdica Bassa, vom Anspruch und der Einrichtung her durchaus auch als Hotel zu klassifizieren, die netten Gastgeber helfen auch mit Tipps weiter.

■ **B&B L'Orangerie** ③
Vico de Naro 5, Tel. 34 70 67 46 98, www.lorangerie.it. Eleganz und Nostalgie im Stadtzentrum; das edle Haus ist mit viel Nippes geschmückt, 8 Zimmer und Suiten.

■ **Agriturismo Villa Teresa** ③
Via Crocevia Cava d'Ìspica 2, 3 km von Mòdica-Treppiedi auf der SS115 Richtung Ìspica und dann 500 m nach links, Tel. 09 32 77 16 90, www.villateresa.eu, Mo geschl. Gutshof im ibleischen Stil, herrschaftliches Wohnen und bäuerliches Speisen, montags geschlossen, Essen 15–20 €.

■ **Agriturismo Il Granaio** ③
C.da Palazella 2/c, Tel. 09 32 90 90 81, www.agriturismoilgranaio.it. Edle Unterkunft und Restaurant mit ländlicher Küche in einem alten Gutshof; Pool, Mountainbike-Verleih, Abendessen 25–35 €.

■ **Hotel Palazzo Failla** ④
Via Blandini, 5, Tel. 09 32 94 05, www.palazzofailla.it. Stadtpalais mit schwerem Mobiliar und viel Stuckwerk – eine romantische Unterkunft, man erfrage die Sonderaktionen mit Halbpension, im Restaurant La Gazza Ladra (mit einem Michelin-Stern geehrt) wird feine ibleisch-internationale Küche serviert (Menü um 60 €).

Essen und Trinken

■ **Ristorante/Pizzeria La Fenice** ②-③
Vico Deodato 3, Tel. 093 21 91 15 45. Hübsch in einem Gewölbe gelegen mit eleganter Atmosphäre; gute ibleische Küche, allerdings gibt es nicht immer alles, was auf der Karte steht.

Süßes aus den Ibleischen Bergen

Wilde Kräuter und Blüten geben dem **Honig** einen besonders aromatischen Geschmack. Es gibt außergewöhnliche Sorten wie Thymian, Orangen oder Walnusshonig im Sortiment, der besondere Stolz des Imkers aber gilt dem *miele di carrubo,* Honig von den Blüten des Johannisbrotbaums, der einen kräftigen, herben Geschmack besitzt.

■ **Miele Polara**
Via Santa 7, Mòdica, Tel. 33 81 55 00 52.

■ **Trattoria A Putia Ro Vinu** ②
Via Pisacane 34 (vom Corso 150 m eine Treppengasse hoch), Tel. 09 32 94 41 57, www.aputiarovinu.com. Durch die niedrige Tür betritt man den einzigen Gastraum und wird platziert, sehr freundliches und zuvorkommendes Personal, mehrere Antipasti und etwa je 10 Primi und Secondi, alle zum gleichen Preis. Gute Landküche in riesigen Portionen und in angenehmer Atmosphäre!

■ **Osteria dei Sapori Perduti** ②-③
Corso Umberto 228, Tel. 09 32 94 42 47, www.osteriadeisaporiperduti.it. Wer's kann, darf die Speisekarte im lokalen Dialekt entziffern, hier gibt's in gemäßigt rustikalem Ambiente mit karierten Tischdecken das, was die Menschen in Mòdica seit Jahrhunderten essen – Authentizität pur, zumindest bei den Gerichten. Wer sich mit sizilianisch schwer tut – die Speisekarte gibt es auch mit Bildern.

■ **Taverna Nicastro** ②
Via San Antonio 30, Tel. 09 32 94 58 84, www.tavernanicastro.it, Mo geschl. Urige Taverne im Straßengewirr der Altstadt, Spezialitätenküche mit Gerichten wie *Focacce* oder Ravioli mit Ricotta, Möglichkeit, draußen in der Gasse zu sitzen.

■ **Ristorante Fattoria delle Torri** ③-④
Via Nativo 30 (Mòdica Alta), Tel. 09 32 75 12 86, www.fattoriadelletorri.it, Mo. geschl. Bekanntes Lokal mit Slow Food: kleinste Portionen, in den ehemaligen Lagerräumen eines Patrizierpalastes aus dem 18. Jh., äußerst edel angerichtet; unbedingt vorbestellen.

Süßigkeiten

■ **Pasticceria Antica Dolceria Bonajuto,** Corso Umberto I. 159, Tel. 09 32 94 12 25, www.bonajuto.it. Traditionell hergestellte Süßigkeiten, aus Schokolade und Mandeln und Zucker, nur zum Mitnehmen; wer in Mòdica Rang und Namen hat, kauft hier ein. Eine Spezialität ist ein altes Rezept, einst von den Spaniern den Azteken abgeknöpft. Letztere machten Rindfleisch haltbar, indem sie es mit Kakao, Zucker und Zimt mischten – voilà!

Verkehr

■ **Busterminal,** Piazzale Falcone Borselino, nach Àvola, Gela, Ìspica, Marina di Mòdica, Noto, Pozzalo, Ragusa, Scicli und Siracusa.
■ **Bahnhof,** Piazza Stazione, Tel. 89 20 21, www.trenitalia.it, Richtung Siracusa und Ragusa.

Fest

■ **Ostersonntag,** Fest der Madonna *Vasa-Vasa.*

Archäologische Zone Cava d'Ìspica

Die richtige Ausfahrt aus Mòdica zu finden, ist etwas schwierig. Man folgt zunächst der SS115 zurück in Richtung

Ìspica und biegt nach ungefähr 4 km in Bettola di Capitano nach links in Richtung Cava d'Ìspica ab. Etwa 5 km sind es durch schöne, ebene Landschaft bis zum Einschnitt der Cava, die auf einer Brücke überquert wird. Dahinter liegt rechts der Eingang zum Ausgrabungsgelände der **Nekropole von Ìspica**. Hier gilt es, Grabstätten aus den verschiedenen Epochen der sizilianischen Siedlungsgeschichte zu erforschen: prähistorische Gräber und Reste eines Sikulerdorfes, Grotten und Wohnhöhlen aus byzantinischer Zeit (Heiligengrotte, Kirche des *San Pancrati*, Larderia mit Katakomben etc.) und schließlich die San Nicola-Kirche mit überraschend gut erhaltener Freskenbemalung. Die Schlucht von Ìspica war die wichtigste südsizilianische Siedlung der Sikuler.

■ **Parco Archeologico di Ìspica**
Tel. 09 32 77 16 67, tgl. 9–18.30, Winter Mo–Sa 9–13 Uhr, 3 €.

Grottenmuseum Cava d'Ìspica

Beim Archäologischen Park der Cava d'Ìspica (s. oben) befindet sich auch das private Museum in einer alten Wassermühle aus dem 18. Jh. Sie ist als ethnografisches Museum hergerichtet: Küchen- und Gartengeräte, Handwerkszeug und allerlei Gegenstände, die die Bauern seit Jahrhunderten verwenden. Außerdem kann man die Arbeitsweise der Mühle nachverfolgen.

■ **Museo in Grotte**
Via Cava d'Ìspica 89, Tel. 09 32 77 10 48, www.cavallodispica.it, 9–19 Uhr, 3,50 €.

Wanderung durch die Cava d'Ìspica

Der Einstieg in die Schlucht befindet sich gegenüber dem Eingang zur Archäologischen Zone der Cava d'Ìspica (s.o.) auf der anderen Seite der Asphalt-

Der reiche Südosten

Welche Ursache genau der wirtschaftliche Aufschwung im Südosten Siziliens hatte, während auf der restlichen Insel die Erträge aus der Landwirtschaft immer weiter zurückgingen, kann bis heute niemand beantworten. Man schreibt es dem aufgeklärten Geist der Grafen von Mòdica zu (zunächst die *Chiaramonte*, dann die *Cabrera*), die anders als ihre in Prunk und Verschwendung lebenden Kollegen erkannt hätten, wie wichtig Pachtverträge für einen florierenden Ackerbau seien. Tatsache ist, dass im Südosten Siziliens längerfristige Pachten vergeben wurden, und als Folge davon zogen die Bauern auch auf ihr Land – daher die vielen kleinen Bauernhäuser, die man heute in dieser Region sieht. Tatsache ist auch, dass die Trockenlegung und Urbarmachung der küstennahen Sumpfgebiete gefördert wurde, wo heute die Treibhauskulturen zum Wohlstand der Region beitragen. Und nicht zuletzt galt der Südosten Siziliens noch Mitte des 20. Jh. als weitgehend Mafia-frei. Auch heute sind Siracusa und Ragusa die reichsten Provinzen der Insel; Arbeitslosigkeit und Kriminalität stellen hier ein im Vergleich weit geringeres Problem dar.

straße vor dem Parkplatz nach links unter einer kleinen Brücke durch. Die **sechsstündige, unmarkierte Wanderung** durch die Schlucht ist recht anstrengend und teilweise mit Kletterei verbunden, da Hochwasser des Busaitone die Wege immer wieder wegspült. Es geht durch Macchia und im Flussbett hinunter. Feste Kleidung und Wanderstiefel sind angeraten, Wasser, Sonnenbrille und Hut sollte man ebenfalls dabeihaben. Auf 12 km passiert man bis auf zwei höhlenlose Kilometer die in den weichen Stein gegrabenen Löcher. Schlundgrotten wechseln sich mit schlundlosen in unterschiedlichen Reihen und Ordnungen ab.

Anfangs folgt die Route einem landwirtschaftlichen Weg, und das Auge fällt immer wieder auf Zäune, die aus den eigenartigsten Materialen zusammengezimmert sind. Bald verliert sich aber der Weg, und man kämpft sich durch Dornenbüsche, durch mannshohe Stauden, stachelige Brombeeren, unter Feigenbäumen hindurch und trockengefallene Abbrüche des Flussbettes entlang. Wilder Wein, Feigen und Beeren wachsen dem Wanderer mehr oder weniger in den Mund. Immer wieder tauchen Trampelpfade auf, die man nutzen kann, die aber wieder im Geröll des Flussbettes verschwinden. Wenn auch meist kein Weg zu sehen ist, weisen die Schluchtwände die Richtung. Links und rechts ragt der Fels, durchlöchert wie Schweizer Käse, hoch, an einigen Stellen kann man bis zu den untersten Höhlen hochklettern. Der weiche Stein ist Wind und Wetter gegenüber nicht sehr widerstandsfähig, und so sind viele Höhlen nicht mehr sonderlich tief, da die äußeren Schichten abgetragen wurden bzw. einstürzten. Erst die letzte Wegstrecke verläuft wieder auf einem erst schmalen, dann immer breiteren Pfad, der schließlich an Gärten vorbeiführt. Man nähert sich dem Ende der Schlucht und muss ein kurzes Stück hinaufsteigen – die Stadt Ìspica ist erreicht.

Marina di Mòdica

Marina di Mòdica liegt etwa 13 km von Mòdica entfernt. Zu erreichen ist die **Feriensiedlung** auf einer Schnellstraße in nur wenigen Minuten – malerischer ist es allerdings, der in etwa parallel verlaufenden Landstraße zu folgen, die sich entlang der Trockenmauern durch die Felder windet, vorbei an ehemaligen Herrenhäusern, die entweder im Dornröschenschlaf vor sich hin verrotten oder aber sich frisch restauriert und mit Satellitenschüsseln geschmückt präsentieren.

Marina di Mòdica verbaut den Zugang zu den schönen, aber im August überlaufenen Stränden. Sie unterscheidet sich wenig von anderen Feriensiedlungen. Wer in der Provinz Ragusa etwas Ruhe sucht, ist hier allerdings besser aufgehoben als in der ca. 25 km entfernten Marina di Ragusa, wo's so richtig rundgeht. Ein **langer Sandstrand** erstreckt sich halbmondförmig bis zur Punta Religione und verläuft ganz flach ins Meer hinaus. Wer hier wohnt, aber am Strand keinen Platz mehr findet, fährt von Marina di Mòdica auf der Küstenstraße ein paar hundert Meter in Richtung Sampieri (oder geht zu Fuß die Küste entlang) und versucht an den anderen Stränden sein Glück. Auch dort kann es sehr voll werden, doch die Situation ist nicht ganz so gedrängt.

Unterkunft/Essen und Trinken

■ **Camping Di Vita Vera** ①
Marina di Mòdica, Tel. 33 82 20 79 01, www. divitavera.it. Einfacher Platz unweit der schönen Sandbucht, im Sommer überlaufen, limitierte Schattenplätze, Juli bis Sept. offen.
Unser Tipp: Trattoria/Pizzeria da Beatrice ②
Corso Mediterraneo 14 (Marina di Mòdica), Tel. 09 32 90 26 60, www.dabeatrice.it. Von September bis Juni sympathisches Lokal mit einfacher aber schmackhafter Küche, das aber im Juli und August so heiß umkämpft ist, dass sowohl Gäste als auch Personal immer mal wieder nur mit Mühe ihre Contenance wahren können, auch Zimmervermietung (②-③).

Sampieri

Das ehemalige kleine Fischerdorf mit natürlichem Hafen ist heute vor allem ein beliebter Badeort. Neben Pozzallo ist Sampieri einer der wenigen Orte an diesem Teil der Küste, der traditionell direkt am Meer gewachsen ist. Alle anderen Siedlungen sind jüngeren Datums und entstanden als Marinas der weiter im Inland liegenden Städte. Sampieri hat sich seinen ursprünglichen Kern in etwa bewahrt, das komplette Umland ist allerdings mit Ferienhäusern zugebaut.

Scicli

27.000 Einwohner *(Sciclitani)*, 212 m ü.N.N., PLZ 97 018, bis Ragusa 26 km

Der an den Berg geschmiegte Ort, einst eine sikulische Siedlung, dann unter Arabern und Normannen eine blühende Stadt, zeigt sich heute als **hübsches Barockstädtchen** (und als Teil des Weltkulturerbes Valle di Noto), denn das Erdbeben im Jahr 1693 verschonte auch Scicli nicht. Die ältesten Bauten liegen das Tal überblickend auf dem Hügel San Matteo: Die Fundamente der dreieckigen Burganlage stammen noch aus der Herrschaftszeit der Araber. Sciclis besonderer Charme ist, dass ihm die spektakulären Bauwerke seiner großen Konkurrentinnen Mòdica und Ragusa fehlen – dafür besitzt das Städtchen aber eine lebhafte Atmosphäre, die einen Besuch allemal lohnt.

Wer sich einfach durch die Straßen und Gassen des Ortes treiben lässt, kann manche hübsche Fassade entdecken; in den älteren Stadtvierteln ducken sich niedrige Häuschen, unübersehbar vom Zahn der Zeit gezeichnet, unter die stolzen Fassaden der Barockkirchen. Vor den Haustüren hocken die alten Damen zum Schwatz beieinander, während ihre Männer vor den Cafés und Vereinslokalen der Piazza auf Abwechslung warten, die der Besuch von Touristen durchaus auch mit sich bringt.

Marienkirche

Kern der Stadt ist die weite, grüne Piazza Italia. Hier befindet sich die **Sant'Igna-**

zio-Marienkirche mit einer Madonna de Milici aus Pappmaché, die mit ihrem Schimmel zwei Sarazenen niederreitet – eine Erinnerung an den Sieg der Normannen über die Araber 1091 in der Ebene von Donnalucata. Die Madonna ist Hauptfigur des **Milici-Festes,** eines Kostümfestes, das jedes Jahr im Mai oder Juni stattfindet und auf der Piazza eben diese Schlacht nachstellt.

Beneventano-Palast

Der Palazzo Beneventano mit seinen barocken Balkons, auf und unter denen sich die bizarrsten Fratzengestalten tummeln, besteht jeden Vergleich mit dem berühmten Villadorata-Palast in Noto.

Krippe von Santa Maria La Nova

Als Privatvergnügen entstand die mehrere Meter lange Krippe im Halbrund in der in den Fels gehauenen Höhle unterhalb der Festung. Mehrere Jahrzehnte dauerte der Aufbau der Puppen und des Panoramas, und mit Stolz führt ihr Besitzer die Krippe vor. Die Höhle war **Teil der mittelalterlichen Wasserversorgung** der Burg, eine steile Treppe führt hinauf, eine weitere hinunter zu einer Quelle.

■ **Persepio La Grotta**
Via Dolomiti 64, www.presepefratellimarinero.it, 9–18 Uhr, Eintritt frei, Spenden sind willkommen.

> Adrett und überschaubar: Scicli

Praktische Informationen

Touristeninformation

■ **Info Point**
Piazza Busàcca 3, Tel. 09 32 84 26 85.

Unterkunft

■ **B&B Casa di Pam** ②-③
Via Canonico Meli, Tel. 33 35 93 82 49, www.casadipam.it. Sehr gepflegt, geschmackvoll eingerichtete Zimmer mit Bad, TV und Klimaanlage, gutes Frühstück mit selbstgemachten Marmeladen, Keksen und Croissants.

■ **B&B Conte Ruggero** ②-③
Piazza Italia 24, Tel. 09 32 93 18 40, www.conteruggero.it. Im Palazzo Mormino Penna im Zentrum Sciclis kann man sich wirklich wie ein Graf fühlen, die 6 Zimmer sind Säle und erlesen eingerichtet.

■ **Hotel Nove Cento** ⑤
Via Dupre 11, Tel. 09 32 84 38 17, www.hotel900.it. Kleines, elegantes Stadthotel im Herzen der Altstadt mit nur neun Zimmern, in einem Palast aus dem 19. Jh., vorzügliche Einrichtung, ausgezeichnetes Restaurant.

Essen und Trinken

Unser Tipp: Ristorante/Pizzeria La Grotta ②
Via Dolomiti 62, Tel. 09 32 93 13 63, www.lagrottascicli.it. Mo geschl. Unterhalb der Burg, in einer ehem. in den Fels gehauenen Ölmühle, wird typische Küche serviert: Thunfisch mit Zwiebeln und Kapern, hausgemachte Gnocchi (aus Kartoffeln und Kichererbsenmehl) mit Zucchini-Sprossen und Muscheln.

■ **Ristorante Busàcca** ②
Piazza Busàcca, Tel. 09 32 93 21 50. Caffetteria-Restaurant in modernem Design mit guter Regionalküche zu günstigen Preisen, wenn man das Festmenü bestellt (Antipasto, zwei Primi und Nachspeise).

Verkehr

■ **Bushaltestelle,** Centro, *AST* nach Gela, Mòdica und Ìspica.
■ **Bahnhof,** Piazza Stazione, Tel. 89 20 21, www.trenitalia.it, Richtung Siracusa und Ragusa.

Feste

■ **März, „Ritt des San Giuseppe"** mit Fackelzug.
■ **Mai, Fest der Madonna di Milici** mit Kostümen zur Erinnerung an eine Schlacht zwischen Normannen und Sarazenen.

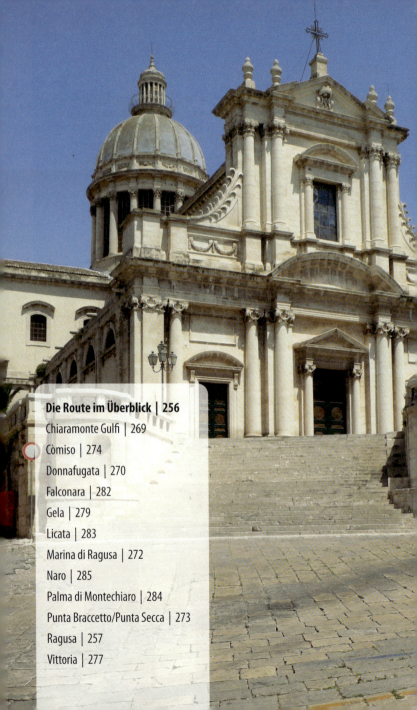

Die Route im Überblick | 256

Chiaramonte Gulfi | 269

Còmiso | 274

Donnafugata | 270

Falconara | 282

Gela | 279

Licata | 283

Marina di Ragusa | 272

Naro | 285

Palma di Montechiaro | 284

Punta Braccetto/Punta Secca | 273

Ragusa | 257

Vittoria | 277

6 Von Ragusa nach Agrigento

Jeder liebt Ragusa und seine Strände, alles wirkt

aufgeräumt und adrett, auch die Sizilianer selbst schwärmen ganz neidlos für die Ibleischen Berge.

◁ Die prächtige Barockkathedrale von Còmiso

VON RAGUSA NACH AGRIGENTO

Die Reise durch den Südosten erlaubt viele **Abstecher zu Ferienorten am Meer,** und die Fahrt über das karge **Hochplateau der Iblei** hat ihren ganz eigenen Reiz.

Die Route im Überblick

Nach der Besichtigung Ragusas verlässt man die Ibleischen Berge und mit ihnen den Osten Siziliens. Còmiso und Vittoria sind die letzten beiden Barockstädtchen dieser Region. Die Route geht durch das Industriegebiet von Gela und folgt dem Küstenverlauf nach Westen. Dabei passiert sie mehrere Burgen und Wehrtürme, Zeugnisse einer Zeit, in der sich die Südküste Siziliens gegen die Angriffe von Piraten und Freibeutern zu wehren hatte.

Doch vorher noch einmal ein Abstecher ans Meer, zu den beliebten Ferienorten **Sampieri, Cava d'Aliga, Donnalucata, Marina di Ragusa, Punta Braccetto** oder **Camarina.** Fast kann man die einzelnen Orte nicht mehr voneinander unterscheiden, so bruchlos geht die Bebauung mit Ferienhäusern ineinander über. Nur zwischen Plaia Grande und Marina di Ragusa ist noch ein kurzer Abschnitt der Bebauung entgangen – ein ca. 2 km langes Naturreservat.

Auf dem Weg vom Meer nach Ragusa zurück oder nach Còmiso/Vittoria ist der Besuch des Schlosses von **Donnafugata** ein Muss.

Danach folgt man der SS115 nach Westen in Richtung Còmiso. Noch einmal geht's über das **Hochplateau der Iblei** durch karge Landschaft; auf Terrassenfeldern wird Getreide angebaut; Oliven, Johannisbrot und Steineichen stehen auf von Steinmäuerchen abgegrenzten Parzellen. Dann schlängelt sich die Straße in Kehren hinunter nach **Còmiso** und schließlich nach **Vittoria.**

> Die Treppe hinunter nach Ragusa Ibla beginnt bei der Kirche Maria delle Scale

>> Übersichtskarte auf der nächsten Seite

NICHT VERPASSEN!

- **Scala von Ragusa,** auf dieser berühmten Treppe von der Oberstadt in die Unterstadt hinuntergehen | 261
- **Dom von Ragusa Ibla,** im unteren Ragusa dominiert die Kirche den Stadtplatz | 261
- **Donnafugata,** im Schloss ließ sich Guiseppe Tomasi zu seinem Roman „Der Leopard" inspirieren | 270
- **Badetage in Marina di Ragusa,** der Tag endet hier nie | 272

Diese Tipps erkennt man an der gelben Hinterlegung.

Die SS115 verläuft weiter einige Kilometer von der Küste entfernt nach Westen. Stichstraßen führen immer wieder ans Meer in die Dünenlandschaft der **Macconie,** die zusehends durch die Treibhauskulturen bedroht ist. Früher war dieser Küstenstreifen ein beliebter Eiablageplatz der Meeresschildkröten. Die typische Vegetation besteht aus Aleppo-Kiefern, Ginster- und Wacholderbüschen. Dann kündigt sich immer unübersehbarer der Moloch **Gela** an.

Von Gela auf der Küstenstraße, der SS115, weiter nach Westen durchquert man die Ebene von Gela mit Getreide- und Treibhauskulturen. Linkerhand kommt der **Festungsturm von Manfria** in Sicht; er stammt aus dem 16. Jahrhundert, der Strand zu seinen Füßen wird gerne genutzt.

Noch einmal biegt die SS115 zur Küste, um nach Durchfahrt der Hafenstadt **Licata** sich von ihr abzuwenden und etwas landeinwärts zu verlaufen. Ein kurzer Abstecher führt ein weiteres Mal zu einem der mit den Lampedusas verbundenen Orte – **Palma di Montechiaro** – dann geht es hinein nach **Agrigento** und ins **Tal der Tempel.**

Ragusa

73.000 Einwohner *(Ragusani)*, 502 m ü.N.N., PLZ 97 100, Provinzhauptstadt

Auch Ragusa kündigt sich durch hässliche Neubauten an. Die Stadt liegt am südlichen Rand einer Schlucht, die der Torrente S. Leonardo in das Kalkgestein der Iblei gewaschen hat. Da sich die Einwohner nach dem Erdbeben 1693 nicht einigen konnten, wo die neue Stadt entstehen sollte, besteht sie heute aus zwei

www.fotolia.de © Salvo Alibrio

Von Ragusa nach Agrigento

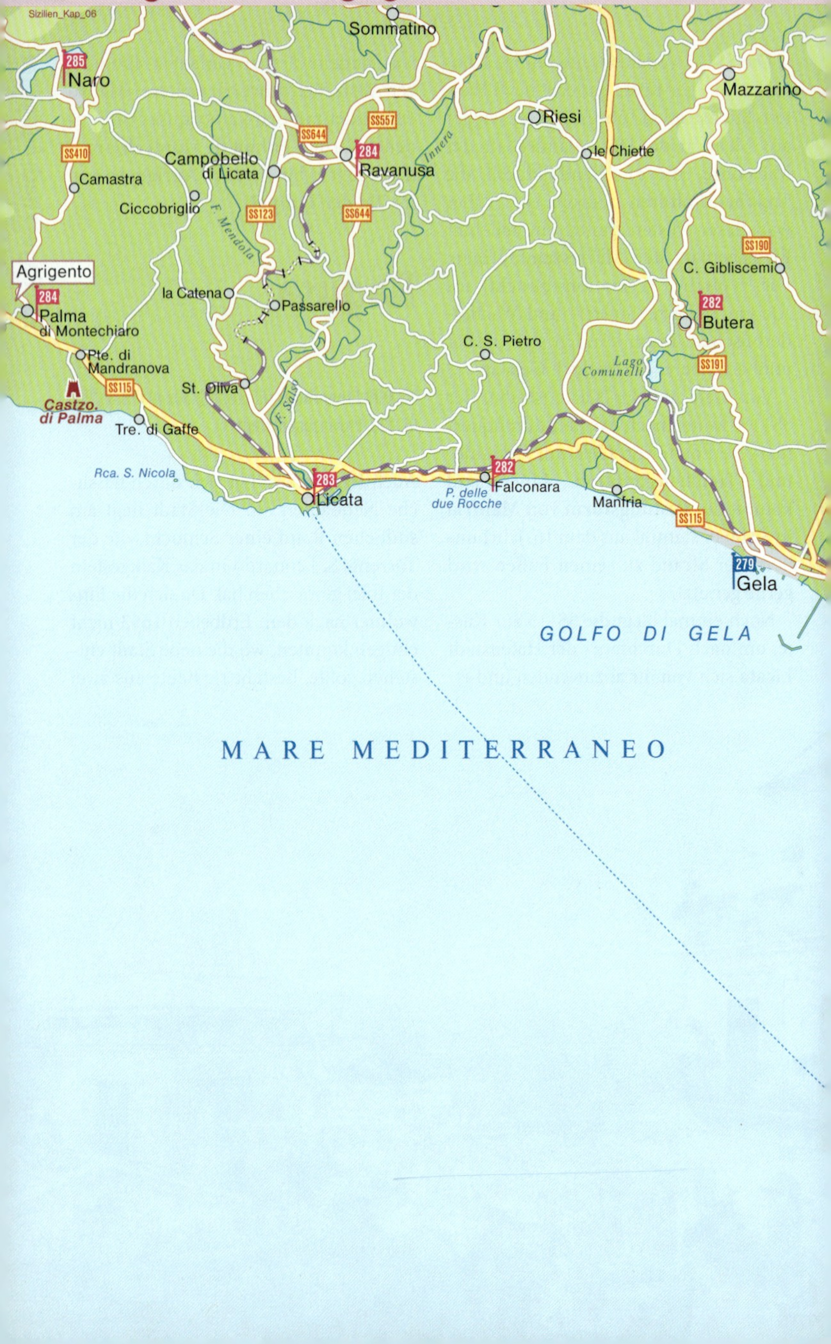

Teilen: **Ragusa Ibla,** am Platz des antiken Hybla Heraia unten im Tal, und westlich über der Schlucht das neu gegründete **Ragusa Superiore.** Die zwei Teile unterscheiden sich stark: hier das moderne Ragusa, nüchtern geometrisch angelegt, dort das verwinkelte Barockstädtchen, dessen Herz die Piazza Duomo mit der Basilika San Giorgio bildet.

Doch auch das neue Ragusa, Ragusa Superiore, hat schöne Barockbauten zu bieten, zweigeschossige Adelspaläste mit eleganten, schmiedeeisernen Gittern, barocke Kirchen und besonders: lebhafte Geschäftsstraßen zum Shoppen. Ebenso hat sich Ragusa Ibla einen Kontrapunkt geschaffen: Wer durch die Gassen schlendert, begegnet überall Hinweisen auf berühmte Kinofilme, die hier gedreht wurden, mit einer kurzen Beschreibung des Films und der jeweiligen Szene. Am besten lässt man sich hier wie dort einfach treiben.

Geschichte

Auch Ragusa besitzt eine lange Siedlungsgeschichte: Die Sikuler hatten im Tal als erste ihre Hütten errichtet, gefolgt

von den Griechen, die den Ort *Hybla Heraia* nannten, ein Name, der im heutigen *Ibla* weiterlebt. Unter Karthagern und Römern scheint Ibla mehr gelitten denn prosperiert zu haben, und erst aus byzantinischer Zeit gibt es wieder Zeugnisse einer regelmäßigen Besiedlung des Ortes. Von den Muslimen und danach von den Normannen erobert, fiel Ibla an die Grafen von Chiaramonte und Lehnsherren von Mòdica. Mit der Schwesterstadt teilte Ragusa das besondere, positive Schicksal der Region: Seine Einwohner waren wohlhabend, die Landwirtschaft brachte gute Erträge, und die Zerstörungen des schrecklichen Erdbebens 1693 wurden in kurzer Zeit durch Neubauten beseitigt.

Seit der Mitte des 20. Jh. erlebte Ragusa auch eine rasante industrielle Entwicklung, nachdem in der Region Erdöl- und Gasvorkommen entdeckt wurden. Rasch errichtete man Raffinerien, doch die positiven Zukunftsaussichten haben sich nicht erfüllt, die Vorkommen waren bald erschöpft.

Die Scala – Verbindung von Ober- und Unterstadt

Unser Tipp Zu Fuß führt der klassische Weg von der Ober- zur Unterstadt über die 242 Stufen zählende **Scala** vor der **Kirche Maria delle Scale.** Man gelangt auf die Piazza Repubblica und von dort entweder dem Gassengewirr folgend (immer auf die Kuppel des Doms zu) oder entlang der Via del Mercato zur Piazza Duomo. Man kann nur abraten, mit dem eigenen Auto nach Ibla hinunterzufahren; wer es dennoch versuchen will, sollte das Fahrzeug aber möglichst früh abstellen und dann zu Fuß weiterlaufen.

Dom von Ragusa Ibla

Mittelpunkt der Altstadt ist die Piazza Duomo mit dem Prunkstück, dem **Duomo di San Giorgio**: Der *hl. Georg* ist der Schutzpatron von Ragusa Ibla, während

Ragusas Altstadt ist ideal für Spaziergänge in schattigen Gassen

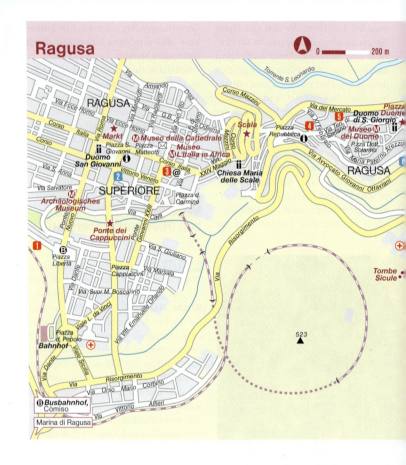

sich das religiöse Leben in Ragusa Superiore um *S. Giovanni* dreht, den hl. Johannes, dessen Festtag am 29. August die Johannisbroternte in der Provinz einleitet. Vom höchsten Punkt Iblas – der Kirche – neigt sich der Platz sanft nach unten, was den majestätischen Eindruck der hoch über allem thronenden Kirche noch verstärkt. Die rechteckige, palmenbestandene Piazza ist von verschlossen wirkenden Palazzi gesäumt; sie hat einen eher hispanischen denn italienischen Charakter, ja beinahe meint man, irgendwo in Mexiko gelandet zu sein. Doch dann schlagen die Glocken von San Giorgio, und eine fröhliche sizilianische Brautgesellschaft hüpft Reis werfend und dem Brautpaar applaudierend die Treppe herunter, um sich vor dem schmiedeeisernen Portal zum Foto zu stellen. Die Kirchenfassade ist ein Meisterstück von Rosario Gagliardi

Übernachtung
1. Hotel Kroma
3. Hotel Bertini
4. Hotel Locanda Don Serafino
5. B&B Domus Hyblea
10. Hotel Montreal
11. B&B Il Giardino dei Sospiri

Essen und Trinken
2. Pasticceria Giovanni di Pasquale
6. Locanda Don Serafino
7. Ristorante La Piazzetta
8. Ristorante U Saracinu
9. Gelati di Vini
10. Trattoria La Bettola
12. Ristorante Il Barocco
13. Salumeria Barocco
14. Ristorante Quattro Gatti

(1744/75) – im Mittelteil konvex geformt, beidseits von drei Säulen flankiert und zweigeschossig ausgeformt. Darüber thront der Glockenstuhl. An der Piazza gibt es Cafés, von denen aus man das Kommen und Gehen ganz gut beobachten kann. Doch viel Trubel herrscht hier tagsüber nicht, ebensowenig wie in den Gassen und Straßen von Ragusa Ibla, das nur von Kleinkindern, alten Menschen, Priestern und Katzen bewohnt scheint. Erst abends füllen sich die Gassen, wenn die Einheimischen von Superiore zum Bummel oder zum Abendessen kommen. Seitlich des Doms liegt der Eingang zur **Schatzkammer** der Kathedrale – dem Tesoro. Auf einem Rundgang geht es an den geschickt arrangierten Kostbarkeiten des Bischofssitzes vorbei, die auch englisch beschriftet sind.

UNSER TIPP Besonders sehenswert ist die Sammlung mit Gemälden aus dem 17. bis 19. Jh.

Duomo
Piazza Duomo, 10–12.30, 16–18.30 Uhr (Mi vorm. geschl.).

Museo del Duomo
Salita Duomo, Tel. 09 32 22 00 85 tgl. 9.30–12.30, 15.30–19 Uhr, Winter bis 18 Uhr, 3 €.

Donnafugata-Palast

An der Via XXV Aprile, im Südosten von der Piazza Duomo abgehend, steht der **Stadtpalast der Grafen von Donnafugata**, die in *Tomasi di Lampedusas* Roman „Der Leopard" verewigt sein sollen und deren ländliches Schloss im nahen Weiler Donnafugata fälschlicherweise als der Ort gilt, an dem Visconti seine Verfilmung des Leoparden realisiert habe. Ein interessantes Detail erinnert an arabisches Erbe: Der Balkon links ist mit einer Holzveranda verkleidet (in islamischen Ländern: *moucharabieh*). Man kann darin sitzen und das Straßenleben beobachten, ohne selbst gesehen zu werden – die Sizilianer nennen diese Konstruktion *la gelosia*, die Eifersucht. Das klassizistische Gebäude vor dem Palazzo Donnafugata diente übrigens dem *circo-*

lo del conversazione, einem Gesprächskreis, zu dem sich hier die adeligen Herrschaften ungestört vom Volke treffen konnten.

Ibleo-Garten

Von der Piazza Duomo führt der Corso zum **Giardino Ibleo,** dem Stadtpark, ein

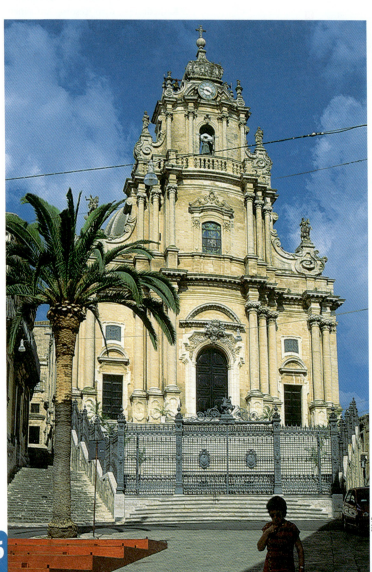

schöner gepflegter Garten mit viel Schatten, Parkbänken, die zu einer Pause einladen, und einer Kirche.

San Giorgio-Portal

Südlich des Gartens an der Via Giardino wartet Ragusa mit einem uralten Portal auf, dem **Portale San Giorgio** aus dem 13. Jh., einzig verbliebener Rest einer gotischen Kirche. Gelb ist der Stein heute, und von den Sanden, die die Winde über Jahrhunderte aus der Sahara an die Fassade bliesen, auch stark mitgenommen, sodass man viele Symbole nur noch erahnen kann. Der Stein war ursprünglich weiß, der gelbe Saharasand ist durch Winddruck in die äußeren Schichten eingedrungen und hat ihn gefärbt. Blumenranken umschließen den hl. Georg, der mit dem Drachen kämpft. Den Stil der katalanischen Gotik nennt man in Sizilien auch „Chiaramonte-Stil", denn er ist untrennbar mit dieser mächtigen Adelsfamilie verbunden, die seit der Normannenzeit bis ins 16. Jh. das Schicksal der Insel bestimmte.

Hyblea Heraia

Nicht weit entfernt (nördlich des Parks) finden Interessierte die einzige bislang **ausgegrabene Straße** des antiken Hyblea Heraia. Wer Lust und Zeit hat, sollte unbedingt die älteren Viertel erforschen, die sich von der Via del Mercato erreichbar treppauf, treppab den Hügel entlangziehen. Beim Durchstreifen der weitgehend verlassenen alten Stadtteile gerät man immer wieder in Sackgassen, die unter Torbögen hindurchführen und dann vor einem Hausportal enden – auch dies ein Element traditioneller muslimischer Architektur, das sich in den älteren Ortsteilen schön erhalten hat.

Ponte dei Cappuccini/ Ragusa Superiore

Hier konnten die Stadtplaner des Barock wieder einmal aus dem Vollen schöpfen. Sie legten ein rechtwinkliges Straßenraster mit den beiden parallel verlaufenden Corso d'Italia und Corso Vittorio fest, die die zentrale Piazza San Giovanni mit dazugehörigem Dom links und rechts flankieren. Gekreuzt werden die Längsachsen von drei großen Querstraßen: Via Ponte Nuovo, Via Matteotti und Via Giovanni XXIII. Alle drei überqueren die Schlucht am Südrand von Ragusa Superiore auf Brücken, unter denen die älteste und mittlere, die Ponte dei Cappuccini, eine Sehenswürdigkeit für sich ist. Die 114 m lange und 40 m hohe Brücke über den Steinbruch San Domenico stammt aus der ersten Hälfte des 19. Jahrhunderts.

Dom von Ragusa Superiore

Das zweite dominante Bauwerk ist der **Dom San Giovanni,** auch er ein Kind des Barock, doch durch den breiten, terrassenförmigen Vorplatz monumentaler und nicht so verspielt wie sein Gegenstück in Ibla. Dass man sich im geschäf-

◁ Der Dom von Ragusa Ibla liegt zwischen engen Gassen und ragt wuchtig in die Höhe tigen Zentrum der Stadt befindet, zeigen auch die Läden, die im breiten Terrassenfundament des Domes eingelassen sind. Auch der Dom in Superiore besitzt einen besuchenswerten Tesoro, eine Schatzkammer.

■ **Duomo**
Piazza San Giovanni, 8–13, 16–20 Uhr.
■ **Museo della Cattedrale**
Piazza San Giovanni, Mo–Fr 10–12 Uhr, Mo/Mi/Fr auch 15.30–18.30 Uhr, 2 €.

Afrika-Museum

Das einzige Museum Italiens, das eine Sammlung zu den Kolonien des Landes im 19. und im beginnenden 20. Jh. zeigt. Vornehmlich Uniformen und Berufskleidung sind in der Ausstellung zu sehen, die die Italiener und ihre einheimischen Hilfstruppen in Lybien, Somalia, Äthiopien und Eritrea trugen. Nur wenige wissen, dass Italien 1949 von der UN beauftragt wurde, Somalia bis 1960 auf die Unabhängigkeit vorzubereiten. Neun Jahre hielt die Demokratie, dann kam die Diktatur *Siad Barres* und schließlich der Bürgerkrieg.

■ **Museo L'Italia in Africa,** Via San Giuseppe 1, Tel. 09 32 67 63 09, Mo–Fr 9–13, Di/Do auch 15–17 Uhr, 2 €.

Archäologisches Museum

Unweit der modernen Brücke, unterhalb des Luxushotels Best Western Hotels befindet sich Ragusas Archäologisches Museum, das eine sehr sehenswerte Sammlung von Fundstücken aus Hyblea Heraria und anderen antiken Stätten der Iblei zeigt.

■ **Museo Archeologico**
Via Natalleli 11, Tel. 09 32 62 29 63, tgl 9–19 Uhr Uhr, Eintritt frei.

Praktische Informationen

Touristeninformation

■ **Ufficio Informazione**
Ragusa Superiore, Piazza San Giovanni, Tel. 09 32 68 47 80, www.ragusaturismo.it.
■ **Ufficio Informazione**
Ragusa Ibla, Piazza Repubblica, kein Telefon (Mitte April–Mitte Nov.).

Ibleische Küche

Die ibleische Küche ist einfach und schmackhaft – Landküche im besten Sinne. Immer wieder taucht Schweinefleisch auf, nicht nur zu Wurst verarbeitet, auch als Kotelett, in Saucen oder am Spieß. Eine berühmte Spezialität ist Kotelett, gefüllt mit Wurst, Käse und hartgekochten Eiern. Als Vorspeise wird *Salsiccia* (Wurst) mit Käse *(Caciocavallo)* gereicht, dazu gibt es Oliven und getrocknete, in Öl eingelegte Tomaten und Auberginen.

Der Hartkäse *Caciocavallo* kann auch über dem Feuer gebraten (als Konkurrenz zu Hamburgerbuden auf Brot am Kiosk in den Städten verkauft, für den kleinen Hunger zwischendurch) oder als Würzkäse auf der Pasta verteilt werden. Ricotta findet vielseitige Verwendung im Speiseplan. Man trifft ihn in Süßspeisen, als Füllung bei *Ravioli* und als Saucengrundlage.

Unterkunft

■ **B&B Il Giardino dei Sospiri** ①-②
Via dei Sospiri 24, Tel. 09 32 65 14 18, www.ilgiar
dinodeisospiri.it. In der Altstadt von Ragusa Iblea, 3
einfach eingerichtete Zimmer und ein kleiner Garten mit Palmen und Zitronenbäumen.

■ **B&B Domus Hyblea** ②-③
Via Tenente Distefano 19, Tel. 09 32 24 70 89, www.domushyblea.it. In der Altstadt von Ragusa Iblea ganz oben, 2 Zimmer mit Bad und eine Suite, Klimaanlage, TV.

■ **Hotel Bertini** ②
Corso Italia 52, Tel. 09 32 65 34 18, www.hotelbertini.it. Sechs modern und mit Komfort eingerichtete Zimmer in angenehm und familiär geführtem Haus zwischen Ragusa Ibla und Ragusa Superiore an der zentralen Straße der Stadt.

■ **Hotel Montreal** ③
Via S. Giuseppe 8, Tel. 09 32 62 11 33, www.montrealhotel.it. Modernes, gut geführtes Haus mit 50 Zimmern, Restaurant mit lokaler Küche (②), Parkmöglichkeit.

■ **Hotel Kroma** ②-③
Via Gabriele d'Annunzio 60, Tel. 09 32 62 28 00, www.hotelkroma.it. Unweit des Bahnhofs in Ragusa Superiore, Geschäftshotel mit klassisch eingerichteten Zimmern, Klimaanlage, TV und Wifi.

■ **Hotel Locanda Don Serafino** ③-④
Via XI Febbraio 5, Tel. 09 32 22 00 65, www.locandadonserafino.it. Edle Übernachtungsadresse in einem alten Herrenhaus mitten in Ragusa Ibla. Die Rezeption befindet sich unter einem Natursteingewölbe, die 10 Zimmer sind luxuriös, teils auch als Suiten in Dependancen in der Stadt.

Essen und Trinken

UNSER TIPP: Salumeria Barocco ①
Corso XXV Aprile 80, Tel. 093 26 52 41. Ibleischer Käse (z.B. einen in Raboso-Schnaps eingelegten und mit Waldfrüchten belegten Blauschimmel) und Würste zum Mitnehmen und Zuhause essen, oder auf einem Panino auf der Bank vor dem Laden genossen – die perfekte Zwischenmahlzeit.

■ **Trattoria La Bettola** ②
Largo Camerina 7, Tel. 09 32 65 33 77, www.facebook.com/trattorialabettola.ibla. Kleines, sympathisches Lokal mit einigen Tischen auf der Straße, Landküche wie aus dem Buche, einfach und gut, Käse als Vorspeise, vom Rost oder angemacht, Pasta mit Kapern, Oliven, Tomaten und Oregano, danach vielleicht *maiale ubriaco* probieren – das „versoffene Schwein", Schweinefleisch mit Kräutern in Wein gesotten.

■ **Ristorante/Pizzeria La Piazzetta** ②
Piazza Duomo 14, Tel. 09 32 68 61 31, www.lapiazzettaragusaibla.it, Mo geschl. (nur im Winter). Ausgezeichnete Pizza am Domplatz unter Sonnenschirmen, die günstigen Preise ziehen ganz Ragusa an, wenn es kühl wird, zieht man sich in die Gewölbe zurück (wo noch die Haken für's Reifen des Käses Caciocavallo in der Decke zu sehen sind), beste Lokalküche.

UNSER TIPP: Ristorante Quattro Gatti ②
Via Valverde, Tel. 09 32 24 56 12, ab 20 Uhr, Mo geschl. Sehr gute ibleische Küche zu sehr fairen Preisen in den „vier Katzen", angenehmes Personal und schöne Terrasse, man bestelle z.B. die *Ravioli al Ragù die Salsiccia,* oder die *Frittata,* oder den Schwertfisch, oder das Lamm ... Alles superlecker und nicht teuer.

■ **Ristorante U Saracinu** ③
Via Convento 9, Tel. 09 32 24 69 76, Mi geschl. Gemütliche Atmosphäre, an den Wänden die Bilder der Gäste, auf die man stolz ist, lokale, handfeste Küche mit schwankender Qualität, man achte auch auf die Tagesgerichte, eine der Traditionsadressen der Stadt.

■ **Ristorante Il Barocco** ③
Via Orfanotrofio 29, Tel. 09 32 65 23 97, www.ilbarocco.it, Mi geschl. In einem Barockpalast, Küche der Iblei, gute Weine aus der Umgebung, Spezialitäten wie Pasta mit frischen Pilzen, Artischocken und Käse oder mit Sardinen.

■ **Ristorante Locanda Don Serafino** ④
Via Avv. Giovanni Ottaviano 13, Tel. 09 32 24 87 78, www.locandadonserafino.it, Di geschl., 80–100 €. Absolute Edeladresse in Ragusa Ibla, raffinierte sizilianische Küche, ein ausfernder Weinkeller mit 750 verschiedenen Etiketten, im Gewölbekeller sitzt man hübsch und diskret.

Süßigkeiten

 Gelati di Vini
Piazza Duomo 20, Tel. 09 32 22 89 89, www.gelatidivini.it. An den Tischen auf dem Domplatz darf man Eis aus Wein probieren, eine erfrischende Köstlichkeit, gut schmeckt Muskateller, gewöhnungsbedürftig das mit Olivenöl. Danach holt man sich ein Glas Mandelmilch, um den Durst zu löschen.

■ **Pasticceria Giovanni di Pasquale**
Corso V. Veneto 104, Tel. 09 32 62 46 35, www.pasticceriadipasquale.com. Die Adresse für Süchtige nach Süßem – nicht billig, aber dafür sehr gut.

Nachtleben

Das Nachtleben spielt sich in den Bars **in Ragusa Ibla** ab. Ansonsten geht es nach Marina di Ragusa an den Strand oder in die Discos von Sampieri.

Einkaufen

UNSER TIPP: Casa del Formaggio Dipasquale, Corso Italia 387, www.dipasqualeformaggi.it, Ragusa ist für seine Käse bekannt, gerühmt werden insbesondere die Spezialitäten wie *Caciocavallo* und seine frische Version *Provola*, beide aus der Milch garantiert ragusanischer Kühe.

■ **Antica Drogheria,** Corso XXV Aprile, www.anticadrogheriaiblea.it. Delikatessen wie Honig, Öl, Wein, Biskuits, Liköre usw.

■ **L'Arte del Ricamo,** Piazza della Repubblica, Kunsthandwerk.

■ **La Bottega di Maristella,** Via del Mercato 194, Kunsthandwerk.

Nahverkehr

■ **Stadtbus,** zwischen Bahnhof/Neustadt und Ragusa Ibla verkehrt Bus Nr. 11 und Nr. 33 entlang des Corso Italia. Haltepunkte in Ragusa Ibla bei Giardino Ibleo, Largo Camerina und Piazza Repubblica, jeweils in einem Rundkurs und im Stundenrythmus zwischen 6.25 und 21 Uhr (auch am Bahnhof vorbeifahrend), einfache Fahrt 1 € (1½ Std. gültig, keine Rückfahrt erlaubt). Achtung: Kein Kartenverkauf im Bus, mittags haben die Tabacchi zu, also rechtzeitig Fahrkarte für die Rückfahrt besorgen.

■ **Radiotaxi,** Tel. 33 47 05 89 62, www.radiotaxiragusa.com.

Fernverkehr

■ **Busterminal,** Via Zama, nach Caltanissetta, Catania, Còmiso, Enna, Gela, Ìspica, Mòdica, Noto, Palazzolo Acrèide, Palermo, Pozzalo und Vittoria.

■ **Bus** nach **Marina di Ragusa,** Piazza del Popolo.

■ **Bahnhof,** Piazza del Popolo, Tel. 89 20 21, www.trenitalia.it, Richtung Agrigento und Siracusa.

Feste

■ **Letzter Maisonntag,** Feier zu Ehren des Stadtheiligen von Ragusa Ibla S. Giorgio.

■ **Letzte Augustwoche,** der Stadtheilige von Ragusa *Superiore S. Giovanni* wird gefeiert.

Sonstiges

■ **Post,** Piazza Matteoti (Ragusa Alta).

■ **Markt,** Mittwoch, Via Psaumida (C.da Selvaggio).

■ **Internet,** Wifi-Zonen an der Piazza San Giovanni, Piazza Duomo, Piazza Pola, Piazza Duca degli Abruzzi.

Chiaramonte Gulfi

8200 Einwohner *(Chiaramontesi),* 670 m ü.N.N., PLZ 97 012, bis Ragusa 20 km

Nach Chiaramonte Gulfi sind es von Ragusa auf der schmalen SS514 knapp 20 km ins Landesinnere. Die Gegend war bereits in der Bronzezeit besiedelt. Den heutigen Ort gründete Anfang des 14. Jh. *Manfredi I. Chiaramonte.* Er holte dazu die Bewohner des antiken Gulfi, das am Fuße des Hügels gelegen 1299 (Aufstände der „Sizilianischen Vesper") die Franzosen zerstört hatten. Der Ort besaß im 16. Jh. große strategische Bedeutung, verlor sie aber im 18. Jh. an die Stadt Vittoria. Auch Chiaramonte Gulfi erlebte 1693 die weitgehende Zerstörung durch das Erdbeben und im 18. Jahrhundert dann den Wiederaufbau im Geiste des Barock. Von der mittelalterlichen Festung ist nur noch ein Torbogen, der **Arco dell'Annunziata,** erhalten.

Das hübsche kleine Städtchen ist heute bekannt für seine **Schweinefleisch-Spezialitäten.** In das diesbezüglich berühmte Ristorante Majore kommen die Sizilianer auch von weit her zum Essen, und im Februar findet sogar ein eigenes Festival zu Ehren der *salsiccia,* der Wurst, statt. Es gibt aber noch einen weiteren Grund, nach Chiaramonte Gulfi zu kommen. In der Provinz Ragusa ist es der Ort mit den meisten Museen.

Museen von Chiaramonte Gulfi

Das **Museo Ornitologico** (Via Montesano) besitzt 600 Vogelbälge aus der Region, im **Museo dell'Olio** (Via Montesano) erfährt man alles über die Ölproduktion in den Ibleischen Bergen. Militärbegeisterte Besucher werden sich dagegen im **Museo dei Cimeli Storico-Militari** (Piazza Duomo) wohlfühlen. Es stellt über 1000 Exponate wie Waffen, Uniformen und Fahnen aus. Das **Museo dell'Arte Sacra** (Via S. Caterina/Piazza Duomo) zeigt kirchliche Kunst, das **Museo dello Sfilato e del Ricamo** (Via Lauria) hat die handarbeitliche Kunst der Hausfrauen zum Thema, das **Casa Museo Liberty** (Via Montesano) widmet sich der Freiheit Siziliens und das **Museo degli Strumenti etnico musicali** (Via Montesano) zeigt 600 Musikinstrumente aus allen Teilen der Erde.

■ **Musei di Chiaramonte Gulfi**
Tel. 09 32 71 12 57, Di–So 9–13 Uhr, jedes Museum 1 €, Kombiticket 4 €; sind die Museen abgesperrt, an das Personal des *Museo dei Cimeli Storico-Militari* an der Piazza Duomo wenden.

Unterkunft/Essen und Trinken

■ **Hotel L'Antica Stazione** ③
C.da Santissimo (oberhalb Chiaramonte Gulfi in 3 km Entfernung), Tel. 09 32 92 80 83, www.antica stazione.com. 18 Zimmer in einer zum Palazzo gewandelten Bahnstation im Grünen und hoch über Chiaramonte auf 860 m, sehr ruhige Lage, hübsche Zimmer, Restaurant mit ibleische Küche (②-③), Mo geschl.

🌸 Ristorante Majore ③
Via Martiri Ungheresi 12, Tel. 09 32 92 80 19, www.majore.org, Mo geschl. Berühmtes Lokal, das auf Schweinefleisch spezialisiert ist; man sollte das Spezialmenü bestellen, u.a. mit Schweinegelatine, Würsten (alles aus eigener Produktion), *risotto alla majorese* und gefüllten Schweinerippchen.

Donnafugata

Donnafugata liegt 18 km südwestlich von Ragusa. Man nimmt die Provinzialstraße nach Santa Croce Camerina und biegt noch vor der Bahnstation Genisi nach 11 km nach rechts in ein Sträßlein ein, dem man 7 km folgt. Donnafugata ist ein legendenumwobener Bau inmitten von Feldern in der typischen Hügellandschaft der Iblei. Schon von Weitem lugen die **zinnenbewehrten Türme des Schlosses** über die alten Oliven- und Johannisbrotbäume. Kühe und Schafe weiden die abgeernteten Felder ab. Um das Schloss stehen geduckt die Wohnhäuser der Bauern und Pächter; ein großer Vorplatz führt auf das verschlossene Holzportal zu, das nur zu den Besuchszeiten für kleine Gruppen geöffnet wird. Man kann sich so richtig vorstellen, wie hier seinerzeit Bittsteller auf das Öffnen des mächtigen Tores warteten. Um den Palast mit dem geheimnisvollen Namen „Frau auf der Flucht" ranken sich romantische Geschichten. Um die Jahrhundertwende soll tatsächlich die schöne *Clementina*, Enkelin des Schlossherren, gemeinsam mit ihrem französischen Liebhaber den Besitz bei Nacht und Nebel verlassen haben – doch das Schloss hatte seinen Namen schon viel eher. Vermutlich liegt ihm eine ganz andere Bedeutung zugrunde, *nämlich fonte della salute* – Quelle der Gesundheit – denn hier gab es relativ viel Wasser in der sonst so trockenen Gegend. *Giuseppe Tomasi*, Fürst von Lampedusa, der Autor von „Der Leopard", soll sich hier oft aufgehalten und für seinen Roman inspiriert haben lassen.

Donnafugata-Schloss

122 Zimmer zählt der Palast, u.a. eine große Bibliothek, einen Wappensalon, einen Spiegelsaal; der Schlossherr, Baron *Corrado Arezzo,* stand vermutlich für die Figur des *Tancredi* Pate. Heute wirkt das Anwesen, vor allem der große Park, ein wenig vernachlässigt, aber dadurch auch recht verwunschen. Der einstige Besitzer hatte Spaß an **Zauberwelten:** An der Decke einer Höhle befindet sich ein Himmelsgewölbe, steinerne Soldaten bewachen den Garten, und am Hinterausgang des Irrgartens wartet ein mechanischer Mönch mit einer Umarmung auf den Besucher.

> Donnafugata spielt in Lampedusas „Leopard" eine wichtige Rolle

■ Castello di Donnafugata
C.da Donnafugata, Tel. 09 32 61 93 33, www.comune.ragusa.gov.it/turismo, Di–So 9–13, 14.45–19, Winter Di/Do/So 9–13, 14.45–16.30, Mi/Fr/Sa 9–13 Uhr, Schloss 6 €, Park 3 €, Schloss/Park 8 €.

Essen und Trinken

■ Trattoria al Castello ②
C.da Donnafugata, Tel. 09 32 61 92 60, www.alcastellodonnafugata.com. In der Küche der kleinen Trattoria schwingt eine passionierte Hobbyköchin das Zepter, *La Mamma*, die sizilianische Hausmannskost vom Feinsten mit entsprechendem Temperament serviert; am Wochenende ist es hier brechend voll.

Golf

■ Donnafugata Golf Resort
C.da Piombo (zwischen Donnafugata und Scoglitti), Tel. 09 32 91 42 00, www.donnafugatagolfresort.com. Zwei 18-Loch-Plätze, jeweils Par 72, den Nordplatz hat Gerry Weber, den Südplatz Franco Piras gestaltet; Greenfee für 18 Löcher 150 €, für neun Löcher 80 €, für Hotelgäste günstiger. Das Fünf-Sterne-Hotel (⑤) hat ein Wellness-Center und mehrere Restaurants (④).

Marina di Ragusa

2500 Einwohner *(Ragusani)*, 5 m ü.N.N., PLZ 97 010, bis Ragusa 25 km

Zum Baden fahren die Ragusani konsequent hinunter nach Marina di Ragusa: Yachthafen, Ferienhaussiedlung, Hotelburgen, Rummelplätze, Edelrestaurants, Discos und und und. **Hier geht es im Sommer wirklich rund!** Die Party fängt quasi am Ortseingangsschild an. Marina di Ragusa ist kein Ort für ruhebedürftige Menschen, und im Übrigen auch keiner für Leute, deren Geldbeutel nicht unbedingt zum Überquellen neigt.

Wie bei Mòdica bereits angemerkt: Wer an diesem Abschnitt der sizilianischen Küste Ferien machen möchte (weil die Strände wirklich herrlich weit, sandig, flach, kinderfreundlich sind), sollte sich besser in Marina di Mòdica niederlassen. Dort ist alles noch etwas zurückhaltender und nicht ganz so laut und turbulent.

Unterkunft

■ Hotel Miramare ④-⑤
Lungomare Andrea Doria 42, Tel. 09 32 61 59 66, www.hotelmiramareragusa.com. Komfortable Mittelklasse am Meer in der ersten Reihe, über die Hauptsaison hinaus geöffnet, komfortable Zimmer mit Meerblick, „günstigere" nach hinten raus, gutes angeschlossenes Restaurant.

■ Hotel Terraqua ④
Via delle Sirene 35, Tel. 09 32 61 56 00, www.hotelterraqua.com. Modernes Hotel mittlerer Größe mit Weitblick und eigenem Strand, 77 Zimmer, viele Pauschaltouristen.

■ Hotel Eremo della Giubiliana ⑤
C.da Giubiliana (SP Richtung Marina di Ragusa, bei km 9 rechts abbiegen und der Ausschilderung folgen), Tel. 09 32 66 91 19, www.eremodellagiubiliana.it. Hochluxuriöses Landgasthaus, 9 Zimmer mit Bad und 2 Suiten. Ausgezeichnetes Restaurant. Das Haus besitzt einen eigenen kleinen Sportflughafen.

■ Hotelresort Poggio del Sole ④
SP Richtung Marina di Ragusa, bei Kilometerstein 5,7, Tel. 093 26 64 52, www.poggiodelsoleresort.it.

Luxuriöse Ferienanlage mit 68 Zimmern in der Mitte zwischen Ragusa und dem Meer in typischer Landarchitektur.

Essen und Trinken

■ **Pizzeria Imperial** ①-②
Lungomare Andrea Doria, 18, Marina di Ragusa, Tel. 09 32 61 57 67, www.ristoranteimperial.it. Beliebte Pizzeria mit großer Terrasse und gutem Preis-/Leistungsverhältnis.

UNSER TIPP: **Ristorante Da Serafino (Lido Azzurro)** ③-④
Lungomare Andrea Doria, Marina di Ragusa, Tel. 09 32 23 95 22, www.locandadonserafino.it. Feinster Fisch direkt am Strand auf Stelzen, im Sommer auch draußen, eigener, sehr exklusiver Beachbereich mit Liegen und Schirmen, eine Institution für ausgezeichnetes Essen.

■ **Ristorante/Pizzeria Villa Grassullo** ②-③
C. da Grassullo an der Straße von Ragusa nach Marina di Ragusa an der Kreuzung mit der SP37, Tel. 09 32 66 40 93, www.villagrassullo.com. Fisch- und Fleischgerichte in einem Landgut, als Spezialität gibt's Muscheln in Brotkruste.

Nachtleben

■ **Arcadia,** Disco an der Straße Ragusa – Santa Croce gelegen, 4 km vor Santa Croce, Contrada Spinazza.

Sonstiges

■ **Ferragosto,** Fest der *Madonna di Portosalvo*
■ **Autobus,** Via Dandolo 37, nach Pozzalo, Ragusa, Sampieri und Catania
■ **Internet,** Wifi-Zonen finden sich an der Piazza Duca degli Abruzzi und am Porto Turistico.

Punta Braccetto/ Punta Secca

Im Hochsommer ist Punta Braccetto, 32 km südwestlich von Ragusa an der Küste, das Revier der Zelturlauber, die in legerer Kleidung zwischen den wenigen Lokalen und Geschäften außerhalb der Plätze flanieren. Bei lauter Musik kämpfen Fußgänger, Fahrradfahrer und Tagesbesucher in ihren Autos um das Vorwärtskommen auf der Straße.

Wer nichts anderes will, als von seinem Zelt ins Wasser zu springen und abzuhängen, ist gut aufgehoben.

Das Fischerdorf **Punta Secca** wurde weltweit mit der Literaturgestalt des *Commissario Salvo Montalbano* bekannt, der hier am Wasser wohnt und seine Fälle löst – zumindest in den Büchern von *Andrea Camilleri* und deren Verfilmung. Wird nicht gedreht, kann man sich ebenda einmieten: im Montalbano Bed & Breakfast. Ansonsten ist die Umgebung des Inlandes von Gewächshäusern dominiert. Also sollte man den Blick vornehmlich Richtung Meer richten.

Camarina

Camarina, 10 km von Punta Secca im Westen und mit einer einladenden Sandbucht ausgestattet, ist **eine der wichtigsten Ausgrabungsstätten im Ragusano,** der Region um Ragusa. Siracusa gründete hier 589 v. Chr. eine Subkolonie. Es folgten Trennungen und Verbindungen, Camarina wurde zerstört, wieder aufgebaut und letztlich 258 v. Chr. von den Römern endgültig vernichtet. Bei Ausgrabungen 1958 kamen große Teile der städtischen Strukturen ans Licht. Die Stadt erstreckte sich über drei Hügel und war von einer mächtigen Mauer umgeben, der Grundriss streng geometrisch angelegt. Zahlreiche Fundstücke sind im örtlichen Antiquarium ausgestellt und belegen die Bedeutung, die Camarina als Handelsstadt einst besaß.

UNSER TIPP Das Museum ist schon deshalb einen Besuch wert, da es mit den ibleischen Trockenmauern sehr schön in die Landschaft eingefügt wurde.

■ **Zona Archeologica/**
Antiquario di Camarina
Camarina, Tel. 09 32 82 60 04, tgl. 9–14, 15–19 Uhr, 4 €.

Unterkunft

■ **B&B La Casa di Montalbano** ③-④
Via Aldo Moro 44, Punta Secca, Tel. 09 32 91 53 76, www.lacasadimontalbano.com. Mindestaufenthalt 2 Nächte, direkt am Strand und beim Sarazenenturm, vier Zimmer mit allem Komfort und dem Wissen, dass hier mit der sizilianischen Filmpolizei immer wieder Gerechtigkeit Einzug hält.

■ **Camping Baia dei Coralli** ①
Punta Braccetto, Tel. 09 32 91 81 92, www.baiadeicoralli.it. Hervorragend ausgestatteter Platz (inkl. Schwimmbad!) mit Einkaufsmöglichkeiten und vielen Schattenplätzen unter Bäumen am Meer, ganzjährig geöffnet.

■ **Camping Scarabeo** ①
Punta Braccetto, Tel. 09 32 91 80 96, www.scarabeocamping.it. Kleinster Platz, am Meer, mit Bäumen und künstlichem Schatten, ganzjährig geöffnet.

■ **Agricampeggio Capo Scalambri** ①
Punta Secca, Tel. 09 32 61 62 63, www.caposcalambri.com. Campingplatz mit schattigen Stellflächen in Meeresnähe (zu Fuß zu erreichen), auch Bungalows und Apartments. Fahrradverleih, kein Restaurant, ganzjährig offen.

Còmiso

30.000 Einwohner *(Comisani)*, 209 m ü.N.N., PLZ 97 012, bis Ragusa 17 km

Das freundliche Städtchen ist ideal für eine kurze Rast auf dem Weg nach Agrigento. Dass die Region schon zu Römerzeiten von großer Bedeutung war, belegen die Überreste eines unterirdischen Thermalbades und eines Bodenmosaiks aus dem 2. Jh. n. Chr. in der Nähe der Piazza Fonte Diana. In den 1980er Jahren machte Còmiso von sich reden als Ort zahlreicher **Demonstrationen gegen einen Militärflughafen** und eine **Nato-Raketenbasis.** 112 Cruise Missiles wurden hier stationiert. Der prominenteste Gegner dieses Projektes, der Politiker *La Torre*, wurde ermordet – wohl ein Hinweis auf Verbindungen zwischen Militär und Mafia. Inzwischen ist die Basis aufgegeben und wich einem großen, zivilen Verkehrsflughafen, auf dem vier bis fünf Maschinen am Tag zur Landung ansetzen (meist Ryan Air, aber auch Alitalia, u.a. Frankfurt/Hahn und Milano/Linate). Die Häuschen des früheren Militärpersonals, eine eigene kleine Stadt mit Kino und Läden, stehen seit Jahren leer.

Naselli-Schloss

Còmiso war ab dem 15. Jh. Lehnsgut der Familie *Naselli*, die 1571 den Titel „Grafen von Còmiso" erhielt. Noch heute be-

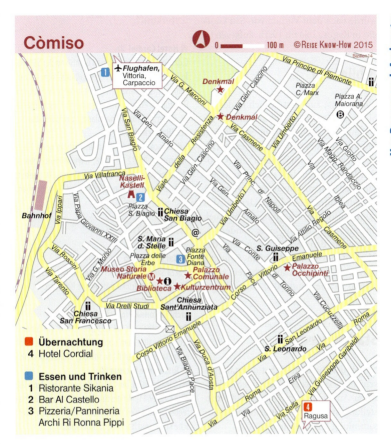

herrscht das Naselli-Kastell an der Piazza San Biagio das Stadtbild. Der Wehrturm wurde auf einem achteckigen Fundament aus byzantinischer Zeit errichtet und häufig umgebaut.

San Francesco-Kirche

Die Chiesa di San-Francesco (13. Jh.) in der gleichnamigen Straße wurde im 15. Jahrhundert durch ein Kloster erweitert. Hier befindet sich die schön ausgestattete Grabkapelle der Familie Naselli.

Annunziata-Kirche

Sehr imposant wirkt die Chiesa Annunziata mit ihrer Barockfassade von *Vaccarini*, die die kleine Piazza fast erdrückt. Die klassizistische Kuppel von *Girlando* wurde nach dem Vorbild von San Giorgio in Ragusa Ibla im 19. Jh. aufgesetzt.

Biblioteca

Lohnend ist auch ein Besuch in der Biblioteca, einer Art Kulturzentrum im Gebäude der ehemaligen städtischen Markthalle an der Piazza delle Erbe. Der rechteckige Bau umschließt einen großen Innenhof, in dem in den Sommermonaten Filmvorführungen stattfinden. In den Räumen sind ein kleines Museum und die städtische Bibliothek untergebracht, die mit einer Sonderausstellung an den berühmtesten Sohn der Stadt, den Dichter *Gesualdo Bufalino*, erinnert. Zum Fundus gehören seine 10.000 Bücher und 8000 Manuskriptseiten.

Stadtmuseum

Neben der Pinakothek hat das naturgeschichtliche Museum u. a. mit einer Fossilien-Ausstellung mit über 7000 Ausstellungsstücken und einer Mineraliensammlung seine Pforten geöffnet.

■ **Museo Civico di Storia Naturale**
Via degl Studi 9, Tel. 09 32 72 25 21, Mo–Fr 9.30–13, Di/Do auch 15.30–18.30 Uhr, 2 €.

Praktische Informationen

Touristeninformation

■ **Ufficio Informazione**
Piazza delle Erbe, Tel. 09 32 72 25 21, www.comune.comiso.rg.it.

Unterkunft

■ **Hotel Cordial** ②
C.da Deserto (1 km südl. von Còmiso an der SS115), Tel. 09 32 96 78 66, www.cordialhotel.com. An verkehrsreicher Straße gelegenes modernes Haus mit Restaurant/Pizzeria, vornehmlich für Geschäftsleute, 36 Zimmer mit Klimaanlage, TV und Minibar.
■ **Villa Orchidea** ③
C.da Bosco Rotondo (5 km außerhalb beim Flughafen), Tel. 09 32 87 91 08, www.villaorchidea.it. Moderne Anlage mit Garten und Freizeitangebot, 40 Apartments, Restaurant, Bar und Schwimmbad.

Essen und Trinken

■ **Bar Al Castello** ①
Piazza San Biagio 38 (im Castello), Tel. 09 32 96 41 39. Kaffee, Softdrinks und belegte Brötchen.
■ **Pizzeria/Pannineria
Archi Ri Ronna Pippi** ①-②
Piazza Fonte Diana, Tel. 093 21 91 31 53. An der netten Piazza sitzt man unter Arkaden, isst gute Pizza oder Piadine und trinkt zu späterer Stunde Cocktails.
■ **Ristorante Sikania** ②
Via San Biagio 78, (Ausfallstraße zum Flughafen), Tel. 09 32 72 29 11, Mo geschl. Gutes Essen in unaufgeregtem, leicht elegantem Ambiente, klassisch-iblesische Küche und italienische Standards.

Feste

■ **Dritter Maisonntag,** *Festa dell'Addolorata.*
■ **Zweiter Julisonntag,** Feiern für den Stadtheiligen *San Bagio*.

Verkehr

■ **Busterminal,** Piazza Majorana, nach Chiaramonte Gulfi, Ragusa und Vittoria.

- **Bahnhof,** Piazza Stazione, Tel. 89 20 21, www.trenitalia.it, in Richtung Agrigento und Ragusa.
- **Flughafen,** 5 km außerhalb Richtung Chiaramonte di Gulfi, Tel. 09 32 96 14 67, www.aeroportodicòmiso.it.

Vittoria

63.000 Einwohner *(Vittoriesi)*, 169 m ü.N.N., PLZ 97 019, bis Ragusa 25 km

Vittoria, die letzte barocke Perle des Südostens, liegt knapp 8 km Straße durch Industrie und Marmorwerke hindurch von Còmiso entfernt. Die an sich hübsche Stadt besitzt zahlreiche Paläste und Wohnhäuser im Jugendstil (in Italien *liberty* genannt) und ist schachbrettartig angelegt. Sie wurde 1607 von *Vittoria,* der Tochter des Vizekönigs *Marcantonio Colonna,* gegründet.

Das Besondere an Vittoria ist allerdings nicht seine Architektur, es ist die **Atmosphäre:** Emsig und geschäftig geht es zu; es gibt auffällig viele Fremdarbeiter aus Nordafrika; der Verkehr in den Einbahnstraßen bricht immer wieder zusammen – nach den eher ausgestorbenen Altstädten von Noto und Ragusa ein erfrischendes, wenngleich anstrengendes Kontrastprogramm. Allerdings gewann Vittoria auch eine traurige Berühmtheit für seine Kriminalitätsrate. Sogar die geplagten Bürger Palermos schauen mit entsetztem Blick auf Vittoria als sizilianische Hochburg der Kriminalität.

Der Boden des Umlandes ist fruchtbar; die Stadt ist berühmt für ihren Wein und neuerdings auch für ihr (in Treibhäusern gezogenes) Obst und Gemüse. Eines der schönsten Gebäude ist das **Theater** an der Piazza Popolo, 1877 nach einem Entwurf von *Bartolo Morselli* gebaut. Noch heute dient es als städtische Bühne für Konzerte, Theater und Lesungen. Daneben steht in klassischem Barock die Kirche **Santa Maria delle Grazie** – eine eigenwillige architektonische Gesamtkomposition.

Scoglitti

UNSER TIPP Rund 15 km entferntes Baderesort für die Vittoriesi mit einem **schönen weiten Sandstrand.** Der frühere Fischerort platzt im Ferienmonat August „fast aus allen Nähten", wenn die Bewohner des Landesinneren sowie die Norditaliener ihre in den letzten Dekaden entstandenen Ferienhütten beziehen.

Praktische Informationen

Unterkunft

- **Hotel Sicilia** ②

Via Cernaia 62, Tel. 09 32 98 10 87, www.hotelsiciliavittoria.it. Kleines Hotel mit 15 Zimmern inkl. Bad, mitten im Zentrum, mit angeschlossenem Restaurant.

- **Hotel Oasi** ②-③

Via Plebiscito, Scoglitti (15 km entfernt an der Küste), Tel. 09 32 98 04 57, www.hoteloasi.info. Einfaches Ferienhotel wenige Schritte vom Strand mit Garage und Restaurant, in der Hochsaison Vollpensionszwang.

- **Hotel Agathae** ③

Via Eugenio Montale, Scoglitti (15 km entfernt an der Küste gelegen), Tel. 09 32 98 07 30, www.

agathaehotel. it. Nettes, kleines Hotel mit eigenem Schwimmbad und Restaurant, im August Vollpensionszwang.

Essen und Trinken

■ **Hosteria delle Grazie** ②
Via Cavour, 127, Vittoria, Tel. 09 32 86 20 18, www.hosteriadellegrazie.com. Auf Fischküche spezialisiertes Traditionslokal in einem barocken Palast mit eleganter Atmosphäre.

■ **Ristorante dell'Hotel Mida** ③
Via delle Seppie, Scoglitti (15 km entfernt an der Küste), Tel. 09 32 87 14 30. U.a. sehr leckere Fischgerichte im Hotelrestaurant mit wunderbarem Ausblick auf's Meer.

■ **Ristorante Sakalleo** ③-④
Piazza Cavour 12, Scoglitti (15 km entfernt an der Küste), Tel. 09 32 87 16 88, www.sakalleo.com, Mo

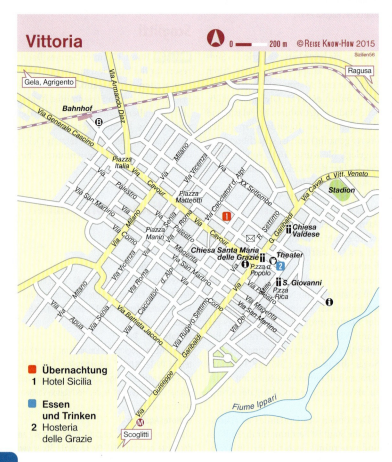

geschlossen. Angenehmes Ambiente, die gute Fischküche ist auch über die Stadtgrenzen hinaus bekannt.

Fest

■ **Erster Julisonntag,** Fest des Stadtheiligen *San Giovanni Battista*

Verkehr

■ **Busterminal,** Via Matteotti, nach Còmiso, Gela, Ragusa, Santi Croce Camerina, Scoglitti.
■ **Bahnhof,** Piazza Stazione, Tel. 89 20 21, www.trenitalia.it, in Richtung Agrigento und Ragusa.

Gela

77.000 Einwohner *(Gelesi)*, 46 m ü.N.N., PLZ 93 012, bis Caltanissetta 79 km

„... hierauf die geloischen Felder. Und das fruchtbare Gela, genannt nach dem Namen des Stromes."

So besingt *Vergil* in der *Änäis* eine der bedeutendsten Städte der sizilianischen Antike.

Und was ist heute davon geblieben? **Vor Gela wird jeder gewarnt,** nicht nur vor der durch Petrochemie zerstörten Umwelt, vor dem heillos verdreckten Wasser und der hässlichen Stadt, sondern auch vor der völlig außer Kontrolle geratenen Kriminalität. Und mitten in diesem scheußlichen Moloch aus Industrieanlagen, Betonsiedlungen, halbfertigen und schon wieder verfallenden Neubauten und den Slums, garniert mit einem selbstmörderischen Verkehr, steht **eines der bedeutendsten archäologischen Museen Siziliens.**

Jeder sollte selbst entscheiden, ob ihm Gela das Risiko wert ist; zumindest die Italiener scheuen sich nicht, ihren Badeurlaub hier zu verbringen. Das Lungomare ist im Sommer dicht bevölkert, und im Wasser tummeln sich die *Bambini*.

1990 wurden vor Gela relativ gut erhaltene **Reste eines altgriechischen Schiffes** gefunden. Es stammt wohl aus dem 6. Jh. v. Chr. Kurz nach dem Fund hat man begonnen, das Schiff nachzubauen. Der Nachbau sollte für Rundfahrten in der Bucht zur Verfügung stehen. Seit über 20 Jahren ist das Projekt jetzt unterwegs – und wenn man nachfragt? Schulterzucken!

Geschichte

689 v. Chr. wurde die Stadt als dorische Kolonie gegründet, 492 gründeten Auswanderer aus Gela ihrerseits Agrigento. Der Tyrann *Gelon*, prominentester Gelesi jener Zeit, eroberte schließlich Siracusa und siedelte einen Großteil der Bevölkerung dort an. Beide Städte verbündeten sich gegen Athen und gegen die Karthager, die daraufhin 406 v. Chr. den Rebellenort zerstörten. Die Überlebenden zogen nach Licata. Auch in den folgenden Jahrhunderten wechselten sich Aufbau und Vernichtung ab. Die „moderne" Stadt wurde unter dem Namen *Terranuova*, neues Land, schließlich 1230 vom Hohenstaufer *Friedrich II.* gegründet. Sie entwickelte sich nur langsam, bis man im 20. Jh. Erdöl entdeckte – was das Bild von Gela nachhaltig prägen sollte.

Archäologisches Museum

Lediglich zwei Stadtteile sind vom geschichtlichen Standpunkt aus besuchenswert. In **Molino a Vento,** wo sich die griechische Akropolis befand, wurden Siedlungsreste aus dem 7. Jh. v. Chr. ausgegraben sowie zwei dorische Tempel. Im Sommer werden klassische Tragödien aufgeführt. Hier befindet sich das gut bestückte, wenngleich recht verstaubt wirkende **Archäologische Museum** von Gela mit einer bedeutenden Sammlung antiker Münzen. 4000 Fundstücke aus der nahen Umgebung gehören zum Fundus, organisiert sind diese chronologisch. Zu den Glanzstücken gehören eine Gorgonenmaske und ein Pferdekopf aus Terrakotta jeweils aus dem 6. Jh. v. Chr. An der Biglietteria sind Bücher über die Ausgrabungen von Gela und anderer Stätten der Provinz Agrigento erhältlich.

■ **Museo Archeologico**
Corso Vittorio Emanuele II., Tel. 09 33 91 79 51, tgl. 9–18.30 Uhr, 4 €.

Capo Soprano

Das zweite Stadtgebiet Gelas ist **Capo Soprano.** Hier stieß man auf Reste großer Nekropolen aus dem 7. und 6. Jh.

v. Chr. Man fand auch ein Thermalgebäude mit 14 Sitzwannen im griechischen Stil und weiteren 22, die kreisförmig angeordnet sind. Die Befestigungsanlagen (300 m lang aus ungebrannten Lehmziegeln) im Osten von Capo Soprano wurden erst 1948 entdeckt und sind ein Beispiel griechischer Militärarchitektur. Auf einem Fundament aus Kalksteinen wurde die aus getrockneten Lehmziegeln erbaute Mauer hochgezogen. Auch Überreste von drei Türmen sowie eine Art Stadttor sind zu sehen.

■ **Zona Archeologico/Capo Soprano**
Mo–Sa 9.30–18.30, Winter bis 16.30 Uhr, Ticket des Museums ist gültig.

In der archäologischen Zone von Gela

Praktische Informationen

Touristeninformation

■ **Ufficio Informazione**
Viale Mediterraneo 3, Tel. 09 33 91 37 88.

Unterkunft

■ **Hotel Sole** ②
Via Lungomare 32, Tel. 09 33 92 52 92, www.hotelsolecl.com. Am Lungomare gelegen, Sicht auf den Hafen, einfach, fußläufige Entfernung zum Museum, 30 funktional eingerichtete Zimmer.

■ **Hotel Sileno** ③
SS117bis Km 92, Tel. 09 33 91 11 44, www.alberghiinsicilia.com. Geschäftshotel, 100 Zimmer mit Fernsehen, Klimaanlage und Holzimitat, Restaurant.

■ **Agriturismo Tenuta Palladio** ④
C.da Palladio, von Butera erst Richtung Caltanissetta an der Ausfahrt „Judeca-Riesi" nach Riesi abbiegen und nach 6 km die zweite Abfahrt nach Riesi nehmen, Tel. 09 34 92 13 05, www.tenutapalladio.

it. Delikate Hausmannskost als festes Menü, 20 Zimmer und ein Wellness-Center.

Essen und Trinken

■ **Ristorante Gelone 2** ②
Via Generale Cascino 19, Tel. 09 33 91 32 54, Mo geschl. Kleines Restaurant mit Fisch- und Fleischküche, nichts besonderes, aber recht günstig.
■ **Ristorante/Pizzeria Ciaramella** ②-③
Via C. Colombo, Tel. 09 33 91 26 06, Mi geschl. Sehr gutes Fischlokal, das am Wochenende sehr voll wird – die wenigsten bestellen dann Pizze – besonders erwähnenswert: die Fischvorspeisen.

Verkehr

■ **Busterminal,** Piazzale Stazione, nach Agrigento, Butera, Caltagirone, Caltanissetta, Catania, Enna, Licata, Palermo, Piazza Armerina, Ragusa und Siracusa.
■ **Bahnhof,** Piazzale Stazione, Tel. 89 20 21, www.trenitalia.it, Richtung Agrigento, Catania, Ragusa.

Feste

■ **19. März,** Fest des San Giuseppe
■ **6./7. und 8. September,** *U Pagliantinu* (Fest mit vielen Wettkämpfen)
■ **8. September,** Fest der Stadtheiligen *Maria SS Dell'Alemanna*.

Butera

Ein Abstecher von der Hauptroute führt hinter Gela ins Landesinnere: Nach Butera sind es knapp 20 km auf einer schmalen, serpentinenreichen Straße durch Getreidefelder und Zitruspflanzungen. Schon in der Bronzezeit haben hier auf einem Felssporn über der Ebene von Gela Menschen gesiedelt. Mitte des 9. Jh. nahmen Araber das Dorf Butera ein und statteten es mit **Festungsanlagen** aus. Die **Burg** und der **eckige Wehrturm** auf der Piazza Vittoria sind noch heute eindrucksvolle Zeichen des Verteidigungswillens. Noch älter als die Burg ist das Gewirr der engen Gassen und Innenhöfe, die sehr arabisch anmuten.

UNSER TIPP Einen besonders schönen Ausblick hat man übrigens von der Piazza Dante. Bei gutem Wetter reicht das Panorama von den Ereischen Bergen bis hin zum Ätna!

Falconara

Etwa 20 km hinter Gela erreicht man Falconara. Der **kleine Badeort** verfügt über ein eindrucksvolles Kastell mit Zinnen und Türmen aus dem 15. Jh., das auf einem Felsen hoch über dem Meer inmitten eines schönen Parks liegt (ein Zugang ist nicht möglich, da das Schloss privat genutzt wird).

Falconara ist eine beliebte und belebte Marina mit mehreren Hotels und einem komfortablen Campingplatz, eine gute Übernachtungsalternative zu Gela.

Unterkunft

■ **Castello di Falconara** ⑤
Localita Falconara, Tel. 091 32 90 82, www.castellodifalconara.it, sieben Doppelzimmer mit Bad, zu mieten als Gesamtschloss mit diversen weiteren Räumlichkeiten, wochen- oder monatsweise, vom

Besitzer seiner Durchlaucht *Barono Chiaramonte* höchstselbst, natürlich mit Personal, und über den Preis sei der Mantel des Schweigens geworfen.

■ **Falconara Charming House** ④
Localita Falconara, Tel. 093 41 96 53 00, http://falconararesort.edenhotels.it. Moderne Edelherberge direkt am Wasser mit großzügigem Wellnesscenter, Pool, Fitnessraum, Restaurant, parkähnlichem Garten, 65 Zimmer.

■ **Eurocamping Due Rocche** ①
C.da Faino (SS115, Km 242, westlich Falconara), Tel. 09 34 34 90 54, www.duerocche.it. Ordentlicher, grüner Platz am Meer (Sand/Fels), durch Bäume beschattet, Restaurant/Pizzeria.

Licata

38.000 Einwohner *(Licatesi)*, 12 m ü.N.N., PLZ 92 027, bis Agrigento 49 km

Die Stadt war unter römischer Herrschaft Hafen und ein wichtiges Handelszentrum auf Sizilien. 1553 plünderten die Türken Licata, die Bewohner bauten es wieder auf, und bald dehnte es sich über die antike Stadtmauer hinweg Richtung Nordwesten aus. Auch heute ist die Stadt ein **wichtiger Exporthafen**, vor allem für Kunstdünger, dessen Produktionsanlagen das Stadtbild und die Luft um Licata beherrschen.

Zu den schönsten Gebäuden im Zentrum zählt der **Jugendstil-Stadtpalast** von *Ernesto Basile* an der Piazza Progresso. Sehenswerte barocke Gebäude, sowohl innen als auch außen, sind das **Karmeliter-** und das **Franziskanerkloster;** die Entwürfe zu beiden stammen von *Giovanni Amico*. Auf dem Colle Sant'Angelo, etwas außerhalb der Stadt, steht das Kastell mit viereckigem Turm aus dem 17. Jh. Hier auf dem antiken Ecnom-Hügel fand man Überreste frühgeschichtlicher Siedlungen. Der Blick über die Stadt und die umliegenden Täler ist herrlich.

Städtisches Museum

Archäologische Funde aus der Frühgeschichte der Stadt, aber auch Kunstgegenstände wie die Madonna del Soccorso von *Domenico Gagini* von 1470, sind im Städtischen Museum zu sehen.

■ **Museo Archeologico**
Via Dante, Tel. 09 22 77 26 02, wegen Restaurierung geschl., Wiedereröffnung nicht vor 2016.

Unterkunft/Essen und Trinken

■ **Hotel Al Faro** ③
Via Dogana 6, Tel. 09 22 77 38 46, www.alfarohotel.it. Angenehmes, überschaubares Hotel direkt am Hafen, passend im nautischen Stil in weiß-blau gehalten, 30 Zimmer, Restaurant.

■ **Oasi Beach** ③
Via Serg. Profumo 11, Tel. 09 22 89 34 04, Mo geschl. Empfehlenswertes Fischrestaurant am Strand mit Pizzeria und einer fantastischen *Zuppa di Pesce*.

Fest

■ **5. Mai,** Fest des Stadtheiligen *Sant'Angelo*.

Verkehr

■ **Busterminal,** Corso Roma, nach Agrigento, Gela, Caltanissetta, Catania und Ragusa.

Giuseppe Tomasi di Lampedusa: Kirchgang

„Die Wagen mit der Dienerschaft, den Kindern und Bendico fuhren zum Palast; aber die anderen mußten, wie es der uralte Ritus wollte, noch ehe sie den Fuß ins Haus setzten, ein Te Deum im Dom hören. Dieser war übrigens nur zwei Schritt entfernt, und man wandte sich dahin mit Geleit, staubig, aber imponierend die neu Gekommenen, leuchtend sauber, aber bescheiden die Honoratioren. Voraus ging *Don Ciccio Ginestra,* der denen, die ihm folgten, mit der Macht seiner Uniform Raum schaffte; dann kam, die Fürstin am Arm, der Fürst, und er sah aus wie ein satter, zahmer Löwe; hinter ihm *Tancredi,* diesem zur Rechten *Concetta,* der dieses Schreiten auf eine Kirche zu, an der Seite des Cousins, große Verwirrung schuf und eine süße Lust zu weinen ... Weiter hinten folgten, weniger geordnet, die anderen. Der Organist war davongeeilt, damit er Zeit hätte, Teresina daheim abzugeben und dann in dem Augenblick, da die Herrschaft die Kirche beträte, an seinem Donner-Orgelplatz zu sein. Die Glocken hörten nicht auf zu lärmen, und die Inschriften an den Wänden der Häuser, „Es lebe Garibaldi", „Es lebe König *Vittorio*" und „Tod dem Bourbonenkönig", die ein ungeübter Pinsel vor acht Wochen hierhin gemalt hatte, waren verblichen; sie schienen wieder in die Mauer verschwinden zu wollen. Während man die Treppe hinaufstieg, krachten die Böller, und als die Herrschaft mit dem kleinen Gefolge die Kirche betrat, ertönte vom Platz *Ciccio Tumeos* (des Organisten, Anm. d. A.) her, der kurzatmig, aber rechtzeitig angelangt war, mit Schwung das Amami, Alfredo."

(G. Tomasi di Lampedusa, Der Leopard, Gustav Lübbe Verlag 1994, S. 73f.)

■ **Bahnhof,** Piazza delle Stazione, Tel. 89 20 21, www.trenitalia.it, Richtung Agrigento, Catania und Ragusa.

Ravanusa

Die Straße verlässt Licata in nördlicher Richtung und führt hinein in die Landschaft der sizilianischen Hochebene: sanft gewölbte Hügel bedeckt mit Getreidefeldern oder Weingärten. Ravanusa steht inmitten von Weinreben. Der Ort wurde von *Giacomo Bonanno* im Jahr 1616 gegründet. 1,5 km von Ravanusa wurden auf dem Monte Saraceno Reste einer Siedlung sizilianischer **Ureinwohner** ausgegraben. Weiter unten fand man **Wohnhäuser aus dem 7. Jh. v. Chr.** Der Monte Saraceno war Siedlungsgebiet von Muslimen, bevor sie *Roger I.* vertrieb – daher der Name. Die meisten der hier gemachten Funde kann man heute im Archäologiemuseum in Agrigento besichtigen.

Palma di Montechiaro

24.000 Einwohner *(Montechiaresi),* 165 m ü.N.N., PLZ 92 020, bis Agrigento 25 km

Entlang der Küste und dann im Landesinneren führt die SS115 vorbei an Feriensiedlungen und Treibhäusern nach Palma di Montechiaro. Die Palme, das Symbol des Ruhmes, aus dem Wappen der Familie *De Caro,* sowie der Hügel mit dem Chiaramonte-Kastell aus dem 14. Jh. gaben der Stadt ihren Namen. 1637 hat sie die Familie De Caro an der linken Seite des Palma-Flusses gegründet. Heute ist der historische Altstadtkern von slumähnlichen Wohnorten umgeben. Gegenüber der Villa Comunale prunkt der **Palazzo Ducale** der Fürsten von Lampedusa aus dem 17. Jh. *Giuseppe Tomasi di Lampedusa,* dessen Familie das Feudallehen durch Heirat im 16. Jh. übernahm, hat diese Gegend in seinem Roman „Der Leopard" beschrieben. Angeblich entstanden auch mehrere Filmszenen des „Gattopardo" in Palma. Wunderschön ist die barocke **Chiesa Madre,** die man über eine große Freitreppe betritt. Der fromme Fürst von Lampedusa lässt sich so richtig beim Kirchgang mit der Familie vorstellen, wie er gemessenen Schrittes die vielen Stufen zum Dom hinaufschreitet.

Unterkunft

■ **B&B Terra del Gattopardo** ③
Via Berlino, Tel. 09 22 96 63 92, www.terra delgattopardo.eu. Professioneller Betrieb mit fünf Zimmern, jeweils mit Bad, Klimaanlage, TV und Internetanschluss.

Marina di Palma

Der Badeort der Palmesi, hat außer Ferienhäusern, Läden und den Überresten eines Wachtturms aus dem 17. Jahrhundert nichts Besonderes zu bieten.
Doch etwa 5 km entlang der Küste nach Westen stehen auf einer Anhöhe die Ruinen des Castello di Montechiaro, das wahrscheinlich im 14. Jh. erbaut wurde.

UNSER TIPP Der **Strand** unterhalb gehört zu den schönsten und beliebtesten der Küste. Vor dem Badevergnügen steht allerdings der Abstieg in die Bucht (und danach der schweißtreibende Aufstieg).

Naro

Etwa 15 km von Palma di Montechiaro nach Norden sind es in das Städtchen **Naro.** Die von Arabern gegründete Siedlung hat *Friedrich II.* wegen ihrer strategischen Bedeutung zur Königsstadt geadelt. Die Familie *Chiaramonte* baute im 14. Jh. nicht nur das Schloss, sondern renovierte zahlreiche ältere Bauten, vor allem Kirchen. Heute fehlen Geldgeber (oder die Gelder gehen „verloren"), weswegen die historischen Gebäude in sehr schlechtem Zustand sind. Dennoch kann man noch die imposante Fassade mit szenischen Darstellungen des **Gaetano-Palastes** in der Via Dante bewundern. Die **Marienkirche** ist renoviert und birgt im Inneren Kunstschätze von *Antonello* und *Giacomo Gagini.* Im ehemaligen **Minoritenkloster** aus dem 13. Jh. befinden sich heute das Rathaus sowie die **Feliciana-Bibliothek** mit wertvollen Beständen.

Die Region ist seit frühgeschichtlicher Zeit besiedelt. In der C. da Canale fand man eine christliche Nekropole. Verlässt man die Stadt in Richtung Camastra, sieht man auf einem Hügel den Turm einer antiken Siedlung.

Die Route im Überblick | 288

Agrigento | 293

Burgio | 322

Caltabellotta | 320

Castelvetrano | 331

Eraclea Minoa | 318

Isole dello Stagnore
 und Mozia | 351

Lampedusa | 314

Linosa | 317

Marsala | 346

Mazara del Vallo | 341

Menfi | 329

Pelagische Inseln | 313

Porto Empèdocle | 311

Ribera | 319

Sant' Àngelo Muxaro | 309

San Leone | 307

Sciacca | 322

Selinunte/Marinella | 336

Siculiana (Marina) | 312

7 Von Agrigento nach Trapani

Nicht nur das Tal der Tempel lockt, die Ebenen um

Trapani und die ins Sonnenlicht getauchten Salinen sind ebenso reizvoll – und der Wein ist köstlich.

◁ Die Trauben von Marsala können sich mit Sonne vollpumpen

VON AGRIGENTO NACH TRAPANI

Beim Besuch der **westlichen Südküste** durchfährt man sehenswerte Hafenstädtchen, besucht auf **Mozia** die Phönizier und erlebt bei einem Bootsausflug die **Pelagischen Inseln** Lampedusa und Linosa.

Die Route im Überblick

Von der Provinzhauptstadt Agrigento führt die Route entlang der abwechslungsreichen Küste nach Nordwesten. Nicht mehr die langen, flachen Sandstrände, sondern überraschende Felsformationen, unterbrochen von kleinen Sandbuchten, bestimmen die Uferlinie. Aber auch hier wurde am Meer entlang gebaut, und das Panorama ist fast überall von willkürlich in die Landschaft gesetzten Apartmenthäusern, Ferienvillen und wild zusammengezimmerten Hütten im Pontok-Stil verbaut.

Im Landesinneren kündigt sich immer deutlicher das zentralsizilianische Hochland mit seiner extensiven Getreidewirtschaft und den zumeist auf Hügelkuppen gelegenen Agrarstädten an. Die Route passiert die spektakulären Ausgrabungsstätten von **Eraclea Minoa** und **Selinunto**; sie eröffnet bei **Mozia** aber auch erste Einblicke in das phönizische Erbe Siziliens. **Sciacca, Marsala** und **Trapani** warten mit malerischen Altstädten, die deutlich vom arabischen Erbe geprägt sind, und mit kulinarischem Hochgenuss auf.

Ausgangspunkt ist Agrigento, das man auf der SS115 nach Westen verlässt. Nach 5 km ist Porto Empèdocle mit seinen Industrieanlagen erreicht. Von Siculiana bis Eraclea Minoa sind die weißen Felsen, unter denen sich der Strand hin-

> Der Hauptweg durch das Tal der Tempel

>> Übersichtskarte auf der nächsten Seite

NICHT VERPASSEN!

- **Tal der Tempel,** einen Tag sollte man sich schon Zeit nehmen für die Antike | 297
- **Scala dei Turchi,** die kreideweißen Felsen laden zu einem Bad | 311
- **Selinunte,** eine der größten Ausgrabungsstätten Siziliens und sicher auch eine der schönsten | 336
- **Weinprobe in der Cantina Pellegrino,** natürlich Marsala | 350
- **Mozia,** nicht römisch, nicht griechisch, sondern phönizisch | 353

Diese Tipps erkennt man an der gelben Hinterlegung.

Von Agrigento nach Trapani

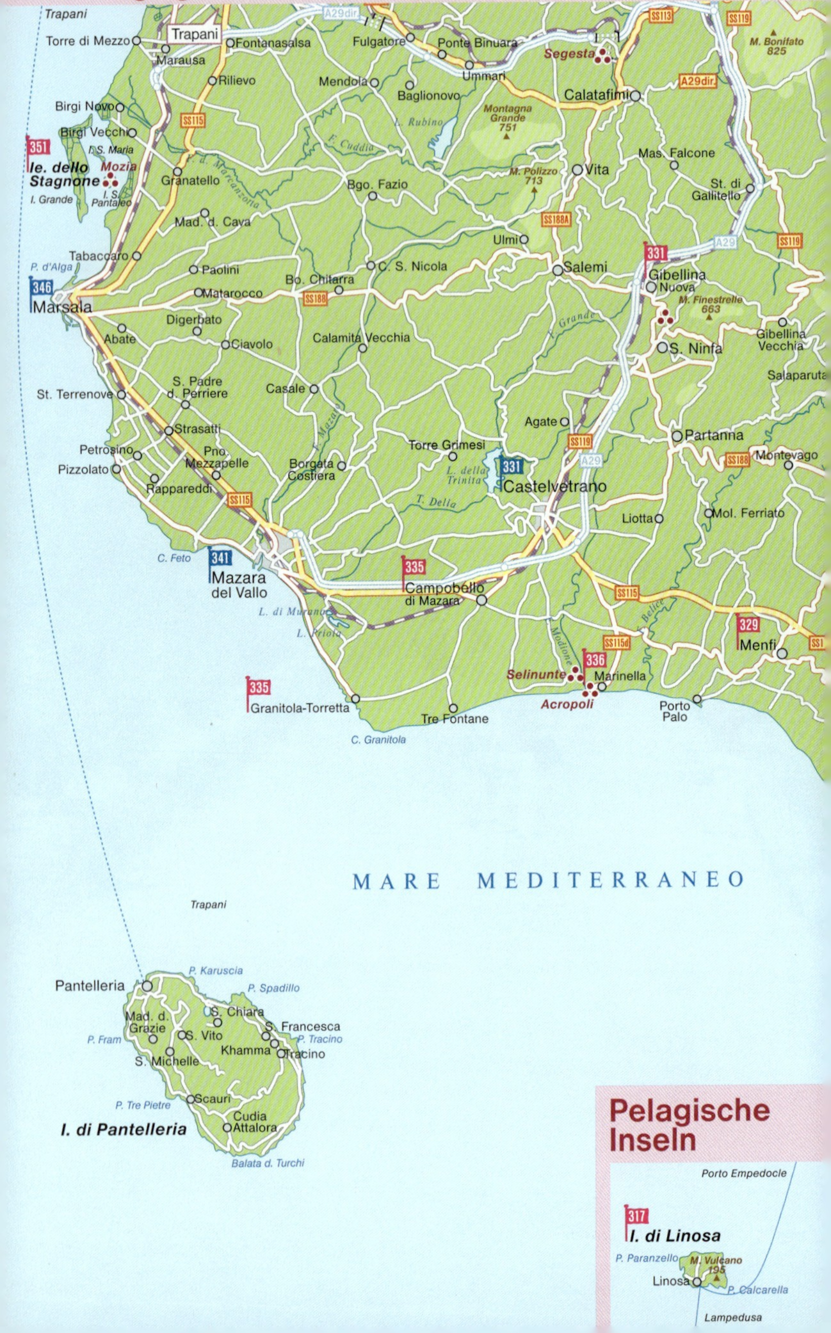

zieht, fast durchgängig allgegenwärtig. Als *Riserva Naturale di Torre Salsa* steht der Abschnitt, an dem Meeresschildkröten zur Eiablage kommen und viele Zugvögel rasten, unter Naturschutz. Die Straße verläuft hier weiter landeinwärts bis zur Abzweigung nach **Montallegro.** Sehr romantisch bedeckt dieser kleine Ort (3500 Einwohner) den Cicaldo-Hügel am Platani-Fluss. 1574 gegründet, entwickelte er sich unter der Herrschaft der *Gioeni*, verlor dann aber rasch an Bedeutung, und viele Bewohner verließen das Dorf.

35 km hinter Agrigento führt eine Straße rechts nach **Cattolica Eraclea.** In die Barockstadt, die keine besonderen Sehenswürdigkeiten aufweist, sind es 9 km entlang des Platani-Flusses nach Nordosten; zum Ausgrabungsgelände Eraclea Minoa fährt man hier links und 4 km bis zu einem Felsplateau über dem Meer.

Zurück auf der SS115 gibt es immer wieder Abstecher zu kleinen Orten oder naturbelassenen Stränden: **Bonsignore** ist eine siedlungshistorische Ausnahme unter den alteingesessenen Städten der Region. Es wurde 1940 als faschistische Mustersiedlung mit großer Piazza und modernem Dom erbaut. Knapp 10 km weiter geht es links weg nach **Seccagrande,** der nicht sehr attraktiven **Marina von Ribera.** Der Abzweig zum „Orangenstädtchen" **Ribera** biegt knapp 5 km weiter rechts ab.

Wer es eilig hat, folgt der SS115 weiter nach Sciacca. Wer ein etwas großzügigeres Zeitbudget hat, für den lohnt sich die Rundtour durchs Landesinnere in die Städtchen **Burgio** und **Caltabellotta.** Von Caltabellotta kehrt man auf der serpentinenreichen Straße über Sant'Anna nach Ribera zurück oder schlägt die direkte Verbindung nach Sciacca ein.

Von Sciacca, der Stadt der Thermen, verläuft die SS188 landeinwärts als schnelle Verbindung nach Westsizilien bis **Castelvetrano.** Gemächlicher lässt man es angehen, folgt man weiterhin der SS115 zur nächsten Station, dem kleinen **Seebad Menfi.** Hier werden zum ersten Mal auch die verheerenden Folgen des letzten großen Erdbebens in Westsizilien sichtbar, das 1968 ganze Dörfer in Schutt und Asche legte.

Knapp 6 km hinter Menfi passiert die SS115 die Regionalgrenze zur Provinz Trapani und überquert kurz darauf das Tal des **Belìce,** des bedeutendsten Flusses im Süden Siziliens. Seine schilfbestandene Mündung, an der zahlreiche Seevögel nisten, steht unter Naturschutz. Links und rechts erstrecken sich schöne Sandstrände.

Parallel zur Autostrada verläuft die SS115 geradeaus nach Westen durch leicht hügelige Landschaft mit Getreide- und Gemüsefeldern ins 17 km entfernte **Mazara del Vallo.**

Schnurgerade verläuft die SS115 von Mazara nach Westen in Richtung Marsala. Die Küstenlinie ist kaum noch zu erahnen; flaches Land rechts und links, teils mit Wein bepflanzt, teils geprägt von weißem Kalkstein mit tiefen Karsthöhlen. Wir durchqueren das weite Tal von Mazara und erreichen nach 42 km die Stadt des süßen Weins – **Marsala.**

Zurück auf dem Festland kündigt sich nach Marsala unübersehbar eine neue wirtschaftliche Region an – nicht mehr Gewächshäuser oder endlose Weizenfelder, sondern **Salinen** beherrschen die Landschaft am Meer, während sich landeinwärts tiefgrüne **Weingärten** an den sanften Hängen entlang ziehen. Die Region zwischen Marsala und Trapani ist Siziliens wichtigstes Weinanbaugebiet. Die wirtschaftliche Bedeutung des Salzes – früher in manchen Ländern mit Gold aufgewogen – ist längst dahin. Doch auch heute noch prägen die alten Salinen mit ihren charakteristischen Windmühlen das Erscheinungsbild der Küste.

Von Marsala sind es etwa 31 km auf der SS115 in die Provinzhauptstadt **Trapani**. Landschaftlich interessanter ist die Fahrt auf der am Meer verlaufenden „Salzstraße", die erst die phönizische Insel **Mozia**, dann den Flughafen Trapani-Birgi passiert. Mühlen stehen zwischen den flachen Becken, in denen das Wasser verdunstet. Weiße Salzberge glitzern im Sonnenlicht, ab und an ist eine Kolonne zu sehen, die mit Schaufeln bewaffnet einen der grellweißen Hügel aufwirft. Ein einsamer Radfahrer strampelt auf dem Damm, hält und öffnet eine Meerwasserleitung, um einen ausgebeuteten Abschnitt wieder für den nächsten Arbeitsgang mit Wasser zu füllen – wie eh und je entsteht das lebensnotwendige Salz für die Tische Siziliens.

Agrigento

59.000 Einw. *(Agrigentini),* 326 m ü.N.N., PLZ 92 100, Provinzhauptstadt

Agrigento gehört zum Interessantesten, was Sizilien zu bieten hat; man sollte für die Besichtigung also ausreichend Zeit einplanen. Der erste Eindruck von der von Wolkenkratzern dominierten Oberstadt ist zwar nicht sehr einladend, doch gilt es, das große Ausgrabungsgebiet zu entdecken und darüber hinaus natürlich die Kunstschätze der Stadt selbst. *Empedokles,* der große Denker Siziliens, wurde in Agrigento geboren, und auch *Luigi Pirandello,* der Literatur-Nobelpreisträger, ist ein berühmter Sohn der Stadt: Sein Geburtshaus steht in einem Vorort mit dem beziehungsreichen Namen *Caos.*

Geschichte

Die Griechen nannten die Stadt *Akragas,* die Römer *Agrigentum.* **Bis zu 800.000 Menschen** sollen hier einmal gelebt haben. Eine 12 km lange Mauer umschloss das antike Stadtgebiet. 581 v. Chr. hatten Griechen aus Rhodos die erste Siedlung auf dem Hochplateau gegründet; der Ort war ideal, da er an drei Seiten durch steil abfallende Hänge geschützt eine natürliche Festung bildete. Schon bald entwickelte sich Agrigento zu einer blühenden Metropole. Unter der Herrschaft des Tyrannen *Theron* besiegte das mit Siracusa verbündete Agrigento die Karthager bei *Himera* (480 v. Chr.); danach entstanden die grandiosen Tempelbauten, die ankommenden Schiffen bereits von Weitem den Reichtum und die Macht der Stadt signalisierten.

Akragas Blüte fand ein jähes Ende durch die **karthagische Eroberung** 406 v. Chr. Die Stadt wurde zwar sechzig Jahre später wieder von Griechen besiedelt, konnte ihren einstigen Einfluss und Glanz aber nicht mehr erlangen. Erst unter römischer Herrschaft avancierte Agrigentum wieder zu einem bedeutenden Handelsstützpunkt. In den folgenden

Blick vom Kolymbetra-Garten

Jahrhunderten war die nun *Girgenti* genannte Siedlung trotz Förderung durch Araber und Normannen nur noch ein Abglanz früherer Zeiten. 1927 erhielt sie ihren aktuellen Namen.

Heute ist die Stadt ein **Zentrum des Weinanbaus,** was der Genussfreude der Agrigenter sehr entgegenkommt. „Sie speisen, als ob sie morgen sterben würden, und bauen, als ob sie ewig leben sollten", beschrieb Empedokles seine Mitbürger.

Stadtanlage

Wie ein griechisches Theater lag schon das antike Akagras am Hang über dem Meer, und ähnlich steht heute die moderne Stadt hoch über dem Plateau, auf dem sich das Ausgrabungsgelände befindet und das fälschlicherweise Tempel-„Tal" genannt wird. Unvergesslich bleibt wohl jedem Besucher der **Blick von der Viale della Vittoria hinunter auf die Tempel,** erst recht, wenn er sie wie der britische Schriftsteller *Lawrence Durrell* zur Stunde der Abenddämmerung erlebt: *„Wir stiegen in die Dämmerung hinab, mit dem seltsam zwiespältigen Gefühl, nicht zu wissen, was uns dort eigentlich erwartete. Erst mußten wir einen Platz überqueren, von dem aus wir in die dunkle, malvenfarbene kühle Tiefe blicken*

Agrigento

157si fk

konnten, wo die Tempel unserer harrten. Hinter uns füllten sich allmählich die Straßen für den abendlichen „Corso", und in den kleinen Cafés flammten grell die Lichter auf. Wir hörten Kirchenglocken, hurtig wie Flügelschläge, sie klangen wie ein Signal, und plötzlich waren die Tempel unten in flutendes Licht getaucht – wie durch ein Wunder."

(aus *Durrell*, Blühender Mandelbaum, Rowohlt Verlag, Reinbek 1997)

Natürlich drängt es jeden Besucher hinunter ins malerische Tal mit seinen knorrigen Oliven und den zarten Mandelbäumchen; Hektik und Lärm von Agrigento sind auch nicht gerade einladend. Was die Stadt aber als Kontrastprogramm zum Südosten bieten kann, ist durchaus sehenswert: Ihre herausragenden Bauwerke dominiert nicht der Barock, sondern die **katalanische Gotik**. Wer Lust und Zeit hat, sich durch die Gassen treiben zu lassen, kann noch so manche malerische Ecke entdecken, in der die arabische Architektur unübersehbar in Sackgassen und überwölbten Sträßchen lebendig wird. Den Spaziergang durch das mittelalterliche Agrigento kann man bei einem gemütlichen Mittagessen in einem der Altstadtlokale ausklingen lassen.

Piazza Vittorio Emanuele

Ausgangspunkt ist die Piazza Vittorio Emanuele, an der die meisten Busse starten und ankommen und wo sich nicht weit entfernt an der Piazza Marconi auch der **Bahnhof** befindet. Durch das ehemalige Stadttor geht's in die Via Atenea, heute eine lebhafte Flaniermeile mit Boutiquen und Cafés. Sie führt in den mittelalterlichen Stadtkern mit zahlreichen Kirchen und Palästen.

Piazza del Purgatorio

Am Platz mit der unübersehbaren gleichnamigen barocken Kirche versteckt sich unter einem steinernen Löwen der Eingang zum unterirdischen Labyrinth aus Gängen und Kanälen, das ab dem 5. Jh. v. Chr. die Wasserversorgung der antiken Stadt gewährleistete. Das „Hypogäum des Feuers" wurde vernachlässigt und ist weitgehend zusammengebrochen; heute leidet Agrigento im Sommer unter extremer Wassernot. Die Technik der Moderne kann offensichtlich nicht mit der der Antike konkurrieren.

Palazzo dei Filippini

Unser Tipp An der Piazza Pirandello birgt der Palazzo dei Filippini die sehenswerte **Stadtpinakothek**. Die Ausstellung spannt den Bogen von zeitgenössischen Malern, die mit Agrigento verbunden sind bis zurück ins 18. und 17. Jh. Besonders liebevoll gemacht: die Krippen und der Nachbau des Pirandello-Hauses im Erdgeschoss.

- **Pinacoteca**
Via Atenea 270, Tel. 09 22 59 01 40, Mo–Sa 9–13, 15.30–19 Uhr, 4 €.

Kirche S. Maria dei Greci

An der gleich südlich anschließenden Piazza Sinatra steht das Rathaus. Nun geht es durch enge Gassen, teils auch Treppen, durch die mittelalterliche Stadt den Hügel hinauf. Fragen Sie nach dem Weg zur Chiesa S. Maria dei Greci, dem gotischen Kirchlein, das an der Stelle des ehemaligen Athene-Tempels errichtet wurde. Fast verwunschen wirkt das Portal im Stil der katalanischen Gotik zwischen den Bäumen und Büschen des kleinen Kirchengartens. Im Inneren sind Säulenstümpfe (dorische Ordnung) und ein Teil des Kapitells zu sehen.

Dom

Einen Besuch wert ist auch die an höchster Stelle errichtete gotische Kathedrale aus dem 11. Jh. mit schöner bemalter Holzdecke aus dem Jahr 1518. Der quadratische Campanile stammt aus dem 15. Jh. Wahrscheinlich befand sich hier am höchsten Punkt der antiken Akropolis ein Tempel, der Zeus oder Athene geweiht war. Funde, die diese Vermutung bestätigen könnten, wurden bislang allerdings noch nicht gemacht. Neben allerlei kunsthistorisch interessanten Details hat der Kirchenraum auch eine akustische Besonderheit: Wenn man sich unter den Stukkaturen des Presbyteriums direkt in der Achse zur Apsis stellt, kann man jedes Wort verstehen, das am Eingang in 85 m Entfernung gesprochen wird. Der Dom ist dem heilig gesprochenen Bischof von Agrigento, *S. Gerlando,* geweiht, dessen Reliquien in einer Seitenkapelle aufbewahrt werden. Groß gefeiert wird allerdings nicht der selige Bischof, sondern *S. Calogero,* ein Heiliger, dessen schwarze Statue bei einem farbenfrohen Fest zwischen dem ersten und dem zweiten Sonntag im Juli durch die Stadt getragen wird (Festa di San Calo). Dabei bewerfen die Bewohner der Altstadt die Prozession mit *muffuletti,* den Sesam- und Fenchelbrötchen. Der Brauch erinnert an eine schwere Epidemie in Agrigento, während der Ordensbrüder durch die Gassen der Altstadt zogen und um Essen für die Kranken baten; das ihnen aus Angst vor Ansteckung von den Fenstern aus zugeworfen wurde. Die S. Calogero geweihte Kirche aus dem 15. Jh. steht übrigens an der Piazza Marconi beim Bahnhof.

- **Duomo di San Gerlando**
Piazza Duomo, wegen Einsturzgefahr (Kollaps der tragenden Gesteinsschicht) bis auf Weiteres geschlossen.

Museum Santo Spirito

Das bemerkenswerteste mittelalterliche Gebäude Agrigentos ist die **Chiesa Santo Spirito**. Im gleichnamigen Kloster ist ein Museum untergebracht, das neben sakralen und archäologischen Exponaten auch wertvolle Gemälde der „Sizilianischen Schule" zeigt. Interessant ist ein Museumsbesuch aber vor allem, weil man auf diese Art die sehenswerte Architektur und Ausstattung des Klosters bewundern kann. Anschließend: Die Schwestern des Zisterzienser-Klosters betreiben ein B&B und verkaufen diverse **Naschereien,** die sie selbst backen: aus Mandeln, Feigen und Pistazien – besondere Berühmtheit erlangte ihr Pistazien-Couscous und das Osterlamm aus Mandelpaste (für den Verkauf auf Nr. 8 läuten, für das B&B auf Nr. 5). Im Sommer finden im Kloster häufig Abendkonzerte mit klassischer Musik statt.

■ **Museo Santo Spirito**
Via Santo Spirito, Tel. 09 22 59 03 71, Mo–Fr 9–13, Di/Do auch 15–19 Uhr, 4 €.

Aussichtspunkt

Zum **Aussichtspunkt** auf das Tempeltal folgt man zunächst der Viale della Vittoria ein Stück stadtauswärts bis zu einer nett gestalteten Grünanlage über dem Hang. Hier ist eine erste grobe Orientierung möglich: voraus die erstaunlich gut erhaltenen Tempel des Olympischen Zeus, des Herkules und die charakteristischen vier Säulen des Castor- und Pollux-Tempels (Dioskurentempel), linker Hand davon die Fundamente des römisch-hellenistischen Wohnviertels, das ganze eingerahmt von der imaginären Linie der antiken Stadtmauer. Dann folgt man der Viale F. Crispi in Serpentinen hinunter in die Archäologische Zone, die unter dem Namen **Parco Archeologico e Paesaggistico** firmiert – zu Recht, denn die Pflanzungen zwischen den antiken Gemäuern machen den Spaziergang durch den Landschaftspark überaus angenehm. Das archäologische Gebiet besitzt einige der am besten erhaltenen Tempelanlagen der westlichen Welt, und es bedarf nicht viel Fantasie, sich die Bauten in ihrem ursprünglichen Zustand, bunt mit Fresken bemalt und mit Stuckarbeiten geschmückt, vorzustellen.

Tal der Tempel

Die südlich der Via dei Templi liegenden Ausgrabungsstätten sind vom Tor am großen Parkplatz und vom Osttor an der Strada Panoramica zugänglich. Ein weiteres Tor erlaubt den Zugang zum Archäologischen Museum und der Kirche San Nicola nördlich der Via dei Templi, und westlich der Via dei Templi gelangt man zum dritten zugänglichen Ausgrabungsareal. Am Parkplatz der Via dei Templi halten auch die Stadtbusse, die in halbstündigem Abstand vom Bahnhof ins Tempeltal fahren. Das Parken ist gebührenpflichtig.

Abendöffnung

Von Mitte Juni bis Mitte September darf man ab 20 Uhr das Tal der Tempel betreten und die erleuchteten Säulen bestaunen. Werktags ist der Zugang bis 22 Uhr erlaubt, an Samstagen und Sonntagen bis 23 Uhr. Der Eintritt beträgt 10 €.

Die beste **Besuchszeit** ist früh am Morgen, wenn die Touristenbusse noch nicht eingetroffen sind. Auch während der Mittagszeit, wenn alle Welt Siesta hält oder zu Mittag isst, teilt sich der Besucher die antiken Bauten weitgehend nur mit den Zikaden. Im Hochsommer sind aber eine gewisse Hitzeresistenz und eine kühlende Kopfbedeckung vonnöten. Wunderschön sind die Tempel auch nachts, wenn sie die grellen Lichtkegel der Scheinwerfer wie Scherenschnitte aus der Dunkelheit schneiden.

■ **Zona Archeologica**
Via dei Templi, Tel. 092 22 64 36, *Archäologisches Museum* Mo–Sa 9–19 Uhr, 6 €; südl. und westl. Ausgrabungszone *(Archäologischer Park)* 8.30–19 Uhr, 10 €; Kombiticket für *Museum* und *Park* 13,50 €; *Kolymbetra-Garten* (westl. Ausgrabungszone), Juli bis Sept. 10–19 Uhr (April bis Juni bis 18 Uhr, Winter bis 17 Uhr, Jan. geschl.), 4 €. Parkgebühr 3 € (Parkplätze an der Via dei Templi und Anfahrt mit öffentlichen Verkehrsmitteln vom Bahnhof (Piazza Marconi) zur Piazza dei Templi (an der Via dei Templi) mit Bussen Nr. 1, 2 u. 3 (einfache Fahrt 1,20 €, Ticket beim Fahrer 1,70 €, Tagesticket 3,40 €).

Westliches Ausgrabungsareal

Der bemerkenswerteste Bau ist wohl der riesige **Tempel des Olympischen Zeus (A)** (im westlichen Areal) mit Ausma-

·ßen von 56,30 m mal 112,60 m; ein Monument des Triumphes über die Karthager, das 480 v. Chr. nach dem Sieg bei Himera der Tyrann *Theron* in Auftrag gegeben hatte. Überlebensgroße Atlanten (Telamonen) trugen das Gebälk; ein Duplikat der Figuren liegt aus den Bruchstücken zusammengesetzt wie eine Riesenmumie zwischen den Tempelruinen (das Original ist im Archäologischen Museum ausgestellt). Der Tempel war die einzige Kultstätte in Agrigento, die nicht von einer freien Säulenhalle umgeben war; sie war zugemauert und versperrte so der Gemeinde den Einblick in das rituelle Geschehen dahinter. Diese Tempelkonstruktion lässt starken orientalischen Einfluss vermuten, und tatsächlich wurde der Bau ja auch von karthagischen Kriegsgefangenen ausgeführt. Vollendet wurde er nie, denn 406 v. Chr. gelang es den Karthagern, Agrigento zu erobern. Dass sie diesen Tempel, Sinnbild ihrer Schmach, bei erster Gelegenheit zerstörten, versteht sich von selbst.

Vor Verlassen der westlichen archäologischen Zone steht aber noch ein Besuch bei den unterirdischen Göttern auf dem Programm: Die **Tempel der chtonischen Gottheiten** führen hinunter in die Unterwelt zu **Hades** und **Persephone.** Von den archaischen Opfer- und Kultstätten ist ein kaum identifizierbares Gewirr von Räumen und Altären erhalten, dessen Mittelpunkt wohl ein auffälliger Rundaltar war. Hier steht auch das Wahrzeichen von Agrigento, die Nordwestecke des **Dioskurentempels (F)** mit den vier wieder aufgerichteten Säulen.

Als Garten Eden priesen antike Schriftsteller den **Giardino della Kolymbetra (K)** weiter westlich. Dessen Obstbaumkulturen wurden durch ein kompliziertes System von Kanälen und mit Wasser aus der *Kolymbetra* genannten Zisterne bewässert, die wahrscheinlich aus griechischer Zeit stammt. Seit 1999 betreut die Umweltorganisation *FAI* das 5 ha große, in einem kleinen Tal liegenden Areal. Zwischen duftender Macchia tragen Zitronen- und Orangenbäume wieder Früchte, und ein Netz von Kanälen nach arabischem Vorbild sorgt für das nötige Wasser. Hinweistafeln erläutern die Pflanzenwelt und die Rekultivierungsmaßnahmen der *FAI*.

◁ Im Tal der Tempel

Agrigento
Übernachtung
2 Hotel Bella Napoli und B&B Terrazze di Montelusa
3 Hotel Concordia
4 B&B camere a sud
6 B&B Marchese Sala
9 Hotel Villa Belvedere
13 Hotel Villa Athena
14 Due Ganee
15 Hotel Baglio della Luna

Essen und Trinken
1 Ristorante Ruga Reali
5 Café Girasole
7 Trattoria Concordia
8 Trattoria Manhattan
10 Ristorante Kalos
11 Gelateria Le Cuspidi
12 Trattoria dei Templi

San Leone
Übernachtung
20 Campingplätze
22 Hotel Tre Torri
23 B&B Casa Fiorite
24 Hotel Costazzurra

Essen und Trinken
16 Ristorante Leon d'Oro
17 Ristorante Il Porticciolo
18 Trattoria Il Pescatore
19 Ristorante Caico
21 Gelateria Le Cuspidi San Leone
25 Fattoria Mosè

A-L Siehe im Kapitel "Tal der Tempel"

Östliches Ausgrabungsareal

Der älteste Tempel steht im östlichen Areal am Anfang des Fußwegs den Hügelrücken hoch, es ist der dem **Herakles** (B) geweihte Tempel von ca. 510 v. Chr. Er hatte eine langgestreckte Form; von den ehemals 38 Säulen stehen noch acht. Der Tempel wurde bei einem Erdbeben zerstört. *Cicero* schreibt, dass die Knie der bronzenen Herakles-Statue von den Küssen der Gläubigen blank poliert waren, so beliebt war der Halbgott. Unmittelbar hinter dem Tempel befand sich das Haupttor der antiken Stadt, die **Porta Aurea**. Jenseits der Stadtmauer steht ein Grabmal aus römischer Zeit, das im Volksmund „Grab des Theron" genannt wird. Mit dem berühmten Tyrannen hat die Gedenkstätte aber nichts zu tun.

Sehr gut erhalten ist der dorische **Concordia-Tempel** (C) (480–430 v. Chr.). Der Bischof von Girgenti vertrieb im 6. Jh. alle heidnischen Dämone und weihte den Bau den Aposteln Petrus und Paulus. Bis zum 18. Jh. diente die Kultstätte dann als Kirche – und ist wohl deswegen in so gutem Zustand: 34 Säulen und das Gebälk stehen noch und vermitteln einen hervorragenden Eindruck von dorischer Tempelarchitektur. Deutlich ist die klassische Anlage mit *Perystil* (Säulengang) und *Cella* zu erkennen. Diese wiederum ist unterteilt in den Vorraum (Pronaos), die eigentliche Cella, in der das Götterbild stand, und das *Opistodom*, einen Hinterraum, in dem der Tempelschatz aufbewahrt wurde. Nur die sechs Bögen in den Seitenwänden der Cella stammen aus der christlichen Epoche; ursprünglich waren ihre Wände geschlossen.

Letzter Tempel im östlichen Bezirk ist der **Hera-Tempel (D),** erhöht auf einem Felsvorsprung errichtet. Deutlich zu erkennen der Opferaltar vor dem Tempel: Die öffentlichen Kulte – die Opferung von Tieren und Weihgaben – wurden nicht im Gebäude, sondern auf monumentalen Altären davor ausgeführt. Zu Hera pilgerten jungvermählte Paare und erbaten mit einem Lammopfer Eheglück von der Göttin. Klassisch sind die Maße dieses Tempels: 6 x 13 Säulen bilden das

Perystil, und der Grundriss weist mit 41 auf 20 m ein beinahe vollkommenes doppeltes Quadrat auf.

Nördlich des Tempels ist das schachbrettartig angelegte **römisch-hellenische Wohngebiet (E)** aus dem 3. Jh. v. Chr. mit Fußbodenmosaiken und einem gut erhaltenen Wassersystem aus Brunnen und Kanälen.

Zone um das Archäologische Museum

Das in Konzeption und Präsentation etwas verstaubt wirkende **Archäologische Museum (G)** intensiviert den Blick auf die versunkene Epoche der Griechen auf Sizilien und gehört deshalb unbedingt in jedes Besuchsprogramm. Man kann an der Kasse einen Museumsführer erwerben, daher hier nur der Hinweis auf einige besonders sehenswerte Ausstellungsstücke: Zur Orientierung hilfreich ist das Modell des Ausgrabungsgeländes im ersten Raum. Saal 2 zeigt Fundstücke aus der vor- und frühgriechischen Besiedlung der Region, darunter eine Schale, in der sich die erste Darstellung der *Trinakria*, des „dreibeinigen" Symbols für die Insel Sizilien findet. Keramikarbeiten sind in Saal 3 zu sehen; Saal 5 stellt die in den Heiligtümern gefundenen Figurinen und Opferschalen aus, in Saal 6 wurde der Versuch unternommen, den Monumentaltempel des olympischen Zeus zu rekonstruieren und seine architektonischen Besonderheiten zu veranschaulichen. Saal 5bis enthält als Höhepunkt der Sammlung die Marmorstatue des „Jünglings von Agrigento" sowie weitere Statuen und Torsi, die in Agrigento gefunden wurden.

Ans Museum angrenzend liegt die Kirche **San Nicola (H)** aus dem 13. Jh.; in ihr befindet sich der berühmte **Phaedra-Sarkophag** aus dem 3. Jh., auf dem der Mythos des Hippolytos und der Phaedra dargestellt ist. *Theseus*, so die Legende, war mit *Hippolyte*, der Königin der Amazonen, verheiratet und hatte mit ihr einen Sohn, *Hippolytos*. Als seine Gattin starb, nahm er deren Schwester *Phaedra* zur Frau. Diese verliebte sich in ihren Stiefsohn und schrieb ihm heimliche Liebesbotschaften, doch *Hippolytos* wies sie ab. Phaedra schwärzte den Stiefsohn daraufhin bei ihrem Gatten an und beging Selbstmord. Theseus, der die Geschichte falsch interpretierte, hielt seinen Sohn für den Schuldigen und bat *Neptun, Hippolytos* zu bestrafen. Dieser erschreckte bei einer Jagd die Pferde des jungen Mannes so sehr, dass sie durchgingen und *Hippolytos* zu Tode schleiften.

Abseits der Hauptausgrabungen

Ein letzter Bau ebenfalls direkt neben dem Museum ist das **Ekklesiasterion** (4.–3. Jh. v. Chr.). Es ähnelt einem griechischen Theater, diente aber wahrscheinlich als Versammlungsraum für die Abgeordneten von Akagras.

Auf dem **Athene-Felsen** befinden sich die Reste des Pallas-Athene-Tempels. Der Steilhang daneben diente als Hinrichtungsstätte; die Opfer wurden gesteinigt oder hinabgestoßen.

Etwas unterhalb liegt mit der **Felsenkirche der Fruchtbarkeitsgöttin Demeter (J)** aus dem 7. Jh. v. Chr. ein Heilig-

◁ Der Concordia-Tempel ist (fast) perfekt erhalten

tum, das bereits vor Gründung der Stadt Akagras existierte. Die drei in den Fels gehauenen Gänge – in einem befindet sich eine Quelle – waren Kultstätten der Sikaner. Nicht weit entfernt ist die romanische **Kirche S. Biagio,** auch sie auf den Fundamenten eines Tempels errichtet, der Demeter geweiht war. Offiziell ist die Kirche nicht zugänglich, vielleicht hat man aber Glück: So verbinden sich drei Kultstätten, eine archaische, eine griechische und eine christliche, in der Verehrung der Fruchtbarkeit, deren Symbol die aus dem Berg sprudelnde Quelle ist.

Fährt man vom Kreisel am Hera-Tempel den Weg in die Stadt, passiert man an einer Kehre das **Museo vivente de Mandorlo (L).** Hier versucht man mit einer Baumschule die Vielfalt der Mandelbäume zu bewahren, die es einst im Tal gab. Dort sind heute die meisten Bäume krank, sodass der Natur nachgeholfen werden muss. Im Museo vivente wurden in Kooperation mit der Universität Palermo über 300 Variationen à fünf Bäume angepflanzt.

Geburtshaus von Luigi Pirandello

Das Geburtshaus des Literatur-Nobelpreisträgers liegt in der Nähe der Archäologischen Zone in der Gemeinde Caos. Man fährt vom Kreisel am Tomba di Terone die SS115 für 3,5 km nach Westen und biegt gleich hinter zwei Autobahnbrücken nach links in die Zufahrt ab oder mit dem Bus Nr. 1 ab Piazza Marconi (Haltestelle Casa Natale Pirandello/Museo). Das Haus erlangte auch als Fotomotiv vor allem durch seine windgebeugte Pinie Berühmtheit (500 m Spazierweg an der Küste entlang). Unter einem Stein am Fuße des Baumes ruht die **Urne des Dichters,** nicht ganz seinem Letzten Willen entsprechend, denn *Pirandello* wollte, dass man seine Asche dem Wind übergebe. 1867 wurde der Dichter hier in Südsizilien geboren; den Großteil seines Lebens hat er allerdings, wie so viele andere prominente Sizilianer, fern der Heimat zugebracht (seine

Nachts im Tal der Tempel

„Die großen historischen Wahrzeichen tauchten eins nach dem anderen aus der Nacht vor unseren Augen auf, während Tausende von Insekten im hellen Licht der Scheinwerfer tanzten. Und der karge Boden – ja, es roch wieder nach Attika. Der Duft von Thymian und Salbei, und die Erde selbst, der leichte Mergel und die bräunlichen Farbtöne, ließen die Insel aussehen wie eine riesige, abstrakte Terracotta, die durch eine Laune der Zeit Vasen gebären könnte, Amphoren, Teller und Krüge. In der Antike müssen die Athener hier mit dem angenehmen Gefühl herumgegangen sein, wieder zu Hause zu sein, in Athen. Ja, es war unvorstellbar, daß diese riesige Anhäufung von Tempeln nur ein kleiner Teil von dem ist, was sonst noch auf der Insel existiert und nur darauf wartet, ausgegraben zu werden ... Lange Schatten überschnitten die Nacht. Und wenn man aus dem grellen Scheinwerferkegel trat, fiel man sofort in eine undurchdringliche, aromatische Finsternis."
Lawrence Durrell

☐ Übersichtskarte S. 290, Stadtplan S. 300

Promotionsarbeit legte er 1891 in Bonn vor). Um die Jahrhundertwende zog *Pirandello* mit Frau und drei Kindern nach Rom, wo er seine größten Erfolge feierte und 1936 starb. In seinem Geburtshaus wurde ein Museum eingerichtet, das mit Fotografien und einer Bibliothek das Leben des Dichters dokumentiert.

■ **Casa Natale di Luigi Pirandello**
Località Villaseta, C.da Caos, Tel. 09 22 51 18 26, Di–So 9–19 Uhr, 4 €.

Praktische Informationen

Touristeninformation

■ **Ufficio Relazioni Pubblico**
Piazza Aldo Moro 1, Tel. 08 00 31 55 55, www.provincia.agrigento.it.

Unterkunft

■ **Hotel Villa Belvedere** ①-②
Via San Vito, Tel. 092 22 00 51. Abgewohntes Hotel (trotz des Namens keine Aussicht) mit 30 Zimmern, teils ohne Bad, unbeeindruckbares Personal, dafür kostengünstig.
UNSER TIPP: **Hotel Concordia** ②
Via S. Francesco 11, Tel. 09 22 59 62 66, www.albergo-concordia.it. Kleines Hotel in der Altstadt, einfachere Einrichtung, aber mit allem Notwendigen und sehr sauber, engagiertes und freundliches Personal.
■ **B&B camere a sud** ②
Via Ficani, 6, Tel. 34 96 38 44 24, www.camereasud.it. Sehr geschmackvoll eingerichtet und zentral gelegen, 3 Zimmer mit Bad, Wifi und eine Frühstücksterrasse in einer großen Privatwohnung.
■ **Hotel Bella Napoli** ②
Piazza Lena 6, Tel. 092 22 04 35, www.hotelbellanapoli.com. Im alten Viertel um die Kathedrale gelegen; renoviertes kleines Hotel mit flott und zweckmäßig dekorierten Zimmern.
■ **B&B Terrazze di Montelusa** ②
Piazza Lena 6, Tel. 092 22 85 66, www.terrazzedimontelusa.it. Bei der Kathedrale über dem *Hotel Bella Napoli*, exzellent eingerichtete Zimmer und Apartments mit Blick über die Stadt in einem alten Familienpalast, Zimmer mit Bad, Klimaanlage und Telefon, gutes Frühstück, charmante Gastgeber.
■ **B&B Marchese Sala** ③
Via Atenea 45, Tel. 09 22 50 62 39, www.marchesesala.it. In der Hauptstraße der Altstadt, 6 Zimmer im Palazzo Noto Biondi aus dem 18. Jh., alle mit Bad, Fernsehen und Klimaanlage.
■ **Hotel Villa Athena** ④-⑤
Via dei Templi 33, Tel. 09 22 59 62 88, www.hotelvillaathena.it. Exzellente Lage mitten in der Tempelzone, alle Serviceeinrichtungen, die die 5-Ster-

---

Empedokles

In der Zeit von 483 bis 423 v. Chr. lebte und wirkte der Arzt und Philosoph *Empedokles* in Agrigento. In seinen Fragmenten fordert er den Verzicht auf den Genuss von Fleisch und war damit einer der ersten prominenten Vegetarier der Geschichte. Zudem gilt Empedokles als **Begründer der Lehre von den vier Elementen** Erde/Wasser/Feuer/Luft – nicht Werden und Vergehen beherrschen seiner Naturlehre zufolge den Kreislauf des Lebens, sondern ein Wechselspiel von Mischung und Trennung, gesteuert von den Kräften der Liebe und des Hasses. Der Philosoph wird als eine schillernde Persönlichkeit beschrieben und hielt sich selbst für gottgleich. Seine Lehren hatten auch einen großen Einfluss auf berühmte Philosophen wie *Platon*, *Aristoteles* und *Lukrez*.

ne-Kategorie haben sollte, Schwimmbad, Wifi und Blick von Zimmern und Restaurant auf die Tempel.

■ **Hotel Baglio della Luna** ③-⑤
C.da Maddalusa, Tel. 09 22 51 10 61, www.baglio dellaluna.com. Unweit des Haupteinganges vom Tal der Tempel in historischen Gemäuern und mit herrlichem Blick über die antiken Bauwerke; *die* Adresse in Agrigento für stilvolles Übernachten, 23 Zimmer/Suiten, mit Blick auf die Tempel – aber ohne Schwimmbad, dafür nur 800 m vom Strand.

■ **Agriturismo Due Ganee** ②-③
C.da Due Ganee, Montaperto (Anfahrt von Agrigento Richtung Cattolica nahe bei Montaperto), Tel. 09 22 41 82 89, www.agriturismodueganee.it. Ca. 10 km vom Zentrum Agrigents über die SS118 und Borsellino nach Montaperto. Ländlicher Betrieb mit 7 Zimmern (mit Bad) und Essensangebot (Abendessen 20 €/Person, inkl. Getränke).

Essen und Trinken

■ **Café Girasole** ①
Angelo Sciascia/Vila Atenea 68, Tel. 34 88 53 07 61. Auf der Piazza gibts Frühstück ab 8 Uhr, mittags/abends (bis 24 Uhr) Panini, Salate und Caprese.

■ **Trattoria Concordia** ②
Via Porcello 8, Tel. 092 22 26 68, So geschl. Kleine Familientrattoria mit herzlicher Atmosphäre und guter Hausmannskost, auch Fischgerichte, und die Pasta ist natürlich frisch.

■ **Ristorante/Pizzeria Kokalos** ②-③
Via Magazzeni 3, Tel. 09 22 60 64 27, www.ristorante-kokalos.net. Außerhalb gelegen mit Blick auf die Tempel trifft sich ganz Agrigento zum Abendessen, man kennt sich, grüßt sich, herzt sich und speist von Pizza über Fleisch bis Fisch alles, was das Herz begehrt, auf der großen Terrasse oder drinnen hinter Panoramascheiben.

■ **Trattoria Manhattan** ②
Salita Madonna degli Angeli 9, Tel. 092 22 09 11, So geschl. Nicht vom Namen abschrecken lassen, hübscher Sitzplatz an den Tischen in der Treppengasse, lokale Standardküche, nichts Besonderes, aber durchaus schmackhaft.

■ **Ristorante Ruga Reali** ②-③
Piazza Pirandello (Cortile Scribani 8), Tel. 092 22 03 70, Mi geschl. Lokale Küche in einem kleinen Hinterhof nahe dem Teatro Pirandello, nette Atmosphäre, hausgemachte Pasta und Fischgerichte.

■ **Trattoria dei Templi** ③
Via Panoramica dei Templi 15, Tel. 09 22 40 31 10, www.trattoriadeitempli.com, Do geschlossen, 30 €. Fischrestaurant in exponierter Lage beim Tal der Tempel, ausgezeichnet: die Fischravioli, Salat aus Orangen und Gamberi, das Mosaik aus mariniertem Fisch.

■ **Ristorante Kalos** ③-④
Piazza San Calogero, Tel. 092 22 63 89, So geschlossen. In der 1. Etage über dem Hauptplatz der Altstadt und mit einigen Tischen auf den Balkons wird sowohl mediterrane als auch internationale Küche serviert.

Süßigkeiten

■ **Gelateria Le Cuspidi**
Piazza Cavour 19, Tel. 09 22 59 59 14. Das beste Eis der Stadt an der Viale Vittorio, auch ausgezeichnetes Gebäck, tagsüber von Schülern aus der Umgebung umlagert.

Nachtleben

In der Altstadt Agrigentos gibt es kein ausgeprägtes Nachtleben, das über einen Besuch der Bars hinausgeht. Man fährt stattdessen ans Lungomare San Leones, wo es immer Sommer richtig abgeht: Pubs, Open-air-Discos, Bars und eine Unmenge glücklicher Ragazzi.

Nahverkehr

■ **Stadtrundfahrten,** Temple Tour Bus, Tel. 33 18 31 37 20, www.templetourbusagrigento.com, tgl. zwischen 8.30 und 21.30 Uhr zwei Rundkurse über das Tal der Tempel, 15 €.
■ **Stadtbusse,** *TUA (Trasporti Urbane Agrigento),* einfache Fahrt 1,20 € (bei Kauf im Bus 1,70 €), Tageskarte 3,40 €, Linien Nr. 1 und 3 ins Tal der Tempel, Nr. 2 nach San Leone.
■ **Taxi,** Piazzale Moro (Tel. 092 22 18 99), Piazza Marconi (Tel. 092 22 66 70).

Fernverkehr

■ **Busterminal,** Piazza Roselli; nach Caltanissetta und Catania mit *SAIS* (Tel. 09 22 41 21 28), nach Palermo mit *Licata* (Tel. 09 22 40 13 60), nach Trapani Mazara, Marsala, Sciacca und Castelvetrano mit *Lumia* (Tel. 09 22 04 14).
■ **Bahnhof,** Piazza Marconi, Tel. 89 20 21, www.trenitalia.it, Richtung Catania, Palermo, Ragusa und Trapani.

Feste

■ **Erster bis zweiter Februarsonntag,** Fest der Mandelblüte *(Sagra del Mandorlo in Fiore),* Agrigentos (und Siziliens) berühmtestes Folklorefestival mit Tanz, Prozessionen und Musik vor der zauberhaften Kulisse der weißblühenden Mandelbäume.
■ **Erster bis zweiter Julisonntag,** Fest zu Ehren des schwarzen Schutzpatrons *San Calogero,* Prozession durch die Altstadt.
■ **August,** Theatervorführungen vor der klassischen Kulisse im Tempeltal.
■ **Dezember,** Festival der Dudelsackspieler.

Sonstiges

■ **Post,** Piazza Vittorio Emanuele, Mo–Fr 8.30–13 und 14–17.30 Uhr, Sa 8.30–13 Uhr.
■ **Mercato Via Madonna degl Angeli,** jeden Di.
■ **Mercato Stadio,** jeden Freitag

San Leone

Die **Marina von Agrigento** bietet Strandleben und Abendunterhaltung am Lungomare, besonders in den Ferienzeiten und an den Wochenenden. Wie die meisten anderen Strandsiedlungen ist sie ein Konglomerat von eleganten Ferienhäusern und baulichem Wildwuchs. Der Strand (Sand mit einigen felsigen Abschnitten) ist trotz der Nähe zum Industriehafen Porto Empèdocle überraschend sauber, immer vorausgesetzt, es herrscht nicht gerade Hochbetrieb. Bei San Leone

◁ In den Straßen des „modernen" Agrigento

befinden sich auch die beiden Campingplätze von Agrigento; ruhebedürftige Menschen sind hier fehl am Platze. Halbstündlich ist San Leone mit Agrigento per Autobus (Linie Nr. 2) verbunden.

Praktische Informationen

Unterkunft

■ **B&B Casa Fiorite** ②
Viale Sciascia 216, Villagio Mosè, Tel. 09 22 60 87 63, www.casa-fiorita.it. Im obersten Stock eines großen Wohnhauses, aber die Inneneinrichtung ist sehr gediegen, das Frühstück grandios.

■ **Hotel Tre Torri** ③
C.da Angeli, Villagio Mosè, Tel. 09 21 60 67 33, www.hoteltretorri.eu. Ermäßigungen bei längeren Aufenthalten, Hotel in wenig charmanter Lage 5 Fahrminuten vom Strand, der Besitzer engagiert sich für den Radtourismus und hat eine Anzahl von Radtouren für die Provinz Agrigento ausgearbeitet.

■ **Hotel Costazzurra** ②-④
Via delle Viole 2, Tel. 09 22 41 12 22, www.hotelcostazzurra.it. Familiengeführtes Ferienhotel mit Unterkünften unterschiedlicher Arten (Zimmer, Apartments, Villen), Pool und Fahrradverleih.

Unser Tipp: Fattoria Mosè ②-④
Via Mattia Pascal 4a, Villaggio Mosè (4 km vom Tempeltal und 3 km vom Strand), Tel. 09 22 60 61 15, www.fattoriamose.com. Wunderschöner, traditioneller, familiengeführter Gutshof in Traumlage mit Fernsicht und mit ausnehmend zuvorkommenden Gastgebern, die begeisterte Köche sind und auch Kochkurse anbieten, Garten, Schwimmbad.

Camping

■ **Nettuno** ①-②
Via Lacco Ameno, Lido San Leone, Tel. 09 22 41 62 68, www.campingnettuno.com. Schattiger Platz auf Terrassen unweit vom Meer (direkter Zugang). Restaurant, Pizzeria, Supermarkt, auch Apartmentvermietung, im Winter geschl.

■ **Valle dei Templi** ①
Viale Emporium, Lido San Leone, Tel. 09 22 41 11 15, www.campingvalledeitempli.com. Teils schattiger Platz 1 km vom Meer, Restaurant/Pizzeria, Einkaufsmöglichkeit außerhalb, Schwimmbad, ganzjährig geöffnet.

Essen und Trinken

Im Sommer gibt es eine Unzahl von Strandrestaurants und Pubs am Meer, die komplette Mahlzeiten oder auch Snacks anbieten. Dort tummelt sich die Jugend und speist noch um 4 Uhr früh.

■ **Ristorante Leon d'Oro** ②-③
Viale Emporium 102, Tel. 09 22 41 44 00, Mo geschl. Sizilianische Küche, die die Zutaten auch nach ökologischen Gesichtspunkten auswählt. Das Lokal ist für seine große und ausgezeichnete Weinkarte bekannt.

■ **Ristorante Il Porticciolo** ③
Lungomare di San Leone, Tel. 09 22 41 36 31, Mo geschl. Das junge Personal ist sehr engagiert und freundlich, sizilianische Küche mit Fisch auf der Terrasse.

■ **Trattoria Il Pescatore** ③-④
Lungomare Falcone e Borsellino, Tel. 09 22 41 43 42, www.trattoriailpescatore.com, Mo geschl. Feine und kreative Fischküche (Risotto nach Fischerart, Rouladchen vom Schwertfisch), elegantes Ambiente und entsprechendes Publikum, galt lange Zeit als bestes Lokal am Platz.

■ **Ristorante Caico** ④
Via Nettuno 35, Tel. 092 41 27 88, So geschl. *Der Gourmet-Tempel der Region, doch sollte man nur herkommen, wenn man wegen des Wetters drinnen sitzen muss, auf der schmalen Terrasse zur verkehrsreichen Via Nettuno mischen sich dann doch die Autoabgase mit den edlen Aromen bester Fischgerichte allzu sehr auf den Papillen.*

Süßigkeiten

■ **Gelateria Le Cuspidi San Leone**
Via dei Giardini 4, Tel. 09 22 41 15 56. Das beste Eis in der Dependance der Traditionsadresse, auch ausgezeichnetes Gebäck.

Strände

■ Bewirtschaftete Strände mit feinem Sand finden sich im **Osten von San Leone** der Via Nettuno folgend. Nach 2–3 km gelangt man in Bereiche, wo es auch freie Strände gibt. Besonders reizvoll ist der Strand der **Scala dei Turchi** 10 km westlich von San Leone, wo sich das Meer unterhalb der weißen Felsen türkisfarben die Küste entlang zieht.

Sant'Àngelo Muxaro

Die 36 km entfernte, sehr interessante **prähistorische Totenstadt** erreicht man über die SS118 nach Raffadali, dann rechts in Richtung S. Biagio Platani. Von dieser Straße zweigt schließlich die Zufahrt nach S. Àngelo Muxaro ab, das auf einem Hügel über dem Tal des Platani-Flusses liegt. Die Nekropole befindet sich in den Felswänden unterhalb des Ortes.

Wir sind hier nicht mehr im Einflussbereich der *Sikuler*, die die Totenstädte Ostsiziliens erbaut haben (Pantàlica, Ìspica, Cava Grande), sondern bei der zweiten bedeutenden prägriechischen Volksgruppe, den *Sikanern*. Deren König *Kokalos* soll den aus Kreta geflohenen *Daidalos* bei sich aufgenommen und die ihn verfolgenden Kreter besiegt haben. Dabei habe auch der berühmte König *Minos* von Kreta hier in Sizilien den Tod gefunden: Nach dem Grab des *Minos* wurde erfolglos gesucht; stattdessen haben die Archäologen aber den Standort der von *Daidalos* befestigten Sikaner-Hauptstadt **Kamikos** in S. Àngelo Muxaro lokalisiert.

Die **Grabkammern**, die wohl zwischen dem 11. und dem 5. Jh. v. Chr. aus den Felsen geschlagen wurden, sind heute noch zu sehen. Sie bestehen aus einem Vorraum und einer Hauptkammer, in der man die Toten auf Bänken bestattet hatte. Die Kammern sind erstaunlich groß (bis zu 9 m Durchmesser), die Decken kuppelförmig aus dem Fels gehauen. Die Grabbeigaben befinden sich heute in Siracusa und im British Museum in London; einige Stücke sind auch im Archäologischen Museum von Agrigento ausgestellt.

San Angelo selbst ist ein mittelalterliches Städtchen, ein landwirtschaftliches Zentrum (Getreide, Mandeln), in dem auch Viehzucht betrieben wird. Im Januar feiern die Bauern der Umgebung hier die **Sagra de la ricotta**, und Ostern wird einem sehr malerischen Brauch nachgegangen: Am Karsamstag werden die Straßen mit aus Brotteig geformtem Schmuck dekoriert und mit großen, aus Naturalien wie Getreide, Obst und Blumen geflochtenen Bögen überspannt; so verbindet sich das heidnische Fest der Wiedergeburt der Natur mit dem Sterben und Wiederauferstehung Christi.

■ **Area Archeologico di Sant'Àngelo Muxaro**
Tel. 09 22 49 73 22, tgl. 9–17/19 Uhr, der Eintritt ist frei.

Porto Empèdocle

17.000 Einwohner (*Empedoclini*), 10 m ü.N.N., PLZ 92 014, bis Agrigento 7 km

Mit seinen enormen Industrieanlagen kann sich die Hafenstadt mit dem philosophischen Namen durchaus mit Gela und Augusta messen. Früher war diese Gemeinde der Hafen von Agrigent – Marina di Girgenti –, über den ein Großteil des im Landesinneren abgebauten Schwefels verladen wurde. Heute starten hier die Fähren nach Lampedusa und Limione. Die **Hafenmauer** besteht zum Teil aus Steinen des gigantischen Zeustempels von Agrigent. Im 16. Jh. ließ *Karl V.* einen mächtigen Turm errichten, als Lager und zur Verteidigung des wichtigen Kornverladeplatzes. Später nutzte man den Turm als Gefängnis, heute befinden sich in ihm die **Bibliothek** und ein Gemeindezentrum. Als *Molo di Girgenti* wurde der Ort 1853 selbstständig, und zehn Jahre später erhielt er zu Ehren des aus Agrigento stammenden Philosophen *Empedokles* seinen heutigen Namen, der allerdings im Jahre 2003 noch mal abgewandelt wurde: Porto Empèdocle (*Vigata*), zu Ehren der Kunstfigur *Commissario Salvo Montalbano*, der in der „Kunststadt" Vigata ermittelt.

In der Hauptstraße Via Roma ist die „Bar Albanese" einer der Schauplätze der Romane mit dem Commissario. Heute heißt sie „Café Vigata", hier ist der Autor *Andrea Camilleri* 1986 in eine echte Mafia-Schießerei geraten, bei der 6 Menschen umkamen.

Der Strand ist beliebt, das Wasser besitzt trotz des nahen Hafens eine gute Qualität. Hafen und Strandpromenade der Marina tragen übrigens prominente Namen: *Falcone* und *Borsellino*, nach den beiden ermordeten Richtern, die Mafiafälle behandelt hatten.

In der Umgebung – Scala dei Turchi

Zur Scala dei Turchi gelangt man über Realmonte 5 km auf der SS115 nach Westen. Von dem kleinen Ort (ca. 4500 Einwohner) geht eine Stichstraße ab. Oder man fährt von Porto Empèdocle die Küste entlang nach Westen. Das beliebte Touristenziel ist ein **Kreidefelsen**, in den die Erosion stufenartige Vertiefungen eingefressen hat. Ihren Namen verdankt sie den häufigen Sarazeneneinfällen an der Südküste Siziliens. Die „Treppe" sei als praktischer Landeplatz bei den Freibeutern besonders beliebt gewesen, weil man auf ihr einfach nach oben gelangen konnte. Am Fuß der grellweißen Felsfassade lockt ein schmaler, beliebter Sandstrand, an dem das Wasser durch den kalkhaltigen Sandboden in einem veritablen karibischen Blau leuchtet.

◁ Scala dei Turchi – die „Türkische Treppe"

Praktische Informationen

Unterkunft

■ **B&B Villa Deleo** ③
Discesa Majata (an der Sacal dei Turchi), Tel. 09 22 81 62 06, www.villadeleo.it. Professioneller Betrieb in einem Palazzo am Strand der Scala dei Turchi, alle Zimmer mit Bad und Meerblick, im antiken Stil eingerichtet.

■ **Hotel Dei Pini** ③
C.da San Calogero an der SS115, Tel. 09 22 63 48 44, www.hoteldeipini.eu. Mehrstöckiger Bau aus den 1970er Jahren etwa 1 km westlich des Casa Pirandello und 2 km vom Strand, viele Pauschaltouristen, 130 Komfortzimmer mit Schwimmbad und angeschlossenem Restaurant.

Essen und Trinken

■ **Caffetteria Azzurra** ①
Via Roma 49, Tel. 092 24 73 28. Auf dem Corso gibt es tagsüber Eis und Kaffee, abends räkelt man sich in den Korbsesseln und bestellt Pizza.

■ **Ristorante/Pizzeria Lido Scala dei Turchi** ②-③
C.da Scavuzzo, Tel. 092 28 14 56 38. Eine bessere Lage gibt's nicht, neben den weißen Felsen der Türkischen Treppe, auf mehreren Ebenen (und mit Zugang zum Strand), Pizza und Fischküche, da es keinen Gastraum gibt, ist nur von Mai bis Sept. geöffnet.

■ **Ristorante La Locanda** ③
Vias Roma 32, Tel. 09 22 53 07 86, Mo geschl. Traditions-Trattoria, die mit hellen Farben eine frische Atmosphäre hat und wie eh und je Fisch auf den Tisch bringt, vornehmlich Einheimische.

■ **Trattoria Salmoriglio** ④
Via Roma 27, Porto Empèdocle, Tel. 09 22 63 66 13, www.salmoriglio.it. Billig ist es nicht, dafür bekommt man die besten Fischgerichte der Stadt, darunter Pasta mit Seeigel und einen delikaten Schwertfisch.

Schiff/Flugzeug

■ **Fähre zu den Pelagischen Inseln,** *Siremar,* Via Molo 13, Porto Empèdocle, Tel. 09 22 63 66 83, www.siremar.it; einmal täglich (in der Hochsaison zusätzliche Abfahrten), 6 Std. bis Linosa, 9½ Std. bis Lampedusa, Hinfahrt nachts, Rückfahrt tagsüber, einfache Fahrt Sessel etwa 35 €, Kabinenplatz etwa 50 €, Auto (Lampedusa) um 150 €. Eine Mitnahme des Autos nach Linosa ist für Touristen verboten.

■ **Schnellboote zu den Pelagischen Inseln,** *Ustica Lines,* Via IV Novembre, 3, Tel. 09 23 63 61 10; Einschiffung Banchina Nord; im Sommer mindestens einmal täglich 3 Stunden bis Linosa, 4½ Stunden bis Lampedusa, Linosa um 35 €, Lampedusa um 55 € (bei Vorverkauf 5 € Zusatzgebühr).

■ **Flug zu den Pelagischen Inseln,** *Alitalia,* www.alitalia.it, mindestens ein Flug täglich von Palermo oder Catania nach Lampedusa, in der Hochsaison mehrmals täglich, um 160 € hin und her, Flugdauer 60 Min.

Strände

■ **Scala dei Turchi,** 5 km westlich von Porto Empèdocle, bewirtschaftet mit einigen Restaurants und Schirm-/Liegenverleih.

Siculiana (Marina)

4600 Einwohner *(Siculianesi)*, 129 m ü.N.N., PLZ 92 010, bis Agrigento 20 km

Ursprünglich befand sich an dieser Stelle ein arabisches **Kastell** – *Qal'al-Sugul* – das die Normannen Ende des 11. Jh. zerstörten. 1310 ließ *Friedrich Chiaramonte* die Festung wiederaufbauen – sie beherrscht noch heute den Ort.

Das zweite dominante Bauwerk ist der barocke **Dom,** der von höchster Stelle über das arabisch-mittelalterliche Gassengewirr der Altstadt wacht. Seine Kuppel besitzt ein sehr ungewöhnliches Streifendesign. Im Inneren wird ein besonders wertvoller schwarzer Christus am Kreuz aufbewahrt, der seit 1681 von den Kirchenoberen als wundertätig anerkannt ist.

Zum Festtag des Schutzpatrons gibt es Anfang Mai (Beginn am 30. April, Abschlussprozession am 3. Mai) in der Altstadt kunstvolle Feuerwerke zu bestaunen, bis man schließlich mit der Zeremonie *la calata di lu velu* den Schleier abnimmt, der das Antlitz des Gekreuzigten verhüllt.

UNSER TIPP Der **Strand Siculiana Marina** (mit kleiner Ferienortschaft, langgezogen am Meer) ist im Hochsommer meist stark überlaufen und deshalb auch recht verschmutzt; außerhalb der Saison aber kehrt Ruhe ein, dann ist der feine, malerisch von Felsen gerahmte Sandstrand einer der **schönsten Badeplätze der Südküste.**

Praktische Informationen

Unterkunft/Essen und Trinken

■ **Agriturismo Villa Capo** ②
C.da Capo, von der SS115 bei km 170 am östlichen Ortsende Siculianas Höhe Tankstelle bergauf den Schildern folgen, www.bagliovillacapo.com. Tel. 09 22 681 56 14. Unbedingt voranmelden! Barockes Herrenhaus mit herrlichem Blick auf den kleinen Ort Siculiana. Übernachtung mit Halbpension 45–55 €/Person, Campingmöglichkeit, Mittag- und Abendessen jeweils 20 €, unterhalb an der Einfahrt bekommt man im Lokal *Ginestra* Pizza.

■ **Hotel Sole Mediterraneo** ②-③
Via Principe Piemonte 1, Tel. 09 22 81 52 10, www.solemediterraneo.it. Von Nonnen geführtes Residenzhotel am Lungomare und 200 m vom Badestrand, natürlich mit Kapelle, 46 Zimmer mit allem Komfort, TV und Klimaanlage, Restaurant/Pizzeria.

■ **Residenzhotel Paguro** ②-③
Via Principe Piemonte 7, Tel. 09 22 81 55 12, www.hotelresidencepaguro.it. 12 Zimmer und Apartments direkt am Lungomare, Zimmer mit Meerblick, gutes Restaurant mit Fischküche.

■ **Camping Canne** ①
C.da Canne, Tel. 09 22 99 11 67, www.ristorantecampingcanne.it. Großer Platz mit begrenztem Schatten, im Osten von Siculiana Marina am Meer, Pizzeria, Einkaufsmöglichkeit.

■ **Ristorante La Scogliera** ②-③
Via San Pietro 54, Tel. 09 22 81 75 32, Mo geschl. Ganzjährig offen mit Terrasse über dem Meer, mit meist niveauvoller Küche: Schwert- und Thunfisch-Carpaccio unter Rucola, Linguine mit Pesto und Gamberetti und danach Calamari vom Grill.

Die Pelagischen Inseln

Zur Inselgruppe der Pelagen gehören **Lampedusa, Linosa und Lampione.** Der Name stammt vom griechischen Wort *pelàgia* = „Hochseeinsel". Die Inselgruppe ist die südlichste Ausdehnung Siziliens und liegt Afrika näher als Europa. Nach Tunesien sind es nur noch 100 km. Kein Wunder also, dass das Meer um die Inseln, das bevorzugte Ziel der afrikanischen Flüchtlinge, immer wieder Schauplatz schrecklicher Tragödien ist. 2013 sank ein Fluchtboot mit 550 Menschen, nur 155 konnten gerettet

Die Pelagischen Inseln

werden – nicht das einzige, bislang aber das schlimmste Unglück.

Die größte der drei Inseln ist Lampedusa. Die kleinste – Lampione – ist unbewohnt. In den Sommermonaten vervielfachen sich dank der Touristen die Einwohnerzahlen. Das **Klima ist heiß** und wird nur durch frische Brisen etwas gemildert, der Wassermangel groß. Auf Lampedusa gibt es keine Quellen, und auf Linosa ist es noch heißer, da der dunkle Boden die Wärme speichert. Im Sommer können die Temperaturen auf 40°C und mehr steigen. Nicht nur wegen des Klimas, auch wegen der von Kalkstein beherrschten geologischen Struktur gehören Lampedusa und Lampione eher dem afrikanischen Kontinent an. Die Flora ist ebenfalls von ihm geprägt: Eine Pflanzenwelt, die in Europa nicht, aber in Afrika vorkommt, darunter zahlreiche Kakteenarten.

Lampedusa wurde auch berühmt als **Eiablageplatz für Meeresschildkröten,** ihre Zahl nahm allerdings stetig ab, und schließlich gab es Jahre, in denen sie ganz wegblieben. Mit finanzieller Unterstützung der EU versuchen Naturschützer, den Schildkröten zu helfen: Die beiden zur Eiablage genutzten Strände auf der „Kanincheninsel" und auf Linosa *(Pozzolana di Ponente)* werden streng überwacht, von Unrat gesäubert und die Gelege vor Touristen (und anderen Neugierigen) geschützt. Durch Aufklärungsaktionen versucht man, die Kooperation der Fischer zu erreichen, in deren Netzen die vom Aussterben bedrohten Tiere oft landen. Immerhin haben die Naturschützer bisher erreicht, dass in den letzten Jahren wieder Schildkröten zur Eiablage kamen und ihre Zahl sich stetig vergrößert.

Lampedusa

6300 Einwohner *(Lampedusani),* 16 m ü.N.N., PLZ 92 010, bis Agrigento ca. 220 km

Um 6 Uhr morgens steuert die Fähre im Morgendunst langsam auf die Steilküste des langgestreckten Felsens Lampedusa zu, umrundet ihn, fährt in die Bucht der kleinen Stadt Lampedusa ein und „spuckt" Touristen und Einheimische aus. Schon bald erwacht der Ort zum Leben, die Straßen bevölkern sich, und der Trubel mag so gar nicht zu diesem im Meer verlorenen Platz passen. Erst im Herbst, wenn die Stürme heranziehen, die Inseln von der Außenwelt abschneiden und wenn die letzten Gäste abgereist sind, wird es wieder ruhiger, bedächtiger. Im Spätfrühling und Sommer aber ist Leben satt angesagt, in den Restaurants und Bars und an den schönen Stränden bis spät in die Nacht hinein.

Auf der Insel fnad man Spuren von griechischen, römischen und arabischen Siedlungen. 1843 kam der Fregattenkapitän *Bernardo Maria Sanvisente* als Gesandter von König *Ferdinand II. von Bourbon* mit 120 Männern und Frauen nach Lampedusa, um es zu kolonisieren. Das wichtigste Bauwerk ist das **Heiligtum der Madonna di Porto Salvo** (eine Marienstatue in einer kleinen, weißen Kirche), um das sich viele Geschichten ranken. So soll sich ein Sklave hierher geflüchtet, ein Floß gebaut und als Segel das Bild der Madonna aus dem Heiligtum verwendet haben. Auf diese Weise sei er bis zur Küste Liguriens gekommen.

Zweitwichtigstes Bauwerk ist der **Flughafen,** allein aus touristischen Gründen. Die reichen Palermitaner kommen schon mal übers Wochenende eingeflo-

Die Pelagischen Inseln

gen. Außer im touristischen Sektor finden viele Insulaner ihr Auskommen in der Fischerei und den angeschlossenen Konservenfabriken. Die hergestellten Produkte sind von hoher Qualität und genießen einen guten Ruf. Die meisten Bewohner haben ihr Zuhause in dem Städtchen Lampedusa.

Die **Strände** zählen mit zu den schönsten Süditaliens – weißer Sand, kristallblaues Wasser, eingebettet in fjordartige Buchten. Die Hotels befinden sich meist in und um die Stadt Lampedusa bzw. in dem Neubauviertel Guitgia auf der anderen Seite der Hafenbucht.

Wer nicht nur faul am Strand bei seinem Hotel liegen möchte, kann mit einer gemieteten Vespa rund um die Insel sausen – oder gemütlich auf dem Rücken eines Pferdes traben – und die anderen kleinen Buchten, *Cala* genannt, besuchen. Abwechslung versprechen auch die Fahrt über das Wasser mit einem der höllenlauten *Motoscafi* (die Lärmbelästigung der anderen Badegäste darf dabei keine Gewissensbisse bereiten …), Tauchgänge zu Grotten, gar zu einem Wrack aus dem Zweiten Weltkrieg oder die Umrundung der Insel mit einem Boot, was den Besuch der Strände von der Wasserseite aus ermöglicht und neidvolle Blicke auf die Yachten der Begüterten dieser Welt eröffnet.

Touristeninformation

■ **Ufficio Informazione**
Via Vittorio Emanuele 87, Tel. 09 22 97 11 71, www.comune.lampedusaelinosa.ag.it.

Unterkunft

■ **Le Vilette di Cala Madonna** ②-③
Via Madonna, Tel. 09 22 97 19 32, www.levillette.com, Häuschen einige hundert Meter vom kindergeeigneten Sandstrand entfernt, Swimmingpool, auch Vermietung von *Dammusi*, den typischen Steinhäuschen.

■ **Hotel Belvedere** ③-⑤
Piazza Marconi 4/6, Tel. 09 22 97 01 88, www.hotelbelvederelampedusa.it, DZ m. F. 90–170 €. Modernes Stadthotel mit einfach und funktional eingerichteten Zimmern (Bad, TV, Klimaanlage), teilweise mit Hafenblick, im August nur mit Halbpension.

■ **Hotel Guitgia Tommasino** ④
Via Lido Azzurro (Guitgia), Tel. 09 22 97 08 79, www.lampedusa.to. Strandhotel mit einem Minimumaufenthalt von 7 Tagen, am Übergang von Fels- zu Sandstrand 1 km vom Stadtzentrum, 28 Zimmer.

■ **Hotel Baia Turchese** ④-⑤
Via Lido Azzurro (Guitgo), Tel. 09 22 97 04 55, www.lampedusa.to. 70 Komfort-Zimmer direkt am Strand von Guitgo, sehr gutes Restaurant, Aktivitäten wie Tauchcenter und Reitclub.

Camping

■ **La Roccia** ①-③
C. da Cala Greca, Tel. 09 22 97 00 55, www.laroccia.net. Gut ausgestatteter, sauberer Platz, westlich an der vierten Bucht direkt am Felsstrand mit winziger Sandbucht, Mimosen, Eukalyptus und Matten spenden Schatten, Restaurant, Einkaufsmöglichkeit, im Sommer überlaufen, Bungalows.

Essen und Trinken

■ **Trattoria Gallo d'Oro** ②-③
Via Ariosto 2, Tel. 09 22 97 12 97. Gute lokale Küche in einem kleinen Familienrestaurant, nicht nur Fisch.

■ **Ristorante L'Aragosta** ③
Via Madonna, Tel. 09 22 97 30 83, http://nuke.laragostalampedusa.it. Neben dem Lampara am Hafen gibt's frische Pasta von Mamma (Pappardelle mit Scampi, Mandeln und Limonensauce oder Linguine mit Hummer).

■ **Ristorante La Lampara** ③
Via Madonna, Tel. 09 22 97 16 17. Familiäres Fischrestaurant mit Terrasse zum Hafen in einer alten Fischhalle, gutes Vorspeisenbuffet (nur in der Saison offen).

■ **Ristorante I Gemelli** ④
Via Cala Pisana 2, Tel. 09 22 97 06 99. Seit längerem der angesagte Esstempel, natürlich wird Fisch serviert, aber nah bei Afrika auch eine Menge nordafrikanischer Gerichte, das Couscous gilt als das beste der Insel, im August unbedingt mehrere Tage vorher einen Tisch reservieren.

Nahverkehr

■ **Inselbus**, Busterminal *Piazza Brignone*, von hier zwei Buslinien mit Service zu den Stränden, in der Saison 8–20 Uhr etwa im Stundentakt.

Abreise

■ **Ustica Lines/Siremar**, Agenzia Marittima Strazzera, Via Stazzone 2, Tel. 22 97 00 03.
■ **Flughafen Lampedusa**, Tel. 09 22 97 05 88.

Sonstiges

■ **Tauchzentrum Moby**, Via delle Grotte, 6, Tel. 33 39 56 45 43, www.mobydiving.it.

■ **Vespa Verleih Edonoleggio,** Cortile Caltanissetta, Tel. 09 22 97 02 65, www.edonoleggio.it; Vespa 90–175 €/Woche, Auto 160–280 €/Woche, Jeep 175–300 €/Woche.

Linosa

450 Einwohner *(Linosani),* 10 m ü.NN., PLZ 92010, bis Agrigento ca. 166 km

Die **schwarzen Lavahügel** von Linosa steigen bis auf fast 200 m und künden schon früh von der Insel. Der kleine Ort Linosa ist nichts für Touristen, die ihren Sommerurlaub mit Trubel und „action" verbringen wollen. Hier kommt man in erster Linie her, um seine **Ruhe** zu haben von der Hektik Siziliens oder auch Lampedusas und um in den kristallklaren, fischreichen Gewässern zu tauchen. Die touristische Infrastruktur ist minimal, das Leben der Einheimischen und der Besucher zieht sich gemächlich über den Tag hin. In den frühen Sommermonaten legen manchmal noch **Meeresschildkröten** am Strand ihre Eier ab.

Die Insel vulkanischen Ursprungs besitzt drei inzwischen erloschene Vulkane (Montagna Rossa, Monte Vulcano und Monte Nero). Der Boden aus Lavagestein ist fruchtbar, dadurch wirkt die Insel grüner als die beiden Nachbarn, die Menschen können von der Land-

wirtschaft leben und den Fischfang vernachlässigen. Auf Linosa werden Wein und Linsen angebaut. Hier wachsen Mastixbaum, Meereslilie und Feigenkaktus. Zu römischer Zeit diente die Insel vermutlich als Stützpunkt für die Schiffe der Sklavenhändler. 1845 landete der Gouverneur *Bernardo Maria Sanvisente* mit vierzig Personen, um nach Lampedusa auch hier eine Kolonie zu gründen.

Wer mag, kann auf Exkursion gehen, sollte sich aber dafür mit Wanderschuhen und Getränken ausrüsten. Die Täler flirren vor Hitze, die Sonne brennt erbarmungslos, Kopfbedeckung und Sonnenschutz sind unverzichtbar. Die Tauchgründe gelten als so gut und das Wasser als so klar, dass auch die Tauchschulen aus Lampedusa auf Exkursionen nach Linosa kommen.

Unterkunft/Essen

■ **B&B La Posta** ③-④
Via Pisa 3, Tel. 09 22 97 25 07, www.linosaresidencelaposta.eu. Professioneller Bed-and-Breakfast-Betrieb mit sechs nett eingerichteten Zimmern mit Bad, TV, Kühlschrank, Telefon, bei der Kirche im Ort, Terrasse mit Superblick über das Meer.

Essen und Trinken

■ **Trattoria/Pizzeria Da Anna** ②
Via Vittorio Veneto 1, Tel. 09 22 97 20 48. Pizza und die obligatorische Linsensuppe, dann noch Couscous mit Fisch, für das Anna als Expertin gilt, serviert wird auf der schattigen Veranda.
■ **Trattoria Errera** ③
Scalo Vecchio 1, Tel. 09 22 97 20 41, www.linosaerrera.it. Heimische Kochkunst mit Ingredienzen von der Insel – dazu gehört immer die Linsensuppe und frische Makrelen, genossen auf der Terrasse am Hafen. Begehrt sind auch die Gemüsevorspeisen und Spaghetti-Rezepte mit den kleinen Kapern von Linosa.

Schiff

■ **Ustica Lines,** Agenzia Mare Viaggi Linosa, Via Principe Umberto 70, Tel. 09 22 97 21 84.
■ **Siremar,** Gaetano Cavallaro, Via Principe Umberto 46, Tel. 09 22 97 20 62.

Sonstiges

■ **Mare Nostrum Diving,** Via Re Umberto 84, Tel. 09 22 97 20 42, www.marenostrumdiving.it.

Eraclea Minoa

Der Sage nach sollen Gefährten des Königs *Minos* die antike Stadt gegründet haben, nachdem dieser auf seiner Verfolgungsjagd nach dem flüchtigen Daidalos (siehe Kapitel „Geschichte und Politik") von den Töchtern des Sikaner-Königs *Kokalos* getötet worden war. Die Siedlung (6. Jh. v. Chr.) lag sehr malerisch auf einem Hochplateau, heute *Capo Bianco* genannt, 75 m über dem Meer im Grenzgebiet des griechischen und des phönizischen Einflussbereiches auf Sizilien. Als Kolonie Selinuntes war sie ständig Angriffen ausgesetzt. Während der Sklavenaufstände wurde sie völlig zerstört und gegen Ende des 1. Jh. v. Chr. endgültig verlassen.

UNSER TIPP Unterhalb der weißen Kalkfelsen erstreckt sich ein von Pinien eingerahmter **Badestrand,** und man kann von hier oben auch gut den Lauf des Platani sehen, der ca. 1 km weiter ins Meer mündet (wenn er denn Wasser führt). In der Antike hieß der Fluss *Halykus* und bezeichnete die Grenze zwischen phönizisch-karthaghischem und griechischem Siedlungsgebiet. Das Zusammentreffen von Fluss und Meer, Sandstrand, Kalkfelsen und Süßwassertümpeln mit der typischen Ufervegetation und den Pinienwäldern machen *Capo Bianco* zu einem reizvollen Strand mit eigenem Charakter. Da die Bucht von den Nordwinden geschützt liegt, kann man hier schon etwa ab April ins Wasser springen; die Anfahrt erfolgt über eine Stichstraße, sodass kein Durchgangsverkehr die Idylle unterhalb der Ausgrabungsstätte stört.

Archäologische Zone

Jüngere Ausgrabungen brachten Reste der Stadtmauer mit zwei Türmen und Toren zutage, die Wohnstadt und das griechische Theater aus dem 4. Jh. v. Chr. mit Blick zum Meer. Auf dem Ausgrabungsgelände steht ein kleines Museum.

■ **Zona Archeologica**
Cattolica Eraclea, Tel. 09 22 84 60 05, 9–19 Uhr (Winter 9–16 Uhr), 4 €.

Praktische Informationen

Unterkunft/Essen und Trinken

■ **Ferienwohnungen Sabbia d'Oro** ②
Eraclea Minoa, Tel. 09 22 84 60 66. *Villette* (kleine Häuschen) mit Bad 3 km vom Strand von Eraclea Minoa.

■ **Campeggio Eraclea Minoa Village** ①-②
Primo Spiaggia, Tel. 09 22 84 60 23, www.eracleaminoavillage.it. Großer, schattiger Platz direkt am Strand, gut ausgestattet, auch Bungalows.

■ **Ristorante/Pizzeria Sabbia d'Oro** ②
Primo Spiaggia, Tel. 09 22 84 60 66. Am schönen Sandstrand von Eraclea Minoa große schattige Terrasse, im Sommer tagsüber sehr hektisch, abends wird es ruhiger.

Sonstiges

■ **Autolinea Cacciatore,** morgens von Cattolica Eraclea nach Eraclea Minoa, abends zurück (1. Juli bis 31. Aug.), von Cattolica Eraclea geht es nach Agrigento und Sciacca.

Ribera

19.500 Einwohner *(Riberesi)*, 223 m ü.N.N., PLZ 92 016, bis Agrigento 49 km

1627 gründete der *Fürst von Paternò* die heutige Stadt und gab ihr den Namen seiner Gattin *Maria Afan de Ribera*. Die Siedlung entstand vermutlich an der Stelle des antiken *Allava*; in der Nähe befindet sich eine byzantinische **Nekropole.** Der Ort entwickelte sich gut dank fruchtbaren Bodens und günstiger Lage.

Ribera ist auch heute ein **lebhaftes landwirtschaftliches Zentrum,** umgeben von Orangenpflanzungen und fruchtbaren Feldern, auf denen neben Gemüse und Getreide auch Erdbeeren gedeihen. Der Politiker *Francesco Crispi*, der die italienische Politik als Premierminister zwischen 1887 und 1896 maßgeblich prägte, ist hier geboren.

Deutschsprachiger Agriturismusbetrieb Torre Salsa

■ **Siculiana** ③, Montallegro, 14 km von Eraclea Minoa am Meer (über Montallegro anfahren), Tel. 09 22 84 51 90, www.torresalsa.it. Mitten in einem Naturschutzgebiet ist der Bauernhof der Familie auf 300 ha Grund, der direkt ans Meer anschließt. Gewohnt wird in Apartments unterschiedlicher Größe, die in Bungalows separat vom Hauptgebäude stehen, insgesamt 11 Apartments, das Frühstück wird gemeinsam eingenommen, Abendessen wird gerne zubereitet, muss aber morgens vorbestellt werden, der Sandstrand ist direkt zugänglich, für die kalten Monate gibts ein „Solarium" – ein Glashaus.

Außer **Barockdom** und dem zur gleichen Zeit erbauten **Rathaus** bietet das Städtchen mit seiner geradlinigen Struktur wenig Interessantes. Es ist eine typische Agrarsiedlung, wie sie im 17. Jh. die Feudalherren überall im Süden Siziliens gründeten. Auf dem Reißbrett entworfen und ohne gewachsene Struktur dienten diese Städte in erster Linie dazu, Arbeitskräfte in Regionen anzusiedeln, die landwirtschaftlich noch nicht ausreichend kultiviert waren.

Unweit von Ribera (4 km nach Osten auf einem Felsvorsprung über dem Fiume Verdura) befindet sich das **Pogio-Diana**-Kastell aus dem 14. Jh., von *Guigielmo Peralta* gebaut. Nur zwei wuchtige Türme sind erhalten. Schön ist der Blick über die Landschaft.

Seccagrande knapp 10 km entfernt ist die Marina von Ribera und typisches Beispiel für die Zersiedelung der Küsten Siziliens. Highlife im Sommer, tot im Winter – und jeder baut, wie es ihm gerade passt. Dabei ist der Strand noch nicht einmal besonders schön.

Unterkunft

■ **Hotel Miravalle** ③
Via Circonvalazione 2 (Umgehungsstraße von Ribera), Tel. 092 56 13 83, www.hotel-miravalle.it. Modernes Hotel der gehobeneren Klasse beim Ort abseits der Küste, 46 Zimmer, mit Restaurant.

■ **Campeggio Kamemi Village** ①
Seccagrande, Tel. 092 56 92 12, www.kamemivillage.com. Unweit vom Strand (300 m), gute Infrastruktur, Schwimmbäder, Restaurant, Einkaufsmöglichkeit.

Caltabellotta

3800 Einwohner *(Caltabellottesi),* 950 m ü.N.N., PLZ 92 010, bis Agrigento 80 km

Kurvenreich schlängelt sich die SS386 von Ribera nordwestwärts etwa 20 km hinauf ins Hügelland Richtung Burgio. Kurz davor geht es nach Westen ab nach Caltabellotta, das nach weiteren 15 km Kurven über Sant'Anna und schließlich engen Serpentinen hoch zum Ort auf fast 1000 m erreicht ist.

Caltabellotta entwickelte sich um einen bizarr geformten Kalksteinstumpf. *Kallat al-Belut*, Fels der Eichen, war der arabische Name des Ortes, die Architektur im mittelalterlichen Ortskern Terravecchia ist stark arabisch geprägt. Die Geschichte der Besiedelung reicht weit zurück. An dieser Stelle befand sich angeblich der Sitz des Sikanerkönigs *Kokalos*, der dem flüchtigen *Daidalos* Asyl gewährt hatte (siehe Kapitel „Geschichte und Politik"). Dieser errichtete seinem Gönner aus Dankbarkeit eine mit allerlei raffinierten technischen Details ausgestattete Festung. Historisch verbürgt ist, dass sich hier die antike Stadt **Triokala** befand, die während des Sklavenaufstands (104–101 v. Chr.) Hauptstadt der Rebellen war. Sie kapitulierten, als ihnen Straffreiheit zugesichert wurde – eine leere Versprechung, und so zogen die letzten tausend Sklaven den Freitod einem Leben als Gladiatoren vor.

Heute zeigt sich Caltabellotta als ruhige kleine Stadt, aber die Arbeitslosigkeit ist hoch, die Armut hat Tradition. Schon Anfang des 20. Jh. haben viele Bewohner ihrer Heimat den Rücken gekehrt, um ihr Glück woanders zu suchen.

In den Felsen am Wegesrand bei Ortsbeginn aus Sant'Anna kommend finden sich einige **sikulische Grottengräber;** die ältesten stammen aus dem 2. Jh. v. Chr.

UNSER TIPP Ist man oben am Parkplatz angekommen, führt eine in den Felsen gehauene Treppe zum ehemaligen **Kastell** – dem Castello Vecchio – hinauf, das *Roger I.* 1090 erbauen ließ und das als nahezu uneinnehmbare Festung galt. 315 Stufen sind es zur Ruine und 100 Höhenmeter, belohnt wird die Mühe mit einem herrlichen Blick auf die Umgebung. In diesem Kastell wurde 1302 der Friedensvertrag zwischen *Friedrich II. von Aragon* und *Karl von Valois* besiegelt, mit dem die „Sizilianische Vesper", ein blutiger Volksaufstand, endete und Sizilien dem Haus *Aragon* zufiel. Unterhalb der Burgruine kann man noch die normannische **Chiesa San Salvatore** besichtigen und gegenüber dem Burgsporn auf einer Anhöhe – schon von außen niedrig und breit und mit niedrigem freistehenden Glockenturm geduckte Macht symbolisierend – die ebenfalls normannische Kathedrale. Sie entstand im 11. Jh., an der zweiten Säule links sind noch Originalfresken zu sehen.

Eine weitere Sehenswürdigkeit ist das **Kloster San Pellegrino**, das mit seiner mächtigen Fassade hoch oben den Burgberg kontrapunktiert und weit in die Landschaft grüßt.

Unterkunft/Essen und Trinken

■ **B&B Mule** ②
Via Venezia 5, Tel. 09 25 95 11 45, www.bbmule.it. Mitten im Zentrum, persönliches B&B mit nur zwei Zimmern, hier wird gebacken und gekocht, und man darf der Köchin über die Schulter schauen.

■ **B&B Sotto le Stelle** ②
Via San Paolo 35, Tel. 09 25 95 23 27, www.bbsottolestelle.it. Liebevoll und künstlerisch eingerichtetes B&B, Zimmer mit Blick aufs Meer und individuell gestaltet, sehr gastfreundliche Besitzer.

✿ **Ristorante MATES** ②-③
Vicolo Storto 3, Tel. 338 41 33 76, www.matesonline.it, Mo geschl. Das Restaurant mit dem sperrigen Namen *museo delle antiche tradizioni enogastronomiche siciliane* mitten im Ort ist eine Institution für die Bewahrung alter Rezepte und für bestes Essen, *un trionfo di profumi i di sapori* – „ein Triumph der Düfte und der Gewürze". Festes Menü um Punkt 13 Uhr und um 20 Uhr, Reservierung obligatorisch.

■ **Ristorante/Pizzeria San Pellegrino** ①-②
C.da San Pellegrino (gegenüber dem Burgsporn unterhalb des Klosters), Tel. 09 25 95 14 96, www.ristorantepizzeriasanpellegrino.it. Essen mit Blick über die Landschaft, verlässliche Standards, ab und an aber auch Spezialitäten wie Hammel, Pizza gibts nur abends – aber wegen ihr kommen die Gäste auch von weiter her.

Burgio

Auf der Rückfahrt auf dem Anfahrtsweg kann man einen kurzen Abstecher nach Burgio machen oder man fährt direkt nach Sciacca weiter. Burgio entstand um das alte, etwas bedrohlich anmutende Kastell, das vermutlich von Muslimen gegründet und dann von den Normannen übernommen wurde. Der Ort (2600 Einwohner) mit seinen engen, verwinkelten Gässchen wirkt noch sehr mittelalterlich. Im oberen Teil erhebt sich der Dom, der ursprünglich aus dem 12. Jh. stammt, später aber mehrmals verändert wurde und dem Ortsheiligen *S. Antonio Abate* gewidmet ist. Seit dem 16. Jh. ist Burgio ein **Zentrum der Keramikherstellung.** Die Objekte sind in Form und Farbe (gelb, blau und grün) seit Jahrhunderten unverändert. Außerdem befindet sich in Burgio die einzige **Glockengießerei** Siziliens.

Sciacca

41.000 Einwohner *(Saccensi)*, 60 m ü.N.N., PLZ 90 140, bis Agrigento 70 km

Schon von Weitem kündigt sich Sciacca durch den mächtigen, 400 m hohen **Bergstumpf des Monte Calogero** an. Der in Sizilien so beliebte Einsiedler *San Calogero* hat hier eine Zeitlang in einer Höhle gelebt; heute strahlen die Gebäude des Thermalbades und des Grand Hotels in weißer Frische. Die **besten Thermen Italiens** findet man in diesem hübschen kleinen Städtchen. Die Altstadt strahlt mit ihren verwinkelten Gassen arabisches Flair aus, die Neubauten liegen alle am Stadtrand. Der Verkehr kollabiert ständig, das Auto sollte auf den Parkplätzen unterhalb der Altstadt abgestellt werden.

Geschichte

Als Thermalbad war *Thermae Selinuntinae* bereits bei den Römern ein beliebtes Reiseziel. Unter arabischer Herrschaft wurde die **Stadtmauer** mit Türmen verstärkt sowie ein **Kastell** gebaut. Die Muslime machten aus *As-Saqah* ein Handels- und Agrarzentrum. Die Normannen erweiterten die Stadtmauer und vergrößerten so die Stadt. *Friedrich II. von Aragon* (1330) ließ die Anlage weiter ausbauen, und im 15./16. Jh. entstanden prachtvolle Paläste als Ausdruck großen Wohlstandes. Heute träumt Sciacca von einer Zukunft als mondäner Kurort.

Rund um die Piazza A. Scandaliato

Das alte Zentrum des Städtchens liegt etwas erhöht wie auf einer Terrasse über dem Meer. Gesellschaftlicher Mittelpunkt ist die **Piazza A. Scandaliato,** ein Treffpunkt von Rentnern und Müßiggängern, die von den Parkbänken die schöne Aussicht auf das Meer genießen.

▷ Die bizarren Gestalten des Castello Incantato

Der ehemalige **Jesuitenkonvent** aus dem 17. Jh. mit schönem Kreuzgang dient heute als Sitz der Stadtverwaltung.

Steripinto-Palast

Den Corso V. Emanuele nach links flaniert man an Geschäften und Palazzi vorbei zum wuchtigen, 1501 errichteten Quaderbau des **Palazzo Steripinto,** dessen eigenwillige Fassadenverkleidung mit pyramidenförmig zugehauenen Steinen aus Steintuff zu den seltenen Beispielen der katalanisch-gotischen Architektur in Südsizilien gehört. Die lateinische Bezeichnung für „geschmücktes, befestigtes Haus", *hosterium pinctum,* stand Pate für den Namen des Palastes, der mit seiner zinnenbewehrten Fassade mehr einer Festung denn einem fürstlichen Wohnhaus gleicht. Ein zauberhaftes Muster aus Licht und Schatten zeichnen die Steinpyramiden auf die Hauswand. Im Übrigen hat dieser Schmuck nicht nur einem ästhetischen, sondern auch einem praktischen Zweck, denn der Schatten hält die Mauern kühl.

Via Gerardi

Hier kreuzt die Via Gerardi, die nach Norden und Süden zu jeweils einem der historischen Stadttore führt, der **Porta Palermo** aus dem 18. Jh. und der etwas älteren **Porta San Salvatore.** Gegenüber letzterem Stadttor stehen zwei der ältesten Kirchen von Sciacca, die **Chiesa del Carmine** aus dem 12. Jh. und die **Chiesa di S. Margherita** aus dem Jahre 1342. Sie besitzt ein ungewöhnlich schönes Renaissance-Portal des sizilianischen Bildhauers *Francesco Laurana.* Von hier

kann man entlang der Via Incisa an mittelalterlichen Palazzi vorbei wieder zum Hauptplatz zurückkehren.

Kathedrale

Im Osten des Hauptplatzes steht **Santa Maria Maddalena,** der Dom von Sciacca, ein barocker Bau, an Stelle einer älteren Kirche 1656 neu errichtet und von Künstlern aus der Stadt dekoriert. Die Fassade mit ihrem abgeschnittenen Mittelteil ist nicht gerade ein Prunkstück sizilianischer Barockarchitektur. In ihrem Inneren birgt die Kirche aber einige sehr schöne Fresken und das große Heiligtum der Stadt, die Statue der *Madonna del Soccorso* (am Hauptaltar), die 1626 die Saccensi von einer verheerenden Pestepidemie befreite – wunderbarerweise wurde die Madonna aus dem Meer gefischt, worauf die Pestilenz fluchtartig das Städtchen aufgab. Mit ihrem prunkvollen Baldachin wird die Madonna jedes Jahr am 2. Februar und am Marientag, dem 15. August, von barfüßigen Fischern durch die Straßen der Stadt ans Meer getragen, wo sie der See zugewandt die dort lauernden Gefahren bannt.

Die geheimnisvolle Insel

Im Juli 1831 erlebten die Einwohner Sciaccas und mit ihnen Wissenschaftler und neugierige Reisende aus allen Winkeln Europas ein wohl einmaliges Naturschauspiel: die **Geburt einer Insel.** Schon Wochen vorher hatte sich dieses Ereignis angekündigt – die Erde rumorte, das Meer war unruhig, und immer wieder schossen heiße Gase, später dann Feuer und Lava aus einem jungen Riss am Meeresboden. Schließlich tauchte die Insel aus dem Wasser auf. Am 17. Juli hatte sich das Eiland bereits 9 m über die See erhoben, fünf Tage später war es bereits 25 m hoch – ein kegelförmiger „Berg", aus dessen Mitte der Vulkan immer noch Feuer und Asche aufs Meer verteilte.

Manche Menschen meinten, unheilvolle Vorzeichen im Auftauchen der Insel zu erkennen und beteten zu ihrer *Madonnina* um Hilfe, die doch bei der Pest so schlagkräftig war; andere zogen mit Picknickkörben los, um auf der jungfräulichen Lava ihren Mut zu demonstrieren. Ein englischer Kapitän hisste die britische Fahne auf der Insel, was internationale Verwicklungen zur Folge hatte. Kriegsschiffe bewachten nun das neue Stückchen Erde, das sich König *Ferdinand II.* von Aragon sofort unter den Nagel riss und *Ferdinandea* taufte.

Doch der Vulkan verlor schnell an Kraft; die Aufbauarbeit am Inselwerk stockte. Langsam aber stetig eroberten die Wellen das verlorene Terrain zurück, leckten die Lava nach und nach ab, bis das Eiland schließlich, winzig klein und flach geworden, am 8. Dezember 1831 in den Fluten versank. Sizilien war wieder ein Stückchen Land ärmer. 2003 entdeckten Wissenschaftler, dass der unterirdische Vulkan die Insel nun wieder aufbaut; es ist also damit zu rechnen, dass sie in absehbarer Zeit erneut übers Wasser lugen wird.

Scaglione-Museum

Neben dem Dom ist die eigenwillige Sammlung des Francesco Scaglione zu sehen, ein sizilianischer Schöngeist, der mit Künstlern und Literaten in aller Welt korrespondierte und es sich zur Aufgabe gemacht hatte, alles Schöne aus Sizilien zusammenzutragen. Nur noch ein Teil des ursprünglichen Besitzes ist heute ausgestellt, doch den eigentlichen Reiz des Museums macht der Palazzo aus dem 17. Jh. aus, in dem es untergebracht ist. Liebevoll restauriert zeigt er die Wohnverhältnisse des sizilianischen Adels um die Wende vom 19. zum 20. Jh.

■ **Casa Museo Scaglione**
Piazza Duomo, Tel. 092 58 30 89, Mo–Sa 9–13, 15–19 Uhr, Eintritt frei.

Hafen

Vom Domplatz führen Gässchen und Treppen hinunter zum Porto di Sciacca, einem lebhaften und noch recht traditionellen Treff der Fischer mit mehreren recht guten Restaurants. Unbedingt besuchenswert am Morgen, wenn die Boote mit dem frischen Fang eintrudeln und am Hafen lebhaft gewogen und gefeilscht wird!

Thermalbad

Unzählige weitere Palazzi und Kirchen wären in Sciacca noch zu beschreiben, ein Gebäudekomplex verdient aber besondere Aufmerksamkeit: die Thermalanlagen, nicht, um die schmerzenden Füße zu kurieren, sondern wegen ihrer Architektur in reinstem Jugendstil. Das Thermalbad ist schlicht, aber eindrucksvoll und wurde Anfang des 20. Jh. errichtet, es liegt etwas abseits vom Zentrum im Osten am Lungomare. 1 km westlich des Hotels des Thermalbades befindet sich die Thermalbadanlage **Piscine Molinelli** mit drei großen Becken, in denen man von Rettungsschwimmern und Ärzten beaufsichtigt schwimmen darf (www.termesciaccaspa.it).

Monte Kronio

Der „Berg der Zeit" liegt 7 km außerhalb Sciaccas in 386 m Höhe. Hier finden sich das Heiligtum San Calogero, Thermen und ein kleines Antiquarium.

Die Geschichte der Thermen des Monte Calogero beginnt wieder einmal mit *Daidalos*. Der erfindungsreiche Grieche soll die Heilwirkung der Quellen und Dämpfe, die aus dem Boden strömen, erkannt und sie zur Grundlage erster antiker Heilstätten gemacht haben. Das Kalksteinmassiv des Monte Calogero ist durchsetzt von Karsthöhlen, in denen die Dämpfe des heißen Thermalwassers austreten. Die genaue Anlage des unterirdischen Labyrinths – der „Öfen", wie es auch genannt wird – konnte wegen der darin herrschenden hohen Luftfeuchtigkeit und Hitze lange Zeit nicht erforscht werden. Erst im 20. Jh. gelang es modern ausgerüsteten Wissenschaftlern, die Grotten zu vermessen. Dankbar nahmen bereits die prähistorischen Bewohner dieser Region die gesundheitsfördernden Gaben der Unterirdischen entgegen. So waren die Höhlen nicht nur Heil-, sondern auch Kultstätten der chtonischen Gottheiten. *Kronos*,

der Beherrscher der Zeit, soll hier verehrt worden sein (daher auch der zweite Name des Berges *Monte Kronio),* aber auch Daidalos, dem die Mythologie gottähnliche Züge verlieh. Bis zum 6. Jh. dauerte der heidnische „Spuk" in den Höhlen, bis endlich der *hl. Calogero* mit der Kraft seiner christlichen Erleuchtung den Riten der Antike ein Ende bereitete. Heute ziert ein Altar mit einem wunderschönen Bildnis aus Majolika-Kacheln die Höhle, in der San Calogero gelebt haben soll und in der er unter dem Altar auch beigesetzt wurde. Die Höhle liegt neben jener des Daidalos – Ironie der Geschichte oder nur logische Fortsetzung des alten Kultes? Die Ausstellung im Antiquarium hat die Ergebnisse der Ausgrabungsarbeiten in dem Höhlensystem zum Thema.

■ Santuario San Calogero
Salita San Calogero (Koordinaten: 37,51941113, 113419), Tel. 09 41 48 60 14, www.basilicasancalogero.org, Mo–Mi 16.30–18.30 Uhr (Messe 17.30 Uhr), So 8.30–13.30 und 15–17 Uhr (Messe 9.30 Uhr).

■ Antiquarium Monte Krono
Salita San Calogero, Mi/Sa/So 9–13, 15–19 Uhr, Eintritt frei.

© REISE KNOW-HOW 2015
Sizilien43

■ Übernachtung
3 Agriturismo Torre Tabia
5 B&B Al Moro
10 Clubhotels Alicudi und Cala Regina
11 Grand Hotel delle Terme

■ Essen und Trinken
1 Salumeria Buon Sapore
2 Pizzeria Steripinto
4 Ristorante Al Porticello
6 Hostaria del Vicolo
7 Trattoria Al Faro
8 Trattoria La Vela
9 Ristorante Porto San Paolo

Castello Incantato

Etwa 2 km östlich des Zentrums von Sciacca (500 m östlich der Abfahrt von der SS115 nach Sciacca, dann Hinweisschilder) liegt eine sehr ungewöhnliche Sehenswürdigkeit. Im Castello Incantato hat der 1967 verstorbene Künstler *Filippo Bentivegna* seine Masken aus Stein und Olivenholz in einem Park unter freiem Himmel aufgestellt hat. Bizarre Fratzen starren den Besucher an, manche unvollendet irgendwo liegengelassen, andere kunstvoll aufgebaut. Der Künstler war wohl ein rechter Sonderling:

Nach mehreren Jahrzehnten in den USA kehrte er reich geworden nach Sciacca zurück und fing an, seiner eigenartigen Passion zu frönen. Am Eingang serviert eine Café-Bar und Lounge Getränke und Kleinigkeiten.

■ **Castello Incantato**
Via Filippo Bentivegna, Tel. 09 25 99 30 44, tgl. 9.30–20 Uhr, 3 €.

Praktische Informationen

Touristeninformation

■ **Ufficio Informazione/Infopoint**
Via Vittorio Emanuele 87, Tel. 092 52 04 78; Piazza Saverio Friscia, Tel. 32 48 72 05 02, www.facebook.com/prolocosciaccaterme.

Unterkunft

■ **B&B Al Moro** ③
Via Liguori 44, Tel. 092 58 67 56, www.almoro.com. 10 Zimmer in einem äußerst geschmackvoll sanierten und modern eingerichteten Stadthaus, mit allem Luxus, sehr angenehm und beliebt, deshalb im Voraus reservieren.

■ **Grand Hotel delle Terme** ③-④
Via delle Nuove Terme, Tel. 092 52 31 33, www.grandhoteldelleterme.com. Der aus den 1960er Jahren stammende Bau 500 m vom Zentrum wurde renoviert, die Zimmer sind luxuriös ausgestattet, teils Mindestaufenthalt von 2 Nächten und Halbpensionszwang.

■ **Clubhotels Aero Viaggi** ④
C.da Sovareto, auf dem Weg nach Sciacca Mare 4 km vom Zentrum, Tel. 09 25 99 (40 24)/(40 00)/(21 61)/(21 59), www.aeroviaggi.it. In einem hochgepflegten Olivenhain auf grünem Rasen liegen die zwei Clubhotels **Alicudi** und **Cala Regina** am

Meer, nur Vollpension, vornehmlich französische Gäste.

■ **Agriturismo Torre Tabia** ④
C.da Ragana, Tel. 09 25 99 11 87, www.agriturismo torretabia.it. Anfahrt von Sciacca Zentrum über die SP79 und Case San Marco (11 km). Feudaler Gutsbesitz aus dem 15. Jh. mit allem Luxus (auch Pool), 10 Zimmer mit Bad, geschmackvoll eingerichtet. 3 km zum Strand.

Essen und Trinken

■ **Salumeria Buon Sapore** ①
Via Capuccini 20/b, Tel. 092 52 65 62. Vorzüglich belegte Pannini zum Mitnehmen oder dort essen.

■ **Pizzeria Steripinto** ②
Corso Vittorio Emanuele 228, Tel. 092 52 31 77, Mo geschl. Am Palazzo Steripinto sitzt man besonders abends sehr angenehm mit Blick auf den Corso, gute und sehr günstige Pizza, schneller, aber etwas oberflächlicher Service.

■ **Trattoria Al Faro** ②-③
Via Al Porto 25, Tel. 092 52 53 49, So geschl. Kleines Lokal gegenüber einer alten Fabrik mit dem frischesten Fisch in Sciacca. Mittags speisen hier zahlreichen Arbeiter und Angestellte aus der näheren Umgebung.

■ **Ristorante/Pizzeria Al Porticello** ③
Via Lido Esperando, Tel. 092 52 20 60, www.ristorantealporticello.it, Mo geschl. Die Pasta alla Porticello mit Muscheln, Scampi und Gamberi ist köstlich, Fisch- und Fleischmenüs und Couscous (nach Vorbestellung).

■ **Trattoria La Vela** ③
Via Gaia di Garaffe, Tel. 092 52 39 71, Mo geschl. Bester fangfrischer Fisch, delikat zubereitet, hier wird man pappsatt und zahlt nun wahrlich kein Vermögen.

🦋 **Hostaria del Vicolo** ③-④
Vicolo Sammaritano 10, Tel. 092 52 30 71, www.hostariadelvicolo.it, Mo geschl. Bekanntes kleines Slow-food-Lokal für Feinschmecker, elegante Atmosphäre, ideenreiche Küche.

■ **Ristorante/Pizzeria Porto San Paolo** ③
Largo San Paolo, Tel. 092 52 79 82, Mi geschl. Hoch über dem Fischereihafen, Fisch verpflichtet also, im Sommer wird er auf der Terrasse serviert; Pizzeria nur abends.

Nachtleben

■ **Caffe Letterario im Castello Incantato**
Via Filippo Bentivegna, Tel. 09 25 99 30 44, Veranstaltungen wie Lesungen, Theater- und Musikauf-

Karneval in Sciacca

Karneval ist das besondere Ereignis in der Stadt, direkte Fortsetzung der saturnalischen Feiern, die die Römer am Berg des *Kronos*, den sie durch *Saturn* ersetzten, begingen. Riesige, grellbunte Fratzen werden auf Wägen durch die Straßen gerollt, und mancher bis dahin heimlicher Dichter nutzt die Gelegenheit, während der Umzüge seine Werke öffentlich vorzutragen. Meist wird über die Gesellschaft lamentiert, unbeliebte Politiker werden verulkt, der ganze Schmerz und die Wut der Saccensi herausgeschrien. Am Ende der Festtage wird – die römischen Saturnalien lassen grüßen – eine Figur aus Pappmaché als symbolischer König des Festes auf dem Scheiterhaufen verbrannt. Sciacca feiert wohl den authentischsten Karneval ganz Siziliens.

Informationen im Internet unter www.carnevaledisciacca.it

führungen, aber auch Bar und Lounge, wo man abends Cocktails genießt.

Autobus

■ **Bus:** Gesellschaft *Lumia* (www.autolineelumia.it) nach Agrigento und Trapani; Gesellschaft *Gallo* (www.autolineegallo.it) nach Palermo und Cattolica; Tickets in der *Golden Bar*, Via Savorio Friscia 10, Haltestelle Nuovo Ospedale.

Sonstiges

■ **Strände,** etwa 6 km östlich von Sciacca und westlich ab dem Capo San Marco.
■ **Golfen,** Verdura Golf & Spa Resort, S. 115 Km 131, Sciacca, Tel. 09 25 99 80 01 www.verdurare sort.com. Golfplatz mit zwei 18-Loch-Kursen und einem 9-Loch-Kurs, gebaut für *Rocco Forte*, den Besitzer der gleichnamigen Hotelkette aus dem Luxusbereich. Dementsprechend ist alles auf höchstem Niveau: Das Hotel, das Spa, das Restaurant und die Preise.
■ **Mercato Piazza Nocetto,** Samstags, Lebensmittel, Haushalt, Kleidung.

Menfi

13.000 Einwohner *(Menfisi),* 120 m ü.N.N., PLZ 92 013, bis Agrigento 79 km

Die **muslimische Gründung** mit dem damaligen Namen *Burimilluso* entstand um eine arabische Festung. Friedrich II. baute nach der Zerstörung die Burg wieder auf, die Siedlung selbst verfiel allerdings; 1698 wurde der Ort wiedergegründet, das Erdbeben von 1968 hat ihn aber stark beschädigt. Lange Jahre war die Fassade der *chiesa madre* von Rissen durchzogen, in denen vorwitzig frisches Gras und Buschwerk wurzelte und die ehrwürdige Kirche mit schmuckem Grün dekorierte. Man begann aber schließlich doch mit der Rekonstruktion, und 2012 konnte mit der Einweihung des Altars die Sanierung abgeschlossen werden. Schönstes Gebäude an der Piazza Vittorio Emanuele III ist der **Pignatelli-Palast.** Den Turm Friedrichs II. hatte das Erdbeben so stark zerstört, dass er nicht gerettet werden konnte, ein neuer Baukörper in seinen Maßen mit Büros der Stadtverwaltung symbolisiert ihn nun.

Touristisch bedeutender als das Städtchen selbst ist – zumindest für Badelustige – die Marina von Menfi, **Porto Palo,** ein ehemaliger Fischerort, heute fest in in der Hand italienischer Ferienhausbesitzer. Der breite, lange Sandstrand ist in der Hochsaison gut besucht, den Rest der Zeit aber so einsam, dass hier sogar Meeresschildkröten ihre Eier ablegen.

Unterkunft

■ **Hotel Villa Plasi** ②
Via della Riviera 5, 1 km von Porto Palo landeinwärts Richtung Menfi, Tel. 092 57 80 54, www.villa plasi.it. Gepflegtes modernes Hotel mit 10 Zimmern, sauber, Restaurant und Pizzeria.
■ **Il Vigneto Resort** ③-④
C.da Gurra di Mare, Tel. 092 57 17 32, www.risto ranteilvigneto.com. Nur 16 Zimmer und Suiten 1km vom Meer in einer modern-eleganten, durchaus liebevoll und mit Augenmaß konzipierten Anlage. Ideal auch für einen Badeurlaub abseits der Ferienort-Hektik am Ufer; prämiertes Restaurant.

■ Agriturismo Tenuta Stoccatello ④
Km 6 Strada Provinciale Menfi Partanna S.P. 42, Tel. 33 39 03 54 28, www.tenutastoccatello.it. Edler Agriturismo in absolut ruhiger Lage auf einem Hügel und mit allem Komfort, Schwimmbad, Türkischer Sauna, Hydromassage, 18 Zimmer mit Bad und Klimaanlage, gutes Restaurant mit ländlicher Küche (20 €/Menü).

■ Hotel Don Giovanni ③
C.da Pandolfina, an der Straße zwischen Sambuca (3 km) und Santa Margherita (7 km), Tel. 09 25 94 25 11, www.dongiovannihotel.it. Ehemaliger Gutshof auf einem Hügel, der zum Hotel mit für die Leistung wirklich günstigen Preisen gewandelt wurde, schöne und geschmackvoll möblierte 25 Zimmer, großes Schwimmbad, gutes Restaurant (Abendessen 15 €).

■ Campeggio La Palma ①-②
C.da Lido Fiori (4 km östlich von Porto Palo), Tel. 092 57 83 92, www.campinglapalma.com. Relativ gut ausgestatteter Platz mit Schatten direkt am Meer (Sandstrand), Restaurant, Einkaufsmöglichkeit, auch Apartmentvermietung,15. April–15. Okt. geöffnet.

Essen und Trinken

■ Ristorante Da Vittorio ③
Via Friuli Venezia Giulia, 9, Porto Palo, Tel. 092 57 83 81. Spezialitäten sind hausgemachte Pasta mit Meeresfrüchten und fangfrischer Fisch, dazu eine hervorragende Weinkarte. Wer nicht weiterfahren mag, kann in einem der Pensionszimmer übernachten.

■ Ristorante Castello di Rampinzeri ②
C.da Rampinzeri, an der SS119 Gibellina-Castelvetrano bei Kilometer 38 Abzweig (500 m den Berg hinauf), Tel. 34 98 68 81 90. Auf der Burg gibt's ein festes Menü mit *Antipasto*, zwei *Primi*, Fleischplatte vom Grill, Beilage, Obst und etwas Süßes, das abgespeckte 4-Gänge-Menü ist supergünstig.

Sambuca di Sicilia

Wer immer noch nicht genug mittelalterliches Gassengewirr genossen hat, kann von Menfi aus einen Abstecher nach Sambuca di Sicilia unternehmen (20 km). Das 350 m hoch gelegene Bergnest hat eine sehr hübsche Altstadt, deren Substanz nahezu intakt geblieben ist. Sieben **Sarazenengassen,** die *vicoli sarazeni*, durchkreuzen den Stadtkern um die ehemals arabische Burg, die unter *Roger II.* in ein Kastell umgewandelt wurde. Zu Füßen des Städtchens liegt der **Lago Arancio,** ein beliebter Tummelplatz der sizilianischen Wasserskienthusiasten. Wenige Kilometer entfernt wurden bei Ausgrabungen die Überreste einer griechischen Siedlung auf den Fundamenten älterer Dorfanlagen aus der Eisenzeit entdeckt.

Santa Margherita di Belìce

10 km von Sambuca auf einer Nebenstraße nach Nordwesten führen zum Örtchen Santa Margherita di Belìce, das – Opfer eines Erdbebens im Jahr 1968 und fast vollständig neu errichtet – vollkommen uninteressant wäre, hätten sich nicht **Teile des barocken Stadtkerns** erhalten bzw. wären nicht saniert worden. So erstrahlt der Hauptplatz in neuem Glanz und erinnert an den Leoparden – den Gattopardo – *Tommaso di Lampedusas*. Der Palast der *Filangeri di Cuto* ist in ein Museum und einen Erinnerungspark umgewandelt worden – **Il Parco del Gattopardo.** Immerhin hat er im Palast die glücklichsten Jahre seiner Kindheit verlebt. Mit Manuskripten des Autors des „Leoparden", Fotos von den

ehemaligen Bewohnern des Palastes und dem ursprünglichen Santa Margherita und sogar mit einem kleinen Wachsfigurenkabinett der Hauptfiguren des Romans wird an vergangene Zeiten erinnert. Viele der Szenen des Buches haben in dem Gebäude und in dem 8500 m² großen Park gespielt. Neben dem Palast stehen die Reste der Memorialkirche **Santa Margherita di Belìce** – ehemals die Kathedrale; Erinnerung an das Erdbeben, das Tausenden Menschen das Leben gekostet hatte, abgestützt und mit Glaswänden versehen.

■ **Il Parco del Gattopardo**
Palazzo Filangeri di Cuto, Tel. 092 53 11 50, http://parcodelgattopardo.it. tgl. 8.30–13, 16–18 Uhr, 4 €, geführte Tour 5 €.

Ruinen von Gibellina

Von Santa Margherita sind es gut 25 km zu den Ruinen von Gibellina. Den mittelalterlichen Ort, der im 14. Jh. um das Chiaramonte-Schloss herum entstanden war, hat das Erdbeben 1968 völlig zerstört. Die Ruinen hat der Künstler *Alberto Burri* mit **Zement übergossen,** und es entstand der *Cretto di Burri*, ein Gelände, in dem regelmäßig kulturelle Veranstaltungen stattfinden. Die riesige Betonfläche, parzelliert entsprechend den ehemaligen Quartieren durch Einschnitte, liegt recht seltsam in der Abendsonne, und der Betrachter fragt sich, ob die Millionen Tonnen Beton nicht besser und sinnvoller hätten verwendet werden können. In der Casa di Stefano, einem sanierten Kornspeicher-Komplex am Stadtrand, residiert die *Fondazione Orestiadi*, die hier und beim Denkmal des alten Ortes Theater- und Musikveranstaltungen organisiert.

■ **Fondazione Orestiadi**
Tel. 092 46 78 44, www.fondazioneorestiadi.it.

Gibellina Nuova

Das neue Gibellina ist 18 km vom antiken Gibellina entfernt in modernem, nüchternem Stil errichtet. Namhafte Architekten und Künstler waren am Aufbau beteiligt. In der Viale Vespri Siciliani befindet sich das **Ethno-anthropologische Museum,** in der Via Segesta das **Museum der Modernen Kunst.** Der Besuch ist nur auf Anfrage bei der Stadtverwaltung möglich. Trotz aller Kunst im und am Ort und trotz aller Bemühungen der Stadtarchitekten und -soziologen ist es nicht gelungen, einen wohnenswerten Ort entstehen zu lassen. Einige Kindergruppen spielen in den verlassen wirkenden Straßen, Geschäfte sind zugenagelt, die Farbe der Häuser ist verwaschen, und der Putz bröckelt an allen Ecken und Enden.

Castelvetrano

32.000 Einwohner *(Castelvetranesi),* 190 m ü.N.N., PLZ 91 022

Der Ort liegt etwa 20 km nordwestlich von Selinunte. Hier haben die Bewohner des antiken Selinunte ihre Vorräte in Zisternen gelagert, und die mussten natürlich bewacht werden. So entstand eine Siedlung, die später den römischen

Namen *castrum veteranorum* erhielt. Doch das Gebiet war schon vor der Gründung Selinuntes bewohnt, wie Funde einer prähistorischen Nekropole mitten im Stadtzentrum von Castelvetrano beweisen. Die **lebhafte Agrarstadt** besitzt einen stark arabisch beeinflussten Stadtkern – 160 Innenhöfe, die Grundlage muslimischer Hausarchitektur, wurden gezählt – und über vierzig Kirchen. Berühmt ist sie für ihre hervorragenden Oliven, die auf den Feldern der Umgebung wachsen.

Hauptplatz

Am besten lässt man sich einfach durch die lebhaften Straßen des Städtchens treiben. Zentrum von Castelvetrano ist im System der Plätze die hübsche **Piazza Carlo d'Aragona** (ehemals Piazza Garibaldi) mit Nymphenbrunnen, hier steht auch die **Marienkirche** aus dem 16. Jh. und das Rathaus. In der Via Selinunte kann man den **Cortile Fanti** als ein typisches Beispiel für arabische Innenhofarchitektur sehen.

Stadtmuseum

Einige Meter die Via Garibaldi entlang kommt man zum städtischen Museum. In ihm ist der 1882 aufgefundene schöne „**Ephebe von Selinunt**" das wichtigste Ausstellungsstück. Er stammt von den Grabungen bei Selinunt, ist aus Bronze und wurde wohl um 470 v. Chr. gegossen. Bevor man Eintritt zahlt, sollte man sich erkundigen, ob die Plastik auch tatsächlich da ist und nicht auf einer Wanderausstellung. Einmal war sie auf lange Zeit verschwunden. Sie stand in den 1960er Jahren im Bürgermeisterzimmer und wurde dort entwendet.

■ **Museo Civico**
Via Garibaldi gegenüber Nr. 63, Tel. 09 24 90 96 05, tgl. 9–13 und 15–19.30 Uhr, 4 €.

Selinus-Theater

Auf dem Weg zum Stadtmuseum passiert man kurz nach Verlassen der Piazza Garibaldi linkerhand das intime Theater Selinus, das vom Erbauer des Teatro Massimo Palermos als dessen Kopie errichtet wurde – mit 300 Plätzen allerdings wesentlich kleiner. An dieser Stelle stand zuvor ein Hotel, das als illustren Gast *J. W. v. Goethe* begrüßen konnte. Man darf – wenn gerade keine Proben stattfinden – hinein. Es wird während der Theatersaison November bis Mai mit etwa drei Vorstellungen im Monat immer noch genutzt, die Castelvetraner sind ihrer Bühne treu.

■ **Teatro Selinus**
Via Garibaldi, Tel. 09 24 90 76 12, Mo–Sa 8–13, 15–19 Uhr (Aug. nur vormittags), Eintritt frei.

SS. Trinita-Kirche

Die interessanteste Kirche Castelvetranos, SS Trinita, liegt 4 km westlich der Stadt. Sie wurde Ende des 11. Jh. in arabisch-normannischem Stil erbaut und gehörte offensichtlich zu einem größeren Klosterkomplex. Ihr Grundriss ist kompakt und dennoch luftig, die Kuppel im zentralen Teil verrät deutlich den islamischen Einfluss. Nicht weit entfernt wurde der Fiume Delia zu dem kleinen Trinita-See gestaut.

Anfahrt: Castelvetrano nach Westen in Richtung Mazara del Vallo verlassen, an der Straßenverzweigung hinter dem großen Gutshof rechts **Richtung Lago Trinita.** Die Kirche – Familienkapelle der *Saporitos* – liegt innerhalb eines Gutshofes (Baglio Trinita), der für Hochzeiten u.Ä. gemietet werden kann (dort läuten und sich den Schlüssel geben lassen, vorher anrufen).

■ **Chiesa SS. Trinita**
Trinita-See, Tel. 0924 904465, 9–13.30 und 16–20 Uhr, 2,50 €.

Praktische Informationen

Touristeninformation

■ **Ufficio Informazione**
Piazza Carlo d'Aragona, Tel. 09 24 90 20 04, www.comune.castelvetrano.tp.it.

> Ein schöner Jüngling aus Bronze

Übernachtung
3 Agriturismo Case di Latomie, Camping Helios
4 B&B Villa Sogno

Essen und Trinken
1 Ristorante Camelot
2 Ristorante Lu Disiu
5 Ristorante/Pizzeria Antiche Tradizioni

Unterkunft

■ **Agriturismo Case di Latomie** ②-③
Zwischen Castelvetrano und Selinunte kurz hinter der Kreuzung mit der SS115 nach links Tel. 09 24 90 77 27, www.casedilatomie.com. Auf einem 50 ha großen Grund befindet sich der Agriturismusbetrieb mit Schwimmbad, Tennisplatz. Auch Restaurant für Nichtgäste.

■ **B&B Villa Sogno** ③
SS115, zwischen Selinunte (3,5 km) und Castelvetrano (5 km), Tel. 09 24 94 10 38, www.villasogno.it. Sehr gepflegtes und edles B&B mit 8 Gästezimmern in einer Villa von 1900 inmitten eines schönen, gepflegten Gartens, ausgezeichnetes biodynamisches Frühstück, Ayurveda-Massagen.

Camping

■ **Helios** ①
Triscina (3 km westlich Selinunte/Marinella über eine Stichstraße vor Campobello di Mazara), Tel. 092 48 43 01, www.campinghelios.it. Verhältnismäßig gut beschatteter Platz direkt am Meer, Trattoria, April bis September geöffnet.

Essen und Trinken

■ **Ristorante/Pizzeria Antiche Tradizioni**
①-③, Via S. Martino 11, Tel. 09 24 90 77 59, Mo geschl. Wie der Name sagt, kocht der Küchenchef nach alten Traditionen; gute Pizza.

■ **Ristorante Camelot** ②-③
Via SS. Trinita, auf dem Weg zur Kirche SS. Trinita (s.o.), Tel. 092 48 97 35, Di geschlossen, nur abends offen. Am See gelegen, eher elegantes Lokal, gute Fleischküche (Wildschweinragout, Hirschsteaks), Pilze und auch Fischgerichte.

■ **Ristorante Lu Disiu** ③
Via XXIV Maggio 14, Tel. 09 24 90 73 21. Kleines, romantisches Lokal mit Saisonküche, im Winter kommt auf die Teller, was bei der Jagd vor die Flinte läuft, im Sommer, was die Fischer in den Netzen hängen haben – erfinderische, leichte und raffinierte Kochkunst.

Nahverkehr

■ **Autobus**, mehrmals täglich (etwa im 2-Stunden-Takt) nach Selinunte mit der Gesellschaft Salemi, mehrere Haltestelle, unter anderem Piazza Margherita, Piazza Matteotti und Bahnhof.

Fernverkehr

■ **Autobus Salemi**, Haltestelle Piazza Matteotti, Tickets bei *Castelviaggi*, Piazza Matteotti 12, Tel. 092 48 18 26, www.autoservizisalemi.it, nach Marsala, Mazara del Vallo und Palermo.

■ **Autobus Lumia,** Haltestelle und Tickets bei *Bar Selinus,* Via Marinella 13, Tel. 092 44 46 84, www.autolineelumia.it, an der SS115 am südlichen Stadtausgang Richtung Selinunte 400 m nach dem Bahnübergang (an Sonn- und Feiertagen ist die Haltestelle die *Bar Oasi*, an der SS115 etwa bei der Autobahnausfahrt Castelvetrano), nach Trapani und Agrigento.

■ **Bahnhof,** Via Vittorio Emanuele (1 km östl. des Zentrums, die Via Vittorio Veneto stadtauswärts), Tel. 89 20 21, www.trenitalia.it, nach Marsala, Mazara del Vallo, Trapani, Gibellina und Palermo.

Campobello di Mazara

7 km von Castelvetrano ist das 1623 von *Giuseppe di Napoli* gegründete Campobello einer der „jüngeren" Orte der Insel. Die wichtigsten Gebäude sind die Kirche **Santa Maria delle Grazie** (17. Jh.) sowie der **Palast**, beide in der Nähe des Volksgartens, etwas außerhalb des heutigen Zentrums um die Piazza Garibaldi. In der Nähe (3,4 km nach Südwesten durch Weingärten) befinden sich die **Steinbrüche Rocche di Cusa**, wo die Selinunter ihr Baumaterial für die großen Tempel schlugen und wo noch heute Säulen-Bruchstücke einen Eindruck von den bautechnischen Leistungen vermitteln, die von den Menschen vor 2500 Jahren erbracht wurden.

Granitola-Torretta

UNSER TIPP Granitola-Torretta – 12 km von Campobello di Mazara entfernt – ist ein ehemaliger Fischerort mit Thunfischfabrik und einem beliebten Felsstrand mit sehr klarem Wasser. Bereits in der Antike war das Kap, das der afrikanischen Küste mit etwa 150 km Entfernung sehr nahe liegt, mit Wachttürmen bestückt. Ihre Überreste sind nördlich der Ortschaft zu besichtigen.

Selinunte/ Marinella

„Es gab eine ganze Stadt von Tempeln, die zwischen geborstenen Altären und Statuen verstreut standen. Fast hatte man den Eindruck, einige hätten sich aus schierer Langeweile auf den Weg gemacht und wären über die umliegenden Dünen gewandert, wären dann aber irgendwo im Sand steckengeblieben – in diesem mürrisch aussehenden, müden Sand. Die Landschaft schien aus dunklem Filz gemacht. Der Himmel war dunstig, der Fluß schwammig. Unnötig zu sagen, daß die Zuschreibungen hier noch vager waren als anderswo. Die Bestimmung, die diese Tempel in ihrer heroischen Vergangenheit einmal gehabt hatten, war bei fast keinem mehr festzustellen. Sie standen, glimmerschimmernd, im echolosen Sand und strahlten eine Melancholie aus, die einem das Herz brach. Sie waren unirdisch, zeitlos. Überdies war die Hitze stechend, und es gab keinen Hauch Wind, um des Wanderers fiebrige Stirn zu kühlen."

(aus L. Durrell, Blühender Mandelbaum, Rowohlt, Reinbek 1997)

Selinunte ist mit die wichtigste, **schönste und weitläufigste Ausgrabungsstätte** auf Sizilien. Zurecht kommen die Touristen in Scharen angereist. Aber nicht nur deshalb sollte man am frühen Morgen oder abends herkommen. Die Sonne brennt unbarmherzig herunter, und Schatten ist Mangelware. Marinella war ein kleiner Fischerort, der mit dem Ausbau Selinuntes zu einer Hauptausgrabungsstätte zum Ferienort mutierte. Trotzdem hat es seinen Charme nicht verloren – der kleine Hafen wird noch genutzt, abends flanieren die Bewohner am Lungomare entlang und genießen die kühleren Stunden. Die Strände sind feinsandig, und wer sich aus dem Ort herausbegibt, findet auch im Hochsommer weniger überfüllte Abschnitte. Besonders schön ist die Sandbucht im östlich an Marinella anschließenden Reservat Foce del Fiume Belìce.

Geschichte

Selinunte wurde als griechische Kolonie Megaras 628 v. Chr. im phönizisch dominierten Westen Siziliens gegründet. Der Name soll sich auf die Selino-Pflanze beziehen, eine Art wilder Sellerie, der hier wächst. Die Geschichte Selinuntes ist die Geschichte von Kriegen und Auseinandersetzungen, vor allem mit der Stadt Segesta. Dennoch wurde Selinunte reich und mächtig und gründete selbst eine Unterkolonie – **Eraclea Minoa.** Das Stadtgebiet und der Tempelbezirk waren streng geometrisch angelegt. Welche Götter man in den Heiligtümern verehrte, ist bis heute nicht zweifelsfrei erforscht. Fest steht, dass Selinuntes Einwohner auch den Kult phönizischer Gottheiten in ihren Ritus aufgenommen haben. Spuren wie das Dreieckssymbol der karthagischen Stadtgöttin *Tanit* sind in den Tempeln gefunden worden. Die Ruinen der antiken Stadt mit ihren zahlreichen Heiligtümern belegen die hohe kulturelle Entwicklungsstufe ihrer Bewohner. Aus bis heute unerklärlichen Gründen zerstörte der Karthager *Hannibal* 209 v. Chr. nach neuntägiger Belage-

Selinunte/Marinella

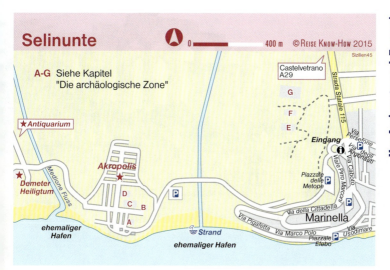

rung die Stadt. Ein Erdbeben im Mittelalter muss zur endgültigen Vernichtung der Bauten geführt haben. Dünen überlagerten die Ruinen und sorgten durch ihre konservierende Kraft für eine Überraschung: Als Anfang des 19. Jh. mit Ausgrabungen begonnen wurde, kamen grellbunte Farben zum Vorschein, und die Wissenschaftler mussten ihre Vermutung revidieren, die griechischen Tempel seien ohne Bilderschmuck in erhabenem Weiß gehalten gewesen.

Die archäologische Zone

Das ganze Gebiet ist zum archäologischen Park erklärt und eingezäunt. Einige Säulen und Tempelteile sind wiederaufgerichtet und sorgfältig restauriert, sodass der Besucher die einmalige Chance hat, sich ein plastisches Bild von einer griechischen Metropole zu machen. Die gesamte Stadt war umringt von einer mächtigen **Befestigungsanlage**. Die Tempel sind mit Buchstaben bezeichnet; von den östlichen Tempeln E, F, G war letzterer mit einer Höhe von 30 m wohl einer der imposantesten der antiken Architektur. A, B, C und D gehören zum ältesten Tempelbereich der Stadt. Steigt man von der Akropolis ins Tal des Modione ab, kommt man zum Hügel **Gàggera,** wo sich einer der Häfen Selinuntes befand. Hier stand ebenfalls ein Heiligtum (Demeter). Der Hauptparkplatz liegt an einem Erdwall, der den Blick auf die Tempel verstellt. Am Rondell davor befindet sich auch die Touristeninformation. Durch ein Tunnel mit Informationsstand, Buchladen und Kartenverkauf betritt man den ersten Teil der weitläufigen Ausgrabungsstätte – das **Plateau von Marinella** mit drei Tempeln. Da-

nach kann man mit dem Touristenzug Richtung Westen zur **Akropolis** fahren, von ihr gelangt man dann zum **Demeter-Heiligtum**.

■ **Zona Archeologica Selinunte**
Selinunte, Tel. 092 44 62 51, www.selinunte.net, tgl. 9–18, Winter Mo–Sa 9–16 Uhr, So 9–13.30 Uhr, 6 €, Touristenzug zusätzlich 5 €.

Das Marinella-Plateau

Hier stehen streng hintereinander die drei Tempel E, F und G. **Tempel E** wurde nach der Schlacht von Himera Mitte des 5. Jh. v. Chr. gestiftet und 1956 wieder in seiner ursprünglichen Form aufgebaut. 67 auf 25 m misst das Bauwerk, umgeben von 6 x 15 Säulen. Deutlich sind im Inneren die Spuren der *Cella* (dem Hauptraum des Tempels) zu erkennen, in der die Götterstatue vor den Blicken des „gemeinen" Volkes verborgen war. An **Tempel F** – dem ältesten hier im Ostteil – vorbei, erreichen wir ein Bauwerk mit wahrlich gigantischen Ausma-

◰ Die Akropolis

ßen. **Tempel G** misst 50 auf 110 m und war von der klassischen Anzahl von 8 x 17 Säulen umgeben, denn ideale Proportionen besaß nur ein Tempel, dessen Säulen an den Längsseiten zu denen der Hinter- und Vorderfront im Verhältnis „x mal 2 plus 1" standen. Zwischen 520 und 470 v. Chr. wurde an dem Tempel gebaut, welche Gottheit darin verehrt wurde, ist nicht bekannt.

Die Akropolis

Über den **Gorgo Cottone,** den antiken *Hypsas,* führt der Rundgang in das Gebiet der historischen Akropolis. An der Mündung des Flüsschens lag einer der beiden Häfen der Selinunter, der zweite lag jenseits des Plateaus, auf dem die Stadt errichtet wurde, an der Mündung des *Selinus* (heute Modione). Angeblich hat der Agrigenter *Empedokles* das sumpfige Mündungsgebiet trockenlegen lassen und damit erst die Ansiedlung von Menschen unten am Meer ermöglicht. Die beiden Hauptstraßen – die eine von Hafen zu Hafen führend, die andere rechtwinklig kreuzend – strukturieren die Siedlung. Man passiert zunächst Überreste der antiken Stadtmauer, die bis zu 10 m hoch und 2,50 m breit gewesen sein muss. Nach der Zerstörung Selinuntes durfte sie auf Geheiß des *Hannibal* nicht wieder aufgerichtet werden.

Südlich der Hauptstraße liegen die Ruinen des **Tempels A** mit einem interessanten Bodenbelag im Bereich der Vorhalle (Pronaos): Tanitsymbole (Dreieck mit Sonnenscheibe) und der stilisierte Stierkopf des Gottes *Baal* sind mit weißen Steinchen in das braune Fußbodenmosaik eingearbeitet, ein Werk der Karthager, die damit symbolisch den griechischen Tempel für ihren Kult übernahmen. Interessant ist der Fußboden noch in weiterer Hinsicht. Die Karthager oder *Punier,* wie sie auch genannt wurden, haben nämlich den Fußbodenschmuck aus kleinen, bunten Steinchen erfunden. Als *pavimenta punica* wurden diese Terrazzo-ähnlichen Böden später von den Römern übernommen und schließlich in den grandiosen Mosaikbildern, wie man sie aus römischen Herrschaftshäusern kennt, zu höchster Vollendung gebracht.

Hinter dem kleinen Tempel B erhebt sich wieder ein Monumentalbau: **Tempel C** wurde Mitte des 6. Jh. v. Chr. errichtet und gehört zu den älteren Gotteshäusern der Akropolis. Mit 63 auf 24 m kann er mit Tempel G am Osthügel zwar nicht konkurrieren, aber der Eindruck der wiederaufgerichteten Säulen ist gewaltig. Auch dieser Tempel war mit lebhaften Malereien und bunten Tontäfelchen verziert. Vom Giebel beobachtete eine Gorgone das Geschehen im heiligen Bezirk.

Die Klassische Welt

Wer mehr über Architektur und Kult in Selinunte erfahren möchte, sollte sich zusätzlich mit einem der in den Literaturhinweisen empfohlenen Kunstführern „bewaffnen". Unbedingt lesenswert ist *Eckart Peterichs* fundierte und zugleich poetische Beschreibung Selinuntes (wie auch aller anderen Ausgrabungsstätten Siziliens) – die ideale **Lektüre** für eine Rast zwischen den mächtigen Tempelsäulen, erschienen mit dem Titel „Sizilien" im *Prestel Verlag* 1997.

Demeter-Heiligtum

Vom Plateau herabsteigend überquert die ostwestlich verlaufende Straße den Selinus und führt nach Norden zu einem besonderen Bau, dem **Heiligtum der Demeter Malophoros**. Fruchtbarkeit und das Erblühen und Vergehen der Natur symbolisierte *Demeter* wie keine andere Göttin des Pantheons. Im Grunde war sie die eigentliche Gottheit Siziliens, des fruchtbaren Gartens, der die Menschen mit Früchten und Getreide im Überfluss beschenkte. Im Heiligtum der Göttin verschmelzen aufs Deutlichste griechische und punische Kulte, doch sind die einzelnen Bauelemente für Laien kaum voneinander zu unterscheiden. Der Komplex war von einer Mauer umgeben; ein flacher Opferaltar vor dem eigentlichen Demeter-Tempel ist noch gut zu erkennen, ebenso die drei Räume – Vorhalle, Cella und Adyton (das Allerheiligste des Tempels); in letzterem stand die Götterstatue, verborgen vor entweihenden Blicken. Die meisten Funde aus diesem Areal – Tempelteile, Statuen, Metopen und eigenartig ausgebildete, archaische Terrakotten – sind im Archäologischen Museum von Palermo zu besichtigen. Das kleine **Antiquarium** auf dem Osthügel dokumentiert sehr anschaulich Ausgrabungen und Anlage von Selinunte.

Praktische Informationen

Touristeninformation

■ Ufficio Informazione
Gegenüber dem Haupteingang zur archäologischen Zone von Selinunte, Tel. 092 44 62 51.

Unterkunft

■ B&B Il Pescatore ①-②
Via Castore e Polluce 31, Tel. 092 44 63 03, www.affittacamereilpescatore.it. Familiäre, angenehme Pension, 7 Zimmer (5 mit eigenem Bad), Möglichkeit der Küchenbenutzung, Blick auf die Tempelzone.

■ Hotel Alceste ③
Via Alceste 21, Tel. 092 44 61 84, www.hotelalceste.it. Modernes Haus mit 30 kleineren Zimmern, dafür schöne Terrasse mit Meerblick; viele Reisegruppen, 200 m vom Eingang zur archäologischen Zone.

■ Hotel Miramare ③
Via Pigafetta 2, Tel. 092 44 66 66, www.hotelmiramareselinunte.it. Charmanter Besitzer, 20 große, komfortable Zimmer, eigener Strand und ein Frühstück zum Verlieben, Restaurant und Pizzeria.

■ Hotel Riviera ②-③
Via Pigafetta 6, Tel. 092 44 60 24, http://rivieraselinunte.it/. 37 kleine, gut ausgestattete Zimmer, Einrichtung im „Tempel-Stil"; viele Reisegruppen, lobenswertes Restaurant.

■ Hotel Eracle ③-④
Via Caboto, Tel. 09 24 90 02 30, http://hoteleracle.it. Hotel nahe dem Strand (100 m) und der Ausgrabungszone mit 36 Zimmern, in unterkühlt-kubischem Stil konzipiert und eingerichtet, Zimmer mit Klimaanlage und WLAN, TV und Telefon, kleiner Innenhof fürs Frühstück, beachtenswertes Restaurant – nicht nur wegen der Absenz von Folklore.

Camping

■ Athena ①-②
Marina di Selinunte, Tel. 092 44 61 32, www.athenaselinunte.com. Einfacher, kleiner Platz mit familiärer Führung, sehr gute Küche im angeschlossenen Restaurant, Pizzeria, Bar, 2 km nördlich des Zentrums, Bungalow-Vermietung.

■ Il Maggiolino ①
Marina di Selinunte, Tel. 092 44 60 44, www.campingmaggiolino.it. Schattig, der Besitzer holt Gäste

am Bahnhof Castelvetrano ab (anrufen!). 1,5 km vom Strand, Bar, Wohnwagenvermietung.

Essen und Trinken

■ **Ristorante/Pizzeria Africa da Bruno** ①-②
Via Alceste 24, Tel. 092 44 64 56, Mi geschl. Kleines, sympathisches und unaufdringliches Restaurant abseits des Getriebes, winzige Terrasse zur Straße, abends auch Pizza, Touristenmenüs zu günstigen Preisen, schmackhafte, ehrliche Küche.

■ **Ristorante Lido Zabbara da Jojo** ②
Via Marco Polo, Tel. 092 44 61 94. Lido mit Liegestuhl- und Sonnenschirmverleih, bekannt für sein Salatbuffet und Fisch, an dem man sich mittags satt essen kann.

■ **Ristorante U Cuzzaro di Selinunte** ②
Via Scalo di Bruca, Tel. 092 44 60 84. Am Meer, mit Tischen auf der Straße oder in der ersten Etage, gute Küche mit Spezialitäten der Provinz (Couscous vorbestellen!), abends auch Pizza im Angebot, die Servicebereitschaft ist allerdings verbesserungswürdig.

■ **Ristorante/Pizzeria Pierrot** ③
Via Marco Polo 108, Tel. 092 44 62 05, www.ristorantepierrotselinunte.it. Das Pierrot di Selinunte (auch in Castelvetrano gibt es eines) ist eine der wenigen Stellen, von denen man Meer und Ruinen zur gleichen Zeit sieht. Das Essen ist mit das beste der Region und zieht die Leute von weither an.

■ **Ristorante/Pizzeria Baffo's Castle** ①-②
SS115 Selinunte, 3 km Richtung Castelvetrano, Tel. 092 44 68 59, www.baffoscastle.com, Mi geschl. (nicht Aug.). Sieht von außen scheußlich aus, die Küche aber, speziell das Vorspeisenbuffet, ist gut, kann drinnen recht laut werden.

■ **Ristorante La Pineta** ③
Im Osten von Marinella im Naturschutzgebiet am Strand, Tel. 092 44 68 20. Strandrestaurant, das für seine Fischgerichte berühmt ist, lockere – fast karibische – Atmosphäre und der Fisch „so frisch, dass er noch mit den Füßen im Wasser steht".

Mazara del Vallo

52.000 Einwohner *(Mazaresi)*, 8 m ü.N.N., PLZ 91 026, bis Trapani 52 km

Heute dreht sich in Mazara alles um den Fisch: Die Fischfangflotte zählt zu den größten Italiens; zahlreiche Einwanderer aus Tunesien haben Fuß gefasst und Arbeit gefunden. Entsprechend malerisch und lebhaft ist das Hafen- und Werftgelände an der Flussmündung.

Geschichte

Mazara ist dank seiner Lage an der Mündung des gleichnamigen Flusses (Fiume Mazaro) seit der Antike ein wichtiger Seehafen. Ursprünglich von den Phöniziern (6.–5. Jh. v. Chr.) gegründet, wechselten sich Blütezeiten mit Phasen des Verfalls ab. Die Stadt diente 827 den Arabern als Einfallstor nach Sizilien und florierte auch unter den nachfolgenden Normannen. Das erste Parlament *Rogers I.* auf sizilianischem Boden tagte in Mazara. Roger errichtete 1093 ein Bistum und gab die Stadt seiner Tochter als Mitgift. Im 17./18. Jh. wurde der antike islamische Stadtkern neu angelegt und durch barocke Bauten ergänzt.

Piazza della Repubblica

Die Piazza della Repubblica, der Hauptplatz von Mazara, ist ein Produkt der barocken Umgestaltung, durch die das arabische Gassengewirr transparenter und repräsentativer werden sollte. Heute

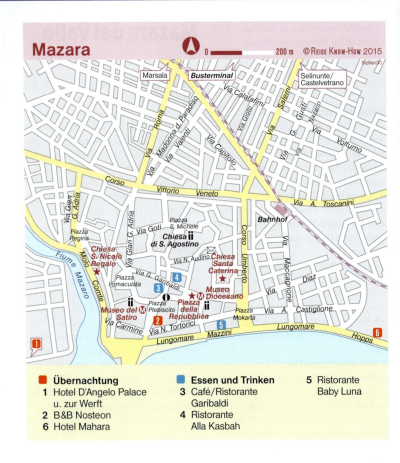

überblickt eine Statue des *hl. Vitus*, des Stadtpatrons von Mazara, den Platz. Eindrucksvolle Bauten säumen die Piazza, darunter das **Seminario dei Chierici** sowie der **Erzbischöfliche Palast**. Die **Kathedrale** wurde zwischen 1086 und 1093 errichtet, viel wurde in der Zwischenzeit um- und angebaut, aber die Kapelle im Bereich des Querschiffs ist noch original erhalten. Die Fassade wurde erst Anfang des 20. Jh. fertiggestellt. Das Innere ist – eher unüblich für sizilianischen Barock – reich mit fast freundlich-jubilierenden Fresken geschmückt.

Diözesan-Museum

Das Museum an der Piazza Repubblica besitzt eine **einzigartige Sammlung liturgischer Objekte von den besten Künstlern Siziliens. Wer sich für Sakralkunst nicht interessiert, sollte zumindest einen Blick in den sehenswerten Erzbischöflichen Palast werfen

■ **Museo Diocesano**
Via del Orologio, Tel. 09 23 90 94 31, www.museo diocesanomazara.it, Di–Sa 10–12.30, Mi/Fr/Sa auch 16.30–18.30 Uhr, Eintritt frei (Spende erwünscht).

Kirche Santa Caterina

Das schöne Seitenportal der barocken Chiesa Santa Caterina stammt noch aus der Gründungszeit im 14. Jh. und ist im typischen Chiaramonteser Stil gehalten; im Innern wird eine Heiligenstatue der *Caterina* aus der Hand des Bildhauers *Antonello Gagini* aufbewahrt. Von der Kirche sind es wenige Schritte zur kargen Piazza Plebiscito.

Satyr-Museum

An der Piazza Plebiscito findet sich das nur für ein einziges Ausstellungsstück geschaffene Satyr-Museum. 1998 zog ein Fischer zwischen Pantellerìa und Afrika sein Netz ins Boot. Darin befand sich eine Bronzefigur. Er ahnte wohl, wie wertvoll sein Fang war und kontaktierte die Behörden. Es war der seit Jahrzehnten wichtigste archäologische Fund Siziliens. Der Satyr ist in voller Bewegung und mit wehenden Haaren dargestellt, und man nimmt an, dass er Teil einer ganzen Figurengruppe war. Er ist nicht vollständig erhalten, und der Eintrittspreis für nur ein Objekt ist definitiv zu hoch.

■ **Museo del Satiro**
Piazza Plebiscito, Tel. 09 23 93 39 17, 9–19 Uhr, 6 €.

Kirche S. Nicolò Regalo

Nun geht es weiter nach Westen und vorbei an mehreren Kirchen zur Chiesa S. Nicolò Regalo an der lebhaften Hafenstraße, ein Kubus mit drei flachen Apsiden und einer Kuppel, der sein islamisches Erbe nicht verhehlen kann. Unterhalb sind die Reste des antiken Hafens zu sehen. Am Hafenkanal findet jeden Morgen ein sehr malerischer und wirklich sehenswerter Fischmarkt statt.

Durch die Altstadt

Die Via S. Nicolò führt vom Hafenkanal nach Norden hinein ins mittelalterliche Gassengewirr von Mazara; sie wird zur Via S. Bagno, in die spitzwinklig ein Stück weiter die Via Porta Palermo mündet. Die beiden Straßen bilden die Trennlinie zwischen dem alten muslimischen Wohnviertel San Francesco im Westen und dem jüdischen Giudecca. Lange waren diese Stadtteile verwaist, doch inzwischen sind die Nachkommen der einstigen Eroberer wieder in die *casbah* gezogen. Urplötzlich ist man mitten in Nordafrika. Immer schmäler werden Gassen und Gässchen, biegen unvermittelt scharf ab oder enden vor Hausmauern und auf kleinen Plätzen, die hier *occhio al cielo* (Auge zum Himmel) genannt werden. Umgeben von den Wohnhäusern der Familie haben die Frauen in diesen quasi privaten Orten ihre Wäsche gewaschen oder am Brunnen das Wasser geholt. Die Anlage der Straßen und Plätze ist allerdings das einzige Überbleibsel aus der muslimischen Epoche, Moscheen und Hammams wurden abgerissen oder in Kirchen umgewandelt. Und auch die Synagoge im jüdischen Viertel wurde zur **Chiesa Sant'Agostino** umgebaut. Die jüdische Gemeinde musste Mazara 1493 nach einem Edikt von König *Ferdinand* verlassen.

Praktische Informationen

Touristeninformation

■ **Ufficio Informazione**
Via 20 Settembre 5, Tel. 09 23 94 46 10, www.comune.mazaradelvallo.tp.it.

Unterkunft

■ **B&B Nosteon** ②
Piazza Aplebiscito 9, Tel. 09 23 65 16 19, www.nosteon.it. Zentrale Lage gegenüber dem Satyr-Museum, Apartment mit zwei Schlafzimmern, Küche und Bädern.

Couscous

Ein arabisches Erbe hat Mazara bis heute bewahrt: Es ist eine köstliche Spezialität – Couscous. Ihm sprechen die inzwischen wieder zahlreichen maghrebinischen Bewohner der Stadt (Fremdarbeiter vor allem aus Tunesien) ebenso gerne zu wie ihre sizilianischen Mitstädter. Die *Mazaresi* haben das Gericht mit italienischem Gout und Meeresfrüchten etwas aufgepeppt, und es gibt kaum eine Trattoria, die nicht ihr eigenes, originäres Couscous-Rezept eifersüchtig hütet.

■ **Hotel D'Angelo Palace** ③
Via Michelangelo Buonarotti 43, Tel. 09 23 94 90 43, www.dangelopalacehotel.it. Modernes Geschäftshotel auf der anderen Seite des Hafenkanals mit 30 Zimmern, Panorama-Restaurant im V. Obergeschoss.

■ **Hotel Mahara** ③
Lungomare San Vito 3, Tel. 09 23 67 38 00, www.maharahotel.it. Schönes, modernes Luxushotel an der Uferstraße im ehemaligen Gutsanwesen der englischen Familie *Hopps*, die im Marsala-Weingeschäft tätig war. 77 Zimmer z.T. mit Terrasse und Blick, Wellnessbereich, gutes Restaurant Ghibli (③).

Essen und Trinken

■ **Cafè/Ristorante Garibaldi** ②-③
Via Garibaldi 55, Tel. 34 74 44 01 70, www.cafegaribaldi.it, Do–So ab 18.30 Uhr (15. Juni bis 15. Sept. tgl. ab 18.30 Uhr). In einem alten Palais wird typisch sizilianische Küche serviert, hübscher Innenhof, der Koch weiß, das Auge isst mit, auch Teestube.

■ **Ristorante Alla Kasbah** ②
Via Itria 10, Tel. 09 23 90 61 26, Mo geschl. Couscous und Thunfisch in diversen Variationen und zu relativ günstigen Preisen, angenehme Atmosphäre, man pflegt die westsizilianische Küche.

■ **Ristorante/Pizzeria Baby Luna** ③
Via Punica 1, Tel. 09 23 94 86 22, www.ristorantebabyluna.com, Mo geschl. Couscous mit Fisch auf der Terrasse am Lungomare, gutes Vorspeisenbuffet, Pizza nicht immer optimal, Preis-/Leistungsverhältnis in Ordnung.

> An der Piazza della Repubblica von Mazara dell Vallo

Verkehr

■ **Autobus: Salemi** (www.autoservizisalemi.it) nach Marsala, Castelvetrano und Palermo; **Lumia** (www.autolineelumia.it) nach Trapani, Marsala und Agrigento; Haltestelle und Tickets bei *Agenzia La Punica*, Via G. D'Orso 18, Tel. 09 23 94 19 76.
■ **Bahnhof**, Piazza De Gasperi, Tel. 89 20 21, www.trenitalia.it, nach Marsala, Trapani, Castelvetrano, Gibellina und Palermo.

Fest

■ **Zweite Augusthälfte**, Fest des *San Vito*, eine Woche voller Prozessionen, der Höhepunkt des Festes ist die Segnung des Meeres durch den Heiligen.

Marsala

83.000 Einwohner *(Marsalesi)*, 12 m ü.N.N., PLZ 91 025, bis Trapani 31 km

Viel hat Marsala eigentlich nicht zu bieten: Ein bisschen Barock in der Altstadt, außenherum die üblichen Neubauviertel. Als Ausgangspunkt für einen Besuch der Egadischen Inseln ist Marsala allerdings im Sommer, wenn die Schnellboote verkehren, ganz gut geeignet. Die Attraktionen von Marsala sind **Dessertwein** und die hervorragenden **Couscous-Restaurants**. Sein Fahrzeug parkt man am besten an der **Porta Nuova**.

Geschichte

Im 8. Jh. v. Chr. gründeten die Phönizier 11 km nördlich des heutigen Marsala auf einer der Küste vorgelagerten Insel die Stadt Mozia (ein Besuch dieser Ausgrabungsstätte ist ein unbedingtes Muss für alle, die nach dem bisherigen üppigen griechischen Erbe auch einmal auf Spuren der Phönizier wandeln wollen, s.u.). Nach der Zerstörung durch *Dyonisios I.* im Jahre 397 v. Chr. flüchteten die Überlebenden aufs Festland und bauten die Siedlung *Lilibeo* zu einer Festung aus. Unter römischer Herrschaft wurde daraus *Lilybaeum*. Von hier startete *Scipio* seinen Feldzug gegen Karthago. Unter arabischer Herrschaft trug die Stadt den Namen *Marsa-Allah*, Hafen des Allah. Im Mittelalter war Marsala Handelszentrum und Umschlagplatz für Waren aus Nordafrika, bis im 16. Jh. der Aufschwung abflaute. Dennoch blieb Marsalas wichtige strategische Rolle erhalten.

Engländer waren es, die im 18. Jahrhundert begannen, Marsala zu produzieren. Der Dessert-Wein avancierte zum wichtigen Exportgut der Stadt. Im 19. Jahrhundert erlebte Marsala einen historischen Augenblick: Im Hafen landete von Genua kommend am 11. Mai 1860 **Garibaldi** mit seiner Expedition der „Tausend" und eroberte in atemberaubender Geschwindigkeit die Insel. Den Freiwilligen und Abenteurern, die den Revolutionär begleiteten, gesellten sich schon bald zahlreiche aufständische Sizilianer und desertierte Soldaten zu; Widerstand bekam er kaum zu spüren. Mit Garibaldis Aktion wurde Sizilien wieder dem italienischen Mutterland einverleibt. Er selbst führte die Insel mit diktatorischen Vollmachten, die Not der Bauern blieb bestehen, und auch am Besitzstand der Herrschenden änderte sich nichts.

Piazza Repubblica

Mittel- und Ausgangspunkt der Besichtigung ist die Piazza Repubblica mit dem **Palazzo della Loggia** aus dem 18. Jh., der einstige Sitz der Stadtverwaltung. Der **Dom**, ursprünglich aus normannischer Zeit stammend, später umgebaut, birgt wertvolle Kunstschätze, wie die Statue des *hl. Thomas* von *Antonello* sowie schöne Weihwasserbecken.

Gobelin-Museum

Hinter dem Dom in der Via Garraffa befindet sich das Gobelin-Museum. Die acht großen Gobelins flämischer Meister aus dem 16. Jh. bilden Szenen des römisch-jüdischen Krieges ab.

■ **Museo degli Arazzi Fiamminghi**
Via Garraffa 57, Tel. 09 23 71 29 03, Di–Sa 9.30–13, 16–19, So 9.30–12.30 Uhr, 4 €.

Archäologisches Museum

Über die Via XI Maggio nach Südosten erreicht man die Piazza della Victoria, hinter der sich eine große Grünanlage bis zum Meer hinzieht. An der äußersten Spitze liegt das Archäologische Museum, untergebracht in einem flachen, fabrikähnlichen Gebäude aus dem 18. Jh., das als *baglio* früher der Weinproduktion diente. Wichtigstes Ausstellungsstück des Museums ist ein Ende der 1960er Jahre gehobenes **karthagisches Schiff** aus dem 3. Jh. v. Chr. Es ist eines der wenigen im Mittelmeer entdeckten Kriegsschiffe aus der Antike. Auch Teile der Ladung und des Inventars konnten geborgen werden. Schautafeln informieren über die Geschichte und Schiffsbaukunst der Karthager; gesunken ist das Schiff wahrscheinlich bei einer Seeschlacht vor den Egadischen Inseln, die 241 v. Chr. den Ersten Punischen Krieg mit einem Sieg der Römer beendete.

Die Engländer und der Wein

Was wäre Marsala ohne die zahllosen Verkaufs- und Verköstigungsstellen für das berühmteste Produkt der Region, den süßen Dessertwein *Marsala*. Angefangen hat alles mit der Leidenschaft der Briten für den portugiesischen Portwein – das Monopol der Portugiesen auf der Engländer liebstes Getränk hieß es zu brechen! Anfang des 19. Jh. kurbelten findige Briten in Zusammenarbeit mit dem süditalienischen Familienbetrieb Florio die Produktion des Marsala an, und schon bald gehörten die Florios zu den mächtigsten Familien auf dem Eiland. Auch die Engländer verdienten sich mit der „Erfindung" des Marsala eine goldene Nase. *Whitakers* konnten es sich sogar leisten die Insel Moiza zu erwerben! Wie es sich für wohlhabende Mäzene gehört, haben sie eine Stiftung gegründet, mit der die wertvollen punischen Funde auf der Insel hervorragend geschützt und präsentiert werden können.

Heute ist das Getränk weit über die Grenzen Englands und Siziliens berühmt. Es gibt zahlreiche Sorten, wie *Italia* mit etwas geringerem Alkoholgehalt, *Garibaldi*, für den Revolutionär etwas süßer als die anderen gekeltert, und den alten, hochklassigen *S.O.M.*

Marsala

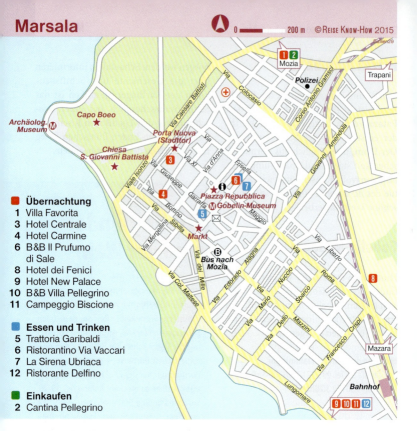

■ Übernachtung
1 Villa Favorita
3 Hotel Centrale
4 Hotel Carmine
6 B&B Il Prufumo di Sale
8 Hotel dei Fenici
9 Hotel New Palace
10 B&B Villa Pellegrino
11 Campeggio Biscione

■ Essen und Trinken
5 Trattoria Garibaldi
6 Ristorantino Via Vaccari
7 La Sirena Ubriaca
12 Ristorante Delfino

■ Einkaufen
2 Cantina Pellegrino

■ **Museo archeologico Baglio Anselmi**
Tel. 09 23 95 25 35, Di–Sa 9–19, So/Mo 9–13.30 Uhr, 4 €.

Kirche S. Giovanni Battista

Nicht weit vom Museum entfernt befindet sich die Chiesa S. Giovanni Battista, die über einer Grotte mit Süßwasserbrunnen errichtet wurde. Der Legende nach soll jeder, der von diesem Wasser getrunken hat, in der Lage sein, wahr von unwahr zu unterscheiden. Auch diesem Glauben liegt eine uralte Tradition zugrunde, denn die Quelle war Sitz einer „Wahrsagerin", der *Sibylle*, die aus ihrem unterirdischen Höhlenraum den Ratsuchenden antwortete. Christen wandelten den Brunnen in ein Taufbecken um.

Capo Boeo

Entlang der Strandpromenade gelangt man zum Kap, dem griechisch-römischen archäologischen Park. Der Park zeigt u.a. eine gut erhaltene *insula* der römischen Stadt aus dem 3./4. Jh. Das geradlinige Raster der römischen Städtebauer – parallel verlaufende Hauptstraßen und rechtwinklig kreuzende Nebenstraßen – ist auch im Grundriss von Marsala an manchen Stellen noch deutlich. Der von vier Straßen begrenzte Raum, eine *insula*, war je nach Wohngebiet und Wohlstand der Menschen mit einem oder mehreren Privathäusern bebaut. Die in Marsala ausgegrabene Insula gehörte offensichtlich einem reichen Bewohner, der sich auf der ganzen Fläche eine luxuriöse Villa mit Peristyl (Innenhof) und eigener Thermenanlage erbauen ließ. Sehenswert ist das Fußbodenmosaik mit dem Haupt der Medusa.

■ **Area archeologico**
Di–Sa 9–16.30, So/Mo 9–13 Uhr, 4 € (Karte des Archäologischen Museums ist gültig).

Praktische Informationen

Touristeninformation

■ **Ufficio Informazione**
Via XI Maggio 100, Tel. 09 23 71 40 97, www.marsalaturismo.it, www.comune.marsala.tp.it.

Unterkunft

■ **B&B Il Prufumo di Sale** ②
Via Vaccari 8, Tel. 092 31 89 04 72, www.ilprofumodelsale.it. Die 3 Zimmer heißen „cannella", „rosmarino" und „lavanda", sind geschmackvoll eingerichtet (mit eigenem Bad), und das Brot fürs Frühstück ist selbst gebacken.

■ **Hotel dei Fenici** ①–②
Via Gambini 36, Tel. 09 23 98 23 20, www.hoteldeifenici.com. Kleine Familienpension mit 12 Zimmern teils ohne Bad, Klimaanlage, alles ist sehr sauber und zweckmäßig.

■ **Hotel Centrale** ②
Via Salinisti, 19, Tel. 09 23 95 17 77, www.hotelcentralemarsala.it. Zentral gelegen und mit eigenem Parkplatz, saubere, zweckmäßige Zimmer, Klimaanlage, TV, nur 7 Zimmer.

■ **B&B Villa Pellegrino** ②–③
C.da Ciancio 478, 7 km außerhalb im Südosten Marsalas, Tel. 09 23 72 13 41 oder 09 23 99 09 08, www.villapellegrino.it. Persönlich geführt und individuell eingerichtet; in einem üppigen Garten gelegen, zwei Zimmer jeweils mit eigenem Bad.

■ **Hotel Villa Favorita** ③
Via Favorita 27, Tel. 09 23 98 91 00, www.villafavorita.com. 13 elegant eingerichtete Bungalows in einem ruhigen Park mit Blick auf das Meer, Schwimmbad, üppiges Frühstücksbuffet.

■ **Hotel Carmine** ③-④
Piazza Carmine, Marsala, Tel. 09 23 71 19 07, www.hotelcarmine.it. Sehr elegant eingerichtetes Hotel mitten im Zentrum, perfekt saniertes altes Gemäuer sorgt für die rechte Atmosphäre. Bestes Frühstück in der Stadt.

■ **Hotel New Palace** ④
Via Lungomare Mediterraneo 57, Tel. 09 23 71 94 92, www.newhotelpalace.com. Am Ortsrand Richtung Mazara steht der kleine historische Palast mit modernem Annex als Oase in einer Industrieansiedlung. Das Haus verfügt über 50 Zimmer und Suiten, Swimmingpool, eine Einrichtung vom Besten (man beachte die Deckenmalereien) und ein ausgezeichnetes Restaurant (das seinen Preis verlangt).

Camping

■ **Campeggio Biscione** ①
Via Biscione, in Petrosino, 13 km südlich von Marsala, Tel. 09 23 73 14 44, www.campingbiscione.com, Restaurant, Pizzeria Tauchzentrum, Camperservice, wenig Schatten.

Essen und Trinken

■ **La Sirena Ubriaca** ①
Via Garibaldi 39, Tel. 09 23 02 05 00, www.lasirenaubriaca.it. In der „Betrunkenen Sirene" werden Kleinigkeiten wie Brot mit selbstgemachtem Pesto gereicht, dazu gibt es Wein von kleinen Gütern, die sich hartnäckig der industriellen Produktion widersetzen. Auch eine der Ausgehadressen der Stadt: am frühen Abend nach dem Büro, später zum Wein mit Freunden, oder auch schon mittags für die *Ombretta* (den „Kleinen Schatten" – das kontinuierliche, aber nicht übermäßige Trinken in den Tag hinein).

■ **Ristorantino Via Vaccari** ③
Via Vaccari 6, Tel. 092 31 95 40 55. Super-Fischküche und lokale Rezepte, perfekt die frittierten jungen Tintenfische mit kleinen Gamberi oder das Couscous mit Edelfisch, und außerdem: rumänische Spezialitäten.

■ **Trattoria Garibaldi** ②-③
Piazza Addolorata 35, Tel. 09 23 95 30 06. Hausgemachte Nudeln, gute Antipasti vom Buffet und Riesenportionen des Couscous mit Fisch, weiter: Risotto mit Meeresfrüchten, Miesmuscheln.

■ **Ristorante Delfino** ③
Lungomare Mediterraneo 672 Tel. 09 23 99 81 88, Di geschl. Seit vielen Jahren in Familienbesitz, am

Weinproben in Marsala

Zahlreiche Kellereien haben sich in und um Marsala angesiedelt. Die beiden größten sind *Florio* und *Pellegrino,* beide produzieren industriell und exportieren einen Gutteil ihrer Ware in die ganze Welt (Pellegrino produziert 6 Mio. Flaschen pro Jahr, und zwischenzeitlich hat Italien als Weltmeister im Weinexport Frankreich überholt). Florio steht in norditalienischem Besitz.

Die Kellerei *Pellegrino,* in sizilianischem Familienbesitz, pflegt den Kontakt zum Kunden und lädt gerne zur Weinprobe. Bei der Besichtigung mit einer Führung in deutscher Sprache erfährt man viel Wissenswertes über die Produktion des Marsala-Weines. Pellegrino praktiziert auch noch die extrem komplizierte Herstellung nach einem Verfahren, bei dem einzelne Jahrgänge miteinander verschnitten werden, um eine einheitliche Geschmacksrichtung zu gewährleisten (*Soleras* genannt). Dabei geht es nicht darum, schlechtere Jahrgänge zu verbessern. Bei diesem Verfahren werden nur edle Tropfen genommen, und das Ergebnis kann sich wirklich schmecken lassen. Neben den Marsala-Weinen, die unter dem Namen „Pellegrino" vertrieben werden, hat Pellegrino auch eine Produktlinie der Tisch- und Tafelweine: Duca di Castelmonte. Rote und weiße Weine sind im Angebot, auch Schaumweine.

Bei der Weinprobe kann man sich die Weine aussuchen, die man dann zu Hause trinken möchte. Im Laden sind sie zu kaufen, neben Büchern, die das Wissen über den Marsala vertiefen oder z.B. Rezeptvorschläge mit Marsala für die heimische Küche beschreiben.

■ **Cantina Pellegrino**, Via Fante 39, Marsala, Tel. 09 23 71 99 11, www.carlopellegrino.it. Führungen Mo–Fr 10/11.30/16, Sa 10/11.30 Uhr.

Meer wird edle Fischküche und frische Pasta kredenzt, angeschlossenes Hotel.

Nahverkehr

■ **Bus nach Mozia,** Buslinie Nr. 4 von der Piazza del Popolo (etwa stündlich, einfache Fahrt 1,30 € bei Kartenkauf beim Fahrer, sonst 1 €)
■ **Radiotaxi,** Tel. 328 6038751, www.marsalataxi.com
■ **Taxi Piazza Repubblica,** Tel. 09 23 71 29 92

Fernverkehr

■ **Autobus:** *Salemi* (www.autoservizisalemi.it, Haltestelle Piazza Amerigo Fazio) nach Mazara del Vallo, Castelvetrano und Palermo; *Lumia* (www.autolineelumia.it, Haltestelle Via Garibaldi) nach Mazara del Vallo und Agrigento; *AST* (www.aziendasicilianatrasporti.it, Haltestelle Piazza Popolo) nach Trapani.
■ **Bahnhof,** Piazza Amerigo Fazio, Tel. 89 20 21, www.trenitalia.it, Richtung Trapani und Mazara del Vallo.

Schiff

■ **Ustica Lines** fahren Juni bis Sept. fünfmal tgl. (im Winter dreimal tgl.) nach Favignana (8,80 €) und einmal (Winter nicht) nach Levanzo (8,80 €) sowie im Sommer dreimal (Winter nicht) nach Maréttimo (16,30 €). Info unter www.usticalines.it, Tickets bei *Sikana Shipping,* Molo d'Imbarco Aliscafi, Piazza Piemonte Lombardo, Tel. 34 83 57 98 63.

Fest

■ **Ostern,** berühmt sind die farbenfrohen **Prozessionen,** am Gründonnerstag schmücken sich die Mädchen mit riesigen Hauben aus ineinander verflochtenen Ketten, Ringen und allem, was der Familie wertvoll erscheint, viele verbergen ihr Gesicht hinter einem Schleier; in feierlicher Prozession ziehen die Kleinen durch die Stadt – der Ursprung der Zurschaustellung des Familienschmuckes liegt wohl in heidnischen Riten, mit denen das Erwachen der Natur gefeiert und ein fruchtbares Jahr beschworen wurde.

Sonstiges

■ **Mercato Piazza Addolorata,** Lebensmittel, Haushaltswaren, Kleidung; täglich 9–14 Uhr.

Isole dello Stagnone und Mozia

Die phönizische Siedlung Mozia liegt auf einer der *Isole dello Stagnone* im flachen Gewässer nördlich von Marsala. Wer nach dem Besuch der Ausgrabungsstätten und des Museums auf der Insel noch weiter spazieren will, kann dies in den Schausalinen an der Anlegestelle auf dem Festland tun.

Anfahrt

Mit dem Auto (8 km nördlich von Marsala an der Küstenstraße) oder mit dem Bus Nr. 4 der Verkehrsbetriebe von Marsala fährt man bis zur Anlegestelle, mit dem Zug kommt man bis zum Bahnhof Ragattisi und muss etwa eine halbe Stunde zu Fuß gehen. Es gibt zwei Bootabfahrtstellen, die etwa 500 m auseinander liegen. Kleinere und größere Barken stehen bereit, die Touristen überzusetzen. Die Überfahrt dauert 10 Minuten. Die Abfahrtstelle bei der Saline *Ettore et Infersa* ist auch die Haltestelle für die Buslinie Nr. 4 aus Marsala, die andere – *Imbarcadero storico* – ist Standort eines kleinen Naturschutzbüros, das gerne auch mit touristischen Informationen weiterhilft.

Salinen von Mozia

Sie sind wirklich perfekt hergerichtet und weisen einen Zustand auf, den sie ursprünglich wohl nie hatten. Ein kleines Salinenmuseum erläutert (nur italienisch) die Salzgewinnung; wer mag, kann hier auch ein Boot mieten, die Salinenbecken rudernd erkunden, oder mit dem geliehenen Fahrrad herumfahren. Als Mitbringsel gibt es *Fior di Sale*, die vorsichtig abgeschöpfte Meer- salzblüte, das Kilo zu rund 70 €. In absoluter Ruhe und in unvergleichlicher Lage kann man hier auch in einem der drei komfortablen Zimmer nächtigen (④).

■ **Saline Ettore et Infersa**
C.da Mozia, Tel. 09 23 96 69 36, www.salineettoreinfersa.com, April bis Okt. 9.30 Uhr bis Sonnenuntergang, 5 €, Audioguide 3,50 €, Fahrrad 4 Std. 10 €.

Archäologische Zone Mozia

Die Insel ist bzw. war von der *Porta Nord* aus durch eine unter dem flachen Wasser verlaufende Straße mit dem Festland verbunden, die aus der Vogelperspektive noch deutlich zu erkennen ist. Sie wurde im 6. Jh. v. Chr. gebaut und lag damals 80 bis 90 cm über dem Meeresspiegel.

Für den Besuch von Mozia sollte man sich etwas Zeit nehmen, den Picknickkorb packen und vielleicht auch ein gutes Buch einstecken *(Gustave Flauberts „Salambo" spielt zwar im damaligen Karthago, zeichnet aber ein sehr farbenprächtiges Bild von der punischen Gesellschaft und eignet sich als plastische Hintergrundlektüre für die Besichtigung von Mozia).* Zwischen den einzelnen Ausgrabungsstätten ist immer ein Stück durch die unverfälschte Natur zu laufen. Da bietet sich eine Rast im Schatten einer Pinie an, auf den Spuren einer der geheimnisvollsten Zivilisationen des Mittelmeerraums.

Auf der ca. 40 ha großen Insel **San Pantaleo** befand sich das antike Mozia. Die Phönizier, die wohl 1000 v. Chr. die Siedlung gründeten, gaben ihr den Namen einer Nymphe, *Motye,* und bauten das Eiland zum wichtigen Handelsstützpunkt aus. Der Krieg zwischen sizilianischen Griechen und Karthagern, die die phönizische Siedlung von ihrem Mutterland übernommen hatten (s.u.) führte aber letztlich zur Zerstörung der Stadt. Die Einwohner flüchteten aufs Festland und gründeten die Stadt *Lilibeo,* das heutige Marsala. Mozia wurde vergessen und im Gegensatz zu den meisten anderen phönizischen Niederlassungen im Mittelmeerraum deshalb nie überbaut. So bietet es ein gutes Beispiel einer phönizisch-griechischen Siedlung ohne Überlagerungen nachfolgender Kulturen. Der Marsala-Produzent *Joseph Whitaker* hatte Anfang des 20. Jh. mit der Erforschung des Gebietes begonnen. Die Insel gehört heute der familieneigenen Stiftung *Whitaker.*

Von der Anlegestelle an der Casa del Museo folgt man zunächst der Straße

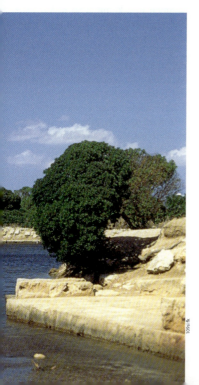

Der Hafen des punischen Mozia

Isole dello Stagnone und Mozia

nach Norden in den sakralen Bezirk der Stadt. Mozia war vollständig von einer Befestigungsmauer umringt, von der noch Reste erhalten sind. Im Norden der Insel wurden eine **Nekropole** entdeckt und nicht weit davon zwei Bauten, in denen die Riten der phönizischen Religion (s.u.) vollzogen wurden. Rechts befindet sich der **Cappiddazzu**, ein rechteckiger, von Mauern umschlossener Bau mit mehreren Räumen, die unbekannten Zwecken dienten. Dies ist der Fundort des „Jünglings von Mozia", der im Museum aufbewahrt wird.

Der **Tophet** (nordwestlich) war der heilige Bezirk in Form eines Dreiecks, dem Symbol der karthagischen Stadtgöttin Tanit (s.u.). Mauern schirmten den sakralen Bereich zur Insel hin ab. Im Tophet hat man zahlreiche Ascheurnen gefunden, an denen sich bereits in der Antike die Fantasie kritischer und aufgeklärter Zeitgenossen entzündete: Die Karthager hätten, so Berichte von Diodorus von Sizilien, am Tophet ihre Erstgeborenen dem Gott *Baal* geopfert, indem sie sie dem heiligen Feuer übergaben. Später seien die grausamen Kinderopfer durch Tieropfer ersetzt worden. Bis heute lassen sich diese Behauptungen weder bestätigen noch falsifizieren. Ein bisschen Gruseln befällt wohl jeden angesichts der Votivstelen, die für die Opfer gestiftet wurden. Über tausend von ihnen wurden allein an diesem Tophet gefunden.

Im Südwestteil der Insel befindet sich ein künstliches rechteckiges Wasserbecken, **Kothon,** das als interner Hafen und Werft genutzt wurde. Die Karthager stellten ihre Schiffe aus Fertigteilen zusammen und konnten so in kürzester Zeit Hunderte von Booten vom Stapel laufen lassen.

Vorbei an den Fundamenten der **Casa dei Mosaici** kehrt man nun zurück zum Museum. Die herrschaftliche Villa hat die Zerstörung Mozias durch *Dyonisios I.* überstanden oder wurde womöglich erst kurz danach erbaut. Ein schönes zweifarbiges Mosaik ziert den Boden mit Bildern von kämpfenden Tieren.

Im erweiterten und neu gestalteten **Museum** sind Grabbeigaben aus der Nekropole versammelt: Vasen, Schmuck, Parfümfläschchen und Totenmasken, aber auch eine Skulpturengruppe, die zwei Löwen im Kampf mit einem Stier darstellt. Beeindruckend lässt sich anhand der Votivstelen die Entwicklung von den abstrakten, symbolhaften Darstellungen der Götter hin zum Figürlichen nachvollziehen.

Griechische und punische Fundstücke belegen den intensiven kulturellen Kontakt dieser Gruppen. 1979 wurde die in ihrer Lebendigkeit beeindruckende Marmorstatue eines Mannes, *Giovane di Mozia*, gekleidet in einem langen Plisseegewand, ausgegraben, ein griechisches Werk aus dem 5. Jh. v. Chr., dessen zeitlose Schönheit geradezu atemberaubend ist.

■ Isola Mozia
C.da Mozia, Tel. 34 77 79 02 18, www.fondazione whitaker.it, 9.30–18.30 Uhr (Winter 9–15 Uhr), Insel-/Museumseintritt 9 €.

■ Mozia Line
C.da Mozia, Tel. 09 23 98 92 49, www.mozia line.com, Überfahrt 5 €.

Weitere Inseln der Isole dello Stagnone

Isola Longa, die wie eine natürliche Barriere gegen das afrikanische Meer die weite Bucht abschließt, ist die Insel der Salinen, die allerdings fast nicht mehr in Benutzung sind. **Schola,** das kleinste Eiland, war Sitz einer berühmten Rhetorik-Schule in römischer Zeit, an der angeblich auch der große *Cicero* die hohe Kunst der überzeugenden Rede lehrte. **Santa Maria** gehört einer alteingesessenen sizilianischen Familie, die im prunkvollen Herrenhaus ihre Ferien verbringt.

Unterkunft

■ Agriturismo Villa Maria ①-②
Via Torre di Mezzo 71, Marausa Lido, im Süden an die Salinen anschließend (12 km von Trapani, 200 m vom Meer), Tel. 09 23 84 13 63, www.villamaria. marausa.it. Überaus charmanteGastgeber, die nicht nur Apartments (ohne Frühstück) vermieten, sondern auch auf dem riesigen Gelände einen Agricampeggio betreiben, wo man im Schatten der hohen Bäume sein Zelt aufschlagen kann.

Unser Tipp: Hotel Donna Franca ③-④
C.da Florio 1, 9 km von der Ablegestelle Mozia, bei Kilometerstein 22 auf der SS115 (Ampel) nach Osten ins Landesinnere abbiegen, nach 1 km nach Norden (noch 4 km), Tel. 09 23 96 72 40, www.don nafranca.it. Edle Luxusherberge mit einem gänzlich unerwartbaren Preisniveau (bedenkt man die Ausstattung), alles vom Besten, Schwimmbad, Restaurant, und im Preis ist der Inhalt der Minibar inbegriffen, 15 Zimmer und eine Suite, Fernblick aufs Meer (wo im Marakaibo Lido Beach Sonnenschirm und Liegen warten), Weingut mit ausgezeichneten Weinen, die in der Weinbar kredenzt werden.

Sonstiges

■ Centro Nautico Stagnone
C.da Spagnola, Tel. 32 98 76 71 11 oder 33 36 29 76 99. Surfschule und Kanuverleih 3 km südlich der Ablegestelle, Möglichkeit mit geliehenen Kanus nach Mozia überzusetzen, Kitesurfen.

Praktische Informationen

Touristeninformation

■ Ufficio Informazione
Riserva Naturale Orientata, Centro di Visita Imbarcadero Storico per Mozia, Tel. 09 23 74 53 01.

Die Route im Überblick | 359

Àlcamo | 407

Castellamare del Golfo | 405

Corleone | 408

Egadische Inseln | 376

Èrice | 372

Favignana | 378

Levanzo | 376

Maréttimo | 385

Pantellerìa | 387

Prizzi | 410

San Vito lo Capo | 397

Segesta | 402

Trapani | 361

8 Von Trapani nach Palermo

Luxushotels in Thunfischfabriken, weiße Strände

vor aufragendem Fels – die Hauptstadt ist nahe und Tagesauflüge ein Klacks, deshalb ist immer viel los.

◁ Prizzi wärmt sich in der Sonne

Von Trapani nach Palermo

VON TRAPANI NACH PALERMO

Auf der Fahrt durch den Westen berührt man einige der schönsten Flecken der Insel: **San Vito lo Capo** besitzt nach Meinung vieler einen der tollsten Strände – und im **Naturschutzgebiet Zingaro** lassen sich Wanderungen und Badeaufenthalt perfekt verbinden. Wer will, besteigt die Schnellboote und fährt hinaus zu den **Egadischen Inseln**, oder noch weiter, nach **Pantelleria**.

NICHT VERPASSEN!

- **Trapanis Salinen,** morgens und abends bieten sich beste Fotomöglichkeiten | 366
- **Èrice,** mit der Seilbahn von Trapani hoch und dann durch die alten Gassen schlendern | 372
- **San Vito lo Capo,** klassische Adresse für den Strandurlaub | 397
- **Zingaro,** klassische Adresse für den Strandurlaub | 400

Diese Tipps erkennt man an der gelben Hinterlegung.

Die Route im Überblick

Die vorgelagerten **Egadischen Inseln** und das weit draußen im Meer liegende **Pantellerìa** erreicht man per Schiff am besten von Trapani aus.

Wenn man die Inselausflüge hinter sich hat, steht man vor der Wahl: Wer baden will, fährt auf kleinen Küstenstraßen und Badeorten am Meer entlang hinaus aufs **Capo San Vito** zu schönen, wenngleich im Sommer überfüllten Stränden und besucht anschließend Siziliens faszinierendstes Naturschutzgebiet, den **Zingaro**-Naturpark; wer nach **Segesta** – eine der wichtigeren Ausgrabungsstätten und eine der landschaftlich am schönsten gelegenen – will, kann die direkte Verbindung über die Autobahn nehmen. Wichtig zu wissen: Die Küstenstraße von San Vito lo Capo ist durch den Nationalpark unterbrochen, man kommt nicht direkt nach **Castellammare del Golfo**, sondern muss den gleichen Weg zurück nehmen und auf der SS187 weiterfahren. Dann kommt man über Segesta, Calatafimi und Àlcamo nach Castellammare del Golfo hinein. Wer nicht zum Kap hinaus, sondern lediglich durch **Zingaro** wandern will, ist gut be-

Die Route im Überblick

raten, den Nationalpark von der Seite Castellammare del Golfo anzufahren.

Man verlässt Trapani am Lungomare entlang nach Nordosten, an der flachen, felsigen Küste und einigen Thunfischfabriken *(Tonnaras)* vorbei in die landschaftlich beeindruckende Kulisse hinein, in der Ferne den Monte Cofano vor Augen.

Im Landesinneren geht es nun südlich um den Monte Cofano herum (wer will, kann diesen auf einer kleinen Straße hochfahren), durch einige kleine Orte und schließlich an der steilen Felsküste entlang hinaus aufs **Kap**, mit seinen Sandstränden, seinen vielen Hotels und Zeltplätzen – einer der beliebtesten kleineren Urlaubsorte Siziliens.

Die Route führt nun über San Vito lo Capo am Naturschutzgebiet von Zingaro vorbei zur SS187 zurück, dann etwa 8 km Richtung Castellammare del Golfo und schließlich über die kleinen Provinzstraßen nach Süden auf Segesta zu.

Zurück an der Küste kann man bei Castellammare del Golfo und Scopello noch einmal in das Schutzgebiet von Zingaro.

Wir folgen nun der Küste in östlicher Richtung nach **Àlcamo Marina**; der weiße Sandstrand ist ewig lang, im Hintergrund stehen die obligatorischen Hotel- und Bungalowreihen. Von dort gehts landeinwärts hinauf nach **Àlcamo.**

Zurück an der Küste fährt man am Meer mit seinen Sandstränden entlang an Balestrate, Trappeto und Terrasini vorbei zum Flughafen von Palermo, wo man die Autobahn nach Palermo hinein nimmt, da diese küstennäher verläuft als die Landstraße.

Wer auf den Spuren der Mafia wandeln will, kann sich hinter Trappeto und vor Terrasini bei San Cataldo ins Landesinnere aufmachen und über die schmalen und kurvigen Straßen 50 km nach **Corleone** und noch weitere 20 km nach **Prizzi** fahren. Beide Orte wurden durch Filme bekannt („Die Ehre der Prizzi" mit *Jack Nicholson* und „Der Pate" mit *Marlon Brando),* und beide könnten unterschiedlicher nicht sein. Corleone duckt sich – schamvoll ob seiner Vergangenheit? – als eine der Hauptstädte der sizilianischen Mafia an den Fuß einer Felswand, während Prizzi mit stolzgeschwellter Brust seine Häuschen auf der Kuppe eines Berges gen Süden reckt.

Trapani

70.000 Einwohner *(Trapanesi),* 3 m ü.N.N., PLZ 91 100, Provinzhauptstadt

Wenig einladend von außen, aber mit einem hübschen Altstadtkern auf der weit ins Meer ragenden Landzunge empfängt Trapani seine Gäste. Die **Verbindung zum afrikanischen Kontinent** ist eng, nicht nur geografisch, sondern auch ethnisch. Die Trapanesi sind ein buntes Völkchen, der nordafrikanische Einschlag vieler, die hier leben, ist unübersehbar. In den Gassen duftet es denn auch mindestens ebensooft nach Couscous wie nach Pasta.

Auch wenn heute nicht mehr das Salz den Wohlstand bestimmt, eine **reiche Stadt** ist Trapani geblieben. Es ist die Bankenkapitale Siziliens, in der auch viel und intensiv Geld „gewaschen" wird, das aus illegalen Geschäften auf die Insel fließt.

Geschichte

Die sichelförmige Landzunge ließ vermuten, was Ausgrabungen dann zur Gewissheit machten: Auch Trapani stand dank seiner besonderen Topografie in der Gunst der phönizischen Seefahrer, die ihren im 8. Jh. v. Chr. gegründeten Stützpunkt um ein Sikulerdorf ausbauten. In karthagischer Hand diente Trapani als wichtiger Hafen der karthagischen Flotte. *Drepanon*, die Sichel, wurde der Ort von den Griechen genannt, unter römischer Kuratel verlor die Siedlung aber an Bedeutung und versank in byzantinischer Zeit in Belanglosigkeit, bis die Araber sich der Halbinsel bemächtigten und darauf eine der glanzvollsten Städte Siziliens schufen. Neben dem Handel mit Salz und den Gaben des Meeres trug vor allem die Goldschmiedekunst zur Prosperität bei. Besonders für die Verarbeitung von Korallen waren die zumeist jüdischen Künstler weit über die Grenzen der Stadt berühmt.

Der arabische Einfluss ist an manchen Stellen der Altstadt bis heute in der Stadtanlage präsent; vieles aber wurde bei den heftigen Bombardements zerstört, unter denen Trapani im Zweiten Weltkrieg zu leiden hatte.

Giudecca-Palast

Ob per Schiff, Zug, Bus oder Auto – erster Anlaufpunkt ist jene Stelle, an der sich die Landzunge vom Festland weit hinaus ins Meer schwingt. Beginnen wir den Rundgang Ecke Via 30 Gennaio

◁ Brunnen in der Altstadt Trapanis

und Via Giudecca, der Hauptstraße des alten jüdischen Viertels. Hier steht der Palazzo della Giudecca aus dem 16. Jh., an dem besonders die Wandgestaltung aus pyramidenförmig zugehauenen Steinen auffällt. Er wurde im Stil der späten katalanischen Gotik erbaut. Wenige Schritte weiter ein fast maghrebinisches Restaurant mit blauen Fayencen an den Innenwänden: die *Cantina Siciliana*, in der man Couscous serviert. Im Umfeld verwinkelte Sträßchen, Sackgassen und Passagen – hier ist die alte Bausubstanz noch recht gut erhalten.

Piazza S. Agostino

Wir folgen dem Gassengewirr oder einfacher, wenngleich nicht ganz so malerisch, dem Corso d'Italia zur Piazza S. Agostino mit der dem *hl. Augustinus* geweihten Kirche, die im 14. Jahrhundert erbaut wurde und heute als Konzertsaal dient. Von hier geht es durch Nebenstraßen zur Via Torrearsa, an der Trapanis ehemalige Prachtstraße, der Corso Vittorio Emanuele oder La Loggia beginnt.

Kathedrale S. Lorenzo

Geradlinig durchschneidet die Fußgängerzone den moderneren Teil der Altstadt und passiert die Kathedrale S. Lorenzo, einen dreischiffiger Bau aus dem 17. Jh. in schönem Barock.

Ligny-Turm

Entlang der alten Hafenmauer kann man bis zur Spitze der Halbinsel mit dem Torre Ligny, der ehemaligen Festungsanlage aus dem 17. Jahrhundert laufen. Der wuchtige Turm ist wahrscheinlich 300 Jahre älter. Im Inneren des Turms sind im **Museum für Prähistorie und das Meer** prä- und protohistorische Funde aus der Region zu sehen.

■ **Museo di Preistoria e del Mare**
Via Torre di Ligny, Tel. 09 23 54 72 75, tgl. 10–12.30, 17–19.30, Winter Di–Sa 10–12.30, 16–18.30, So 16–18.30 Uhr, Eintritt frei.

Rund um den Fischmarkt

Wer sich für die berühmten Mysterienfiguren von Trapani (s.u.) interessiert, kann diese in der nahen **Chiesa del Purgatorio** besichtigen. Ein Stück zurück auf dem Corso zweigt nach links die Via Libertà ab, die sich im ihrem weiteren Verlauf zum Fischmarkt weitet. Wenige Schritte entfernt – die Straße heißt nun Via Garibaldi – verbergen sich rechts, über Gassen und Treppchen miteinen-

Trapani

■ **Übernachtung**
3 Hotel Messina
4 B&B Ai Lumi
7 Hotel Russo
9 Hotel Moderno
14 B&B Casolare nelle Saline
15 Baglio Case Colomba
16 Agriturismo Duca di Castelmonte
17 Hotel Antiche Saline
18 Agriturismo Fontanasalsa
20 Hotel Vittoria
22 Hotel l'Approdo
23 Hotel La Tonnara di Bonagia

■ **Essen und Trinken**
1 Ristorante Le Mura
2 Cafè del Corso
3 Ristorante Ai Lumi, Ristorante La Bettolaccia
5 Taverna Caupona
8 Ristorante/Cafè Quartiere San Lorenzo
11 Cantina Siciliana
13 Trattoria Safina
21 Ristorante Al Solito Posto

der verbunden, mehrere ältere Kirchen. Die **Chiesa di San Domenico** stammt aus dem 12./ 13. Jh. und wurde später umgebaut, lediglich ein schönes Rosettenfenster ist vom Ursprungsbau erhalten.

Piazza Vittorio Emanuele

Folgen wir der Via Garibaldi weiter nach Osten. An der Piazza Vittorio Emanuele sind zwei weitere eindrucksvolle Bauten zu besichtigen: das **Palazzo d'Ali** sowie die Überreste eines **Castello di Terra** genannten Palastes aus dem 12. Jh., ein ursprünglich normannischer Bau auf punischen Fundamenten. Auf der nahen **Viale Regina Margherita,** im 19. Jh. angelegt mit mächtigen Gummibäumen, sollte man eine kleine Rast einlegen, bevor es auf der Via Fardella zum bedeutendsten religiösen Bauwerk Trapanis weitergeht.

Heiligtum Annunziata

Das Santuario dell'Annunziata (1,5 km die Via Fardella in östlicher Richtung) liegt in der Via Conte Agostino Pèpoli und ist ein ehemaliges Karmeliterkloster. Von dem Bau aus dem 14. Jh. blieb allerdings nur die Fassade erhalten. Der Rest der Kirche stammt aus dem 18. Jh. Bemerkenswert ist die „Kapelle der Fischer", in der die Seeleute Votivgaben aufgestellt haben, um der Madonna für die Errettung aus Not oder Unwetter zu danken. Auf dem Hauptaltar im Inneren steht die berühmte **„Madonna von Trapani"** aus Marmor, 1350 in Pisa geschaffen. Zu ihren Füßen befindet sich eine aus Silber gearbeitete Stadtansicht von Trapani.

■ **Santuario dell'Annunziata**
Via Conte Agostini Pepoli 178, Tel. 09 23 53 91 84, www.madonnaditrapani.org, Mo–Sa 7–12, 16–20 Uhr, So 7–13.30, 16–20 Uhr, Winter bis 19 Uhr; Messe wochentags 8, 9 und 19 Uhr, sonntags 8, 9, 10, 11.15, 12.30 und 19 Uhr (im Winter 19-Uhr-Messe um 18 Uhr).

Regionalmuseum

In den angrenzenden Klostergebäuden ist heute das Regionalmuseum **Pepoli** untergebracht, das Skulpturen und archäologische Fundstücke aus der Region ausstellt. Die Sammlung geht auf den Grafen *Pepoli* zurück, wurde aber stetig erweitert. Beachtenswert ist die Pinakothek mit Gemälden u.a. von *Tizian*, *Veronese*, *Ribera* und *Serpotta*.

■ **Museo Regionale Pepoli**
Via Conte Agostino Pepoli 200, Tel. 092 35 53 26, Mo/Mi/Fr 9–13.30, Di/Do/Sa 9–19.30, So 9–12.30 Uhr, 6 €; Anfahrt mit Bus Nr. 25 von der Piazza Generale Scio.

Salinen

Unser Tipp Die Salinen von Trapani befinden sich südlich der Stadt und bestechen mit pittoresken weißglitzernden Salzhügeln, Windmühlen und smaragd-weiß-türkisen Wasserflächen. Auf der SP21 in Richtung Marsala erreicht man nach 8 km die restaurierte Windmühle **Mulino Maria Stella** am Rande des großen Salinengebietes, das heute unter Verwaltung des WWF unter Naturschutz steht.

Das Besucherzentrum residiert in der Mühle; hier kann man Führer engagieren, die Geschichte, Flora und Fauna sowie den ökologischen Nutzen dieses letzten großen Feuchtgebietes Siziliens erläutern. Im Winter sind die Salinen ein wichtiger Rastplatz für Zugvögel, dann lassen sich viele seltene Vogelarten beobachten. Im Schutzgebiet sind auch mehrere touristische Einrichtungen: ein kleines Salzmuseum (bei der Trattoria del Sale), das Restaurant *Torre della Nubia* und mehrere Unterkunftsmöglichkeiten. Besonders gegen Abend ist der Besuch ein Erlebnis – dann geht die Sonne blutrot unter und taucht die flache Landschaft in ein sonst nicht zu sehendes weiches Licht.

Ornithologisch Interessierte wird im Frühjahr die **Vogelwelt** in den Salinen begeistern: Flamingos, Säbelschnäbler, Stelzenläufer, Enten und viele weitere Watvögel.

■ **Saline di Trapani/Centro Visite**
Strada Provinciale S.P.21 (Mulino Maria Stella), Tel. 09 23 86 77 00, www.salineditrapani.it.

Die Salinen vor den Toren Trapanis

Kostenlose Führungen immer Mi, Fr und Sa (Voranmeldung obligatorisch, da erfährt man auch die genaue Zeit).

Praktische Informationen

Touristeninformation

■ Ufficio Informazione
Via Torre Arsa/Piazza Saturno, Tel. 09 23 54 45 33, www.comune.trapani.it/turismo. Das Touristenbüro ist von Anfang November bis Ende März geschl.

Unterkunft

■ Hotel Messina ①
Corso Vittorio Emanuele 71, Tel. 092 32 11 98. Kleine Etagenpension, 9 großzügige Zimmer mit Etagenbad, günstig, einfach und authentisch.

■ Hotel Moderno ①-②
Via Tenente Genovese 20, Tel. 092 32 12 47, www.hotelmoderno.trapani.it. Das älteste Hotel von Trapani, in einem Palazzo in der Altstadt, funktional eingerichtete Zimmer.

■ B&B Ai Lumi ③
Corso Vittorio Emanuele, Tel. 09 23 87 24 18, www.ailumi.it. Fünf Zimmer mit Bad mitten in der Altstadt in einem Gebäude aus dem 18. Jh., wer will, kann in der angeschlossenen „Schänke" essen.

■ Hotel Vittoria ③
Via Francesco Crispi 4, Tel. 09 23 87 30 44, www.hotelvittoriatrapani.it. Gepflegtes Standard-Hotel in Bahnhofsnähe, hauptsächlich Geschäftsreisende, 65 komfortable Zimmer.

■ Hotel L'Approdo ②-③
Via Enea 3, 91 016 Pizzolungo, 3 km am Lungomare entlang Richtung Osten, Tel. 09 23 57 15 55, www.approdohoteltrapani.com. Kleines, nettes, modernes Hotel 4 km außerhalb direkt am Wasser mit Blick auf die Äolen, 12 Zimmer mit Bad, TV und Klimaanlage, Restaurant.

■ B&B Casolare nelle Saline ②
Via Muarana 25, C.da Nubia (Paceco), 8 km von Trapani, Tel. 09 23 86 80 20, www.casolarenellesaline.com. Nahe dem Meer im Süden von Trapani bei den Salinen, netter Betrieb in ruhiger Lage in einem modernen Gebäude.

■ B&B Baglio Case Colomba ②
Via Toselli 183, Buseto Palizzolo über A29 in Richtung Palermo, Ausfahrt Fulgatore, ca. 15 km außerhalb von Trapani, Tel. 09 23 85 27 29, www.casecolomba.com. In idyllischer ländlicher Umgebung gelegenes B&B, das Anwesen stammt aus dem 19. Jh. Mountainbike-Verleih und viele nützliche Tipps für Wander- und MB-Touren.

■ Agriturismo Duca di Castelmonte ②
Via Salvatore 3, Xitta, vor der Autobahnauffahrt Trapani am Kreisel nach rechts (1,5 km), Tel. 09 23 52 61 39, www.ducadicastelmonte.it. Anfahrt: Es führen Schilder zum Landgut aus dem 18. Jh., das sich in Familienbesitz befindet. In die Küche kommen meist Produkte von den eigenen Feldern. Wer nicht übernachtet, kann nur nach Voranmeldung speisen.

■ Hotel Russo ②-③
Via Tintori 4, Tel. 092 32 66 23, http://nuovorusso.altervista.org. Zentrale Lage in der Altstadt und mit gutem und angenehmem Service, einige der 38 Zimmer mit Blick auf die Kathedrale.

■ Hotel Antiche Saline ④
Via Giuseppe Verdi, C.da Nubia (Paceco), 8 km von Trapani, Tel. 09 23 86 80 29, www.relaisantichesaline.it. Moderne Luxusanlage bei den Salinen mit allem Komfort, Schwimmbad, ausgezeichnetes Restaurant, absolut ruhige Lage.

■ Hotel La Tonnara di Bonagia ④-⑤
Piazza Tonnara/Bonagia, 10 km am Lungomare entlang Richtung Osten, Tel. 09 23 43 11 11, www.tonnaradibonagia.it. Luxus pur in einer ehemaligen Thunfischverarbeitungsanlage, Schwimmbad, Restaurant, viele Konferenzen, nur April bis Okt. offen.

■ Agriturismo Fontanasalsa ⑤
Fontanasalsa, 8 km südlich von Trapani an der Autobahnabfahrt Fontanasalsa (Kreuzung mit der SS 115) in die Via Falconara, Tel. 092 32 27 35,

☐ Übersichtskarten S. 358, 360, Stadtplan S. 364

Essen und Trinken

■ **Trattoria/Pizzeria Safina** ①-②
Piazza Umberto I 35, Tel. 092 32 27 08, Mi geschl. Dem Bahnhof gegenüber, schmackhaft und nicht teuer, schneller Service.

■ **Ristorante/Café Quartiere San Lorenzo** ②
Corso Vittoria Emanuele 30, Tel. 09 23 03 00 69. Kleiner und ständig besetzter Freisitz, kein Wunder, gute Küche und neben der Karte feste Menüs zu super Preisen, des Umsatzes wegen mag der Service manchem zu schnell sein, auch Buchladen (weswegen aber keiner herkommt), Frühstück (!) ab 10 Uhr.

■ **Trattoria del Sale** ②
Via Chiusa, C.da Nubia (Paceco), 8 km von Trapani, Tel. 09 23 86 71 42, www.trattoriadelsale.com, Mo geschl. Im Gebäude des kleinen Salzmuseums (Museo Saline, 9.30– 19 Uhr, Eintritt 2 €) südlich von Trapani kann man nach Voranmeldung lokale Küche in den Gewölben inmitten der Salinen einnehmen.

■ **Ristorante/Pizzeria La Torre di Nubia** ③
Via Giuseppe Garibaldi 189, C.da Nubia (Paceco), 8 km von Trapani, Tel. 09 23 86 73 00, www.latorredinubia.com. In den Salinen südlich von Trapani am Meer blickt man auf den Sonnenuntergang und speist frischesten Fisch, eine der beliebtesten Adressen der Trapaner für einen gelungenen Abend.

■ **Cantina Siciliana** ②-③
Via Giudecca 32, Tel. 092 32 86 73, www.cantinasiciliana.it, Mo geschl. Unweit des Bahnhofes, kleines Lokal mit ausgezeichneter Spezialitätenküche, darunter Bruschetta mit Thunfischeiern und Coucous mit Calamari.

■ **Ristorante Ai Lumi** ②
Corso Vittorio Emanuele 75, Tel. 09 23 87 24 18, www.ailumi.it, So geschl. Rustikale Einrichtung, sizilianische Küche, sehr gute – auch offene – Weine, auch B&B (②).

■ **Taverna Caupona** ③
Piazza Purgatori 32, Tel. 09 23 54 66 18, Di mittags geschl. Angesagtes Lokal bei der Purgatori-Kirche, will man draußen auf der kleinen Terrasse sitzen, sollte man reservieren, Trapaneser Küche, sehr große Weinauswahl zu nicht unerheblichen Preisen.

■ **Ristorante Al Solito Posto** ③-④
Via Orlandini 30/a, Tel. 092 32 45 45, www.trattoria-alsolitoposto.com, Di geschl. Im kleinen und feinen Restaurant isst man sehr gute Fischmenüs. Nur: Bei viel Betrieb sieht man es nicht gerne, wenn die Gäste allzu lange sitzen bleiben.

■ **Ristorante La Bettolaccia** ③
Via Generale Fardella 23, Tel. 092 32 16 95, www.labettolaccia.it, Sa geschl. Einst Treffpunkt derjenigen, die die Gefangnen im Kerker besuchten, heute ein sehr gutes Fischlokal, man versuche die eingelegten Fische und die Pasta mit Sardinen. Natürlich gibts auch Couscous.

■ **Ristorante Le Mura** ④
Via delle Sirene 15/19, Tel. 09 23 87 26 22, www.lemuraristorante.it, Mo geschl. Fischlokal am oberen und teuren Ende der Preisskala und der Stadt, ruhige Terrasse mit Blick aufs Meer, Gerichte wie Risotto mit Zucchini oder *Millefeuille di Pasce Spada*, gute Weinkarte.

Süßigkeiten

■ **Cafè del Corso**
Corso Vittorio Emanuele 144, Tel. 092 32 93 60. Im Lichthof eines Palazzo in der Fußgängerzone gibt's nicht nur Meisterwerke aus buntem Zuckerguss und Früchte aus Marzipan, auch Meeresfrüchtesalat und belegte Brötchen.

Nachtleben

Das Nachtleben spielt sich hauptsächlich im Nordosten des Zentrums am Lungomare ab, wo sich die Jugend zu Livemusik in den vielen kleinen Kneipen trifft und am Wochenende bis in den frühen Morgen feiert, die gesetzteren Herrschaften wandeln den Corso auf und ab, der zumindest abends vom Verkehr freigehalten wird.

■ **Megghi's Bar**
Piazza Lucatelli, hier treffen sich abends alle, die den Zwanzigern schon entwachsen sind und noch was unternehmen wollen, Werftarbeiter und Ingenieure, Angestellte und Schriftsteller – die Mischung macht's.

■ **Rakija**
Salita San Domenico, www.rakija.it. Weinbar und Bier vom Fass, coole Musik und junges, feierwütiges Publikum, am Wochenende bis in die Morgenstunden.

■ **Beach Bar**
Lungomare Mozia, Marausa Lido, gut 15 km außerhalb Trapani am Meer, im Sommer wird bis 3 Uhr morgens am Wasser gefeiert und getanzt (Livemusik, Cocktails und Gelato).

■ **Waikiki**
Cornino, 15 km nördlich Tarpani, www.wakeupcornino.it, Zeltdisco mit den besten DJs von Insel und Festland, hier ist im Sommer immer was los.

Einkaufen

■ **Juwelier Platimiro Fiorenza,** Via Osorio 36, Tel. 092 32 07 85, www.gioielleriaplatimirofiorenza.it, ein Meister der Korallenschnitzerei mit Diademen, Tiaras, Armbändern und Figuren (beim Besuch des Papstes 1992 wurde als Geschenk für ihn im Laden eine 27 cm hohe *Madonna di Trapani* geschnitzt).

Strände

Die Strände von Trapani befinden sich im Nordosten des Zentrums, teils bewirtschaftet und teils frei, gute Wasserqualität, Sandstrand und in der Saison immer was los.

Nahverkehr

■ **Seilbahn Èrice,** Piazza Umberto I im Osten der Stadt, Sommer Mo 13–20, Di–Fr 8.40–20, Sa 10–24, So 10–20, Winter Sa nur bis 21 Uhr, 5,50 €/einfache Fahrt, hin und her 9 €, www.funiviaerice.it, Anfahrt mit Stadtbus Nr. 23 von der Piazza Vittorio Emanuele.

■ **Aeroporto di Trapani Birgi Vincenzo,** Flugauskunft Tel. 09 23 61 01 11, www.airgest.it.

■ **Flughafenbus,** *AST,* 5–23 Uhr etwa im Stundentakt vom Hafen/Anlegestellen zum Flughafen Trapani (2,40 €/Fahrt).

■ **Flughafentransfer,** *Top Transfer,* Via Ruggero di Lauria 4–8, Tel. 092 32 78 99, www.navettaaeroportotrapani.it, Flughafen Trapani–Hafen 9,50 €, Flughafen Palermo–Hafen 24,50 €.

■ **Radiotaxi,** Tel. 337 89 60 10, www.trapani radiotaxi.it.

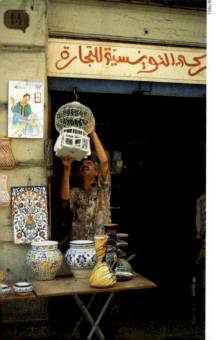

Fernverkehr

■ **Busterminal Piazza Ciaccio Montalto,** beim Bahnhof, mehrmals täglich mit *AST* (Tickets im Terminal, Tel. 092 32 00 66, www.aziendasicilianatrasporti.it), zum Flughafen und nach Èrice, San Vito lo Capo, Nubia, über Selinunte nach Castelvetrano und über Mozia nach Marsala; täglich mit *Segesta*, Tickets im Terminal, www.segesta.it, nach Palermo.
■ **Busterminal Piazza Garibaldi am Hafen,** Einige Busse halten hier zusätzlich.
■ **Bahnhof,** Piazza Stazione, Tel. 89 20 21, www.trenitalia.it, Richtung Àlcamo, Palermo und Marsala.

Schiff

Die Fähren fahren praktisch immer, die Schnellboote (Tragflügenboote und Katamarane) stellen den Verkehr bei sehr schlechtem Wetter ein – dies gilt es bei der Ausflugsplanung zu berücksichtigen. Am Wochenende sind die Schnellboote schnell ausgebucht, eine Reservierung kostet extra.

■ **Siremar/Fähren zu den Egaden/Pantellerìa,** *Sanges*, Stazione Marittima Molo Sanita, Tel. 092 32 49 68, www.siremar.it, mindestens einmal täglich, nach Favignana (60 Min.)/Levanzo (55 Min.), 7,70 €/Person und 37,60 €/Auto, nach Maréttimo (180 Min.) 12,10 €/Person und 51,30 €/Auto; einmal täglich nach Pantellerìa (im Winter nicht So), 30,10 €/Person, 107,50 €/Auto, Überfahrt 6 Stunden.
■ **Siremar/Schnellboot zu den Egaden,** Via Staiti/Terminal Aliscafi, Tel. 092 32 77 80, www.siremar.it, mindestens einmal täglich, nach Favignana (20 Min.) sowie Levanzo (20 Min.) 10,10 €/Person, nach Maréttimo (60 Min.) 17 €/Person.

■ **Traghetti delle Isole/Fähre nach Pantellerìa/zu den Egaden,** *Egatour,* Via Ammiraglio Staiti 13, Tel. 092 32 17 54, www.traghettidelleisole.it, Überfahrt 6 Stunden (Abfahrt um 14 Uhr, Rückkehr 6 Uhr).
■ **Ustica Lines/Schnellboot zu den Egaden,** Via Staiti/Terminal Aliscafi, Tel. 34 78 73 42 19, www.usticalines.it, mehrmals täglich, Favignana (20 Min.) und Levanzo (20 Min.) 8,60 €, Maréttimo (60 Min.) 15,50 €.

Parken

■ **Parkplätze,** Piazza Scarlatti (80 Plätze), Piazza Vittoria Emanuele (1000 Plätze).
■ **Parkhaus,** *Autoparcheggio Burgarella,* Via Manzini 17, Tel. 09 23 54 70 22 (ca. 10 €./24 Std.).
■ **Porto di Trapani,** Via Libica 19, www.portotrapani.it, Parkangebot der Hafenverwaltung mit Transfermöglichkeit vom bewachten Parkplatz zum Hafen, 1 Tag 13 €, 2 Tage 21 €, 3 Tage 29 €, 4 Tage 37 €, jeder weitere Tag 8,50 €.

Flug

■ **Flüge nach Pantellerìa,** www.alitalia.it, mehrmals täglich (im Winter nur eingeschränkte Verbindungen), einfache Strecke ab 60 €.

Fest

■ **Karfreitag,** ab 14 Uhr eindrucksvolle Mysterien-Prozession, nachmittags und nachts werden über zwanzig aus Holzstatuen komponierte Szenen des Leidensweges Christi aus der Kirche del Purgatorio von den Handwerksgilden durch die Straßen getragen; die Männer kleiden sich zu diesem Anlass nach spanischem Vorbild in weite Mäntel mit Kapuzen – wie früher die Inquisitoren auf dem Weg zum Scheiterhaufen.

◁ Bei einem Spaziergang durch Trapani trifft man immer wieder auf arabische Schriftzeichen

Führungen

■ **Deutschsprachige Führungen,** Frau *von Gunten,* Tel. 092 32 53 04 oder 33 82 28 09 94, http://kulturfuehrungen-sizilien.com; Frau *von Gunten* ist Präsidentin des Vereins der Fremdenführer der Provinz Trapani.

Sonstiges

■ **Post,** Piazza Vittorio Veneto 10.
■ **Gepäckaufbewahrung,** Stazione Marittima, Via Ammiraglio Staiti, Molo Sanità, Tel. 32 04 26 12 90, 3 €/Tag/Gepäckstück.

Èrice

28.000 Einwohner *(Ericini),* 751 m ü.N.N., PLZ 91 016, bis Trapani 14 km

Auf einem Kalksteinfelsen in 751 Meter Höhe erhebt sich das mythische *Eryx,* das heutige Èrice. Hier besiegte *Herakles* im Zweikampf einen Stier, und der sagenumwobene Stadtgründer König *Eryx,* ein Sohn der Göttin *Aphrodite,* beschäftigte den umtriebigen *Daidalos* beim Aufbau seiner Burg. Vom Gipfel, wo der berühmte Venustempel stand, kann man einen herrlichen Panoramablick genießen: auf Trapani und seine weiß in der Sonne glitzernden Salinen, über die flache Bucht bis hin zum Monte Cofano und weit hinaus ins Meer, bei guter Sicht sogar bis zu den Egadischen Inseln und Pantellerìa. Zu erreichen ist Èrice von Trapani aus per Seilbahn oder auf steilen Serpentinen mit dem Auto. Atemberaubende Ausblicke auf Trapani und das Meer tun sich dem Betrachter immer wieder auf, bis er die Pinienwälder erreicht, in denen die sizilianischen Großfamilien ihr Picknick abhalten und er durch die am Straßenrand wild parkenden Autos aufgehalten wird, da der offizielle Parkplatz meist überfüllt ist.

Die **besondere Atmosphäre des Städtchens** erlebt man am besten bei einem Spaziergang durch die verwinkelten Straßen; Torbögen geben den Blick frei in blumengeschmückte Innenhöfe, immer enger werden die Gassen, sodass sich zwei Passanten nur mit Mühe aneinander vorbeidrängen können. Im Sommer ist das Städtchen restlos überlaufen, in den kühleren Jahreszeiten ist der Besucher aber oft allein mit Katzen und Tauben. Auch wenn die Restaurants und Hotels teuer sind, Èrice ist die Ausgaben wert: Man kommt in den Genuss eines in sich stimmigen, restaurierten mittelalterlichen Städtchens.

Geschichte

In der Antike befand sich auf dem Gipfel des Berges eine geheimnisvolle **Kultstätte,** der Göttin der Liebe und Fruchtbarkeit gewidmet. Wahrscheinlich opferte hier schon die elymische Urbevölkerung. Unter karthagischer Herrschaft wurde später *Astarte,* unter griechischer die schöne *Aphrodite* verehrt, bis die Römer das Heiligtum in einen Venustempel ummünzten. Den Schiffen, die an der engsten Stelle zwischen Sizilien und Afrika vom westlichen ins östliche Mittelmeerbecken segelten, war der weithin sichtbare Tempel der Göttin ein Trost und Versicherung, dass die Reise gut enden werde. Viele pilgerten zu dem Hei-

Èrice

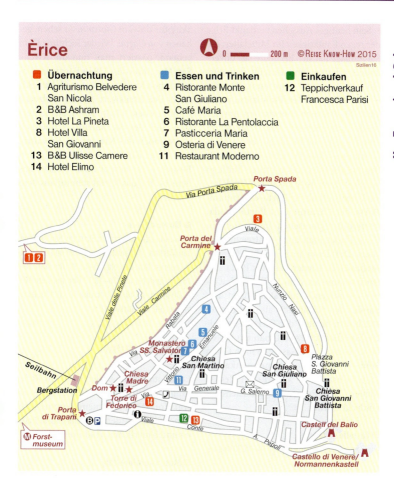

- **Übernachtung**
  1. Agriturismo Belvedere San Nicola
  2. B&B Ashram
  3. Hotel La Pineta
  8. Hotel Villa San Giovanni
  13. B&B Ulisse Camere
  14. Hotel Elimo

- **Essen und Trinken**
  4. Ristorante Monte San Giuliano
  5. Café Maria
  6. Ristorante La Pentolaccia
  7. Pasticceria Maria
  9. Osteria di Venere
  11. Restaurant Moderno

- **Einkaufen**
  12. Teppichverkauf Francesca Parisi

ligtum, um der Göttin ihre Reverenz zu erweisen und sich zugleich mit den Priesterinnen zu vergnügen, die im Heiligtum ihren Liebesdienst auch an Irdischen versahen.

Èrice erlebte dann die übliche sizilianische Geschichte: Nach Zusammenbruch des Römischen Reiches war die Stadt zuerst byzantinisch, dann ab 831 arabisch und im 12. Jh. normannisch. Die Normannen errichteten auf dem Gelände der antiken Akropolis und des Venustempels das stattliche Kastell, von dem heute nur noch einige Türme und zinnenbekrönte Mauern zu sehen sind. Bis 1934 hieß die Stadt wie die Burg *Monte San Giuliano*. Dann nahm sie wieder den antiken Namen Èrice an.

Sein heutiges Aussehen verdankt Èrice der regen Bautätigkeit im Mittelalter; die Stadtanlage hat sich bis heute fast unverändert erhalten und verleiht dem Ort eine „verzauberte" Stimmung. Die im 6. Jh. v. Chr. von den Phöniziern angelegte Stadtmauer, inzwischen immer wieder ausgebessert, sieht man schon von Weitem. Sie bildet ein erstaunlich gleichschenkliges Dreieck – vielleicht als Symbol für die Muttergottheit Tanit so angelegt. Drei Tore aus dem Mittelalter sind noch erhalten: **Porta di Trapani, Porta del Carmine** und **Porta Spada**, letztere mit punischen Inschriften. In Èrice findet man auch zahlreiche Kirchen. Der **Dom** in herrlicher Chiaramonte-Gotik (in der Nähe der Porta Trapani) stammt aus dem 14. Jh. und hat einen mächtigen, abseits stehenden Campanile, der vermutlich als Wehr- und Wachturm diente – der **Torre di Federico**. Von hier schlendert man am besten durch Gassen und Gässchen nach Osten zum ehemaligen **Normannenkastell** (auch Castello di Venere), in dessen Mauern noch Spuren des Venustempels entdeckt wurden.

■ **Castello di Venere**
www.fondazioneericearte.org, tgl. 10–16/20 Uhr, 5 €.

Kirchenbesuche

Geht man von hier nach Norden, gelangt man zur **Chiesa San Giovanni Battista** mit ihrer weißen Kuppel, die sehr nordafrikanisch wirkt. Südwestlich steht die **Kirche San Giuliano**, sie entstand im Jahr 1067 auf Befehl von *Ruggero I.*, wurde aber in den folgenden Jahrhunderten stark verändert. Im Inneren ist u.a. eine Skulptur des *San Giovanni* zu sehen, gehauen von *Gagini*. Wieder Richtung Dom gehend, passiert man nun die **Kirche San Martino** von 1339 in Form eines lateinischen Kreuzes, später stark barockisiert. Beachtenswert ist der hölzerne Chor aus dem 17. Jh. sowie das Reiterstandbild des *hl. Martin*. Schließlich wartet noch das **Kloster SS. Salvatore** mit seiner Kirche am Corso auf einen Besuch – sie besitzt noch Fenster aus dem 14. Jh., das Portal stammt aus dem 15. Jh.

■ **Museo di Èrice**
Verwaltung der Kirchen San Giovanni, San Giuliano, San Martino, SS. Salvatore, von Dom und des Torre di Federico. Nov. bis Febr. 10–12.30 Uhr, März 10–16 Uhr, April bis Juni 10–18.30 Uhr, Juli/Aug. 10–19.30 Uhr, Sept. 10–19 Uhr, Okt. 10–18 Uhr, Kombiticket 5 €, Enzelticket je 2 €.

Forstmuseum

Etwas außerhalb an der Straße in Richtung Trapani befindet sich das **Museo Agroforestale**. In einem restaurierten Bauernhaus werden Siziliens Flora, Fauna und bäuerlichen Traditionen gezeigt.

■ **Museo Agroforestale**
C. da San Matteo, Tel. 09 23 86 95 32, tgl. 8.30–14 Uhr, Eintritt frei.

Praktische Informationen

Touristeninformation

■ **Ufficio Informazione**
Viale Conte Agostino Pepoli 11, Tel. 09 23 86 93 88, www.ericetourist.it, www.ericetourism.com. Das

Touristenbüro ist von Anfang November bis Ende März generell geschlossen!

Unterkunft

■ **B&B Ashram** ②
Via Martogna 16, zwischen Trapani und Èrice, Tel. 09 23 56 06 06, www.ashram.it. Hoch über dem Ort dient dieses Kloster, dessen Gründung auf das 15. Jh. zurückgeht, als einfache, freundliche Unterkunft mit ausgezeichnetem Restaurant; auf Anfrage gibt es Reitstunden und Ausflüge. Die Anfahrt kann mit Fahrzeugen geringer Bodenfreiheit eventuell schwierig sein.

■ **Hotel Villa San Giovanni** ②
Viale Nunzio Nasi 12, Tel. 09 23 86 91 71, www.hotelsangiovannierice.it. Man ist katholisch, und so ist auch die Einrichtung etwas spartanisch und erinnert an ein Kloster, der Blick ins Tal ist allerdings verführerisch – ebenso die Küche.

■ **B&B Ulisse Camere** ②-③
Via Santa Lucia 25, Tel. 09 23 86 01 55, www.sitodiulisse.it. Angenehmes B&B mit aufmerksam und angenehm eingerichteten Zimmern in rustikal-antikem Stil mit Bad, teils mit herrlichem Panoramablick, Restaurant.

■ **Agriturismo Belvedere San Nicola** ②-③
C.da San Nicola, Tel. 09 23 86 01 24, www.belvederesannicola.it. 10 Zimmer mit Bad, Garten, etwas unterhalb von Èrice mit einer fantastischen Sicht auf die Ebene, gutes Essen.

■ **Hotel La Pineta** ②-③
Viale Nunzio Nasi, Tel. 09 23 86 97 83, www.lapinetadierice.com. In einem Pinienhain verstreut liegen renovierte und hübsch eingerichtete Bungalows; das Hotelrestaurant auf der großen Terrasse ist ebenfalls sehr empfehlenswert.

■ **Hotel Elimo** ④
Via Vittorio Emanuele, Tel. 09 23 86 93 77, www.hotelelimo.it. Erlesen eingerichtete Zimmer, etwa im Stil eines englischen Landhauses, Garage, Gärtchen, Terrasse, kein Restaurant.

Essen und Trinken

■ **Ristorante La Pentolaccia** ②-③
Via G. F. Guarnotti 17, Tel. 09 32 86 90 99, www.ristorantelapentolaccia.it, Di geschl. In 3 kleinen, mit Keramik ausgeschmückten Sälen in der 1. Etage, probieren: *Tagliatelle alle Gemme di Fiume* mit *Gamberi*, Zucchini und diversen Kräutern, Pistazien und Pinienkernen.

■ **Osteria di Venere** ③
Via Roma 6, Tel. 09 23 86 93 62, Mo geschl. In einer säkularisierten Kirche, sehr gut, besonders die frisch bereitete Pasta, Spezialitäten wie Spaghetti mit Sardinen oder mit Schwertfisch, Aubergine, Tomaten und Minze.

■ **Ristorante Monte San Giuliano** ③
Vicolo San Rocco 7, Tel. 09 23 86 95 95, www.montesangiuliano.it, Di geschl. Unterhalb der Piazza Umberto I, ideenreiche sizilianische Küche, im Sommer im Innenhof, Rezepte wie Räucherfisch mit Käse zur Vorspeise, Auberginenröllchen oder Seebarsch in Salzkruste.

■ **Restaurant Moderno** ③-④
Via V. Emanuele 63, Tel. 09 23 86 93 00, www.hotelmodernoerice.it, Mo geschl. Hotelrestaurant mit gehobener Küche, sehr elegante Atmosphäre, sehr große Weinkarte.

Süßigkeiten

■ **Café e Pasticceria Maria**
Via V. Emanuele 19/14, Tel. 09 23 86 93 90, http://mariagrammatico.it. Für Èrice typische Süßigkeiten, wunderschönes Café in einem alten Adelspalast. *Maria* hat in einem Kloster die Herstellung mit extra vielen Mandeln gelernt und hält diese Tradition aufrecht. Andere Pasticcerie machen zwar oft viel Wind und Werbung, halten sich aber in der Regel nicht an die Originalrezepte. Achtung: Die Pasticceria für den Straßenverkauf befindet sich ein paar Häuser weiter südlich in der gleichen Straße.

Einkaufen

■ **Teppiche,** aus lokaler Fertigung, bei *Francesca Parisi*, Via Pepoli 55, Tel. 09 23 86 90 49, www.pina parisi.com.

Sonstiges

■ **Autobus,** zum Busterminal Piazza Ciaccio Montalto in Trapani etwa stündlich.
■ **Parkplatz,** vor der Porta Trapani.

Die Egadischen Inseln

Die drei Inseln des Archipels, **Favignana, Levanzo und Maréttimo,** zählen heute **4700 Einwohner.** Sie sind seit prähistorischer Zeit bewohnt und waren einmal als Halbinseln mit Sizilien verbunden.

Im Hochsommer, speziell um den 15. August herum, drängen sich die Gäste aus Sizilien, und alles platzt aus den Nähten. Diese Zeit sollte man meiden, insbesondere dann, wenn man die Inseln aufsucht, um das zu machen, wofür die Inseln so berühmt sind – **tauchen.**

Die *Mattanza*, der Thunfischfang, wofür die Egadischen Inseln ebenfalls berühmt waren, fand von 2003 bis 2006 nicht statt. Japanische Schiffe hatten den Zug der Fische gestört bzw. das Mittelmeer überfischt, und bis nach Favignana gelangten keine Thunfische mehr. Für die Bewohner eine Katastrophe, war doch die *Mattanza* eine der Hauptattraktionen. 2006 konnte die Thunfischjagd auf Favignana wieder aufgenommen werden.

Levanzo

220 Einwohner *(Levanzini),* 278 m ü.N.N., PLZ 91 023, bis Trapani ca. 15 km

Levanzo, die erste Anlegestelle auf der Fahrt hinaus, ist die **kleinste und ruhigste der drei Inseln.** Im Sommer addieren sich zu den 220 Bewohnern maximal 500 Übernachtungsgäste, im Winter reduziert sich die Bevölkerung auf 60 Seelen. Geologisch ist sie das älteste Eiland des Archipels. Sie entstand in der Trias-Zeit, also vor rund 200 Millionen Jahren. Die wenigen und weißen Häuser gruppieren sich vor allem um die Bucht **Cala Dogana.** Selbst im Sommer hält sich die Hektik in Grenzen, es gibt schlicht zu wenig Übernachtungsmöglichkeiten, als dass der große Touristenstrom hereinbrechen könnte. So sind beschauliche Spaziergänge möglich, man kann Wanderungen unternehmen oder mit dem Mountain-Bike oder dem Boot die Insel umrunden. Eine kleine Badebucht liegt westlich des Ortes kurz vor der kleinen, vorgelagerten Felsinsel Faraglione (Kies), weitere sind an den Felsen und Klippen der Cala Fredda und der Cala Minnola (schöner als die Cala Fredda) östlich des Ortes zu finden. Alle drei zeichnen sich durch **sauberstes** und **klarstes Wasser** aus, Schwimmen, Schnorcheln und Tauchen sind eine Lust. Mit dem Boot auf Exkursion entdeckt man sicherlich noch andere schöne Badestätten.

Genovese-Höhle

Berühmt ist Levanzo für die **Grotta del Genovese,** zwei miteinander verbundene Höhlen, mit prähistorischen Felszeich-

nungen. Die 33 Bilder von Hirschen, Rehen, Pferden und tanzenden Menschen sind wohl vor 10.000 Jahren in den Fels geritzt und gemalt worden. Die Grotte wurde erst 1949 entdeckt. Sie ist zu Fuß, per Boot oder mit Esel zu erreichen. Da sie schutzwürdig und abgesperrt ist, kann man sie nur geführt besuchen.

■ Grotta del Genovese
Natale Castiglione, Tel. 09 23 92 40 32, www.grottadelgenovese.it. Nur nach Voranmeldung, 10.30 und 14.30 Uhr, Landzugang 10 € (Dauer ca. 110 Min.), Anfahrt mit dem Schiff 22,50 € (Dauer ca. 160 Min, mit Inselumrundung und Bademöglichkeit).

Eine Wanderung kann man zur **Cala Tramontana** unternehmen, einer Bucht, die einem felsigen Theater ähnelt, und von dort weiter zum Leuchtturm am nördlichen Ende oder auch den **Pizzo del Monaco** (278 m) oder den 77 m niedrigeren **Pizzo del Corvo** hoch. Festes Schuhwerk, eine kleine Zwischenmahlzeit, Wasser und Sonnenschutz nicht vergessen!

Tauchen

Levanzo besitzt zwei archäologische Tauchzonen. An der **Cala Minnola** versank im 1. Jh. v. Chr. ein Schiff mit einer Ladung *Garoun* – eine Würzsauce u.a. aus faulenden Sardinen, um die sich die alten Römer geradezu prügelten (und die heute als ungenießbar gilt). Anker und Amphoren sind zu sehen. Am **Capogrosso** fand eine große Seeschlacht zwischen den Puniern und den Römern statt (141 v. Chr.). Auch hier liegen Anker auf dem Meeresgrund. Tauchexkursionen nach Levanzo unternehmen die Tauchzentren auf Favignana (s. dort).

Unterkunft

■ **Hotel Paradiso** ③
Via Lungomare, Tel. 09 23 92 40 80, www.albergoparadiso.eu. Über dem Hafen; im Sommer langfristig vorausbuchen, 16 Zimmer mit Bad und Klimaanlage, Restaurant (②). 15. Dez. bis 5. März geschl.
■ **Residenze L'Isola** ②
C.da Case, Tel. 092 31 94 15 30, www.lisola.eu. Sieben Ferienwohnungen außerhalb des Ortes auf dem Land, gut ausgestattet, aber meist ausgebucht.
■ **Residenz La Plaza** ③
Via Salita Poste, Tel. 33 95 04 54 08, www.levanzoresidence.com, Apartment o. F. 80–180 €. 7 Apartments im Dorf, mit Bad und Kochgelegenheit, Essecke und Wohnecke, modern und sauber.

▷ Favignana besitzt nur wenige Strände und ist als Sommerziel dennoch beliebt

Essen und Trinken

■ **Pizzeria Romano**
Porto, Tel. 09 23 92 40 01, 5–15 €. Links vom Hafen trifft man sich für ein Schwätzchen, für ein Eis oder ein belegtes Brötchen, für ein Glas Wein und abends für eine Pizza.

Schiff

■ **Bootsausflüge,** Buchungen über Salvatore Petralia, Tel. 33 97 36 77 85, www.levanzoinbarca.it. Motorbootverleih 50–150 €/Tag je nach Saison und Größe.
■ **Siremar/Fähre Fahrkarten,** Via Calvario 29, Tel. 09 23 92 41 28.
■ **Ustica Lines/Schnellboote Fahrkarten,** Molo d'Imbarco, Tel. 34 88 04 26 81.

Favignana

4200 Einwohner *(Favignanesi),* 10 m ü.N.N., PLZ 91 023, bis Trapani ca. 17 km

Wie ein Schmetterling liegt die Insel im Mittelmeer, und wenn die heiße Jahreszeit beginnt, reisen Gäste zu Tausenden an. Favignana ist die **größte und beliebteste der Egadischen Inseln.** Favignana liegt an der *Taille,* der westliche Flügel ist gebirgig, der östliche flach. An der gesamten Küstenlinie lässt sich hervorragend tauchen, wenn auch die Buchten im Osten leichter zugänglich sind.

Geschichte

Odysseus war schon hier, *Homer* berichtet uns von seiner Landung. Danach kam die ganze Latte an Eroberern, die

die sizilianische Geschichte aufweist: Araber, Normannen, Spanier usw. Von den Römern stammt die einzige archäologische Stätte, das **„Bad der Frauen"**. Im 19. Jh. war Favignana ein wichtiges Handelszentrum. In der Nähe des recht modernen Wohnviertels liegt der **Florio-Palast.** Er wurde 1874 vom Architekten des Politeama-Theaters in Palermo, *Giuseppe Almeyda,* gebaut und war Sitz der Familie *Florio,* die die Insel zugesprochen bekam und vom Thunfischfang reich wurde. Ursprünglich befand sich an der Stelle des Palazzo ein kleiner mittelalterlicher Ort. Die Insel verfügte über zwei Festungen, **San Giacomo** und **Santa Caterina.** San Giacomo – in der Stadt – wurde später und wird bis heute als Gefängnis genutzt, Santa Caterina, hoch über der Insel thronend, war lange Jahre eine Militärstation und ist aufgelassen.

Favignana Stadt

Die Mole, an der Schnellboote anlegen, führt unmittelbar zur Piazza Marina. Nördlich von ihr findet sich die Mole für die Fährschiffe. Geht man dorthin, pas-

siert man den **Palazzo Florio.** Heute sind darin Büros der Kommunalverwaltung und die Informationsstelle für Touristen untergebracht. Südlich der Piazza Marina erstreckt sich der Stadtstrand in einem Bogen bis zu den schön renovierten Industriegebäuden, in denen die Familie *Florio* den Thunfisch verarbeiten ließ – der *Stabilimento Florio.* Nimmt man von der Piazza Marina die Via Vittorio Emanuele nach Osten, gelangt man ins Herz der Stadt, an die Piazza Madrice mit der Hauptkirche und zahlreichen Restaurants, Bars und Cafés herum.

Strände und Inselinneres

Die Insel selbst ist sehr malerisch, mit ihren Felsriffen, Buchten, Grotten und tiefen Tuffsteinbrüchen. Inzwischen sind die im Laufe der Zeit schwarz gewordenen Steine mit Kapernpflanzen bewachsen, was ihnen einen freundlichen Ausdruck verleiht. Die Vegetation ist unberührt. Weite Teile der Insel sind mit mediterranem Buschwald bedeckt, außerdem prägen Disteln, Kaktusfeigen und Agaven das Bild. Man kann mit dem gemieteten Fahrrad oder der Vespa, aber natürlich auch mit dem eigenen Auto, einem Boot, dem Bus oder einfach zu Fuß die Insel erkunden – alle Optionen stehen offen.

UNSER TIPP Von Favignana aus quer über die Taille der Insel in den Süden führt die asphaltierte Straße zur **Punta Longa.** 1 km östlich liegt der **Lido Burrone,** der mit seinem feinen Sand und kristallklarem Wasser als schönster Badestrand der Insel gilt – Südseefeeling. Auf dem Weg zum Leuchtturm an der Punta Marsala passiert man an der **Punta Fanfalo** den 1000-Betten-Komplex von „Valtour" und dann die **Cala Azzurra.** Über sie hinaus, hinter der Punta S. Vituzzo, erreicht man die **Cala Rossa.** Beide Calas reizen ebenfalls zum Schwimmen, wenn auch die Bucht Cala Rossa felsig ist. Der Name soll von einer Seeschlacht zwischen Kathagern und Römern stammen, bei der die punische Flotte zerstört wurde, wobei das Meer sich blutigrot färbte. Die Felsen wurden als Steinbruch benutzt. Folgt man der Küstenlinie, kann man an der Punta San Nicolò das **Bad der Frauen** *(Bagno delle Donne)* – eine Art Nymphäum aus römischer Zeit – besichtigen.

Im Westteil der Insel, südlich am Monte Caterina vorbei, sieht man mehrere Inselchen. Das Tauchparadies ist als Unterwasserreservat ausgewiesen. Und das Meer ist so blau, so blau … Nördlich und südlich des Leuchtturms auf der **Punta Sottile** kann man baden; hier ist man mehr unter sich als an den Stränden des Ostteils.

Bei Scirocco geht man bevorzugt zur Cala Rossa zum **Baden,** weht der Mistral, sind die Strände im Süden beliebt. Um zur aufgelassenen **Festung Santa Caterina** zu gelangen, nimmt man die Asphaltstraße westlich des Hafens und dort, wo der Teerbelag endet, den vorzüglich gepflasterten Fußweg, der in steilen Serpentinen nach oben führt. Angeraten ist der Spaziergang in den Nachmittagsstunden oder am frühen Morgen (ca. 25 Min.), wenn es nicht so heiß ist. Der Blick von der Festung auf die Egadische Inselwelt ist fantastisch und angeblich soll man bei klaren Tagen die Schemen des afrikanischen Cap Bon erahnen können.

Information

■ Info Point
Palazzo Florio, Porto di Favignana, Tel. 09 23 92 54 43, www.welcometoegadi.it

Unterkunft

■ Miramare Residence ②-④
Localita Costicella, Tel. 09 23 92 11 30, www.miramareresidence.it. Feriendorf mit Apartments und viel Infrastruktur, nicht weit von der Stadt am Strand, April bis Okt. geöffnet.

■ Hotel Bouganville ②-④
Via Cimabue 10, Tel. 09 23 92 20 33, www.albergobouganville.it. 13 nett eingerichtete Zimmer in einer Familienpension 500 m vom Zentrum im Südwesten.

■ Hotel Egadi ③-⑤
Via Cristoforo Colombo 17/19, Tel. 09 23 92 12 32, www.albergoegadi.it. Es ist dringend angeraten, Halbpension zu buchen, das Essen ist so fantastisch, dass Sie es an keinem Tag Ihres Aufenthaltes bereuen werden (siehe bei Restaurants). Das Hotel ist einen Katzensprung vom Hauptplatz entfernt, angenehm stilvoll eingerichtete Zimmer und familiäre Führung. Ganzjährig geöffnet, Vorausbuchung ist immer angeraten, auch Vermietung von Villen auf dem Land.

■ Hotel Favignana ④
C.da Badia 8, am Ortsrand an der Straße nach Cala Monaci, Tel. 09 23 92 54 49, www.favignanahotel.com. Komfortabler Neubau von 2004 mit 16 groß-

Favignana-Stadt

Übernachtung
1 Hotel Tempo di Mare
2 Hotel Egadi
9 Hotel Bouganville

Essen und Trinken
2 Ristorante Egadi
3 Due Colonne
4 Trattoria El Pescador
8 Trattoria da Papù
10 Ristorante Nautilus
11 Trattoria La Betolla

Einkaufen
5 La Casa del Tonno
6 Conservittica Sammartano
7 Antica Tonnara

zügigen Zimmern, Klimaanlage, Telefon, Pay-TV, WLAN, ruhig gelegen.

Hotel delle Cave ③-⑤
C.da Torretta, Vic. Della Madonna, Tel. 09 23 92 54 23, www.hoteldellecave.it. Das schlichte Haus in der Nähe der Cala Rossa gibt sich modern und minimalistisch, die unverputzten Mauern vor der Kulisse der Steinbrüche haben durchaus ihren Reiz.

Hotel Approdo di Ulisse ③-⑤
Localita Cala Grande, Tel. 09 23 92 25 25, www.aurumhotel.it. Zimmer, Cottages und Bungalows in einer Großanlage an der Westküste, Animation, zahlreiche Sportmöglichkeiten.

Hotel Tempo di Mare ④-⑤
Via Fracsia 6, Tel. 09 23 92 24 74, www.hoteltempodimare.it. Luxushotel unweit des Zentrums, Schwimmbad, alles hell, weiß und ocker, Edelmaterialien und für die Lage direkt an der Küstenstraße außergewöhnliche Zimmerpreise.

Camping

Campeggio Egad ①-③
Localita Arena, Tel. 09 23 92 15 55, www.campingegad.com. Freundlicher, familiärer Betrieb mit schattigen Stellplätzen 500 m vom Strand, Restaurant, Tauchzentrum, Bungalowvermietung, ganzjährig offen.

Essen und Trinken

Due Colonne ①-②
Piazza Madrice 74, Tel. 09 23 92 22 91, www.egadivacanze.it. Favignanesi treffen sich hier bei einer kleinen Mahlzeit, Leckereien werden individuell aus einer Vitrine zusammengestellt, und die Fischer diskutieren gewöhnlich den Fang und spülen die Antipasti mit Wein hinunter.

Favignana

■ **Trattoria/Pizzeria da Papù** ②
Via Nicotera 7, Tel. 32 45 32 14 97. Beim Hauptplatz gibt es leckere Pasta, man sitzt auf der Gasse, drinnen unaufgeregtes Ambiente, einfache, handfeste Küche, sehr beliebt bei Einheimischen und Touristen gleichermaßen.

■ **Ristorante/Pizzeria Nautilus** ②
Via G. Amendola 6, Tel. 09 23 92 16 71, www.ristorantenautilus.com. Direkt am Stadtstrand mit Terrasse, vornehmlich Fischgerichte und Pizza, auch als Aperitif-Bar für den Sonnenuntergang gut.

■ **Trattoria La Betolla** ②-③
Via Nicotera 47, Tel. 09 23 92 19 88, Mo geschl., 25 €. Überdachter Freisitz an der Straße unweit des Hauptplatzes, gute Fischküche und familiäre Stimmung, Salat vom Hummer mit Tomaten, Tinten-Spaghetti, danach vielleicht Schwertfisch vom Grill oder Couscous.

■ **Trattoria El Pescador** ③
Piazza Europa 38, Tel. 09 23 92 10 85, www.trattoriaelpescador.eu. Sehr gute Fischküche im gemütlichen Gastraum oder auf der schönen Terrasse, ältestes Lokal der Insel – das verpflichtet: Fischsuppe, Muschelterrine und Couscous, als Abschluss ist die Cassata Siciliana Pflicht.

■ **Ristorante Egadi** ④
Via Cristoforo Colombo 17, Tel. 09 23 92 12 32. Gästen mit Halbpension kommt das ausgezeichnete Essen wesentlich billiger. Es gibt ein festes Menü und à la Carte. Das familiär geführte Haus holt sich die besten Ingredienzen in die Küche. Das Ergebnis lässt sich schmecken, selten nimmt der Fisch die zarten Gerüche der Inselwelten auf so perfekte Art an – ein Erlebnis. Auch die Weinkarte ist ausgesprochen ausgesucht, über 100 Etiketten – natürlich nur aus Sizilien – sind im Angebot. Die ruhige Atmosphäre der kleinen, elegant und sparsam in Pastelltönen eingerichteten Speiseräume trägt mit dazu bei, dass man sich voll und ganz auf die einzelnen Gänge konzentrieren kann.

Nahverkehr

■ **Tarantola Bus,** mehrmals täglich auf drei Routen über die Insel, Abfahrt am Lungomare Duilio.

■ **Vespaverleih,** zahlreiche Firmen am Hafen verleihen Vespas und Quadbikes, Vespa 20–45 €/Tag.

■ **Bootsverleih,** am Hafen, Boote sind mit oder ohne Begleitung (Schlauchboote mit Außenborder) verfügbar.

> Favignana ist eine Badeinsel

Schiff

- **Siremar/Fähre Fahrkarten,** *Compagnia delle Egadi,* Molo San Leonardo, Tel. 09 23 92 13 68.
- **Ustica Lines/Schnellboote Fahrkarten,** Molo San Leonardo, Tel. 09 23 92 12 77.

Sonstiges

- **Tauchzentrum Posidonia Blu,** Tel. 33 98 62 01 16, www.posidoniablu.com.
- **Tauchzentrum Progetto Atlantide,** Tel. 34 75 17 83 38, www.progettoatlantide.com.

Einkaufen

- **Conservittica Sammartano,** Via Garibaldi 8, Tel. 09 23 92 10 54, Verkauf von Thunfischprodukten auch als Konserven, als einziger der Thunfischverkäufer auf Favignana stellt die Firma ihre Produkte auf der Insel her.
- **Antica Tonnara,** Via Nicotera 6, Tel. 09 23 92 16 10, www.anticatonnaradifavignana.com, Thunfischprodukte in Palermo verpackt.
- **La Casa del Tonno,** Via Roma 12 und Piazza Madrice 1, Tel. 09 23 92 22 27, www.iltonno.com, Thunfischprodukte in Trapani verpackt.

Befestigungsanlage auf Favignana

Maréttimo

700 Einwohner (Marettimani), 686 m ü.N.N. (Monte Falcone), PLZ 91 023, bis Trapani ca. 34 km

Die gebirgige Insel besteht aus Kreide- und Dolomitfelsen. Durch Jahrtausende der Isolation vom Festland hat sich eine ganz eigene Vegetation entwickelt. Die relativ hohen Berge garantieren ausreichend Wasser, zumindest für die Pflanzenwelt. Bereits 1956 haben zwei Botaniker über 515 verschiedene Arten entdeckt. Der kleine Hafen **Porto dello Scalo Nuovo** ist ein lebhafter, freundlicher Ort. Die Häuschen stehen vor einer Felswand, und die Gassen werden zunehmend steiler, je mehr man sich ihr nähert. Maréttimo ist ein Wanderparadies, und wer gerne auf Entdeckung geht, hat für ein paar Tage seinen Lebensinhalt gefunden. Ein einfacher Weg führt zum Leuchtturm **Libeccio,** ein anderer zur römischen Siedlung Case Romane. Etwas mühevoll ist der Weg zum alten Kastell auf der Punta Troia. Wie immer: Festes Schuhwerk, Wegzehrung und Sonnenschutz. Die kleine Insel lässt sich auch gut auf einer Bootsfahrt umrunden. Dabei kann man einige der zahlreichen Grotten besuchen. Selbstverständlich lässt sich auch tauchen. Die **Badebegeisterten** treffen sich an der **Cala Nera,** der **Cala Spalmatore** und an der **Cala Maestro** am **Punta Troia.**

Unterkunft

- **B&B La Terrazza** ②-④
Via Guglielmo Pepe 24, Tel. 09 23 92 32 52, www.bedandbreakfastmarettimo.it. Fünf Schlafzimmer

und 4 Bäder, große Terrasse – ideal für Gruppen, die Sonderkonditionen erhalten (auch Halbpension).

■ **Residence Maréttimo** ③
Localita Spatarello, Tel. 09 23 92 32 02, www.marettimoresidence.com. Größere Anlage mit 42 Apartments, jedes mit Bad und eigener Terrasse oder Veranda und kleiner Küche, nur wochenweise Vermietung.

■ **Residence Rosa dei Venti** ②
Punta S. Simone, 4, Tel. 09 23 92 32 49, www.isoladimarettimo.it. 12 Zimmer und Apartments unterschiedlicher Größe im Ort und mit Kochmöglichkeit, auch Bootsausflüge und Schnorchelunternehmungen, Möglichkeit, mit den Fischern rauszufahren (und seinen eigenen Fang abends in der Küche auf den Grill zu bringen).

Essen und Trinken

■ **Trattoria Il Pirata** ②-③
Via Scalo Vecchio 27, Tel. 09 23 92 30 27. Die Marettimani gelten als die besten Fischer der Welt, *noblesse oblige,* das Lokal ist bemüht, in der Zubereitung des Fanges dem Ruf gerecht zu werden, am Hafen mit Blick auf das Kastell an der Punta Troia.

Fest

■ **19. März,** Fest des *San Giuseppe* (zu dem auch immer mindestens einer der ins Ausland abgewanderten Einheimischen von den „Kolonien" abgeordnet nach Hause kommt).

Sonstiges

- **Siremar/Fähre Fahrkarten,** Ag. Torrente, Corso Umberto I 2, Tel. 09 23 92 31 44.
- **Ustica Lines/Schnellboote Fahrkarten,** Ag. Polisano, Corso Umberto I 15, Tel. 34 98 04 26 81.
- **Tauchzentrum Maréttimo,** Via Cuore di Gesu 5, Tel. 33 31 90 27 20, www.marettimodivingcenter.it.
- **Bootsverleih,** man frage im Hafen nach, wer einen Bootsausflug rund um die Insel unternimmt. Ein ganzes Boot (für max. 8 Personen) kostet etwa 100 € für den halben Tag.

Mattanza del Tonno

Von Ende April bis Mitte Juni ist die Zeit der Mattanza. Zum Laichen begeben sich die **Thunfische** in die wärmeren, oberen Wasserschichten. Nun wird zwischen zwei Fischerbooten ein kilometerlanges Netz gespannt, die Boote fahren anschließend aufeinander zu und das Netz bildet ein „U", an dessen Ende sich die Fische konzentrieren. Mit langen, hakenbewehrten Stangen werden die Fische nun aus dem Wasser gezerrt. Die Zeit der Mattanza ist für die Einheimischen Fest und Arbeit zugleich – nichts für Zartbesaitete.

Pantellerìa

7650 Einwohner *(Panteschi)*, 836 m ü.N.N., PLZ 91 017, bis Trapani ca. 156 km

Auf den ersten Blick kein besonders erhebender Eindruck: Schwarzgrau und massig liegt die Insel im Meer, ringsherum steile Felsküste. Doch sollte man sich davon nicht täuschen lassen, sondern möglichst schnell auf Entdeckungsreise gehen. Das Innere zeigt sich durchaus auch üppig bewachsen und grün (420 Pflanzenarten wurden katalogisiert) und ist mit ausgezeichnet unterhaltenen und markierten Wanderwegen ein Paradies für die Gehfreudigen. Die Araber nannten die Insel übrigens *Bent el rion*, Tochter des Windes. Der Name ist Programm! Windstille Tage sind auf Pantellerìa eher die Ausnahme, und häufig genug zwingen die heftigen Böen die empfindlichen Schnellboote unverrichteter Dinge zur Umkehr – eine Fahrt nach Pantellerìa ist eben immer noch ein kleines Abenteuer.

Die **Anfahrt** mit dem Schnellboot von Trapani aus dauert 150 Min., mit der Fähre ist man sechs Stunden unterwegs (Informationen bei Trapani „Schiff"); mit dem Flugzeug von Trapani und Palermo aus sind es etwa 30 Min. (Infos bei Palermo „Flug").

Geschichte

Pantellerìa ist vulkanischen Ursprungs. Im Trias brachten heftige unterseeische Eruptionen zunächst die **Montagna Grande** (836 m) hervor, und diese wiederum baute mit immer neuen Ausbrüchen die Insel auf. Heute ist der Vulkan ebenso wie der **Monte Gibele** (700 m) und der **Monte Cuddia Attalora** seit hundert Jahren nicht mehr tätig. Geringe vulkanische Aktivitäten, wie heiße Wasserdampfquellen, gibt es aber immer noch überall im Gebirge zu entdecken.

Pantellerìa war schon im Neolithikum **besiedelt**; mehrere megalithische Gräber und Überreste von Dörfern wurden entdeckt. Eines der ungelösten Rätsel um die Siedlungsgeschichte der Insel sind die hier abgebauten **Obsidiane**, die bis Südfrankreich und Tunesien gelangten und deren Abbau auf 6000 v. Chr. datiert ist. Die Ausgrabungen bei Mursia gehören zu den besterhaltenen der frühen Bronzezeit (1800 v. Chr.) im Mittelmeer. Später setzten sich die Phönizier und Karthager auf *Cossyra* fest (die Insel war Navigationspunkt zwischen Karthago und Sizilien); sie behielten den Stützpunkt bis zur Niederlage gegen die Römer im Jahre 217 v. Chr. Ihnen folgten Byzantiner und Muslime, die für die sehr arabisch inspirierte Inselarchitektur und die vielen arabischen Ortsnamen verantwortlich zeichnen. Alle wurden angelockt von der fruchtbaren Erde vulkanischen Ursprungs und dem Vorkommen des Basaltes, der – zu Mühlsteinen verarbeitet – die Erträge des Bodens aufschließen half.

Im Zweiten Weltkrieg diente Pantellerìa wiederholt als Brückenkopf, zunächst für den Afrika-Feldzug der Deutschen und Italiener, dann für die Eroberung Siziliens durch die Amerikaner. Bomben haben viel von der historischen Bausubstanz von Pantellerìa-Stadt zerstört. Auf Pantellerìa waren neben 30.000 Mann italienischer Streitkräfte 78 deutsche Soldaten stationiert, denen nur der Abschuss eines einzigen alliierten Flugzeuges gelang. Dafür haben sie die Gegend um den heutigen Flughafen tief unterhöhlt und zu mehrstöckigen Bunkern ausgebaut – heute Stützpunkt der NATO. Bei den Luftangriffen der NATO auf Libyen 2011 diente er als einer der Basen.

Pantellerìa Stadt

Außer dem Hafen und der Hafenfestung *Barbacane* gibt es in Pantellerìa-Stadt nicht allzuviel zu sehen. Auch die Hotels an der Hafenpromenade sind nicht wirklich für Touristen gedacht, sondern beherbergen in erster Linie Geschäftsleute. Dennoch sollte man zumindest einen Abend in der Stadt verbringen, denn es

gibt gute Restaurants zu entdecken, und es lohnt sich auch durchaus, in einem der Straßencafés dem Getriebe am Hafen zuzusehen. Außerdem leiht man sich in der Stadt die Vespas, Quadbikes oder Autos für die Entdeckungstour auf der Insel.

◁ Vor der Aussaat
steht auf Pantelleria der Terrassenbau

Das Inselinnere

Kaum hat man den Küstenbereich verlassen, werden die Gaben deutlich, die der **Vulkanismus** der Insel beschert hat. Auf Terrassenfeldern und in winzigen, von schwarzen Mauern aus Lavagestein eingefassten Gärten werden Wein und Kapern angebaut. Welten liegen zwischen der graubraunen Steinwüste am Küstensaum und dem grünen Flickwerk des kultivierten Inselinneren. Wenn im Frühjahr die Kapern blühen, gesellen sich zartsafarbene Tupfer zum Tiefgrün der niedrigen Sträucher.

Wie auch auf den benachbarten Pelagischen Inseln haben die Menschen Pantellerìas offensichtlich nicht allzuviel übrig für ihre fischreichen Gewässer. Die Inselwirtschaft setzt auf den **Feldbau**, aber fährt seit Jahren nicht mehr gut damit. Die **Kapern** sind zwar von höchster Qualität, doch durch die aufwendige Ernte und die hohen Arbeitskosten viel teurer als die Konkurrenz aus Tunesien und Marokko. Und auch die **Winzer** stehen schon seit Jahren mit dem Rücken zur Wand, sind ihre Kollegen aus Sizilien doch effektiver organisiert und deren Rebsorten bekannter.

Dort, wo der Mensch noch nicht ordnend in den Haushalt der Natur eingegriffen hat, entfaltet Pantellerìa mit der ganzen Bandbreite der mittelmeerischen Flora **duftende Akzente:** Macchia be-

Bei den Wanderungen eröffnen sich immer wieder schöne Ausblicke: Der „Spiegel der Venus" weit unten

setzt jedes Stückchen Erde, dazwischen wuchern Rosmarin und Erika, und immer wieder gelingt es auch einigen Pinien, sich den Winden zu widersetzen und in die Höhe zu wachsen.

Spiegel der Venus

Man beginnt die 40 km lange Inselrundfahrt am geheimnisvollen Spiegel der Venus, dem *Specchio di Venere* oder *Bagno dell'Acqua* an der Nordostküste der Insel. Es handelt sich um einen nahezu kreisrunden, bis zu 12 m tiefen, türkisfarbenen Kratersee, eingefasst von weißem Sand, was inmitten des dunklen Gesteins für einen schönen Kontrast und fast karibische Stimmung sorgt. Das Wasser wird von warmen **sulfathaltigen Quellen** gespeist, und der Schlamm auf dem Seeboden gilt als hervorragendes Schönheitsmittel. Auf den bereitgestellten Steinen stakst der Badegast in den See und reibt den Körper mit dem Schlamm ein. An der Sonne lässt man ihn trocknen, und dann wäscht man sich im klaren Seewasser ab. Das Ergebnis (mindestens zehn Jahre jünger …) ist verblüffend, doch sollte man unbedingt darauf achten, bei diesen Aktionen nicht vom rechten (von den Trittsteinen vorgegebenen) Weg abzukommen, denn der schlammige Grund ist trügerisch.

Cala Cinque Denti und Gadir

Unser Tipp Dermaßen verschönt macht man sich auf den Abstieg zur Cala Cinque Denti – den fünf Zähnen. Ein mühsames Unterfangen, der Pfad ist schmal und teilweise steil. Von oben wirken die Felsnadeln interessanter. Die Straße verläuft nun abseits des Meeres und der Punta Spadillo mit ihrem Leuchtturm. Ein Abzweig führt anschließend steil hinunter zum kleinen Fischerhafen Gadir. Er brilliert mit einer **heißen Quelle,** die hinter dem Hafen entspringt. Sie läuft mit 36–38°C in ein natürliches Felsenbecken, in dem sich die Besucher aalen. Mehr kann man hier allerdings nicht unternehmen.

Khamma/Tracino

Die Straße verläuft nun wieder etwas landeinwärts, auch hier führen Pfade an die Felsküste, an der Menschen mit etwas Klettergeschick ein erfrischendes Bad nehmen können. Nächste Station ist die Zwillingssiedlung Khamma und Tracino. Hier sind die typischen Häuser Pantellerìas, die **dammusi,** zu Ferienbungalows umgebaut. Dammusi sind kleine, oft nur aus einem einzigen Raum bestehende, kubische Häuschen, die wahrscheinlich die arabischen Eroberer auf der Insel eingeführt haben. Typisches Merkmal im Inneren ist ein kleiner Alkoven, in dem das Bett steht. Die Häuser werden aus Lavagestein errichtet und besitzen ein Flachdach, auf das eine Kuppel gestülpt wird. Traditionell werden Dach und Kuppel weißgekalkt, während die übrigen Mauern unverputzt bleiben. Wo das Gestein aufhört und das Häuschen anfängt, ist oft kaum zu sehen, nur die Kuppeldächer leuchten in dem uniformen Schwarz und sprenkeln die Landschaft mit strahlendem Weiß. Die Konstruktion hat natürlich einen tieferen Sinn: Regen kann an der Wölbung bequem in die Zisterne abgeleitet werden, und innen sorgt die Kuppel für eine relativ gleichbleibende Temperatur. Man beachte die **Giardini Panteschi** – die arabischen Gärten. Als Windschutz werden Vertiefungen gegraben und deren Wände ausgemauert. Nur ein Baum passt hinein, das Verfahren ist so aufwendig, dass es sich nur reiche Bauern leisten konnten.

Cala Tramontana

Von Khamma führt ein Abstecher ans Meer zur Cala Levante und Cala Tramontana – dem mondänsten Winkel Pantellerìas. Wer in Italien etwas auf sich hält, besitzt hier oder auf der Lipareninsel Panarea sein Feriendomizil, oder

> Der Elephantenkopf ist ein oft bestauntes Naturphänomen

besser noch auf beiden. Viel Glamour und Prominenz tummelt sich an diesem schönsten Küstenabschnitt Pantellerìas, aber vor neugierigen Blicken gut hinter hohen Mauern verborgen. Zu den illustren Gästen der Insel gehören *Italo Gucci, Madonna, Julia Roberts, Sharon Stone, Gérard Dépardieu* (wenn er nicht gerade bei seinen russischen Freunden weilt) und *Giorgio Armani*.

Elefantenkopf

Nicht weit entfernt nach Süden lockt Pantellerìas Wahrzeichen, **Punta d'Arco,** auch Elefantenkopf genannt – eine augenfällige Felsformation, die tatsächlich wie der Schädel eines der Dickhäuter wirkt. Daneben gibt es eine schöne Bademöglichkeit, allerdings nur, wenn die See ruhig ist.

Balata dei Turchi

Auch die Balata dei Turchi am südlichsten Punkt Pantellerìas ist als Bade- und Schnorchelplatz geeignet. Früher landeten hier die Piratenschiffe, heute führt eine Staubstraße hinunter, die an einem Parkplatz und bei schrägen Felsplatten endet, die als Wasserzugang und Liegeplatz dienen.

Punta Tre Pietre

An der Küste nordwärts geht es zur Punta Tre Pietre und durch den am stärksten zersiedelten Teil Pantellerìas. **Scauri** ist ein beliebter und belebter Badeplatz mit Restaurant. Von hier kann man ins Inselinnere nach **Buccaram** und schließlich nach **Siba** abbiegen, und hier ist man bereits am Fuß der Vulkankette, die mit der **Montagna Grande** ihre höchste Erhebung hat (836 m).

Satarìa-Grotte

Kurz hinter der Punta Tre Pietre führen 90 Stufen hinunter ans Meer zur Satarìa-Grotte. Der Sage *Homers* nach lebte in ihr *Kalypso* und bedrängte den Helden 7 Jahre lang (eine Ehre, die auch Mljet/Kroatien und Gozo/Malta für sich in Anspruch nehmen). Mit 40°C springt hier eine Quelle aus dem Felsen in der Höhle und wird in Becken geleitet.

Sesi

Wer weiter an der Küste bleibt (und sich für die Ureinwohner Pantellerìas interessiert), wählt den Abstecher nach Sesi bei Mursia, wo eine Ansammlung von Steingräbern wartet, darunter ein großes, elipsenförmiges, mit Kuppel bekröntes Grabmahl, das als „Königsgrab" bezeichnet wird. Die *sesi*, so der lokale Name der Gräber, konnten bislang keinem bekannten Mittelmeervolk zugeordnet werden.

Grotta di Benikulà

Die **Natursauna** unterhalb des Montagna Grande ist ein weiteres Thermalphänomen. In einer winzigen Grotte tritt 60°C heißer Dampf aus und sorgt für eine intensive Schwitzkur. Vom Parkplatz geht man 10 Min. zu Fuß leicht bergan bis zum Felsspalt, entledigt sich bis auf die Badesachen seiner Kleidung und schlüpft hinein (wenn Platz ist!). Einige Meter entfernt befindet sich ein Hahn, an dem man Wasser zapfen und sich nach vollbrachter Tat abkühlen kann (Flasche mitnehmen!).

◁ Gegen Ende des Sommers färbt sich die Landschaft bräunlich

Piano di Monastero

Unterhalb der Natursauna befindet sich der Valle di Monastero, der **zweitgrößte Krater der Insel,** eine Ebene voller Weinreben und Weingüter. Hier werden die besten Sorten der Insel gezogen, und hier liegt auch das Kloster, das heute zur **Weinkellerei Donnafugata** gehört.

Montagna Grande

Den höchsten Gipfel der Insel erreicht man auf einer Asphaltstraße, die letzten Meter sind allerdings Sperrgebiet und dem Militär vorbehalten. Dichter Wald steht hier oben, und es ist eine willkommene Abkühlung nach dem heißen Aufenthalt in Meereshöhe, gepflegte Bänke und Tische laden zu einem Picknick ein, natürlich ist der Blick von oben über Insel und Meer fantastisch. Etwas nördlich des Gipfels gibt es einen weiteren Aussichtspunkt – wie es heißt sogar der schönste der Insel. Auf der **Cuddia di Mida** blickt man sowohl nach Westen als auch nach Osten, wer den Boden nur leicht ankratzt, kann sich die Finger verbrennen, überall quillt heißer Dampf aus der Erde.

Wanderungen

Pantellerìa ist ein kleines **Wanderparadies** und mit ausgezeichnet unterhaltenen und markierten Wanderwegen versehen. Ein Netz überzieht das Inselinnere und lässt Kombinationen zu, sodass auch ausgedehntere Exkursionen möglich sind. Ausgewiesen sind ein Dutzend Wanderpfade und weitere Zugangs- bzw. Verbindungswege, die Länge reicht von 4,5 km bis 17 km, die Wanderzeit von 1,5 bis über 6 Stunden. Man kann also etwa drei volle Tage über die Insel wandern und benutzt doch nicht denselben Weg. In den Hotels und den Tourismusinformationen erhält man eine Wanderkarte (auch auf deutsch) mit detaillierten Beschreibungen (Länge, Wanderzeit, Höhenunterschied und was am Wegesrand wächst).

■ http://www.tuttopantelleria.it/informazioni/sentieri-pantelleria.php

Praktische Informationen

Touristeninformation

■ **Pro Loco**
Lungomare Borsellino (beim Kastell), Tel. 33 43 90 93 60, www.comunepantelleria.it, www.prolocopantelleria.it, nur in den Sommermonaten.

Unterkunft

■ **Residence La Casa dei Fiori** ④
C. da Tracino, Tel. 33 48 35 71 82, www.pantellerialacasadeifiori.com. Hotelanlage in einer kleinen Dammusi-Siedlung mit vier Häuschen, einem weiten Garten und einem Schwimmbad, originelles Ambiente abseits der Küste.

■ **Hotel Cossyra/Mursia** ②-④
C.da Mursia, Tel. 09 23 91 12 17, www.mursiahotel.it. Ferienhotelanlage in Familienbesitz und unter Familienleitung 2 km von Pantellerìa-Stadt in Alleinlage am Kap von Mursia, zwei Hauskomplexe, der eine direkt über dem Meer, der andere etwas zurückgesetzt, Schwimmbäder, großes Meerwasserbecken, wunderschönes Spa-Zentrum, Restaurant, im Hochsommer Animation, Vespa- und

Autoverleih, Tauchschule, Inselrundfahrten, Juli/Aug. Mindestaufenthalt 1 Woche und HP, das Essen für die Pensionsgäste ist ausgezeichnet und mit Menüwahl.

■ **Hotel Blue Moon** ③
Via Don Errera, Pantellerìa-Stadt, Tel. 09 23 91 27 85, www.bluemoon-hotel.com. Modernes Hotel (Baujahr 2005) am Lungomare von Pantellerìa-Stadt, 12 komfortable Zimmer.

■ **Hotel Mediterraneo** ②-③
Via Borgo Italia 71, Pantellerìa-Stadt, Tel. 09 23 91 12 99, www.pantelleriahotel.it. Gut unterhaltenes Stadthotel im Zentrum mit 40 Zimmern, komfortabel bis luxuriöse Einrichtung, Dachrestaurant.

Dammusi

Die traditionellen Behausungen der Insel lassen sich für einen Urlaub anmieten, angeboten werden die Steinhäuschen in unterschiedlichem Austattungsgraden, in Alleinlage, als Siedlung, nur als Zimmer, mit Schwimmbad, mit Garten oder mit Ausblick. Man beachte, dass Wasser z.T. nur beschränkt verfügbar ist und dass in der Hochsaison eine Mindestmietzeit von einer Woche gilt. Vermieter von Dammusi sind u.a.:

■ **Dammusi al Mare,** www.dammusialmare.it, professioneller Vermieter.

■ **Dammusi da privato a privato,** www.pantellerialink.com, Liste privater Vermieter.

Essen und Trinken

■ **Ristorante La Risacca** ③
Via Padova 65, Pantellerìa-Stadt, Tel. 09 23 91 29 75. Großes Fischlokal mit einer immensen überdachten Terrasse in Höhe des Hafenmarktes, Spezialitäten wie Schwertfisch-Involtini und Ravioli Panteschi mit Ricotta und Minze.

■ **La Trattoria** ③
C.da Scauri, Tel. 09 23 91 61 01. Fischküche und Spezialitäten aus Pantellerìa wie Ravioli Panteschi, San Pietro al Forno mit Kartoffeln, Oliven und Kapern oder Couscous, kleine Terrasse zur Durchgangsstraße.

■ **Ristorante La Vela** ③-④
C.da Scauri Scalo, Tel. 09 23 91 65 66. Alles *a basa pesce,* schließlich befindet man sich am Hafen (der nur aus einigen schrägen Betonplatten besteht), große Terrasse, im Sommer bis meist voll mit badebegeisterten Hungrigen, nur Ostern bis 15. Nov.

■ **Osteria Il Principe e il Pirata** ④
Punta Karace, Tel. 09 23 69 11 08, www.principeepirata.it. Steile, kurze Abfahrt zum Meer hinunter, dann ist man mit der Prominenz alleine, schieres Understatement in der Einrichtung – nicht im Preis, elegante Veranda mit ockernen Sitzkissen, zur Einstimmung mit Aperitiv, blanke Holztische mit Sets vor großen Fenstern – Konzentration auf Meer und Fisch.

Nachtleben

■ **Oxidiana**
C.da Mursia, Nachtclub, Open-Air-Disco und Pizzeria, die erst um 23 Uhr den Ofen anschmeißt, nur im Sommer, dann aber richtig.

Baden

Die Entscheidung wohin, fällt immer der Wind: Bei Maestrale, Tramontana oder Levante ist Pta. Tre Pietre am besten geschützt; bei Scirocco wähle man lieber Cala Cinque Denti. Bei Nordwestwind ist Cala Levante zu empfehlen, bei Südwestwind wieder die Cala Tramontana.

Einkaufen

■ **Emporio del Gusto,** Via Catania, Pantellerìa-Stadt, Tel. 33 97 55 66 20, www.emporio-gusto.com, Öl, Saucen, Paté, Kapern – alles zu Apothekenpreisen, besser beim Erzeuger kaufen.

🦋 **Sapori di Pantelleria,** Rukia, beim Flughafen, Tel. 09 23 91 12 87, www.saporidipantelleria.it, der weltbeste Oregano kommt von Pantellerìa, *di Caperi piccoli*, die kleinen Kapern stehen denen von Salina in nichts nach, in Einmachgläschen gibt's Kapernpaste, Kapern unter Salz und Kapern unter Öl und das beste – direkt vom Hersteller, der auch nach Deutschland expediert.

Inselverkehr

■ **Inselbus ab Piazza Cavour,** Pantelleria-Stadt nach/von Tracino (ca. stündl.), Bugeber (bis zu 4 Mal/Tag), Flughafen (3–4 Mal/Tag), Lago Venere (1 Mal/Tag), Rekale (ca. stündl.), Fahrkarte beim Fahrer 1,80 €, im Tabacchi 1,50 €, 12-Fahrtenheft 15 €.
■ **Fahrzeugverleih Policardo,** Aeroporto Pantelleria, Tel. 09 23 91 28 44, www.autonoleggiopantelleria.it, Verleih von Autos, Vespas und Quadbikes.

Schiff

■ **Siremar,** *Agenzia Rizzo,* Via Borgo Italia 22, Tel. 09 23 91 11 20.
■ **Traghetti delle Isole/Ustica Lines,** *Agenzia Minardi,* Via Borgo Italia 5, Tel. 09 23 91 15 02.

Flugzeug

■ **Aeroporto di Pantelleria,** Localita Margana, Tel. 09 23 91 11 72, www.aeroportodipantelleria.it.
■ **Flüge** täglich nach Palermo und Trapani (siehe bei den jeweiligen Flughäfen).

Führungen

■ **Deutschsprachige Führungen,** Marino Travel Tour, Tel. 09 23 91 12 72 oder 33 86 41 03 77. *Tonino Marino* gilt als bester Inselkenner, im Wechsel macht er drei Touren, zwei mit dem Wagen (rund um die Insel auf der Küstenstraße und ins Inselinnere) und eine mit dem Schiff. Alle drei kosten je 50 € pro Person und beinhalten ein absolut köstliches, mehrgängiges Mittagessen auf dem Schiff oder hoch oben in einem Dammuso, immer mit viel Kurzweil und interessanten Geschichten und Anekdoten – unbedingt empfehlenswert!

Sonstiges

■ **Tauchzentrum Green Divers,** C. da Mursia, Tel. 09 23 91 82 09, www.greendivers.it.

San Vito lo Capo

4600 Einwohner *(Sanvitesi),* 6 m ü.N.N., PLZ 91 010, bis Trapani 39 km

Auf endlos langer und breiter Straße geht es hinein in den kleinen Ort, bis zur Fußgängerzone beim Strand. Rechtwinklige, helle, saubere Straßen, kleine, weiße Häuser, promenierende Badegäste, Straßencafés, Restaurants mit Tischen auf dem Gehsteig, Läden, die alles führen, was man für den Badeurlaub benötigt – San Vito lo Capo strahlt eine angenehme Ferienatmosphäre aus.

Der **große Sandstrand** bietet Platz für alle, selbst im Hochsommer hat der Ort nichts von der Hektik und dem Trubel anderer Touristenburgen. Zu sehen gibt es allerdings auch nicht viel, gerade mal eine Kirche – die Chiesa Madre, deren Innenleben uninteressant ist, lediglich das Gebäude an sich vermittelt Geschichte, es entstand im 16. Jh. als Wehrbau.

Praktische Informationen

Touristeninformation

■ **Ufficio Informazione**
Via Savoia 61, Tel. 092 39 97 43 00, www.aotsanvito.it.

Unterkunft

■ **B&B Eden** ②-③
Via Mulino 49, Tel. 09 23 97 24 60, www.sanvitoweb.com/eden. Kleines Bed and Breakfast mit 2 Zimmern mit Bad, 300 m vom Strand, Mai–Okt.

■ **Hotel Costa Gaia** ②-④
Via Savoia, Tel. 09 23 97 27 85, www.hotelcostagaia.com. Direkt am Corso gelegen, mit einem gutem Fischrestaurant (im August nur mit Halbpension), 200 m vom Strand gelegen.

San Vito lo Capo

■ **Hotel Sun Garden** ③-④
Via Mazzini 19, Tel. 09 23 97 27 85, www.hotel sungardenhotel.com. Kleines familiär geführtes Haus im Zentrum, nur wenige Schritte vom Strand, nur 10 Zimmer, funktional aber angenehm eingerichtet.

■ **Hotel Egitarso** ③-⑤
Via Lungomare 54, Tel. 09 23 97 21 11, www.hotel egitarso.it. Am Beginn des Lungomare am Strand, helle Zimmer unterschiedlicher Kategorie, teils mit Balkon und Meerblick.

■ **Hotel Capo San Vito** ⑤
Via San Vito 1, Tel. 09 23 97 21 22, www.caposanvi to.it. Luxus pur am Strand, edle Einrichtung mit viel Holz, zarten Farben und gedämpftem Licht, mit angeschlossenem Restaurant und einem Wellness-Zentrum.

Camping

■ **La Pineta** ①
Via del Secco 88, Tel. 09 23 97 28 18, www.camping lapineta.it. Schattiger Platz, 500 m zum Strand, sehr gute Ausstattung.

■ **El Bahira** ①-②
Locatione Salinella, Tel. 09 23 97 25 77, www.elba hira.it. Schöner und sehr großer Platz am Kap, 3 km südlich von San Vito lo Capo gelegen, perfekte Ausstattung, Bar, Restaurant, Pizzeria, Supermarkt, Wäscherei, Kinderspielplatz, kurz: autarker Urlaubsort, April bis September geöffnet.

Essen und Trinken

■ **Trattoria/Pizzeria Gnà Sara** ②
Via Duca degli Abruzzi 6, Tel. 09 23 97 21 00, www.gnasara.com. Pizza, Pasta und Fisch auf der Terrasse, viele Einheimische. Immer gut besucht, was das Personal zu eiligen Schritten und zeitiger Rechnungslegung veranlasst, da die nächsten Gäste schon warten.

■ **Ristorante Sapori di Sicilia** ③
Via Savoia 24, Tel. 09 23 62 10 90, www.ristorante saporidisicilia.it. Mo geschl. (nicht Sommer). Trotz der vielen Touristen sehr gut zubereiteter, fangfri-

San Vito lo Capo ist einer der beliebtesten Badeorte

scher Fisch, im Sommer wird es wegen der Strandlage abends sehr hektisch.

■ **Ristorante da Alfredo**
C.da Valanga 3, 2 km außerhalb in den Hügeln, Tel. 09 23 97 23 66, Mo geschl., 30 €. Fischgerichte, serviert auf der schattigen Veranda eines alten Landhauses; gutes Couscous.

■ **Ristorante Tha'am**
Via Duca degli Abruzzi 32, Tel. 09 23 97 28 36, Mi geschl., 40 €. Tunesische Küche in elegant-nordafrikanischem Ambiente mit weiß-lackiertem Holz und blauen Fliesen, sogar die Terrasse präsentiert sich im arabischen Ambiente: *Brik, Couscous, Tajine* und *Kebab*.

Fest

■ **September,** Couscous-Fest in San Vito lo Capo, die Hotels sind voll, trotz der dann beträchtlich angehobenen Preise, ausgelassene Feierstimmung, großes Programm, www.couscousfest.it.

Verkehr

■ **Autobus,** mehrere Haltestellen in der Via Napoli (parallel zum Corso), AST nach Trapani, Russo nach Palermo.
■ **Schiff,** im Hochsommer einmal täglich nach Castellammare del Golfo.
■ **Ustica Lines/Schnellboote,** Juli und Aug. zu den Egadischen Inseln.
■ **Transfer zum Zingaro Park,** Maremonti, Via Amodeo 15, Tel. 09 23 97 22 31, www.sanvitolocapotransfert.com, im Sommer, morgens hin, nachmittags zurück, 10 €/Person.

Tauchen

■ **Tauchzentrum Nautisub,** Via Faro 26, Tel. 32 88 18 07 48, www.nautisub.it.

Naturpark von Zingaro

Fährt man von San Vito lo Capo weiter um den Monte Monaco herum und östlich am Pizzo di Sella vorbei, kommt man nach 10 km zum Naturpark von Zingaro, einer einzigartigen und unberührten Landschaft. Mit dem Auto oder dem Fahrrad darf man nicht einfahren. Am nördlichen und am südlichen Ende gibt es Parkplätze und Forstbeamte, die Auskunft geben. Die **7 km lange Hauptwanderung entlang der Küste** dauert zwei Stunden, es gibt aber eine Vielzahl von weiteren Wegen, auch Schutzhütten und Übernachtungsplätze sind vorhanden (s.a. „Wanderung" weiter unten). Die Forstbeamten erteilen auch hierzu Auskunft. Oder man wendet sich direkt an die Nationalparkverwaltung.

UNSER TIPP Wenn nicht allzu viele Menschen unterwegs sind – im Hochsommer wird man sich gegenseitig auf die Füße treten – ist dies eine herrliche Wanderung. Es geht an kleinen Badebuchten vorbei, wo das Wasser lockt, mitten im Park können kleine Museen besucht werden, Picknickgelegenheiten bieten sich, die Pflanzenwelt kann studiert werden – alles in einer für Sizilien so selten gewordenen unverbauten und ursprünglichen Landschaft. Ende der 1970er Jahre sollte dieser Küstenstrich parzelliert und an Privatleute und Firmen vergeben werden. Es bildete sich aber schnell eine Bürgerbewegung, die 1980 durchsetzte, dass man das gesamte Gebiet zum Naturschutzpark erklärte. Bis dahin waren allerdings schon schwe-

re Eingriffe vorgenommen worden, vor allem die landwirtschaftliche Nutzung hatte eine **Entwaldung** zur Folge. Aus diesem Grunde sind Bäume wie Oleaster und Johannisbrot bis auf wenige Exemplare verschwunden. Die Vegetation ist aber noch interessant genug: Zwergpalmen, Feigenkaktus, Mastixbäume, Myrte, Ginster, und ein Meer von Blumen im Frühling – Schwertlilien, Narzissen, Ringelblumen, sogar wilde Orchideen. Teilweise ist die Landschaft wieder fast steppenartig, und die Kalkfelsen ragen von der Sonne verbrannt aus dem Boden.

Neben einigen wenigen Säugetierarten leben um die **vierzig verschiedenen Vogelarten** im Park, Ornithologen kommen also auf ihre Kosten: Turmfalken, Gabelweihen, Wanderfalken, Rötelfalken, Steinadler – und Aasgeier, die manchmal am bilderbuchblauen Himmel ihre weiten Kreise ziehen.

Bei Eintritt in das Gebiet erhält man den **Artikel 2 des Reglements von Zingaro,** eine Liste, in der sehr genau festgelegt ist, was man tun darf und – vor allem – was man unterlassen muss. Wer sich vorschriftsmäßig verhält (keine Pflanzen oder Tiere sammelt, nichts kaputt macht und seine Abfälle wieder mit hinausnimmt), eckt nicht an. Wichtigste Regel ist allerdings **Vorsicht im Umgang mit Feuer.** Ende 2001 wurde der Park durch einen Waldbrand stark geschädigt.

■ **Riserva Naturale Orientata dello Zingaro**
Via Segesta 197, Castellammare del Golfo, Tel. 092 43 51 08, www.riservazingaro.it. Je ein Informationsstand und Ticketverkauf an den beiden Eingängen, 7–19.30 Uhr, Winter 8–16 Uhr, 5 €.

Segesta

Vor hohen Kalksteinfelsen steht der **Tempelbau** von Segesta auf einem Hochplateau, von dem aus der Blick weit übers Meer reicht. Im Frühjahr umgeben von blühenden Gräsern und Blumen, im Hochsommer inmitten von braunverdorrtem Gras, im Winter oft nebelverhüllt – immer besitzt Segesta eine **theaterreife Ausstrahlung,** die jeden noch so kritischen Beobachter in ihren Bann zieht. Und der Kritiker gibt es viele: Denn wie kamen die Elymer dazu, einen letztendlich so grob gearbeiteten – wenn auch monumentalen – Tempel hierher zu setzen, der nicht mehr war als

▷ Tempelsäulen aus vergangenen Zeiten sind auf Sizilien allgegenwärtig

Segesta

eine billige Kopie der hehren griechischen Kunst, deren Feinheiten sie nicht beherrschten! Man sollte sich von diesen Stimmen nicht irritieren lassen, denn was bleibt, ist die unendlich tiefe Ruhe dieser Anlage, deren eigentlichen Sinn noch niemand ergründen konnte. Vielleicht ist der Tempel ja wirklich nur eine geschickte Inszenierung eines Kultes, der die Sache der Elymer nie war, und die nur die Riten verschleiern sollte, die hinter den dorischen Säulenhallen ihren alten Traditionen gemäß im griechischen Gewand fortgesetzt wurden.

Geschichte

Zusammen mit Èrice gehörte Segesta zu den wichtigsten Zentren der „einheimischen", elymischen Zivilisation Siziliens. Segesta war die blühendste Stadt. Sie erhob sich auf einer Hochebene zwischen den zwei Gipfeln des Monte Barbaro und bestand vermutlich bereits im 15. Jh. v. Chr. Die Bewohner bemühten sich um eine eigenständige Politik, nahmen aber viel von der griechischen Kultur an. Mit Selinunte lagen die Segestaner in ständigem Kampf. Deswegen suchten sie ein **Bündnis mit Athen,** das sich 415 v. Chr. zur „sizilianischen Expedition" ent-schloss, die allerdings mit einer schweren Niederlage für die Invasoren endete. Weniger glimpflich für das große Selinunte verlief der Feldzug der Karthager, auch sie von den Segestanern ins Land geholt: Selinunte wurde erobert und zerstört. Die Einwohner Segestas hielten es eben wie auch nach ihnen viele sizilianische Oppositionelle: Sie riefen Fremde herbei, wenn sie sich selbst nicht mehr helfen konnten, und bereiteten damit den Boden für die Eroberungen durch Auswärtige.

Mit den **Römern** verband Segesta ein friedlicher Pakt, der auf den angeblich vorhandenen „verwandtschaftlichen" Bindungen zwischen beiden Städten basierte. Sollte doch Segesta, so der Mythos, von jenen Gefährten des Aeneas gegründet worden sein, die der trojanische Irrfahrer am Eryx zurücklassen musste, bevor er weitersegelte zur Gründung Roms.

Besichtigung

Berühmt sind die zwei Gebäude in griechischem Stil. Im Tal des Theaters, an herausragender Stelle, steht der berühmte, 430 v. Chr. errichtete **Tempel,** eine dorische Säulenhalle mit 36 Säulen, die wiederaufgerichtet wurden. Womöglich sollte das griechische Äußere nur verschleiern, dass im Inneren andere Kulte stattfanden. Lange Zeit war dies die einzige Erklärung für die Tatsache, dass der Tempel keine Cella besitzt und auch alle anderen in griechischen Tempeln üblichen rituellen Anlagen fehlen. Inzwischen haben Grabungen ergeben, dass der Innenausbau zumindest vorgesehen war. Warum er nicht ausgeführt wurde, ist so rätselhaft wie die Tatsache, dass der Tempel kein Dach besitzt. Vielleicht ging den Segestanern einfach das Geld aus.

Das **antike Theater** ist noch ziemlich gut erhalten. Die Zuschauerbänke sind zum Teil in Fels gehauen; der obere Bereich war von einer halbrunden Mauer umgeben. Der Bühnenraum fehlt ganz. Unter dem Zuschauerraum hat man eine Grotte entdeckt. In der Nähe der **C.da Mango** befindet sich ein von mächtigen Mauern umgebenes Heiligtum. Im Inneren müssen zahlreiche Gebäude, darunter ein kleinerer dorischer Tempel, gestanden haben. Hier fand man viele Keramikarbeiten, einige mit Inschriften versehen.

Zur Tempelbesichtigung muss man nur einige Schritte vom Eingang bergauf gehen. Wer aber das Theater anschauen will, sollte die heißen Mittagsstunden meiden. Es geht steil bergauf, und zu Fuß benötigt man für die 3 km ca. 40 Min. Alternativ kann man sich in den Shuttle-Bus setzen, der halbstündlich den Berg erklimmt. Schöner ist es allerdings zu Fuß. Um seinen Durst zu löschen oder einen Imbiss einzunehmen, kann man in der Bar/Trattoria am Eingang einkehren.

■ Zona Archeologica
Segesta, 1 km von der Autobahnabfahrt, Tel. 09 24 95 23 56, 8.30–19 Uhr (Winter 9–17 Uhr), letzter Einlass 1 Std. vor Ende, 9 €, Shuttle hin/her 1,50 €. Mit dem Busunternehmen *Tarantola* mehrmals täglich von Trapani nach Segesta, 4 €, hin/her 6,60 €.

Unterkunft

■ Agriturismo Baglio Pocoroba ③
C.da Pocoroba, 3 km von der Autobahnabfahrt Segesta in Richtung Bruca, Tel. 33 81 13 91 50, www.pocoroba.it. Schönes Gut mit Innenhof, 13 sehr komfortable Zimmer und Apartments mit Bad und Klimaanlage, Schwimmbad und sehr gutem Restaurant (jeden Tag wird Brot und Pasta frisch bereitet).

■ Agriturismo Tenute Pispisa Segesta ②-③
C. da Pispisa an der Straße Calatafimi – Segesta, Tel. 09 24 50 63 93, www.tenutepispisasegesta.com. Nahe dem Tempel nächtigt man in einem sympathischen kleinen Familienbetrieb inmitten der Weinberge, ausgezeichnetes Restaurant (mittags und abends).

Castellammare del Golfo/Scopello

15.000 Einwohner *(Castellammaresi)*, 63 m ü.N.N., PLZ 91 014, bis Trapani 39 km

Castellammare del Golfo ist ein authentisches sizilianisches Städtchen, das weniger auf den Tourismus als auf die verarbeitende Fischindustrie und den Handel setzt – und das von mafiösen Strukturen durchtränkt sei, wie viele sagen. Der Ort wird beherrscht von dem Kastell auf einer Landzunge; davor dümpeln

Deutschsprachiger Agriturismusbetrieb Camillo Finazzo

Annemarie, Deutsche, und *Camillo,* Italiener, betreiben nun seit vielen Jahren ihren Ferienbauernhof 200 m hoch über dem Meer bei Scopello und dem Zingaro Naturschutzgebiet mit Olivenbäumen und Gemüseanbau. Die Luft ist sauber und klar und auch im Sommer kühler als unten am Meer, die Sicht ist fantastisch, das Essen ausgezeichnet und natürlich sind es sizilianische Rezepte. Ab und an zaubert *Camillo* eine der besten Pizzen der Welt aus dem Ofen, man speist an langer Tafel, und so schnell ist ein Abend in den Hügeln von Scopello nicht zu Ende. 8 Ferienwohnungen unterschiedlicher Größe. Tipp: Eines der Apartments liegt extravagant als Adlernest am Abhang – die *Honeymoon-Location*.

■ Camillo Finazzo ②-③
C.da Baida Molinazzo, Balata di Baida, 9 km von Scopello in den Hügeln, Tel. 092 43 80 51, www.agriturismofinazzo.it.

Fischer- und Touristenboote. Sehenswert ist die **barocke Altstadt.**

Castellammare war der **antike Hafen der Städte Èrice** und **Segesta** und erhielt im Mittelalter strategische Bedeutung, als die Araber ein Kastell mit trapezförmigem Grundriss errichteten. Wirtschaftlichen Aufschwung brachte der Thunfischfang, der im nahen Ort Scopello gelegentlich noch heute betrieben wird.

Praktische Informationen

Touristeninformation

■ Ufficio Informazione
Via de Gasperi 6 (im Gebäude der Stadtverwaltung im Zentrum), Tel. 092 43 13 20, www.castellammareonline.com, www.castellammaredelgolfo.org/turismo.

Unterkunft

■ B&B Egesta Mare ②-③
Piazza Petrolo, Tel. 092 43 04 09, www.egestamare.it. Acht Zimmer mit Bad, Sat-TV, Kühlschrank, je 5 Min. von Bahn- und Busterminal, gutes Restaurant.

■ Ferienwohnungen La Chiusa ①-②
Via Marinaro 4/a, Tel. 092 43 52 01, www.caselachiusa.com. 6 Ferienwohnungen in der Altstadt wenige Schritte vom Strand von Castellammare.

■ B&B Angelo ②
Piazza della Fontana, in Scopello, Tel. (Winter) 09 23 53 16 67, Mobil 36 83 65 44 82, www.angeloscopello.it. Drei Zimmer mit Dusche/WC in einem hübschen Stadthaus im Zentrum, 3 Tage Mindestaufenthalt, Kochmöglichkeit.

■ Pension La Tavernetta ③-④
Via A. Diaz 3, in Scopello, Tel. 09 24 54 11 29, www.albergolatavernetta.it. Elegantes, doch immer noch familiäres Haus mitten im Dorf, Zimmer mit Bad und Klimaanlage, gutes Restaurant (②-③).

■ Pension Tranchina ③
Via A. Diaz 7, in Scopello, Tel. 09 24 54 10 99, www.pensionetranchina.com. Ausgezeichnetes Restaurant (köstliches, festes Menü, Halbpension), Zimmer mit Aussicht, Bad und Klimaanlage, im Dorf, Fahrräder stehen zur Verfügung.

■ Hotel Punta Nord Est ③
Viale Leonardo da Vinci 67, Tel. 092 43 05 11, www.puntanordest.com, DZ m. F. 80 €. Leider an der lauten Nationalstraße gelegen, nette Anlage oberhalb eines Kieselstrandes, 60 Zimmer und Suiten, Pool.

■ Hotel Cala Marina ②-③
Via Don L. Zangara 1, Tel. 09 24 53 18 41, www.hotelcalamarina.it. Schöne Zimmer, junge Leute führen dieses Hotel direkt am Fischereihafen/Strand.

■ Hotel Al Madarig ③
Piazza Petrolo 7, Tel. 092 43 35 33, www.almadarig.com. Schöne, luxuriöse Zimmer im historischen Zentrum an der Bucht; gute Küche, Menü 25 €.

■ Hotel Torre Bennistra II ③-④
Via Natale di Roma 19, in Scopello, Tel. 09 24 54 11 28, www.hoteltorrebennistra.com. 21 etwas sehr zweckmäßig eingerichtete Zimmer, dafür herrliche Aussicht aufs Meer, auch vom Restaurant aus.

■ Agriturismo Tenute Plaia ③-④
Scopello, Tel. 09 24 54 14 76, www.plaiavini.com. Kurz vor Scopello unterhalb der Straße, Edelagriturismo mit Zimmern rund um einen Innenhof. Für das Restaurant Voranmeldung notwendig.

Camping

■ Nausicaa ①
Localita Forgia (4 km östlich von Castellammare), Tel. 092 43 30 30, www.nausicaa-camping.it. Schön, direkt am Sandstrand gelegen, gute Infrastruktur, 2 km vom Bahnhof.

■ Ciauli ①
Localita Ciauli (4 km vor Scopello), Tel. 092 43 90 49, www.campingciauli.it. Großer Platz, Stellplätze

zwischen Olivenbäumen, ruhige Lage 800 m vom Meer, Bar und Minimarkt, Mai–Sept. offen.
- **Baia di Guidaloca** ①
Localita Guidaloca (3 km vor Scopello), Tel. 09 24 54 12 62. Sauberer, schattiger Platz am Meer, Ristorante, Pizzeria, Minimarkt, April– Sept. geöffnet.

Essen und Trinken

- **Ristorante Egesta** ②
Piazza Petrolo, Tel. 092 43 04 09. In der Fußgängerzone am Hauptplatz kommen die Einheimischen ins Egesta, um Fisch zu essen, angenehme Atmosphäre und gutes Preis-/Leistungsverhältnis.
- **Ristorante la Campana** ③
Via Macello 9 (Piazza Petrolo beim *Hotel Madarig*), Tel. 092 43 06 06, www.ristorantelacampana.sicilia.it, Mi geschl. Toller Blick von der Terrasse über den Golf von Castellammare, das beste Couscous der Region, das Menü (Fisch natürlich) beinhaltet auch die Getränke, sehr empfehlenswert!
- **Ristorante/Pizzeria Il Baglio** ①-②
Baglio Isonzo 4, in Scopello, Tel. 09 24 54 12 00. Am historischen Hauptplatz im Gutshof von Scopello ist immer viel Betrieb, man sitzt hervorragend auf dem Platz, isst Fisch und gute Pizza.
- **La Terrazza** ②-③
Via Mario Polo Scopello 5, in Scopello, Tel. 09 24 54 11 98, So geschl. Herrliche Lage, gute Küche auf einer, Terrasse mit Blick über die Bucht von Scopello.

Verkehr

- **Autobus**, Haltestelle, Via Verdi, nach Palermo, San Vito lo Capo und Trapani.
- **Bahnhof**, Piazza Stazione (3 km außerhalb der Stadt im Osten), Tel. 09 89 20 21, www.trenitalia.it, Richtung Agrigento, Palermo und Trapani.
- **Stadtbus**, zwischen Castellammare, Scopello und Zingaro viermal täglich (im Sommer auch am Wochenende) mit Russo, www.russoautoservizi.it.

Sonstiges

- **Tauchzentrum Cetaria**, Via Marco Polo 3, in Scopello, Tel. 09 24 54 11 77, www.cetaria.it.
- **Schiffsfahrten**, von Castellammare del Golfo im Hochsommer am Zingaro-Nationalpark entlang nach San Vito lo Capo (mit Badestop).

Àlcamo

45.500 Einwohner *(Alcamesi)*, 256 m ü.N.N., PLZ 91 011, bis Trapani 49 km

Wieder eine Stadt, die von einem auf einem Felsen thronenden **Kastell** beherrscht wird, wieder eine Stadt mit moderner Peripherie und schönem Altstadtkern. Àlcamo lebt vor allem von Landwirtschaft und der Weinkelterei.

1340 erbaute *Raimondo Peralta* das Schloss von Àlcamo und gab damit den Anstoß für die Entwicklung des Ortes. Dank der guten Böden der Umgebung entwickelte sich Àlcamo rasch zu einem

Gebirgsstraßen

Die **Strecke zwischen San Cataldo und Corleone** (SS182, SS624, SP5 und SS118, s.a. Karte S. 436) gehört zu den **schönsten der Insel**. Hoch ins Gebirge, über grüne Ebenen, vorbei an den blauen und idyllisch zwischen Hügeln liegenden Seen auf der Piana degli Albanesi, den eleganten Kurven der Schnellstraße folgend, auf atemberaubend hohen Brückenpfeilern hinauf und hinunter, in engen Kurven durch die Gassen und im Schatten von Alleen.

wichtigen landwirtschaftlichen Zentrum. Vom 15. bis 17. Jh. teilten die verschiedenen Kirchenorden die Stadtviertel unter sich auf. Entsprechend viele Kirchen gibt es. Später wurden die Klöster teils als Verwaltungsgebäude genutzt.

Àlcamo besitzt einen klaren, rasterförmigen Grundriss mit der Hauptachse des **Corso VI Aprile,** der auf die Piazza Ciulio d'Alcamo führt. Auf der Piazza stehen die **Kirche Sant'Olivia** und das **Collegio Gesuitico** (Südseite). Ein Stück weiter öffnet sich nach links die palmenbestandene Piazza IV. Novembre mit dem **Dom.** Er stammt ursprünglich aus dem 14. Jh., der Neubau aus dem 17./18. Jh. Besonders schön ist das Portal von Bartolomeo Berrettaro. Das Innere ist mit Fresken von *Guglielmo Borremans* sowie Altarretabeln von *Antonello Gagini* ausgeschmückt, 14 Säulen aus rotem Marmor trennen die drei Schiffe. Dem Corso weiter folgend erreicht man an weiteren Kirchen vorbei schließlich das ehemalige Stadttor **Porta Palermo.** Ein Stück zurück und auf einer der Querstraßen nach links geht es schließlich zur Parkanlage auf der Piazza della Repubblica mit den Überresten des **Castello dei Conti di Mòdica,** das seinen rautenförmigen Grundriss über alle Umbauten weg erhalten hat.

Unterkunft

■ **Ferienwohnungen: Mare Windsurf** ③, Tel. 09 24 59 79 00, www.affittacamerewindsurf.com. Ferienwohnungen wenige Schritte vom Meer, mit Klimaanlage und allem Komfort.

■ **Hotel Città del Mare** ③-⑤
SS113, Km 301, in Terrasini, Tel. 09 18 68 71 11, www.cittadelmare.it. Hotel-„Stadt" mit über 800 Zimmern, verteilt auf 21 Gebäude in einem Pinienhain, außerhalb der Saison Sonderangebote.

Terrasini

Die Stadt gehörte im Mittelalter zum Feudalbesitz des Klosters San Martino von Monreale. Am Ostersamstag und -sonntag findet das farbenfrohe und fröhliche **Junggesellenfest** statt, bei dem junge Männer ihre Männlichkeit beweisen, indem sie Bäume hochstemmen. In und um Terrasini finden sich einige Hotel-Clubs, unter ihnen mit mehr als 1500 Betten der größte Siziliens – eine eigene Stadt mit Wassererlebnispark, Riesenrutschen und Animation.

UNSER TIPP Sehenswert ist auch das **Städtische Museum** im Palazzo d'Aumale. Es besitzt eine naturkundliche, eine archäologische und eine ethno-anthropologische Abteilung. Besonders beachtenswert ist die Sammlung der sizilianischen Eselskarren.

■ **Palazzo d'Aumale**
Lungomare Peppino Impastato, Tel. 09 18 81 09 89, Di–Sa 9–19, So/Mo 9–13 Uhr, 6 €.

Corleone

11.000 Einwohner *(Corleonesi)*, 540 m ü.N.N., PLZ 90 034, bis Palermo 55 km

Sikaner siedelten als erste hier am oberen Becken des Belìce-Flusses. Es folgten Römer, Araber und Normannen. *Friedrich II.* brachte lombardische Erbzinsbauern unter Führung von *Ottone di Camerana* her. Im 17. Jahrhundert verarmte die Bevölkerung als Folge der erdrückenden Steuerlast durch die spanischen Herrscher.

In die Altstadt gelangt man durch die Überreste des **Stadttores**. In seiner Nähe befindet sich die **Marienkirche** (14. Jh.), die im Laufe der Jahrhunderte stark umgebaut und erweitert wurde. Das Gewölbe malte im 18. Jh. der einheimische Künstler *Carmelo Sarpiatra* aus. An der Piazza Garibaldi liegt das Rathaus mit dem **Uhrturm** aus dem 18. Jh. Einen ungewöhnlichen, elliptischen Grundriss hat die **Adolorata-Kirche** von 1749.

Zwei Monolithe prägen die Umgebung Corleones. Auf dem einen befand sich das **Soprano-Kastell**, von dem heute nur noch der Sarazenen-Turm steht, auf dem anderen stand das **Sottano-Kastell**, ein bourbonisches Gefängnis von 1845, das 1960 Franziskanermönche übernahmen. 40 Kirchen zählt Corleone insgesamt, man muss wohl fleißig beten, wenn man zum Zentrum des Verbrechens erklärt wurde.

Anti-Mafia Museum

Über 200 Menschen starben in Corleone bei den Kämpfen der Mafia um die Macht, die Stadt erhielt daher den Beinamen „Tombstone" (Grabstein). Dass man die blutige Geschichte (und trotz aller Dementis wohl auch die Gegenwart) einiger Familien dieses Ortes gut vermarkten kann, haben die Leute erst relativ spät begriffen und sich auf die Herstellung eines Magenbitters (Marken: *Don Corleone, Antico Corleone, Corleone, Il Padrino*) mit dem Namen **Corleone** beschränkt. Aber dann wurde 2001 doch ein **Museum zum Thema Mafia** eröffnet. Man mag die Ausstellung in den drei Räumen für enttäuschend halten, doch einen Sinn erhält sie, wenn man die Führung mitmacht. Erst dann versteht man den Kampf gegen die Krake des sizilianischen organisierten Verbrechens.

■ **Museo Anti-Mafia/CIDMA**
Via Orfanotrofio 7, Tel. 091 84 52 42 87, www.cidmacorleone.it, Mo–Sa 10–13, 15–18 Uhr (im Winter nur nach Voranmeldung), fremdsprachige Führungen nur nach Voranmeldung, (Dauer etwa 45 Min.), 5 €.

Archäologisches Museum

Das **Museo Pippo** befindet sich gleich gegenüber dem Anti-Mafia-Museum und zeigt in seinen Sälen die kleine Sammlung an Funden aus der unmittelbaren Umgebung, Vasen und Splitter von Amphoren.

■ **Museo Archeologico**
Via Orfanotrofio, Tel. 09 18 46 49 07, tgl. 9–13, 15–19 Uhr, Eintritt frei.

Ethnografisches Museum

Den Wegweisern folgend 5 Gehminuten vom Anti-Mafia-Museum entfernt, steht die ethnografische Sammlung der Stadt. Die Gegenständen sind hübsch arrangiert und zeigen als komplette Zimmereinrichtungen (Schlafzimmer, Küche, Werkstatt), wie die Bauern auf dem Lande gelebt haben.

■ **Museo Etnografico Corleonese**
Piazza Asilo, Mo–Mi 14.45–16.30 Uhr.

Praktische Informationen

Touristeninformation

■ **Ufficio Informazione**
Piazza Falcone e Borselino (Kiosk am Stadtpark), Tel. 09 18 46 36 55, www.comune.corleone.pa.it.

Unterkunft

UNSER TIPP: **Agriturismo Terre di Corleone** ②
C.da Drago, SS118 (Meilenstein 25+100), 8 km nördlich von Corleone, Tel. 33 37 99 32 91, agriturismoterredicorleone.it. Einst gehörte der Besitz einem der Mafiaschlächter; konfisziert, ausgeschrieben und verpachtet funktioniert er nun als Tourismusbetrieb unter Leitung einer Kooperative in der strukturschwachen Region, Libera Terra – *befreiter Boden*. Fünf nett eingerichtete Zimmer und Restaurant, ideale Basis für Entdeckungen in der Region.

Essen und Trinken

■ **Trattoria/Pizzeria Al Capriccio** ②
Via Sant'Agostini 39, Tel. 09 18 46 79 38, www.trattoria-alcapriccio.it, Di geschl. Einfaches Lokal mit Regionalküche in der Altstadt, Touristenmenü und à-la-carte, Pizza gibt's nur abends.

■ **Trattoria/Pizzeria Gennaro** ②
Corso dei Mille 132, Tel. 09 18 46 47 67. Lokal, in das die Einheimischen wegen der anheimelnden Atmosphäre und der hervorragenden Küche gehen.

Prizzi

Knapp 20 km sind es von Corleone nach Prizzi. Die Gegend um Prizzi gehört zu den **ältesten Siedlungsgebieten Siziliens.** Auf dem Pferdeberg fand man Reste einer kleinen elymischen Siedlung aus der Zeit zwischen dem 8. und 6. Jh. v. Chr. Im 4. Jh. v. Chr. lebten hier im alten *Hyppana* Punier, Griechen und Römer. Die Ursprünge des heutigen Ortes (5000 Einwohner) stammen aus der Normannenzeit. 1150 ging die Gemeinde in den Besitz des Zisterzienser-Klosters Sant' Angelo über. Nach einigen Feudalherren kam Prizzi in Besitz der Familie *Bonanno,* die bis 1812 herrschte. An der Piazza San Francesco d'Asissi befinden sich die San Rocco-Kirche und das ehemalige Minoritenkloster. Durch enge Gässchen geht es hinauf zur Marienkirche aus dem Jahre 1551. Die schönste Kirche ist die **Crocifisso.** In der Karwoche ist hier im wahrsten Sinne des Wortes der Teufel los: „Die Teufel in Prizzi" heißt ein traditioneller Tanz, der von maskierten Teufeln aufgeführt wird und den Kampf des Guten gegen das Böse symbolisieren soll.

> Das Antlitz der Mafia in Corleone: Totò Riina

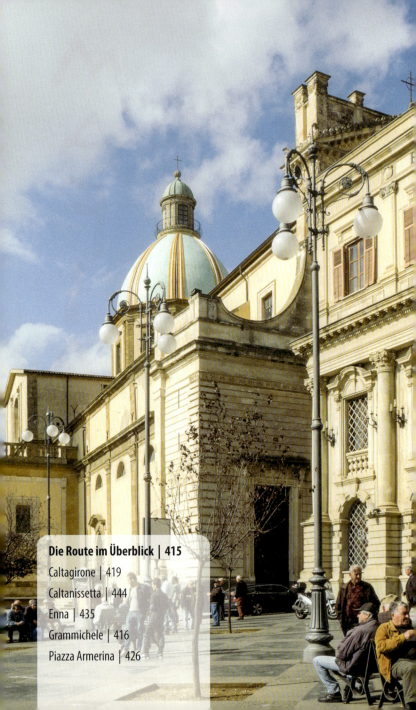

Die Route im Überblick | 415

Caltagirone | 419

Caltanissetta | 444

Enna | 435

Grammichele | 416

Piazza Armerina | 426

9 Von Catania nach Agrigento

Quer über die Insel zu den Städten im Landesinneren, hoch oben auf Kuppen, leicht zu verteidigende Festungen – Siziliens bewegte Geschichte.

◁ Am Morgen in Caltagirone: Man trifft sich

VON CATANIA NACH AGRIGENTO

Nun geht es durch das Inselinnere; man durchquert die Schwemmlandebene im Hinterland Catanias und gelangt zu den nördlichen Ausläufern der Ibleischen Berge und zu pittoresken, an die steilen Hänge gebauten Barockstädtchen. Die Route passiert Piazza Armerina, führt zu den zentralsizilianischen Festungsstädten Enna und Caltanissetta und endet schließlich bei Agrigento an der Küste des Afrikanischen Meeres.

Von Catania bis Agrigento

Die Route
im Überblick

Zur Wahl stehen zwei Strecken: die SS417 als Direktverbindung nach Caltagirone und die tiefer im Gebirge verlaufende SS194 über Lentini und Francofonte, deren erster Teil bis Lentini bereits beschrieben wurde (eingangs der Route von Catania nach Siracusa). Hinter Lentini steigt die Straße durch Olivenpflanzungen und Felder allmählich bergan und durchquert in einer großen Schleife die Außenbezirke von **Francofonte**, eines Städtchens mit mittelalterlichem Ortskern unter der Chiaramonte-Burg.

29 km hinter Lentini geht es nach rechts ab zum Bergnest **Vizzini**, dessen Fundamente wahrscheinlich bis in römische Zeit zurückreichen. Auch Vizzini besitzt einen arabisch geprägten Stadtkern und einen sehenswerten Dom (Barock, interessant das erhaltene Portal des beim Erdbeben zerstörten Vorgängerbaus im Stil der katalanischen Gotik). In Vizzini wurde Siziliens bekannter Schriftsteller *Giovanni Verga* geboren.

Wieder auf der Hauptstraße, sind es nun knapp 10 km bis Grammichele. Von hier geht es weiter durch Hügelland, Straßenschilder weisen nach etwa 15 km in die Keramikstadt **Caltagirone**, eines der Highlights der Strecke.

NICHT VERPASSEN!

- **Grammichele,**
  regelmäßiger kann man eine Stadt nicht anlegen | 416
- **Caltagirone,**
  sizilianische Keramikkunst ist allgegenwärtig | 419
- **Piazza Armerina,**
  die Mosaiken der Villa Romana del Casale sind weltberühmt | 429
- **Enna,**
  so unnahbar sind die Städte im gebirgigen Landesinneren | 435

Diese Tipps erkennt man an der gelben Hinterlegung.

Knapp 30 km sind es von Caltagirone durch Berglandschaft nach Piazza Armerina. Terrassenfelder allerorten – die Menschen im sizilianischen Hochland versuchen, den steinigen Böden der ehemaligen römischen Kornkammer das Wenige abzuringen, was die Jahrhunderte der Ausbeutung ihnen an Fruchtbarkeit gelassen haben.

Doch in der Umgebung von **Piazza Armerina** wird das Landschaftsbild wieder grüner. Baumgruppen, ja ganze Wälder stehen an den Berghängen und vermitteln einen angenehmen Eindruck von längst vergangenen Zeiten. An die erinnern auch die fantastisch erhaltenen Mosaike der **Villa Romana di Casale.**

Knapp 4 km hinter Piazza Armerina führt ein Abzweig zur Ausgrabungsstätte der griechischen Stadt **Morgantina.** Eilige bleiben auf der Hauptstraße und folgen der SS117 weiter nach Norden in Richtung Enna. Immer deutlicher wird nun das Landschaftsbild geprägt von den endlosen Getreidefeldern der sizilianischen Hochebene. Vorbei am Lago di Pergusa – eine Rennstrecke – erreicht man **Enna,** das hoch oben am Hügel wie eine Festung auf die darunter liegenden Agrarebenen blickt.

Von Enna aus führt die SS117 bis nach Südwesten, passiert M. Sabbucina, eine weitere sikulisch-griechische Ausgrabungsstätte, und erreicht nach 33 km **Caltanissetta.**

Die SS640 zieht von Caltanissetta als Fortsetzung der Autobahn weitgehend geradlinig nach Südwesten in Richtung Agrigento. Bevor man sich jedoch auf den Weg zur Küste macht, lohnt ein Halt (vielleicht verbunden mit einem Mittagessen) in dem Städtchen **Pietraperzia,** mit seinem mittelalterlichen Stadtkern.

Hoch über dem Ort thronen die Überreste eines Kastells mit der in Sizilien üblichen arabo-normannischen Baugeschichte. Pietraperzia ist auch für seine handgearbeiteten Stickereien berühmt, die die Frauen zu Hause fertigen.

23 km weiter ist der Abzweig nach Canicattì erreicht, einige Kilometer danach geht es rechts nach **Racalmuto,** wo der Schriftsteller *Leonardo Sciascia* 1921 geboren und 1989 begraben wurde. Beide Städte sind hübsch, basierend auf arabischen Festungsbauten, aber kein Muss für den, der es eilig hat, oder all jene, die nach soviel Inland möglichst schnell in die Fluten des Afrikanischen Meeres springen wollen. Knapp 50 km sind es von Caltanissetta nach Agrigento.

Durchaus lohnenswert ist auch ein Besuch der beiden Städtchen Sutera und Mussomeli im Norden von Agrigento. In **Mussomeli** sollte man neben der Altstadt das Castello, das sich in extrovertierter Lage befindet, zumindest von außen besichtigen, nachts ist es illuminiert. In **Sutera** gilt es, durch die beiden alten arabischen Viertel zu streifen. Von Racalmuto sind es 25 km nach **Agrigento.**

Grammichele

13.000 Einwohner *(Grammichelesi)*, 520 m ü.N.N., PLZ 95 042, bis Catania 70 km

An Grammichele ging bislang der Tourismus vorbei, weder Provinz noch Regionalregierung haben für die Sanierung der Bauwerke des Ortes Geld übrig gehabt. Dabei ist die **Stadtanlage** für Sizilien ein Unikum. Grammichele wurde nach dem Erdbeben von 1693, das ihre Vorgängerin *Occhiola* vollständig zerstörte, streng geometrisch als Sechseck entwickelt.

Bereits drei Monate nach dem Erdbeben begann man mit dem **Wiederaufbau** nur wenige Kilometer von der ursprünglichen Stadt entfernt. Der Fürst *Carlo Maria Carafa* gab dem Neubau den Namen Grammichele. Die Pläne entwickelte *Michele de la Ferla*, der sich stark der Renaissance verpflichtet sah. Vom sechseckigen Hauptplatz gehen sechs Straßen ab, die wie ein Spinnennetz miteinander durch Querstaßen verbunden sind. Auf halbem Wege zum Stadtausgang kreuzen sie je eine Piazza.

Stadtmuseum

Neben den zahlreichen Kirchen, in die man die gerettete Inneneinrichtung der Kirchen von Occhiola verbrachte und die auch die Namen der Ursprungskirchen erhielten, ist das Museo Civico am Hauptplatz eine kurze Visite wert.

■ **Museo Civico Archeologico**
Piazza Carlo Maria Carafa, Palazzo Comunale, Tel. 09 33 94 15 36, Di–Sa 9–13, Di auch 15.30–18.30 Uhr, 1,50 €.

Archäologischer Park

In den Nekropolen der Umgebung hat man Gräber gesichert (die Menschen wurden in Amphoren beerdigt), die ins 11. Jh. v. Chr. zurückreichen. Die anti-

Ausgrabungen im Parco Archeologico di Occhiola

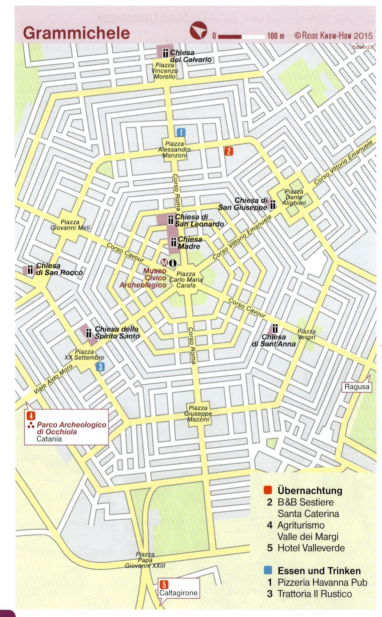

ken Schätze der Stadt stammen unter anderem aus den Ausgrabungsstätten an drei Hügeln, die man besuchen kann und wo immer noch gearbeitet wird. Der erste Hügel, den man vom Eingang betritt, war Teil des mittelalterlichen Occhiola, unter den Fundamenten sind aber die Überreste einer antiken griechischen Siedlung gefunden worden. Auf dem Weg geradeaus weiter durch ein flaches Tal kommt man zum zweiten Hügel, mit den Resten rein mittelalterlicher Bausubstanz. Der Hügel rechter Hand birgt die Reste der griechischen Siedlung ohne mittelalterliche Überbauung, u.a. einen Tempel.

■ **Parco Archeologico di Occhiola**
2 km Richtung Catania linker Hand, seit 2013 wg. administrativen Problemen geschl., am besten im Tourismusbüro nachfragen.

Praktische Informationen

Touristeninformation

■ **Ufficio Informazione**
Piazza Carlo Maria Carafa, Palazzo Comunale, Tel. 09 33 85 92 22.

Unterkunft

■ **Hotel Valleverde** ③
SS 124 km 1,500, 2 km vom Zentrum Richtung Caltagirone, Tel. 09 33 64 67 14, www.valleverde.biz. Kleines Touristenzentrum mit 15 Zimmern und Schwimmbad, Restaurant und Pizzeria, am Wochenende häufig Familienfeiern.
■ **B&B Sestiere Santa Caterina** ②
Via Arturo Toscanini 1, Tel. 09 33 94 79 72, www.sestieresantacaterina.it. Haus aus den Anfängen des 20. Jh. im Zentrum, einfach eingerichtete Zimmer mit Bad.
■ **Agriturismo Valle dei Margi** ③-④
C.da da Margi, 3 km von Grammichele in Richtung Catania, Tel. 09 33 94 04 64, www.valledeimargi.it. Edelagriturismus mit allem Komfort und ausnehmend großzügigem Wellness-Center, nur nach Voranmeldung buchbar.

Essen und Trinken

■ **Pizzeria Havanna Pub** ①-②
Piazza Manzoni, Tel. 09 33 94 14 72, Do geschl. Besonders mittags von den Stadtangestellten gut besucht.
■ **Trattoria Il Rustico** ②-③
Piazza Notario Attaguile, Tel. 09 33 94 23 65, www.ilrusticogrammichele.com, Mo geschl. Beste Essadresse in der Stadt, Spezialitäten wir frische Pasta mit Kräutern, auch Fischgerichte, elegante Atmosphäre, auch Zimmervermietung.

Caltagirone

39.000 Einwohner *(Calatini)*, 608 m ü.N.N., PLZ 95 041, bis Catania 76 km

Auf einem Hügel gelegen teilt sich Caltagirone in eine **Unter- und Oberstadt**. Die interessanten Sehenswürdigkeiten befinden sich hoch oben, während in den engen Gässchen im unteren Teil Handwerksbetriebe angesiedelt sind und Wohnviertel liegen.

Wer den Aufstieg über die steilen Gassen und Treppen meiden möchte, folgt am besten den Schildern in Richtung Zentrum bergan, parkt aber dann rechtzeitig vor Beginn des Verkehrs- und

Gassengewirrs, z.B. an der Viale Regina Elena oder an der Via Cappuccini.

Noch heute ist Caltagirone die **Stadt der Keramik,** unübersehbar auch für den flüchtigen Besucher, der nur schnell ein Foto von der berühmten Treppe *Santa Maria del Monte* schießen will. Galerien, Läden, Keramikwerkstätten sind allgegenwärtig. Das Angebot ist vielfältig und gut.

Geschichte

Der Name kommt aus dem Arabischen *(qal'at-al-ganum)* und bedeutet „Burg der Geister". Er verdankt sich vermutlich den Grotten in der Nähe der Stadt. Fundstücke aus den zahlreichen Nekropolen in der Umgebung, die bis auf das 2. Jahrtausend v. Chr. zurückgehen, bezeugen, dass die Gegend bereits im Neolithikum und zur frühen Bronzezeit bewohnt war. Die Araber erbauten hier ein Schloss, das 1030 allerdings von Ligurern zerstört wurde. Als **Zentrum der Keramikproduktion** erlebte die Stadt unter den Normannen und Staufern eine wirtschaftliche Blütezeit.

Das **Erdbeben 1693** zerstörte die alte Bausubstanz weitgehend, sodass auch Caltagirone heute von Barockbauten geprägt ist.

Treppe Santa Maria del Monte

Die Treppe ist Geschmackssache, die einen finden sie kitschig, die anderen wunderschön: Mit farbigen Majoliken geschmückt führen 142 Stufen zum höchsten Punkt von Caltagirone. Eröffnet wurde die Treppe im Jahre 1608 als Verbindungsglied zwischen Piazza Municipio und der Kathedrale oben am Berg. Jedes Jahr am 24. und 25. Juli wird die Treppe zum Fest der Schutzheiligen *San Giacomo* mit Hunderten bunter Öllämpchen geschmückt, die nachts ein Abbild des Heiligen auf die steilen Stufen zeichnen. Die Kathedrale **Sta. Maria del Monte** und die dahinterliegenden **Nikolauskirche** wachen oben über die Stadt.

Palazzo Ceramico

Beleuchten die anderen Ausstellungen in der Stadt die traditionelle Kunst der Keramikherstellung und die althergebrachten Dessins, konzentriert man sich hier auf die **zeitgenössische Keramikkunst.** Angeschlossen ist ein Literatur-Café.

■ **Palazzo Ceramico**
Palazzo Reburdone Scala Santa Maria del Monte, Via Abate Meli 3, Tel. 093 35 79 63, www.palazzocera mico.it, tgl. (außer Mi/So) 11–17 Uhr, Eintritt frei.

Piazza Municipio

An der Piazza Municipio steht der ehemalige Senatspalast, in dem während der Sommermonate eine Verkaufsausstel-

▷ Noch ein interessantes Bauwerk in Caltagirone: die Basilika di San Giacomo

lung der Keramikarbeiten über das künstlerische Schaffen der Region informiert. In den Seitenstraßen verstecken sich zahlreiche Keramikwerkstätten in lauschigen Innenhöfen; junge Leute formen und bemalen die wertvollen Stücke den traditionellen Mustern folgend oder einen eigenen Stil kreierend. Nach links

gelangt man zur **Piazza Marcino,** wo vormittags der Lebensmittelmarkt abgehalten wird.

Krippenausstellung

Nur wenige Schritte vom Hauptplatz in die Via Emanuele führen zur privaten Krippenausstellung und den gesammelten **Marionetten** oberhalb der *Associazione Ceramisti* von Caltagirone. Die Krippen und Puppen sind sehenswert.

■ **Presepe e Pupi di Caltagirone**
Via Roma 26, Tel. 33 83 42 04 75, 10–13 Uhr und 16–19 Uhr, Eintritt frei.

San Giuliano

Hinter dem Senatspalast erhebt sich die mächtige Kuppel der Cattedrala di S. Giuliano, ein ehemals normannischer Bau, der nach dem Erdbeben barock wiedererrichtet wurde und mit einer Jugendstil-Fassade des Architekten *Saverio Fragapane* überrascht.

Stadtmuseum

Nun geht es über die Piazza Umberto I in das Stadtmuseum im ehemaligen Bourbonen-Gefängnis mit Ausstellungen zu Keramik und allerlei, was sich in den Stadtarchiven an Gemälden und anderem angesammelt hat.

■ **Musei Civici e Pinacoteca**
Via Roma 10, Tel. 093 33 15 90. Di–Sa 9.30–13.30 Uhr, So 9.30–12.30, Di, Fr, Sa/So auch 16–19 Uhr, Eintritt frei.

Caltagirone

■ **Übernachtung**
 1 Hotel Pomara
 2 B&B La Pilozza Infiorata
 8 Hotel Monteverde
 9 Hotel Villa San Mauro
10 B&B Il Piccolo Attico
11 Agriturismo La Casa degli Angeli
12 Agriturismo Il Casale delle Rose

■ **Essen und Trinken**
 3 Restorante La Piazzetta
 4 Ristorante La Scala
 6 Pasticceria Judica & Trieste
13 Ristorante San Bartolomeo

■ **Sonstiges**
 5 Associazione Ceramisti
 7 Consorcio Artigiani Ceramisti

Caltagirone

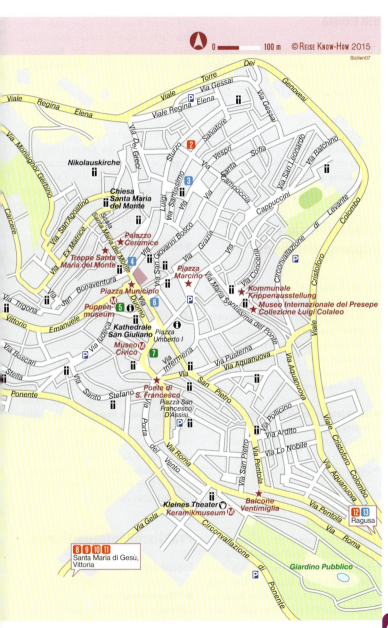

Via Roma

Über die Via Roma führt der Rundgang zum **Ponte di S. Francesco,** der in den Jahren 1627–1666 konstruiert wurde und mit schönen Majolikakacheln dekoriert ist. Die Via Roma biegt dahinter nach rechts ab.

Die Via Roma etwas weiter ist am Haus des Majolikakünstlers *Ventimiglia* ein Meisterwerk des Töpfermeisters zu sehen, der **Balcone Ventimiglia** aus dem 17. Jh. (leider derzeit in schlechtem Zustand).

Internationale Krippenausstellung

Die internationale Krippenausstellung der Sammlung von *Luigi Colaleo* befindet sich in der ehemaligen Kommunalbibliothek und zeigt Krippen aus den unterschiedlichsten Materialien und aus der ganzen Welt. Zum Bestand gehört auch eine äußerst umfassende Bibliothek zum Thema Krippen.

■ **Museo Internazionale del Presepe Collezione Luigi Colaleo**
Via Luigi Settembrini 2, Tel. 093 35 37 54, Mo–Mi/Fr/Sa 9.30–13.30, 16–19, So 9.30–12.30 Uhr, im Sommer geschl., Eintritt frei.

Stadtgarten

Wenige Schritte weiter geht es nach rechts in den **Giardino Pubblico.** Hier kann der treppen- und steigungsmüde Spaziergänger endlich ausruhen. Der Park wurde vom Architekten *Filippo Basile* im Stil englischer Gärten konzipiert und mit einem künstlichen See und einem maurischen Musikpavillon ausgestattet. Eine majolikageschmückte Balustrade schirmt den Park zur Via Roma hin ab.

Kleines Theater

Das zum Park gehörende Kleine Theater beherbergt heute das Keramikmuseum. Angefangen bei antiken Töpferarbeiten über die arabisch inspirierten Majoliken bis zur heutigen Keramikkunst findet sich hier alles, was irgendwie mit dem Grundstoff Tonerde zu tun hat.

■ **Teatro Piccolo/Museo Ceramico**
Via Roma, Tel. 093 35 84 18, Di–So 9–18.30 Uhr, 5 €.

In der Umgebung

In der Umgebung der Stadt liegen zahlreiche hochherrschaftliche Villen in romantischen Gärten und verbergen ihre morbide Schönheit hinter hohen Mauern und schmiedeeisernen Toren. In der Ebene von **Santa Maria di Gesù** südlich von Caltagirone hat der Adel um die Wende vom 18. zum 19. Jh. viel gebaut. Der Zahn der Zeit nagt unübersehbar an den verspielten Palazzi, zu besichtigen sind sie aber ohnehin nicht. Bleibt nur der Blick über die Mauer.

Praktische Informationen

Touristeninformation

■ **Ufficio Informazione**
Via Volta Libertini 3, Tel. 093 35 38 09.

☐ Übersichtskarte S. 414, Stadtplan S. 422 **Caltagirone** 425

Ufficio Informazione
Piazza Municipio 10, c/o *Galleria Luigi Sturzo*, Tel. 093 34 13 65, www.comune.caltagirone.ct.it.

Unterkunft

■ **B&B Il Piccolo Attico** ②
Via Infermeria 82, Tel. 093 32 15 88, www.ilpiccoloattico.it. Im Herzen der Altstadt, einfache Einrichtung, aber mit Klimaanlage und TV, Küche steht zur Verfügung, auch Apartments.

■ **Agriturismo Il Casale delle Rose** ②-③
C.da S. Stefano, Tel. 093 32 50 64, www.casaledellerose.com. 3 km außerhalb im Süden wurde aus einem Gut aus dem 18. Jh. ein wunderschöner Beherbergungsbetrieb gemacht. Eine geschmackvolle Einrichtung und gutes Essen aus eigenem biologischem Anbau erwarten die Gäste.

■ **Agriturismo La Casa degli Angeli** ③
An der Straße in Richtung Niscemi, etwa 9 km hinter Caltagirone, Tel. 093 32 53 17, http://lacasadegliangeli.it. In einem schönen Herrenhaus, umgeben von Äckern; berühmt für die hervorragende sizilianische Küche, die im ehemaligen Magazin oder auf der schönen Panoramaterrasse serviert wird. Fast alles auf dem Tisch stammt aus eigener Produktion, sechs Zimmer mit Bad (eines behindertengerecht), sehr familiäre Führung durch die Testas, in deren Besitz das Gut seit 100 Jahren ist.

■ **Hotel Monteverde** ②
Via delle Industrie, 11, Tel. 093 35 36 82, www.monteverdehotel.it. Modernes, etwas abgewohntes Hotel mit 30 Zimmern, hauptsächlich Geschäftsreisende, Restaurant, Parkplatz.

■ **Hotel Pomara** ②
Via V. Veneto 84, in San Michele di Ganzaria, Tel. 09 33 97 69 76, www.hotelpomara.com. Familiär geführtes, modernes Hotel mit einem ausgezeichneten und weit über die Provinzgrenzen hinaus bekannten Restaurant, Halbpension ist unbedingt zu empfehlen, San Michele di Ganzaria ist ein ruhiger Ort zwischen Caltagirone und Piazza Armerina.

■ **B&B La Pilozza Infiorata** ③
Via S. S. Salvatore 95/97, Tel. 093 32 21 62, www.lapilozzainfiorata.com. In der Altstadt mit Blick von den Terrassen, 12 Zimmer.

■ **Hotel Villa San Mauro** ③-④
Via Porto Salvo 10, Tel. 093 32 65 00, www.nh-hotels.de. Modernes Luxushotel im Zentrum der Neustadt mit 90 Zimmern, Schwimmbad, Restaurant.

Essen und Trinken

■ **Ristorante/Pizzeria La Piazzetta** ②
Via Vespri 20a, Tel. 093 32 41 78, www.ristorantelapiazzetta.eu, Do geschl. Regionalküche (selbstgemachte Pasta ist Ehrensache) in familiärem Lokal zu günstigen Preisen, rustikales Ambiente, Pizza nur abends.

■ **Ristorante/Pizzeria La Scala** ②-③
Scala S. Maria del Monte, Tel. 093 35 77 81, www.lascalaristorantepizzeria.it, Mi geschl. Die beste Küche am Ort hat ihren Preis, auch weil sie direkt am Beginn der berühmten Treppe zelebriert wird, natürlich ist die Einrichtung von Keramik bestimmt, Pizza nur abends, ansonsten beste Fleischküche.

■ **Ristorante San Bartolomeo** ②-③
C.da San Bartolomeo, außerhalb Richtung Grammichele (4 km), Tel. 32 86 41 36 60, www.bbsanbartolomeo.com. Agriturismo-Restaurant in einer zur schmucken kleinen Villa umgebauten, säkularisierten Kirche mit Garten, jeden Tag ein festes Menü mit Spezialitäten, dazu ein guter Wein, auch Hostel (6 Zimmer mit Bad und Klimaanlage ②).

Süßigkeiten

■ **Pasticceria Judica & Trieste**
Via Principe Amedeo 22, Tel. 093 32 20 21. Feine Zuckerbäckerei auf dem Weg zur Treppe, auch Sitzgelegenheit, Traditionsadresse der Calatini, auch Pizza, belegte Brötchen und Snacks.

Einkaufen

Kooperativen der **Keramikkünstler** von Caltagirone (Verkauf auch in ihren 'Ausstellungen):
■ **Associazione Ceramisti,** Via V. Emanuele 7/9, Tel. 093 35 64 44.
■ **Consorcio Artigiani Ceramisti,** Via Roma 3/5, Tel. 093 35 69 67.

Verkehr

■ **Stadtbus,** Linie Nr. 1 vom Bahnhof zur Piazza Umberto in der Altstadt.
■ **Busterminal,** beim Bahnhof, *AST* (www.aziendasicilianatrasporti.it) nach Catania und Piazza Armerina, *Simili* nach Ragusa und Mòdica (Tickets jeweils im Bus).
■ **Bahnhof,** Nuova Stazione (2 km südöstlich), Tel. 89 20 21, www.trenitalia.it, Richtung Catania, Agrigento, Gela und Ragusa.

Bosco Santo Pietro

Etwa 20 km nach Süden in Richtung Vittoria erstreckt sich das 2000 ha große Waldgebiet des Bosco Santo Pietro, das letzte Stück Forst in den abgeholzten Ibleischen Bergen. Korkeichen, wilde Olivenbäume und Ulmen stehen dicht an dicht; Füchse und Marder soll es hier noch geben. Der Bosco hat in den letzten Jahren stark unter der sizilianischen „Müllverteilungsmentalität" und unter Bränden gelitten. Eine Bürgerinitiative hat es aber geschafft, den Wald zur **Riserva Naturale** erklären zu lassen.

■ **Museo Naturalistico**
Santo Pietro, Tel. 36 83 78 42 02, April–Okt. Di, Do, Sa 9.30–13.30, So 9.30–13 und 17–19 Uhr, sonst nur nach Voranmeldung, Eintritt frei.

Piazza Armerina

22.400 Einwohner *(Piazzesi),* 697 m ü.N.N., PLZ 94 015, bis Enna 33 km

Wer nach Piazza Armerina kommt, tut dies vor allem wegen der nahen Ausgrabungsstätte **Villa Romana del Casale.** Das Städtchen besitzt die übliche barocke Stadtstruktur und lebt wirtschaftlich heute nur noch zum Teil von der Landwirtschaft (Getreide, Nüsse, Oliven). Industrie hat sich angesiedelt und die Vororte geprägt.

Wegen seines fruchtbaren Bodens war dieses Gebiet bereits seit Urzeiten bewohnt. Der heutige Ort stammt aus der Normannenzeit. Die Stadt dehnt sich malerisch über drei Hügel aus. Die SS177 führt geradlinig zum Stadtzentrum an der **Piazza Umberto.** Von dort geht es hügelan über Via Garibaldi und Via Cavour zum **Dom** mit großer Kuppel und 40 m hohem Campanile. Die Kirche wurde 1604 an Stelle einer älteren errichtet. Der untere Teil des Glockenturmes stammt noch vom Vorgängerbau und ist im katalanisch-gotischen Stil gehalten. Das Innere zeigt sich ganz unüblich in blau-weiß. Die Via Floresta führt zum zweiten imposanten Bau des Städtchens, dem aragonesischen **Kastell** aus dem 14. Jh., das trutzig die Stadt beherrscht.

■ **Duomo**
Piazza Duomo, tgl. 8.30–12, 15.30–18 Uhr.

Etwas außerhalb von Piazza Armerina, zu erreichen über Via Guccio und Via

□ Übersichtskarte S. 414, Karte S. 428 **Piazza Armerina** 427

Tasso, die von der Via Gatea (SS117) abzweigen, liegt ein romanisches Kleinod der Kirchenbaukunst, die alte Prioratskirche **Sant'Andrea** aus dem Jahre 1096. Das Innere ist mit Fresken aus dem 12.–15. Jh. ausgeschmückt.

■ **Gran Priorato di Sant'Andrea**
Via Torquato Tasso 106, nach Voranmeldung unter Tel. 39 22 06 81 11, http://associazionedomusartis.blogspot.com.

Praktische Informationen

Touristeninformation

■ **Ufficio Informazione**
Via Generale Muscara 47 (im Obergeschoss, leicht zu verfehlen), Tel. 09 35 68 02 01.

Unterkunft

■ **Ostello del Borgo** ①-②
Largo S. Giovanni 6, Tel. 09 35 68 70 19, www.ostellodelborgo.it. Sehr freundlich und nett geführte, christliche Pension/Jugendherberge mit 16 Zimmern mit Bad und einigen Zimmern ohne, auch Familienzimmer, in der Altstadt, Parkmöglichkeit.

■ **B&B Giucalem** ②
C.da Bel Verde am westlichen Stadtrand, Tel. 09 35 8 98 01, www.giucalem.com. In einem Obstgarten in ruhiger Alleinlage, 6 Zimmer mit Bad, herzliche Atmosphäre, selbstgemachte Marmelade und Brot.

■ **Hotel Villa Romana** ③
V. Alcide de Gasperi 18, Tel. 09 35 68 29 11, www.hotel-villaromana.it. Stadthotel an einer lauten Kreuzung in einem modernen Gebäude mit 55 komfortablen Zimmern, Restaurant.

■ **Agriturismo Sàvoca** ③
C. da Polleri 13 C.P. 27, Tel. 34 88 42 03 37, www.hotel-villaromana.it. Von Piazza Armerina in Richtung Mirabella, nach 3 km auf der rechten Seite. Großer Landwirtschaftsbetrieb mit Weinbau; Zimmer in Hauptgebäude besonders empfehlenswert, Unterkunft im Nebengebäude in Apartments mit Küche für Selbstversorger, Pool.

■ **Masseria Bannata** ③
C.da Bannata, 4 km auf der SS 117 bis Richtung Enna, Tel. 09 35 68 13 55, www.agriturismobannata.it. Tolles altes Gehöft im Wald mit einem herrlichen Garten, auf den Tisch kommt Feines aus der Produktion des Hofes, Voranmeldung ist obligatorisch, nur fünf Zimmer mit Bad, sehr geschmack- und liebevoll eingerichtet.

■ **Hotel Mosaici** ②-③
C.da Paratore, Tel. 09 35 68 54 53, www.hotelmosaici.com. 1 km von der Villa Casale entfernt, zweckmäßig und modern eingerichtete Zimmer, freundlicher Service. Die Küche ist meist gut, mittags kommen Reisegruppen her, um zu speisen.

Essen und Trinken

■ **Caffeteria Marconi** ①
Via Marconi 26/28, Tel. 09 35 68 29 89. Im historischen Zentrum von Piazza Armerina, kleines Café mit leckeren Arancini und Pizzateilen.

■ **Ristorante/Pizzeria Centrale Da Toto** ②-③
Via Mazzini 29, Tel. 09 35 68 01 53, www.ristorantedatoto.net, Mo geschl. Spezialität ist mit vielerlei Zutaten gefülltes Fleisch, das *Bocca di Lupo* genannt wird, ebenfalls gut: diverse Pastagerichte, darunter eine mit Sardellen und Fenchel.

■ **Ristorante/Pizzeria Pepito** ②
Via Roma 140, Tel. 09 35 68 57 37, www.pepitoweb.it. Di geschl. Sizilianische Spezialitäten und spanische Gerichte wie Paella, gute Nudelgerichte wie frisch gemachte Pasta mit Auberginen, Pilzen und Tomaten, Couscous mit Fisch, auch Zimmervermietung (②) und Schwimmbad.

■ **Ristorante/Pizzeria Teatro** ②
Via Teatro 6, Tel. 093 58 56 62, www.ristoranteteatro.com, Mi geschl. Tische unter freiem Himmel na-

he der Piazza Garibaldi beim Theater, große und beliebte Terrasse, frische Pasta *(norma, palermitana)*, hauptsächlich Fleischküche, Holzofen-Pizza am Abend.

■ **Trattoria La Ruota** ②-③
C.da Paratore, bei der Villa Romana, Tel. 09 35 68 05 42, www.trattorialaruota.it. Gute sizilianische Hausmannskost in schattigem Garten, jeden Tag wird die Pasta von den Damen in der Küche frisch zubereitet, sonst: Fleischküche vom Grill (Würstchen!). Auch Zimmervermietung (Zimmer mit Bad ②-③).

Fest

■ **14./15. August,** *Palio dei Normanni,* der Einzug des Herzogs *Roger* in die Stadt wird nachgespielt.

Verkehr

■ **Stadtbus,** Piazza Marescalchi, Busse der Gesellschaft CSA, Mai–Okt. mehrmals täglich zur *Villa Romana del Casale* (Linea B, 1 € einfache Fahrt).
■ **Busterminal,** Piazza Marescalchi, *AST* (Ticketverkauf im Bus, www.aziendasicilianatrasporti.it) und *Etnatrasporti* (Ticketverkauf im Bus, www.etnatrasporti.it) nach Aidone, Catania, Palermo, Enna, Caltagirone und Siracusa.

Villa Romana del Casale

Reiche Römer liebten die sanfthügelige, üppige Landschaft fernab von der Hitze der zentralsizilianischen Ebene und der Hektik der Großstädte und bauten sich hier an den Hängen ihre Landvillen. Sie meisterten alle topografischen Probleme, wenn nur die Fernsicht stimmte.

Ganz untypisch ist allerdings die spätantike Villa del Casale etwa 5 km von Piazza Armerina entfernt. Sie liegt „eingeklemmt" in einem Tal am Fuße des Monte Mangone. Charakteristisch für die römische Architektur ist ihr unübersichtlicher, **labyrinthartiger Grundriss** mit asymmetrisch angeordneten Wohnräumen und Versorgungsbauten, auf unterschiedlichem Bodenniveau und mit verschiedenartiger Überdachung.

Die Villa entstand um 300 n. Chr. Im 12. Jh. wurde sie von *Wilhelm I.* zerstört, später unter Schlamm begraben und erst 1950 wieder freigelegt. Vor allem die **Wand-** und **Bodenmosaike** haben die Villa zu einem der berühmtesten Denkmäler Siziliens gemacht. Am bekanntesten ist wohl das Bodenmosaik der „Bikini-Mädchen". Von Weitem wirkt die Villa aufgrund der modernen Glasbedachung wie ein Gewächshaus; ein Besuch während der heißen Zeit des Tages ist nicht ratsam. Möglichst früh besichtigen, heißt die Devise, solange die brennende Sonne dieses enge Tal noch nicht aufgeheizt hat und solange die Busse ihre Touristenladungen noch nicht ausgespuckt haben. Nur dann entfalten die Mosaiken der Villa jenen Zauber, mit dem sie die römischen Damen und Herren betört und unterhalten haben.

Der Bauherr des 3500 m² großen Anwesens war vermutlich der römische Kaiser *Maximilianus Herculius,* allerdings gibt es darüber keine gesicherten Erkenntnisse. Die Villa lag an einer der wichtigsten römischen Straßen, die Agrigento mit Catania verband. Als ständiger Wohnsitz diente das Anwesen wahrscheinlich nicht, vielmehr lassen die vielen Jagdszenen in den Mosaiken darauf schließen, dass sich der adelige Eigentümer hier gerne zur Jagdgesellschaft mit Freunden traf.

Der weitgehend festgelegte Rundgang beginnt am unregelmäßig geformten Innenhof, dem **Atrium,** in dessen Mitte noch die Aussparung für einen Brunnen zu erkennen ist. Geradeaus weiter gelangt man in die privaten Thermen mit dem **Narthex,** den ein hervorragend erhaltenes Mosaik der Spiele im Zirkus ziert, und in das kleeblattförmige **Frigidarium** (nach links schließen die Räume mit Warm- und Heißwasserbecken an). Die Thermenanlage war sozusagen das A und O eines reichen römischen Haushalts, vor allem wenn er, wie die Villa Casale, abseits der Städte lag, die meist großartige öffentliche Thermenanlagen besaßen. Der Gang in die römische Sauna war immer auch ein gesellschaftliches Ereignis, und oft wurden wichtige politische Entscheidungen und bedeutende

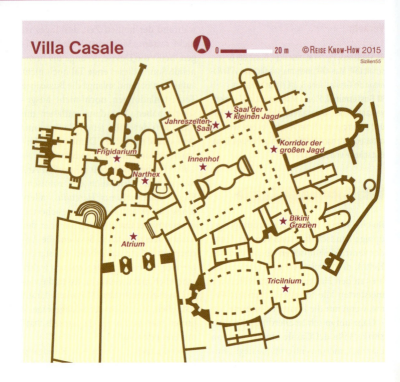

Geschäfte auf den kühlen Marmorbänken des Frigidariums oder auch unter den knetenden Händen des Masseurs abgeschlossen.

Vom Atrium nach rechts geht es über eine Treppe und durch eine Eingangshalle in den säulenumstandenen **Innenhof** des Hauses. An den Wänden zeichnen Mosaike geometrische und figurale Motive, in der Mitte des Hofes die Überreste eines Springbrunnens. An der Nordseite des Perystils lagen die Privatgemächer, in denen noch zum Teil schöne Mosaiken erhalten sind. Bemerkenswert der Raum der **Vier Jahreszeiten** und nebenan der Saal der **Kleinen Jagd**, in dem Jäger und Wild richtig plastisch aus dem Fußboden heraufzusteigen scheinen. Im Korridor der **Großen Jagd** wähnt sich der Besucher plötzlich in Afrika: Elefanten und Antilopen, ein fliehender Strauß und ein nicht ganz dazu passender Tiger – kurzum alles, was an Tieren für die Spiele im Zirkus gefangen wurde, ist hier verewigt.

In den Privaträumen auf der Südseite des Perystils sind sie dann endlich: die

> Sportlerinnen der Antike: die Bikini-Mädchen von Piazza Armerina

Bikini-Grazien, Mädchen beim Fitness-Training würde man heute dazu sagen, und auch die Kostüme unterscheiden sich von den heutzutage üblichen nicht so sehr. Zum Abschluss lohnt noch ein Blick ins **Triclinium,** wo die Herrschaften, auf bequemen Betten ruhend, gelangweilt die Qualen des *Herakles* betrachteten, die der Mosaikkünstler zu ihren Füßen ausgebreitet hat. Soweit die Highlights. Zur genaueren Information über die Anlage und ihre Besichtigung sollte man einen der im Anhang angegebenen Kunstführer zu Rate ziehen.

■ Villa Romana del Casale
5 km vom Zentrum von Piazza Armerina (Hinweisschilder), Tel. 33 92 65 76 40, www.villaromanadelcasale.it, 9–19, im Winter 9–17, Juli/Aug. bis 23 Uhr (Kassenschluss 1 Std. vor Schließung), 10 €, Audioguide 5 €; Kombiticket mit Arch. Museum Aidone und Morgantina 14 €.

Villa delle Meraviglie

Fährt man von der Villa Casale 2 km Richtung Pietraperzia, passiert man linker Hand die Villa delle Meraviglie mit dem wunderschönen **Museum Enzo Cammarata.** Die Villa liegt über dem Tal der Villa Casale, die nur 300 m Luftlinie entfernt ist. Die Villa delle Meraviglie ist selbst schon ein beachtenswerter Bau, ein Landhaus im barocken Stil mit einem Park aus dem 18. Jh. Das Museum zeigt in zahlreichen Räumen Möbel, Kunst und Kostüme der letzten Jahrhunderte, geschickt arrangiert und dem Besucher einen der besten Einblicke in das bürgerliche und adelige Alltagsleben einer vergangenen Zeit gebend.

■ Museo Enzo Cammarata
C. da Casale, SP15 2 km von der Villa Romana del Casale, Tel. 09 35 68 90 55, www.villadellemeraviglie.it, 9–19 Uhr (im Winter 9–17 Uhr), 4 €.

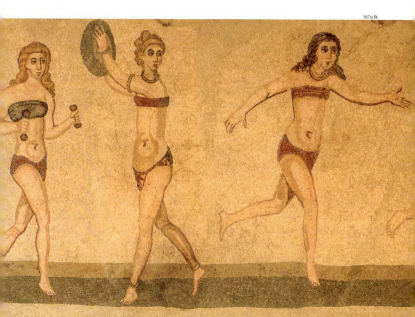

Phönizier – Karthager – Punier

Überall im Mittelmeerraum haben die Phönizier für ihre Handelsniederlassungen ähnliche Orte ausgewählt: auf vorgelagerten Inseln oder Halbinseln, die gegen das Festland gut zu verteidigen und von der See aus leicht zugänglich waren. Kolonisierungsambitionen hatten die Phönizier lange Zeit nicht. Ihnen genügte, in regelmäßigen Abständen entlang der Küsten Depots anzulegen, wo frischer Proviant aufgenommen und Ware gehandelt werden konnte. Denn vor Griechen und Römern besaßen die phönizischen Kauffahrer die bedeutendste Handelsflotte im Mittelmeerraum. Von ihrer Heimat in Kleinasien segelten die Kaufleute bis Spanien und an die Säulen des Herakles – die Meerenge von Gibraltar. Von dort befuhren wagemutige Expeditionen gar die afrikanische Küste nach Süden und gründeten Niederlassungen im heutigen Marokko. Auch der Handel mit den nördlichen Ländern – Sardinien und Galizien beispielsweise – war bedeutend, denn von dort bezogen die Phönizier wertvolle Bodenschätze. Als im 5. Jh. v. Chr. phönizische Auswanderer die Stadt Karthago gründeten, wendete sich das Blatt. Im Gegensatz zum Mutterland verspürten die Karthager durchaus hegemoniale Gelüste, und so dauerte es nicht lange, bis sie die alten phönizischen Kolonien auf Sizilien übernommen und ihren Einflussbereich auch weiter landeinwärts ausgedehnt hatten. Die Punier, wie die „afrikanischen" Phönizier nun genannt wurden, lieferten sich einen erbitterten Kampf mit den Griechen auf Sizilien und später mit dem erstarkenden römischen Reich, der in drei punisch-römischen Kriegen ausgetragen wurde und letztendlich zur Zerstörung Karthagos 146 v. Chr. durch den Feldherrn Scipio führte.

Griechen und Römer hielten die handelstüchtigen Punier etwas hochnäsig für Barbaren. Sie waren zwar sehr erfindungsreich in Dingen des täglichen Lebens, wie die *pavimenta punica* (s. o.) oder andere punische Handwerksarbeiten belegen, im Künstlerischen und Philosophischen konnten sich die Orientalen aber mit ihren gebildeten Nachbarn nicht messen. Was sie aber restlos diskreditierte, war ihre geheimnisvolle Religion, die sie abgeschlossen von neugierigen Blicken in düsteren Kultstätten praktizierten. Ihre Götter *Baal* und *Tanit* waren schrecklich und grausam, forderten das Blut der Kinder, wie *Diodorus* von Sizilien berichtete, und überzogen die Menschen mit Epidemien und Katastrophen. Derlei archaisches Gedankengut wurde von den aufgeklärten Zeitgenossen verabscheut, wohl schwang aber auch immer etwas Neid ob des Handelsgeschicks der Konkurrenten in dieser abwertenden Haltung mit. Eine gewisse Faszination muss von den Kulten der Punier dennoch ausgegangen sein, denn immer häufiger bauten auch die Griechen ihre ursprünglich transparenten Tempel zu abgeschlossenen Kultstätten um, zu denen nur die Priester Zutritt hatten.

Aidone

12 km sind es von Piazza Armerina ins Städtchen Aidone, das von seinen 800 m Höhe die umliegenden Monti Erei bis hin zum Ätna überblickt. Das **Gresti-Kastell** aus der Normannenzeit gab vermutlich den Anstoß zur Gründung dieser Ortschaft im 12. Jh. Die kleine Ansiedlung erlangte unter der Herrschaft der Normannen, Staufer und des Hauses Aragon eine gewisse Blütezeit. Das Kas-

tell selbst wurde häufig umgebaut. Der Ort ist sternförmig angelegt und besitzt eine hübsche, mittelalterlich geprägte Altstadt mit zahlreichen Kirchen aus der Gründungszeit, die nach dem Erdbeben 1693 wiederaufgebaut wurden. Auffällig ist die mit den pyramidenförmig zugehauenen Steinen bewehrte Fassade der **Kirche S. Domenico.**

Im ehemaligen **Kapuzinerkloster von Aidone** befindet sich heute das Archäologische Museum, in dem zahlreiche Fundstücke aus dem nahen Morgantina gezeigt werden. Der Eingang liegt bei der ehemaligen Franziskanerkirche, die heute als Konferenzsaal genutzt wird.

■ Museo Archeologico di Aidone
Via Torre Trupia 1, Tel. 093 58 73 07, tgl. 9–19 Uhr, 6 €, Sammelticket auch für Morgantina 10 € (s. unten), Kombiticket Museo, Morgantina, Villa Casale (s. oben) 14 €.

Morgantina

Nochmal 6 km von Aidone entfernt liegt in der Serra Orlando eines der wichtigsten Ausgrabungsgebiete Siziliens, die Überreste der Stadt Morgantina. Morgantina besitzt keine monumentalen Tempelanlagen, präsentiert dafür aber den **Alltag einer griechischen Siedlung** auf sehr anschauliche Weise – Marktplatz, Wohnviertel, Getreidespeicher, Versammlungsort.

Etwa um 1000 v. Chr. kam ein ausonisches Volk aus der Gegend des heutigen Tarent in dieses sikulische Gebiet und gründete unter ihrem Anführer König *Morges* den nach ihm benannten Ort *Morgantina*. Später eroberten die Sikuler im 8. Jh. die Stadt zurück, ab dem 6. Jh. wurde sie von Griechen besiedelt. Unter römischer Herrschaft nahm Morgantina an den Sklavenaufständen teil und wurde dafür zerstört und geplündert. Seine Wiederentde-ckung begann erst im Jahr 1955, nachdem Bauern jahrhundertelang auf ihren Feldern Münzen und Tonfiguren gefunden hatten.

Das Ausgrabungsgebiet umfasst zwei Teile: einen bergigen Bereich mit terrassenförmiger Anlage im Osten sowie den langgestreckten Hügel im Westen, der Serra Orlando. Im ersten Teil befand sich die urgeschichtliche Wohnstadt, die Griechen bauten später ihre Akropolis hierhin, die Bewohner lebten am Fuß des Berges. Zwei Getreidemühlen am Eingang des Ausgrabungsgebietes belegen, dass Morgantina vor allem ein blühendes Agrarzentrum war.

Der Besucher betritt das Gelände von Osten kommend über den Nordteil der **Agorà**, das Markt- und Verwaltungszentrum des antiken Morgantina. Begrenzt ist der Platz von Säulengängen, dem sogenannten *Porticus,* nach Südosten hin liegt er offen und gibt den Blick frei auf die Hügellandschaft.

In der Mitte der Agorà steht das **Macellum,** ein viereckiger Bau, in dem verschiedene Läden untergebracht waren. Welchem Zweck das Rund im Innenhof diente, ist allerdings noch nicht geklärt. Man nimmt an, dass sich hier womöglich ein Heiligtum befand.

Über eine Treppe ist der Platz mit der südlichen **Agorà** verbunden, die als Versammlungsort der Bürger diente. Linker Hand befinden sich die Überreste eines großen **Getreidespeichers,** dahinter ein **Brennofen.** Der enorme Getreidespeicher diente wohl dazu, die jährlich fälligen Abgaben an Siracusa darin zu lagern.

Auf der gegenüberliegenden Seite des Platzes, gleich neben der Treppe, befindet sich ein **Heiligtum der chthonischen Gottheiten**, an dem man wahrscheinlich auch Demeter und ihrer Tochter *Persephone* opferte, die am nahen Lago Pergusa auf so tragische Weise auseinandergerissen wurden (s.u.). In einem Raum sind die Spuren eines runden Altars und davor eines Grabens zu erkennen, der wahrscheinlich dazu diente, die Opfergaben aufzunehmen. Etwas weiter befindet sich das **Theater**, das etwa tausend Menschen Platz bot und – wie im griechischen Kulturkreis üblich – geschickt in den Hang gebaut wurde.

Wie luxuriös römische Adelige wohnten, hat man in der Villa Casale gesehen. Wer sich noch eine einfachere aber durchaus komfortable Hausanlage ansehen möchte, gehe zwischen Getreidespeicher und Brennofen ins ehemalige Wohnviertel und den Hügel hinauf zum **Haus des Ganimed**. Vermutlich zwischen dem 3. und 2. Jh. v. Chr. erbaut, ist es deutlich älter als die Villa Casale. Auf dem Fußboden eines Raumes wurde das Mosaik „Raub des Ganimed" gefunden, nach dem das Haus benannt wurde.

■ **Zona Archeologica Morgantina**
6 km von Aidone auf der SS288 Richtung Catania, Tel. 093 58 79 55. 9–19 Uhr (So nachmittag ge-

schlossen), 6 €, Sammelticket auch für das Archäologische Museum in Aidone 10 € (s. oben), mit Villa Casale 14 €.

Mazzarino

Mazzarino (12.000 Einwohner) entstand im 13. Jh. rund um das **Schloss,** von dem nur noch ein wuchtiger Rundturm sowie einige Mauern zu sehen sind. Zahlreiche Kirchen prägen das Stadtbild im Zentrum, darunter die im Osten gelegene **S. Maria di Mazzarò,** in der ein wundertätiges Marienbild verehrt wird. Mazzarino ist heute ein typisch sizilianisches Agrarzentrum. Auf dem nahen **Monte Disueri** fand man eine vorgeschichtliche Nekropole, deren Bedeutung sich mit den Totenstädten von Pantàlica und Ìspica durchaus messen kann. Auf dem **Monte Bubbonia** wurden Reste einer Siedlung entdeckt, die vermutlich das antike Maktorian war. Im Osten gibt es Zeugnisse der römischen Stadt Philosophiana.

Enna

28.000 Einwohner *(Ennesi),* 931 m ü.N.N., PLZ 94 100, Provinzhauptstadt

Nimmt man die Via Pergusa, geht es hoch auf einer breiten, steilen Straße, an der der Hinweis auf Schneeketten an die winterlichen Verhältnisse gemahnt, die einbrechen können. Oben, auf dem Plateau der Stadt, wird es nach der Piazza Matteotti sofort eng, und der Verkehr quält sich durch die Gassen und an Fußgängern vorbei in einem großen Rundbogen wieder zurück. Wer sich verfährt, muss rundherum und neu anfangen, Parkmöglichkeit beim Castello di Lombardia.

Das „Herz Trinacrias" wird Enna seit der Antike genannt. Die Stadt sei der geografische Mittelpunkt Siziliens, ein magischer Ort, an dem der Kult der Fruchtbarkeitsgöttin Demeter das Gedeihen der Felder sicherte, aber auch der Ort, an dem sich der Eingang zur Unterwelt befand. Magisch wirkt Enna zwar nicht, dafür aber sehr herrisch, wie es von seinem Monte San Giuliano herunterschaut. Ein enges Gassengewirr, zum Teil noch islamischen Ursprungs, mächtige Festungsbauten aus der Normannenzeit und die Arbeitsplatzmisere Innersiziliens prägen das Stadtbild. Viele Bewohner haben den Landstrich verlassen, um anderswo ein Auskommen zu finden.

Geschichte

Ennas zentralen Standort in herausgehobener Lage auf fast tausend Meter Höhe haben die Menschen bereits zu prähistorischer Zeit zu schätzen gewusst. Die Griechen kamen im 7. Jh. v. Chr. Während des Ersten Punischen Krieges wurde Enna erst von Karthagern, dann von Römern besetzt. 139 v. Chr. fand der erste Sklavenaufstand unter römischer Herrschaft statt, angeführt vom Sklaven *Euno,* dem späteren König *Antiochos.* Vier Jahre lang hielten die Aufständischen gegen die Römer stand. Die Byzantiner machten Enna zum Zentrum ihrer Verteidigungslinie. Die Araber eroberten die Stadt 859 und nannten sie

Qasr Yannah, später in *Castrogiovanni* umgedichtet. Die Stadt erlebte eine Blütezeit, die auch unter den Normannen anhielt. Für beide Friedrichs, den Hohenstaufer und jenen aus dem Hause Aragon, war Enna von zentraler, ja fast mythischer Bedeutung (s. u.): *Friedrich II. von Hohenstaufen* ließ Festung und Wohnturm errichten, *Friedrich III. von Aragon* erhielt in Enna 1314 den Titel König von Trinacria.

Castello di Lombardia

Unübersehbar erhebt sich am östlichen Ortsende die Trutzburg des Staufers *Friedrichs II.* Von den ehemals zwanzig Türmen des Kastells sind nur noch sechs erhalten. Ein unterirdischer, 1 km langer Gang verbindet die Festung mit dem Wohnturm des Kaisers.

■ **Castello di Lombardia**
Piazza Castello, 8–20, Winter 9–17 Uhr, Eintritt frei.

Rocca di Cerere

Auf dem Felssporn dahinter, dem Rocca di Cerere, hat man einen fantastischen Blick über Felder bis hin zum Ätna, natürlich nur an sehr klaren Tagen, sonst verhindert Dunst die Weitsicht. Hier war wohl der Standort eines **Demeter-Heiligtums,** prachtvoll mit Statuen geschmückt. In seinen Reden gegen *Verres,* den Prokonsul der römischen Provinz Sizilien, führte der alte *Cicero* unter anderem auch diesen Tempel mit all seinen Reichtümern gegen Verres ins Gefecht. Hatte dieser doch bei der Plünderung Ennas nach den Sklavenaufständen so

manchen Schatz in die eigene Tasche wandern lassen.

Al Kenisa

Die kleine Kirche wurde säkularisiert (bevor sie Kirche wurde, war sie eine Moschee) und in ein Literatur-Café gewandelt, das auch deutsche Bücher über Enna im Sortiment hat. In den alten Gemäuern ist es kühl und angenehm, gegen Abend kann man auch draußen im Hof sitzen. Ein besonders grauslicher Bereich der Kirche ist nach dem Abstieg in die Krypta zu sehen, in der einst die Leichen mumifiziert wurden. Man setzte sie auf Abflusslöcher, die mit Rinnen verbunden waren und ließ über Monate die Körpersäfte abtropfen.

■ **Al Kenisa/Caffè Letterario**
Via Roma 481, Di–So Sommer ab 18 Uhr, Winter ab 16 Uhr.

Piazza Duomo

Nächster Haltepunkt könnte die Piazza Duomo bzw. Piazza Mazzini sein. Der Dom (mittags geschlossen) stammt ursprünglich von 1307, bei einem Brand

085si fk

1446 wurde er stark beschädigt, anschließend jedoch wieder aufgebaut. Die barocke Fassade entstand Anfang des 18. Jh. Im Inneren überraschen die dikken Säulen aus schwarzem Basalt. Besonders schön ist die Holzkassettendecke im Mittelschiff.

Archäologisches Museum

Im **Varisano-Palast** an der gegenüberliegenden Piazza Manzini ist das **Archäologische Regionalmuseum** untergebracht. Es befindet sich in einem erbarmungswürdigen Zustand: unbeschriftete Exponate, leere Vitrinen, bröckelnder Putz. Abhilfe ist nicht in Sicht.

■ **Museo Archeologico**
Piazza Mazzini, Mo–Fr 9–13 Uhr, Tel. 093 55 07 63 04, Mo–Fr 9–18, Sa/So 9–13 Uhr, Eintritt frei.

Piazza Garibaldi

Am Palazzo Pollicarini mit einigen Bauelementen der katalanischen Gotik vorbei erreichen wir die Via Chiaramonte, die nach rechts zur Piazza Garibaldi führt, dem Hauptplatz.

Torre di Federico

Wer Lust auf einen relativ ziellosen Bummel hat, biegt an der Piazza Garibaldi nach links von der Via Roma in die Altstadtgassen ein und versucht, grob in südwestlicher Richtung über die Via Fontana Grande zur Via Pergusa zu gelangen. Diese wird überquert, und über die Via S. Matteo erreicht man zunächst die Via Mercato. Dieser nach links folgend kommt man über die Piazza Puccini zum Torre di Federico, dem berühmten Wohnturm des Stauferkaisers (Einfacher, dafür aber länger ist es, der Via Roma bis zur Piazza Matteotti und weiter nach Südwesten zu folgen, bis man linkerhand den Turm auftauchen sieht). Der besteigbare achteckige, 24 m

◁ Blick über Enna und seine Ländereien

hohe Turm inmitten eines schönen und großen Parks besteht aus drei Etagen. Der genaue Zweck dieses Baus ist immer ein Rätsel geblieben, man nimmt an, dass *Friedrich II. von Hohenstaufen* sich darin eine Studierstube und ein Observatorium zur Himmelsbeobachtung eingerichtet hatte. Mystisch ist der Platz, an dem der Turm steht: Bereits den Römern galt er als *umbilicus Siciliae*, als Nabel Siziliens. Es ist wahrscheinlich, dass auch hier ein antikes Heiligtum stand, dessen magisches Kraftfeld der für alle Religionen offene *Friedrich* nutzen wollte.

■ Torre di Federico
Via Torre di Federico, 9–13, 14–20 Uhr, Winter bis 17 Uhr, Eintritt frei.

Praktische Informationen

Touristeninformation

■ Ufficio Informazione
Via Roma 413, Tel. 093 50 23 62, www.comune.enna.it.

Unterkunft

■ **Übernachtung**
 2 B&B Calascibetta
 4 Hotel Bristol
 5 Grande Albergo Sicilia
 9 Agriturismo Il Mandorleto
10 Hotel Villa Giulia
11 Hotel Riviera

■ Grande Albergo Sicilia ③
Piazza Nap. Colajanni 7, Tel. 09 35 50 08 50, www.hotelsiciliaenna.it. Das Äußere lädt nicht unbedingt zum Verweilen ein. Es liegt aber ganz zentral in der Altstadt, und Innen zeigt es sich im Rezeptionsbereich in veritablem Liberty-Stil und etwas angestaubt. Dennoch das beste Haus am Platz (mit eigentlich zu hohen Preisen).

■ Hotel Bristol ③
Piazza Ghisleri 13, Tel. 093 52 44 15. Modernes Haus in der Altstadt mit 13 Zimmern und nicht immer servicebereitem Personal, Sat-TV, Klimaanlage, Internet.

■ B&B Calascibetta ②
SS290 46/III, Tel. 093 53 36 47, www.bbcalascibetta.it. Angenehmes B&B mit nettem Service, schöner Blick auf Enna, außerdem steht den Gästen ein kleines Schwimmbad zur Verfügung.

■ Agriturismo Il Mandorleto ②
C.da Gerace, Tel. 09 35 54 13 89, www.ilmandorleto.it. Von Pergusa 11 km in Richtung Barrafranca bis Monte Gerace, dann links auf die S.P. 78, angeneh-

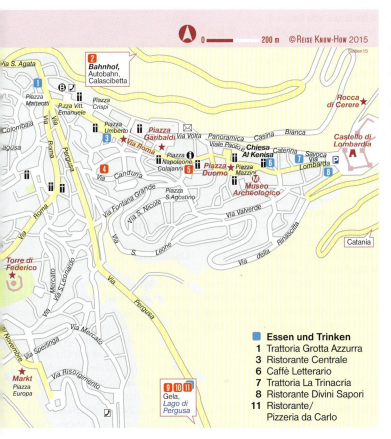

Essen und Trinken
1 Trattoria Grotta Azzurra
3 Ristorante Centrale
6 Caffè Letterario
7 Trattoria La Trinacria
8 Ristorante Divini Sapori
11 Ristorante/ Pizzeria da Carlo

mer Gastbetrieb in ruhiger, ländlicher Umgebung inmitten von Mandelbäumen; Verkauf von landwirtschaftlichen Produkten.

■ **Hotel Villa Giulia** ③
Villagio Pergusa, Tel. 09 35 54 10 43, www.villagiuliaenna.it. Haus mit 20 modern eingerichteten Zimmern, Schwimmbad, gutes, großes Restaurant mit vielen Familienfeierlichkeiten.

■ **Hotel Riviera** ③
Villagio Pergusa, Tel. 09 35 54 12 67, www.rivieraalbergoristorante.com. Ältliches, ruhiges Mittelklasse-Hotel, wenn nicht gerade Autorennen gefahren werden.

Essen und Trinken

■ **Trattoria La Trinacria** ②
Via Caterina Sàvoca, Tel. 09 35 50 20 22, Mo geschl. Schwergewicht ist das Essen, nicht das Ambiente, Pappardelle al Pesto di Pistacchio e Ricotta fresca, Maccheroni mit Artischocken und Salsiccia.

■ **Trattoria Grotta Azzurra** ②
Via Colajanni 1, Tel. 09 35 243 28, Sa geschl. Einfaches, kleines Lokal für die einheimischen Familien, kleine Karte, Landwein, Pasta, Grillteller.
■ **Ristorante Centrale** ②-③
Piazza VI Dicembre 9, Tel. 09 35 50 09 63, www.ristorantecentrale.net, Sa geschl. (nur Winter). Sympathisches Lokal mit netter Einrichtung und Freisitz, Vorspeisenbuffet und regionale Spezialitäten, vornehmlich Fleisch (Lamm), wie in den Bergen üblich.
■ **Trattoria/Pizzeria Al Carrettino** ②-③
Via Nazionale 27, Villagio Pergusa, Tel. 09 35 54 20 21, www.alcarrettino.it. Gute Hausmannskost in eleganter Atmosphäre an der Hauptstraße.
■ **Ristorante/Pizzeria da Carlo** ①-②
Via Nazionale, Villaggio Pergusa, Tel. 09 35 54 10 30. Einfache Einrichtung, vorne Café, man muss in den Speisesaal nach hinten durchgehen.
■ **Ristorante Divini Sapori** ③-④
Via Lombardia, Tel. 093 51 98 05 33, www.ristorantedivinisapori.it. Superelegant minimalistisch in schwarz und weiß eingerichtet, beste Fischküche am Ort, Linguini ai frutti di Mare oder Filetto in Crosta, abends auch Pizza.

Nahverkehr

■ **Stadtbusse,** ab Piazza Scelfo (westlich an Piazza Vittorio Emanuele anschließend), zum Pergusa-See (Linie 5 etwa stündlich) und zum Bahnhof (ungefähr alle zwei Stunden).

Fernverkehr

■ **Busterminal,** Viale Diaz (am westlichen Stadtrand Richtung Friedhof), *Sais* (www.saisautolinee.it) nach Caltanissetta, Catania, Catania Aeroporto, Palermo und Piazza Armerina.
■ **Bahnhof,** Via Saclo Ferroviario (5 km außerhalb), Tel. 89 20 21, www.trenitalia.it, Richtung Agrigento und Catania.

Feste

■ **Osterwoche,** zahlreiche Prozessionen.
■ **2. Juli,** Zunft-Prozession zu Ehren der *Madonna della Visitazione* (s. Exkurs „Der Raub der Persephone").

Sonstiges

■ **Postamt,** Via Volta.
■ **Markt,** Via Roma, östlich Piazza Umberto I, werktäglich.
■ **Markt,** Piazza Europa; jeden Dienstag.

In der Umgebung

Calascibetta

Das Städtchen Calascibetta (5000 Einwohner) auf einem Felsen 9 km nördlich von Enna gelegen, ist unbedingt einen Besuch wert, auch wenn man nur kurz anhält, um die Aussicht zu genießen. Auch dieses Gebiet ist seit Urzeiten bewohnt, wie die Nekropolen in der Umgebung beweisen; die **Totenstadt von Realmesse** stammt aus dem 8. und 7. Jh. v. Chr. und die von **Malpasso** aus der frühen Bronzezeit. Die Araber errichteten hier auf dem Felsen eine Festung, die lange Zeit als uneinnehmbar galt; darauf bezieht sich auch der Name des Ortes: *Kalat* (Burg) und *Scibet* (Name des Berges). Unter den Normannen wurde das Kastell wehrhaft überbaut. Die Chiesa Madre stammt aus dem 14. Jh.; sie wurde später verändert. Die Säulen im Inneren stehen auf mit Ungeheuern verzierten Sockeln. Schön sind auch das Taufbecken aus dem 16. Jh. sowie der geschnitzte Chor aus dem 17. Jh. Calascibettas eigentliche Attraktion ist aber sein

Der Raub der Persephone

Die Legende erzählt von *Demeter,* der Göttin der Fruchtbarkeit, besonders des Getreides, und ihrer Tochter *Kore.* Das Mädchen war am Lago di Pergusa beim Blumenpflücken, als sich plötzlich die Erde auftat und Hades, der Herrscher der Unterwelt, *Kore* ergriff und in sein unterirdisches Reich entführte. Lange irrte *Demeter* auf der Suche nach ihrem Kind durch Sizilien, und schließlich zog sie sich verbittert zurück. Die Erde verlor ihre Fruchtbarkeit, und die Menschen hungerten.

Dies konnte *Zeus, Demeters* Bruder und zugleich *Kores* Vater, nicht dulden. Er beschwor *Hades, Kore* wieder freizugeben, doch das Mädchen, das in der Unterwelt den Namen *Persephone* erhalten hatte, war ihrem Räuber längst in Liebe zugetan und weigerte sich, ihn zu verlassen. Der kluge Zeus handelte schließlich einen Kompromiss aus: *Persephone* sollte zwei Drittel des Jahres – Frühjahr, Sommer und Herbst – bei ihrer Mutter bleiben und dadurch den Zyklus der Jahreszeiten und die Fruchtbarkeit der Erde sicherstellen. Den Winter durfte sie bei *Hades* in der Unterwelt verbringen.

Dieser Mythos lebt heute im **„Fest der Maria Santissima della Visitazione"** weiter. Am 2. Juli wird die Madonnenstatue aus dem Dom in einem „goldenen Schiff" durch die Straßen Ennas zur Kirche Montesalvo gezogen, wo sie die *hl. Elisabeth* besucht. Ein Feuerwerk begleitet die Begegnung der beiden Heiligen. Früher mussten Träger diese Aufgabe fast nackt erledigen, heute legen sie weiße, spitzenbesetzte Tuniken an und laufen barfuß. Bei der *hl. Elisabeth* bleibt die *Madonna* zwei Wochen lang, begleitet von Riten, wie dem Anzünden von Kerzen (die Demeter bei der Suche nach Persephone helfen sollen; man beachte, dass die Chiesa Montesalvo unterhalb des Doms liegt).

Am 16. Juli zieht die Prozession dann in umgekehrter Richtung bergan, also wieder aus der Unterwelt ans Tageslicht, und die *Madonna* darf sich wieder ein Jahr von dieser Anstrengung erholen.

---

mittelalterliches Stadtbild mit islamisch geprägten Sackgassen und Innenhöfen.

Lago di Pergusa

Wenn man Enna in Richtung Süden verlässt, gelangt man zum Pergusa-See. Der See hat keinen natürlichen Zufluss, sein Wasser ist leicht salzhaltig; Zugvögel fliegen ihn nicht an. Villen an seinen Ufern entziehen dem See ständig Wasser, lassen den Pegel sinken und belasten ihn zusätzlich mit Abwässern – ungeachtet der Tatsache, dass das Gebiet unter Naturschutz steht. Auf einem 4807 m langen **Autodrom,** der den See umrundet, finden regelmäßig Autorennen statt. Hin und wieder färbt sich das Wasser rot, was vermutlich durch eine Vermehrung von Plankton verursacht wird, aber Stoff für alle möglichen Legenden hergibt. Am Südufer befindet sich eine **Grotte,** und nordöstlich des Sees wurden **Spuren von Rundhäusern** aus der späten Bronzezeit entdeckt, sowie ein Stück Verteidigungsmauer und eine Fels-Nekropole.

Über den Schwefel

Mittel- und Südsizilien besitzen große Schwefelvorkommen. Billige Arbeitskräfte und die Nähe der Abbaugebiete zu den Häfen an der Südküste machten den sizilianischen Schwefel zu einem geschätzten und nachgefragten Produkt, nachdem 1794 ein Verfahren entdeckt worden war, wie man aus Schwefel Soda herstellen konnte und die industrielle Revolution in Europa Schwefel als Grundstoff für verschiedene chemische Verfahren benötigte. Dreiviertel der gesamten Schwefelförderung stammten Anfang des 19. Jh. aus Sizilien. Wie bei vielen anderen industriellen Neuerungen in Sizilien war auch der Schwefelabbau meist in Händen der Aristokratie. Die Arbeitsbedingungen waren primitiv. In niedrigen Stollen, gesättigt mit den giftigen Dämpfen des Schwefelerzes, arbeiteten die Hauer meist im Liegen. Wagen für den Transport gab es nicht; stattdessen wurden Kinder an die Minengesellschaft wie Sklaven verkauft. Sie schleppten die Körbe mit dem herausgebrochenen Gestein ans Tageslicht, wo sie Esel an die Küste transportierten. Ein Verfahren, dass nur funktionierte weil die Kinderlöhne so niedrig waren. Wie in der Landwirtschaft verhielten sich Grundbesitzer und ihre Verwalter, die *gabelotti*, im Schwefelabbau kurzsichtig. Anstelle einer Modernisierung wurde auf die Methode der Ausbeutung gesetzt. Schließlich war der sizilianische Schwefel trotz der Sklavenhaltung teurer als jener aus den modernen Bergwerken in den USA, und Anfang des 20. Jh. war der Spuk vorbei; heute gibt es nur noch drei Bergwerke in der Region. Was blieb, sind Abraumhalden, verrostetes Gerät und ein Museum in Caltanissetta, das die grausame Geschichte des Schwefelabbaus dokumentiert.

Schwefelminen

Fährt man von Enna bzw. dem Pergusa-See nach Osten Richtung Valguarnera (auf der SS117), kommt man am Schild nach Grottacalda vorbei. Hier geht es zu einer aufgelassenen Schwefelmine. Zu einer weiteren Schwefelmine geht es ab, wenn man zurück- und weiter Richtung Valguarnera fährt. Dort steht ein Schild **„Parco Minerario di Floristella-Grottacalda"**. In einem Tal stehen Schachttürme und die erhaltene Ruine eines Herrenhauses – es wurde wohl mit dem Abbau in den größten Schwefelminen Siziliens viel Geld verdient. Mit dem Park wird den Arbeitern gedacht, die bis 1987 bei einem der größten Brötchengeber des sizilianischen Hinterlandes tätig waren.

■ **Parco Minerario Floristella Grottacalda**
C.da Floristella, Valguarnera, Tel. 09 35 95 81 05, www.enteparcofloristella.it.

Caltanissetta

63.000 Einwohner (Nisseni), 568 m ü.N.N., PLZ 93 100, Provinzhauptstadt

Zunächst muss es gelingen, im Gewirr der typisch sizilianischen Straßenführung zwischen Auf- und Abfahrten (hier endet die aus Palermo kommende Autobahn) und Neubauvierteln das Zentrum des Städtchens zu finden.

Im Gegensatz zu Enna ist Caltanissetta eine Industriestadt mit all den hässlichen Begleiterscheinungen, die überall in Sizilien zu beobachten sind, wenn die chemische und die metallverarbeitende Industrie das ehemalige Standbein Landwirtschaft abgelöst haben. Doch in Caltanissetta hat es neben dem Feldbau seit Jahrhunderten einen weiteren Wirtschaftszweig gegeben, der die Landschaft und die Menschen der Region nachhaltig geprägt hat: den Schwefelabbau.

Geschichte

An Stelle des heutigen Caltanissetta befand sich vermutlich das antike *Nissa*, wo Homer seine Version des Persephone-Raubes angesiedelt hatte. Graf *Roger* gründete hier 1086 das Priorat *San Giovanni* und gab damit den Anstoß zur weiteren Besiedelung der Region. Durch das Aufkommen des Schwefelabbaus im 19. Jahrhundert erlebte die Stadt wirtschaftlichen Aufschwung.

Piazza Garibaldi

Die beiden Hauptachsen der Altstadt bilden der Corso Vittorio Emanuele und der Corso Umberto I., die sich an der Piazza Garibaldi kreuzen. Der **Dom S. Maria la Nova** stammt aus dem 16. Jh.; das Gewölbe wurde 1720 von *Wilhelm Borremans* mit Fresken ausgemalt.

Palazzo Moncada

Am Corso Umberto I. entlang biegt man rechts in die Via Manteotti mit dem imposanten Palazzo Moncada von 1635 mit prächtigen Balkonen. Er gehörte dem Grafen von Moncada, dessen Lehen Caltanissetta war. In ihm ist eine Skulpturenausstellung des Bildhauers *Michele Trpisciano* zu sehen und die Touristeninformation untergebracht.

■ **Museo Tripisciano**
Largo Paolo Barile, www.museotripisciano.it, Di–Sa 9.30–13, 17–10 Uhr, Eintritt frei.

▷ Brunnen an der Piazza Garibaldi von Caltanissetta

Kirche Sant'Agata

Ein Stück weiter am Corso befindet sich die einstige Jesuitenkirche S. Agata, die in der Spätrenaissance erbaut wurde. Sehenswert im Inneren ist der originelle Voraltar, dessen Intarsien verschiedenste Vogelarten samt ihren Namen darstellen. Das Jesuitenkolleg beherbergt heute eine Schule.

Archäologisches Museum

Das Museum befindet sich ca. 3 km außerhalb und ist nur mit dem eigenen Fahrzeug zu erreichen. Seine archäologische Sammlung mit englischer Beschriftung und gut erhaltenen Büsten und Vasen gilt als bemerkenswert, Glanzstück ist das **Tonmodell eines Tempels,** das weltweit einzigartig ist. Gleich neben dem modernen Betonrundbau des Museums ist ein kleines Kloster mit einem hübschen Innengarten zu bewundern (Abtei Santo Spirito, 1092 gegründet), es zeigt neben normannischen Stilelemente auch einige aus dem arabische Raum (9–11 und 17–19 Uhr).

■ **Museo Archeologico**
Via F. Paladini, Tel. 09 34 56 70 62, 9–13 und 15.30–19 Uhr (am letzten Montag im Monat geschlossen), 4 €.

Caltanissetta

■ **Übernachtung**
3 Hotel San Michele
5 Hotel Giulia
6 Hotel Plaza
8 B&B Palazzo Ajala

■ **Essen und Trinken**
1 Ristorante/Pizzeria Al Castello del Piraino
2 Ristorante Totò e Peppino
4 Ristorante/Pizzeria Gusto Misto
7 Trattoria Vicolo Duomo

Castello Pietrarossa

Im Osten der Stadt stehen noch die Überreste der einst mächtigsten Festung Siziliens, des Schlosses von Pietrarossa, ursprünglich eine arabische Gründung und von den Normannen und Staufern zu einem unerstürmbaren Bollwerk ausgebaut.

Diözesanmuseum

Südlich des Zentrums steht in der Viale Regina Margherita das Museum mit dem **Kirchenschatz des Bistums:** Ge-

Caltanissetta

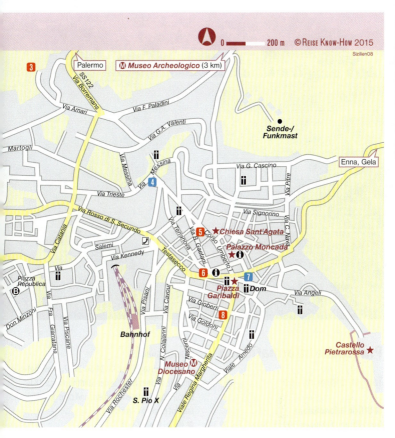

mälde, Textilien, Schmuck und Skulpturen aus dem 15. bis zum 19. Jh. Ein Highlight ist eine Kopie von Raffaels Kreuztragung Christie, gemalt von *Luigi Borreman*.

● **Museo Diocesano**
Viale Regina Margherita 29, Tel. 093 42 30 14, www.diocesicaltanissetta.it, Mo–Fr 9.30–12.30, 16.30–18.30, Sa 9.30–12.30 Uhr, Mi geschl. Eintritt frei (Spende erwünscht).

Mineralmuseum

Das Museum für Mineralogie sollten sich vor allem auch jene anschauen, die sich für den Schwefelabbau in der Region interessieren. Eine eigene Abteilung ist dem **Schwefelbergbau** gewidmet.

● **Museo Mineralogico e della Zolfara**
Viale delle Regione 71, Tel. 09 34 59 12 80, Mo–Sa 9–13 Uhr, 3 € (mit Führung 5 €).

Praktische Informationen

Touristeninformation

■ **Ufficio Informazione**
Corso Vittorio Emanuele 109 (3. Etage), Tel. 09 34 58 36 92, www.caltanissettaturismo.it.

■ **Pro Loco**
Largo Paolo Barile, Palazzo Moncada, Tel. 09 34 58 58 90.

Unterkunft

■ **B&B Palazzo Ajala** ②-③
Corso Umberto 229, Tel. 09 34 68 10 26, www.palazzoajala.it. Kleiner, professioneller Betrieb mit 5 Zimmern inkl. Bad, einfach eingerichtet, Hostel-Charakter, sehr sauber.

■ **Hotel Giulia** ③
Corso Umberto 85, Tel. 09 34 54 29 27, www.hotelgiulia.it. Kleines Hotel in der Stadtmitte mit 18 liebevoll eingerichteten Zimmern und dem guten Restaurant *Pizzeria L'Archetto*.

■ **Hotel Plaza** ③-④
Via B. Gaetani 5, Tel. 09 34 58 38 77, www.hotelplazacaltanissetta.it. 32 modern eingerichtete Zimmer in zentraler Lage, in einem modernisierten Palazzo.

Panorama von Caltanissetta

Caltanissetta

168si fk

- **Hotel San Michele** ④
Via Fasci Siciliani, Tel. 09 34 55 37 50, www.hotel sanmichelesicilia.it. Großes, modernes Hotel (122 Zimmer) in Panoramalage am Stadtrand von Caltanissetta; mit gutem Restaurant, Sonderangebote.

Essen und Trinken

- **Ristorante/Pizzeria Totò e Peppino** ②
Via Pietro Leone, Tel. 09 34 55 50 37, www.pizzeria ristorantetotoepeppino.com, Mo geschl. Modernes Ambiente, mit Garten, viel Jugend, die sich vor dem Ausgehen mit einer Pizza stärkt.
- **Ristorante/Pizzeria Gusto Misto** ①-②
V ia Terra Nova 15, , Tel. 093 42 44 84, www.gusto misto.it. Di geschl. Die beste Pizza von Caltanissetta, Hühnchen vom Grill, aber auch Hamburger. Faire Preise und immer viel Betrieb.
- **Agrirestaurant Le Fontanelle** ②-③
Via Pietro Leone 45, 5 km aus der Stadt in Richtung San Cataldo, Tel. 09 34 59 24 37, Mo geschl. Festes Menü in einem bekannten Agriturismo-Restaurant, wo man auch reiten kann.
- **Ristorante/Pizzeria Al Castello del Piraino** ①-③, C.da Piraino, S. Caterina Villarmosa; Tel. 32 03 13 07 90. Auf die Autobahn A19 Richtung Palermo, bei der Abfahrt Cinque Archi (nach 6 km) 8 km Richtung Santa Caterina, 1 km vor der Ortschaft steht das herrschaftliche Gut, das auf das 17. Jh. zurückgeht. Gemütliches Restaurant hinter dicken Burgmauern mit ausgezeichneter Pizza und sehr guten Grillgerichten.

Verkehr

- **Busterminal,** Via Rochester, *SAIS* (www.sais autolinee.it) über Enna nach Agrigento, Caltagirone, Catania, Gela, Palermo und Piazza Armerina.
- **Bahnhof,** Piazza Roma, Tel. 89 20 21, www.trenitalia.it, in Richtung Agrigento, Enna und Palermo.

Fest

- **Gründonnerstag,** Prozession der *Vari*, 15 große, aus Pappmachéfiguren zusammengestellte szenische Bilder stellen die Stationen des Kreuzwegs dar; die ganze Nacht über ziehen die Menschen mit ihnen durch die Altstadt; Höhepunkt der Prozession bildet der „Schwarze Christus", der von einer bestimmten Berufsgruppe am Freitagabend der Menge präsentiert wird – von den *fugghiamara*, dem Pendant zu „unseren" Kräuterweiblein.

Sonstiges

- **Postamt,** Via Leone XIII.

Überblick | 453

Alicudi | 480

Filicudi | 478

Geschichte | 455

Informationen, Praktische | 455

Lipari | 456

Panarea | 476

Salina | 470

Stromboli | 481

Vulcano | 467

10 Die Liparischen Inseln

Das ideale Sommerziel für Italiener, für Deutsche

und auch für Sizilianer. Hier kann man Baden und Essen vor Traumkulissen.

◁ Sehnsuchtsinsel Lipari

DIE LIPARISCHEN INSELN

Ein Hauch Südsee umgibt die **sieben Liparischen Inseln,** die aufgereiht wie Perlen in einem großen Bogen zwischen Neapel und Milazzo den unterseeischen Verlauf einer Kette von Vulkanen bezeichnen. Den Griechen waren die Inseln die Heimat des Windgottes Aeolos, und in den heute noch tätigen Feuerbergen **Vulcano** und **Stromboli** sollte – ähnlich wie im Ätna – der schmiedende Hephaistos seine Werkstatt haben.

Die Liparischen Inseln

Überblick

Die Inseln bieten eine Fülle verschiedenster **Freizeitmöglichkeiten:** Tauchen und Schnorcheln, Wandern, abenteuerliche Vulkanbesteigungen und romantische Segeltörns gehören dazu. Was man auf den Isole Eolie nicht erwarten darf, sind ellenlange Sandstrände. Die Inseln sind felsig, und nur an wenigen Stellen (Vulcano, Lìpari) gibt es langgestreckte Buchten mit Sand und allem, was zum Badespaß dazugehört. Den können nur die manchmal in den Sommermonaten auftretenden Quallen mindern.

Ein dichtes Netz von **Schiffsverbindungen per Tragflügelboot und Katamaran** garantiert, dass man fast zu jeder Zeit die Hauptinseln Lìpari, Stromboli, Vulcano und Salina erreichen und wieder verlassen kann (außerhalb der Hauptsaison sind die Verbindungen zwischen den größeren Inseln allerdings eingeschränkt). Nur Wind und Meer können den Fahrplänen einen Strich durch die Rechnung machen, denn die Schnellboote verkehren nur bei relativ ruhigem Seegang. Einen Pkw kann man bislang nur nach Lìpari und Salina mitnehmen.

NICHT VERPASSEN!

- **Lìpari,**
  Inselrundfahrt auf eigene Faust mit der Vespa | 456
- **Quattropani, Santuario della Madonna della Catena,**
  nur wegen des Blickes über die Inseln | 459
- **Vulcano,**
  ein heißes Schlammbad heilt so einiges | 467
- **Salina,**
  Kapern in Pollara einkaufen, es sind die besten der Welt | 470
- **Stromboli,**
  Besteigung des Vulkans mit Blick in den Krater – einzigartig | 482

Diese Tipps erkennt man an der <mark>gelben Hinterlegung.</mark>

Fähr- und Schnellbootverbindungen auf die Liparischen Inseln

In der Hochsaison sind die Schnellboote häufig ausgebucht, besonders morgens und abends, wenn die Touristen von Inselausflügen zurückkehren. Die **Reservierung** von Fahrkarten ist kostenpflichtig.

■ **Ganzjährig ab Milazzo:** Zwei Gesellschaften fahren mit Fährschiffen – *Traghetti* – mindestens einmal am Tag die Liparischen Inseln ab: *Siremar* und *NGI (Navigazione Generale Italiana)*. Schnellboote (Tragflügelboote – *Aliscafi* – und Katamarane) benutzen *Siremar* und *Ustica Lines*. Sie verkehren ganzjährig mehrfach am Tag, wenn es die Wettersituation zulässt. Im Sommer sind die Frequenzen erhöht, um den Touristenansturm zu bewältigen.

■ **Ganzjährig ab Neapel:** *Siremar* fährt mit Fährschiffen mindestens zweimal die Woche über die Liparischen Inseln nach Milazzo, *SNAV/Alilauro* fährt mit Schnellbooten zwischen Palermo und Neapel mit Halt auf den Liparen mindestens einmal täglich (nur im Sommer und wenn das Wetter es zulässt).

■ **Zusätzliche Sommerverbindungen:** *Ustica Lines* mit Schnellbooten von Reggio di Calabria, Palermo, Cefalù und Messina nach Lìpari, teils auch nach Salina, Vulcano und Panarea.

■ **Überfahrtszeiten der Schnellboote** (zwischen den Inseln variieren die Fahrtzeiten, je nach Anzahl der Anlegestellen auf einer Strecke):

Palermo – Lìpari, 4 Std.
Neapel – Lìpari, 6 Std.
Messina – Lìpari, 2 Std.
Cefalu – Lìpari, 1½ Std.
Reggio di Calabria – Lìpari, 2½ Std.
Milazzo – Lìpari, 45 Min.
Lìpari – Vulcano, 10 Min.
Lìpari – Salina, 20 Min
Lìpari – Alicudi, 1 Std. 20 Min.
Lìpari – Filicudi, 1 Std. 5 Min.
Lìpari – Panarea, 25 Min.
Lìpari – Stromboli, 1 Std. 5 Min.

■ **Überfahrtszeiten der Fähren** (zwischen den Inseln variieren die Fahrtzeiten, je nach Anzahl der Anlegestellen auf einer Strecke):

Neapel – Lipari, 15 Std.
Milazzo – Lipari, 1 Std. 55 Min.
Lipari – Vulcano, 25 Min.
Lipari – Salina, 50 Min.
Lipari – Alicudi, 4 Std. 5 Min.
Lipari – Filicudi, 2 Std. 55 Min.
Lipari – Panarea, 2 Std. 5 Min.
Lipari – Stromboli, 3 Std. 50 Min.

■ **Preise für Passagiere:**

Milazzo – Lipari, Fähre um 13 €,
  Schnellboot um 18 €
Milazzo – Stromboli, Fähre um 17 €,
  Schnellboot um 24 €
Milazzo – Alicudi, Fähre um 21 €,
  Schnellboot um 30 €
Palermo – Lipari, Schnellboot um 40 €

■ **Kosten Pkw:**

Neapel – Milazzo, um 140 €
Milazzo – Lipari, um 55 €

■ **Internetseiten der Gesellschaften:**
www.snav.it
www.siremar.it
www.usticalines.it
www.ngi-spa.it

Geschichte

Bereits im 4. Jahrtausend v. Chr. war die Insel Lìpari bewohnt, womöglich wurde sie vom nahen Sizilien aus besiedelt. Sie besaß einen wertvollen Werkstoff, **Obsidian,** den die Liparoten nach Süditalien und Sizilien verkauften, ein vulkanisch entstandenes, sehr hartes Glas, aus dem die Menschen scharfe Werkzeuge und Pfeilspitzen herstellten, bevor die Kenntnis der Metallverarbeitung ihnen bessere Waffen ermöglichte.

Als Obsidian an Wert verlor, etablierten sich die Inseln als wichtiger **Umschlagplatz für die Schiffsflotten,** die zwischen den Zinnvorkommen Englands und Italien und Griechenland die Meere befuhren. Um 1200 v. Chr. besiedelten Ausonier vom italienischen Stiefel die Inseln. Ihr legendärer *König Liparos* gab ihnen den Namen. Etwa 900 v. Chr. wurde die blühende Zivilisation zerstört. Um 580 v. Chr. landeten Griechen auf Lìpari und trafen auf Menschen, die aus Angst vor etruskischen Überfällen in Höhlen lebten – vom einstigen Wohlstand war nichts geblieben. Die Griechen schufen ein blühendes Staatswesen und wehrten die Piraten erfolgreich ab. Dreihundert Jahre später bauten die Römer Lìpari zum Bollwerk gegen die Karthager aus. Im 3. Jh. n. Chr. wurde auf Lìpari die erste christliche Kirche eingesegnet. Doch bis zum 11. Jh. konnten sich die Inseln von Katastrophen und Plünderungen nicht mehr erholen. Erst unter den Normannen begann wieder eine Epoche des Wohlstands, bis Piraten 1544 Lìpari erneut besetzten und fast alle Bewohner in die Sklaverei verkauften.

Unter der Obhut der katholischen Kirche wurden die Inseln wieder besiedelt, und im 19. Jh. brachten den Liparoten **Handelskontakte** mit Sizilien und dem Festland und **Fischfang sowie Weinanbau** einen weiteren wirtschaftlichen Aufschwung. Zusätzliche Gewinne versprachen die Bimssteinbrüche auf Lìpari und die Schwefelförderstätten auf Vulcano. Mit seinem Ausbruch 1888 begrub der Vulkan die Anlagen und damit auch die Hoffnung auf eine erfreulichere ökonomische Zukunft. Anfang des 20. Jh. verließen viele Liparoten ihre Heimat und suchten ihr Glück in Übersee.

In den 1950er Jahren erlebten die Liparischen Inseln ein Revival als **touristischer Anziehungspunkt.** Auslöser war der von *Roberto Rosselini* auf Stromboli gedrehte Film „Stromboli, Terra di Dio", dessen Landschaftsaufnahmen ganz Europa auf dieses vergessene Fleckchen Erde aufmerksam machten. Heute ist der Fremdenverkehr ein bedeutenderer Wirtschaftsfaktor als der Fischfang.

Praktische Informationen

Geld

Banken finden sich auf den größeren Insel, auf den kleineren gibt es zumindest **Bankautomaten.** Da diese aber manchmal ihren Geist aufgeben bzw. im Hochsommer leergefegt sein können, sollte man zur Überbrückung Bargeld mit sich führen.

Reisezeit

Wann immer man vorhat, die Liparen zu besuchen, **keinesfalls im Juli und August,** und ganz gewiss nicht um Ferragosto. Die Betten- und Fahrplatzkapazität ist schnell ausgereizt, und ohne Vorausbuchung bekommt man auf den Inseln kein Bein auf den Boden. Außerdem sind Ruhe und Schönheit unter dem Ansturm der Touristen schnell dahin.

◸ In der sommerlichen Hitze entsteht ein Dunstschleier

Lìpari

12,500 Einwohner, 602 m ü.N.N. *(Monte Chirica),* PLZ 98 055, 30 km von Messina entfernt

Die Haupt- und zugleich die größte Insel der Liparen ist dank ihrer zentralen Lage ein guter Standort für Abstecher zu den Nachbarinseln. Empfehlenswert ist es, mit dem Bus oder einer gemieteten Vespa über die Insel zu fahren: Strahlend weiße Abraumhalden des Bimssteins wechseln ab mit üppig bewachsenen

Lìpari

den von den beiden Marinas eingerahmten Burgberg angelegte Stadt besitzt zwei Hauptachsen, die beide von Süd nach Nord verlaufen: die **Via Garibaldi,** die in einem Bogen das Castello umrundet und von der Piazza di S. Onofrio zum Porto Sottomonastero führt, und die **Via Vittorio Emanuele** weiter westlich.

Die Atmosphäre auf Lìpari ist herzlich und weltoffen, wie es sich für ein kosmopolitisches Inselvolk gehört. Abends werden die Autos vom Corso verbannt, und Alte und Junge promenieren an Boutiquen, Restaurants und Bars vorbei die Straße hinauf und wieder hinunter. In den Seitengassen geht das Leben weiter seinen gemächlichen Inselgang.

Lebhaft wird es morgens, wenn die Fischer an der Marina Corta ihren Fang anlanden. Ein Messen und Wetteifern um den größten *pesce spada* (Schwertfisch) oder Thunfisch beginnt. Die Aufkäufer aus den Hotels und Restaurants prüfen mit Kennermiene, während Müßiggänger und Touristen das Spektakel von den schattigen Cafés an der Piazza San Onofrio aus beobachten.

Bergrücken und Tälern, Geranien, Hibiscus und Bougainvillea blühen um die Wette, und immer wieder führen Felspfade zu kleinen Buchten.

Lìpari-Stadt

Früher sind die Schnellboote an der hübschen **Marina Corta,** die Fährschiffe am **Porto Sottomonastero** angelandet, heute ist wegen der Verkehrszunahme letztere die Anlegestelle für alle Schiffe (nur die kleinen Ausflugdampfer fahren noch an der Marina Corta ab). Die um

Archäologisches Museum

Hauptsehenswürdigkeit des lebhaften Städtchens ist die 60 m über Meereshöhe gelegene **Burg** – das Archäologische Museum der Liparen – mit dem ursprünglichen Wohngebiet des antiken Meligunis. Ein schöner Treppenweg führt von der Via Garibaldi hinauf und mündet direkt vor der **Kathedrale** aus dem 17. Jh. auf den Resten eines normannischen Vorgängerbaus. Schön ist der noch erhaltene normannische Kreuzgang mit blau-weißem Mosaikfußboden, der einen verwilderten Garten umschließt. Die Fassade des Domes wurde im 19. Jh. erneuert. Schutzpatron ist S. Bartolomeo, und seine Macht scheint so wirksam zu sein, dass in Lìpari auffällig viele Kinder auf den Namen Bartolomeo oder kurz Bartolo getauft werden.

Links und rechts der Kathedrale sind in den Palazzi der Kirchenoberen die archäologischen Funde aus der Region ausgestellt. Das Archäologische Museum enthält nicht nur didaktisch hervorragend präsentierte Fundstücke aus allen Epochen der Besiedelungsgeschichte, es besitzt auch eine hochinteressante Abteilung der Unterwasserarchäologie mit antiken Amphoren und Teilen versunkener Schiffe aus dem Archipel. Berühmt sind die grimassenschneidenden Theatermasken, alle etwa aus dem 4. Jh. v. Chr. Das Museum besitzt außerdem eine ethnografische und eine vulkanologische Abteilung.

Im **Archäologischen Gebiet** (Zona Archeologica gegenüber dem Museum) kann man die Fundamente frühgeschichtlicher Siedlungen bewundern, im **Archäologischen Park** stehen Steinsarkophage und Gräber aus der griechischen Zeit. Das **Theater** wurde nach dem klassischen griechischen Vorbild erst in unserem Jahrhundert erbaut. Hier finden während der Saison Vorstellungen antiker Stücke statt.

■ **Museo Archeologico Eoliano**
Burgberg, Tel. 09 09 88 01 74, Mo–Sa 9–19.30, So 9–13.30 Uhr, 6 €.

Canneto

Ein **langer Strand** mit grobem Kies säumt die Nachbarortschaft Canneto (von Lìpari nach Norden an der Marina Lunga entlang, dann durch den Tunnel). Hier sind viele Jugendliche anzutreffen, der Trubel ist dementsprechend. Das Lungomare ist landeinwärts von einer Kette aus Hotels und Restaurants gesäumt, am Strand werden Liegestühle, Schirme und Tretboote vermietet. Draußen im Meer ist Stromboli zu sehen.

Die **Spiagga Bianca** liegt eine Bucht weiter und ist von Canneto über einen felsigen Steig am Meer entlang oder mit dem URSO-Bus (Haltestelle Spiagga Bianca) zu erreichen. Über Stufen geht es dann hinunter an den Kiesstrand, der wegen des hier vorkommenden Bimssteins eine helle Farbe aufweist und das Meer in herrlichem Türkis erstrahlen lässt.

Italienisch beim Segeltörn

Wer einen **Sprachkurs** mal ganz anders erleben möchte, wende sich an die vom Staat zertifizierte Sprachschule in Milazzo. Sie organisiert Kurse mit einem Segeltörn durch die Inselwelt der Liparen. Eine Woche, jeden Tag drei Stunden, der Rest ist praktische Erprobung des Gelernten und Urlaub auf dem Meer und bei den Landgängen.

■ **Laboratorio Linguistico**
Via N. Ryolo 20, Milazzo, Tel. 09 09 28 32 14, www.laboling.com. Die Kosten betragen ca. 700 € für eine Woche ohne Mahlzeiten.

Belvedere Quattrocchi

Fantastischer Aussichtspunkt (Busstation) in 200 m Höhe westlich von Lìpari-Stadt mit Blick auf den rauchenden Vulcano; davor stehen wie Zacken eines Unterwassermonsters die **Formiche,** steile Felsklippen, im tiefblauen Meer.

Thermalbad S. Calogero

Hier kurten schon die alten Römer. Die Badeanstalt liegt eingeklemmt in einem schmalen Tal und wird von den Bussen nur auf Anfrage angesteuert (auch wenn sie auf dem Fahrplan steht). Schöne, üppig grüne Landschaft.

Acquacalda

Einer der wenigen Strände; noch nicht so stark überlaufen, mit Blick auf Salina und Filicudi. Wer Ruhe sucht und dem Trubel in Lìpari-Stadt entkommen will, ist hier richtig. Nur eine Reihe Häuser zieht sich den Strand entlang, darunter ein Hotel.

Quattropani

Hoch über dem Meer liegt das Dorf, und ein Rundgang in ihm führt zum **Santuario della Madonna della Catena,** ein kleines Kirchlein am Ende einer weiten Terrasse mit einem fantastischen Blick auf Salina.

Praktische Informationen

Touristeninformation

■ **Ufficio Informazione**
Via Maurolico 13, Tel. 09 09 88 00 95, www.comunelipari.gov.it.

Unterkunft

Am günstigsten wohnt man im **Privatzimmer.** Bei Ankunft der Schnellboote und Fähren erwarten die Zimmervermieter ihre neuen Gäste. Wer es geordneter liebt, lässt sich bei der Touristeninformation beraten und ein Zimmer vermitteln. In Deutschland sind Ferienhäuser auf Lipari zu buchen über *Prima Klima Reisen*, Hauptstr. 5, 10827 Berlin, Tel. 03 07 87 92 70, www.primaklima.de.

■ **B&B Villa Rosa** ②-③
Via F. Crispi 134, Tel. 09 09 81 22 17, www.liparivillarosa.it. Signora *Rosa Lauricella* vermietet freundliche, saubere Zimmer mit Kochnische an der Strandpromenade.

■ **B&B Camere La Sibilla** ②-③
Via Guglielmo Marconi 13, Tel. 09 09 88 02 42, www.mysibilla.net. Nettes, freundliches B&B, Zimmer mit Balkon, TV, Bad und Klimaanlage.

Mit den Fischern aufs Meer

In kleinen Barken geht es mit Fischern hinaus zum Fang. Losgeschippert wird gegen 8 Uhr morgens, Rückkehr ist gegen 15 Uhr, mittags gibts eine Fischplatte, ein Salat und stilecht ein Glas Wein. Die **Tour** wird angeboten ab Lipari, Vulcano und Salina.

■ **Pesca Turismo,** www.pescaturismoeolie.it, 60 € für einen Tag.

■ B&B Diana Brown ①-③
Vico Himera 3, Tel. 09 09 81 25 84, www.dianabrown.it. 12 Zimmer mitten im Herzen der Altstadt mit allem Komfort.

■ Residence Le Terrazze ①-③
Via Crispi 135, Tel. 33 84 51 52 86, www.eoliecasevacanze.com. Apartments und Zimmer mit Klimaanlage und Kochmöglichkeit, zweckmäßig eingerichtet, unweit des Hafens.

■ B&B Enzo il negro ③
Via Garibaldi 29, Tel. 09 09 81 31 63, www.enzoilnegro.altervista.org. In altem Wohnhaus unweit der Marina Corta, freundlicher und sehr umtriebiger Inhaber, der auch Touristen zum Fischen mit aufs Meer nimmt.

■ Hotel Oriente ②-④
Via G. Marconi 35, Tel. 09 09 81 14 93, www.hotelorientelipari.com. Hübscher, schattenspendender Garten, teils relativ neu renovierte Zimmer. Vom Besitzer werden außerdem Apartments vermietet.

■ Hotel Poseidon ②-④
Via Ausonia, Tel. 09 09 81 28 76, www.hotelposeidonlipari.com. Fast am Corso gelegen, teils kleine Zimmer, freundliche Leitung.

■ Residenzhotel Albergo Mendolita ③-④
Via G. Rizzo, Tel. 09 09 81 23 74, www.eoliexperience.it. Ganzjährig geöffnete luxuriöse Anlage aus kleinen Villen in einer grünen Oase in der Stadt, Sat-TV, Küche, Klimaanlage und Heizung für die kühlere Jahreszeit.

■ Hotel Villa Augustus ③-⑤
Vico Ausonia 16, Tel. 09 09 81 12 32, www.villaaugustus.it. Freundliches Mittelklassehotel in einer Seitengasse des Corso mit angenehmer Architektur. Die meisten Zimmer liegen um einen grünen, schattigen Innenhof; Sonnenterrasse mit Blick über die Stadt auf dem Dach. Nur wenige Schritte zum Porto Sottomarino.

■ Hotel Villa Meligunis ④-⑤
Via Merte 7, Tel. 09 09 81 24 26, www.villameligunis.it. In einer liebevoll restaurierten Villa aus dem 18. Jh., mitten im Altstadtkern und zugleich mit Terrasse aufs Meer, elegante, kühle Atmosphäre.

■ Hotel Piccolo A'Pinnata ④-⑤
Baia Pignataro, Tel. 09 09 81 16 97, www.eoliexperience.it, von Nov. bis März geschl. Wie ein Adlernest hängt das Hotel am nördlichen Ende der Marina Longa über dem Yachthafen, die 12 Zimmer erreicht man von diesem mit einem Aufzug. Elegante Räume und ein fantastischer Blick über die Stadt und die Bucht rechtfertigen den Preis. Es gibt einen Shuttle-Service zu den Inselstränden und ins Zentrum.

■ Hotel Tritone ④-⑤
Via Mendolita, Tel. 09 09 81 15 95, www.eoliexperience.it. Flaggschiff der *Hotellerie Liparis,* Haus im mediterranen Stil, luxuriöse Zimmer mit Marmorbad und großzügige Räumlichkeiten, Annehmlichkeiten wie Schwimmbad, mehrere Bars, Wifi, Wellness-Zentrum. Mit nur 39 Zimmern ist die Exklusivität gewahrt, die sich natürlich auch über den Preis bestimmt.

Unterkunft außerhalb

■ Agriturismo Casa Gialla ②-③
Località Pianoconte, Tel. 33 94 74 09 02, www.casagialla.it. 6 Zimmer und 2 Apartments, Mahlzeit 20 €/Person ohne Getränke, Mindestaufenthalt 4 Nächte, Transfers zum Strand und nach Lìpari-Stadt sind möglich.

■ Hotel Mocambo ③-④
Via Caesare Battisti 192, Canneto, Tel. 09 09 81 14 42, www.hotel-mocambo.it. Angenehmes Haus in Canneto, nur wenige Schritte zum Strand (April bis September). Im August Mindestaufenthalt 7, sonst 4 Nächte. Bar, Restaurant, Internet.

✿ Azienda Agrituristica U zu Peppino ②-③
Via Quattropani 21, zwischen Pianoconte und Quattropani, Tel. 09 09 82 23 30, www.uzupeppino.com. Hoch oben gelegener Betrieb in traditionell äolischem Stil mit zweckmäßig eingerichteten 5 Zimmern, 2 Apartments und gutes Restaurant mit bäuerlicher Küche.

■ Agriturismo Tivoli ③
Via Quartara 17, Quattropani, Tel. 09 09 88 60 31, www.agriturismolipari.com. 3 km vom Strand mit

Blick auf die Nachbarinseln. Rühmenswerte ländliche Küche, 5 Doppelzimmer und 3 Apartments.

Camping

■ **Campeggio Baia Unci** ①
Canneto, Tel. 09 09 81 19 09, www.campingbaiaunci.it. Viel Schatten, warmes Wasser nur gegen Gebühr, saubere Waschhäuser direkt am Lungomare, Restaurant, Pizzeria, Tauchzentrum.

Essen und Trinken

■ **Paninoteca Gilberto & Vera** ①
Via Garibaldi 22/24, Tel. 09 09 81 27 56, www.gilbertoevera.it. Nahe der Marina Corta gibt es lecker belegte Brötchen und im Laden eine große Weinauswahl.

■ **Panineria/Bar Ritrovo Lo Verdi** ①
Via Vittorio Emanuele 232, Tel. 09 09 81 25 36. Herzhaft belegte Brötchen und Süßigkeiten an den kleinen Tischen an der Hauptstraße unweit vom Jachthafen.

■ **Pizzeria Pescecane** ②-③
Via Vittorio Emanuele 223, Tel. 09 09 81 27 06, www.pescecanelipari.com. Das Antipasto ist berühmt, und es gibt ausgezeichnete Pizza; gutes Preis-/Leistungs-Verhältnis mit Blick auf das Treiben am Corso.

■ **Trattoria Nenzyna** ②-③
Via Roma, Tel. 09 09 81 16 60, www.ristorantenenzyna.it. Eines der einfacheren Lokale, in diesem Preissegment gilt es als das Beste.

> Blick über den Jachthafen von Lipari

■ **Trattoria Conchiglia** ③
Porto Sottomonastero, Tel. 09 09 83 31 19, Do geschl. Am Hafen auf dem Kai werden liparische Spezialitäten serviert, hierher geht man hauptsächlich wegen der Atmosphäre. Wer drinnen sitzt, ist mit den 1970er Jahren konfrontiert.

■ **Trattoria del Vicolo** ③
Via Vittorio Emanuele, Tel. 09 09 81 10 66, www.isolelipari.it/trattoriadelvicolo. In einer Seitengasse des Corso, unweit der Touristeninformation. Gute sizilianische Hausmannskost.

■ **Ristorante E'Pulera** ③-④
Via I. Vainicher-Conti, Tel. 09 09 81 11 58, www.epulera.it, von Mai bis Okt. täglich. Edle Küche, Tische mit Majolika unter Weinranken, beste Be-

ratung bei der Speisenauswahl. Keinesfalls versäumen sollte man Sushi à la Lipari – die gemischte Vorspeise aus rohem Meeresgetier: darunter Gamberetti in zitronisiertem Öl, Schwertfischcarpaccio mit Trockenfrüchten, marinierte Acciughe mit Salsa verde. Ebenfalls ein Gedicht ist der liparotische Gemüseteller. Als Hauptgericht sollte man den gefüllten Tintenfisch bestellen. Bemerkenswert ist auch die Auswahl an sizilianischen Käsesorten.

■ La Nassa ④
Via Franza 36a, Tel. 09 09 81 13 19, www.lanassa.it. In einem typisch liparotischen Haus mit mehreren kleinen Terrassen erobert *Donna Teresa* mit ihrer köstlichen liparotischen Küche die Gaumen ihrer Gäste im Sturm, während Sohn *Bartolo* für gute Stimmung und aufmerksamen Service sorgt.

■ Filippino ④
Piazza Mazzini, Tel. 09 09 81 10 02, www.filippino.it, Mo geschlossen (nur im Winter). *Der* Gourmet-Tempel auf den Inseln. Hier speist seit 1910 was Rang und Namen hat, und das hat schon seinen Grund. Die Familie *Bernardi* weiß aber nicht nur mit Atmosphäre und hoher Qualität zu beeindrucken, sie hat ihre ureigenen Rezepte in die Neuzeit gerettet und schreibt auf ihre Karte Gerichte, die man sonst nicht mehr erhält: z.B. eine Suppe mit Sardinen und Bohnen, eine andere mit Drachenkopf, legendär ist die Caponatina mit Auberginen, Tomaten, Oliven und Kapern, aber auch einfache Gerichte

wie Panelle aus Kichererbsenmehl, Wasser, Sesam, Salz und Öl – ein palermitanisches Rezept – sind zu empfehlen.

Essen und Trinken außerhalb
■ **Ristorante/Pizzeria A Menza Quartara** ③
Via Area Morta 50, Quattropani, Tel. 09 09 88 62 36, Di geschl. Hoch oben hat man von den wenigen Plätzen auf der Terrasse einen sehr guten Blick, ansonsten muss man sich im Gastraum auf die hausgemachte Pasta und Spezialitäten wie z.B. den *Salata Quattrupanana* konzentrieren (ein Salat mit Biscotte).
■ **Al Tramonto** ②-③
Via Giuseppe Mazzini, Aquacalda, Tel. 09 09 82 10 94. Auf der Terrasse erlebt man die schönsten Sonnenuntergänge, dazu gibt es gute Fischgerichte und eine ausgezeichnete *Caponata*.

Nachtleben

Die Discotheken haben nur in den Sommermonaten (Mai–Sept.) geöffnet.
■ **Turmalin**
Piazza Mazzini, Tel. 39 36 33 58 49, www.turmalin.it, exklusive Lage am Burgberg mit Terrassen hoch über dem Meer, beste Adresse für Cocktails, Clubbing und Tanzen, im Sommer ist der Ansturm so gewaltig, dass man beizeiten kommen sollte. Nach Hause kommt man erst um 5 Uhr morgens (zwischendurch kann man sich mit Snacks stärken).
■ **Chitarra-Bar**
Marina Corta, Tel. 09 09 81 15 54; abends Livemusik, nicht krachend, sondern bänkelhaft, sodass sich zum Wein und Cocktail auch ausgezeichnet plauschen lässt.

Einkaufen

■ **Kosmetikprodukte** aus den Naturstoffen wie Bimsstein, Algen, Schwefel, Limone etc. stellt *Saponi delle Isole* (www.eolierr.it) her. Sie sind in den meisten Souvenirshops auf den Inseln erhältlich. Außerdem betreiben sie ein eigenes luxuriöses Spa in Mendolita (Via G. Rizzo, Tel 34 73 59 70 40).

Fähren und Schnellboote

Siehe auch oben: „Fährverbindungen auf die Liparischen Inseln". Die **Büros** für Buchungen und die **Anlegestellen** der Schnellboote (Aliscafi, Katamarani) und Autofähren sind am Hafen der Marina Lunga nördlich des Burgbergs zu finden. Nur Ausflugs- und Fischerboote legen an der Marina Corta südlich des Burgbergs an. Für die Schnellboote erhält man seine Tickets im Kiosk am Hafen, die Billets für die Autofähren in den Büros der Siremar und von NGI am südlichen Ende des Hafens.
■ **Siremar** (Fähren), Davimar Eolia Navigazione, Tel. 09 09 81 10 17.
■ **Siremar** (Schnellboote), Terminal Aliscafi, Tel. 09 09 81 10 17.
■ **SNAV/Ustica Lines** (Schnellboote), *Agenzia Eoltravel,* Via Crispi (porto), Tel. 09 09 81 24 48.
■ **NGI** (Fähren), *Ericusa Travel,* Via Ten. Amendola 14, Tel. 09 09 81 19 55.

Bus

Innerstädtische Verbindungen und Inselrundfahrten mit der Gesellschaft *URSO* (Tel. 09 09 81 18 35, www.ursobus.com); Abfahrt am Porto Sottomonastero, Einzeltickets und Mehrfahrtenkarten (10 oder 20 Fahrten) beim Fahrer oder am Kiosk kaufen.
■ **Canneto:** mindestens jede halbe Stunde.

▷ Auf dem Burgberg von Lìpari

- **Cave di Pomice und Acquacalda:** stündlich.
- **Quattrocchi und Quattropani:** stündlich.
- **Inselrundfahrt:** Pianoconte, Quattropani, Acquacalda, Canneto, Lìpari: ein- bis zweimal täglich, nur vom 1. Juli bis einschließlich 15. September.

Taxi

Zahlreiche Taxiunternehmen sind in Lìpari-Stadt zu finden, Stadtfahrten sind allerdings unverhältnismäßig teuer (unter 10 € geht praktisch nichts), Ausflugspreise verhandelbar.

Autoverleih

Mehrere Büros finden sich am Porto Sottomonastero und Marina Lunga; dort werden auch Vespas und Fahrräder vermietet (Vespa um 15 €/Tag, Quad ab 30 €).

Fest

- **Osterwoche** (eindrucksvolle Prozessionen).

Exkursionen

An der Marina Corta finden sich zahlreiche **Anbieter** mit nahezu identischen Programmen. Preise jeweils ab Lìpari: Eine **Umrundung der Insel Stromboli** mit Badestopps und nächtlicher Besichtigung der Eruptionen kostet 20–50 € (teils mit Abendessen), ein **Besuch des Stromboligipfels** um 75 € (12–24 Uhr), eine **Fahrt nach Vulcano** 20 € (9.30–13.30 Uhr).

- **Gruppo di Navigazione Regina,** Via Varisana Sopra, Marina Corta, Tel. 09 09 82 22 37, www.navigazioniregina.com.
- **Amici della Eolie,** Auskunft und Buchung am Schalter an der Marina Corta, Tel. 33 81 58 41 28, www.amicidelleeolie.it, Ausflugsfahrten in traditionellen liparischen Booten.

Sonstiges

- **Gepäckaufbewahrung,** das Ticketbüro für die Schnellboote am Fährhafen beherbergt auch eine Gepäckaufbewahrung (8–20 Uhr, 1–12 Std. etwa 3 € pro Gepäckstück, über Nacht 5 €).
- **Tauchzentrum La Gorgonia,** Marina Corta, Tel. 09 09 81 26 16, www.lagorgoniadiving.it.

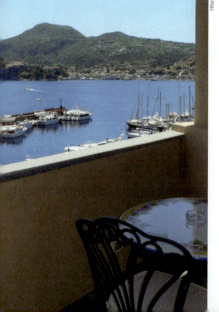

Blick vom Hotelzimmer in Lipari Stadt

Vulcano

650 Einwohner, Fläche 21 km², 500 m ü.N.N. *(Monte Aria),* PLZ 98 050, 28 km von Messina entfernt

Die Insel ist nur ein Katzensprung von Lipari entfernt, in einer Viertelstunde durchqueren die Schnellboote die **Bocche di Vulcano** und legen im Hafen von **Porto di Levante** an.

Hiera, die Heilige, hieß die Insel des Feuergottes Hephaistos in der Antike. Erst später bekam sie den Namen Vulcano nach dem römischen Götter-Pendant *Vulcanus.* Auch hier dachten sich die Griechen einen der Eingänge zur Unterwelt – angesichts der von schwarzem Gestein und Asche beherrschten und von penetrantem Schwefelgeruch geprägten Insel kein Wunder.

Porto di Levante

Der **Hauptort** besteht im Grunde nur aus Souvenirshops, Hotels und Pizzerien; müßig, sich hier aufzuhalten, es sei denn, man möchte etwas trinken, bevor man sich in die Schlammbäder wirft oder sich zur Vulkanbesteigung aufmacht. Wer das ein ganzes Stück entfernte **Valle dei Mostri** besuchen will, sollte ein Mountainbike oder eine Vespa mieten (es sei denn, er ist gut und gerne zu Fuß).

Zona delle Acque Calde

Der Tümpel, gefüllt mit **heilkräftigem Schlamm,** ist nicht zu verfehlen – einfach der Nase nach! Der gesamte Strandabschnitt ist durchsetzt von **Fumarolen,** aus denen es heiß dampft.

Kurgäste steigen in den Schlamm und lassen ihn dann in der Sonne auf der Haut trocknen – ein lustiger Anblick. Abgewaschen wird das Ganze dann an den einsamen, häufig nur tropfenden Duschen (schlammverkrustet darf man nicht ins Meer steigen!) – wenn sie denn funktionieren.

■ **Geoterme Vulcano/Pozza dei Fanghi**
Tel. 09 09 85 30 12, www.geoterme.it, 2 € Eintritt, Duschchip 1 €, Gepäckaufbewahrung 1 €/2 Std., Badetuch 2,60 €/halber Tag.

Valle dei Mostri

Den Strand entlang, in etwa 45 Min. zum **Vulcanello,** dem kleinen Bruder des großen Vulkans. Im „Monstertal" hat die erstarrte Lava Gebilde erschaffen, die die Fantasie anregen.

Vulkanbesteigung

Auch wenn die Besteigung eher „harmlos" ist, sollte man sie nicht ohne **festes Schuhwerk** unternehmen. Der Weg überquert immer wieder rutschige und sehr holprige Passagen, an denen man für einen guten Knöchelschutz dankbar ist. Wenn die Besteigung wegen zu heftiger vulkanischer Tätigkeit untersagt ist, sollte man sich unbedingt fügen; der Vulkan ist nicht so berechenbar, wie er aussieht, und seit Jahren erwarten die Vulkanologen einen neuen „Knall", für den die Bewohner der Insel regelmäßig Evakuierungsübungen veranstalten.

Von Porto di Levante auf der Straße zunächst am Vulcano vorbei, dann nach links auf den zunächst gemächlich ansteigenden, später dann steilen Bergpfad abzweigen. Der steilere, direkte Weg ist gesperrt. Etwa eine Dreiviertelstunde geht es in Serpentinen bergan, zunächst durch Macchia, dann über Lavasandfelder und schließlich auf den knapp 400 m hohen Kraterrand, den man umrunden kann. Unten dampft es, immer wieder sieht man offene Spalten, **Schwefelkristalle** haben sich an den Rändern abgesetzt und bilden wundersame Blüten. Der Geruch ist, vornehm ausgedrückt, unangenehm, und je nach Windstärke treiben immer neue Rauchschwaden über den Krater und versperren die Sicht auf den Weg. Das Panorama, wie überall auf den Liparischen Inseln, ist grandios.

■ Gran Cratere
Eintritt 3 €, mit 3 Std. hin und zurück sollte man rechnen.

Praktische Informationen

Touristeninformation

■ Ufficio Informazione
Porto di Ponente, nur in den Sommermonaten geöffnet.

Badefreuden im Schwefelschlamm Vulcanos

Unterkunft

■ **B&B Casa Arcada** ②-④
Sotto Cratere, Tel. 34 76 49 76 33, www.casaarcada.it. Sehr hübsche, geschmackvoll eingerichtete, wenngleich etwas kleine Zimmer in absolut ruhiger Lage an der Flanke des Vulkans.

■ **Hotel La Giara** ②-④
Porto Levante Nr. 18, Tel. 09 09 85 22 29. Pension an der Straße in Richtung Gelsa, 100 m vom Strand entfernt.

■ **Rojas Bahja Hotel** ③-④
Loc. Porto Ponente, Tel. 09 09 85 20 80. Das angenehme, freundlich eingerichtete Komforthotel liegt direkt an den Schlammbädern.

■ **Les Sables Noir** ⑤
Loc. Porto Ponente, Tel. 090 98 50, www.hotelvulcanosicily.co. Sehr ruhig gelegenes, angenehmes Haus am schwarzen Sandstrand von Porto Ponente; April bis Okt.

Essen und Trinken

■ **Pina Maniaci** ②-③
Gelso, Tel. 368 66 85 55. Ist man in Gelso, sollte man unbedingt das urige Lokal am südlichsten Punkt Vulcanos besuchen. Signora kocht das, was Signore am Morgen gefangen hat.

■ **Cantine Stevenson** ②-③
Via Porto Levante, Tel. 09 09 85 32 47. Angenehmes Bar-Restaurant unweit der Anlegestelle. Es gibt Panini, Toast aber auch *tavola calda*.

■ **La Forgia** ③
Strada Provinciale, Tel. 33 91 37 91 07, www.laforgiamaurizio.it. Sehr schickes und gutes Restaurant, auf dem Weg vom Hafen zu den Schwefelbädern gelegen. Man versuche *Linguine al nero di sepia*.

■ **Da Vincenzino** ③
Am Hafen von Porto Levante, Tel. 09 09 85 20 16. Kleinigkeiten und Snacks, aber auch hervorragende Fischgerichte.

■ **Trattoria Don Piricuddu** ③
Via Lentia, Tel. 09 09 85 24 24. Gilt mit als die beste Küche der Insel.

Nachtleben

Das **Maracuja** (Tel. 39 33 33 45 01) ist der unumstritten angesagteste Tanztempel des sommerlichen Nachtlebens mit Longdrinks, DJs und Livekonzerten.

Fähren und Schnellboote

Die **Buchungsbüros** sind am Hafen Porto Levante.
■ **Siremar,** *Davimar,* Piazza Vulcano Levante, Tel. 09 09 85 21 49.
■ **NGI,** *La Rosa dei Venti,* Molo di Levante, Tel. 09 09 85 24 01.
■ **Ustica Lines,** *Thermessa,* Via Porto di Levante, Tel. 09 09 85 22 30.
■ **Alilauro,** Tel. 09 09 85 24 50.

Autoverleih

■ **Noleggio da Paolo,** Via Porto Levante, Tel. 09 09 85 21 12. In Hafennähe, Straße Richtung Vulkan; Vespa-, Quad- und Fahrradverleih, nette Leute; Fahrräder auf Funktionstüchtigkeit überprüfen! Mietpreise pro Tag: Vespa 25–50 €, Mountainbike 7–10 €, Quad 55–90 €.

Strände

Baden kann man entweder am **Fumarolen-Strand** (s. o.) oder in einer schwarzen Sandbucht am **Porto di Ponente. Gelso** ganz im Süden der Insel besitzt ebenfalls einen hübschen Strand. Eine Strandliege mit Schirm kostet pro Tag um 10 €. Außerhalb der Saison ist der Preis verhandelbar.

Salina

2300 Einwohner, Fläche 27 km², 962 m ü.N.N. (Monte Fossa), PLZ 98 050, 35 km von Messina entfernt

Die beiden **charakteristischen Vulkangipfel** von Salina sind von Lìpari aus gut zu erkennen. *Didyme* – Zwillinge, nannten die Griechen die Insel, die trotz ihrer Nähe zum quirligen Lìpari nie so richtig dem Tourismus verfallen ist. Das liegt sicher am fast vollständigen Mangel an Stränden, aber auch spektakuläre vulkanische Aktivitäten kann Salina, abgesehen von einigen Fumarolen, nicht bieten. Was die Insel aber vor allen anderen auszeichnet, ist eine **üppige Flora,** die den Zwillingsberg mit einem grünen, weichen Mantel umhüllt und ihn so zu einem idealen Wandergebiet macht.

Ein **Abstecher nach Salina** lohnt sich – schöne Landschaft, freundliche Menschen, ein ruhiges Leben und die köstlichsten Kapern der Welt. Immerhin beträgt die Jahresproduktion 150.000 kg.

Santa Marina

In dem Hafenort legen im Angesicht der **Kirche S. Marina** die Schnellboote und Fähren an. Am Hafen sind mehrere Restaurants, dahinter eine Hauptstraße, die von Nord nach Süd den Ort durchquert.

▷ Salina ist für seine ausgezeichneten Kapern berühmt

Einige Boutiquen verkaufen hübsche Souvenirs, am besten, man bummelt einfach die Straße entlang oder folgt den schmalen Gässchen bergan, wo ein herrlicher Fernblick lockt und schöne Beispiele der traditionellen Hausarchitektur der Liparen zu sehen sind.

Malfa

Auf einer schönen Panoramastraße, vorbei am Prominentenwohnort **Capo Faro,** gelangt man in das 6 km entfernte Malfa. Kaum ist S. Marina verlassen, wird die Besonderheit Salinas überdeutlich – es grünt so grün …

Malfa ist eine locker gebaute Siedlung, teils steil am Hang gelegen, fast jedes Haus besitzt einen Garten. Zentrum ist die Bushaltestelle (Bar-Café). Am Meer ein winziger alter Hafen und eine kleine Kiesbucht. Der Ort wäre kein Muss, gäbe es nicht *Clara* und ihr **Hotel Signum** (s. „Unterkunft"). In dem Gebäudekomplex aus dem 19. Jh. führt die Familie der umtriebigen Dame, die in den USA studiert hat, eine ausgezeichnete Herberge mit einem wunderschönen Wellness-Bereich, der aus der Masse der sonstigen Spas herausragt, und organisiert kulturelle Veranstaltungen. Bei Malfa beginnt ein wenig begangener **Wanderweg auf den Monte Fossa delle Felci** (s.u.).

Pollara

Zentrum des **Kapernanbaus** – so weit das Auge reicht, bedecken die niedrigwachsenden Sträucher die Erde, im Frühjahr zur Blüte ist der grüne Talkessel mit ihren blassrosa Blüten gesprenkelt. Ge-

erntet werden die grünen Knospen in Handarbeit, deshalb sind Kapern aus Italien auch teurer als die Konkurrenz aus Nordafrika. Nach Jahren des Niedergangs haben sich die Kapernbauern auf Salina zu Kooperativen zusammengeschlossen, die versuchen, ihr Produkt durch Qualitätssteigerung konkurrenzfähig zu machen. Am ersten Juniwochenende feiert man in Pollara die **Sagra dei Capperi** mit einem Volksfest und einem Expertenforum zum Thema „Kapern".

Pollara ist aber noch aus anderen Gründen berühmt: Der halbrunde Talkessel hoch über dem Meer ist der Überrest eines alten Kraters, der zur Hälfte in die See abgebrochen ist. Nur das Inselchen **Scoglio Faraglione** ist vom Restkrater geblieben. Die Natur hat hier ein faszinierendes Szenario geschaffen: Eine steile Felswand fällt vom Tal hinunter ins Meer, und dazwischen liegt ein schmaler Strand, der wohl zu den schönsten der Liparen zählt, wenn man ihn denn betreten dürfte. Nach einem Bergrutsch ist er wegen Steinschlaggefahr für immer gesperrt. In den Felsen kann man die Ruinen von Fischerhäuschen, Höhlen und die Überreste von Lagerhallen sehen. Früher war dies ein wichtiger Fischereihafen. Jedem eifrigeren Kinogänger wird die Szenerie bekannt vorkommen, und – ja, es stimmt: Hier wurde der Film „Il Postino", „Der Postmann", mit *Philippe Noiret* und *Massimo Troisi* gedreht. Letzterer besaß hoch über dem Felsen ein Ferienhaus, was also lag näher, als die Geschichte gleich vor der Haustüre anzusiedeln. Die Crew wohnte – wo sonst – im *Hotel Signum*.

Rinella/Leni

Die zweite Anlegestelle für Schnellboote ist am ehesten ein Touristenörtchen, viele Bars, etc. laden zum Entspannen ein, ein kleiner Strand bietet etwas Badespaß. Leni, der Ort hoch über Rinella, ist noch völlig verschlafen und ursprünglich. Die Panoramastraße hinunter ans Meer geizt nicht mit schöner Aussicht.

Lingua

An einer ehemaligen Saline gelegen und mit der Anwesenheit der prominenten italienischen Filmregisseure, der Brüder *Taviani*, beglückt, die von ihrem offen daliegenden Domizil die weit geschwungene Bucht überblicken. Am Lungomare finden sich mehrere Cafés.

Monte Fossa delle Felci

Die Wanderung auf den Zwillingsvulkan (962 m) kann sowohl von S. Marina, von Leni als auch von Malfa aus unternommen werden. Wer den langen Aufstieg scheut, startet in **Valdichiesa** (an der Straße von Malfa nach Leni; Bushaltestelle), sozusagen im Sattel zwischen beiden Gipfeln. Hier liegt auch das Hauptanbaugebiet für Salinas zweitwichtigstes Exportprodukt, dem hervorragenden Wein *Malvasia*. Etwa zwei Stunden dauert der Marsch von Valdichiesa auf den Monte Fossa, drei Stunden sind für den Abstieg einzuplanen (egal ob nach S. Marina, Malfa oder Leni).

Durch einen wahren Farndschungel läuft man bergan, sogar im Sommer ist der Weg schattig, und veritable Duftwolken von Blüten und Sträuchern hüllen den Wanderer ein. Seit einiger Zeit steht diese Zauberwelt unter **Naturschutz**, sodass man darauf vertrauen kann, dass sie noch möglichst lange erhalten bleibt. Neben allen möglichen essbaren Beeren am Wegesrand belohnt ein **grandioses Panorama** über den Liparischen Archipel für die Anstrengungen und Mühen des Auf- und Abstiegs.

Praktische Informationen

Touristeninformation

■ **Ufficio Informazione**
Piazza Santa Marina, S. Marina Salina (nur in den Sommermonaten geöffnet).

Unterkunft

■ **B&B La Praia di Rinella** ③-④
Via Rombo 41, Rinella/Leni, Tel. 09 09 80 90 82, www.lamar-reisen.de/bb. Drei angenehm eingerichtete Zimmer in einem Häuschen am Strand des Fischerdorfes Rinella. Die Inhaber sind Künstler (der Fotograf *Francesco Iannello*) und so dürfen ernsthafte Künstler ihre Unterkunft auch mit Kunst bezahlen.

■ **Casa Vacanze A'Lumeredda** ②-③
Malfa, Tel. 09 09 84 41 30, www.salinaalumeredda.it. Hübsche Häuschen im äolischen Stil mit Küche zur Selbstversorgung. Wer nicht kochen will, geht in die Pizzeria des Vermieters.

■ **Casa Vacanze Arcangelo Nicotra** ②-③
Via Risorgimento 109, S. Maria Salina, Tel. 09 09 84 34 36, www.eolievacanze.com. Vermittlung von Ferienhäusern; *Signore Nicotra* vermietet hübsch möblierte Zimmer mit Kochnische auf dem Landgut seines Vaters, inmitten der Weinberge mit Blick auf die Bucht von Santa Maria.

Agriturismo Galletta ②-③
Via Ruvoli 7, Valdichiesa, Tel. 090 09 80 91 92, www.gallettasalina.com. Hoch über Valdichiesa im Grünen werden kleine Apartments und große Ferienwohnungen vermietet, ein Restaurant ist angeschlossen, Menü um 30 €.

Hotel Il Delfino ③-⑤
Via Marina Garibaldi, Loc. Lingua, Tel. 09 09 84 30 24, www.ildelfinosalina.it. Modern ausgestattet und schön an der Uferpromenade gelegen mit großem Restaurant, in der Hochsaison Halbpensionspflicht.

Hotel Bellavista ③-⑤
Via Risorgimento, S. Marina Salina, Tel. 09 09 84 30 09 (Sommer), Tel. 09 09 28 15 58 (Winter), www.hbellavista.me.it. Am Ortsrand von Santa Marina Salina gelegen, das Personal umsorgt die Gäste mit viel Aufmerksamkeit; von allen 25 Zimmern Blick übers Meer (April bis September).

Hotel Cinque Balconi ④
Via Risorgimento 38, S. Marina Salina, Tel. 09 09 84 35 08, www.icinquebalconi.it. Umgebautes Stadthaus mit Innenhof und sehr geschmackvollen, traditionell gestalteten Zimmern.

Agriturismo La Locanda del Postino ④-⑤
Via Picone 10, Pollara, Tel. 09 09 84 39 58, www.lalocandadelpostino.it. Hübsch eingerichtete Zimmer, alle mit Terrasse und Hängematte, sympathische Besitzer, auch Restaurant mit lokalen Produkten, Menü um 25 €.

Hotel L'Ariana ③-⑤
Via Rotabile 11, Leni, Tel. 09 09 80 90 75, www.hotelariana.it. In einem alten Herrenhaus vom Beginn des 20. Jh., auf einem Felsen über dem Meer gelegen, angeschlossenes Restaurant mit Fischküche und traditionellen Rezepten unter Verwendung von Ingredienzen von der Insel.

Hotel Mercanti di Mare ③-⑤
Piazza S. Marina, S. Marina Salina, Tel. 09 09 84 35 36, www.hotelmercantidimare.it. Sympathisches Haus mit Blick aufs Meer, Korbmöbeln, Terrassen.

Hotel l'Ariana ③-⑤
Via Rotabile 11, Leni-Rinella, Tel. 09 09 80 90 75, www.hotelariana.it. In toller Lage direkt über dem Wasser auf einem Felsen steht die Villa aus dem beginnenden 20 Jh. Gutes Restaurant.

Unser Tipp: Hotel Signum ④-⑤
Via Scalo 15, Malfa, Tel. 09 09 84 42 22, www.hotelsignum.it. *Clara Rametta* hat aus mehreren traditionellen und neu dazugebauten Häuschen ein wunderschönes kleines Hotel mit individuell eingerichteten Zimmern gezaubert. Vom Haupthaus mit schattiger Terrasse blickt man über einen üppig blühenden Garten hinunter aufs Meer, in dem Panarea und Alicudi den Horizont beherrschen. Der Pool lädt für einen ruhigen Tag ein, wenn man mal nicht raus will und z.B. auf den Monte Fossa und nach Pollara wandern. Claras Mann *Michele* ist ein begnadeter Koch, ihm geht die gemeinsame Tochter zur Hand, während der Sohn der Mutter beisteht. Für das leibliche Wohl ist somit perfekt gesorgt. Die Küche gilt

---

Salus per Aquam – das Spa des Hotel Signum

Das Hotel *Signum* in Malfa besitzt den schönsten Spa-Bereich auf den Liparen. Dieser sticht nicht nur aus dem inflationär überall sprießenden, grauen Einerlei von Massageräumen, Badewannen und weiß gekleidetem Gesundheitspersonal hervor, er deklassiert es nachgerade. Teils unter freiem Himmel arrangiert, mit eigener Thermalquelle, Heilschlamm und zahlreichen Becken für unterschiedliche Anwendungen ist die Sonne meist dabei, wenn man im und mit dem Wasser entspannt, kneippt, sich salbt, taucht oder träge auf dem Rücken treibend relaxed. Selbstverständlich sind auch allerlei dem Erhalt der Schönheit des Körpers dienende Maßnahmen im Angebot – in der Badewanne aus Kupfer (über 100 Jahre alt und aus England importiert) spült man die Masken ab, die u.a. aus Malvasia oder Kapern, aus Mandeln oder Bitterorangen hergestellt werden – was den Römern recht war, sollte uns billig sein.

als eine der besten Siziliens und verbindet Traditionelles mit modernen Einflüssen aufs Beste. Tolles, sehr individuelles Spa, das als Open-Air-Anlage konzipiert wurde.

■ **Hotel Capo Faro** ⑤
Capo Faro, Tel. 09 09 84 43 30, www.capofaro.it. Elegant, modern, geschmackvoll, gteuer. 20 Zimmer in einen Garten verteilt, mit Pool und Fernsicht am Leuchtturm gelegen. Ausgestattet mit allem Komfort.

Essen und Trinken

■ **Panineria del Porto** ①
Via L. Rizzo 22, S. Marina Salina, Tel. 09 09 22 49 48. Köstliche Panini nach Wunsch zusammengestellt und frisch zubereitet.

■ **Pizzeria U Cucunciu** ①-②
Via Roma 86, Malfa, Tel. 09 09 84 44 08. Self-Service, Pizzeria und Rosticceria, lecker, preiswert und mit Tischen auf der Piazza.

■ **Pizzeria da Marco** ②
Leni, Loc. Rinella, Tel. 09 09 80 91 20, im Sommer täglich, sonst am Wochenende. Die Pizze gehören zu den besten der Insel und sind durchaus einfallsreich gestaltet, als Pizza Prufumo di Salina z.B. mit Minze und Basilikum, als La Rinedata mit Stockfischpaste oder als *Filicudi* mit u.a. Salbei und Fenchel.

■ **Ristorante/Pizzeria A'Lumeredda** ②-③
Malfa, Tel. 09 09 84 41 30, www.salinaalumeredda.it. Unter rankendem Wein an einer Gasse durchs Dorf gibts Pizza und Fischgerichte, am Nachmittag in der angeschlossenen Pasticceria Kaffee und selbst hergestelltes Gebäck. Ab 18 Uhr kommt zum Aperitiv ein Teller mit Salzgebäck, Oliven und Salumi auf den Tisch.

■ **Trattoria 'nni Lausta** ②-③
Via Risorgimento, S. Marina Salina, Tel. 09 09 84 34 68. In dem winzigen Laden mit Restaurant gibt es ausgewählte eolische Küche nach wechselnder Tageskarte, dazu Produkte wie Salz-Schokolade oder Malvasia.

■ **Ristorante Il Delfino** ③
Loc. Lingua, im gleichnamigen Hotel, Tel. 09 09 84 30 24. Sehr gute Küche, man sitzt auf einer großen Terrasse mit Meerblick. Spezialitäten u.a.: *Calamaretti alla Malvasia*, *Lasagne all'eoliana* und *Involtini* vom Schwertfisch.

■ **Ristorante Batanà** ②-③
Via Rinascente 17, S. Marina Salina, Tel. 09 09 84 33 11. Das Restaurant hoch über dem Ort, serviert auch Pizza und fungiert als Weinbar für den Einstieg ins Nachtleben.

Süßigkeiten

UNSER TIPP: Bar Alfredo
Via Marina Garibaldi, Tel. 09 09 84 33 07, www.alfredoincucina.com. Die beste *Granita* der Welt stellt man hier bereits seit 1968 her, gelöffelt wird sie auf der Terrasse mit Blick aufs Wasser.

Nachtleben

■ **Il Ciclope**
Valdichiesa, die Disco mit Pizzeria zur späten Versorgung ist im Hochsommer beliebter Treffpunkt, www.ilciclopesalina.com.

■ **Lounge-Bar L'Osservatorio**
Rinella, hoch über dem Ort an einer Kehre feiert man ab 18 Uhr bis tief in die Nacht unter freiem Himmel, herrlicher Blick auf Alicudi/Filicudi (rechts) Lipari/Vulcano (links).

▷ Blick auf Alicudi und Filicudi von Salina aus

Fähren und Schnellboote

- **Siremar** (SMS), Re Gaetano, Piazza S.M. Salina, Tel. 09 09 84 30 04.
- **Siremar** (Rinella), *Li Donni Bendetta,* Tel. 09 09 80 91 70.
- **NGI** (SMS), *Didyme Viaggi,* Piazza S.Marina, Tel. 09 09 84 30 03.
- **NGI** (Rinella), Tel. 09 09 80 92 33.
- **SNAV/Ustica Lines** (SMS), *Didyme Viaggi,* Piazza S.Marina, Tel. 09 09 84 30 03.
- **SNAV/Ustica Lines** (Rinella), Tel. 09 09 80 92 33.
- **Alilauro** (SMS), Tel. 09 09 84 34 08.

Sonstiges

- **Busstation,** in S. Marina Salina am Hafen, Verbindungen gibt es nach Lingua (fast stündlich), Malfa, Leni, Rinella, Pollara (jeweils in 1½-stündigem Abstand). Fahrscheine werden im Bus verkauft, die letzten Busse starten meist gegen 17 Uhr!
- **Autovermietung,** *Merlino,* Infopoint Piazza Immacolata, Malfa, Tel. 33 98 29 49 23, www.noleggiomerlino.com, Auto um 50 €/Tag, Vespa ab 20 €/Tag, Rad 12 €/Tag und 4 €/Stunde).
- **Tauchzentrum Nautico Salina,** Via Rotabile 2, Leni, Loc. Rinella, Tel. 033 84 72 89 21, www.centronauticosalina.it.
- **Wanderungen,** ein gutes Dutzend markierter Wanderwege führen auf die beiden Inselberge und zu anderen lohnenswerten Zielen, so beispielsweise von Rinella nach Pollara oder von Valdichiesa nach Pollara. Eine Broschüre mit Karte in English ist mit Glück beim Tourismusbüro oder in den Hotels erhältlich. Wer nicht alleine unterwegs sein will, wende sich an: *Didyme Viaggi* (s.u.):
- **Bootstouren:** Via Risorgimento, S. Marina Salina, Tel. 09 09 84 33 10, neben den üblichen **Bootstouren** veranstaltet *Didyme* zusätzlich **geführte Trekkingtouren** auf den Monte Fossa delle Felci.

Panarea

300 Einwohner, Fläche 3,24 km^2, 420 m ü.N.N. *(Monte del Corro),* PLZ 98 050, 22 km von Messina entfernt

Panarea bildet mit den Felsinseln in ihrer unmittelbaren Umgebung – darunter der mächtige Zacken des Basiluzzo und der kleine Formiche – ein eigenes kleines Archipel innerhalb der Liparen. Geologisch sind die Hauptinsel und ihre Trabanten Überbleibsel der unterseeischen vulkanischen Aktivität, die in den Thermal- und Dampfquellen sichtbar ist.

Die Insel ist ein absolutes **Touristenrefugium** vor allem der Reichen und Schönen, die große Villen im Stil der traditionellen liparischen Architektur bewohnen. Tagesbesucher werden oft schief angesehen, stören sie doch die Ruhe der Hautevolee. Daher ist es nur logisch, dass es auf der Insel keine günstigen Unterkünfte gibt – will man doch wenigstens abends unter sich bleiben. Die drei Orte, **San Pietro** (wo die Schnellboote anlegen), **Ditella** und **Drauto,** gehen fast übergangslos ineinander über, Antiquitätenläden wetteifern um die Gunst der Inneneinrichter.

Der Rest der Insel Panarea ist unbewohnt. Verglichen mit den anderen Eilanden des Archipels wirkt das durchgestylte Panarea zwar hübsch, aber auch etwas steril. Besuchenswert ist **Punta Milazzese** mit den Überresten eines Rundhüttendorfes aus dem 2. Jahrtausend v. Chr. Die Siedlung aus der Bronzezeit hatte offensichtlich rege Handelskontakte nach Sizilien. Warum sie aufgegeben wurde, ist nicht bekannt. Unterhalb der Halbinsel liegt eine geschützte Bucht mit glasklarem Wasser und Kiesstrand, in der sich herrlich schnorcheln und schwimmen lässt. Im Sommer ist die Stelle allerdings ein beliebter Haltepunkt für die Ausflugsboote aus Lìpari.

Per Schiff (im Hafen nachfragen) geht es nach **Basiluzzo** mit den Überresten einer römischen Villa. Schon damals waren Panarea und seine Nachbarn ein Domizil der Besserverdiener. Wer es sich leisten konnte, kurierte seine Leiden in den Thermalquellen. Bei Basiluzzo dürfen die Passagiere der Ausflugsboote von Deck ins kristallklare Meer hüpfen und nach römischen Fundamenten tauchen oder die unterseeischen warmen Quellen genießen.

Praktische Informationen

Unterkunft

■ Hotel Lisca Bianca ③-⑤
Via Lani, Loc. San Pietro, Tel. 090 98 30 04, www.liscabianca.it. Hoch über dem Hafen mit schönem Panoramablick, außerhalb der Hochsaison attraktive Sonderangebote, März bis Okt.

■ Hotel Tesoriero ③-⑤
Via Communale Lani, Loc. S. Pietro, Tel. 090 98 30 98, www.hoteltesoriero.it. Schöner Panoramasicht über dem Hafen, großzügige Terrassen, Blick auf den Stromboli, April bis Okt.

■ Hotel Hycesia ④-⑤
Via San Pietro, Loc. San Pietro, Tel. 090 98 30 41, www.hycesia.it. In der Hochsaison nur Halbpension möglich; sympathische Pension in der Hauptstraße über dem Hafen; angeschlossenes Restaurant-Café mit schattiger Terrasse und guter Hausmannskost, April bis Okt.

■ Albergo Ristorante O Palmo ③-⑤
Via Peppe Maria, Loc San Pietro, Tel. 090 98 31 55, www.hotelopalmo.it. März bis Okt., 16 Zimmer mit Komforteinrichtung und im äolischen Stil, angeschlossenes Restaurant (Menü 25 €).

■ Hotel Cincotta ④-⑤
Tel. 090 98 30 14, www.hotelcincotta.it. Terrassenförmig über dem Hafen, hübsch gelegen und gestaltet, Pool und komfortable Zimmer mit Blick auf den Stromboli.

■ Hotel La Piazza ④-⑤
Loc. San Pietro, Tel. 090 98 31 54, www.hotelpiazza.it. Äolische Architektur mit Pool über dem Meer, 31 Luxuszimmer, direkt am Meer, üppiger Garten. Gediegener Flair, empfehlenswertes Restaurant.

■ Hotel Raya ⑤
Via S. Pietro, Tel. 090 98 30 13, www.hotelraya.it. Für die Flitterwochen: Auf den Effekt reduzierter Ethno-Luxus wie aus den internationalen Hochglanzmagazinen. Außerordentlich schön und ebenso „stylish", natürlich mit allem Komfort, Restaurants und einem Laden mit Sari-Stoffen und Buddhas.

Essen und Trinken

Praktisch alle Hotels besitzen ein oder mehrere Restaurants, die überdurchschnittliche Küche anbieten, viele Urlauber auf Panarea – speziell in der Hochsaison – buchen Halb- oder Vollpension, da man so günstiger fährt, als allabendlich essen zu gehen – in Krisenzeiten müssen auch die Reichen sparen.

■ Ristorante Pizzeria Da Antonio il Macellaio ③
Via San Pietro 20, Tel. 090 98 30 33. Am Hafen mit Terrasse, *Antonio* hat 25 Jahre in Argentinien gelebt, Ehrensache, dass er mit Fleisch auf dem Grill umgehen kann, aber auch Mozarella gewinnt auf dem Rost eine ganz neue Qualität.

■ Trattoria da Francesco ③
Via del Porto 52, Tel. 090 98 30 23, www.dafrancescopanarea.com. Restaurant mit frischer Mereskü-

che über dem Hafen, die Nudeln sind natürlich hausgemacht (*Penne Panarea* mit Knoblauch, schwarzem Pfeffer, Basilikum und Zucchini oder Spaghetti alla Disgraziata mit Auberginen; auch Zimmervermietung (③).

■ **Ristorante Broccia** ④
Via San Pietro 15, Tel. 090 98 30 27, www.quartara hotel.com. Highendküche in Qualität, Anrichtung und Preis, keine Gourmetzeitschrift Italiens, die nicht darüber geschrieben hat, gehört zum *Hotel Quartara*. Empfehlung: Zu Beginn marinierter Thunfisch mit Peperoncini, dann Pasta mit einem Ragout vom Schwertfisch, als Secondo den Tagesfang mit Kräutern verfeinert und schließlich das Dessert des Hauses. Der Weinkeller ist legendär.

Fähren und Schnellboote

■ **Siremar**, *Morelli Francesco*, Via C. Mare, Tel. 090 98 30 07.
■ **SNAV/Ustica Lines**, *Morelli Salvatore*, Via C. Mare.
■ **Alilauro**, Tel. 090 98 30 98.
■ **NGI**, *Morelli Salvatore*, Tel. 090 98 33 44.

Filicudi

200 einsame Einwohner, Fläche 9,5 km², 773 m ü.N.N. *(Fossa Felci)*, PLZ 98 050, 65 km von Messina entfernt

Mit dem 773 m hohen **Fossa Felci** besitzt auch Filicudi seinen Vulkan, der allerdings schon lange nicht mehr spuckt. Früher war die Insel wohl dicht mit Farn bestanden, heute ist davon nicht mehr viel übrig. Filicudi ist wie die Nachbarinsel Alicudi etwas für Menschen, die Einsamkeit lieben und keine hohen Komfortansprüche stellen. Außerhalb der Hauptsaison, die hier erstaunlich ruhig verläuft, sind beide Inseln sehr verschlafen und nicht auf Gäste eingestellt.

Anlegestellen der Schnellboote und Fähren sind **Pecorini** und **Filicudi Porto**; **Valle Chiesa** liegt landeinwärts an der Bergflanke und besitzt eine hübsche Barockkirche. Eine asphaltierte Straße führt die insgesamt 7 km hinauf nach Valle Chiesa und zurück nach Pecorini – das war's auch schon (schneller, anstrengender und schweißtreibender geht es über die Treppe vom Hafen hoch). Empfehlenswert ist ein Spaziergang (etwa 30 Min.) aufs **Capo Graziano,** wo man den Fundamenten einer bronzezeitlichen Siedlung begegnet. Die hier dokumentierte (und im Museum von Lìpari ausgestellte) Zivilisation wird nach ihrem Fundort „Kultur von Capo Graziano" genannt. In ähnlicher Lage wie das Dorf auf Panarea (Capo Milazzo) liegt die Siedlung auf einem Felsplateau über dem Meer; etwa hundert Häuser konnten identifiziert werden. Mykenische Keramiken lassen weitreichende Handelsbeziehungen der „Grazianer" vermuten. Lohnenswert ist eine **Inselrundfahrt** per Boot. Dabei kann man die wild zerklüftete Felsküste erforschen und mehrere Grotten besuchen. Um Filicudi sind die Gewässer sehr fischreich, so kommen Taucher und Schnorchler auf ihre Kosten.

▷ Filicudi ist überschaubar

Praktische Informationen

Unterkunft

■ **Hotel La Canna** ②-⑤
Via Rosa 43, Tel. 09 09 88 99 56, www.lacannahotel.it. Halbpension Juni bis September obligatorisch, kleines, familiäres Haus mit gutem Restaurant, 160 m über dem Meer am Ende der Treppe vom Hafen hoch, schöne Terrasse, Schwimmbad.

■ **Hotel Phenicusa** ③-⑤
Via Porto, Tel. 09 09 88 99 46, www.hotelphenicusa.com, Halbpension im August, modernes Hotel neben dem Hafen mit Kieselstrand, zweckmäßige Zimmer mit Terrasse, Restaurant, viele junge Leute.

Unser Tipp: **Hotel Villa La Rosa** ③-⑤
Via Rosa 24, Tel. 09 09 88 99 65, www.villalarosa.it. Oben am Berg, Pension mit 10 Zimmern und Restaurant (nur Halbpension), große Gartenanlage, Zimmer mit Terrasse und Hängematten für den superentspannten Urlaub.

Essen und Trinken

■ **Ristorante Da Nino sul Mare** ③
Via Porto, Tel. 09 09 88 99 84, 30 €. Direkt an der Anlegestelle der Schnellboote kommen Fischgerichte auf die Tische der Terrasse, Mi und So Abend wird auch Pizza in den Ofen geschoben.

Nachtleben

■ In der **Villa la Rosa** geht im Sommer an der Bar und im Garten die Musik an und die Post ab, die einzige Disco am Ort wird zum Treffpunkt der Jugend.

Fähren und Schnellboote

■ **Siremar,** *Santamaria Giuseppe,* Via Porto, Tel. 09 09 88 99 48.

■ **SNAV/Ustica Lines,** *Santamaria Giuseppe,* Via Porto 7, Tel. 09 09 88 99 48.

Sonstiges

Drei Wanderungen sind auf Filicudi möglich und ausgeschildert: Vom Hafen über Valdichiesa bis Zucco Grande (4 km, 3 Std.), vom Hafen nach Pecorini a Mare und Stimpagnato (5,5 km, 2½ Std.) und vom Hafen zum Capo Graziano (1,5 km, 1¾ Std.).

■ **Bootsvermietung** Filicudi S.N.C. im Hafen (für Selbstfahrer).

■ **Tauchcenter Apogon Diving,** Via Porto, Tel. 09 09 88 99 46, www.apogon.it.

■ **Tauchcenter Il Delfini,** Pecorini Mare, Tel. 09 09 88 90 77.

Alicudi

100 noch einsamere Einwohner, Fläche 5,1 km², 675 m ü.N.N. *(Pizzo Sopra la Fossa),* PLZ 98 050, 30 km von Messina

Kleiner als die große Schwester, noch einsamer und noch einfacher – das ist die Insel Alicudi. Bewachsen mit Heidekraut, das verführerisch duftet, ist sie ein ideales Ziel für Kurzstreckenwanderer sowie für Schnorchler und Taucher.

Eisenzeitliche Funde, Sarkophage aus Lava aus der griechischen Periode belegen die frühe Besiedelung der Insel. Alle diese Funde sind übrigens im Archäologischen Museum auf Lìpari, in Lìpari-Stadt ausgestellt.

Vom Hafen **Alicudi Porto** führen alte Pfade vorbei an und über die alten Terrassenfelder in die höher gelegene Siedlung **La Montagna**; mit Trockenmauern gerahmt zeugen die der Natur abgetrotzten Anbauflächen von landwirtschaftlicher Tätigkeit, in der Nähe der über ihr kleines Reich wachenden Kirche **San Bartolo** (1821) ist eine Zisterne erhalten, in der Regenwasser aufgefangen wurde. Mitte des 19. Jh. lebten auf Alicudi 800 Menschen, doch das karge Leben trieb viele ins Exil. Noch heute ist das einzige Transportmittel in dieser Idylle der Esel, der sich sogar als Taxi mieten lässt (Kontakt über *Bartolino*, Tel. 34 09 82 86 48). Wer an den Strand möchte, erreicht die wenigen Buchten nur mit dem Boot vom Meer aus. Ein kleiner Kiesstrand ist rechts der Hafenmole unter Punta Fucile sowie beidseits des Molo Vecchio.

Praktische Informationen

Unterkunft

■ **B&B La Mimosa di Barbuto Rosina** ②
Via Vallone, Tel. 09 09 88 99 37, Mobil 36 83 61 65 11, www.rosina-barbuto.it. Zwei Zimmer mit fantastischem Panoramablick über das Meer, *Rosina* kocht gerne für die Gäste, selbstverständlich mit Kapern, Pilzen und Öl von der Insel.

■ **Casa Vacanza Mulino** ②-③
Via Regina Alina, Tel. 09 09 88 96 81, www.alicudi casamulino.it. In einem typischen äolischen Haus unten am Meer und Strand werden Apartments und Ferienwohnungen vermietet.

■ **Casa Vacanza Ibiscus Resort** ⑤
Tel. www.alicudi.net. Hübsches, traditionelles Haus 90 m über dem Meer am Hang zwischen Olivenbäumen und Feigenkakteen, zwei Schlafräume, Küche, Bad und große Terrasse, wo sich das Leben im Sommer abspielt.

■ **Hotel Ericusa** ④-⑤
Via Perciato, Tel. 09 09 88 99 02, www.alicudihotel. it. Nettes Hotel mit 21 Zimmern am Wasser; ein Restaurant – das einzige der Insel – ist angeschlossen, was auf den Tisch kommt, diktiert oft der Zufall (kommt die Fähre zur Versorgung, was haben die Fischer gefangen?), doch die Qualität der traditionellen Gerichte ist immer hoch (Juni bis September).

Fähren und Schnellboote

Siehe oben: „Fährverbindungen auf die Liparischen Inseln". Tickets in der Via Regina Elena:
■ **Siremar**, *Eoliana*, Porto, Tel. 09 09 88 94 35.
■ **SNAV/Ustica Lines**, *Mirabile*, Porto, Tel. 34 03 01 50 47.

Wanderungen

Von **Alicudi Porto** auf den **Filo dell'Arpa** (hin und zurück 4 Std., man gelangt an den Gipfel in 662 m Höhe), **Alicudi Porto – San Bartolo – Sgurbio** (hin und zurück 2 Std.), **Alicudi Porto – Bazzina** (1½ Std., hervorragende Tauchmöglichkeiten an der steilen Küste), **Alicudi Porto – Pianicello** (1½ Std.), **Alicudi Porto – Tonna – Prociato** (1 Std.).

Stromboli

800 Einwohner, Fläche 5,2 km², 924 m ü.N.N. (Monte Filo d'Arpa), PLZ 98 050, 65 km von Messina entfernt

Ein vollkommener Kegel, aus dessen Gipfel stetig Rauchwolken steigen – so ist die Insel Stromboli von Panarea aus zu sehen, so liegt sie vor den Fähren und Schnellbooten, die sich ihr von Neapel oder Milazzo kommend nähern. Mit dem 918 m hohen **Pizzo Sopra** besitzt Stromboli den zweithöchsten Berg der

Liparen. Was den Vulkan gegenüber den anderen auszeichnet, ist seine gemäßigte Aktivität. Den abwechselnd heulenden, dampfenden und spuckenden Kratern kann man sich verhältnismäßig risikolos nähern und einen Blick ins Innere der Erde tun. Trotzdem ist äußerste Vorsicht geboten: Seit eine Wandergruppe von einer außerordentlich heftigen Eruption überrascht, auf der Flucht verletzt wurde und es durch herabstürzende Lavabrocken zu einem Todesfall kam, sind Stromboli-Besteigungen offiziell nur noch mit Führer möglich (s.u.).

Stromboli-Stadt

Das Städtchen mit seinen bunten Gärten und den weißgekalkten Häusern ist hübsch, steht aber fast vollständig im Zeichen des Tourismus. Entlang des schwarzen Lava-Sandstrandes reihen sich Hotels, Bars und Läden auf.

Anlegestelle ist der recht trostlos wirkende **Hafen Scari** an der Ostseite der Insel. Von dort führt eine Straße am Meer entlang direkt zu der Hotelzone gegenüber der Felseninsel **Strombolicchio**. Einziges Transportmittel sind die Golfcarts, die Gepäck und Passagiere zu den Hotels befördern. Wer sich gleich das Ortszentrum ansehen möchte, wählt die Via Roma, die vom Hafen am Albergo Ossidiana vorbei bergan und dann auf etwa gleichbleibender Höhe entlang der Bergflanke durch den langgezogenen Ort führt. Links und rechts warten zahlreiche Boutiquen und Esslokale auf Kundschaft.

Die Via Roma endet an der hübschen **Piazza** mit Panoramaterrasse, mehreren netten Cafés und der **Chiesa S. Vincenzo**. Von dort führt die Via Vittorio Emanuele teils an Wiesen und dem Friedhof entlang bis zur **San Bartolo-Kirche**. Von hier aus beginnt der Aufstieg auf den Stromboli.

Bergtouren auf den Stromboli

Seit sich die Unfälle am Berg gehäuft haben, ist die Besteigung offiziell nur mit einem **autorisierten Bergführer** gestattet (s. „Praktische Informationen") und nur von der Seite Stromboli-Stadt, nicht von Ginostra aus. Gutes Schuhwerk, ausreichend Getränkevorrat (ca. 2 Liter), ein kleiner Imbiss, ein warmer Pullover und eine gute Taschenlampe sind Bedingung für den Aufstieg, ein Helm ist ebenso obligatorisch, wird aber vom Führer gestellt. Wer nicht entsprechendes Schuhwerk besitzt, muss sich dieses leihen (s. Kapitel „Einkaufen"), und wenn es in der benötigten Größe nicht vorrätig ist, bleibt nur eins – unten auf die Freunde warten.

Der Aufstieg dauert rund 2 Stunden reine Gehzeit, mit Pausen also länger. Losgegangen wird am frühen Abend, wenn die Tageshitze nachlässt.

Auf dem Gipfel angekommen, blickt man hinunter auf mehrere Krater, die abwechselnd ausbrechen. Es kocht, faucht, dampft, ein Krater macht Geräusche wie ein Starfighter im Tiefflug. Wenn es zu einer besonders starken Explosion kommt, ist es wichtig, nicht in Panik zu geraten. Allerdings ist die Sicht auf die Krater nicht garantiert. Es ist gar nicht so selten, dass dichter Nebel die Sicht versperrt.

Ginostra

Das Dorf mit dem „kleinsten Hafen der Welt" liegt an der Westflanke des Stromboli. Immer wieder wurde der Ausbau des Hafens diskutiert, die Leute von Ginostra verwehrten dies über Jahre. Anfang des Millenniums war es soweit, nach einem Vulkanausbruch setzte der Zivilschutz den Bau der Hafenanlagen durch, die 2005 fertiggestellt waren. Doch 2009 mussten sie bereits repariert werden, und so entluden die Schnellboote und Fähren die Passagiere wieder in einer aufwendigen Aktion in Ruderboote, die vom Ort hinübergeschickt werden. Bei stärkerem Seegang fiel der Umstieg wie eh und je wieder flach.

Steil zieht sich das Dörfchen den Berg hinauf, Mulis sind auch hier das Transportmittel der Wahl. Zum Strand muss man ein Stück am Ufer entlangklettern.

Interessant ist der **Weg zum Punta du Cuorvu** nach Norden, wo man eine bronzezeitliche Siedlung passiert und nach etwa einer Dreiviertelstunde einen herrlichen Aussichtspunkt mit Blick auf die Sciara del fuoco erreicht. Abends ist die Stimmung in Ginostra einmalig, wenn auf den Terrassen der Häuser die Petroleumlampen leuchten und sonst kein Licht das Blinken des Sternenhimmels stört.

Praktische Informationen

Information

Informationen über den Stromboli gibt es unter **www.swisseduc.ch/stromboli** und beim *Instituto Nazionale di Geofisica e Vulcanologia*, www.ingv.it.

◩ Ferienhäuschen auf Stromboli

Unterkunft

■ **Achtung:** Auf Stromboli gibt es keinen Zeltplatz, wild campen ist verboten.
■ **Deutschsprachige Zimmervermietung,** siehe Info-Kasten bei „Ginostra".
■ **B&B Il Giardino Segreto** ②-③
Via Francesco Natoli, Tel. 090 98 62 11, www.giardinosegretobb.net. Am höchsten Punkt von Stromboli Stadt wohnt man in einem der typischen Häuser mit Blick über das Meer und den Vulkan.
■ **B&B Petrusa** ③
Via Sopra Pertuso, Loc. Ginostra, Tel. 09 09 81 23 05, www.ginostraincontro.it. 3 Zimmer, einfache Möblierung, aber hier kommt man ja her, um das einfache Leben zu genießen.
■ **Case Vacanze Stromboli Paradise** ③-⑤
Stromboli Stadt, Tel. 34 01 59 57 57, www.stromboliparadise.com. Acht traditionelle äolische Häuser unterschiedlicher Größe, die in der Hochsaison nur Wochenweise vermietet werden.
■ **Hotel Aquilone** ②-③
Via Vittorio Emanuele 29, Stromboli Stadt, Tel. 090 98 60 80, www.aquiloneresidence.it. Kleine, freundliche Privatpension mit familiärer Atmosphäre und hübschem Garten, einfache, kleine Zimmer, zentral gelegen und etwa 5 Min. vom Strand entfernt.
■ **Hotel Villa Petrusa** ③-④
Via Soldato Panettieri 4, Stromboli Stadt, Tel. 090 98 60 45, www.villapetrusa.it. Zimmer im Haupthaus und in der hübschen Dependance, Restaurant, nette Anlage mit kommunikativem Besitzer, der gerne aus der Welt der örtlichen Intrigen erzählt (April–Okt.).
■ **Hotel Ossidiana** ②-⑤
Via Marina 18, Stromboli Stadt, Tel. 090 98 60 06, www.hotelossidiana.it. Zimmer ohne Aussicht sind preiswerter, direkt am Fährhafen, von außen etwas klotzig, innen aber recht hübsch; ideal für Leute, die nur auf den Vulkan wollen und ihr Gepäck nicht durch den Ort schleppen möchten (März–Dez.).
■ **Hotel La Sirenetta Park Hotel** ④-⑤
Via Marina 33, Stromboli Stadt, Tel. 090 98 60 25, www.lasirenetta.it. Sehr komfortables, traditionsreiches Hotel direkt am schwarzen Sandstrand, hübsche, verwinkelte Anlage, Pool mit Meerwasser, sehr aufmerksamer Service, hervorragendes Restaurant, März–Okt.
■ **Hotel Barbablu** ⑤
Via Vittorio Emanuele, Tel. 090 98 61 18, www.barbablu.it. Zimmer mit geschmackvollem, ethnischen Dekor, Buddhas und Masken, sehr gutes Restaurant (Menü ⑤).

Essen und Trinken

■ **Pizzeria l'Osservatorio** ②-③
Via Punto la Bronzo, Tel. 909 45 08 56. Am Aufstieg zum Stromboli mit Aussicht auf Gipfel und Eruptionen eine Pizza genießen. Wer nicht weiter gehen möchte, hat von hier einen guten Blick auf das höllische Geschehen (etwa ½ Std. zu Fuß). Der Rückweg muss im Finstern unternommen werden; dafür unbedingt eine Taschenlampe einstecken!
■ **Ristorante Punta Lena** ③
Via Marina, Stromboli Stadt, Tel. 090 98 62 04. An der Uferstraße direkt unterhalb der zentralen Piazza, etwas steril wirkendes Restaurant mit hervorragenden Fischspezialitäten.
■ **Ristorante Il Canneto** ③
Via Roma, Stromboli Stadt, Tel. 090 98 60 14. Von Scari kommend an der Einmündung in die Via Roma; hübscher Innenhof und sympathisches Personal.
■ **Ginostra** hat einige Restaurants, die allerdings nur im Sommer geöffnet sind: *L'Incontro* (②), *La Stella* (③, das beliebteste und beste der drei Lokale) und *Nonna Assunto/Puntazzo* (②-③), www.nonnaassunta.it).

Cafés und Nachtleben

■ **Ritrovo Ingrid**
Piazza S. Vincenzo, Stromboli Stadt. Nette Panorama-Terrasse über dem Ort, hier trifft sich Strombolis Jugend, auch gute Frühstücksadresse.

www.fotolia.de © eyeworld

■ La Tartana Club
Via Marina 33, Stromboli Stadt, schräg gegenüber dem Sirenetta-Hotel. Auf der Terrasse am Meer gibt's Cocktails, abends im Sommer auch Live-Musik.

■ Wine bar Pardès
Via Vittorio Emanuele 81, Stromboli Stadt. Moderne Weinbar in malerischer Lage mit Blick auf den Vulkan, Snacks und Salate.

Unberechenbare Naturgewalt: rauchender Schlund des Stromboli

Fähren und Schnellboote

Siehe auch Infokasten „Fährverbindungen auf die Liparischen Inseln". Tickets in Stromboli Stadt am Hafen:

- **Siremar** (Stromboli Stadt), *Crilù,* Tel. 090 98 60 16.
- **Siremar** (Ginostra), *Giuffrè,* Tel. 09 09 81 28 80.
- **SNAV/Ustica Lines** (Stromboli Stadt), *Mandarano Caterina*, Via G. Picone, Tel. 090 98 60 03.
- **NGI** (Stromboli Stadt), *Mandarano Caterina*, Via G. Picone, Tel. 090 98 60 03.
- **Alilauro** (Stromboli Stadt), Tel. 090 98 62 83.

Strände

- **Ficogrande,** schwarzer Lavastrand am *Hotel Sirenetta.*
- **Scari,** vom Hafen in Richtung Ginostra (Süden) gehen.
- **Forgia Vecchia,** erreichbar über einen Saumpfad am Hafen am Scari-Strand nach Süden (ca. 30 Min.), er liegt zwischen den alten Lava-Rutschen Forgia Vecchia und Rina'ranni, wildromantisch und meist sehr ruhig.

Einkaufen

- **Totem Trekking,** Piazza S. Vincenzo, Stromboli Stadt, www.totemtrekkingstromboli.com, verleiht Ausrüstung (und verkauft sie natürlich auch), Mietgebühren: Bergschuhe 6 €, Bergstöcke 4 €.
- **La Libreria sull'isola,** Via Vittorio Emanuele, Stromboli Stadt, www.lalibreriasullisola.it. Buchhandlung, Internetcafé, abends gelegentlich Kino.

Wanderungen

Die **Führung auf den Gipfel** des Stromboli kostet 25–30 € (inkl. der Parkgebühr von 3 €) **und ist Pflicht** – ohne offiziell bestalltem Führer darf keiner hinauf. Es wird in Gruppen zu etwa 20 Personen gegangen, bei starkem Andrang treffen sich oben schon mal 200 Leute. Eine entsprechende Ausrüstung ist obligatorisch, darunter festes Schuhwerk (notfalls zu mieten, s.o. Kapitel „Einkaufen"), Pullover, Trinkflasche, Taschenlampe. Insgesamt dauert die März bis Oktober durchgeführte Tour 5–6 Stunden, davon ist man etwa 1 Stunde oben am Krater. **Führungen** werden angeboten von:

- **Stromboli Adventures,** Via Vittorio Emanuele, Tel. 090 98 62 64, www.stromboliadventures.it.
- **Magma Trek,** Via Vittorio Emanuele, Tel. 09 09 86 57 68, www.magmatrek.it.

Bootsausflüge

Bootsausflüge sind besonders nachts eindrucksvoll, wenn man beobachten kann, wie die glühende Lava die Scharte herunterpoltert. Ausflugsfahrten und **nächtliche Inselumrundungen** unternimmt:

- **Pippo Navigazione Stromboli,** Tel. 34 80 55 92 96, pipponav.stromboli@libero.it, Tagestour 3 Std. (um 25 €), Nachttour 2 Std. (um 20 €).

Deutschsprachige Villenvermietung Casa Vacance Ginostra

Sieben Häuser werden unter deutschsprachiger Leitung vermietet, sie haben unterschiedliche Größen von 1 bis 3 Schlafräume (Bettwäsche wird gestellt) und sind alle mit Küche und großzügiger Terrasse mit Meeresblick und Bad mit Dusche ausgestattet, nur ein Haus hat noch das traditionelle Schöpfkellenbad an der Zisterne, so wie es früher überall war. Alle Häuser haben Strom in den Zimmern, auf eine Verkabelung der Terrassen wurde bewusst verzichtet, um die Abendstimmung in Ginostra nicht zu zerstören (es gibt dort keine Straßenbeleuchtung), so blaken wie eh und je die Petroleumleuchten unter dem Sternenhimmel. Zwei Läden bieten in Ginostra alles, was man zum Kochen benötigt.

- **Casa Vacanze Ginostra** ②, Via Portello, Ginostra, Tel. 09 09 81 24 23, www.ginostra.de.

- Als Gast in Sizilien | 490
- Anreise | 490
- Elektrizität | 500
- Essen und Trinken | 501
- Feiertage und Feste | 511
- Finanzen | 514
- Gesundheit | 515
- Informationen | 517
- Notfall | 520
- Öffnungszeiten | 522
- Post/Telefon | 523
- Reisen im Land | 525
- Reisezeit | 534
- Sicherheit | 535
- Souvenirs | 537
- Sport und andere Aktivitäten | 538
- Sprache | 546
- Unterkunft | 546
- Versicherungen | 549

11
Praktische Reisetipps A–Z

Eine große und viele kleine Inseln, wie hinkommen, was wo machen – in diesem Kapitel werden viele praktische Fragen beantwortet.

◁ Der Liparische Archipel – die Äolischen Inseln – ist eines der Highlights Siziliens

Als Gast in Sizilien

Auch innerhalb Europas unterscheiden sich die Regionen und die jeweils geltenden Benimmregeln noch so stark, dass man mit seinem zu Hause eingeübten Verhalten vor Ort nicht unbedingt Freunde gewinnen kann. Jedes Land hat seine Sitten, und jede Region innerhalb des Landes unterscheidet sich nochmals. Dies gilt auch für Sizilien. Offenherzige Freizeitkleidung, die im großstädtischen Agrigento üblich ist, kann im innersizilischen Vizzini als Affront angesehen werden. Die Reisenden sollten sich also **anpassen**, nicht, um nicht aufzufallen, sondern um Kontakt zu den Menschen zu bekommen. Erst daraus kann ein tieferes Verständnis für das Reiseziel erwachsen.

Allgemeine Benimmregeln

- **In der Natur nichts** (nicht nur keine Abfälle) **zurücklassen!**
- **Wasser sparen!** (Im Hochsommer kommt es öfter zu Engpässen!)
- **Kein Feuer in der Natur!** (Dies steht unter hoher Strafe!)
- **Kein FKK!** (Es ist verboten, „oben ohne" ist unüblich!)
- **Rauchen verboten!** (Die italienische Regierung hat ihr Rauchverbot für alle öffentlichen Räumlichkeiten durchgesetzt. Darunter fallen auch ausnahmslos Bars und Restaurants. Deren Gäste finden keine Aschenbecher mehr, die Strafen sind drakonisch und so ist die Luft rauchfrei. Wer es dennoch nicht lassen kann, muss ins Freie gehen.)
- **Der Glaube ist zu respektieren!** (Die tiefgläubigen Katholiken Siziliens würden es nicht gerne sehen, machte man sich über ihre Religion lustig!)

Anreise

Sizilien liegt vor den Toren Afrikas; es ist Tunis näher als Rom und von Berlin 2300 km entfernt. Wer nicht den schnellsten und bequemsten Weg der Anreise wählt, den Flug, sollte mit mindestens zwei Tagen Fahrt rechnen – ganz gleich ob per Auto, Schiff oder Bahn. Noch besser ist es, sich wirklich Zeit zu nehmen und die Anreise auf dem italienischen Stiefel als Annäherung an Sizilien zu genießen.

Mit dem eigenen Fahrzeug

Sinnvoll ist die Anfahrt über die gesamte Strecke nur, wenn man absolut fahrbegeistert ist oder am Wegesrand das eine oder andere entdecken will. Ansonsten sollte man einen Teil der Strecke per (Langstrecken-)Fähre bewältigen.

Fahrzeugpapiere

An Fahrzeugpapieren sind zwingend notwendig der nationale Führerschein und die nationale Zulassung, die grüne Karte der Versicherung ist optional. Unter Umständen ist eine Vollkaskoversicherung sinnvoll, da die italienischen Versicherungsgesellschaften bei Unfällen nicht immer die bei uns üblichen

Summen auszahlen. Auch ein Auslandsschutzbrief des Automobilclubs kann bei Unfällen oder schweren Pannen nützliche Dienste (bis hin zur Rückholung nach Deutschland) erweisen.

Kosten

Mit folgenden Kosten (neben Treibstoff, der in etwa deutsches Preisniveau hat) ist zu rechnen: **Von München bis zu den Häfen in Kalabrien** sind es ca. 1600 km Autobahn. Die Maut („Pickerl") beträgt in Österreich für zwei Monate 25,30 € (alternativ 10 Tage 8,70 € bzw. 84,40 € pro Jahr, Gespanne und Wohnmobile zahlen dieselbe Summe, Motorräder 12,70/ 5/33,60 €) hinzu kommen noch 8,50 € Maut für die Brennerautobahn, für die italienischen „Autostrade" – die Autobahnen – müssen 70,50 € aufgebracht werden (wer über die Schweizer Autobahnen nach Italien einreist, muss für die Vignette 33 € zahlen). Um langes Warten an den Bargeldstellen der Mautstationen zu umgehen, können bei den Automobilclubs und an der Grenze für Österreich Videomautkarten (nur Pkw, da das vordere Nummernschild eingelesen wird) erworben werden; diese ermöglichen die freie und schnelle Durch-

Zu Fuß von Leipzig nach Syrakus

Johann Gottfried Seume erlebte das 18. Jahrhundert mit all seinen Schrecknissen und Vergnügungen. Er studierte Theologie, was aber nicht das Ergebnis eines seiner Herzenswünsche war – folgerichtig zog er es vor, die Gassen Leipzigs zu verlassen und ein wenig von der Welt Gottes in Frankreich zu bestaunen. Wie es aber so geht: Er kam über Hessen nicht hinaus oder doch viel weiter. Werber des Landgrafen pressten *Seume* in ihren Dienst und schickten ihn als Soldaten über das Weltmeer in die englischen Kolonien Nordamerikas, um dort zu helfen das Flämmchen der Freiheit niederzuschlagen.

Er kam zu spät, die Sache war bereits erledigt, das Pflänzchen der späteren Weltpolizei wuchs bereits alleine trotz und ohne England. Seume durfte heimkehren, blieb beim Militär, wurde Leutnant, nach seinem Abschied Hauslehrer und schließlich Lektor. Die trockene Büroarbeit trieb ihn aber bald wieder hinaus und er ging auf eine Wanderschaft, die ihn berühmt machen sollte: Von Leipzig über Wien trugen ihn seine Füße bis nach Syrakus auf Sizilien, und auf dem Rückweg passierte er auch noch die Stadt, die ihn ursprünglich in die weite Welt gelockt hatte – Paris.

Wer diese Reise *Seumes* nachvollziehen will, kann dies auch mit dem CD-Player im Auto: Das 6 CDs umfassende Hörbuch wurden von *Gert Heidenreich* besprochen, und die Zeit auf der Fahrt von den Alpen bis Palermo und dort über Agrigent nach Syrakus wird dem geneigten Hörer wie im Fluge vergehen. Der spannende Reisebericht ist natürlich auch als Buch erhältlich.

■ *J. G. Seume:* **Spaziergang nach Syracusa,** HörEdition der Weltliteratur, NDRkultur.
■ *J. G. Seume ,Meier, Albert (Hrsg.):* **Spaziergang nach Syrakus im Jahre 1802,** dtv 2008.

fahrt mit automatischer Kennung an allen Schaltern der Mautstation Brenner. Mit der **Viacard,** die von Automobilclubs, Mautstellen oder Raststätten angeboten werden, kann bargeldlos an den italienischen Mautstationen gezahlt werden (funktioniert wie eine Kreditkarte). An den meisten Mautstellen gibt es aber auch Spuren für die gebräuchlichsten Kreditkarten wie *VISA, MasterCard, Diners Club* und *Amex.*

Fähre nach Messina

Die **Überfahrt von San Giovanni nach Messina** beläuft sich für einen Pkw auf 35 € für die einfache Fahrt (Passagiere sind frei), ein Camper (6 m Länge, 3 m Höhe) kostet 53 €, ein Motorrad 12,50 €.

Anfahrt

Die schnellste Strecke ab Deutschland führt über München und die Inntalautobahn (bzw. Garmischer Autobahn) nach Innsbruck, über den Brenner und dann weiter nach Bologna, Florenz, Rom, Neapel, Villa San Giovanni/Reggio di Calabria und mit der Fähre nach Messina. Von Basel/Schweiz (auch mancher Rheinländer wird die Schweiz, nicht Österreich passieren) und Wien beträgt die Entfernung ca. 1600 km. Alle drei Routen laufen spätestens bei Bologna zusammen.

Neuralgische Punkte der Strecke sind: Modena (Kreuzung der Brennerautobahn mit der Ost-West-Strecke zwischen Venedig und Mailand), Rom (hier die Umfahrung kurz vor der Abfahrt Fiano Romano 30 km vor Rom benutzen, die kurz hinter der Abfahrt San Cesareo wieder auf die Autobahn Nr. 1 Rom – Neapel führt), Neapel/Salerno (alternativ zwischen Caserta Nord und Caserta Sud auf die A30 abbiegen und erst hinter Salerno wieder auf die A3, in Neapel hat die A1 ihren Namen gewechselt). Generell gilt, dass **in den Hauptreisezeiten** und **an den Wochenenden** im Sommer die **Autobahnen überfüllt** sind und lange Wartezeiten an den Mautstationen entstehen. Erst südlich des Ballungsraumes Neapel/Salerno wird die Situation besser, da sich der Verkehr verteilt und die Mautstellen wegfallen. Wer die lange Strecke auf sich nehmen will, sollte jedenfalls **ein bis zwei Übernachtungen** vorsehen, denn Wartezeiten und hohe Temperaturen im Sommer können bei einem Fahrmarathon belastend sein. Zu sehen gibt es genug auf der Strecke, sodass auch ein Ruhetag keine verlorene Zeit darstellt.

Schiff

Langstreckenfähren nach Sizilien gibt es von Genua, Livorno, Civitavecchia und Neapel. Der Hauptfährhafen auf Sizilien ist Palermo, Messina ist hauptsächlich für die Schiffe von Reggio Calabria und San Giovanni Anlaufpunkt (s. auch Kapitel „Messina").

▷ Schnellboote verbinden die Liparischen Inseln untereinander und mit den Häfen auf Sizilien

- **Livorno/Genua – München:**
700 km, **Wien** 1000 km
- **Civitavecchia – München:**
900 km, **Wien** 1050 km
- **Neapel – München:**
1150 km, **Wien** 1350 km

Die größten **Fährgesellschaften** sind *Grandi Navi Veloci* (ab Genua, Livorno und Civitavecchia), *SNAV* (nur Schnellboote ohne Autotransport, ab Civitavecchia und Neapel) und *Tirrenia* (ab Neapel). Die Schiffe der *Grandi Navi Veloci* (Grimaldi-Linie) sind sehr sauber, perfektes Freizeitangebot, stressfreie Einschiffung, gutes Essen auch im SB-Restaurant und bemühtes Personal. Auf den anderen Fähren ist der Service oft auf ein Minimum beschränkt. Die Fährüberfahrten dauern je nach Ausgangspunkt zwischen 11 Std. (Neapel) und 20 Std. (Genua). Buchungen können direkt bei den Fährgesellschaften über das Internet oder eines der vergleichenden Internetportale vorgenommen werden, z.B. www.aferry.de (wobei dann Buchungsgebühren aufgeschlagen werden).

- **Neapel – Palermo,** *Tirrenia,* www.tirrenia.it, Pkw und 2 Personen, Schlafsessel, Nebensaison einfach um 250 €; ein Deckplatz (kein Schlafsessel, sondern Schlafsack auf dem Boden) kostet um 40 €/Person.
- **Neapel – Lìpari,** *Siremar,* www.siremar.it, Pkw und 2 Personen, Schlafsessel, einfach um 220 €; ein Deckplatz (s.o.) kostet um 45 €/Person.
- **Genua – Palermo,** *Grandi Navi Veloci,* www.gnv.it, Pkw und 2 Personen, Kabine, Nebensaison einfach um 400 €.
- **Civitavecchia – Termini Imerese,** *Grandi Navi Veloci,* www.gnv.it, Pkw und 2 Personen, Kabine, Nebensaison einfach um 250 €.

Parken in Neapel

Folgende Parkmöglichkeiten gibt es in Neapel, wenn man sein Auto nicht nach Sizilien mitnehmen möchte:

- **Parcheggio Autosilo Brin,** Via A. Volta, www.anm.it.
- **Parcheggio del Porto,** Molo Beverello, www.parcheggiobeverello.com.

Hafenbüros der Fährgesellschaften

- **Siremar Call Center,** Tel. 08 14 97 29 99 (Neapel) und Tel. 09 17 49 33 15 (Palermo).
- **Siremar Palermo,** *A. e F. Prestifllippo,* Via F. Crispi 118, Tel. 091 58 24 03.
- **Siremar Neapel Molo Beverello,** *Stazione Marittima,* Tel. 081 5800340.
- **Tirrenia Palermo,** *Placido Mancuso & Figli,* Calata Marinai d'Italia, Tel. 09 16 11 88 41.
- **Tirrenia Neapel,** *Ufficio Tirrenia,* Calata Porta di Massa, Tel. 091 89 21 23.
- **Snav Neapel,** *Stazione Marittima,* Call Center Tel. 081 42 85 555.
- **Grandi Navi Veloci Call Center,** Tel. 010 2094591.
- **Grandi Navi Veloci Genova,** Ponte Assereto.
- **Grandi Navi Veloci Termini Imerese,** Porto.
- **Grandi Navi Veloci Civitavecchia,** Banchina 21.
- **Grandi Navi Veloci Palermo,** Calata Marinai d'Italia.

Mit der Fähre unterwegs

Wer seinen Wagen mit der Fähre transportieren will, muss **2 Stunden vor Abfahrt** am Hafen erscheinen (andernfalls könnte das Ticket verfallen). Generell gilt, dass bis auf die *Grandi Navi Veloci,* die Einschiffung sehr chaotisch abläuft, mit wild gestikulierendem Personal, heiserem Schreien, verzweifeltem Armehochwerfen und wüstem Faustgetrommel auf dem Wagendach – bis endlich alle Fahrzeuge so geparkt sind, wie es dem Personal als richtig erscheint.

Aus dem Wagen ist **alles mitzunehmen,** was man während der Überfahrt benötigt, die Garagen werden bei Abfahrt abgeschlossen. Hat man seine Kabine bezogen, seinen nummerierten Schlafsessel besetzt oder auf Deck seinen Schlafsack ausgebreitet, kann man sich zum Essen aufmachen. Meist gibt es ein à-la-carte-Restaurant und einen günstigeren Self-Service, beide sind annehmbar. Die Öffnungszeiten sind allerdings sehr knapp bemessen.

In den Monaten Juli/August sind die Schiffe voll mit Norditalienern, deren Urlaub mit dem Betreten der Gangway begonnen hat – dann ist Party-Time mit allem, was dazu gehört.

Man achte auf **Sonderangebote** der Schiffsgesellschaften (Wochenendtarife, Frühbucherrabatte etc.) und prüfe, ob der Fährpreis eine Autoversicherung beinhaltet (u.U. ist eine günstige Zusatzversicherung abzuschließen).

Mitfahrgelegenheit

Außer Trampen die billigste Möglichkeit nach Süditalien zu kommen. Die Mitfahrzentralen bieten vereinzelt auch Fahrten in das südliche Italien an, die

> Auf einen pünktlichen Fährverkehr ist Verlass (wenn das Wetter mitspielt)

meisten allerdings enden in Norditalien. Außerdem will gut überlegt sein, dass man sich über 48 Stunden (es fährt ja hoffentlich keiner durch) mit einem fremden Fahrer auf engem Raum arrangieren muss. Die Kosten betragen etwa um 100 €.

■ www.mitfahrgelegenheit.de (in Kooperation mit dem ADAC).

Trampen

Auch in Italien ist diese Art des Reisens nicht mehr *en vogue*. Selten begegnet der Autofahrer jemandem, der mitgenommen werden will (außer eventuell für kurze Strecken, z.B. in eine Stadt hinein), und genauso selten wird der Tramper jemandem begegnen, der ihn mitnehmen würde. Auch auf Sizilien ist es nicht ein-

fach, per Daumen zu reisen. Die italienische Jugend setzt auf die Unabhängigkeit auf dem Rücken eines Motorrollers.

Bus

Von Deutschland fahren mehrmals die Woche Reisebusse verschiedene Städte in Sizilien an. Von München kostet eine einfache Fahrt nach Palermo (26 Std. Fahrzeit) um 120 €, die Hin- und Rückfahrt das Doppelte (die Mitnahme von Fahrrädern ist nicht möglich).

■ **Eurolines/Deutsche Touring Gesellschaft,** Am Römerhof 17, 60486 Frankfurt/Main, Tel. 069/790 35 01, www.eurolines.de.

Haltestellen der Deutschen Touring auf Sizilien (Auswahl)

■ **Messina,** Piazza della Repubblica, vor dem Büro der „Interbus".
■ **Taormina,** Recanati, Terminal „Interbus".
■ **Agrigento,** Autostazione Piazzale Fratelli Rosselli Via „Sais".
■ **Catania,** Via D'Amico 181, Terminal „Interbus".
■ **Gela,** Bahnhof.
■ **Palermo,** Piazzetta Cairoli (in der Nähe der Post, hinter dem Bahnhof).
■ **Piazza Armerina,** Piazza Generale Cascino.

Bahn

Sizilien – obwohl eine Insel – kann bequem direkt mit dem Zug erreicht werden. Die Fahrtdauer beträgt je nach Abfahrtsort bis zu 25 Stunden. Die seit ewigen Zeiten diskutierte Brücke über die Straße von Messina wird nicht geben – in Villa San Giovanni werden die Züge samt Passagieren auf eine Fähre geschoben, die sie in Messina wieder verlassen.

Ohne Umsteigen geht es nicht; **ab München** fährt man am Abend im *Euro City Night* los, kommt in Rom um etwa 9 Uhr an, steigt um und fährt weiter. Am späten Abend erreicht man Palermo. **Von Wien** geht es im *Euro Night* am frühen Abend los und man erreicht auch um 9 Uhr Rom, wo man die Münchener Fahrgäste trifft. **Zürich** verlässt man am Nachmittag, erreicht abends Mailand und wechselt den Zug, der direkt bis Palermo fährt.

Die Züge halten auf dem Festland in **Neapel,** wo man die Fähre zu den Liparischen Insel erreicht und auch in **Milazzo,** von wo aus weitere Fähren zu den Liparen abgehen.

Wer frühzeitig bucht und die Tarife richtig kombiniert, kommt billig weg (aber nie so billig wie mit dem Flugzeug). Bis z.B. Verona wird der **deutsche Europa-Spezialpreis** angeboten (zu bestimmten Zeiten und an bestimmten Tagen um 40 € einfach). Verona – Palermo kostet dann (auch auf bestimmten Zügen) 120 €.

Für die **Radmitnahme** man eine **internationale Fahrradkarte** erwerben (10 €), die zur Mitnahme eines Rades berechtigt (ein Stellplatz kann reserviert werden). Sie ist bis zum Zielbahnhof gültig (beim Umsteigen in Nahverkehrszüge sind Benutzungsbeschränkungen zu beachten). Der Kauf der internationalen Fahrradkarte für die Heimfahrt ist nur dort möglich. Eine spezielle **Radfahrer-Hotline** der Bahn gibt es nicht mehr.

■ **Servicenummer der Deutschen Bahn:** Tel. 0180 699 66 33.

Flug

Mit dem Flugzeug landet man auf Sizilien in Catania, Còmiso, Trapani oder Palermo. **Catania** und **Palermo** fliegen die italienischen Gesellschaften *Alitalia*, *Air One* und *Meridiana* von mehreren italienischen Flughäfen aus an, *Lufthansa* verbindet München und Frankfurt mit Catania und Palermo. *Ryan Air* und *Alitalia* fliegen nach **Trapani** und **Còmiso**.

Catania wird von *Air Berlin* (von zahlreichen deutschen Städten, teils mit Umsteigen) und *TUIfly* (Düsseldorf, Frankfurt, Hannover, Köln/Bonn, Memmingen, Stuttgart, München) angeflogen, *Austrian* startet ab Wien, *Helvetic* ab Zürich.

TUIfly verbindet **Palermo** mit Hannover, Köln/Bonn, Memmingen, Stuttgart und München, *Helvetic* mit Zürich (teils mit Stopp in Catania).

- **Air Berlin,** www.airberlin.com
- **Air One,** www.flyairone.com
- **Alitalia,** www.alitalia.com
- **Austrian,** www.austrian.com
- **Helvetic,** www.helvetic.com
- **Lauda Air,** Austrian myholiday, http://myholiday.austrian.com
- **Lufthansa,** www.lufthansa.de
- **Meridiana,** www.meridiana.it
- **Ryan Air,** www.ryanair.com
- **TUIfly,** www.tuifly.com

Ticketpreise

Ein Economy-Ticket von Deutschland, Österreich und der Schweiz hin und zurück nach Sizilien bekommt man ab etwa 200 € (Endpreis einschließlich aller Steuern, Gebühren und Entgelte). Am teuersten ist es im Juli und August, dann können die Preise für Hin- und Rückflug schon mal 400 € betragen.

Last-Minute

Wer sich erst im letzten Augenblick für eine Reise nach Sizilien entscheidet oder gern pokert, kann Ausschau nach **Last-Minute-Angeboten** halten, die von einigen Veranstaltern als Komplettpakete günstig veräußert werden:

- **L'Tur,** www.ltur.com
- **Lastminute.de,** www.lastminute.de
- **5 vor Flug,** www.5vorflug.de
- **www.restplatzboerse.at**

Reisegepäck

Die **Kleidung** kann im Hochsommer für Fahrten an die Küste auf ein Minimum beschränkt werden, insbesondere wenn man seine Ferien am Strand verbringen will. Für kühlere Abendstunden kann schon ab Mitte August ein leichter Pullover gute Dienste leisten, ab September sind die Temperaturen unter Umständen am Abend schon leicht fröstelig. Badeschlappen und Badeschuhe, um felsige Strandabschnitte zu überwinden, sind

Buchtipp

- *Frank Littek:* **Fliegen ohne Angst,** Praxis-Reihe, Reise Know-How Verlag

ebenfalls sehr hilfreich. Bademattten aus Stroh kann man günstig vor Ort erwerben, auch andere Strandutensilien werden an jeder Straßenecke angeboten. Wer auch ins **Gebirge** fahren will: Da können die Abendstunden auch im Hochsommer recht kühl sein.

Der eingefleischte **Camper** weiß, welche Ausrüstung er benötigt, um mehrere Wochen auf einem Zeltplatz ausharren zu können. Wegen der großen Hitze im Hochsommer und weil nicht alle Campingplätze ausreichend Schatten bieten, ist ein Überzelt nicht schlecht.

Auf Sizilien lässt sich **gut wandern.** Selbst wenn man nicht vorhat, größere Exkursionen zu unternehmen, auch für kurze Wanderungen sind festes Schuh-

Mini-„Flug-Know-how"

Check-in

Nicht vergessen: Ohne einen **gültigen Reisepass oder Personalausweis** (letzterer nur für EU-Bürger) kommt man nicht an Bord. Dies gilt seit Mitte 2012 auch für Kinder, die je nach Alter einen eigenen **Kinderpass** oder Personalausweis benötigen.

Bei den innereuropäischen Flügen muss man mindestens **eine Stunde vor Abflug** am Schalter der Airline eingecheckt haben.

Das Gepäck

In der Economy-Class darf man in der Regel nur **Gepäck bis zu 20 kg pro Person** einchecken (Ausnahme z.B. Ryan Air mit 15 kg) und zusätzlich ein Handgepäck von 7 kg in die Kabine mitnehmen, welches eine bestimmte Größe von 55 x 40 x 23 cm nicht überschreiten darf. In der Business Class sind es meist 30 kg pro Person und zwei Handgepäckstücke, die insgesamt nicht mehr als 12 kg wiegen dürfen. Man sollte sich am besten bereits beim Kauf des Tickets über die Bestimmungen der jeweiligen Fluggesellschaft informieren.

Fluggäste dürfen **Flüssigkeiten** oder Vergleichbares in ähnlicher Konsistenz (z.B. Getränke, Gels, Sprays, Shampoos, Cremes, Zahnpasta, Suppen, Käse) nur in der Höchstmenge von je 0,1 Liter als Handgepäck mit ins Flugzeug nehmen. Die Flüssigkeiten müssen in einem durchsichtigen, wiederverschließbaren Plastikbeutel transportiert werden, der maximal einen Liter Fassungsvermögen hat. Da sich diese Regelungen jedoch ständig ändern können, sollte man sich beim seinem Reisebüro oder der jeweiligen Fluggesellschaft nach den derzeit gültigen Regelungen erkundigen.

Aus Sicherheitsgründen dürfen **Taschenmesser, Nagelfeilen, Nagelscheren,** sonstige Scheren und Ähnliches nicht mehr im Handgepäck untergebracht werden. Diese sollte man unbedingt im aufzugebenden Gepäck verstauen, sonst werden diese Gegenstände bei der Sicherheitskontrolle entsorgt. Darüber hinaus gilt, dass Feuerwerke, leicht entzündliche Gase (in Sprühdosen, Campinggas), entflammbare Stoffe (in Benzinfeuerzeugen, Feuerzeugfüllung) etc. nichts im Passagiergepäck zu suchen haben.

werk und stabile Kleidung hilfreich. Viele Wege sind verwachsen, und die Dornen tun weder zarten Stoffen noch der Haut gut.

Wer ein Fahrzeug ohne moderne Wegfahrsperre besitzt, kann sich eine **Lenkradblockade** aus Deutschland mitnehmen. Dabei handelt es sich um einen Metallstab, der am Lenkrad angeschlossen wird und jede Bewegung desselben unmöglich macht – angesichts der Autodiebstähle im südlichen Italien eine sinnvolle Investition.

Ansonsten muss spezielle **Sportausrüstung** eingepackt werden: Mountainbike, Tauchgerätschaften, Windsurfbrett, Skier, Golfschläger usw.

Formalitäten

Kontrollen

Italien hat das Schengen-Abkommen unterschrieben und gehört somit zum Territorium, das als sogenanntes grenzloses Gebiet gilt. Bürger aus EU-Ländern können sich hier **ohne Grenzkontrollen** bewegen. Staatsangehörige der **Schweiz** dürfen ohne Visum für drei Monate nach Italien einreisen.

Für längere Aufenthalte müssen Schweizer Staatsbürger beispielsweise bei der italienischen Botschaft in Bern ein Visum beantragen. In Deutschland, Österreich oder der Schweiz lebende Staatsbürger von Nicht-EU-Staaten müssen grundsätzlich ein **Visum** bei der entsprechenden **Botschaft** der Republik Italien beantragen:

■ **In Deutschland:** Hiroshimastr. 1, 10785 Berlin, Tel. 030/25 44 00, www.ambberlino.esteri.it; auch Generalkonsulate in Frankfurt/M., Hamburg, Hannover, Köln, München und Stuttgart.
■ **In Österreich:** Rennweg 27, 1030 Wien, Tel. 01/712 51 21, www.ambvienna.esteri.it.
■ **In der Schweiz:** Elfenstr. 14, 3006 Bern, Tel. 031/350 07 77, www.ambberna.esteri.it.

Papiere

Das bedeutet aber nicht, dass auf den **Personalausweis** oder **Reisepass** verzichtet werden kann, im Gegenteil, viele Hotels und alle Campingplätze verlangen ein Personaldokument. Auch wer eine Flugreise gebucht hat, muss seinen Ausweis mitnehmen. Kinder bis zum 12. Lebensjahr benötigen einen eigenen Reisepass, den **Kinder-Reisepass** (Kinderausweise sind abgeschafft, der Eintrag der Kinder in den Pass eines Elternteils reicht nicht mehr aus).

Zollfreimengen

Trotz des vereinfachten Warenverkehrs zwischen den Schengen-Staaten gibt es in allen EU- und EFTA-Mitgliedstaaten nationale Ein-, Aus- oder Durchfuhrbeschränkungen, z.B. für Tiere, Pflanzen, Waffen, starke Medikamente, Drogen und auch für Cannabis-Besitz und -handel. **Freimengen für EU-Bürger** (gilt nicht für Einfuhren aus EU-Ländern des ehemaligen Ostblocks wie Bulgarien oder Rumänien):

■ **Tabakwaren:** 800 Zigaretten, 400 Zigarillos, 200 Zigarren, 1 kg Tabak
■ **Alkohol:** 90 Liter Wein (davon höchstens 60 Liter Schaumwein), 110 Liter Bier, 10 Liter Spirituosen über 22 Vol.-% und 20 Liter unter 22 Vol.-%

- **Anderes:** 10 kg Kaffee, 20 Liter Kraftstoff in einem Benzinkanister

Derzeit geltende Freigrenzen für **Reisende aus der Schweiz** nach Italien:

- **Tabakwaren:** 200 Zigaretten oder 100 Zigarillos oder 50 Zigarren oder 250 g Tabak oder eine anteilige Zusammenstellung dieser Waren.
- **Alkohol:** 1 l Spirituosen (über 22 Vol.-%) oder 2 l Spirituosen oder ähnliche Getränke (22 Vol.-% oder weniger) oder 2 l Schaumweine oder Likörweine oder eine anteilige Zusammenstellung dieser Waren und 2 l nicht schäumende Weine (man beachte auch die Regeln für das Handgepäck auf Flügen).
- **Andere Waren:** bis zu einem Wert von insgesamt 430 €, ausgenommen sind Goldlegierungen und Goldplattierungen in unbearbeitetem Zustand oder als Halbfabrikat.

Rückreisende Schweizer müssen folgende Freimengen beachten:

- **Tabakwaren:** 200 Zigaretten oder 50 Zigarren oder 250 g Pfeifentabak.
- **Alkohol:** 2 Liter bis 15 Vol.-% und 1 Liter über 15 Vol.-%
- **Nahrungsmittel:** 3,5 kg Fleisch, 1 l/kg Butter/Rahm, 5 l/kg Käse und andere Milchprodukte.
- **Anderes:** neue Waren für den Privatgebrauch bis zu einem Wert von 300 SFr.

Hund & Katze

Für die EU-Länder gilt, dass man eine **Tollwutschutzimpfung** und einen EU-Heimtierausweis (Pet Passport) vorweisen muss. Dieser gilt in EU-Staaten und im Nicht-EU-Land Schweiz und kostet 10 €. Darüber hinaus muss das Tier mit einem **Microchip** mit einer lesbaren Tätowierung gekennzeichnet sein.

Weitere Infos erteilt der Tierarzt.

Elektrizität

Wechselstrom 230 V wie in Deutschland. Die flachen Eurostecker passen überall, wer Geräte mit Erdung benutzen

Checkliste

- Flugticket/Fährpassage/Bahnkarte
- Mietwagenvertrag
- Hotelvoucher/Buchungsbestätigungen
- Pass/Personalausweis
- Impfpass (Blutgruppeneintragung etc.)
- Nationaler Führerschein
- Nationale Zulassung
- Grüne Versicherungskarte
- Auslandsschutzbrief
- Bargeld/Kreditkarte
- Brustbeutel/Geldgürtel/Bauchgurt
- persönliche Kleidung
- Badesachen (u.a. Badeschuhe)
- feste Kleidung (für Wanderungen)
- Kulturbeutel
- Sonnencreme (höchster Lichtschutzfaktor)
- Tagesrucksack
- Wasserflasche (für Wanderungen)
- Taschenlampe (für Stromausfälle)
- Taschenmesser (zum Obstschälen)
- Medikamente nach persönlichem Bedarf
- Nehmen Sie für Ihre Digitalkamera ausreichend Speicherkarten mit, die sind zu Hause billiger

will/muss, benötigt einen Adapter (erhältlich in Kaufhäusern und Ausrüstungsläden). In abgelegeneren Gebieten, aber auch in Touristenzentren kann es passieren, dass bei Unwettern oder wegen Überlastung an Ferragosto der Strom schon mal wegbleibt (für Stunden ist selten, aber auch möglich). Taschenlampen oder Kerzen sind dann sehr hilfreich.

Essen und Trinken

Gastronomie

Caffè/Bar

Der **klassische Treffpunkt** zu jeder Tages- und Nachtzeit. Die Jugendlichen haben ihre Orte, die Twens und die alten Männer, nur die verheirateten Frauen fallen aus dem Raster, sie wird man nur selten alleine in der Bar sehen, es sei denn kurz und in Begleitung.

Man kehrt ein **morgens** für den Espresso, **mittags** für ein Sandwich und ein Glas Wein an der Theke, **nachmittags** für einen Espresso mit Grappa oder ein Eis, nach der Arbeit, um diese bei einem Cocktail zu vergessen, und am **Abend,** um Freunde zu treffen, mit denen man gemeinsam zum Essen geht. Nach dem Essen noch ein Digestif – natürlich in der Bar. Sie ist aus dem italienischen und sizilianischen Leben nicht wegzudenken und für jeden erschwinglich. Keiner wird schräg angeschaut, wenn er nur ein Glas Mineralwasser schnell im Stehen an der Theke konsumiert. Wer sich setzt, für den wird es etwas teurer. Jede Bar hat zwei Preislisten, die höheren Preise sind für die Gäste an den Tischen.

Kaffee, Weine, Spirituosen, kleine Snacks (süß oder salzig), Sandwiches, Toasts – all das ist erhältlich. Offen sind Bars von 6 Uhr morgens bis nach Mitternacht, abhängig von der Klientel, die dort ihren Stammplatz hat.

Tavola Calda

In den kleinen Räumlichkeiten – nicht selten ohne Sitzmöglichkeit, manchmal als Anhängsel einer Bar – wird gerade eben gereicht, was satt macht: **auf die Schnelle,** ohne große kulinarische Ansprüche und Bequemlichkeit, mit günstigsten Preisen und oft durchgehend geöffnet.

Rosticceria

Dort wo die Rosticceria nicht nur Hühnchengrill ist, kann sie zum **Gourmettempelchen** mutieren. Kleine und fantasievolle gegrillte oder frittierte Köstlichkeiten munden dann im Stehen oder auf dem Barhocker und sind vergleichsweise billig. Dann ist die Rosticceria auch mittags offen, hat aber ihre Stoßzeit abends, wenn das familiäre Abendgericht in das Auto geladen wird.

Panineria

Große Auswahl belegter Brötchen an einer Theke, meist zum Mitnehmen **für den Hunger zwischendurch.** Manchmal wird warme Pizza vom Meter verkauft.

Pasticceria

Eis und Kuchen, Kuchen und Eis – als Erweiterung einer Bar prima für den Nachmittagskaffee geeignet. Die **Süßigkeiten** sind mannigfaltig und gehaltvoll. Bei den bekannten „Namen" stehen nach der Siesta lange Schlangen von Wartenden zur Versorgung der in fiebriger Erwartung zu Hause Gebliebenen.

Pizzeria

Jeder Italiener hat seine eigene Pizzeriaempfehlung, und nur dort wird sie so zubereitet, dass sie das familiäre Gütesiegel verdient.

Die reine Pizzeria hat im Essensangebot nicht viel mehr als Pizza, vielleicht noch Salate und eine kleine Auswahl an Vorspeisen und Desserts. Als Getränkebestellung wird meist ein Bier oder Wasser erwartet, Wein wird aber auch kredenzt. Wenn die Pizzeria geöffnet hat, ist immer der Pizzaofen angeworfen. Dies ist ein wichtiger Unterschied, denn es gibt viele Lokale, die sich zweifach benennen – *Ristorante/Pizzeria* oder *Trattoria/Pizzeria* – und entweder nur abends Pizza servieren oder nur freitags und samstags.

Das Essen in der reinen Pizzeria ist im Allgemeinen günstig, häufig sind Jugendliche und mittags Geschäftsleute die Gäste, geöffnet ist ab Mittag (12–13 Uhr) bis in den späten Nachmittag und abends (ab 19–20 Uhr), bis keine Gäste mehr kommen.

Spaghetteria

„Schwester" der Pizzeria, nur mit nämlichem Gericht. Viele Jugendliche, mittags Geschäftsleute und kein Ort zum gemütlichen Völlen und Verweilen.

▷ Gegen Abend wird es kühler, und „la cena" wird vorbereitet

Essen und Trinken

Cucina

In größeren Städten bei den Marktplätzen finden sich noch die **echten, gastronomischen Familienbetriebe.** Meist nur mittags geöffnet, bieten sie Bodenständiges für die Einheimischen. Günstige Preise und eine urige Stimmung sorgen für ein nicht nur kulinarisches, sondern auch kulturelles Erlebnis.

Osteria

Einfache Gastwirtschaft auf dem Lande oder in kleinen Orten mit meist einheimischen Gästen, bis die Lokalität dann „entdeckt" wird und die Besucherzahlen und Preise steigen. Gemeinhin günstiges Essen, wobei aber Wert darauf gelegt wird, dass der Gast es nicht bei einem Teller Pasta belässt. Die Öffnungszeiten

entsprechen denen der Restaurants, wobei auf dem Lande außer am Wochenende nicht immer mittags geöffnet ist.

Trattoria

Die **städtische Variante der Osteria** und die „günstige Schwester" des Ristorante. Die Trattoria ist überall zu finden. Wer hier weniger als zwei Gänge bestellt, bekommt es mit schlechtgelauntem Personal zu tun. Häufig ist die Trattoria ein Familienbetrieb in echtem Sinne: Die Mutter kocht, der Vater steht hinter der Bar oder an der Kasse, und die Kinder servieren. Garant für günstige Preise ist der Name *Trattoria* allerdings nicht. Es gibt nicht selten Wölfe im Schafspelz, die sehr hohe Preise verlangen. Normale Restaurant-Öffnungszeiten.

Ristorante

Das **„Flaggschiff" der Lokale,** was sich nicht unbedingt im Preis ausdrückt, aber immer öfter. Hier ist der Tisch gedeckt, über den Hauswein hinaus gibt es eine mehr oder weniger große Auswahl an geistigen Getränken, und die Speisekarte wird unterschiedlichsten lukullischen Bedürfnissen gerecht. Auf Sizilien gibt es *Ristoranti* aller Preisklassen bis hinauf zu Gourmettempeln mit einem Michelin-Stern.

Bestellung

An der Theke der Garküchen, in der Spaghetteria, der Pizzeria, im Stehimbiss bleibt es dem Kunden selbst überlassen, was und wie viel er zu sich nehmen will. In der Osteria, der Trattoria und dem Ristorante ist dies mitnichten so. Hier ist der Gast verpflichtet, eine bestimmte **Speisenfolge** einzuhalten. Das Minimum sind eine Vorspeise *antipasto* oder ein Nudelgericht *pasta als primo* und eine Hauptspeise *secondo*. Ausbaubar ist das beliebig: nach dem *aperitivo* den *antipasto,* danach den *primo* (eine *pasta,* vielleicht auch *Muscheln alla marinara* und dann das Hauptgericht, Fisch *pesce* oder Fleisch *carne* mit Beilagen *contorni,* die extra bestellt werden müssen, sonst geht der Kellner davon aus, dass man nur Brot dazu essen will. Wer's dann noch schafft – nach dem Käsegang *formaggio* –, die Nachspeise, Eis *gelato* oder Süßigkeiten *dolce* und abschließend den „Aufräumer" *digestivo* mit einem Caffè. Dazu die entsprechenden Weine, vom Weiß- über den Rot- bis zum bekanntesten Dessertwein Siziliens, dem *Marsala*.

Kosten

Nach Abschluss des Essens geht es ans Zahlen („il conto per favore"). Zu dem auf der Speisekarte ausgewiesenen Preis

> Im Meer vor Sizilien werden die Fischer noch immer fündig

werden nun vom *padrone* (oder dessen Frau) *servizio* (Bedienungsgeld, meist 10 %) und das berühmte *coperto,* der Gedeckzuschlag pro Kopf, hinzugerechnet, das sich je nach Lokalklasse zwischen 0,50 und 2,50 € bewegen kann (vereinzelt sogar bis 5 €). Nun muss man nur noch zahlen und darf das **Trinkgeld** nicht vergessen, das dem Kellner aber nicht schulterklopfend mit tiefem, Dankbarkeit einforderndem Blick in die Augen überreicht werden darf, sondern einfach auf dem Tisch hinterlassen wird (etwa 5–10 %). Das Lokal ist gesetzlich verpflichtet, jedem Gast eine **Rechnung** auszustellen, und der Gast ist gesetzlich verpflichtet, diese Rechnung bei Verlassen des Lokals mit sich zu tragen. Es kommt vor, dass die Steuerpolizei die Rechnung auf der Straße nachprüft.

Mit 5–10 € wird man in einer Garküche (kleine Vorspeise, Hauptgericht) satt, mit 10–15 € in einer Pizzeria oder Spaghetteria (Vorspeise, Pizza oder Pasta, Nachspeise). In der Osteria, der Trattoria oder dem Ristorante variieren die Preise für ein dreigängiges Menü zwischen 15 und weit über 50 €, jeweils ohne Getränke. Praktisch alle Lokale besitzen eine von außen sichtbare Speisekarte mit Preisangaben. Viele Lokale bieten auch ein **„menu turistico"** zu günstigen Konditionen an, teils sogar inklusive Getränken, Bedienungsgeld und *coperto*.

Preiskategorien im Buch

Die im Reiseteil bei den Esslokalen angegebenen **Preiskategorien** (siehe Umschlagklappe vorn) beziehen sich auf ein zwei- bis dreigängiges Menü ohne Getränke: Antipasto und/oder Primo und Secondo.

Küche

Über Jahrzehnte hatte Italiens Norden mit missionarischem Eifer versucht, die sizilianische Küche auf ein Niveau zu bringen, das ein Mailänder als national bezeichnen würde – Spezialitäten blieben auf der Strecke. Heute nun hat eine starke Rückbesinnung stattgefunden, der Gast findet immer und überall sizilianische Gerichte, von der Hausmannskost bis zu elaborierten Kochkunstwerken in den Edelrestaurants.

Eine einfache, wohlmundende Vorspeise ist Brot mit Hartwurst und Käse, dazu Oliven und getrocknete und eingelegte Tomaten oder auch Auberginen. In vielen Agriturismo-Betrieben (vgl. im Abschnitt „Unterkunft") ist heute das Standard-Entrée. Als zweiter Gang folgt ein Nudelgericht, drei der typischsten sind *pasta con le sarde, pasta alla norma* und *spaghetti al nero di seppia*. Als Hauptgericht kommt Schwertfisch nach der Art von Messina *(pesce spada alla messinese)* oder *spiedini alla palmeritana* (kleine Rindfleischrouladen). Für das Dessert lohnt sich eine *cassata siciliana* oder ein *granita*.

Vielfältig sind die **Familienrezepte** der sizilianischen Mütter, die meisten wird der Reisende niemals erfahren, sie werden von Generation zu Generation weitergegeben und finden sich nicht in den Kochbüchern. Wem es gelingt, Kontakte zu den Sizilianern zu knüpfen und privat eingeladen zu werden, dem steht eine besondere kulinarische Reise bevor.

▷ Süßigkeiten auf dem Markt von Petralia Sottana in der Madonie

Wer **Süßigkeiten** liebt, kommt voll auf seine Kosten. Die Mandel ist eine der Grundingredienzen, sodass viele der Häppchen und Kuchen einen Marzipangeschmack haben. In der Provinz Ragusa, speziell in Mòdica, gibt es noch einen kleinen Produzenten, der als weitere traditionelle Zutat Rinderblut verwendet. „Probieren geht über Studieren" – auch dieses Backwerk schmeckt köstlich.

Getränke

Nach dem Zweiten Weltkrieg wurde Italien langsam, aber sicher auch zum „Bierland". **Bier** ist überall erhältlich (was in den 1950er und -60er Jahren nicht selbstverständlich war), und die internationalen Marken sind in Blechbüchsen vertreten – die Einhaltung des Deutschen Reinheitsgebot von 1516 kann man allerdings nicht voraussetzen.

Als großer Durstlöscher gilt das **Mineralwasser**, das in unzähligen Marken verkauft wird, mit oder ohne Kohlensäure *(con gas/frizzante bzw. naturale)*.

Nationalgetränk ist und bleibt aber der **Wein**, weiß *(bianco)*, rosé *(rosato)* und rot *(rosso)*. Italien hat ein System der Herkunftsgarantie, das dem der Franzosen ähnelt, das Zeichen „DOC" stellt sicher, dass der Wein aus einer bestimmten Gegend kommt, die nur eine begrenzte Anzahl Flaschen unter diesem Zeichen verkaufen darf (um Panschereien und auch eine Auslaugung des Bodens zu vermeiden). DOC bedeutet „Denominazione di Origine Controllata", Herkunft und Qualität sind kontrolliert. In der Steigerungsform der DOC-Weine (immerhin 22 Gebiete) gibt es noch die höchste Auszeichnung, den

DOCG, wobei das „G" für „e garantita" steht (auf Sizilien findet sich nur ein solch geehrtes Anbaugebiet – Vittoria). Das heißt nun aber nicht, dass Weine im Supermarktregal ohne diese Zeichen oder gar offene Weine auf dem Land notwendigerweise schlecht sind. Gerade auf den Bauernhöfen, für den Eigenbedarf oder für Freunde gekeltert, finden sich köstliche Tropfen.

Der **Weißwein** wird in mehreren kontrollierten Gebieten angebaut, darunter „Bianco d'Àlcamo" und „Etna Bianco". Er besitzt einen Alkoholgehalt von 11,5 bis 12 Grad, ist blassgelb und trocken. Hervorragend schmeckt er zu allen Nudel-

gerichten, zu *risotto* und natürlich zu Fisch. Gleiche Stärke haben die Rosé-Weine, ihre Farbe variiert von blassem Rosa über Altrosa zu hellem Kirschton. Fleisch und Geflügel, auch grillter Fisch passen gut. Das Anbaugebiet ist der Ätna („Etna rosato"). Die **Rotweine** (darunter die DOC-Gebiete, „Faro", „Etna rosso" und „Cerasuolo di Vittoria") haben 12,5 bis 13 Grad, ihre Farbe geht von Rubin bis Granat. Abends zu scharf Gebratenem oder auch zu sizilianischer Wurst und Käse ist er ein Genuss. Als Traubenart hat die sizilianische „Nero d'Àvola" in den letzten Jahren ihren Siegeszug um die Welt angetreten.

Eines der bekanntesten Weingüter ist „Corvo", dessen Flaschen inzwischen in jedem Supermarktregal zu finden sind. Mit einem Griff danach macht man nichts falsch. In den Restaurants und Landgasthöfen fragen Sie aber ruhig nach der Empfehlung des Wirts und nach regionalen Tafelweinen. Man stößt dabei auf Köstlichkeiten, wie den Weißwein der kleinen Kellerei „Donnafugata" in der Provinz Ragusa.

Sizilien ist aber auch für seine **Dessertweine** berühmt, bekanntester ist natürlich der *Marsala*. International weniger gefragt, vielleicht aber deswegen auch besser sind „Moscato di Noto", „Moscato di Siracusa", „Moscato di Pantelleria" und der „Malvasia delle Lìpari" (mit 16 Grad, als Likör mit 21 Grad). Als Aperitif wird gerne ein Bitter genommen („Averna" aus Caltanissetta oder „Il Padrone" aus Corleone), als Digestif ein Grappa oder ein Limonenlikör („Limoncello") – selbst bereitet und eisgekühlt nach der Hitze des Tages und dem genussvollen Schlemmen weckt er wieder den Unternehmungsgeist.

Im Supermarkt kostet eine Flasche guten DOC-Weines rd. 5 €, im Restaurant zwischen 10 und 15 €. Offener Landwein wird mit 2,50–5 € pro Karaffe berechnet.

Wer an **Weinproben** interessiert ist, kann richtiggehende enologische Routen zusammenstellen, die sich von Weingut zu Weingut hangeln.

Gemütliche Trattoria in Cefalù

Ein sizilianisches Menü

(für vier Personen)

Pasta con le Sarde

Gebirgsfenchel (500 g) wird geputzt und in Salzwasser gekocht; eine große Zwiebel wird sehr fein geschnitten und in Olivenöl gedünstet, bis sie braun ist. Hinzugefügt und bis zur Auflösung untergerührt werden die Filets zweier in Salz eingelegter Sardinen. 300 g Rosinen werden ebenfalls bis zur Auflösung untergerührt. 30 g in lauwarmem Wasser geweichte Pinienkerne kommen zum Schluss hinzu; noch eine Minute köcheln lassen. Nun werden 800 g frische Sardinen gewaschen, geputzt, getrocknet und in der Pfanne goldbraun gebraten. Ein Glas Weißwein hinzufügen und verdampfen lassen. Schließlich kommt der Fenchel hinzu mitsamt ein wenig des Salzwassers, in dem er gekocht wurde. Mit Salz und Pfeffer abschmecken. In der Zwischenzeit 400 g Nudeln (bevorzugt „Bucatini") al dente kochen und mit der Sauce mischen. Abschließend etwas Safran in Salzwasser lösen und dazugeben. Fertig ist das „Primo".

Spiedini alla palmeritana

300 g Rindfleisch in viereckige Scheiben mit 4 cm Kantenlänge schneiden und die Vierecke mit 50 g Rindermark bestreichen. 200 g Brotkrumen mit zwei Esslöffeln Olivenöl goldbraun braten und 50 g in Stückchen geschnittene neapolitanische Salami, je ein Esslöffel Rosinen und Pinienkerne hinzufügen und mit Salz und Pfeffer abschmecken. Die Füllung schließlich auf dem Fleisch verteilen, Rollen formen und diese zu je vier Stück auf Spiesse stecken (zwischen jede Roulade kommt ein Stückchen Zwiebel und ein Lorbeerblatt). Mit Olivenöl bestreichen und ausbacken oder grillen. Dazu Salat und frisches Weißbrot.

Granita di Limone

Einen halben Liter Wasser mit 300 g Zucker und der Schale von zwei Zitronen in einem Topf erhitzen, ohne dass es kocht, bis der Zucker gelöst ist. Abkühlen lassen. Den Saft von fünf Zitronen hinzufügen und durch ein Tuch filtern. In die Tiefkühltruhe stellen. Häufig nachschauen und jedesmal, wenn die Mischung zu gefrieren beginnt, umrühren, sodass die Masse gut durchmischt wird. Am Schluss erhält man eine „schneeige" Granita.

Auf Sizilien sind viele **Kochbücher** zu erwerben, die sich der heimischen Küche angenommen haben. Auch auf Deutsch sind mehrere empfehlenswerte Bücher zum Nachkochen erhältlich, z.B.:

- *Peter Peter:* **„Cucina Siciliana",** Hugendubel
- *Chris Meier:* **„Kulinarische Reiseskizzen – Sizilien",** Hädecke
- *Clarissa Heyman/Peter Cassidy:* **„Sizilien – cucina e passione",** Droemer Knaur

Einkaufen

Supermärkte

Sie sind **an den Ausfallstraßen der Städte** zu finden und liegen preislich am günstigsten, soweit es Grundnahrungsmittel und Dinge des täglichen Gebrauchs betrifft (Obst und Gemüse sind im Straßenverkauf direkt vom Lastwagen weitaus frischer und billiger). Vormittags öffnen die Supermärkte von 8 bis 13 Uhr, nachmittags noch einmal kurz zwischen 17 und 19 Uhr, außer samstags und am Mittwoch, manche haben auch sonntags geöffnet.

Alimentari/Lebensmittel

Kleine, familiäre Supermärkte, etwas teurer, mit ausgewähltem Sortiment, sodass man meistens alles findet. Bei guten Läden ist auch das Obst und Gemüse frisch. Kein Fleisch und Fisch, wohl aber Wurst und Käse.

Märkte

Große Städte haben **ständige Märkte,** teilweise sogar am Sonntag. Verkauft werden Dinge des täglichen Bedarfs und Lebensmittel. Gegen Mittag lichten sich die Reihen, und nach und nach werden die Stände abgebaut. Das komplette Angebot gibt es immer nur am Vormittag. Kleinere Städte und Dörfer haben **Wochenmärkte.** Sie werden von Wanderständen mit festem Turnus versorgt.

Wer **Fisch** will, muss entweder ganz früh am Hafen sein und direkt vom Boot herunter kaufen oder etwas später in der Fischhalle neben dem Hafen. Wer verschlafen hat, muss auf den Markt gehen und dort seine Einkaufstüte füllen – aber auch hier gilt, das Angebot nimmt stark ab, je später man kommt.

Straßenstände

Im Stadtbild tauchen immer wieder kleine, fahrbare Stände auf, die keinem Markt zugehören. Sie verkaufen Obst, Gemüse, Plastikwaren, Musikträger und vieles mehr. Auch in den Dörfern sind sie eine feste Einrichtung, die sich beim Herannahen mit akustischen Zeichen (Hupen oder Klingeln) ankündigt. Die Hausfrauen kommen herbeigelaufen und kaufen Gemüse oder auch Brot zu sehr günstigen Preisen.

◁ Eine der süßen Verführungen Siziliens

Panificio/Bäckerei

Brot und manchmal auch Pizza vom Blech, Schwarzbrot ist eher unbekannt. Es gibt Weißbrot in verschiedenen Formen und Teigarten und morgens süße Stücke wie Krapfen oder Hörnchen.

Macelleria/Metzgerei

Hauptprodukt ist Fleisch (nicht Wurst). Das Angebot ist entsprechend den kulinarischen Vorlieben mehr oder weniger fett, doch sehr vielfältig; entsprechend ist die Thekenauslage.

Latteria/Milchgeschäft

Es ist langsam im Verschwinden begriffen, da zum Schäumen für den Cappuccino die H-Milch aus dem Supermarkt benötigt wird.

Feiertage und Feste

Gesetzliche Feiertage

- **1. Januar** Neujahr *capodanno*
- **Ostermontag**
- **25. April** Befreiungstag *la Resistenza*
- **1. Mai** Tag der Arbeit *festa del lavoro*
- **15. August** Mariä Himmelfahrt *ferragosto*
- **1. November** Allerheiligen *ognissanti*
- **8. Dezember** Mariä Empfängnis *festa dell'immacolata*

- **25. Dezember** Weihnachten *natale*
- **26. Dezember** Tag des *hl. Stefano*

Feste

Während der Karwoche finden Feierlichkeiten statt, die das öffentliche Leben lahmlegen können. Am 1. November haben die Geschäfte geöffnet. Neben den genannten inselweiten Feiertagen hat praktisch jede Stadt und jedes Dorf den Tag seines **Ortsheiligen,** der festlich mit Prozessionen begangen wird. Meist sind die Geschäfte geschlossen. Hinweise dazu werden in den Ortsbeschreibungen gegeben. Besonders hervorzuheben sind:

- **1. bis 2. Sonntag des Februar, Agrigento,** *La Sagra del Mandorlo* in Fiore (Mandelblütenfest), internationales Folklorefestival mit historischem Umzug und Konzerten einheimischer und ausländischer Musikkapellen.
- **3. bis 5. Februar, Catania,** Fest zu Ehren der Stadtheiligen *Sant'Agata.*
- **25. April, Ragusa,** Fest zu Ehren des *heiligen Georg.*
- **3. Sonntag im Mai, Noto,** *Saluta alla Primavera,* Frühlingsblumenfest.
- **Letzter Sonntag im Mai, Casteltermini,** *Tataratá,* Fest zur Erinnerung an die Kämpfe zwischen Normannen und Arabern mit Reiterspielen.
- **15. Juli, Palermo,** *Festino di Santa Rosalia,* Feierlichkeiten zu Ehren der Stadtheiligen *Rosalia,* die Palermo von der Pest befreite. Prozession in Kostümen und mit Musik.
- **14./15. August, Piazza Armerina,** Fest *Palio dei Normani,* Reiterspiele in historischer Tracht, die die Vertreibung der Araber und den Einzug des Herzogs *Roger* in die Stadt nachstellen.
- **14. und 15. August, Messina,** *Sfilata di Giganti* am 13./14., Umzüge mit Statuen der Riesen *Mata* und *Grifone,* und am 15. August die Vara-Prozession.
- **Feste der Karwoche** in **Caltanissetta** (Umzüge), **San Cataldo** (Darstellung der Karwoche) und **Trapani** (Prozession der Mysterien).
- **Karneval** in **Acireale, Sciacca** und in **Termini Imerese.**
- Das **Silvester-Feuerwerk** gilt in **Taormina** als gelungene Attraktion.

Eine besondere Spezialität auf Sizilien sind die unzähligen **gastronomischen Festivals:**

■ **Januar:** Altofonte (Olivenöl), Francofonte (Orangen), San Àngelo Muxaro (Ricotta), Sant'Elisabetta (Ricotta)
■ **Februar:** Chiaramonte Gulfi (Wurst), Còmiso (Süßwaren), Monterosso Almo (Ricotta), Naro (Mandeln), Palazzolo Acrèide (Wurst), Piana degli Albanesi (Süßwaren)
■ **März:** Gela (Wein), Vicari (Mandeln)
■ **April:** Buscemi (Ricotta), Cerda (Artischoken), Forza d'Agro (Lorbeer), Niscemi (Artischocken), Sciara (Artischocken), Torregrotta (Kartoffeln)
■ **Mai:** Blufi (Mandeln), Chiusa Sclafani (Kirschen), Corleone (Ricotta), Giarre (Kirschen), Santa Lucia del Mela (Ricotta), S. Stefano di Quisquina (Käse), Scicli (Tomaten), Trabia (Mispel)
■ **Juni:** Isnello (Saubohne), Marsala (Schwertfisch), Mussomeli (Ricotta), San Mauro Castelverde (Hartkäse), Scillato (Aprikosen), Terrasini (Fisch), Trabia (Blaufisch), Trappeto (Blaufisch)
■ **Juli:** Balestrate (Weintrauben), Capo d'Orlando (Fisch), Collesano (Käse), Licodia Eubea (Fisch), Mazara del Valo (Fisch), Termini Imerese (Blaufisch)
■ **August:** Basico (Käse), Buscemi (Pizza), Cefalù (Blaufisch), Èrice (Weintrauben), Floridia (Brot), Gangi (Ährenfest), Giarratana (Zwiebeln), Isola delle Femmine (Fisch), Lascari (Zitronen), Licata (Fisch), Mascali (Meeresfest), Moio Alcantara (Pfirsich), Noto (Speiseeis), Polizzi Generosa (Haselnuss), Porto Palo (Fisch), Pozzallo (Fisch), Ravansa (Weintrauben), Roccamena (Melonen), Salaparuta (Melonen), Sambuca di Sicilia (Weizen), Santo Stefano di Camastra (Blaufisch), Tortorici (Haselnuss), Tusa (Sardellen), Ucria (Brot) sowie Villalba (Tomaten)
■ **September:** Acireale (Weintrauben), Bivona (Pfirsich), Calascibetta (Wurst), Canicattì (Weintrauben), Casteldaccia (Ölfest), Còmiso (Senf), Grammichele (Wurst), Marineo (Wurst), Montelepre (Fladenbrot), Nicosia (Ricotta), Partinico (Weintrauben), San Vito (Couscous), Vallelunga Pratameno (Trauben und Wein), Villafrati (Wurst)
■ **Oktober:** Altavilla (Oliven), Itala (Brot), Bronte (Pistazien), Leonforte (Pfirsich), Misilmeri (Dattelpflaume), Petralia Sottana (Kastanien), San Giuseppe Jato (Weintrauben), Sant' Agata li Battiati (Trauben und Wein), Ucria (Kastanien)
■ **November:** Chiaramonte Gulfi (Oliven), Mangiuffi Melia (Wurst)
■ **Dezember** (der „Käse-Monat"): Bolognetta (Wurst), Campofiorito (Käse), Capaci (Ricotta), Castellana (Käse), Giardinello (Käse), Montelepre (Käse)

◁ Jedes Dorf hat seine Combo

Finanzen

Währung

Die italienische **Lira** wurde 2002 mit der Einführung des **Euro** abgelöst. Die Rückseiten der italienischen Centmünzen zeigen das Castel del Monte bei Andria (1 Cent), den Aussichtsturm *Mole Antonelliana* in Turin (2 Cent), das Colosseum in Rom (5 Cent), den Kopf der *Venus* von *Alessandro Filipepi* (10 Cent), eine Bronzeskulptur von *Umberto Boccioni* (20 Cent) sowie das Reiterstandbild des *Marcus Aurelius* auf der Piazza del Campidoglio in Rom (50 Cent). Auf den Euromünzen sind die Proportionsstudie des menschlichen Körpers von *Leonardo Da Vinci* (1 Euro) und mit *Dante Alighieri* Italiens bedeutendster Dichter (2 Euro) zu sehen. Ausgesprochen wird der Euro in Italien als „E-uro".

Zahlungsmittel

Die preiswerteste Art der Geldbeschaffung ist meistens die Barabhebung mit der **Maestro-(EC-)Karte,** die fast überall – auch in kleineren Orten – möglich ist. Je nach Hausbank wird dafür pro Abhebung eine **Gebühr** unterschiedlicher Höhe eingezogen. Innerhalb der EU-Länder sollte die Abhebung nach der EU-Preisverordnung nicht mehr kosten als im Inland, aber je nach ausgebender Bank können das bis zu 5,5 % der Abhebungssumme sein (am Schalter in der Regel teurer als am Geldautomaten).

Kreditkarten sind in Sizilien auch außerhalb der Touristenzentren durchaus übliches Zahlungsmittel (das Zeichen „CARTA SI" weist auf die Akzeptanz auch der *MasterCard* hin).

Öffnungszeiten der Banken sind Mo bis Fr von 8.30 bis 13.30 Uhr und teilweise auch nachmittags eine Stunde von 15 bis 16 Uhr (die Zeiten variieren von Region zu Region und von Bank zu Bank um bis zu einer Viertelstunde).

Eine nur noch selten verwendete Alternative zu Kredit- und Maestro-(EC-)Karte ist der **Reisescheck.** Er wird am Heimatort eingekauft und im Urlaubsort nach und nach, je nach Stückelung, eingelöst (bei Banken, auch Hotels). Neben den Schecks erhält man eine Liste, in die tunlichst jeder Wechsel eingetragen werden sollte und die nicht bei den Schecks aufbewahrt werden darf. Bei Scheckverlust verlangt die ausstellende Bank, dass diese Liste vorgelegt wird, und nur wer anhand dieser nachweisen kann, welche Schecks er wann eingelöst hat, erhält den abhanden gekommenen Betrag ersetzt.

Reisebudget

Die im Buch angegebenen Bandbreiten der **Preise für Übernachtungen** geben die Tarife der Vor- und der Hochsaison an. Alle Angaben können nur Richtlinie sein. Eigentlich gilt, dass während der Monate Juli und August die Preise explodieren, in den Pensionen und Hotels Halb- oder Vollpension zur Pflicht wird und Mindestaufenthalte gefordert sind. Doch die Krise in Italien hat seit zwei Jahren zu einem Rückgang insbesondere der italienischen Touristen geführt, so dass die saisonalen Preiserhöhungen im Allgemeinen moderat ausfallen. Hier einige Rechenbeispiele:

Niedrigstes Budget

Verkehrsmittel der Wahl sind der Daumen, der Zug und der Bus. Übernachtet wird auf Zeltplätzen, gegessen in günstigen Pizzerias, an Straßenständen oder neben dem eigenen Kocher. Souvenirs beschränken sich auf eigenhändig gesammelte Muscheln und Briefbeschwerer aus Vulkanschlacke. Man sollte ohne Anreise mit 30 € pro Tag auskommen (allerdings nicht in den Monaten Juli/August).

Knappes Budget

Zug und Bus sind selbstverständlich, ein voll besetztes Auto, die Benzinkosten auf vier Personen verteilt, ist die Alternative. Neben dem Campingplatz findet sich ab und an eine kleine Pension oder ein Privatzimmer, und gegessen wird häufiger in Lokalen als am Lagerplatz. Exkursionen zu tributpflichtigen Sehenswürdigkeiten sind im Budget enthalten. Ohne Anreise verbraucht man dann etwa 50 € pro Tag.

Mittleres Budget

Eigenes Auto oder ein Mietwagen, den man sich zu zweit oder dritt teilt, Pensionen und Hotels mit einem, zwei, vielleicht auch einmal drei Sternen, gutes und tägliches Essengehen, Ausflüge und keine große Zurückhaltung beim Shopping addieren sich ohne Anreise auf knapp 100 € pro Tag.

Hohes Budget

No Limit. Luxushotels für 200 € die Nacht, Leihwagen, Theaterbesuche, Speisungen in den teuersten der besten Lokale (deren es viele gibt), Großorder in den feinen Einkaufsstraßen, individuell geführte Exkursionen usw. Aber auch mit 150 € pro Tag und Nase lässt sich schon auf großem Fuß leben (die Anreise spielt da ja keine große Rolle mehr).

Gesundheit

Wie immer auf Reisen sollte man einige **Grundregeln** prinzipiell einhalten. Man sollte bei Obst und Gemüse stets darauf achten, wo es herkommt, im Zweifelsfall schälen. Im Sommer brennt die **Sonne** gnadenlos Löcher in die Haut. Wer darauf Wert legt, in einigen Jahren keine karzinogene Hautveränderungen zu haben, sollte sich entsprechend verhalten – Hautschutz mit hohem Lichtschutzfaktor, langsame Gewöhnung der Haut an die Sonne, Vermeiden der heißesten Tageszeit (so wie es jeder Italiener auch macht und zu dieser Zeit Siesta hält).

Wechselkurs für Schweizer (Stand: März 2015)

- 1 Euro = 1,06 Schweizer Franken
- 1 Schweizer Franken = 0,93 Euro

Sonnenstich und Hitzschlag wird vorgebeugt, indem man genügend Flüssigkeit zu sich nimmt, eine Kopfbedeckung trägt, Schatten ausnutzt und im Hochsommer Spaziergänge in die Morgen- und Abendstunden legt.

In vielen Orten auf dem Land (besonders auf den Nebeninseln) wird das **Wasser** in Hauszisternen gesammelt, um wasserknappen Zeiten entgegenzuwirken. Sind die Zisternen gepflegt, bestehen keinerlei gesundheitliche Bedenken: Das Wasser bleibt ohne Probleme mehrere Monate lang frisch und ist direkt und ohne Entkeimung trinkbar. Meist weiß man aber nicht, ob die Zisterne tatsächlich regelmäßig gesäubert wird und welches Wasser man verwendet. Deshalb sollten Menschen mit empfindlicherem Darmtrakt als Trink- und Zahnputzwasser Mineralwasser aus der Flasche verwenden.

Wer trotz aller Vorsichtsmaßnahmen doch einmal **erkrankt,** findet in fast allen Touristenorten **Erste-Hilfe-Einrichtungen,** die den Gästen zur Seite stehen. Darüber hinausgehende Behandlungen im akuten Krankheitsfall (wenn die medizinische Versorgung nicht bis nach der Rückkehr warten kann) werden von den gesetzlichen Kassen Deutschlands und Österreichs übernommen. Als Anspruchsnachweis benötigt man die **Europäische Krankenversicherungskarte,** die man von seiner Krankenkasse erhält.

Obwohl im Krankheitsfall ein Anspruch auf ambulante oder stationäre Behandlung bei jedem zugelassenen Arzt und in staatlichen Krankenhäusern besteht, kann man auch gebeten werden, zunächst die **Kosten der Behandlung selbst zu tragen.** Bestimmte Beträge werden von der Krankenkasse hinterher rückerstattet. Dennoch kann ein Teil der finanziellen Belastung beim Patienten bleiben, also zu Kosten in kaum vorhersagbarem Umfang führen. Aus diesem Grund wird zusätzlich der Abschluss einer **privaten Auslandskrankenversicherung** dringend empfohlen. Diese sollte eine zuverlässige Reiserückholversicherung enthalten, denn der Krankenrücktransport wird von den gesetzlichen Krankenkassen nicht übernommen.

Schweizer sollten bei ihrer Krankenversicherungsgesellschaft nachfragen, ob die Auslandsdeckung auch für Italien inbegriffen ist. Sofern man keine Auslandsdeckung hat, kann man sich kostenlos bei *Soliswiss* (Gutenbergstr. 6, 3011 Bern, Tel. 03 13 81 04 94, www.soliswiss.ch) über mögliche Krankenversicherer informieren.

Zur Erstattung der Kosten benötigt man ausführliche **Quittungen** (mit Datum, Namen, Bericht über Art und Umfang der Behandlung, Kosten der Behandlung und Medikamente).

Der Abschluss einer **Jahresversicherung** ist in der Regel kostengünstiger als mehrere Einzelversicherungen. Günstiger ist auch die **Versicherung als Familie** statt als Einzelpersonen. Hier sollte man nur die Definition von „Familie" genau prüfen.

Bei **leichten Erkrankungen** besteht auch noch die Möglichkeit, in der Apotheke fachkundigen Rat einzuholen und entsprechende Medikamente zu erwerben (die Rezeptpflicht ist in Italien nicht so restriktiv wie in Mitteleuropa).

▷ „Sind mal eben runter zum Strand"

Informationen

Vor der Reise

Staatliches italienisches Fremdenverkehrsamt ENIT

Die ENIT hat in ihren Auslandsbüros leider nur sehr wenig Informationsmaterial über Sizilien. Verwunderlich, da auf Sizilien der Nachfragende mit Tourismusunterlagen meist buchstäblich zugeschüttet wird.

■ **60325 Frankfurt/Main**
Barckhausstr. 10, Tel. 069 237434, frankfurt@enit.it
■ **1060 Wien**
Mariahilfer Straße 1b/Mezzanin/Top XVIKärtner, Tel. 015 05 16 39, vienna@enit.it
■ **Prospektbestellung** und **allgemeine Informationen** unter www.enit-italia.de (dort auch Download möglich)

Allgemeine Websites zu Italien und Sizilien sind:
■ **www.enit.de, www.enit.at,** italienisches Fremdenverkehrsamt
■ **www.regione.sicilia.it/turismo,** englischsprachige Seite
■ **www.museionline.it,** Infos über Museen
■ **www.agriturismosicilia.it,** Übernachtungsmöglichkeiten auf dem Land
■ **www.bbitalia.it,** Bed-&-Breakfast-Adressen
■ **www.parks.it/regione.sicilia,** über Parks und Schutzgebiete
■ **www.thinksicily.com,** exklusive Villen auf Sizilien
■ **www.incompiutosiciliano.org,** die Mafia im Baugeschäft – moderne Ruinen

Kartenmaterial

Für Autofahrer ausreichend ist die sehr genaue Straßenkarte „**Sizilien**" des world mapping project im Maßstab 1:200.000, erschienen im R*EISE* K*NOW*-H*OW* Verlag. Die Karte bietet eine gute

Orientierung durch die moderne Kartengrafik mit Höhenlinien, Höhenangaben und farbigen Höhenschichten, durch das einheitlich klassifizierte Straßennetz mit Entfernungsangaben, durch einen ausführlichen Ortsindex, der das schnelle Finden des Zieles ermöglicht sowie durch die Darstellung wichtiger Sehenswürdigkeiten, Orientierungspunkte und Badestrände mit einprägsamen Symbolen.

Für die Anfahrt aus Mitteleuropa zu den **Fährhäfen** in Norditalien bzw. nach Sizilien bieten die Automobilclubs ihren Mitgliedern die bekannten Toursets an mit Kartenmaterial, kleinen Führern der Landschaften, die man streift, Kostentabellen und Hotellisten.

Für Wanderer wird es schwieriger. Wanderkarten, wie bei uns bekannt, gibt es, bis auf wenige Gebiete, nicht. Wohl aber sind **Militärkarten** vom IGM *(Istituto geografico militare)* im Maßstab 1:50.000, gar 1:25.000 erhältlich, diese sind aber nicht selten zwischen dreißig und fünfzig Jahre alt (weil sie wohl erst nach diesem Zeitraum deklassifiziert und für den Handel freigegeben wurden). Nach diesen Karten zu wandern, ist hartes Brot. Steige existieren nicht mehr, Straßen sind neu, und wo man die Einsamkeit genießen wollte, stehen Dörfer. Sie sind auf Sizilien zu bestellen bei:

■ **Mondadori**
Via Ruggero Settimo 16, Palermo, www.inmondadori.it.
■ **Cavallotto**
Corso Sicilia 91, Catania, www.cavallotto.it.

Für Spaziergänge und **Wanderungen rund um den Ätna** wird vom *Touring Club Italien* eine Karte im Maßstab 1:50.000 mit einem kleinen Führer verlegt (in Buchhandlungen um 10 €), und die **Liparischen Inseln** sind im Maßstab 1:25.000 auf einer Kompass-Wanderkarte zu finden (Nr. 693). Die Tourismusbehörde der **Provinz Palermo** hat begonnen, zu ausgewählten Gebieten Wanderkarten zu erstellen. Je nach Verfügbarkeit werden diese über die Tourismusbüros gratis verteilt.

Informationen auf Sizilien

Im Reiseteil sind die wichtigsten Informationsbüros aufgeführt. Dort sollten

dann Stadtpläne, kleine Führer mit Vorschlägen für Rundgänge/Rundfahrten, Abfahrtszeiten von Bussen und Eisenbahnen etc. und allgemein gehaltene Prospekte mit vielen bunten Bildchen erhältlich sein (man sollte generell nach dem Publikationsdatum fragen – allzu häufig erhält man Material, in dem noch Lire-Preise angegeben sind). Die von der Region Sizilien geführten Touristenbüros liegen in den jeweiligen Verwaltungszentren der Provinzen und besitzen teilweise weitere Unterbüros an touristisch wichtigen Orten. Parallel zu dieser Infrastruktur gibt es auch Touristenbüros der Kommunen und Städte und weitere Büros von Zusammenschlüssen an Tourismus interessierter Firmen („Pro Loco").

Öffnungszeiten sind Mo bis Do 8/9–13/14 Uhr und 15/16–19/20 Uhr, Fr 8/9–13/14 Uhr, je nach Saison, Ort und Behörde unterschiedlich und häufig wechselnd. In den Touristenhochburgen sind die Informationsstellen teilweise auch

Am frühen Morgen auf der Suche nach Meeresfrüchten im Hafen von Trapani

Sa und So am Vormittag offen – nicht aber in Èrice und Trapani. Dort werden die Büros sogar zwischen November und März komplett geschlossen. Bei den praktischen Informationen zu den Städten und Orten finden sich die jeweiligen Informationsbüros mit Straßenadresse und Telefonnummer, in den Stadtplänen sind sie verzeichnet.

In vielen Hotels liegt Informationsmaterial über die jeweilige Stadt bzw. Region auf. Auch das Personal hilft gerne weiter und ist durchaus in der Lage, sich in Fremdsprachen zu verständigen.

In zahlreichen Städten sind **Hinweisschilder** für den Fußgänger oder auch Autofahrer angebracht, die auf besondere Bauwerke und Sehenswürdigkeiten und auch auf richtige Rundtouren aufmerksam machen und den Besucher durch die Orte leiten.

Notfall

Es gibt zwei hauptsächliche Notrufnummern: **Polizei (112)** und **Unfallrettung/Notarzt (118)**. Zusätzlich zu diesen Nummern wurde eine **landesweite Notrufzentrale** eingerichtet, die vom Mobiltelefon aus unter **Tel. 112** erreichbar ist. Hier muss man rasch sagen, was Sache ist (ob das Herz nicht mehr will, ob es brennt oder ob jemand einem an die Börse fasst), Weiteres wird veranlasst.

Polizei

Notrufnummer im Gefahrenfall ist landesweit die **112** (sie führt zu den *Carabinieri,* die auch in den kleinsten Orten vertreten sind). Weiter gibt es die *Polizia Stradale* (für Verkehrsüberwachung zuständig), die *Guardia di Finanza* (Steuerpolizei, die wegen ihrer weitreichenden Vollmachten in Italien gefürchtet ist) und in vielen Ort die **Touristenpolizei,** die auch schon mal in kurzen Hosen an den Stränden patrouilliert (meist beherrschen ihre Mitglieder Fremdsprachen). Schließlich gibt es noch die Stadtpolizei, die Staatspolizei, die Postpolizei, die Gefängnispolizei, die freiwilligen Verkehrshelfer und, und, und.

Ambulanz

Erste Hilfe ist über die **118** anzufordern. Das Rettungssystem hat keine eigene allgemeingültige Nummer, da es anders konzipiert ist als bei uns (das jeweilige Hospital bringt einen Rettungswagen auf den Weg).

Die **Telefonnummer des Hospitals** steht in Telefonbüchern im Kopfeintrag der jeweiligen Ortschaften unter „Pronto Soccorso" oder „Guardia Medica".

Feuerwehr

Bei Feuer sind die *Vigili del Fuoco* unter der Nummer **115** zu informieren. Waldbrände sind unter Tel. **1515** den *Vigili del Bosco* zu melden.

Küstenwache

Über die **Numero Blu 1530** – *Emergenza in mare* – alarmiert man die Hafenkapitäne bzw. die Küstenwache.

Automobilclub

Pannenhilfe ist beispielsweise für ADAC-Plus-Mitglieder (bis maximal 200 €) oder ÖAMTC-Mitglieder teilweise kostenlos. Die **Pannenhilfe des ACI** in Italien erreicht man mit ausländischen Mobiltelefonen unter **Tel. 800 11 68 00** (kostenlose Rufnummer, die allerdings nicht von jedem Mobiltelefon funktioniert), vom Festnetz unter **Tel. 803116.** Man kann sich auch direkt an seinen heimischen Automobilclub wenden.

- **ADAC,** (D-)Tel. 0049 89 22 22 22, unter 0049 89 76 76 76 gibt es Adressen von deutschsprachigen Ärzten in der Nähe des Urlaubsortes (Liste auch vorab anforderbar).
- **ÖAMTC,** in Italien Tel. 039 210 45 53 oder (A-)Tel. 0043 1 251 20 00.
- **TCS,** (CH-)Tel. 0041 58 827 22 20.

Sperrnummer für Geldkarten

Bei Verlust oder Diebstahl der Kredit- oder Maestro-Karte sollte man diese umgehend sperren lassen. Für deutsche Maestro- und Kreditkarten gibt es die einheitliche Sperrnummer **0049 116 116** und im Ausland zusätzlich 0049 30 40504050. Die Schweiz besitzt keinen zentralen Kartensperrdienst, jede einzelne ausgebende Bank verfügt über eigene Notrufnummern für die Sperrung. Diese sollte man sich natürlich bereits vor Beginn der Reise notieren. Für **österreichische** Karten gelten:

- **Maestro-(EC-)Karte,** (A-)Tel. 0043 1 204 88 00.
- **MasterCard,** in Italien, Tel. 800 87 08 66.
- **VISA,** Tel. 800 81 90 14.
- **American Express,** (D-)Tel. 0049 69 97 97 20 00.
- **Diners Club,** Tel. 800 39 39 39.

Ausweisverlust/ dringender Notfall

Wird der Reisepass oder Personalausweis im Ausland gestohlen, muss man dies bei der örtlichen Polizei melden. Außerdem sollte man sich an eine diplomatische Auslandsvertretung seines Landes wenden, damit man Ersatzpapiere zur Rückkehr ausgestellt bekommt.

Auch in **dringenden Notfällen,** z.B. medizinischer oder rechtlicher Art, Vermisstensuche, Todesfällen, Verhaftungen o.Ä., sind die **Konsulate** bemüht, vermittelnd zu helfen.

Für deutsche Staatsbürger

- **Rom:** *Ambasciata di Germania,* Via San Martino della Battaglia 4, Tel. 06 49 21 31.
- **Neapel:** *Consolo Onorario di Germania,* Via Medina 40, Tel. 081 248 85 11.
- **Messina:** *Console Onorario di Germania,* Via S. Sebastiano 13, Tel. 090 67 17 80.
- **Palermo:** *Console Onorario di Germania,* Via Principe di Villafranca 33, Tel. 091 982 08 08.

Für österreichische Staatsbürger

- **Rom:** *Ambasciata di Austria,* Konsularabteilung, Viale Buozzi 111, Tel. 06 841 82 12.
- **Neapel:** *Console Onorario di Austria,* Via Ricciardi 10, Tel. 081 553 43 72.
- **Palermo:** *Console Onorario di Austria,* Via Leonardo da Vinci 145, Tel. 09 16 82 56 96.

Für Schweizer Staatsbürger

- **Rom:** *Ambasciata di Svizzera*, Via Barnabà Oriani 61, Tel. 06 80 95 71.
- **Neapel:** *Consolato di Svizzera*, Via Consalvo Carelli 7, Tel. 335 831 52 57.
- **Catania:** *Consolato di Svizzera*, Via Morgioni 41, Tel. 095 38 69 19.

Öffnungszeiten

Die Öffnungszeiten sind unterschiedlich, und auch im gleichen Ort in der gleichen Branche muss nicht immer Verlass auf die Angaben sein. Generell gilt aber: Die **Siesta ist heilig,** und sie findet zwischen 13 und 17 Uhr statt.

Geschäfte

Lebensmittelgeschäfte/Supermärkte öffnen zwischen 7 und 9 Uhr und schließen meist gegen 13 Uhr, nachmittags sind sie (außer mittwochs und samstags) zwischen 17 und 19.30 Uhr noch einmal geöffnet. Sonntags sind die Läden (bis auf Modegeschäfte und Souvenirläden in den stark frequentierten Feriengebieten) geschlossen (des Öfteren findet man in den Feriengebieten und in den großen Städten am Stadtrand auch einen offenen Supermarkt). Andere Läden haben ähnliche Öffnungszeiten. Die Öffnungszeiten sind gesetzlich festgelegt, die Ladenbesitzer handhaben sie aber mit einer gewissen Freiheit (je kleiner die Ortschaft ist, desto variabler sind die Zeiten).

Post

Postämter öffnen um 8.30 Uhr und schließen um 13 Uhr. Nachmittags öffnen sie ihre Schalter noch einmal zwischen 15 und 17 Uhr (in größeren Städten sind die Filialen in der Regel auch durchgehend geöffnet). Samstags bis 12.30 Uhr geöffnet (nachmittags geschlossen).

Banken

Die Banken öffnen montags bis freitags von 8.30 bis 13.30 Uhr und auch nachmittags eine Stunde von 15 bis 16 Uhr (die Zeiten können von Region zu Region und von Bank zu Bank um bis zu eine Viertelstunde variieren).

Ämter

Behörden haben für Parteienverkehr nur vormittags montags bis freitags von 8.30 bis 13 Uhr geöffnet.

Restaurants/Bars

Restaurants öffnen mittags nicht vor 12.30 Uhr und bleiben dann bis etwa 15/16 Uhr offen, sprich bis alle Gäste gegangen sind bzw. hinauskomplimentiert wurden. Abends macht kein Restaurant vor 19.30 Uhr auf, normalerweise sogar erst um 20.30 Uhr (Ausnahme: einige Pizzerien). Alle haben einen Ruhetag in der Woche, der gut sichtbar außen angeschlagen ist. Bars haben gänzlich unterschiedliche Öffnungszeiten, je nach Lage und Klientel. Sie können bereits um

6 Uhr öffnen und ihre Pforten erst weit nach Mitternacht schließen.

Tourist-Informationen

So sie existieren sind die Öffnungszeiten Mo bis Do 8/9–13/14 Uhr und 15/16–19/20 Uhr, Fr 8/9–13/14 Uhr, je nach Saison, Ort und Behörde unterschiedlich und häufig wechselnd.

Touristische Sehenswürdigkeiten

Anlass für viel Ärger und auch Trauer: Nur die wirklich großen Ausgrabungsstätten sind durchgängig geöffnet, ansonsten gilt bei Museen und Sehenswürdigkeiten, dass die Siesta sakrosankt ist. Auch am Wochenende sind viele Einrichtungen schlichtweg zu. Diese besucherunfreundliche Eigenart ist heftig umstritten, und vor verschlossener Tür verschaffen sich auch viele Norditaliener mit Flüchen Luft.

Lebensrhythmus

Siesta ist von 13 bis 17 Uhr. Man stört nicht, und man wird nicht gestört. Grölende Radios um 4 Uhr in der Früh sind verzeihlich, nicht aber während der Siesta. Wie ausgestorben liegen die Orte, auch die Strände – mögen sie vormittags noch so proppenvoll gewesen sein – sind, bis auf wenige Ausländer, menschenleer. Während der Siesta speist man zu Hause und stärkt sich danach für die abendlichen Unternehmungen mit einem Schlaf. Um 17 Uhr geht es noch einmal zum Strand, man plauscht mit den Beinen im Wasser stehend mit seinen Bekannten. Dann wird nach Hause gefahren, es gilt, sich aufs Abendessen in einem Lokal vorzubereiten. Dieses betritt man nicht vor 21.30 Uhr. Es wird getafelt, und danach steht das *Lungomare*, die Strandpromenade, auf dem Programm.

Spät nachts oder früh am Morgen sinken die Urlauber ins Bett. Die Einheimischen sind natürlich schon früher verschwunden, müssen sie doch am nächsten Morgen wieder die Geschäfte öffnen, im Prinzip ist dies aber auch ihr Lebensrhythmus. Kinder sind natürlich immer und überall dabei, teils schon recht unmutig weil übermüdet und damit für Mitteleuropäer gewöhnungsbedürftig laut. Aber an der großen Tafel findet sich dann schon eine Tante oder ein Onkel, der sie auf den Schoß nimmt und sich ein wenig mit ihnen beschäftigt, bis sie wieder mit einem Klaps auf die freie Wildbahn und zwischen die staksenden Beine der Kellner geschickt werden.

Post/Telefon

Brief- und Paketverkehr

Briefe von Italien ins Ausland werden als *posta prioritaria* für 0,95 € losgeschickt. Die italienische Post garantiert eine Zustellung innerhalb von max. 3 Tagen. Da der Preisunterschied gering ist und Postkarten Laufzeiten haben, von denen man besser nicht spricht, ist es sinnvoller,

Briefe zu schreiben bzw. Postkarten in Kouverts zu versenden. **Briefmarken** erhält man im Postamt, aber auch in den *Tabacchi* bzw. den Andenkenläden. Wer Dokumente wirklich schnell und zuverlässig versenden muss, kann die **Kurierdienste** in Anspruch nehmen (z.B. *DHL*). Sie haben gebührenfreie, zentrale Telefonnummern *(Numero Verde Nazionale)* und kommen in die kleinsten Orte zur Abholung und Anlieferung.

Postlagernd

Wer sich Post nachschicken lassen will und über keine Hoteladresse verfügt bzw. seinen Aufenthaltsort häufig wechselt, wählt die Möglichkeit der postlagernden Sendung. Die Post muss mit Namen und Vornamen, dem Zusatz „Poste Restante" und der Postleitzahl der Hauptpost des jeweiligen Ortes und dem Ortsnamen gekennzeichnet sein. Name und Vorname sollten deutlich voneinander abgehoben sein, sodass die Sendung nicht unter den falschen Buchstaben abgelegt wird.

Telefonieren

Vorwahl von Deutschland, Österreich und der Schweiz nach **Italien** ist **00 39**, danach die Rufnummer (ins Festnetz generell auch bei Ortsgesprächen mit vorangestellter Null), Mobiltelefonnummern wiederum wird keine Null vorangestellt. Von Italien nach **Deutschland** muss die **00 49**, nach **Österreich** die **00 43** und in die **Schweiz** die **00 41** gewählt werden (bei der Weiterwahl entfällt jeweils die Null der Ortsvorwahl).

Telecom

Gelbe Post und Telekommunikation sind wie bei uns getrennt. In den Postämtern kann deshalb nicht telefoniert werden, dazu muss man die Einrichtungen der **Telecom Italia** in Anspruch nehmen. Diese werden aber im Zuge der flächendeckenden Verwendung von Mobiltelefonen immer weniger.

Telefonzellen

Soweit Telefonzellen noch existieren, sind sie auf **Telefonkarten** *(carta telefonica)* umgestellt. Telefonkarten in der Einteilung von 3 und 5 € gibt es bei der Telecom, der Post und bei einzelnen Tabacchi-Läden und Kiosken. Um die Karte in Betrieb zu nehmen, muss man die perforierte **Ecke abtrennen.** Für internationale Telefonate gelten allerdings besondere Telefonkarten.

In Bars

Bars mit einem **Hinweisschild,** das eine gelbe Wählscheibe symbolisiert, verweisen auf ein öffentliches Telefon. Diese sind allerdings ebenfalls stark rückläufig.

> Die Bahn verbindet die Küstenorte Siziliens in kurzen Abständen

Telefongebühren

Wegen der Vielzahl der Anbieter auf dem entmonopolisierten Telefonmarkt lassen sich keine über einen längeren Zeitraum hinweg gültigen Preise angeben. Anrufe nach Hause sollte man aber aus Kostengründen in die Abendstunden und auf das Wochenende legen. Außerdem sollte man bedenken, dass die Hotels, abhängig von ihrer Kategorie, gepflegte Aufschläge auf den Preis einer Telefoneinheit vornehmen.

Mobilfunk/Handy

Das eigene Mobiltelefon lässt sich in Italien problemlos nutzen, die meisten Mobilfunkgesellschaften haben Roamingverträge mit den italienischen Gesellschaften. Seit der Reglementierung der Roaminggebühren innerhalb Europas ist es nicht mehr unbedingt sinnvoll, sich zur Kostenersparnis eine italienische Prepaid-Karte zuzulegen.

Wer mit seinem deutschen Mobiltelefon nach Deutschland, Österreich oder in die Schweiz etc. telefonieren will, muss stets die internationale Vorwahl benutzen.

Reisen im Land

Öffentliche Verkehrsmittel

Die öffentlichen Verkehrsmittel spielen eine **wesentliche Rolle** auf Sizilien. Bahn, das gut ausgebaute Bussystem und natürlich der Schiffsverkehr machen es möglich, fast jeden Punkt der Inseln oh-

Reisen im Land

ne eigenes Fahrzeug zu erreichen. Dies ist für eine Region, die zu den ärmsten Europas gehört, wichtig; nicht jeder kann sich ein Auto leisten. Busse sind meist schneller als Züge, da die Haltestellen wegfallen, wenn man die direkten Linien nimmt. Allerdings sind die Intercity-Verbindungen der Bahn inzwischen auch recht zügig. Das Flugzeug als innersizilianisches Verkehrsmittel spielt außer nach Lampedusa und Pantellerìa keinerlei Rolle.

Bahn

Der Eisenbahnverkehr wird in Italien von der **FS** *(ferrovie dello stato),* der staatlichen Eisenbahngesellschaft, organisiert. **Hauptstrecken** sind Messina – Palermo,

Reisen im Land

pläne finden sich im Internet. Die Schienen folgen vielfach der Küstenlinie und drängen sich zwischen Strand und Häusern der Ortschaften hindurch. Was ein Nachteil für den Strandsuchenden und den ruhebedürftigen Hotelgast ist, gestaltet sich für den Eisenbahnbenutzer zum Vorteil – schöne Ausblicke auf die Küstenstriche. Da Sizilien auch Gebirgswelt ist, wurde das Schienennetz im Landesinneren nur zur Verbindung der großen Städte konzipiert, trotzdem ist die Streckenführung recht kurvig ausgefallen. Deshalb gibt es hier teilweise atemberaubende Aussichten.

Viele **Bahnhöfe** im gebirgigen Landesinneren sind ein Stück weit vom Dorf gleichen Namens entfernt (bis zu mehreren Kilometern). Dass Taxis oder ein Bus, die das Dorf anfahren, am Bahnhof warten, ist nicht garantiert. Im schlimmsten Fall muss man also sein Gepäck weite Strecken bergauf schleppen.

Fahrscheine erhält man an den Bahnhöfen nicht nur am Schalter, sondern an der Kasse der Bars (viele kleinere Bahnhöfe halten die Schalter nicht mehr besetzt). Keinesfalls sollte man versuchen, seinen Fahrschein im Zug zu lösen. Es würde dann eine „zusätzliche Gebühr" von 50 € fällig.

■ **Ferrovie dello Stato,** www.trenitalia.com (auch englisch)

Palermo – Agrigento, Messina – Siracusa, Siracusa – Agrigento und Palermo – Trapani. Zwischen Sizilien und dem Festland verkehren neben privaten auch die Fähren der FS.

Die Bahnverbindungen dienen hauptsächlich dem **Berufsverkehr,** sodass auf einigen Strecken an Wochenenden und Feiertagen der Verkehr sehr eingeschränkt ist. Informationen über Fahr-

Bus

Das Bussystem zwischen den Städten liegt in privater Hand, genauer gesagt, in vielen verschiedenen privaten Händen. Es gibt eine Vielzahl an Unternehmen, die Buslinendienste anbieten, vom

Reisen im Land

Kleinstbetrieb, der gerade mal ein oder zwei Linien im Vorortverkehr einer Großstadt bedient, bis zum Großunternehmen, das auf ganz Sizilien zu finden ist. Die leidige Konsequenz ist, dass fast jede Linie einen eigenen Abfahrts- und Ankunftsort hat und es keinen einheitlichen Fahrplan gibt. Die innerstädtischen Busverbindungen sind kommunal organisiert und gut ausgebaut.

Über Land
Im Prinzip gibt es immer **zwei Möglichkeiten,** seinen Zielort zu erreichen: Einmal gemächlich mit einem Bus, der über die Dörfer fährt und überall hält, dann luxuriöser und schneller mit den Fernbussen, die die Autobahnen oder schnellen Überlandstraßen benutzen und nur selten bis gar nicht Station machen. An den **Wochenenden** sind die Linien und

Reisen im Land

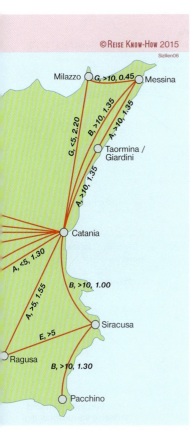

Frequenzen stark eingeschränkt. Einen **Fahrplan** findet man im Internet.

Innerstädtisch

Es gibts meist ein dichtes kommunales Streckennetz, in den Großstädten sind auch teilweise **Nachtbusse** vorgesehen. Genaue Pläne sind in den Touristenbüros zu erhalten, in einigen Ortsbeschreibungen im Buch wird auf wichtige Buslinien hingewiesen. **Bustickets** gelten häufig 90 Minuten, man kann beliebig umsteigen. Die Fahrkarten gibt's in Tabacchi-Geschäften, am Kiosk oder in Bars – nicht im Bus bzw. nur zu erhöhten Preisen!

■ **Busfahrpläne,** www.oraribus.com

Schiff

Was wäre das sizilianische Inselarchipel ohne Schiffe. Drei Arten sind zu unterscheiden: **Dampfer, Fähren** und **Schnellboote** (Aliscafi/Tragflügelboote und Katamarame). Die Dampfer nehmen lediglich Passagiere mit und dienen der Versorgung der Inseln, die keinen Autoverkehr haben. Mit den Fähren kann man sein liebstes Spielzeug mit auf die Inseln nehmen, und die Schnellboote dienen der raschen und bequemen Fortbewegung der Menschen, vorausgesetzt das Meer ist ruhig. Teilweise werden auch Barken oder Fischerboote für den Transfer die Küsten entlang oder zu nahe vorgelagerten Inseln benutzt (z.B. nach Mozia oder auf Stromboli nach Ginostra). In der Hochsaison sollte man weitere Strecken auf Schnellbooten einige Tage vorher reservieren (auch wenn eine Vorverkaufsgebühr verlangt wird), da sie im Bereich der Liparischen Inseln mit ihrem Tagestourismus schnell voll sind.

Aliscafi

Die schnellen, schnittigen und eleganten *Aliscafi* („Tragfügelboote", auf Englisch „Hydrofoils") heben sich bei einer bestimmten Geschwindigkeit auf Kufen aus dem Wasser und sausen über die spiegelglatte Oberfläche des Mittelmee-

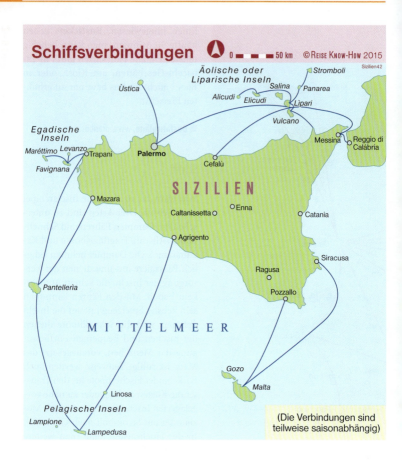

(Die Verbindungen sind teilweise saisonabhängig)

res. Sie benötigen für die gleiche Strecke weniger als die Hälfte der Zeit, die die Fährschiffe brauchen. Ein Graus allerdings, wenn das Meer rauer wird. Das Boot knickt dann immer abwechselnd auf einer Seite richtiggehend ein, wenn die Kufen auf eine höhere Welle stoßen. Dann können nicht viele Passagiere ihrem Bedürfnis widerstehen, dem gerade genossenen Frühstück freien Lauf zu lassen, und sehr schnell herrscht ein Mangel an Frischluft. Werden die Wellen noch höher, muss die Geschwindigkeit reduziert werden, und man fährt dann nach Art der Dampfer ohne Gleitkufenwirkung weiter (nur ist der „Dampfer" ziemlich beengend).

Katamarane
Diese stehen den Tragflügelbooten in punkto Geschwindigkeit nur gering nach, sind weniger wellenempfindlich,

aber bei starkem Seegang wird die Fahrt auch in ihnen zum Kirmeserlebnis, und bei rauer See wird der Verkehr mit ihnen eingestellt.

Fähren

Die Fähren des Archipels sind nicht besonders luxuriös. Bei den relativ kurzen Fahrzeiten spielt dies keine große Rolle. Wo ein Anlegen nicht möglich ist, bestreiten kleine Fischerboote den Transfer vom Schiff an die Kaimauer.

Taxi

Das **Verhalten der Taxifahrer** und die **Ausrüstung der Taxis** auf Sizilien sind **sehr unterschiedlich.** In der einen Stadt sind die Fahrer levantinische Halsabschneider, die sich standhaft weigern, Taxameter einzubauen oder sie zu benutzen. Der Einheitspreis variiert je nach krimineller Energie des Fahrers, ganz bestimmt nicht nach Wegstrecke. In einer anderen Stadt sind die Wagen picobello gewienert, alles funktioniert, Funkverbindung, der Taxameter und seine Benutzung sind eine Selbstverständlichkeit. Die Fahrer sind ausgesprochen freundlich und wählen wirklich die kürzeste Fahrstrecke. Um in Gegenden, die diesen Standard nicht kennen, Probleme zu umgehen, sollte man auf alle Fälle den **Fahrpreis vorher aushandeln.**

Eigenes Fahrzeug

Fluch und Segen des Automobils: In der Hochsaison am Strand oder während der Rushhour in Palermo oder Catania mag man schier verzweifeln, an Vorwärtskommen ist nicht zu denken. Im Frühjahr und im Herbst dagegen ist das Auto hervorragend geeignet, abseits der Hauptrouten liegende Ausgrabungsstätten und Unterkünfte, wie Agriturismo-Betriebe, zu erreichen.

Auto

Mit dem Pkw und im Hotel oder auf dem Campingplatz ist man am flexibelsten. Wird der Wagen nicht gebraucht, lässt man ihn auf dem Parkplatz stehen und geht zu Fuß weiter oder benutzt den Bus oder die Eisenbahn. Frei von lästigem Gepäck kann man seine Exkursionen unternehmen.

Motorrad

Sizilien gehört mit seinem gebirgigen Inland und den vielen kurvigen Nebenstraßen zu einer der **Top-Destinationen für Motorradfahrer.** Im Landesinneren ist das Verkehrsaufkommen eher gering, sodass man auch sehr gut die landschaftlichen Schönheiten wahrnehmen kann. Ein Problem ist in den Städten das **Gepäck an der Maschine.** Man sollte dieses bei Fahrten in die Zentren vorher abgeben (Hotel, Zeltplatzrezeption). Man fahre auf jeden Fall vorausschauend, von aus den Feldwegen einbiegenden, landwirtschaftlichen Fahrzeugen wird des öfteren Schmutz auf die Fahrbahn transportiert. Auch beachte man, dass die große Hitze die – Griffigkeit gebenden – festen Bestandteile des Asphaltbelages absinken lässt, sodass die Straßen teilweise eine spiegelglatte, fast schmierige

Oberfläche entwickeln, die die Reifen wegrutschen lassen. Die einheimischen Motorradfahrer benutzen z.T. Reifen mit einer speziellen Gummimischung, die nicht so empfindlich reagiert – weswegen sie oft auch schneller fahren können.

Wohnmobile/Caravans

Mit dem Wohnmobil genießt man weitgehende Unabhängigkeit. Man darf allerdings nicht davon ausgehen, dass man sich einfach am Straßenrand zur Nachtruhe niederlassen könnte. Dies ist im Land strikt verboten, und schnell wird man vom Abendbrottisch gejagt. In der Hochsaison sind die Norditaliener zu Tausenden auf Siziliens Straßen unterwegs, mit Geräten aller nur erdenklicher Größe. Caravans werden auf Sizilien eher wenig angetroffen, das **Campmobil** ist das Fahrzeug der Stunde.

Mietwagen

In jeder größeren Stadt sowie an den internationalen Flughäfen befinden sich Autovermietungen. Vor Ort variieren die Preise zwischen den Anbietern nur wenig. Man muss für die kleinste Wagenklasse (z.B. *Fiat Punto*) in der Nebensaison für eine Woche ca. 150 € bei unbegrenzter Kilometerleistung und ohne Zusatzversicherungen rechnen. Wer nicht etwa 500 € als Kaution hinterlegen will, muss eine Kreditkarte besitzen. Besser ist es, das Fahrzeug zu Hause vorauszubuchen und eines der im Vergleich zu den „vor Ort"- Mieten günstigeren „alles inklusive"-Angebote wahrzunehmen (freie Kilometer, alle Versicherungen, kein Selbstbehalt). Vergleichsportale listen die diversen Anbieter. Mit einer sehr guten Übersicht bezüglich der unterschiedlichen Kombinationen, auch gewichtet nach Zusatzgebühren für Flugplatzbereitstellung, vollen Tank, Diebstahlschutz usw. bringt **www.billiger mietwagen.de** Licht in den Angebotsdschungel.

Verkehrsregeln

Die Höchstgeschwindigkeiten betragen für Pkw und Kräder, außerhalb der Ortschaften 90 km/h (Wohnmobile über 3,5 t 80 km/h, Pkw mit Anhänger 70 km/h), auf Schnellstraßen mit je zwei Fahrstreifen pro Richtung, durch einen Mittelstreifen getrennt, 110 km/h (Wohnmobile über 3,5 t 80 km/h, Pkw mit Anhänger 70 km/h), auf Autobahnen 130 km/h (Wohnmobile über 3,5 t 100 km/h, Pkw mit Anhänger 80 km/h) und innerhalb geschlossener Ortschaften 50 km/h.

Auf Autobahnen sind Motorräder unter 150 cm³ und das Abschleppen von Fahrzeugen verboten. Alle Fahrzeuge müssen auf Landstraßen außerhalb geschlossener Ortschaften und auf Autobahnen tagsüber mit **Abblendlicht** fahren (Tagfahrlicht ist alternativ zulässig). Anhalten oder Spurwechsel sind stets mit dem **Blinker** anzuzeigen.

Parkverbotszonen werden nicht nur durch Schilder symbolisiert, sondern auch durch Kennzeichnung der Bordsteine in Gelb oder Schwarz/Gelb und durch gelbe Kennzeichnung von Flächen. Blau angemalte Randsteine bedeuten, dass eine Parkgebühr fällig ist. Dazu kauft man in Tabacchi-Läden eine Karte und kreuzt an (bzw. rubbelt frei): Stunde, Tag, Monat und Jahr. Vereinzelt sind auch Automaten aufgestellt, an denen man ein Ticket löst. Die Halteverbotsschilder können einen Hinweis tragen, dass zu bestimmten Zeiten die Straße gereinigt wird. Wer zu dieser Zeit dort seinen Wagen stehen hatte, kann ihn bei der Polizei abholen.

Die **Promillegrenze** beträgt **0,5**. Generell werden Verstöße gegen das Halteverbot und auch Übertretungen der vorgeschriebenen Geschwindigkeit sehr streng, sprich teuer, geahndet.

In jedem Fahrzeug müssen Warnwesten mitgeführt werden, die bei Pannen, Unfällen u. Ä. unmittelbar nach Verlassen des Fahrzeuges anzulegen sind.

Für Autofahrer herrscht **Anschnallpflicht**, Mobiltelefone dürfen nur mit **Freisprecheinrichtung** benutzt werden, Motorradfahrer müssen einen Helm mit „ECE R 22"-Kennzeichnung tragen, ansonsten kann das Motorrad für einen Monat sichergestellt werden (!). Alle nach hinten über das Auto hinausragenden Gegenstände wie Surfbretter sind mit einer 50x50 cm messenden, rot-weiß gestreiften Warntafel zu kennzeichnen.

Das **Wenden, Zurücksetzen** und **Spurwechseln** auf den Autobahnen im Mautstellenbereich, auf den Autobahnauf- und -abfahrten und auf den Autobahntankstellen wird mit satten Geldstrafen (mehrere hundert Euro) und zusätzlich mit Fahrverboten geahndet.

Verkehrsberuhigte Innenstädte sind als *Zone a Traffico Limitato – ZTL* bezeichnet. Die Einfahrt in diese Zonen ist streng reglementiert und wird mit Kameras überwacht. Die ungenehmigte Einfahrt wird mit Bußgeldern belegt, für die Eintreibung – auch im Heimatland – hat Italien eine eigene Stelle gegründet.

Nach EU-Recht mussten die Mitgliedsländer die rechtlichen Voraussetzungen schaffen für die Verfolgung und Eintreibung von im EU-Ausland ausgesprochene Strafen wie **Bußgelder**. Seit 2011 werden nun Bußgelder EU-weit eingetrieben. Das Niveau der Bußgelder in Italien liegt beträchtlich über dem in anderen mitteleuropäischen Ländern (wer z.B. 40 km/h zu schnell fährt muss etwa 1500 Euro berappen; ab 1,5 Promille im Fahrerblut kann das Fahrzeug konfisziert und zugunsten des Staates versteigert werden). Man achte darauf, dass die italienische Zustellfrist ein Jahr beträgt und dass die Bußgelder sich verdoppeln, wenn nicht innerhalb von 60 Tagen gezahlt wird.

Verkehrswege

Die überregionalen Verkehrswege sind zumeist in gutem Zustand und werden auch relativ gut unterhalten. Es kommt

Parken à la siciliana

Es kann einen zur Verzweiflung treiben. Wenn ein Sizilianer Lust auf einen Espresso verspürt, eine Zeitung oder Zigaretten kaufen oder auch nur ein Schwätzchen halten will, parkt er mit Sicherheit so, dass der Verkehr hinter ihm zum Stillstand kommt, schräg in die Parklücke oder einfach in zweiter Reihe, Warnblinker an und „gutt is"! Klar, dass sich die Autofahrer hinter ihm darüber aufregen, nur – an der nächsten Ecke machen sie es genauso und wundern sich dann selbst über die anderen entnervten Autofahrer. Seit der Jahrtausendwende hat sich der Autoverkehr auf Sizilien richtiggehend asozialisiert.

allerdings in den gebirgigen Gegenden bei starken Regenfällen immer wieder zu Unterspülungen, sodass betroffene Straßen manchmal mehrere Kilometer nicht mehr befahrbar sein können und man lange Umwege durch ein Paralleltal in Kauf nehmen muss.

Straßenkategorien

Die Straßen werden **mit Buchstaben (-kombinationen) klassifiziert.** In den Karten sind nur die Nummern der Autobahnen und der Staatsstraßen eingetragen. An den Straßenrändern stehen aber in regelmäßigen Abständen Meilensteine mit genauer Angabe der Straßennummer und der Entfernung entweder vom letzten oder bis zum nächsten Ort, sodass eine exakte Ortsangabe von Abzweigungen möglich ist.

- **A** – Autobahn
- **SS** – Staatsstraße
- **SP** – Provinzialstraße
- **SC** – Kommunalstraße

Autobahn
Die Autobahnen auf Sizilien sind bis auf die Teilstücke Messina – Catania (3,70 €) und Messina – Palermo (10,10 €) mautfrei (www.autostradesiciliane.it).

Staatsstraße
Die Staatsstraßen sind meist sehr gut ausgebaut. Trotzdem gibt es Gegenden, wo sie zu kleinen und schmalen Sträßchen werden, die sich um und über die Berge winden. Teilweise haben sie Autobahn-Charakter, und die Einheimischen nutzen dies aus.

Provinzstraße
Kleinere und nicht selten kurvenreiche Straßen, auf denen man mit einem Wohnmobil schon mal ins Schwitzen geraten kann.

Kommunalstraße
Kleine Straßen mit Feldwegcharakter, die fast nicht unterhalten werden und nur landwirtschaftlichem Verkehr oder als Stichstraße an das Meer dienen.

Reisezeit

Sizilien kennt, touristisch betrachtet, nur **zwei Reisezeiten: die Saison** Juli und August und die Zeit **außerhalb der Saison.** Dabei ist die Insel außerhalb der Hauptreisezeit weitaus interessanter:

Im **Frühling** (zwischen März und Mai) blüht das Land, tags ist es warm bis heiß, nachts kühl bis kalt, eine schöne Zeit für Wanderungen, Besichtigungen der Ausgrabungsstätten und Stadtbesichtigungen.

Im **Herbst** (September bis November) ist es tags warm bis heiß, nachts warm bis kühl, auch jetzt kann man gut wandern, die Natur bietet sich den Blicken aber nicht in der strotzenden Frische des Frühjahrs dar. Der Himmel ist stahlblau, im Meer lässt sich noch gut schwimmen.

Im **Winter** (Dezember bis Februar) wird es tagsüber manchmal so warm, dass man den Cappuccino auf der Terasse trinken kann, nachts ist es kalt. Jetzt kommen die Skifahrer im Nebrodi-Gebirge, am Ätna und in der Madonie auf ihre Kosten, und wer warme Kleidung dabei hat, kann auch wandern gehen.

Hauptreisezeit

Hauptreisezeit ist von **Anfang Juli bis Mitte August.** Wer Anfang August glaubt, dass es nicht schlimmer kommen kann, wird um den 15. August herum eines Besseren belehrt: **Ferragosto** – die Hölle ist los, die Strände sind knüppelvoll, in die Restaurants passt kein zusätzlicher Stuhl, die Ausgrabungsstätten sind nur noch zu erahnen, die Klärwerke brechen zusammen und entleeren ihren Inhalt ins Meer. Wer jetzt in die Städte fährt, wird diese menschenleer vorfinden, alle verbringen die heißesten Tage des Jahres an der See. Die Alternativen also lauten: Man überlebt diesen fünf Tage dauernden „Nationalwahn Urlaub" eingebunkert in seinem Zelt oder Zimmer am Strand – oder verbringt die Zeit in angenehmerer Atmosphäre in den Städten (dann aber, weil die meisten Läden geschlossen sind, fast als Selbstversorger).

Winter an der Küste

Eines sollte man für die Planung nicht außer Acht lassen: Die Wintermonate an der Küste können recht **einsam** sein. Viele der Orte sind reine Feriensiedlungen und dann vollständig ausgestorben. So sind auch die Orte am Meer unterhalb von Taormina wie leergefegt – obwohl dort oben immer noch was los ist. Und: Bei der Buchung sollte man darauf achten, dass das Hotelzimmer/die Ferienwohnung eine **Heizmöglichkeit** besitzt (im Landesinneren mit seinen kühleren Temperaturen ist das obligatorisch, an der Küste nicht).

Nebensaison

In Sizilien sind alle Monate außer Juli und August Nebensaison, wenn auch die Preise im Mai/Juni und im September noch höher sind als zwischen Oktober und April. Zu jeder Jahreszeit lässt sich's gut reisen. Es hängt von den persönlichen Bedürfnissen ab, welchen Monat man für seinen Aufenthalt wählt. Ski fahren ist im Dezember und Januar möglich, wandern sollte man im April und Mai und September/Oktober, baden im Juni und September/Oktober, manchmal auch noch im November. Bis auf die Zeit, in der in Deutschland Schulferien sind, sind die Preise durchaus moderat.

Sicherheit

Geld sollte immer sicher am Körper verstaut werden. Gesäßtaschen sind ungeeignete Orte für den Geldbeutel. Die Urlaubskasse auf mehrere Personen oder mehrere Orte verteilen, möglichst den Bargeldbestand gering halten. Nicht zeigen, wie viel Geld man bei sich trägt (besonders bei Bankbesuchen). Bevorzugt mit Kreditkarte, Geldkarte oder Travellerschecks reisen.

Handtaschen sollten stets zu der Straße abgewandten Seite getragen werden. In größeren Städten immer ein Auge auf die Vespa- und Motorrad-Fahrer werfen, die meist im Duo operieren.

Kopien der wichtigsten **Dokumente** mit sich führen. Die Ausstellung von Ersatzpapieren wird damit wesentlich beschleunigt.

Sicherheit

Die Palette der trickreichen **Diebstähle und Überfälle** ist reich: An der Ampel werden die Reifen aufgestochen oder der Wagenlack beschädigt, der aufgeregte Fahrer ist abgelenkt, während die Kumpel den Wagen leer räumen; ein schneller Griff durch das Autofenster zur Handtasche vom Motorrad aus; Passanten wird im Vorbeifahren vom Motorrad oder der Vespa aus die Handtasche entrissen (weil die Opfer die Tasche zu sehr festgehalten haben, ist es schon zu schweren Verletzungen der Bestohlenen gekommen); verschiedenste Formen des Taschendiebstahls usw.

Brennpunkte der Kriminalität sind die **Großstädte** mit ihren verwinkelten Gas-

Palermo hat sich zum Touristenziel gemausert, und die Souvenirgeschäfte profitieren davon

sen in den alten Vierteln, die passantenarmen Zeiten während der Siesta und nachts sowie die Parkplätze an den Stränden und Nationalparks, wenn es aus den Autos etwas zu holen gibt.

Doch wer sich an die wenigen Regeln hält, wird kaum in die Verlegenheit kommen, Opfer eines Überfalls oder Diebstahls zu werden. Auch die Polizei unternimmt mit verstärkten Streifenfahrten ihr Möglichstes, diesem Treiben ein Ende zu setzen.

Souvenirs

Interessantestes Souvenir Siziliens ist sicherlich die **Keramik**. Wenngleich auch schon teilweise im Kitsch versunken, findet man doch oft gute und der Tradition verbundene Stücke, wenn auch nicht immer billig. Caltagirone, Santo Stefano di Camastra und Sciacca sind die Zentren der Herstellung, erhältlich ist die Keramik aber auf der gesamten Insel Sizilien, vor allem natürlich in den Touristenzentren. In Taormina und Castiglione wird **textiles Kunsthandwerk** (Spitzen und Stickereien) verkauft, in Èrice werden **Teppiche** gewebt. In den Touristenzentren und größeren Städten ist **Korallenschmuck** erhältlich, Siracusa ist für **Papyrus** bekannt, der zu Papier verarbeitet in zahlreichen Läden angeboten wird. Ansonsten gibt es natürlich das Übliche – Tempelchen und Eselskarren aus Plastik oder Holz und Marionetten für die zu Hause gebliebenen.

Kulinarische Mitbringsel

Souvenirs kurzlebigeren Charakters stellen die Lebensmittel dar. Oliven, eingelegtes Gemüse, Wein, Süßigkeiten, Würste aus dem Inselinneren, Käse, getrocknete und eingelegte Tomaten – viele sehr leckere Sachen lassen den Sizilienaufenthalt in der Heimat Revue passieren. Und natürlich Kapern von Stromboli: Kapern als Paste, natur oder mit anderem Beiwerk, kleingeschnitten, ganz in Salz eingelegt, groß oder klein, aber nie, wirklich nie in Essig dahingemordet, wie sie inzwischen bei jedem deutschen

Metzger auf der Theke stehen. Die in grobem Meersalz eingelegten Kapern halten sich fast unbegrenzt. Will man sie verwenden, werden sie einfach abgespült. Im Glas oder in Plastik eingeschweißt sind sie in erster Linie auf den Liparischen Inseln, aber auch in vielen anderen Orten zu erhalten.

Sport und andere Aktivitäten

Agriturismo

Agriturismo ist eigentlich keine Aktivität, sondern eine **Lebenseinstellung.** Und wenn man dieser frönt, lassen sich eine Menge Dinge machen und erleben – essen und trinken, wandern, reiten, Boot fahren, angeln und auch Kultur, bodenständige ebenso wie elaborierte. Agriturismo ist am ehesten mit unseren „Ferien auf dem Bauernhof" vergleichbar, dennoch ein wenig anders. Es vermittelt Ursprünglicheres, so verschieden wie das Land und seine Besitzer ist die Atmosphäre, man kann nur Mahlzeiten einnehmen oder auch übernachten, luxuriös oder in einfachen Bauernzimmern, manchmal gar nur in Zelten. Die Käserei oder die Imkerei steht Besuchern offen, die Produkte werden verkauft; vielleicht reicht man keine Speisen, und Betten stehen auch nicht zur Verfügung; einige bieten Reitausflüge an, und die Gäste sind in einem ehemaligen Herrenhaus untergebracht, wieder andere bestehen aus einfachen Häusern in den Bergen. Kontaktadressen finden Sie beim Punkt Unterkunft weiter unten.

Baden

Was gibt es da zu sagen? Im Sommer ist aus diesem Grund fast ganz Norditalien hier. Die **Qualität des Wassers** kann allerdings sehr unterschiedlich sein. Gefahr Nummer Eins ist wie immer der Mensch in großer Ansammlung, das heißt die Nähe der Großstädte ist zu meiden. Eine weitere Gefahr geht von der Industrie aus. **Stärkere Meeresver-**

schmutzung findet man bei Palermo bis weit nach Termini Imerese (etwa in Höhe von Imera), östlich des Capo Milazzo, bei Messina entlang dem Stretto, bei Catania, zwischen Augusta und Siracusa, bei Gela und in Höhe von Agrigento. Während der Hauptreisezeit im August kann es passieren, dass die Kläranlagen der kleineren Bade- und Ferienorte an der Küste dem Ansturm sattgegessener Touristen nicht mehr gewachsen sind und überlaufen.

Besonders saubere und **empfehlenswerte Strände** werden mit der *Bandiera Blu* – dem blauen Band – geehrt. Auf Sizilien waren dies 2014 Menfi (Agrigento), Lìpari und Vulcano (Messina) sowie Ìspica, Marina di Ragusa und Pozzallo in der Provinz Ragusa.

Eine Website des Gesundheitsministeriums widmet sich einzig der **Qualität des Wassers** und listet jeden einzelnen Strand Italiens mit Belastung auf und sagt präzise, wie die Situation ist: Exzellent – Gut – Ausreichend – Ungeeignet.

■ www.portaleacque.salute.gov.it

☑ Baden, sonnen, faulenzen und mittags ein Nickerchen (aber nicht am Strand, sondern in einem kühlen Zimmer)

Sport und andere Aktivitäten

Angeln und Fischen

Das Angeln im Meer unterliegt keinen Auflagen, für Angelunternehmungen an den Binnengewässern muss bei den jeweiligen Tourismusbüros der Provinz nachgefragt werden, wie eine Genehmigung erhältlich ist. Passionierte Angler können sich wenden an:

■ **Federazione Italiane Pesca Sportive**
Via Pietro Nenni 24, Palermo
Tel. 091 688 35 72, www.fipsas.it.

Schnorcheln

Geschnorchelt wird immer und überall. Mit oder auch ohne Harpune, im trüben Wasser des Sandstrandes und in den klaren Fluten der Felsküste. In jedem kleinen Ort werden die entsprechenden Accessoires verkauft, meist aber nicht in professioneller Qualität. Wenn man keine eigene Ausrüstung besitzt und auf Sizilien eine erwerben will, sollte man für den Kauf die größeren Städte mit einem Fachgeschäft vorziehen.

Tauchen

Als Tauchparadiese können alle Inseln um Sizilien herum bezeichnet werden, besonders aber Ùstica. Auf Sizilien selbst sind San Vito lo Capo und Portopalo empfehlenswerte Reviere für Flaschentauchen. Einschränkende Tauchbestimmungen gibt es nur zwei: die obligatorische **Absicherung des Tauchplatzes** mit einer Boje und ein **Tauchverbot in Gegenden mit noch nicht ausgewerteten archäologischen Funden.**

Schöne oder interessante **Tauchgebiete** sind um folgende Orte zu finden (bei den praktischen Informationen zu den jeweiligen Ortsbeschreibungen wird auf Tauchbasen hingewiesen): um Palermo, Cefalù, San Vito lo Capo, Giardini Naxos/Taormina, Portopalo di Capo Pàssero, Sciacca und natürlich auf den Inseln wie Lìpari, Ùstica, Pantellerìa und die Pelagischen Inseln.

Golf

Ein Golfplatz in Traumlage befindet sich unterhalb der Hänge des Ätna bei Castiglione di Sicilia **Il Picciolo Golf Club** an der SS120 zwischen Linguaglossa und Randazzo, 800 m hinter dem Abzweig nach Castiglione di Sicilia in Richtung Randazzo (650 m über dem Meer, 18 Löcher, siehe bei „Linguaglossa").

Bei Sciacca spielt man ganz exklusiv und hochluxuriös untergebracht auf den drei Kursen des **Verdura Golf & Spa Resorts** (siehe bei „Sciacca").

Nicht weniger luxuriös ist das **Golfresort Donnafugata** in der Provinz Ragusa, das mit zwei 18-Loch-Plätzen aufwarten kann (siehe bei Kapitel „Donnafugata").

Heilbäder

„Schon die alten Römer…" – Thermalismus als Urlaubsform ist auf Sizilien durchaus üblich. Bekanntester und einstmals mondänster Ort dafür ist sicherlich Sciacca. Aber auch Termini Imerese wird gerne besucht, obwohl das Baden am Strand hier nicht unbedingt empfohlen werden kann. Im Inselinneren gibt es einige Thermalbäder, die teilweise auch Übernachtungsmöglichkeiten anbieten.

■ **Acireale**
(17 km von Catania) gegen Hautkrankheiten, Rheuma und Krankheiten der Atemwege

■ **Ali Terme**
(27 km von Taormina)
gegen chronische Arthropatien, Hautkrankheiten, Frauenkrankheiten, Entzündungen der Atemwege

■ **Ali Terme Superiore**
(27 km von Taormina) gegen akute Gelenkschmerzen, Krankeiten des Gehörapparates

■ **Castroreale Terme**
(51 km von Messina) gegen Leberleiden, Gastritis, Dispepsie, Kolitis, katarrhalische Enterokolitis, Hyperurikämie, Entzündungen der Atemwege, rhinogene Schwerhörigkeit

■ **Sciacca**
(63 km von Agrigento) gegen Rheumatismus, Arthritis, Cellulitis, Neuritis, Gastritis, katarrhalische Gastritis

■ **Sclafani Bagni**
(90 km von Palermo) gegen dermatologische, gynäkologische und rheumatische Leiden

■ **Geraci Siculo**
(112 km von Palermo) vor allem gegen Nierensteine

■ **Terme Acquapia di Montavago**
(100 km von Trapani) bei traumatischen Verletzungen und Hautkrankheiten

■ **Terme Gorga**
(50 km von Trapani) gegen Arthrose, Rheumatismus, Akne, Psoriasis, Ekzeme

■ **Terme Segestane**
(45 km von Trapani) gegen rheumatische, Atmungs- und dermatologische Beschwerden

■ **Terme Vigliatore**
(50 km von Messina) gegen rheumatische, dermatologische und gynäkologische Beschwerden, gegen Krankheiten des Atemapparates, gegen Magenleiden

■ **Terme di Vulcano**
(auf der Insel Vulcano) gegen rheumatische und Gelenkkrankheiten

■ **Termini Imerese**
(35 km von Palermo) gegen Entzündungen der Atemwege, Erkrankungen der Haut und Magenbeschwerden

Rad fahren

Wer sein Fahrrad mitgebracht hat oder sich eines mietet, kann schöne Touren unternehmen, jedoch mit der Einschränkung, dass die Straßen vielerorts sehr schmal sind und es viele Berge zu überwinden gilt. Besser beraten ist derjenige, der mit dem Mountainbike auf den für Autos verbotenen Wegen reist. Ein **Moutainbike-Zentrum** mit vielen geführten Touren im Angebot befindet sich in Cefalù.

Die Firma *Vacanza in Bicicletta* organisiert im Sommer diverse **Radtouren,** darunter eine achttägige Ätna-Rundtour von Nicolosi bis Taroamina (hoch zum Ätna geht es aber mit dem Bus), und eine achttägige Tour durch das Val di Noto vorbei an den zum Weltkulturerbe gehörenden Städten Mòdica, Noto, Ragusa und Scicli.

■ **Vacanza in Bicicletta,** Via Umberto I 3, Piazza Armerina, Tel. 328 3611596, www.mtbsicilia.com.

■ **Bike Zone,** Fichtenstr. 43, 84030 Ergolding, Tel. 05 51 38 11 62 96 , www.bikezone-sizilien.de.

Mit „Sizilien per Rad" ist im Verlag Wolfgang Kettler ein gründlicher Rad-Reiseführer für Sizilien erschienen. Untrainierte Fahrradfahrer sollten die Region nicht unterschätzen: Viele und steile Berge müssen erklommen werden. Wer sich eine Route selbst zusammenstellen will, sollte den Süden und Westen vorziehen und an der Küste bleiben. Zu bedenken ist auch, dass die Sizilianer ihre Straßen relativ schmal gebaut haben; Fahrradfahrer können da schon einmal rücksichtslos abgedrängt werden. In den Städten ist der Radler das schwächste Glied auf der Straße, Motorroller und Autos führen Krieg gegeneinander, und Bauern werden eben geopfert.

Als **Mountainbiker** kann man auf Feldwegen und im Gebirge die Einsamkeit und die Natur im Landesinneren genießen, was einem normalen Radfahrer nicht gestattet ist. Letzterer bleibt auf die flacheren und verkehrsintensiven Küstenregionen angewiesen.

Auf Italienisch ist beim Verlag *Ediciclo Editore*, Portogruaro ein Mountainbike-Führer erschienen, der die Gegend um den Ätna, die Provinz Ragusa, das Nebrodi-Gebirge und die Peloritani-Berge abdeckt (von *Robert Greco*, ISBN 978-88-85327-59-7). Relativ gutes Kartenmaterial, Steigungsschnitte und genaue Beschreibungen zeichnen das Buch aus. Auch wer nur ein klein bisschen Italienisch kann, kommt damit zurecht.

Reiten

Viele der Agriturismo-Betriebe (s.o.) vermieten Pferde stunden- oder tageweise. Lassen Sie sich genaue Routenvorschläge geben. Gut geeignet sind das Iblea-Plateau der Provinz Ragusa und die Madonie, das Nebrodi-Gebirge und die Berge des Peloriotani. Wer aber auf eine längere Tour im Inselinneren geht, sollte schon gut reiten können und entsprechend ausgerüstet sein.

Ski fahren

Es existieren **drei Skizentren**: das Nebrodi-Gebirge, die Madonie und der Ätna. Man darf allerdings keinen Skizirkus wie in den Alpen erwarten; wenige Schlepplifte versorgen die Pisten. Der Charme liegt einfach in der Möglichkeit, sich nach dem Ski fahren am Strand die Sonne auf den Bauch scheinen zu lassen oder das Meer allgegenwärtig vor Augen zu haben, wenn man die Pisten hinunterkurvt. Am Ätna kann man von Dezember/Januar bis März/April Schnee genießen, in der Madonie bei Petralia, im Nebrodi-Gebirge am Monte Soro und bei Randazzo von Januar bis Februar/März. Unterkunftsmöglichkeiten sind vorhanden, von der einfachen Schutzhütte bis zum Hotel.

Tennis

Viele Hotels besitzen einen Tennisplatz, entsprechend der Kategorie der Unterkunft in besserem oder schlechterem Zustand. Auch Nicht-Gäste können meist gegen eine Gebühr den Platz benutzen.

> Wandern auf vulkanischem Gestein

Wandern

Im Frühjahr und im Herbst, mit Wetterglück auch im Winter, ist auf Sizilien Wanderzeit. **Am schönsten** ist es natürlich **im Frühling,** wenn die Natur erwacht und die Blumen bunt aus dem Grün sprießen.

Im Lauf der Jahre entstanden **viele Naturschutzgebiete** (mit kräftiger Nachhilfe durch die Bevölkerung, die Politiker konnten sich meist nicht von alleine in Bewegung setzen). Entsprechend schöne Wanderungen sind möglich, als reines Naturerlebnis oder gekoppelt mit archäologischer Kulturbetrachtung. **Hauptwandergebiete auf Sizilien** sind die Naturschutzgebiete Madonie, Nebrodi, Zingaro, Vendicari, Pantàllica, Ìspica, die Insel Pantellerìa und natürlich der Ätna. Aber auch an vielen anderen Orten sind immer wieder kleinere oder größere Spaziergänge und Wanderungen möglich. Bei den jeweiligen Ortsbeschreibungen im Buch wird darauf hingewiesen.

Eingefleischte Wanderer können auch jederzeit bei den fast einhundert Niederlassungen des *Corpo Forestale*, die über die ganze Insel verteilt sind und die man in jedem etwas größeren Ort findet, nach Wandermöglichkeiten in der Umgebung fragen. Für die Liparischen Inseln sei an dieser Stelle noch die Besteigung des Stromboli hervorgehoben, ein unbedingtes „Muss", wenn man in Süditalien ist.

Zur Ausrüstung gehören festes Schuhwerk, robuste Kleidung, Sonnenbrille/ -creme, Hut und Trinkflasche. Je nach-

dem, was man weiter vorhat (z.B. Übernachtung), muss das Gepäck entsprechend aufgestockt werden.

Denken Sie daran, dass man alles, was man in die Wälder und auf die Berge trägt, bei der Heimkehr auch wieder bei sich hat. **Müll** gehört in die dafür vorgesehenen Behälter. Vergegenwärtigen sollte man sich auch stets, dass der Großteil der Inselfläche als „hoch brandgefährdet" und „außerordentlich hoch brandgefährdet" eingestuft ist. Nicht umsonst ist im Sommer das *Corpo Forestale* auf den Straßen allgegenwärtig, wenn es mit Blaulicht in Löschfahrzeugen dem nächsten Brandherd in der freien Natur entgegeneilt.

Höhlenforschung

Auf Sizilien gibt es **viele Höhlensysteme,** die die Natur im Lauf der Jahrmillionen geschaffen hat. Das Gestein ist teils so weich, dass die Bewohner ganze Städte in die Berge getrieben haben (z.B. bei Ìspica und Pantàlica zu besichtigen). Entsprechend leicht fiel es der Natur.

Leider sind die Höhlensysteme nicht öffentlich zugänglich, man ist auf **Führer** angewiesen und benötigt **Erfahrung** als Bergsteiger und Speläologe. Ansprechpartner ist die Alpinvereinigung auf nationaler *(CAI)* und regionaler *(CAS)* Ebene, beide in Palermo vetreten.

■ **Club Alpino Italiano**
Gruppo regionale, Corso Paolo Agliata 158, 90027 **Petralia Sottana,** Tel. 34 92 22 72 62, www.cai.it.
■ **Club Alpino Siciliano**
Via P. Paternostro 43/**Palermo**
Tel. 091 58 13 23, www.clubalpinosiciliano.it.

Windsurfen

Das beste Windsurfgebiet im Sinne von Windsicherheit liegt im äußersten Süden zwischen Punta Secca und Portopalo, wo im Sommer bei stärkerem Wind die gesamte Surfjugend Siziliens die Strandpromenaden mit ihren Brettern verlegt. Auch bei Marsala gilt der Wind als segensreich. Optimale Windbedingungen sind im Sommer aber eher Glückssache.

Weinproben

Bekanntester Wein ist wohl der **Marsala.** Neben ihm existieren aber auch andere, die langsam, aber sicher im Bekanntheitsgrad zunehmen: der Weißwein aus Àlcamo, der **Moscato** von der Insel Pantellerìa oder aus Noto, der **Malvasia** von Lipari. Die Kultivierung der Traube soll auf Sizilien schon im Jahr 735 v. Chr. begonnen worden sein, Zeit genug, um richtiggehende Degustationsrouten auszuarbeiten. Die meisten Weinproben sind **kostenlos,** in manchen Gütern und Kooperativen muss man sich vorher anmelden; und was wir schon immer wussten: Weinproben sind keine Zechtouren!

▷ Zahlreiche archäologische Museen stellen die Zeugen der Vergangenheit aus

Religiöser Tourismus

Die Geschichte Siziliens ist auch eine Geschichte der Devotionalienkunst und der Volksreligion. Die Kirche und ihre Bauwerke sind allgegenwärtig, nicht nur im übertragenen Sinne. Die Gotteshäuser überragen die Ortschaften, und sollte dies einmal nicht der Fall sein, sind sie so zahlreich, dass man ihnen ebenfalls auf Schritt und Tritt begegnet. Wer an religiöser Architektur und an den christlichen Bräuchen interessiert ist, kann seinen gesamten Urlaub mit diesen Inhalten bestreiten. Ganz besonders farbenprächtig ist natürlich das **Brauchtum der Karwoche.** Kein Ort Siziliens, der kein Fest hätte. Aber auch das restliche Jahr über finden immer wieder Feierlichkeiten statt, insbesondere zur Würdigung der jeweiligen Dorf- und Stadtheiligen/Schutzpatrone. Um nur wenige zu nennen: In Palermo „regiert" die heilige Rosalia, die 1624 die Stadt von der Pest befreite; die heilige Agata rettete ihr Catania vor einem Ausbruch des Ätna, und die Statue der Märtyrerin *Santa Lucia von Syrakus* erblasst heute noch, wenn sie an der Säule vorbeigetragen wird, an die sie einst gefesselt war. Unter dem

Stichwort „Feste und Feiertage" und bei den Ortsbeschreibungen finden Sie Hinweise auf Feste und deren Termine.

Archäologie

Dies als letzten Punkt in der Liste der möglichen Aktivitäten, weil praktisch alles, was man auf Sizilien unternimmt, letztlich mit archäologischen Studien verknüpft werden kann: sei es die Ausgrabung am Strand, die Tempel neben der Disco, die Fundamente einer Kirche neben dem Supermarkt, die prähistorischen Wohnhöhlen auf der Wanderung – **auf Sizilien ist Archäologie allgegenwärtig.**

Sprache

Im Umgang mit offiziellen Stellen muss der Sizilien-Reisende Italienisch sprechen können. Selbst in den Tourismusbüros ist die Fähigkeit, wenigstens eine Fremdsprache zu beherrschen, kein Auswahlkriterium für die Anstellung. Auf der Straße hingegen erlebt man oft genug, dass man Sizilianern begegnet, die eine auf Italienisch gestellte Frage in schönstem Bayrisch oder Schwäbisch beantworten.

Wer mehr wissen möchte, ist mit den **Sprechführern** „Italienisch" und „Sizilianisch" (AusspracheTrainer auf Audio-CD erhältlich) aus der **Kauderwelsch-Reihe** des Reise Know-How Verlages, Bielefeld, bestens bedient. Und wer noch tiefer einsteigen möchte, kann nach dem Studium von „ItalienischSlang" (dieselbe Reihe beim selben Verlag) bald Lorbeeren auf der Straße ernten.

Im Anhang dieses Buches findet sich eine **Kleine Sprachhilfe** mit einigen Schlüsselwörtern und grundlegenden Redewendungen.

Sprachreisen

Zahlreiche Sprachschulen bieten Sizilienurlaub kombiniert mit Italienischkursen an. Ein empfehlenswerter Veranstalter ist *Solemar*: Neben der Sprachschule betreiben die Eigentümer die Vermittlung von Ferienwohnungen beispielsweise im Villenviertel von Palermo, Mongerbino, mit Badebucht, aber auch Sprachkurse kombiniert mit Hotelaufenthalt in Cefalù. Das „Laboratorio Linguistico" in Milazzo bietet Sprachkurse im Zuge eines Segeltörns durch die Liparen an.

■ **Solemar**, Via M.C. Tomasini 5, Cefalù, Tel. 09 21 92 10 29, www.solemar-sicilia.it.
■ **Laboratorio Linguistico**, Via N. Ryolo 20, Milazzo, Tel. 09 09 28 32 14, www.laboling.com.

Unterkunft

Auf Sizilien gibt es die ganze Bandbreite der Unterkunftsmöglichkeiten, vom hochluxuriösen Fünf-Sterne-Hotel bis zum einfachen Privatzimmer, vom feinsten Agriturismo in herrschaftlicher Villa bis zum ausgebauten Pferdestall mit Waschgelegenheit unter freiem Himmel, von der Apartmentanlage mit allem, was das unausgefüllte Touristenherz wünscht, bis zum Campingplatz ohne Schatten nahe der Mülldeponie.

Alle aber sind **klassifiziert** und in den offiziellen Listen zu finden. Die **Preise** sind durch die Behörden für jedes Jahr **festgelegt** und müssen in den Zimmern und an der Rezeption gut sichtbar aushängen. Sie sind gestaffelt nach Vor-, Neben- und Hauptsaison. Außerhalb der Hauptsaison kann man meist einen günstigeren Preis aushandeln.

Hotels/Alberghi

Hotel und *Albergo* ist ein und dasselbe. Die Tendenz geht aber dahin, die luxuriöseren Einrichtungen als Hotel zu bezeichnen, die weniger dem Geldadel verpflichteten Unterkünfte bleiben bei ihrem angestammten Gattungsbegriff. Die Klassifikation reicht von einem bis zu fünf Sternen. Die Klassifizierung geschieht offiziell, die Hotels müssen bestimmten Anforderungen genügen (Anzahl der Zimmer mit/ohne Bad, Größe und Anzahl der Aufenthaltsräume, Öffnungszeiten, Ausstattung etc.). Nicht berücksichtigt wird die Zeit seit der letzten Renovierung, d.h. in welchem Zustand die Einrichtung ist. Es gibt Drei-Sterne-Häuser, die in einem desolaten Zustand sind, andere mit zwei Sternen werden als Familienbetrieb mit hohem Augenmerk auf Sauberkeit und Funktion geführt.

Pensionen

Pensionen werden in der gleichen Kolumne eingestuft wie Hotels, entsprechen deutschen Gasthäusern und haben einen niedrigeren Standard.

Campingplätze

Es existieren viele, und im Sommer sind sie heillos überfüllt. Die Kategorien gehen von einem bis zu vier Sternen. Wichtige Auswahlkriterien sind der vorhandene Schatten, eine naheliegende Infrastruktur (Läden und Restaurants) sowie die Nähe zum Meer.

Auf Sizilien ist **Wildzelten verboten**. Sollte man das Glück haben, einen einsamen Strand zu finden, und schlägt dort sein Zelt auf, so kann man gewiss sein, dass man umgehend – spätestens aber in den frühen Morgenstunden des nächsten Tages – wieder verjagt wird.

Ferienwohnungen/-häuser

Ferienwohnungen können privat angemietet werden (in den großen deutschen Tageszeitungen finden sich vielfach Adressen) oder werden von Agenturen in den Touristenburgen vermittelt. Sie heißen „Residence", ihre Klassifizierung reicht von einem bis zu drei Sternen. Viele sind autarke Einrichtungen, der Bewohner muss seine „Burg" für den gesamten Urlaub nicht verlassen, er findet dort wirklich alles – bis auf Sizilien. Auch die Größe ist sehr unterschiedlich. Exklusive kleine Einrichtungen existieren ebenso wie riesige Anlagen mit Tausenden von Betten.

Jugendherbergen

Davon gibt es mehrere auf Sizilien, sie sind im Reiseteil bei den jeweiligen Ort beschrieben. Besitzt man einen internationalen Jugendherbergsausweis aus dem Heimatland, schläft man auch bei den sizilianischen Jugendherbergen zu einem günstigeren Tarif, sonst muss man eine Tagesmitgliedschaft erwerben. Die Preise bewegen sich zwischen 15 und 20 € pro Nacht. www.ostellidellagioventu.org.

- **Deutschland,** www.jugendherberge.de
- **Österreich,** www.oejhv.at
- **Schweiz,** www.youthostel.ch

Agriturismusbetriebe und Wohnungsvermietungen unter deutschsprachiger Leitung

Wer Wert darauf legt, im Urlaub mit seinen Gastgebern auch **deutsch** zu reden, findet auf Sizilien mehrere Agriturismobetriebe mit deutschsprachigen bzw. deutsch- oder österreichischstämmigen Gastgebern. Die Betriebe wurden so ausgewählt, dass sie die gesamte Insel abdecken und ausgezeichnet als Basis für die Entdeckung aller Sehenswürdigkeiten im Rahmen von Tagesausflügen dienen können. Im Einzelnen sind dies:

- **Giardino Donna Lavia**
  bei **Polizzi Generosa** (Region Cefalù) S. 85
- **Terrenia** (Region Taormina) S. 137
- **Don Mauro** (Region Sirascusa) S. 220
- **Torre Salsa** bei **Eraclea Minoa**
  (Region Agrigento) S. 320
- **Camillo Finazzo**
  (Region Trapani) S. 405
- **Case Vacanze Ginostra**
  (Liparische Inseln) S. 487

Privatzimmer/B&B

Privatzimmer, *Affittacamere* oder B&B, sind neben den Zelten die billigste Möglichkeit der Übernachtung. Meist werden um die fünf Zimmer vermietet, die Ausstattung ist naturgemäß unterschiedlich, viele Zimmer haben aber ein eigenes Bad. Die Preise bewegen sich zwischen 15 und 25 €, können aber auch auf 35 € hochschnellen. Viele der früheren Privatzimmervermietungen haben sich in B&B umbenannt, bieten das Frühstück aber in einer Bar außerhalb der Wohnung an. Richtige B&B-Betriebe kümmern sich um ihre Gäste auch mit einem schönen Frühstück.

- **Bed & Breakfast Italia**
Corso Vittorio Emanuele II, 282/00186 Roma, Tel. 066 87 86 18, www.bbitalia.it.

Ferien auf dem Bauernhof (Agriturismo)

Es bestehen mehrere Vereinigungen des Agriturismo. Die zwei wichtigsten sind: **Turismo Verde/Consorzio Villaggio Globale** und **Agriturist.** Beileibe nicht jeder Bauernhof oder landwirtschaftliche Betrieb kann Mitglied werden. Qualitätskriterien müssen erfüllt sein, bevor man das Privileg genießen kann, einem der Verbände angehören zu dürfen.

Da der Name *Agriturismo* nicht geschützt ist, gibt es durchaus schwarze Schafe, die sich so benennen, aber nicht einmal den Minimalvoraussetzungen der beiden großen Verbände entsprechen. Auch bietet nicht jeder Agriturismo-Betrieb Unterkunft an. Manche servieren lediglich die Abendmahlzeiten, ja es gibt sogar Höfe, wo man nur einkaufen kann. Da Agriturismo-Häuser durchweg landwirtschaftliche Betriebe sind, gibt es sie naturgemäß nur auf dem Land. In den meisten Fällen ist nur der motorisiert Reisende in der Lage, die Bauernhöfe zu erreichen, da sie weitab von den Hauptrouten liegen. Die Preise gestalten sich entsprechend dem Standard unterschiedlich. Sie können mit 25 € auskommen, aber auch 100 € sind möglich.

- **Agriturist,** Corso Vittorio Emanuele 101/Rom, Tel. 066 85 23 42, www.agriturist.it.
- **Turismo Verde,** Via Remo Sandron 63/Palermo, Tel. 091 30 81 51, www.turismoverde.it.

Winterhalbjahr

Wer im Winter nach Sizilien reist und eine Ferienwohnung anmieten will, sollte in Erfahrung bringen, ob sie **beheizbar** ist. Da die Häuser und Wohnungen am Meer vornehmlich für die Sommerferien gebaut wurden, kann es in ihnen im Winter nicht selten klammfeucht und bitterkalt werden.

Versicherungen

Egal welche Versicherungen man abschließt, für alle sollte man die **Notfallnummern** notieren und mit der **Policenummer** gut aufheben! Bei Eintreten eines Notfalles sollte die Versicherungsgesellschaft sofort telefonisch verständigt werden!

Ist man mit einem Fahrzeug unterwegs, ist der **Europaschutzbrief** eines Automobilclubs eine Überlegung wert. Die **Krankenversicherungen** sind im Kapitel „Gesundheit" abgehandelt. Ob es sich lohnt, weitere Versicherungen abzuschließen wie beispielsweise eine Reiserücktrittsversicherung, Reisegepäckversicherung, Reisehaftpflichtversicherung oder Reiseunfallversicherung, ist individuell abzuklären. Gerade diese Versicherungen enthalten viele Ausschlussklauseln, sodass sie nicht immer Sinn machen.

Andere Versicherungen

Eine Privathaftpflichtversicherung hat man in der Regel schon. Will man eine **Unfallversicherung** abschließen, sollte man prüfen, ob diese im Falle plötzlicher Arbeitsunfähigkeit aufgrund eines Unfalls im Urlaub zahlt. Durch manche **Kreditkarten** oder eine **Automobilclubmitgliedschaft** ist man für bestimmte Fälle schon versichert. Auch das gilt es zu prüfen.

Architektur, Kunst und Literatur | 582
Flora und Fauna | 556
Geografie und Geologie | 552
Geschichte und Politik | 559
Gesellschaft und Kultur | 578
Klima | 555
Religion | 580
Wirtschaft | 576

12 Land und Leute

Als die Germanen gerade den Wald verließen, baute man auf Sizilien schon grandiose Paläste und handelte mit der antiken Welt.

◁ Am Nachmittag treffen sich die Männer auf der Piazza zu einem Schwatz

Geografie und Geologie

Lage und Landschaft

Sizilien hat die **Form eines Dreiecks und liegt** – einer Brücke gleich – zwischen der Stiefelspitze Italiens und Nordtunesien, zugleich trennt es das westliche vom östlichen Mittelmeer. Hügelland und Gebirge sind die vorherrschenden Landschaftsformen (86 % der Inselfläche), Ebenen findet man nur im Umkreis einiger Städte (Piana di Catania, Conca d'Oro um Palermo) sowie in Nordwest-Sizilien (Trapani) und an Flussmündungen entlang der Südküste wie bei Gela.

Der markanteste und berühmteste Berg Siziliens ist der etwa **3323 m** hohe **Ätna,** ein noch heute aktiver Vulkan, der den Nordosten der Insel beherrscht und durch immer neue Ausbrüche auch jeweils seine Höhe verändert. Zwischen Ätna und Palermo begleiten die Monti Peloritani, Nebrodi-Berge und die Madonie den Küstenverlauf nach Norden und Westen. An den Hängen der Peloritani und der Nebrodi wird überall, wo es möglich ist, Ackerbau betrieben. In der Madonie dagegen ist die Gebirgslandschaft karger und einsamer. Mit dem **1975 m** hohen **Pizzo Carbonara** besitzt sie den zweithöchsten Gipfel Siziliens. Geologisch gelten die Höhenzüge als Fortsetzung des Apennin vom italienischen Festland. Sie schieben sich immer wieder ganz nahe ans Meer heran. Schmale Buchten und schroffe Felszungen dominieren die Küstenlandschaft, und dort, wo zwischen Meer und Gebirge noch Platz bleibt für Felder, werden auf dem fruchtbaren Boden Zitrusfrüchte und Wein angebaut. Südlich des Ätna breitet sich die 430 km² große **Ebene von Catania,** eines der wichtigsten Agrargebiete Siziliens, aus. Sie ist durch Anschwemmungen des hier ins Meer mündenden Flusses Simeto entstanden und dank der vulkanischen Erde des nahen Ätna besonders fruchtbar. Weiter nach Südosten wächst die von tiefen Schluchten durchschnittene Kalksteintafel der **Monti Iblei** aus der Küstenebene fast senkrecht auf bis zu 1000 m empor. Tiefe Schluchten, *cave,* zerfurchen diesen mächtigen Gesteinsblock, malerische Barockstädtchen klammern sich an steile Hänge, und entlang der Canyons künden die schwarzen Löcher unzähliger Grab- und Wohnhöhlen von der langen Besiedelung dieser Region. An der südöstlichen Spitze Siziliens erstrecken sich den Ibleischen Bergen vorgelagert fruchtbare Ebenen, in denen Gemüse und Obst gedeihen. Weite, kilometerlange Sandstrände laufen hier flach ins Afrikanische Meer aus.

Eingebettet in dieses Halbrund der Gebirge liegt das hügelige **zentralsizilianische Hochland,** das **klassische Anbaugebiet für Weizen** und andere Getreide. Noch im Mittelalter standen hier dichte Wälder, heute dehnt sich das Hügelland endlos und nur ab und an mit Bäumen bestanden in die Weite. Mit den Jahreszeiten wechselt es sein Kleid und seine Erscheinung. Ein frisches Grün überzieht es im Frühjahr, wenn die Getreidehalme zu sprießen beginnen, einem goldenen Meer gleich wogen die Felder im Frühsommer, um sich schließlich nach der Ernte in einen graubraunen Flickenteppich zu verwandeln, auf dem Kühe und Schafe die Reste abweiden. Siedlungen sind selten in dieser Region, ab und an ein einsamer Bauernhof aus Bruchsteinen erbaut, gelegentlich ein großes befestigtes Dorf auf der Kuppe eines Hügels, umgeben von den **Bausünden der 1960er Jahre**, monströsen Hochhäusern auf unsicherem Grund. Im Zentrum um Enna, das Höhen bis 1000 m erreicht, hat der **Schwefelabbau** tiefe Wunden in die Landschaft gerissen.

Weitgehend hügelig bis flach läuft die Hochebene nach Südwesten und Westen zum Meer hin aus. **Weinkulturen und Salzgewinnung** stehen in dieser Region im Vordergrund, mit endlosen Feldern nutzt man die landwirtschaftlichen Möglichkeiten, die eine der wenigen sizilianischen Ebenen (südlich von Trapani) bietet. Nordöstlich davon liegt mit dem 1980 gegründeten **Zingaro-Naturpark** das älteste (!) und eines der schönsten Naturschutzgebiete Siziliens.

Inseln um Sizilien

Trinacria, die „Dreispitzige", wie die Griechen Sizilien nannten, wird von drei Meeren begrenzt. Im Norden umspült das Tyrrhenische Meer die gebirgige, buchtenreiche Küste. Der vom mächtigen Massiv des Ätna dominierte Osten Siziliens öffnet sich zum Ionischen Meer, während die Südküste von der „Straße von Sizilien" oder dem Mare Africano vom Schwarzen Kontinent getrennt ist. Zu Sizilien gehören auch mehrere **Inselgruppen**. Das Archipel der Äolischen (oder Liparischen) Inseln bildet eine Kette von teils noch aktiven Vulkanen zwischen dem nordsizilianischen Milazzo und Neapel. Vor Palermo liegt Ùstica, ein Unterwasserparadies, das zum Nationalpark erklärt wurde. Berühmt-berüchtigt für das schaurig-blutige Schauspiel des Thunfischfangs *(matanza)* sind

Sizilien in Kürze

Politischer Status: Autonome Region Sizilien
Einwohner: 4,960 Mio.
Lebenserwartung im Durchschnitt: Männer 78, Frauen 83 Jahre
Arbeitslosigkeit: um 19,5%
Analphabetenrate: um 7,5%
Größe: 25.711 km², größte Mittelmeerinsel; Länge im Norden: 270 km, im Süden 291 km, Breite 189 km
Lage: zwischen 36,6 und 38,3 nördlicher Breite, zwischen der italienischen Halbinsel und Tunesien, durch die 3 km breite „Straße von Messina" vom italienischen Festland und durch die 160 km breite „Straße von Sizilien" von Afrika getrennt.
Hauptstadt: Palermo (1,05 Mio. Einwohner im Großraum der Stadt)
Wichtige Städte: Catania (315.000 Einwohner), Messina (242.000), Siracusa (122.000)
Provinzen: 9 Provinzen (Agrigento, Caltanissetta, Catania, Enna, Messina, Palermo, Ragusa, Siracusa, Trapani)
Höchster Berg: Vulkan Ätna (3343 m)
Wirtschaft: Landwirtschaft (Weizen, Weintrauben, Orangen, Oliven, Mandeln); Fischerei (Krustentiere, Thunfisch – größte Fangflotte Italiens); Petrochemie, Erdöl und Erdgas

Geografie und Geologie

die Egadischen Inseln vor Trapani. Aus Kalkstein bestehen Lampedusa und Lampione, die beiden größeren der Pelagischen Inseln südlich Siziliens, die zugleich den südlichsten Punkt Italiens markieren. Vulkanischen Ursprungs ist wiederum das Eiland Pantellerìa im Süden, vielleicht das letzte Zeugnis einer früher zwischen dem afrikanischen Kontinent und Sizilien bestehenden Landverbindung.

Wasseradern

Noch im Mittelalter besaß die Insel zahlreiche stetig fließende Flüsse, die aber nach und nach austrockneten – die **Abholzung der innersizilianischen Waldgebiete** und eine globale **Verschiebung im Klimagefüge** haben auch Siziliens Wetterkarte verändert. Heute gibt es kaum noch durchgängig wasserführende Flüsse. Die meisten Wasserläufe entspringen in den Gebirgsregionen, durchqueren die Hochebene und münden – sofern sie sie erreichen – an der Südküste ins Meer. Sie bieten optimale Voraussetzungen für die Bewässerung der Agrarlandschaft. Allerdings geht im Sommer viel Wasser durch die starke Verdunstung verloren. Zu den wichtigsten Flüssen zählen der Simeto, der bei Catania ins Meer mündet, sowie Platani und Belìce, die das Gebirge nach Süden hin entwässern.

Wegen seiner **malerischen Schluchten** berühmt ist das Flüsschen Alcantara nördlich des Ätna-Massivs. Im Sommer sind fast alle Wasserläufe ausgetrocknet, können sich aber nach den Winterregen in gefährlich reißende Ströme *(fiumare)* verwandeln. Zu den wenigen natürlichen Seen Siziliens zählt der unweit von Enna gelegene, fast kreisrunde Lago di Pergusa. Zahlreich sind die künstlich angelegten **Stauseen,** die der Stromerzeugung oder der Bewässerung der Agrargebiete dienen.

Geologie

Geologisch gehört Sizilien zu Eurasien und Afrika. Quer durch die Insel verläuft die Kontaktzone der Eurasischen und der Afrikanischen Platte. An der „Nahtstelle" kommt es immer wieder zu Reibungen, die die heftigen **Erdbeben** auslösen, unter denen vor allem die südliche Hälfte Siziliens zu leiden hat. 1991 traf ein größeres Erdbeben die Ortschaft Lentini. Im Dezember 2002 versetzten heftige Erdstöße die Bewohner Palermos in Angst und Schrecken.

An solchen Nahtstellen findet auch das Magma aus dem Erdinneren seine Wege nach oben und eine Kette von **Vulkanen** entsteht: Ätna, Vulcano und Stromboli sind heute noch aktiv, auf den anderen Vulkaninseln und sogar mancherorts auf Sizilien zeugen Fumarolen und Schwefelquellen von der vulkanischen Vergangenheit.

Die nördlichen Gebirge dagegen sind geologisch mit dem Apennin verwandt. Gneis und Glimmerschiefer formen die schroffen Peloritani, Sandstein und Ton haben den Nebrodi-Bergen ihre weichgerundete Gestalt gegeben. Die Madonie schließlich verdanken dem Sand- und Kalkstein ihr kahles, karstähnliches Aussehen mit den für den Karst typischen Dolinen, die hier *quarare* heißen.

Klima

„Insel der Sonne" wurde Sizilien bereits von den alten Römern genannt. Doch bietet das Wetter durchaus kein einheitliches Bild: Das **mediterrane Klima** Siziliens wird durch die landschaftliche Gliederung und die von Afrika kommenden Winde stark variiert. Entlang der **West-, Ost-** und **Nordküste** sind die Temperaturen meist milder als im Inselinneren. Die Durchschnittstemperaturen liegen im Sommer um 26°C und fallen in den Wintermonaten auf durchschnittliche 10°C. An der etwas wärmeren **Südküste** sorgen der aus Südosten wehende **Scirocco** und sein aus Südwesten kommender, ebenso unangenehmer Bruder **Libeccio** oft tagelang für ein schwülfeuchtes, drückendes Klima und Sand in der Luft. Im **Inselinneren** liegen die Temperaturen – nicht zuletzt wegen der stärkeren Schwankungen zwischen Tag und Nacht – um durchschnittlich 19°C im Sommer und 5°C im Winter.

Regen im Hochsommer ist eher selten, doch in den übrigen Jahreszeiten ist durchaus mit Wolkenbrüchen zu rechnen. Richtig einregnen kann es sich entlang der Nordküste, wo der Gebirgsriegel als Wolkenfänger für die von Norden kommenden Wetterströmungen fungiert. Über 1300 mm Regen empfangen beispielsweise die Nebrodi-Berge, in Palermo fallen bis zu 700 mm, während die Jahresniederschlagsmenge an der Küste im Osten und Süden unter 500 mm sinkt. Die höheren Gipfel hüllen sich im Winter in eine strahlend weiße **Schneedecke**.

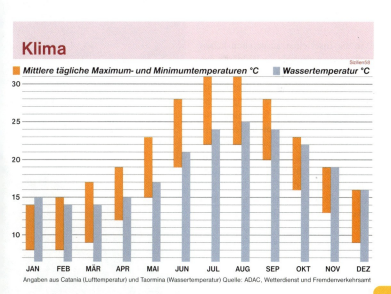

Angaben aus Catania (Lufttemperatur) und Taormina (Wassertemperatur) Quelle: ADAC, Wetterdienst und Fremdenverkehrsamt

Flora und Fauna

Sizilien ist seit über 2000 Jahren **Agrarland.** Zunächst wurden nur leicht zugängliche Flächen für die Landwirtschaft genutzt, doch mit der wachsenden Bevölkerung und der gleichzeitigen Auslaugung der Böden breiteten sich die Felder auch noch in die abgelegensten einigermaßen fruchtbaren Winkel der Insel aus, während zugleich die letzten Wälder der Axt der Schiffsbauer zum Opfer fielen. Von der ursprünglichen Flora und Fauna der Insel konnte sich unter diesen Umständen nicht viel halten. Das wenige, wie beispielsweise die **Papyrusstauden** am Flüsschen Ciane in der Nähe von Syrakus, wird nun sorgfältig geschützt.

Wälder und Baumkulturen

Wie die Insel einst ausgesehen haben mag, davon vermitteln die Wälder in den Monti Madonie und Nebrodi sowie der von Obstkulturen (und Lava) verschonte Nationalpark an den Hängen des Ätna ein Bild: **Korkeichen, Kastanien, Buchen, Birken** und **Ulmen** bilden ein schattiges Dach, unter dem sich's gut wandern lässt und das seit 1987 unter Naturschutz steht. Entlang der Küste und oft auch an den Hauptstraßen stehen vor allem silbriggraue **Eukalyptusriesen,** die man überall in der mediterranen Welt gerne zur Aufforstung verwendet, weil sie so schnell wachsen und zudem Feuchtgebiete trockenlegen helfen. Dass diese Bäume aggressiv andere Pflanzenarten verdrängen, ist die Kehrseite der Medaille.

Auf den Feldern stehen **Olivenbäume** – ein Erbe der griechischen Siedler – und **Zitrusbäume,** die dank der arabischen Handelsverbindungen aus Ländern wie China mit den Byzantinern nach Sizilien kamen und von den Muslimen erfolgreich kultiviert wurden. Ebenfalls aus dem islamischen Kulturkreis stammen das knorrige **Johannisbrot,** dessen Früchte nicht nur als Viehfutter, sondern ihrer stärkehaltigen Samen wegen auch in den lokalen Backstu-

> Schloss hoch über Palermo

ben Verwendung finden, **Dattelpalme** und **Banane.** Dazu kommen Feigen, Pistazien und Walnüsse sowie **Mandelbäume,** die die Insel im Februar mit einem weißen Blüteschleier bedecken.

Gemüse und Getreide

Noch heute dominieren die Halme des *grano duro,* des **Hartweizens,** die Getreidefelder Innersiziliens. Jahrtausendelang begründete dieses widerstandsfähige Korn den Wohlstand Siziliens bzw. seiner jeweiligen Herren (siehe „Geschichte"). Ab dem 18. Jh. geriet es dann, vom gefälligeren Weichweizen verdrängt, aus der Mode. Heute hat der Hartweizen zumindest die Herzen der Nudelliebhaber zurückerobert, gilt er doch als besonderes Qualitätsmerkmal für *pasta al dente.* Zu einem Zentrum für **Treibhauskulturen** hat sich der gesamte Südosten Siziliens gemausert. Unter Planen vor Wind und Sonne geschützt gedeihen hier Tomaten, Artischocken, Paprika – kurzum alles, was an Frühgemüse zu Jahreszeiten in Mitteleuropas Läden kommt, zu denen es noch gar nicht hätte wachsen dürfen. Verschönert wird die Landschaft nicht unbedingt durch die gräulich-weißen, vielerorts zerfledderten Planen, die links und rechts der Straße kilometerweit die Pflanzungen abdecken, doch sie sorgen für wirtschaftlichen Wohlstand.

173si fk

Blütenzauber

Faszinierend, was wild und ohne besondere Bewässerung am Straßenrand grünt und blüht. **Bougainvillea, Jasmin** und **Mimosen** wuchern mit geradezu aufdringlicher Üppigkeit, sogar im Sommer, wenn der Ackerboden unter der trockenen Hitze nur noch staubt. **Geranien** sind das Wahrzeichen der Liparischen Inseln, wo sie wild und ungestüm aus jeder noch so unwirtlich scheinen-

Umwelt

Müllhalden an den Stränden, wild entsorgte Kühlschränke, Autowracks oder Nähmaschinen am Straßenrand, verrottende Eisenträger und halbfertige Autobahnauffahrten, die im Nichts enden – so sieht Sizilien vielerorts auch aus. Der Umgang mit Müll spricht eine sehr deutliche Sprache über das nicht vorhandene Umweltbewusstsein der meisten Sizilianer und das große Geschäft mit dem Abfall, das immer noch von mafiösen Strukturen durchdrungen ist; dazu kommen Bau-Objekte, die von Spekulanten ohne Rücksicht auf Landschaft oder Umwelt durchgezogen und oft genug halbfertig einfach stehengelassen werden. Ebenso unwirklich sind die heruntergekommenen Betonklötze, die wie ein steingewordenes Symbol für die mafiösen Bauspekulationen einen erstickenden Kordon um fast jedes Städtchen ziehen.

Der Umweltschutzgedanke und die Idee, eine Verantwortung für seine Umwelt zu tragen, haben in Sizilien noch nicht allzuviele Anhänger gefunden. Es gibt zwar verschiedene „grüne" Gruppierungen (Lega Ambiente, La Rete), die recht erfolgreich im Regionalparlament vertreten sind, doch die große Mehrheit der Menschen ist völlig sorglos im Umgang mit ihrer Heimat. Immerhin wurden gegen die Interessen der Politik Naturparks durchgesetzt – wie Zingaro – und sinnlose und für das ökologische Gleichgewicht ge- fährliche Baumaßnahmen abgeblockt. Kläranlagen wurden und werden gebaut, die Industrie unterliegt stärkerer Beobachtung, die Gemeinden sind verpflichtet, Bebauungspläne zu erstellen, damit dem extremen Wildwuchs des Schwarzbaus Einhalt geboten werden kann und die nicht genehmigten Gebäude wieder abgerissen werden können. Es wird also versucht, die Sünden der Vergangenheit rückgängig zu machen oder sie wenigstens abzumildern. Doch die allgemein dominierende Haltung ist wohl jene, die die Hilflosigkeit des einzelnen gegenüber denjenigen betont, die die Sünden begehen: Wen kümmert seine weggeworfene Plastikflasche, wenn die anderen ungehindert Wasser und Luft vergiften. Insbesondere wenn die Müllberge an den Ausfallstraßen der Städte ins Unermessliche gewachsen in der Sommerhitze penetrant vor sich hinstinken.

Die Umwelt ist der Spiegel einer Gesellschaft, die seit zweitausend Jahren fast nur Ausbeutung, Fremdherrschaft und Gewalt erfahren hat. So gesehen ist es wichtig, dass in Sizilien außerhalb der Hotelstrände und Feriensiedlungen nur wenige Ecken für den Tourismus aufgemöbelt wurden. Der Gast könnte die manchmal gar nicht schöne Aussicht als Anstoß nehmen, trotz Urlaubsstimmung über die bittere soziale und politische Realität in seinem Ferienziel nachzudenken.

den Felsspalte hervortreiben. Wildwachsend oder gepflanzt locken **Opuntien** mit ihren feuerroten Früchten Unvorsichtige zum Mahl – wer die süßen Kaktusfeigen ohne Schutz berührt, wird von Hunderten haarfeiner Nadelhärchen gepiekst. Bei Wanderungen lassen sich wilde **Orchideenarten** entdecken, einige darunter sind auf Sizilien endemisch. Aromatisch duften die Stauden des bis zu einem Meter hohen **wilden Fenchels.** Zusammen mit Minze, Basilikum, Salbei und den vielen anderen Kräutern und Blüten breiten sie im Frühjahr und Sommer einen wahren Dufteppich übers Land und bereichern mit ihren herben Aromen die sizilianische Küche.

Tierwelt

Die ursprüngliche Tierwelt wurde ausgerottet – zum einen fehlt ungestörter Lebensraum, zum anderen sind die Sizilianer ähnlich wie ihre Landsleute vom Festland passionierte Jäger, die auf alles schießen, was sich bewegt.

Esel, Schafe, Ziegen, Rinder und **Pferde** stehen auf den Weiden, Hauskatzen und Hunde haben ihre wilden Artgenossen, die früher die Mausjagd besorgten, abgelöst. Nur noch einige **Wölfe** sollen in unzugänglichen Tälern des Nordens ein kümmerliches Dasein fristen. Zur Vogelwelt gehören Raubvögel, darunter **Adler** und **Geier.** Manchmal bleiben im Winter die nordeuropäischen **Zugvögel** auf Sizilien hängen, doch die meisten ziehen weiter ins wärmere Afrika. Allgegenwärtig sind die Elstern, die den jungen Vögeln böse zusetzen. An einigen Stränden kommen **Meeresschildkröten** zur Eiablage an Land; früher galten die Tiere als Delikatesse, heute stehen sie unter strengem Naturschutz.

Reichhaltig ist trotz Überfischung immer noch die Meeresfauna. Riesige **Schwert-** und **Thunfische** werden jeden Morgen von den Fischern an Land gebracht, um von wartenden Aufkäufern der Restaurants und Hotels mit Kennermiene geprüft und gewogen zu werden. In punkto Krustentiere holen die Sizilianer sogar knapp 70 % der gesamten nationalen Fangmenge aus dem Meer.

Geschichte und Politik

Durch die geografische Lage war Sizilien von Anfang an im Schnittpunkt der Kulturen und politischen Interessenssphären aller im Mittelmeer operierender Groß-mächte. Minoer, Phönizier, Karthager, Griechen und Römer gaben sich auf der Insel die Klinke in die Hand. Später folgten Vandalen, Araber und Normannen, und schließlich stritten Spanien und Österreich um das Eiland. In mancherlei Hinsicht haben die verschiedenen Einflüsse die Insel bereichert, doch sie haben zugleich ein System rücksichsloser Ausbeutung der Ressourcen geprägt, das bis heute nicht überwunden scheint.

Die griechische Expansion

Jeder kennt die tragische Geschichte von **Daidalos und Ikaros,** denen die spektakuläre Flucht mit selbstgebauten Flügeln aus dem Reich des kretischen Königs Minos gelang, bei der Ikaros, der Sohn, schließlich den Tod fand. Daidalos verschlug es nach Sizilien, wo er für den Sikaner-Herrscher Kokalos als Baumeister arbeitete. König Minos wollte sich seinen besten Handwerker (der zudem das Geheimnis des Labyrinths kannte) aber nicht so einfach abspenstig machen lassen und rüstete zum Feldzug gegen Sizilien. Dort wurde er von Kokalos überlistet und ermordet. Seine Männer aber beschlossen, auf der fruchtbaren Insel zu bleiben und gründeten eine minoische Kolonie – so die Legende. Dass Siedler aus dem minoischen Kreta tatsächlich nach Sizilien kamen, ist heute eine recht umstrittene These – minoisches Gerät, das in Gräbern gefunden wurde, gilt eher als Beleg für frühe Wirtschaftsbeziehungen mit den Kretern. Doch im 8. Jh. segelten dann tatsächlich Kolonisten aus Korinth, Euböa, Rhodos und Kreta nach Westen und gründeten Leontinoi (Lentini), Katane (Catania), Syrakus, Megara Hyblaea und Gela – alle in der östlichen, sikulischen Hälfte der Insel. Mit den Sikulern unterhielten die meisten neuen Siedler offenbar friedliche Handelsbeziehungen, wenngleich in den Chroniken auch von „Aufständen" die Rede ist. Neue Kolonisatoren zogen weiter nach Westen (Himera, Selinunt) in die Siedlungsgebiete der Sikaner und Elymer, die sich der Hellenisierung stärker widersetzten als die Sikuler. Unbehelligt von der griechischen Expansion blieben vorläufig die phönizischen Stützpunkte Moytia (Mozia) und Panormos (Palermo).

Konkurrenz, Rivalität und wechselnde Loyalitäten kennzeichneten das **Verhältnis der Griechenstädte** untereinander. Nicht selten wurde gegeneinander Krieg geführt und dabei auch wieder die jeweilige Mutterstadt um Hilfe bemüht, ja manchmal schloss man sogar Bündnisse mit der Konkurrenz, in diesem Fall Karthago. Mit dem Aufstieg Karthagos – einer phönizischen Stadtgründung an der Stelle des heutigen Tunis – hatte sich ab dem 6. Jh. eine Rivalität zwischen Griechen und Karthagern um die Einflusssphären auf der Insel abgezeichnet. In Sizilien konzentrierte sich die griechische Macht ab dem 5. Jh. in Gela und Himera in den Händen von Tyrannen.

Nach den Jahrhunderten der Verwaltung durch aristokratische Familien (nach griechischem Vorbild) waren die „Tyrannen" eine sizilianische Neuerung auf dem Feld der antiken Politik. Angefangen hatte es um 600 v. Chr. mit Panaitios, der unterstützt von den weniger privilegierten Einwohnern als Tyrann die Herrschaft über Leontinoi übernahm. Ihm folgten dann zwischen 500 und 466 v. Chr. mehrere gelehrige Schüler, die sich an Machtentfaltung und Grausamkeit gegenseitig überboten und somit den Begriff „Tyrann" erst zum Synonym für etwas Schreckliches machten. Berühmt ist die Geschichte von Phalaris, des Tyrannen von Agrigent, der Feinde gerne in einem bronzenen Stier rösten ließ. Hippokrates, der Tyrann von Gela, eroberte mit seiner Söldnerarmee den sizilianischen Osten, machte sich Naxos, Messina und Leontinoi tributpflichtig und stand schließlich vor den Toren von Syrakus – dies allerdings ohne Erfolg. Sein selbstgewählter Nachfolger Gelon versetzte die Hälfte der Einwohner von Gela in das schließlich doch noch eroberte Syrakus und sorgte so für eine ihm wohl gesonnene Stimmung in der Stadt. Sein einziger ernsthafter Rivale war der mächtigste Mann im Westen Siziliens, der Tyrann Theron, der Himera erobert hatte. Himeras vormaliger Souverän rief daraufhin die Karthager zu Hilfe, eine Praxis, die sich in Sizilien noch oft wiederholen sollte und die fast immer zum Nachteil der Sizilianer endete. In diesem Falle ging die Expedition für Karthago schlecht aus. 480 v. Chr. wurden sie von Gelon in der berühmten Schlacht von Himera vernichtend geschlagen. Auch die Armee aus Athen, die 415 v. Chr. Segesta im Krieg gegen Syrakus und Selinunt zur Hilfe eilte, wurde besiegt und in die Sklaverei verkauft. 409 v. Chr. kamen die Karthager Segesta zu Hilfe, diesmal unter Führung des berühmten Hannibal, und eroberten den Westen Siziliens.

Die römische Kornkammer

264 v. Chr. brach der **Erste Punische Krieg** zwischen Karthago und Rom aus.

Tyrannis in Sizilien

Wie im griechischen Mutterland gab es auch in den sizilianischen Städten zwei Epochen, in denen Tyrannen die Herrschaft an sich rissen. Die erste, ältere Tyrannis begann um 600 v. Chr. und endete 466 mit der Wiedereinführung demokratischer Strukturen; die zweite Phase Tyrannis begründete 405 v. Chr. *Dionysios I.*, Tyrann von Syrakus. Sie fand erst mit der römischen Eroberung Siziliens im Jahre 264 v. Chr. ein Ende.

Als Tyrannen bezeichneten die alten Griechen einen Gewaltherrscher, dessen Macht nicht durch Königtum legitimiert war. Die meisten Tyrannen stammten aus der Adelsschicht und waren wohlhabend genug, ein großes Söldnerheer anzuwerben und zu unterhalten, mit dessen Hilfe sie sich an die Macht putschten. Mit den Armen und Benachteiligten hatten die wenigsten Tyrannen etwas am Hut – Ungerechtigkeiten in punkto Besitz und politischen Einfluss waren nicht der Impetus zur Herrschaftsübernahme, sondern persönlicher Ehrgeiz, Größenwahn und Machtgier.

Als Paradebeispiel für einen Tyrannen gilt *Dionysios I.* von Syrakus. Er besiegte und vertrieb die Karthager, eroberte sogar den Stützpunkt Moiza und verpflanzte, wie sein Vorgänger *Gelon*, ganze Bevölkerungsgruppen von hier nach da, wie die aus Leontinoi nach Syrakus (auch das Umsiedeln ganzer Dörfer wurde fortan zu einer sizilianischen Praxis). Knapp vierzig Jahre lang zog er kämpfend über die Insel, eroberte auch Teile Unteritaliens, baute Festungen aus, warf Aufstände nieder. Wie alle anderen Tyrannen nach ihm schaffte er es aber nicht, seine Herrschaft auf eine solide und funktionierende Grundlage zu stellen. Dort, wo seine Gewalt nicht oder nicht mehr hinreichte, bröckelte das Reich. Sein Sohn und designierter Nachfolger, der die kriegerische Ader seines Vaters nicht geerbt hatte, wurde folglich von einem neuen Tyrannen, *Dion*, gestürzt. Dieser fiel einem Attentat seines Freundes *Kallippos* zum Opfer. Das Tyrannen-Karussell – Putsch, Herrschaft, Chaos, Putsch – drehte sich weiter, bis die Römer dem Spiel ein Ende bereiteten.

Er wurde hauptsächlich auf sizilianischem Boden ausgetragen und endete 241 mit der Niederlage Karthagos und der Vertreibung der Punier von der Insel. Sizilien wurde befriedet und römischer Verwaltung unterstellt; nur Syrakus, das Rom unterstützt hatte, behielt unter seinem König *Hieron* eine gewisse Autonomie. Mit Ausbruch des **Zweiten Punischen Krieges** schlug sich Syrakus auf die Seite der Karthager, wurde schließlich besiegt und der **Provinz Sicilia** einverleibt.

Das römische Verwaltungssystem beruhte auf der Erhebung diverser Abgaben und Steuern. Im jährlichen Wechsel wurden Statthalter auf die Insel geschickt, denen zwei Quästoren (Finanzbeamte) zur Seite standen. Grundbesitz von „Feinden" konnte beschlagnahmt werden. So wurde das Land nach und nach enteignet, in römischen Besitz übergeben und in große Güter, latifundiae, aufgeteilt, die meist von Sklaven bestellt wurden. Die Getreide-Exporte gingen ausschließlich nach Italien.

Die römische Herrschaft leitete eine der wenigen **friedlichen Epochen** Siziliens ein, zugleich aber begann mit ihr die Praxis der rücksichtslosen Ausbeutung sizilianischer „Rohstoffe". Der erwirtschaftete Gewinn floss nicht mehr wie bislang in den Säckel der einheimischen Grundbesitzer oder der Städte, sondern ging nach Rom. Niemand hatte ein Interesse an einer schonenden landwirtschaftlichen Erschließung. Man wollte möglichst schnellen und hohen Gewinn machen, was nur um den Preis des Raubbaus – Abholzung, Überweidung, Auslaugung der Böden – gelang. Diese rücksichtslose **Ausbeutung der natürlichen Ressourcen** der Insel wie auch der Arbeitskräfte zieht sich seit Roms Machtübernahme als roter Faden durch die sizilianische Geschichte bis ins 19. Jh. der Gutsherren. Dass Sizilien, die einstige Kornkammer, heute vielerorts einer Wüstenei gleicht, ist dieser Haltung der jeweiligen Inselherren zu danken. Zwei große **Sklavenaufstände** brachten im 2. Jh. v. Chr. erneut Kriegslärm nach Sizilien und beleuchteten die Arbeitsbedingungen, unter denen die Leibeigenen auf den römischen Gütern schufteten. Beide wurden niedergeschlagen. Bis zur Eroberung durch die germanischen Vandalen im Jahre 468 n. Chr. blieb es ruhig. Die Insel war fruchtbar,

ihre Städte wohlhabend, und dass auch die Grundbesitzer und der Adel ein Leben in Prunk und Luxus führten, lässt sich heute noch gut nachvollziehen, wenn man die römischen Villen besucht: Villa Casale bei Piazza Armerina und Villa Tellaro bei Noto. Nach einigem Hin und Her fiel Sizilien an Byzanz (535 von Belisar erobert), und Syrakus wurde ab 660 für fünf Jahre sogar Kaisersitz.

◹ Unter der Last der Jahrhunderte schwer gelitten: die Tempel von Agrigento

Unter dem Banner des Islam

Während das südliche Europa im Zeichen der Auseinandersetzungen zwischen Byzanz und Rom mehrere Päpste und Kaiser verschliss und um den wahren christlichen Glauben stritt, hatte im arabischen Medina längst der Siegeszug des Islam eingesetzt. 689 eroberten die muslimischen Heere Karthago und starteten von dort immer wieder Raubzüge nach Sizilien. 827 brach auf Sizilien ein Aufstand gegen den Kaiser in Byzanz aus. Die Aufrührer baten in bewährter sizilianischer Tradition den Emir von Tunis um Unterstützung. Der ließ sich nicht lange drängen und landete mit 10.000 Kriegern auf der Insel. Es dauerte fast 100 Jahre, bis schließlich das gesamte Sizilien unterworfen war. Palermo avancierte zur neuen Hauptstadt.

Die arabische Herrschaft brachte der Insel zunächst eine **Phase der wirtschaftlichen Blüte.** Die drückende Steuerlast der byzantinischen Zeit wurde gemildert, wenngleich „Ungläubige", also Christen und Juden, mehr zu entrichten hatten als Muslime. Die Araber brachten verbesserte Bewässerungsmethoden nach Sizilien und führten neue Kulturpflanzen ein (Zuckerrohr, Maulbeerbäume zur Seidenzucht, Orangen, Dattelpalmen, Baumwolle). Palermo mit hunderten Moscheen wurde zur prunkvollen Weltstadt, arabische Literatur und Wissenschaft bereicherten das Wissen und Denken der Zeit. Langsam setzten sich die arabische Sprache und der muslimische Glaube gegen das griechisch-christliche Erbe Siziliens durch.

Die Stabilität Siziliens währte auch diesmal nicht lange. Anfang des 11. Jh. wurden die Aghlabiden, die bisherigen Herren des islamischen Nordafrika, von den Fatimiden mit Sitz in Kairo gestürzt. Das Reich war geschwächt, und in Sizilien gingen 1060 bei Messina die nächsten Eroberer – sie selbst verstanden sich als Befreier vom Joch der Ungläubigen – an Land: die Normannen unter *Roger I.*

Die christliche Rückeroberung

Die **Normannen** waren zunächst wenig mehr als ein Haufen Söldner, die mit dem Versprechen auf Beute von den beiden Abenteurern und Brüdern *Roger* und *Robert Guiscard de Hauteville* angeworben worden waren. Die beiden hatten durch kriegerisches Geschick Unteritalien erobert und rückten mit Zustimmung des Papstes gegen das muslimische Sizilien vor. Erstaunlich leicht fiel der relativ kleinen Gruppe eine arabische Festung nach der anderen in die Hände. Als letzte ergab sich 1091 Noto. Während der Bruder nach Süditalien zurückkehrte, blieb Roger als Graf Roger I. in Sizilien. Die arabische Verwaltung, das Steuersystem, die Gerichtsbarkeit – fast alles ließ er unangetastet, nur mussten diesmal Juden und Muslime die höheren Abgaben entrichten. So blieb das arabische Erbe trotz relativ kurzer Herrschaft auf Sizilien noch lange erhalten.

Gleichzeitig förderten Roger I. und sein Nachfolger Roger II. die Kirche und ließen römisch-katholische Klöster und Bistümer gründen. Durch die Einsetzung von normannischen und römischen Verwaltungsbeamten kehrte wieder das Lateinische auf die Insel zurück. Arabische, griechische und lateinische Traditionen wurden gepflegt und führten zu einer **Blüte des kulturellen Lebens bei Hofe,** wo berühmte Literaten und Philosophen lebten und arbeiteten. In dieser Zeit wurden beispielsweise auch die Werke *Platons,* die in Europa wegen ihres angeblich ketzerischen Inhalts aus den Bibliotheken verbannt und längst vergessen waren, ins Lateinische übersetzt. Arabische Fürsten und Wissenschaftler hatten die Arbeiten des Philosophen geschätzt und sie in ihren Bibliotheken für die Nachwelt gerettet. Die **„lateinischen" Zahlen** erreichten durch Vermittlung sizilianischer Kaufleute Europa. Tatsächlich stammten sie aus dem Arabischen und wurden erst durch *Gutenberg,* den Erfinder des Buchdrucks, in ihre lateinische Form gebracht. Zu jener Zeit fand auch die Artussage an den normannischen Hof in Sizilien. In der Volksliteratur wurde die abenteuerliche Geschichte der Kämpfer um König Artus mit Begeisterung gepflegt, und noch heute ist sie in den Puppentheatern der Insel lebendig.

Die Normannenkönige ließen auch einige der hervorragendsten Baudenk-

Friedrich II. – eine Legende

Es gibt wohl nur wenige Herrschergestalten, die ein so scharfes und zugleich so widersprüchliches Bild hinterlassen haben wie der Kaiser *Friedrich II.* Den einen gilt er als Inbegriff des aufgeklärten Monarchen, in dessen Händen sich politische Macht und Geschick, Interesse für die Wissenschaft und literarische Neigungen harmonisch vereinen. Andere wiederum sehen in ihm einen kalten, absoluten Kaiser mit unstillbarer Machtgier. Doch keine Partei kann dem Hohenstaufer die Anerkennung versagen. Er war einer der wenigen Herrscher, denen es im Mittelalter gelang, den Territorialansprüchen der Päpste die Stirn zu bieten, und unter seiner Ägide wurden kulturelle und wissenschaftliche Schätze aus der islamischen Welt den europäischen Denkern zugänglich gemacht. „Stupor mundi", das Staunen der Welt, nannte man *Friedrich II.* bereits zu seinen Lebzeiten.

Sizilien verdankt *Friedrich II.* und seinen normannischen Vorgängern nicht nur eine Epoche politischer Stabilität, sondern auch ein Aufblühen von Wissenschaft und Literatur. Auf *Friedrichs* Geheiß wurde am Hofe zu Palermo die Sizilianische Schule („Scuola Siciliana") gegründet, ein Club weltlicher Literaten (erste Ansätze zur Dichtung gingen zu jener Zeit von der Kirche aus), der die Aufgabe bekam, eine eigene Dichtkunst in sizilianischer Sprache zu entwickeln. Neben der Erfindung des Sonetts wurde in der Sizilianischen Schule eine Art Hochsprache geschaffen, die über lokale Dialekte hinaus als Grundlage des heutigen Sizilianisch zu sehen ist.

Friedrichs Verhältnis zur Kirche war von strategischen Überlegungen geprägt, und viele Kritiker sahen in ihm eher einen heimlichen Muslim denn einen Christen. Er korrespondierte in seinen „Sizilianischen Briefen" mit angesehenen Wissenschaftlern und Philosophen, darunter vielen Muslimen, über Fragen, die ihn bewegten: woher das Feuer aus Ätna und Stromboli käme, aber auch, wie man sich die Hölle vorzustellen hätte. Unvergessen aber bleibt sein Buch über die Falkenjagd, das noch im 18. Jh. als Leitfaden benutzt und geschätzt wurde.

Wer tiefer einsteigen will besorgt sich das informative und als Ferienlektüre angenehm zu lesende Buch „Friedrich II." von *Olaf B. Rader* (C. H. Beck, München 2010). Deftiger geht es in *Siegfried Obermeiers* recht frei fabulierendem Buch „Bianca Lancia – Die Buhle des Kaisers" (Philipp von Zabern, Darmstadt 2011) zu; sie war die große Liebe des Kaisers.

mäler Siziliens errichten: die Kathedrale von Palermo, den Dom von Monreale, die Chiesa San Giovanni degli Eremiti in Palermo – sie alle sichtbare Symbole der gegenseitigen Durchdringung europäischer und arabo-berberischer Kultur. Doch ab Mitte des 12. Jh. wurden die Machtverhältnisse wieder instabil, und als der letzte Normannenkönig Wilhelm II. 1189 ohne Erben starb, fiel Sizilien nach einigen Zwistigkeiten und Kämpfen an den Stauferkaiser Heinrich VI., der mit einer Tochter Rogers II. verheiratet war. Ihr Sohn Friedrich II. sollte der nächste bedeutende Herrscher Siziliens werden. Als Heinrich VI. 1197 starb, war sein Erbe Friedrich erst drei Jahre alt. Sizilien stürzte erneut in ein Chaos von Fehden und Aufständen, der junge König wurde ins Exil verbracht. Mit 26 Jahren kehrte er als energischer und autoritärer Herrscher nach Palermo zurück. Mit harter Hand setze er seine Vorstellung von Recht und Ordnung durch. 1231 erließ er eine neue Gesetzessammlung, die die bis dahin geltenden regionalen Jurisdiktionen der einzelnen Volksgruppen und die rechtliche Gewalt der Barone annullierte und den König als höchste und alleinige gesetzgebende Autorität einsetzte. Als Symbol seines Machtwillens ließ Friedrich überall in Sizilien Burgen errichten: Ursino in Catania und der Stauferturm in Enna geben noch heute Kunde von der königlichen Allgewalt. Spektakulär waren auch Prunk und Hofhaltung nach orientalischem Vorbild, weswegen Friedrich II. von der Kirche auch heftig kritisiert und schließlich sogar exkommuniziert wurde. Kein anderer historischer Herrscher ist so sehr mit Sizilien verbunden wie er. Dabei hat er selbst nur wenig Zeit auf der Insel verbracht und sich schließlich ganz an seinen Hof in Apulien zurückgezogen. Auf seinen Tod 1250 folgte das in Sizilien übliche Chaos, in dem Staufer und das französische Königshaus Anjou um die Insel kämpften. Gegen letzere richtete sich der blutige Volksaufstand am Ostermontag 1282, der als **„Sizilianische Vesper"** in die Annalen eingehen sollte. Ausgelöst durch eine Bagatelle erhoben sich die Bürger von Palermo gegen die französischen Besatzer und hoben Peter von Aragon auf den Königsthron. In den folgenden Jahrhunderten sollte Sizilien zu Spanien gehören.

Das spanische Joch

Ob sich die spanische Herrschaft tatsächlich so sehr von jener ihrer Vorgänger bzw. Nachfolger unterschied, wie manche Historiker es sehen wollen? Die Spanier waren nicht besonders zimperlich. In Palermo residierte die **Inquisition,** eine neue, sehr lukrative Quelle des Wohlstands für jene, die mit Beschuldigungen und Anzeigen ihre Konkurrenten um Besitz und Leben bringen konnten. 1492 wurden die letzten im spanischen Reich noch verbliebenen Muslime und Juden ausgewiesen, ein schwerer Schlag für die Wirtschaft Siziliens, denn mit ihnen verlor die Insel die meisten ihrer Handwerker und Händler.

Die Steuerlast für den Großteil der Bevölkerung blieb drückend. Wie schon bei den Römern und den Staufern wanderten nun die Einnahmen aus Sizilien in das spanische (habsburgerische) Staatssäckel. Auf der Insel wurde nicht investiert. Der Adel zog an den **Hof Palermos,** in die Nähe des Vizekönigs (einen richtigen König war Sizilien den Spaniern nicht wert), und verprasste in Saus und Braus die Einkünfte aus den Latifundien. Auf dem Land zu leben oder sich gar um die Landwirtschaft zu kümmern war nicht mehr en vogue. Auf den Gütern wurden **Verwalter,** die *gabelotti,* eingesetzt. Diese Neuerung vereinfachte die rücksichtslose Ausbeutung des Grundes und der Pächter – je mehr man aus Menschen und Boden herauspressen konnte, desto mehr blieb letztlich auch beim Verwalter hängen, und der Adel musste sich die Hände nicht mehr schmutzig machen.

Im 16./17. Jh. folgten Dürrekatastrophen, Epidemien (Pest in Messina und Palermo), Kriege und schließlich Vulkanausbrüche (1669) und Erdbeben (1693), die zu einem völligen **Niedergang der Wirtschaft** führten. Wie tief die Kluft zwischen der Armut des Normalbürgers und dem Wohlstand von Klerus und Adel war, mag man daran ermessen, dass nach dem Erdbeben von 1693, bei dem in Ostsizilien schätzungsweise jeder 20. Bewohner an den direkten oder indirekten Folgen (Epidemien, Hunger) starb, Städte wie Ragusa, Noto oder Mòdica in unglaublichem barocken Prunk wiederaufgebaut werden konnten – und das von Baronen, die angeblich selbst bis über den Kopf verschuldet waren, um die prunkvolle Hofhaltung in Palermo finanzieren zu können.

Im 18. Jh. wanderte Sizilien wieder in die verschiedensten Hände und landete 1734 unter *Karl III.* erneut bei Spanien, diesmal allerdings nicht den Habsburgern, sondern dem Herrscherhaus der Bourbonen zugefallen. Dort blieb Sizilien bis zur Wiederangliederung an Italien, die Garibaldis **„Marsch der Tausend"** 1860 auslöste. Das Muster der Ausbeutung änderte sich nicht. Investitionen in die Landwirtschaft wurden nicht getätigt; ein bodenschonender Fruchtwechsel beispielsweise hätte den schnellen Ertrag geschmälert, den der extensive Anbau von Weizen versprach. So laugte der Boden aus, und weite Gebiete Innersiziliens verkarsteten. Auch von Seiten der Pächter gab es keinen Anreiz, mehr als unbedingt nötig in die Felder zu investieren – die horrenden Pachtzinsen konnten sie nur aufbringen, wenn sie aus dem Boden holten, was immer möglich war, und die oft ganz kurzfristigen Pachtverträge machten eine weitsichtigeren Anbau ohnehin unmöglich. Bauern und Pächter waren Nomaden, die fast jährlich auf neuen Pachtgrund ziehen mussten.

Recht und Gesetz galten, wenn überhaupt, in den Städten. Das offene Land dagegen war Domäne miteinander konkurrierender **Banditen,** die vom Volk unterstützt und durch das Gesetz des Schweigens, „omertà", gedeckt wurden. Die durch Angst oder Sympathie bedingte Solidarität des einfachen Volkes mit dem Gesetzesbrecher gegen die fremden Herren in den Städten hat auf Sizilien eine lange Tradition.

Das **Desinteresse** der vornehmen Herren **am Land** hatte nicht nur Unsicherheit und Erosion, sondern auch fatale Mängel in der Erschließung Innersiziliens zur Folge. Es wurden keine Straßen gebaut, und noch Anfang des 20. Jh. gab es Dörfer, die nur per Pferd oder zu Fuß erreichbar waren.

Garibaldis Revolution

Dass unter solchen Bedingungen auch immer wieder Aufstände ausbrachen, verwundert nicht. Anfang des 19. Jh. konnte der Wunsch nach politischer Selbstbestimmung kaum noch unterdrückt werden. Zwischen der von *Giuseppe La Masa* angeführten Erhebung von Palermo (1848) und der Rückeroberung durch die Bourbonen 1849 war Sizilien eineinhalb Jahre lang sogar unabhängig. 1860 gelang es schließlich dem italienischen Nationalhelden *Giuseppe Garibaldi*, Sizilien einzunehmen. Die Insel wurde dem Königreich von Piemont zugeschlagen und war damit wieder bei Italien gelandet. In einem Volksentscheid sprachen sich so gut wie alle Wähler freiwillig oder gezwungenermaßen für die **Union mit Italien** aus. Die Macht ging aus den Händen Garibaldis an Norditalien über, wo Graf *Camillo di Cavour* Ministerpräsident war. Sizilien landete wieder einmal an der Peripherie.

Auch die neuen Machthaber hatten den Problemen der Insel nichts entgegenzusetzen. Unsicherheit und Bandenwesen wurden immer schlimmer, während die Wirtschaft darniederlag. Immer wieder tauchte in den Berichten der norditalienischen Gouverneure und Regierungsbeamten nun der Begriff **Mafia** auf. 1893 wurde der ehemalige Direktor der Bank von Sizilien, Marquis *Notarbartolo*, ermordet, weil er über Korruption in den höchsten Bank- und Regierungsebenen geplaudert hatte. Es war der erste spektakuläre Mafia-Mord in Siziliens Geschichte.

Auch die Union mit Italien konnte die wirtschaftlichen Probleme der Insel nicht lösen. Der arme, kriminelle Süden rückte zurück an die **Peripherie** der zivilisierten Welt. Auf Investitionen und den Ausbau der Infrastruktur warteten die Sizilianer vergebens, und wenn Gelder flossen, dann in die Taschen korrupter Cliquen. Desillusioniert wanderten zwischen der Jahrhundertwende und dem Ersten Weltkrieg etwa eine Million Männer aus, die meisten in die USA. Damit war der **bevölkerungspolitische Druck** etwas von der Insel genommen, und die Überweisungen an die Daheimgebliebenen sorgten sogar für einen bescheidenen Aufschwung.

Faschismus, Zweiter Weltkrieg und Teilautonomie

Ab 1924 saß auch im sizilianischen Parlament eine faschistische Mehrheit, die zunächst mit harter Hand gegen das Übel Mafia vorzugehen versprach, doch schon bald selbst Opfer der sizilianischen Krankheit wurde. Dies änderte sich erst, als **Mussolini** Sizilien eine Sonderrolle in Hinblick auf seinen Krieg in Afrika zuschrieb und populistisch die Ausmerzung der Mafia versprach. Plötzlich war der Schulterschluss mit der ehrenwerten Gesellschaft nicht mehr erwünscht, und den Großgrundbesitzern schien es an den Kragen zu gehen. Tatsächlich aber geschah nur wenig. Das Misstrauen gegenüber den aufmüpfigen Sizilianern führte schließlich sogar dazu, dass die Bevölkerung nicht bewaffnet wurde. Als die Amerikaner 1943 bei Gela landeten, um Sizilien zu befreien, hatten sie zumindest von den Sizilianern nichts zu befürchten. Die Menschen verhielten sich ruhig, versprachen sie sich doch von den neuen Herren eine größere Chance auf Unabhängigkeit.

Die Amerikaner sollen sich bei der Eroberung Siziliens auf die Verbindungen gestützt haben, die berüchtigte Mafiosi aus den USA noch zu ihren Familien und Freunden in Sizilien unterhielten. Auf jeden Fall folgten auf die Eroberung wieder Jahre des gesetzlosen Chaos, aus denen zwei bekannte sizilianische Paten als heimliche Sieger hervorgingen. 1944 ging Sizilien wieder in italienische Verwaltung über und bekam schließlich **1946** den **Status einer autonomen Region** mit besonderen Freiheiten zugesprochen. Das neue Parlament in Palermo konnte eine eigene Regionalverfassung erlassen.

Wichtigster Schritt der Regierungsorgane waren die Beschlüsse zur **Landreform,** die ab 1948 umgesetzt werden

Der Bandit Salvatore Giuliano

1. Mai 1947, Portella della Ginestre bei Palermo. Es ist der Tag der Arbeit, der Tag der Kundgebungen. Kurz davor hatte die Linke bei den sizilianischen Regionalwahlen überraschend gut abgeschnitten. Fröhlich feiern die Menschen auf den Straßen ihren Erfolg, fordern die Abschaffung der überkommenen Machtstrukturen der Feudalherren – plötzlich peitschen Machinengewehrsalven in die Menge, Panik bricht aus, Männer, Frauen und Kinder flüchten, zurück bleiben elf Tote und fünfzig Verletzte. Gesucht wegen dem Massaker: *Salvatore Giuliano* und seine Bande.

Salvatore Giuliano ist so etwas wie ein Robin Hood Siziliens, auch und obwohl er an diesem ersten Mai demonstriert hatte, auf wessen Seite er wirklich stand, nämlich auf der der Mafia. Schon früh bildeten sich Legenden um das Leben des jungen Briganten, der Polizisten umlegte, Züge ausraubte, Menschen entführte und erpresste und auch mit den Armen nicht gerade zimperlich war. Alles was *Giuliano* tat, wurde umgehend von Bänkelsängern und einem Teil der Presse romantisiert. Er verfügte über ein sicheres Gespür für PR-wirksame Maßnahmen und empfing in seinem Unterschlupf immer wieder ausländische Journalisten zum Interview. Der Polizei dagegen gelang es merkwürdigerweise nicht, den Gesuchten dingfest zu machen. Die schützende Hand über ihm wurde seiner 1950 schließlich überdrüssig. *Giuliano* starb im Alter von 28 Jahren von einer Kugel getroffen – woher diese kam, ist bis heute nicht geklärt. Denn der wegen des Mordes an *Giuliano* verhaftete Freund und Vertraute *Gaspare Pisciotta* gab die Tat zunächst zwar zu, wurde vom Gericht aber daran gehindert, eine Erklärung dazu abzugeben. Kurze Zeit später fand man ihn tot im Gefängnis. Er war vergiftet worden.

Damit war das Kapitel *Giuliano* aber noch nicht zu Ende. *Mario Puzo* verhalf dem edlen Räuber in dem Roman „Der Sizilianer" zu Weltruhm, und der berühmte italienische Regisseur *Francesco Rosi* stellte sich in seinem 1961 gedrehten Film über das Leben des Räubers die Frage „Wer erschoß *Salvatore G.*?"

Für Fans von Giuliano ist der Besuch seiner Geburtsstadt Montelepre mit einem nach ihm benannten Schloss und einem Museum ein Muss (www.salvatoregiuliano.org).

Mafia – eine ehrenwerte Gesellschaft

„Die Mafia ist weder eine Sekte noch ein Verein, sie hat weder Regeln noch Statuten ... Die Mafia ist das Bewusstsein der eigenen Lage ... Der „mafiusu" will respektiert werden und zeigt fast immer Respekt ... Er weiß sich selbst Recht zu verschaffen, und wenn er nicht stark genug ist, tut er es mit Hilfe anderer, die gleichen Sinnes und Empfindens sind wie er." So urteilt der angesehene sizilianische Ethnologe *Pitrè* 1889 über die ehrenwerte Gesellschaft seiner Heimat. Zu diesem Zeitpunkt wird unter Gelehrten und Beamten noch viel darüber gestritten, ob es die Mafia als kriminelle Organisation überhaupt gibt. Vier Jahre später wird der Bankier *Notarbartolo* zum ersten prominenten „Mafia"-Opfer.

Der Begriff „Mafia", so *Pitrè*, bedeutet Anmaßung, Dreistigkeit. Andere Quellen dagegen sehen eine ursprünglich positive Bedeutung: Unabhängigkeit und das Durchsetzen berechtigter Ansprüche – wie auch immer. Die betroffenen Herrschaften haben sich selbst nie als „Mafiosi" bezeichnet. Sie waren die Ehrenwerten oder, wie der geständige Mafia-Boss *Buscetta* Mitte der 1880er Jahre ausplauderte, die „cosa nostra", „unsere Angelegenheit".

Die Haltung, die der Mafia zugrundeliegt, ist sicherlich eine typisch sizilianische, gewachsen in den Jahrtausenden der Fremdherrschaft und Ausbeutung: Jede Obrigkeit, ganz gleich wie sie sich verhält, ist suspekt. Mein Recht kann ich nur selbst zur Geltung bringen – Resignation und ein extremer Individualismus verhindern, dass man sich an Außenstehende um Hilfe wendet. Dem Fremden gegenüber (wobei es genügt, aus einer anderen Familie zu stammen, um fremd zu sein) gilt ohnehin das Gesetz des Schweigens, „omertà". Diese Einstellung ist der Nährboden, auf dem mafiöses Verhalten gedeihen kann.

Mitte des 19. Jh. häufen sich Berichte über „mafiöse" Aktionen, seitens der Großgrundbesitzer und ihrer Verwalter, der „gabelotti": Bewaffnete Banden werden eingesetzt, um die Pachtbauern einzuschüchtern, Konkurrenten zu behindern, Beamte des Präfekten gefügig zu machen, aber auch um den Baronen Bedingungen aufzuzwingen, denn die *gabelotti* haben

sollte. Die Großgrundbesitzer durften nur noch höchstens 200 ha zusammenhängendes Land besitzen. Was darüber hinausging, konnte enteignet werden, ebenso Land, das nicht durch moderne landwirtschaftliche Methoden verbessert wurde. Einige Pächter und Kleinbauern kamen auf diese Art zu eigenem Grund und Boden.

Die Democratia Christiana und der Sumpf

In den 1950er Jahren erlebte Sizilien eine Phase der ziellosen **Industrialisierung,** die in erster Linie zum Zwecke der Bereicherung weniger vorangetrieben wurde. Der **Bauboom** Ende der 1950er, Anfang der 1960er Jahre überzog die Insel mit einem Flickwerk hässlicher Betonsilos, viele auf unsicherem Grund und ohne Baugenehmigung errichtet. Die Landwirtschaft darbte weiter, und durch

sich zu einem wohlhabenden Mittelstand gemausert, in dessen Händen die alten Feudalherren vielerorts nur noch hilflos scheinen – diese neue Gesellschaftsschicht und ihre Skrupellosigkeit werden in der Figur des *Sedara* in *Tomasi di Lampedusas* Roman „Der Leopard" vorgeführt.

Die wirkliche Blüte der Mafia beginnt mit und nach dem Zweiten Weltkrieg. Die US-amerikanischen Invasionstreitkräfte paktieren mit der Ehrenwerten Gesellschaft und am Kriegsende wird die Verbindung zur Politik immer inniger, und dank der Beziehungen zu den Vettern in den USA wird auch das Operationsfeld internationalisiert. Baubranche, Waffen- und Drogenhandel ersetzen die Einkünfte aus der Landwirtschaft. Öffentliche Fördergelder aus Italien und von der Europäischen Gemeinschaft fließen nach Sizilien. Um sie entbrennt ein heftiger Krieg der Familien, der Anfang der 1960er und nochmals zu Beginn der 1980er Jahre eskaliert. Die Reaktion des Staates ist schwach, das Problem Mafia wird heruntergespielt, und Drahtzieher kommen ohnehin nicht vor Gericht.

Eine neue Ära beginnt Mitte der 1980er Jahre. In Sizilien formiert sich der Widerstand gegen das Übel, das alle Bereiche des Lebens lähmt. Damit verbunden sind prominente Namen wie der des Präfekten von Palermo, *Carlo Alberto dalla Chiesa* (ermordet 1982), und die der Richter und Staatsanwälte *Giovanni Falcone* und *Paolo Borsellino* (beide 1992 ermordet), denen eine Untersuchung der Mafia-Strukturen und die Festnahme von Clan-Oberhäuptern gelingt.

Auch wenn in den letzten Jahren immer wieder führende Gestalten der Mafia gefangen gesetzt wurden, man ist schon ganz tief drin im normalen Geschäftsleben, und immer neue Betätigungsfelder tun sich auf. Das auslaufende 20. Jh. brachte der Mafia eine neue Geschäftsidee – Müll. Mit Abfall ist viel zu verdienen, hier liegt das große Geld, eines der zukunftsträchtigsten Geschäftsfelder. Schiffe mit Giftmüll dutzendweise vor Sizilien versenken, Müllabfuhr privatisieren, Fördergeld kassieren, die schnell gegründeten Gesellschaften in die Insolvenz treiben – Müllberge allüberall. Und wenn das Konjunkturprogramm der EU ab 2015 so richtig Geld auch nach Sizilien spült – da mag man dann nur noch drei Kreuze schlagen.

---

den Beitritt zur damaligen EWG wurde ihre Situation in der Konkurrenz mit anderen Agrarländern noch schlimmer.

Der politische Träger dieser Entwicklung war die DC, die von *Amintore Fanfani* geführt wurde. Auf Sizilien hatte die Partei unter dem agilen Sekretär *Giovanni Gioia* erstaunlich viele, wenn auch nicht immer freiwillige Anhänger gefunden. Die *fanfaniani* stützten sich auf die **traditionellen Machtstrukturen,** hatten engen Kontakt zu Gutsherren wie Mafiosi und galten schon bald als diejenigen, die in allen Bereichen der Gesellschaft die Fäden in Händen hielten und ohne die nichts mehr ging. Einschüchterung, Stimmenkauf und Korruption waren an der Tagesordnung, und im Kampf um lukrative Bauaufträge und Posten schwappte in den 1960er Jahren eine neue **Welle der Gewalt** über die Insel. Sizilien hatte sich wieder in sein altes Netz der Klientelverbindungen verstrickt. Erneut verließen viele Männer ihre bitterarme Heimat, die so viele andere Menschen reich gemacht hatte, um in Mittel- und Nordeuropa nach Arbeit zu suchen.

Geschichte im Schnelldurchlauf

■ **Ca. 20.000 Jahre v. Chr.** entstanden die ältesten Steinwerkzeuge, die entlang der agrigentinischen Küste und auf den Liparischen Inseln gefunden wurden und die dem ausgehenden Paläolithikum zugerechnet werden. Die sizilianischen Ureinwohner lebten als Jäger und Sammler und bewohnten Höhlen, wie die Felsmalereien dokumentieren, die man in einer Höhle am Monte Pellegrino und auf der Insel Levanzo entdeckt hat.

■ **Um 5000 v. Chr.** löste mit Beginn der Jungsteinzeit auch auf Sizilien die sesshafte Lebensweise das nomadisierende Jägertum ab. Ein florierender Handel bringt *Obsidian* von der Insel Lipari nach Sizilien. Die ersten Siedlungen werden gegründet. Am Übergang zur Bronzezeit (um 1800 v. Chr.) entstehen auch die ersten Höhlengräber, die besonders im Osten und Südosten Siziliens eine wahre „Totenstadt"-Tradition begründen (Pantàlica, Ìspica).

■ **Um 1500 v. Chr.** bestehen rege Handelsbeziehungen zwischen den Liparischen Inseln und der griechischen und mykenischen Welt im Osten, wie Keramikfunde (Kultur von „Capo Graziano") belegen. Einwanderungswellen aus dem Norden (Stiefel) und Osten (Ägäis) bringen neue Techniken (Metallverarbeitung, Keramik) auf die Insel. Es konstituieren sich drei ethnische Gruppen: die Elymer (um Segesta), die Sikaner (Westen) und die Sikuler (Osten), denen die Insel schließlich ihren Namen verdankt.

■ **Um 1000 v. Chr.** sollen die handelstüchtigen Phönizier ihre ersten Niederlassungen an der sizilianischen Küste gegründet haben (Motya, Panormos, das heutige Palermo), die später von Karthago aus „verwaltet" wurden. Kurze Zeit danach folgten ihnen ab dem 8. Jh. in mehreren Einwanderungswellen Siedler aus der Ägäis. Die Kolonisten unterhalten intensive wirtschaftliche Beziehungen zu ihren griechischen Mutterstädten, führen die jeweiligen Kulte fort und stehen sich bei kriegerischen Auseinandersetzungen bei. Die Konkurrenz der griechischen Städte untereinander sowie der phönizisch-karthagischen Siedlungen und der Griechen prägt den weiteren Verlauf der Geschichte.

■ **480 v. Chr.** markiert die Schlacht von Himera das vorläufige Aus für alle karthagischen Ambitionen auf Sizilien. Die griechische Streitmacht unter dem Tyrannen *Gelon* von Gela schlägt die phönizischen Karthager vernichtend.

■ **Um 409 v. Chr.** gelingt es den Karthagern doch noch, den Westen der Insel zu besetzen und zu halten. Endgültig vertrieben werden sie mit der Niederlage gegen die Römer im Ersten Punischen Krieg, in dessen Verlauf die neue Mittelmeermacht Rom auch Sizilien besetzt.

■ **227 v. Chr.** wird die Insel römische Provinz und Kornkammer Roms. Ein Netz von Latifundien, von riesigen Agrargütern in römischem Besitz, überzieht die Insel. Als billige Arbeitskräfte werden Sklaven eingeführt. Zwei Sklavenaufstände (139 und 104 v. Chr.) werden niedergeschlagen.

■ **Anfang des 5. Jh. n. Chr.** zerfällt das Römische Reich. Die Vandalen erobern Nordafrika und danach auch Sizilien. 535 gelingt dem oströmischen Feldherrn *Belisar* die „Befreiung" Siziliens von der Herrschaft der Vandalen. Nun hat Byzanz und mit ihm eine vom östlichen Denken inspirierte Kultur das Sagen.

■ **827,** nach der Eroberung Nordafrikas, landeten muslimische Heere von Tunesien kommend in Mazara und brachten bis 865 auch die byzantinische Hauptstadt Syrakus in ihre Hand. Sizilien wird von Palermo aus verwaltet, das sich zu einer blühenden islamischen Stadt entwickelt.

■ **Ende des 11. Jh.** erobern die Normannen Sizilien. Die Insel war in 200 Jahren muslimischer Oberhoheit islamisch geprägt worden. Komplizierte Bewässerungssysteme, arabische Stadtanlagen, die Erschließung Innersiziliens und arabische Ortsnamen sind das Erbe dieser Zeit.

■ Das **12. Jh.** bringt unter der Herrschaft der Normannenherrscher *Roger I.* und *Roger II.* Sizilien eine kulturelle Blüteperiode. Byzantinische, muslimische, jüdische und katholische Strömungen prägen das Geistesleben, die einzelnen Volks- und Glaubensgemeinschaften leben in relativer Freiheit und Unabhängigkeit mit- und voneinander. Ende des 12. Jh. wird diese Phase abrupt durch eine von Lokalfürsten inszenierte Verfolgung der Muslime beendet.

■ **Anfang des 13. Jh.** markiert die Herrschaft *Friedrichs II.* die endgültige Rechristianisierung der Insel. Muslime werden um- oder ausgesiedelt. Die Politik der harten Hand, mit der *Friedrich* seine Herrschaft über Sizilien ordnet, steht im Kontrast zu seiner weltoffenen Geisteshaltung, die wiederum Philosophen, Literaten und Wissenschaftler aller Kulturen an seinem Hof vereint. In der Nachfolge *Friedrichs* kommt es wieder zu dynastischen Auseinandersetzungen.

■ Am **31.3.1282** bricht in Palermo der Vesperaufstand aus, den *Giuseppe Verdi* in seiner „Sizilianischen Vesper" musikalisch verewigt hat. Die Sizilianer vertreiben ihre inzwischen aus dem französischen Königshaus stammenden Herren von Anjou und setzen mit *Peter III.* von Aragon einen durch Heirat mit der normannisch-staufischen Linie verbundenen Herrscher ein. Mit ihm greift das spanische Haus Aragon nach Sizilien.

■ **Über vierhundert Jahre lang** bleibt Sizilien im spanischen Herrschaftsbereich, der gekennzeichnet ist von rücksichtsloser wirtschaftlicher Ausbeutung und religiöser Intoleranz. Juden und Mauren verlassen die Insel oder fallen der Inquisition zum Opfer.

■ **1693** zerstört ein heftiges Erdbeben die meisten Städte im Südosten der Insel. Es ist der Höhepunkt einer Serie von Naturkatastrophen, die den Menschen Siziliens zusetzt. Viele Städte werden prunkvoll im spanisch-sizilianischen Barock wiederaufgebaut.

■ **Anfang des 18. Jh.** geben die Aragonesen das Heft an Österreich weiter, doch es bleibt nur beim kurzen Intermezzo. 1734 ist Sizilien wieder spanisch, diesmal gehört es zum Hause Bourbon (Königreich Neapel-Sizilien).

■ Spätestens **im 18. Jh.** haben sich gesellschaftliche und wirtschaftliche Strukturen gefestigt, die bis heute die „Entwicklung" Siziliens verhindern oder erschweren. Allmächtige Gutsverwalter plündern Kleinbauern und Tagelöhner, während der Adel die Erträge seiner Ländereien in Palermo verprasst. Wer kann, nimmt das Gesetz selbst in die Hand. Die Grundlagen für die Mafia sind gelegt.

■ Am **11.5.1860** landet der italienische Abenteurer und Freiheitsheld *Giuseppe Garibaldi* mit seinen Truppen in Marsala und beendet die Herrschaft der Bourbonen. Sizilien wird dem Königreich Italien zugeschlagen. An der sozialen und wirtschaftlichen Situation ändert sich nichts.

■ **1943** besetzen amerikanische Truppen die Insel und beenden die Herrschaft *Mussolinis* in Sizilien. Die Amerikaner nutzen die von der Mafia geschaffenen Strukturen zur Kontrolle der Insel. 1946 erhält Sizilien den Status einer autonomen Region mit einer teilweisen Selbstverwaltung.

■ **In den 1950er Jahren** werden verstärkt Versuche unternommen, Sizilien zu entwickeln. Man setzt auf Industrialisierung. Die Folge sind Umweltzerstörung und Landflucht. Die Enteignung eines Teils der Latifundien bringt Kleinbauern und Tagelöhnern zwar Land, doch ist es vom jahrhundertelangen Raubbau ausgelaugt.

■ **1991** und **1992** werden zwei prominente Mafia-Gegner, der Richter *Giovanni Falcone* und der Staatsanwalt *Paolo Borsellino,* von der Mafia ermordet. **1993** geht der vermutliche Mafia-Boss und Auftraggeber dieser und vieler anderer Morde, *Toto Riina* aus Corleone, der Polizei ins Netz.

- **1997 bis 2000** Amtszeit von *Leoluca Orlando,* des durch seinen Kampf gegen die Mafia bekannt gewordenen Bürgermeisters von Palermo.
- Am **26.10.2002** bricht der Ätna heftig aus; seine Aktivität dauert begleitet von Erdstößen bis zum **28.1.2003**. Piano Provenzana bei Linguaglossa wird von Lavaströmen zerstört; Catania versinkt tagelang unter einer Aschewolke.
- **2004** bestätigt das höchste italienische Gericht in Rom die Freisprüche für den ehemals der Kungelei mit der Mafia angeklagten und inzwischen 85-jährigen *Andreotti.*
- **Im April 2006** (wenige Tage nach der von *Berlusconi* verlorenen Wahl (sic!) geht den Mafiajägern nach Jahrzehnten der Jagd endlich der Boss der Bosse, Gottvater der Cosa Nostra, ins Netz, *Bernardo Provenzano,* der „Traktor". Am **18. Mai 2006** erklärt der neu gewählte italienische Ministerpräsident *Romano Prodi,* dass seine Regierung den Bau der Ponte di Messina (die Brücke über den Stretto von Sizilien) nicht unterstützt. Nachdem der Bau schon 2003 begonnen werden sollte und trotz der Fürsprache des damaligen Regierungschefs *Berlusconi* der Baubeginn immer wieder verschoben werden musste, ist das Projekt als „das Unsinnigste und Schädlichste für Italien in den vergangenen hundert Jahren" gebrandmarkt.
- **2008** beschließt *Berlusconi* (inzwischen wieder gewählt) – na, was wohl? Den Bau der Ponte di Messina über den Stretto, diese gigantische Brücke zwischen Sizilien und dem Festland.
- **Im Januar 2010** beteiligt sich die Deutsche Botschaft in Rom am Kampf gegen die Mafia und präsentiert einen Stadtplan Palermos mit vielen Firmen auch aus der Tourismusbranche, die erklärtermaßen kein Schutzgeld an die Mafia zahlen. Gleichzeitig wird *Salvatore Cuffaro,* der ehemalige Präsident der Region Sizilien, wegen Mafiakontakten zu sieben Jahren Haft verurteilt.
- **Im November 2011** dankt *Berlusconi,* gebeutelt u.a. von Frauengeschichten und einer komatösen Wirtschaft, unter dem Druck der europäischen Regierungschefs ab. Die Brücke über den Stretto soll weiterhin gebaut werden, an der Finanzierung will sich ein chinesisches Konsortium beteiligen.
- **2012** wird *Leoluca Orlando* erneut Bürgermeister von Palermo. Nach der Abdankung des Präsidenten der Region Sizilien (wg. Mafianähe) gewinnt *Rosario Crocetta* die Abstimmung; erstmals seit 1945 regiert damit ein Linker Sizilien, ein beherzter Antimafiakämpfer, als ehemaliger Bürgermeister von Gela mit Erfahrungen in diesem Metier – und bekennend schwul (auch die sizilianische Gesellschaft verändert sich eben zusehends). Im **November 2012** genehmigt die EU Strukturfördermittel für Italien in Höhen von 32 Milliarden Euro für die Jahre 2014–20, ausgenommen ist die Brücke über den Stretto, die 8,5 Milliarden kosten soll. Die italienische Regierung erklärt unmittelbar danach das Aus für das Projekt (was 300 Mio. Euro an Abwicklungskosten und Konventionalstrafen nach sich zieht).
- **2014.** Weit über **3000 Tote** hat es in diesem Jahr auf der Fluchtroute über das Mittelmeer nach Europa gegeben. Sie ist damit die gefährlichste der Welt, und ein Ende des unsäglichen Leids ist nicht absehbar.

Im **Februar 2014** wird *Matteo Renzi* **Ministerpräsident** Italiens.
- Im **Februar 2015** wird *Sergio Mattarella* (geb. 1941 in Palermo) zum italienischen **Staatspräsidenten** gewählt.

Mafia und Politik heute

Die Staatsanwälte und Richter, die ab Mitte der 1980er Jahre gegen die Mafia ermittelten, konnten sich erstmalig auf Aussagen von Überläufern stützen, die bereit waren, das Gesetz der *omertà* zu brechen. Prominentester *pentito* (Kronzeuge) war *Tommaso Buscetta,* dessen Aussagen die Organisationsstruktur der Mafia erhellten und *die* Stütze im ersten Mammutprozess gegen 500 potenzielle Mafiosi waren.

Er belastete auch mehrere prominente Zeitgenossen, darunter den damaligen Bürgermeister Palermos *Vito Ciancimino,* der 1984 als Mafia-Mitglied verhaftet wurde (und der den italienischen Ministerpräsidenten *Andreotti* der Komplizenschaft beschuldigte). Im Gegenzug wurden die Richter *Falcone* und *Borsellino* von der Mafia ermordet.

1993 ging der Polizei der mutmaßliche Drahtzieher dieser Morde und „Capo dei capi", *Toto Riina* aus Corleone, ins Netz. Die Öffentlichkeit war fassungslos, denn der oberste Mafia-Boss Siziliens glich keineswegs dem eleganten Mafia-Typ, wie man ihn aus Filmen kennt, sondern wirkte wie ein einfacher Bauer und war halber Analphabet. Riina hatte bis zu seiner Verhaftung jahrelang im „Untergrund" auf Sizilien gelebt – eine verblüffender Ähnlichkeit mit dem illegalen Leben des Banditen *Salvatore Giuliano,* denn ganz offensichtlich konnte der polizeilich gesuchte Mafia-Boss in der Illegalität mit kirchlichem Segen heiraten und seine in dieser Zeit geborenen Kinder in Monreale taufen lassen. Folgerichtig wurde der Bischof von Monreale der Mafia-Mitgliedschaft angeklagt. Dass Riina tatsächlich Siziliens Capo war, wird von Insidern allerdings bezweifelt. Wahrscheinlich wurde das Oberhaupt der Corleoneser geopfert, um die eigentlichen Drahtzieher zu schützen.

Seit den Erfolgen gegen die Mafia und nachdem es immer öfter gelingt, die Mauer der *omertà* zu durchbrechen, herrscht in Sizilien eine politische **Aufbruchstimmung,** deren Symbolfigur Palermos Bürgermeister *Orlando* ist. Mit spektakulären Aktionen wie der Wiederbelebung und Sanierung der Altstadt von Palermo versucht er, die Menschen aus ihrer Apathie zu reißen. Dass Orlando trotz seines Kampfes gegen die Ehrenwerte Gesellschaft bislang überlebt hatte, empfanden viele Sizilianer als Ermunterung, es ihm gleichzutun.

Die Mitarbeit der Bevölkerung hat sicher auch dazu beigetragen, dass die Polizei im Januar 2005 bei einer **Groß-Razzia** auf Sizilien *Francesco Pistoia* fangen konnte, die rechte Hand des seit 25 Jahren im Untergrund lebenden und angeblichen Überchefs der italienischen „Familien" *Bernardo Provenzano*. 46 weitere Mafiosi, darunter zahlreiche Informationskuriere, wurden verhaftet und schließlich – am 11. April 2006 – auch *Provenzano* selbst (über ihn hat *Andrea Camilleri* ein aufschlussreiches Buch geschrieben, s. „Literaturhinweise" im Anhang). Nachdem *Berlusconi* Ende 2011 endgültig das Handtuch geworfen hatte, folgten weitere Verhaftungen Mafiaverdächtiger oder verurteilter Flüchtiger Schlag auf Schlag und in ganz Italien: darunter *Salvatore Madonia* (Auftraggeber eines Polizistenmordes in den 1990er Jahren), *Rocco Trimboli, Antonio Caia, Domenico Condello* (einer der meistgesuchten Verbrecher), *Antonino Messicati Vitale* (den man in seiner Luxusvilla auf Bali verhaftete). Neuerdings gelangen auch Ehefrauen und Partnerinnen, die die Geschäfte ihrer inhaftierten Männer fröhlich weiterführen, ins Visier der Ermittler. Schließlich entließ man das gesamte Parlament der Provinzhauptstadt Reggio di Calabria, dem Einfallstor nach Sizilien – seine Mitglieder standen wohl allesamt auf den Lohnlisten der Mafia. Und 2014 hat dann endlich auch ein Papst mit Taten eingegriffen. *Franziskus* exkommunizierte die Bosse der sizilianischen Mafia.

Tschüss Schutzgeld

Am 21. Januar 2010 hat die Deutsche Botschaft in Rom den ersten **addio pizzo-Stadtplan** für Sizilien auf Deutsch präsentiert – „Tschüss Schutzgeld". Palermo wird auf ihm mit Läden, Restaurants und Einrichtungen vorgestellt, die Schutzgeldzahlungen verweigern (www.addiopizzo. org, erhältlich in den Touristeninformationen und in Hotels). Dass der Staat das organisierte Verbrechen eindämmen will, zeigt sich an der neuen Politik. So kann man bei **Gorgo del Drago** nahe Corleone und auf der Piana degli Albanesi südlich von Monreale bei **Portella delle Ginestra** in jeweils einem Agriturismo-Betrieb ganz besonderer Art wohnen. Wo einst Mafia-Bosse lebten, nächtigen heute die Touristen und probieren die Speisen, die die Bosse bevorzugten. Der Grund und Boden wurde vom Staat beschlagnahmt und an Kooperativen erklärter Mafiagegner verpachtet.

Wirtschaft

Nach wie vor ist Siziliens wichtigstes Standbein die **Landwirtschaft,** wenngleich man sich große Hoffnung macht, dass die Erdölvorkommen im Afrikanischen Meer die regionale Haushaltskasse etwas auffüllen könnten. Sizilien produziert neben Hartweizen immerhin knapp 25 % der italienischen Traubenernte und 17 % des Weines. Mit 70 % schlagen Orangen und Zitronen aus der Conca d'Oro und der Ebene um Catania gesamtwirtschaftlich zu Buche, und stolze 60 % der italienischen Mandelernte werden auf Sizilien eingebracht.

Nicht so eindrucksvoll sehen die Zahlen aus, wenn man sich die **Verteilung der Agrarflächen** anschaut: 2 % aller landwirtschaftlichen Betriebe verfügen über die Hälfte des Agrarlandes der Insel, 90 % der Bauern teilen sich untereinander gerade mal ein Viertel des Ackerbodens, sodass ein Hof durchschnittlich unter 10 ha groß ist und bei der zumeist schlechten Bodenqualität kaum gewinnbringend geführt werden kann.

An der landwirtschaftlichen **Struktur** hat sich also wenig geändert, ebensowenig wie im Anbau. Extensiver Weizenanbau dominiert im Landesinneren, wäh-

> Badefreuden und Industrie liegen manchmal nahe beieinander

rend Zitrusfrüchte und Wein aus den Ebenen und aus den niederen Höhenlagen an der Ostküste und Nordwestspitze stammen. Eine große infrastrukturelle Neuerung erlebte nur die Südostecke um Ragusa und Mòdica, wo die Bauern in **Treibhauskulturen** Obst und Gemüse züchten. Die einstmals sumpfige Landschaft ist unter unzähligen gräulich-weißen Plastikplanen verschwunden, die über wackelige Holzkonstruktionen gezogen werden, um die Früchte vor der Winterkälte, aber auch vor den Saharawinden und der Sonnenhitze im Sommer zu schützen.

Sizilien besitzt Italiens größte **Fischereiflotte**; 70 % der Krustentiere, 30 % der gefangenen Fische (vor allem Thunfisch und der köstliche *pesce spada*, Schwertfisch) und 15 % der Molluskeln stammen aus sizilianischen Gewässern. Heute sind nur etwa 15 % der Arbeitskräfte in der Landwirtschaft beschäftigt, 20 % finden in den verschiedenen Industriebetrieben ein Unterkommen, und über 65 % sind Teil des tertiären Sektors, zu dem die aufgeblähte Verwaltungsstruktur eine nicht unwesentliche Zahl an Arbeitsplätzen beisteuert. Ein Viertel der arbeitsfähigen Sizilianer ist ohne Beschäftigung, wenn die offiziellen Zahlen dies auch auf etwa 15 % herunterzukorrigieren versuchen.

Die Weltwirtschafts- bzw. Kreditkrise am Ende der Nullerjahre hat in ganz Italien, speziell aber in Sizilien zu einer **De-**

pression geführt, die im Zuge der Konsolidierung der Staatsfinanzen des Landes und der notwendig gewordenen Sparzwänge sich weiter verschärft. Nicht nur die zarten Blüten der Industrialisierung welken vor sich hin (2011 hat *Fiat* sein Werk in Termini Imerese geschlossen), auch der Tourismus wurde stark in Mitleidenschaft gezogen, weil sich viele Stammgäste aus Norditalien den Sommerurlaub nicht mehr leisten können.

Gesellschaft und Kultur

Mafia – das ist wohl das erste, was den meisten zum Thema Sizilien einfällt. Sonnenbebrillte Männer in weitgeschnittenen Sakkos und Nadelstreifenhosen, den Borsalino tief über das brillantinegebändigte Kraushaar gezogen und jederzeit bereit, eine kleine, handliche MP zu zücken. Sizilien verdankt seiner „ehrenwerten Gesellschaft" ein **Image,** das sich auch durch die jüngsten Erfolge bei der Bekämpfung der Mafia nicht wesentlich geändert hat. Wer sich davon nicht abschrecken lässt – die Mafiosi pflegen eigentlich nur Umgang mit ihresgleichen – begegnet in Sizilien einer reichen, von vielen Völkerschaften geprägten Gesellschaft und Kultur, die den Schatten des organisierten Verbrechens schnell vergessen ließe. Wenn da nicht die sizilianische Tourismusindustrie versuchen würde, ein wenig Kapital aus der ganzen Sache zu schlagen – mit Mafia-T-Shirts, Mafia-Schnaps und Lokalnamen wie „Il Padrino/Der Pate".

Sizilianer – ein buntes Völkchen

Angefangen hat es in historischer Zeit mit den Phöniziern, und im Laufe der Jahrhunderte kamen Griechen, Italier, Germanen, Araber, Berber, Franzosen, Spanier und Österreicher dazu. Der „sizilianische Cocktail" ist ganz schön multikulturell, wenngleich man heute den Sizilianer, wie ihn *Al Pacino* mit schwarzem Haar, feurigen Augen und eher stämmiger Statur verkörpert, für typisch hält. Zugegeben, viele Sizilianer kommen diesem Bild recht nahe, doch oft genug blitzen blaue Augen unter blonden Ponyfransen hervor, schützen rothaarige Schönheiten ihre empfindliche, weiße Haut ebenso aufwendig gegen die mediterrane Sonne wie die Touristen aus dem kalten Norden. Einen einheitlichen, sizilianischen Typ gibt es also nicht, kann es angesichts der vielen Völkerbewegungen auf der Insel gar nicht geben. Verwischt sind die Unterschiede, die muslimische Araber und christliche Spanier auszeichneten, nur hier und da erinnern Ortsnamen an die ethnische Heterogenität: *Mongibello,* der sizilianische Name des Ätna, leitet sich ab von „monte" und „djebel" und bedeutet, italienisch wie arabisch, Berg, also Berg-Berg.

Die einzige Gruppe, die nicht vollständig in diesem Völkergemisch aufgegangen ist, sind die **Albaner,** die u.a. in Piana degli Albanesi unweit Palermos leben: Ihre Vorfahren sind 1488 vor den Osmanen aus der alten Heimat nach Sizilien geflohen; die Nachkommen haben bis heute Sprache und Traditionen bewahrt und folgen dem byzantinisch-orthodoxen Ritus. Eine andere, recht ab-

Gesellschaft und Kultur

seits der sizilianischen Gesellschaft lebende Gruppe bilden die legalen und illegalen **Fremdarbeiter** aus der ganzen Welt – wenn sie es denn ins „Gelobte Land" geschafft haben. Allein 2014 war es über 3000 Flüchtlingen nicht vergönnt – sie sind bei der Überfahrt von Afrika nach Sizilien im Meer ertrunken. Obwohl das Mittelmeer inzwischen die gefährlichste Fluchtroute überhaupt ist, warten an den Küsten Afrikas weitere Millionen Menschen auf die Chance einer Überfahrt – die Bürgerkriege haben das Leben in weiten Teilen des nordafrikanischen/arabischen Raumes so unerträglich gemacht, dass das Risiko des Todes in Kauf genommen wird.

Sprache

Der **sizilianische Dialekt** hat sich aus dem Lateinischen entwickelt und zahlreiche Lehnwörter aus dem Arabischen, Spanischen und Griechischen übernommen. Ein Förderer der Volkssprache, die

Der Moloch Bürokratie

Untersuchungen über Funktions- und Arbeitsweise der sizilianischen Ämter haben in den 1970er Jahren erstaunliche Ergebnisse zutage gefördert. So war es gang und gäbe, dass „jeder Referent jeden ihm genehmen Mann als Beamten berufen (konnte), ohne dass es zu einem öffentlichen Wettbewerb um diesen Posten kam. Die Folge ... war ein großer Zuwachs der Zahl von Freunden und Verwandten der Referenten." (aus *Finley* u.a., „Geschichte Siziliens", siehe auch Literaturhinweise). Eine weitere Folge war natürlich, dass vielerorts völlig ungeeignete Leute auf den Posten saßen. Die zitierte Untersuchung nennt für das Jahr 1971 etwa 600 Beamte, die ihren Arbeitsplatz nur am 27. jeden Monats aufsuchten, und zwar nur, um sich das Salär abzuholen. Es verwundert daher nicht, dass ein öffentlicher Auftrag nicht weniger als 15 Jahre Bearbeitungszeit benötigte, bevor er dann endlich ausgeführt werden konnte. Und ein einfacher Wasserrohrbruch in einer Schule beispielsweise wurde im Durchschnitt nach drei Jahren, neun Monaten und 23 Tagen behoben (diese Angaben ebenfalls *Finley*).

Die Verwaltung wurde inzwischen zwar effizienter durchstrukturiert, an dem Grundproblem ändert sich aber nur wenig. Bevor die Gelder für die unbedingt notwendigen Sanierungsmaßnahmen in den Altstädten freigegeben werden (die übrigens auch von der EU reichlich fließen), ist erstmal der Hindernislauf durch die Bürokratie zu absolvieren. Dass dabei einiges unwiderruflich zerstört wird, dass Touristen oft vor verschlossenen Palazzi oder hinter Gerüsten verborgenen Kirchen stehen, ja dass sogar Menschen von einstürzenden Häusern erschlagen werden, beschleunigt die Arbeitsweise nicht. 20.000 Angestellte arbeiten in der Regionalverwaltung Siziliens, davon 1800 in leitenden Positionen, 2010 waren es ein Viertel weniger, aber man hatte aufgestockt. Aber auch so viele Leute schaffen es nicht, statistisches Material beizubringen. Die Rating-Agenturen sahen sich deshalb gezwungen, das Rating einzufrieren – mangels Informationen.

zäh der jeweiligen *lingua franca* der Herrschenden widerstand, war der Stauferkaiser *Friedrich II.,* der zu Beginn des 13. Jh. die sizilianische Dichterschule gründen ließ und der die ersten Dichtungen in italienischer (sizilianischer) Sprache verfasst wurden. Der Klang des Sizilianischen ist etwas dunkler als das Hochitalienisch: Typische Endung des Sizilianischen ist das -u (anstelle des italienischen -o), der Artikel „il" verwandelt sich ebenfalls in ein „u".

Wer mehr wissen möchte, dem sei der „Sizilianisch"-Sprachführer aus der Kauderwelsch-Reihe von REISE KNOW-HOW empfohlen.

Religion

Die überwätigende Mehrheit der Sizilianer gehört der **Römisch-Katholischen Kirche** an. Nur in einigen Gemeinden lebt die **byzantinisch-orthodoxe** Glaubensrichtung fort, die vor der islamischen Eroberung weit verbreitet war und 1488 die Albaner, die vor der osmanischen Eroberung ihrer Heimat flüchteten, wieder nach Sizilien gebracht hatten. Mit den nordafrikanischen Fremdarbeitern hält auch das **muslimische** Element wieder auf Sizilien Einzug.

Religionsgeschichte

Die drei bedeutenden **Kulte der Antike** gaben sich auf Sizilien ein Stelldichein: der als grausam und primitiv verschriene der Punier mit der Hauptgottheit *Baal,* der griechische mit *Zeus* und schließlich das Götterpantheon der Römer unter *Jupiter.* Dass auf der fruchtbaren Insel besonders die Göttinen der Fruchtbarkeit verehrt wurden, verwundert kaum. Und so findet man besonders viele Heiligtümer, die der *Demeter* und der *Kore* geweiht waren.

Das **Christentum** konnte bereits im 2. Jh. auf der Insel Fuß fassen und breitete sich nach der Legalisierung durch Kaiser *Konstantin* (313 n. Chr.) schnell aus. Zu den ersten Heiligen-Märtyrern der sizilianischen Heiligengeschichte gehören der hl. Marcianus von Syrakus und die hl. Agatha von Catania (Mitte des 3. Jh.). Die vielen Katakomben auf Sizilien bezeugen, dass der Kult bereits vor dem Toleranzedikt des römischen Kaisers heimlich praktiziert wurde. Um das 5./6. Jh. wurden zahlreiche heidnische Tempel in Kirchen umgewandelt. Prominentestes und anschaulichstes Beispiel: der Athene-Tempel von Syrakus, heute der Dom. Eine Wende zum Christentum brachte Belisars Eroberung, denn mit den Byzantinern kam schließlich die mächtige orthodoxe Kirchenorganisation zum Zuge, die Liturgie wurde auf den orthodoxen Ritus umgestellt.

Das christliche Intermezzo währte allerdings nicht lange, denn schon waren die Muslime auf dem Sprung von Tunis nach Palermo. Daraufhin war Sizilien 200 Jahre lang dem **Islam** untertan, bis es Ende des 11. Jh. an die Normannen fiel, mit denen nun endlich auch die **römische Kirche** auf Sizilien Einzug hielt. Unter den Normannen wurden die ersten Benediktinerklöster gegründet; muslimische und auch jüdische Gemeinden, die es von alters her auf Sizilien gegeben hatte, blieben in ihrer Religionsausübung aber weitgehend unangetastet.

Den endgültig prägenden Stempel erhielt die bis dahin vielfältige Glaubenslandschaft der Insel unter dem Stauferkaiser Friedrich II., der viele Juden und Muslime auswies. Die Politik der Glaubensbereinigung zugunsten der Katholischen Kirche wurde in den Jahrhunderten spanischer Herrschaft mit der Waffe der Inquisition fortgesetzt.

Volksglaube

Der katholische Glaube manifestiert sich nicht nur in grandiosen Kirchenbauten, sondern auch in den fast allgegenwärtigen **Heiligenbildern, kleinen Altären, Kapellen und Votivtafeln,** die überall auf Sizilien – ganz gleich ob im Slum der Großstadt oder an einer kahlen Felswand der Madonie, im Verkaufsraum des Bäckers oder in der Auslage einer Designerboutique – von der tiefen Heiligenverehrung im Volk zeugen. Lebhafter und malerischer Ausdruck der Verbundenheit mit den Heiligen sind die zahllosen **Heiligenfeste,** mit denen man den jeweiligen Schutzpatron dieser oder jener Kirche oder der gesamten Stadt ehrt. In den Prozessionen und Riten, die dabei vollzogen werden, sind heidnische wie spanische Überlieferungen lebendig. Die wichtigsten Heiligenfeste sind das Fest der *hl. Agata* in Catania (Febr.), das Fest der Schutzpatronin *Rosalia* in Palermo (Juli), das Fest der *hl. Lucia* in Syrakus (Dez.) und das Fest der Schwarzen Madonna in Tindari (Sept.).

Anlässlich der Karwoche und des Osterfestes *(settimana santa)* finden in vielen Städten eindrucksvolle **Prozessionen und Umzüge** statt. Berühmt ist die Karfreitagsprozession in Enna, wo ein Heer unheimlicher Kapuzenmänner die menschengroßen Statuen der Madonna und ihres toten Sohnes die ganze Nacht hindurch durch die menschengesäumten Straßen schleppt. Bilder der Inquisition werden beschworen, wenn die vermummten Gestalten durch die nächtlichen Gassen paradieren. Uralte byzantinisch-orthodoxe Traditionen werden in polyvokalen *lamentanze,* den Gesängen, lebendig, die diese Umzüge begleiten. An byzantinische Priestertrachten erinnern auch die weißen Kopftücher, die die Prozessionsteilnehmern unter anderem auf Lìpari tragen. Dort werden die Ereignisse der Karwoche von Christusdarsteller und römischen Soldaten szenisch aufgeführt. Vielerorts werden während der Festlichkeiten **Marzipanfrüchte,** die *panuzzi,* verkauft oder verteilt. Sie symbolisieren das Erwachen der Natur, den Neubeginn des agraren Zyklus. In Marsala tragen kleine Jungen und Mädchen die Marzipanfrüchte und Marzipanlämmer beim Umzug durch die Stadt. Die Mädchen stecken in orientalischen Kostümen und balancieren reich mit Gold und Familienschmuck dekorierte hohe Hauben. Ein feiner Schleier verhüllt das Gesicht – vielleicht eine Erinnerung an das islamische Erbe der Stadt, die ja „Hafen Allahs" (marsa allah) heißt. In einigen Orten (z.B. Prizzi) treten in den Tagen vor dem Ostersonntag oder noch am Ostertag selbst Teufel und Dämonen auf, die ausgetrieben werden müssen, damit der neue Zyklus wieder beginnen kann.

Auch das **Totengedenken** um Allerseelen (2.11.) wird mit großem Aufwand und in ausgelassener Stimmung begangen – ganz anders als in Mitteleuropa. Die Toten verlassen in der Nacht ihre

Architektur, Kunst und Literatur

Gräber und bringen den Kindern Geschenke; es werden spezielle Süßigkeiten – *pupe di zucchero* – hergestellt, die zu essen Glück bringen soll. Die Familie verbringt den Tag an den Gräbern der Angehörigen – die Toten und die Lebenden sind vereint. Der Tod wird nicht ausgegrenzt, er ist Bestandteil des gesellschaftlichen Lebens und allgegenwärtig. Abergläubische Vorstellungen haben bis heute überdauert: so kann der „böse Blick" Menschen unglücklich, krank oder arm machen und wird mit Hufeisen oder Amuletten gebannt.

Architektur, Kunst und Literatur

Siziliens bedeutendste Kunstwerke stammen aus drei großen Stilepochen: der **Antike,** der Zeit der **Normannen** und **Staufer** und des **Barock.** Natürlich haben auch andere Kulturen und Stilrichtungen ihre Spuren hinterlassen, doch wenige haben Siziliens Städte und Bauten so nachdrücklich geprägt. Anders sieht es dagegen in der Malerei aus: Siziliens einziger namhafter Maler, *Antonello da Messina,* war ein Kind der ausgehenden Gotik und beginnenden Renaissance. Das literarische Vermächtnis der Insel ist besonders im 19. und 20. Jh. lebendig – zwei Literatur-Nobelpreisträger und viele über die Grenzen Italiens bekannte Autoren sind Sizilianer (s.u.).

Architektur der Antike

Was heute an monumentalen Bauten der Griechen erhalten ist, sind vor allem Tempel und Theater, und diese wurden unter römischer, arabischer und christlicher Oberherrschaft wiederum verändert und umgebaut. Vorherrschend sind **Tempel der dorischen Ordnung,** da die meisten griechischen Siedler aus dorischen Städten nach Sizilien gekommen waren. Der klassische Tempel besteht aus dem *naos* (im römischen Kulturkreis dann *cella*), dem Allerheiligsten, in dem die Statue des Gottes aufgestellt war. Um diesen Sakralraum verläuft ein Säulengang *(perystil)*, in dem Priesterprozessionen und andere kultische Handlungen für das Volk (das außerhalb des Tempels teilnahm) sichtbar vollzogen wurden. Vorräume zwischen Naos und Perystil *(pronaos)* schirmten die Gottheit zusätzlich von der Öffentlichkeit ab. Die eindrucksvollsten und schönsten Tempelbauten dieses Typs entstanden auf Sizilien im 6. und 5. Jh. v. Chr. Ein hervorragend erhaltener, allerdings nie fertiggestellter dorischer Tempelbau ist der Elymertempel in Segesta. Als herausragendes Beispiel griechischer Architektur gilt der **Apollotempel** (Tempel G) von Selinunt, von dem Tyrannen *Pythagoras* 520 v. Chr. in Auftrag gegeben und mit zwei typisch sizilianischen Merkmalen versehen: Die Götterstatue wurde nicht im Naos, sondern in einem dahinter angebauten gesonderten Raum untergebracht, und der Innenraum des Naos selbst wurde durch zwei Säulenreihen dreigeteilt (vgl. Skizze unten). Ähnliche Konstruktionen finden sich bei den griechischen Tempeln auf Sizilien häufig, manchmal ist sogar der Säulenumgang

> Apollotempel in Selinunte (Grundriss)

bis zur halben Höhe zugemauert, sodass die Gläubigen die Zeremonien zwar noch akustisch verfolgen, sie aber nicht sehen konnten. Womöglich soll die betonte Absonderung der Gottheit ihr Mysterium hervorheben – eine religiöse Vorstellung, die eher in den Bereich archaischer Kulte und der phönizisch-punischen Religion denn nach Griechenland gehört und in Sizilien wohl durch das Aufeinandertreffen der verschiedenen Kulturen auch den griechischen Ritus beeinflusst hat.

Ein weiteres Meisterwerk griechischer Baumeister ist die Erfindung des **klassischen Theaters**. Im Gegensatz zu den Theatern der Römer bezieht das griechische die Natur als Bühnenhintergrund ein – das Halbrund der ansteigenden Zuschauerreihen öffnet sich auf die Bühne hin, die keine Aufbauten braucht, denn ihre Kulisse ist die Natur. Schönstes Beispiel hierfür ist das Theater von Taormina, das den Blick der Zuschauer über die Bucht und den mächtigen Ätna im Hintergrund schweifen ließ, bis die Römer das Panorama mit Bühnenaufbauten versperrten, die zum Teil abgerissen wurden, um den ursprünglichen Eindruck wiederherzustellen.

Roms Architekten bescherten Sizilien mehrere herrschaftliche Villen mit wunderbaren **Fußbodenmosaiken**. Berühmt ist die aus dem 3. oder 4. Jh. stammende Villa Casale, die komplett mit Mosaiken ausgelegt ist. Dargestellt werden Szenen des ländlichen Lebens der adeligen Besitzer – Jagd, Tanz, Sport und Spiele – und Geschichten aus der Mythologie. Auch **Amphitheater** werden errichtet – ein geschlossenes Rund mit Kellergewölben und Räumen, in denen die Protagonisten der Spiele untergebracht wurden – Raubtiere, Sklaven, verfolgte Christen, Gladiatoren – beispielhaft zu erforschen im Amphitheater von Syrakus.

Baukunst der Normannen

Aus der arabischen Epoche Siziliens sind kaum Baudenkmäler erhalten, die meisten wurden von den Normannen um- und ausgebaut, sodass man fast von ei-

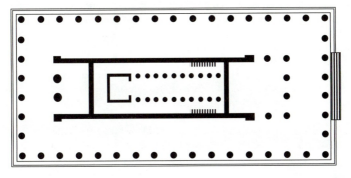

0   20 m

nem **arabisch-normannischen Baustil** sprechen kann, der auf Sizilien die Architektur der europäischen Romanik ersetzt. Die charakteristischen Merkmale in der Verschmelzung der Traditionen sind beispielsweise Kuppelaufbauten wie bei der Chiesa San Giovanni degli Eremiti in Palermo, die Moscheen nachempfunden sind. Am Dom von Monreale wird die Mosaikkunst der Antike, bereichert durch byzantinische Handwerker, zu höchster Vollendung gebracht: Böden, Wände, Säulenschäfte sind über und über mit geometrischen Ornamenten und Bildern bedeckt, der gesamte Innenraum der Basilika ist mit Bildfolgen überzogen. Arabische Ornamente vereinen sich mit byzantinischer Symbolik und normannischer Architektur zu einem Glanzstück der frühmittelalterlichen Baukunst, das aufs Schönste das Zusammenleben der drei Kulturen unter der Herrschaft der Normannenkönige zum Ausdruck bringt. Kaiser *Friedrich II.*, der diese Epoche mit harter zentralistischer Hand beendete, hinterließ dagegen in erster Linie Festungsbauten, Castel Maniace in Syrakus, Castello di Lombardia in Enna und Ursino in Catania – der Volksmund nennt sie *castelli svevi*, Schwabenburgen. Auf Friedrichs Plan geht auch die geradlinige Anlage der Stadt Augusta zurück, die sich so gänzlich vom Gassenwirrwarr anderer sizilianischer Altstädte unterscheidet.

◁ In jeder Stadt und in jedem Dorf finden sich herrliche Zeugnisse des Barock

Barockes Sizilien

Hätte es das verheerende Erdbeben von 1693 nicht gegeben, das im südöstlichen Teil Siziliens viele Siedlungen und Städte dem Erdboden gleichmachte – die Insel wäre wohl kaum zum Sinnbild barocker Architektur geworden. So aber nutzten Adel und Kirche die Gelegenheit, ihre Macht und Größe durch den kompletten Neubau ganzer Städte weithin sichtbar zu demonstrieren und für die Nachwelt zu verewigen. Der sizilianische Barock ist in diesen Städten, in Noto, Mòdica, Scicli, Ragusa, am eindrucksvollsten verewigt, angefangen bei der Stadtanlage über die Fassaden und Balkons der Patrizierhäuser bis hin zu Treppenfluchten, die möglichst hoch hinauf zu Kirchen und Kathedralen führen. Kirchenkuppeln werden von großen Voluten gestützt, Dämonenfratzen tragen elegante Balkons, Fassaden schwingen im Halbrund – der Effekt steht im Mittelpunkt (s.a. Exkurs „Barocke Architektur und Stadtplanung" bei Noto). Zu den bekannten Baumeistern jener Zeit zählen *Rosario Gagliardi* und *Vincenzo Sinatra* sowie *Giacomo Serpotta*.

Malerei

Künstler wie *Caravaggio* haben auch in Sizilien gearbeitet, es gab aber nur einen einheimischen Maler, der weit über die Grenzen seiner Insel berühmt wurde, *Antonello da Messina* (1430–1479). Von ihm, dessen Werke auch in Venedig zu sehen sind, haben auf Sizilien meist Darstellungen der Verkündung Mariäs die Zeit überdauert. Das eindrucksvollste und am besten erhaltene hängt in der

Galeria Regionale von Palermo; weitere Gemälde sind ebenfalls in Palermo, in Cefalù, Syrakus und Messina zu besichtigen.

Als prominentester und herausragendster Maler der Neuzeit gilt der in Bagheria geborene *Renato Guttuso* (1911–1987), der das Handwerk als Karrenmaler erlernte. Einen Großteil seiner Schaffenszeit verbrachte er außerhalb Siziliens und kehrte erst kurz vor seinem Tod 1987 auf die Insel zurück. Mit spektakulären, schockierenden Motiven (beispielsweise seiner 1941 gemalten Kreuzigung mit einer nackten Magdalena) erregte er immer wieder die Gemüter seiner Landsleute; sein berühmtestes Bild ist die *Kalsa,* das ehemalige Araberviertel von Palermo (1976). Als Politiker gehörte er der kommunistischen Partei *PCI* an.

Musik

Dem Palermitaner Komponisten *Alessandro Scarlatti* (1660–1725) verdankt nicht nur Sizilien, sondern die gesamte Opernwelt die Einführung des „neapolitanischen Opernstils". Scarlatti (nicht zu verwechseln mit seinem ebenfalls talentierten Sohn *Domenico,* der sich vor allem mit Kompositionen für das Cembalo verdient machte) komponierte zahllose Musikwerke, darunter angeblich 114 Opern. 150 Jahre später wurde in Catania ein weiterer großer Musiker Siziliens geboren, *Vincenzo Bellini* (1801–1835), der die neapolitanische Oper zu einem krönenden Abschluss bringen sollte. Zu seinen herausragenden Werken gehören die Opern „La Norma" und „La sonnambula".

Literatur

Angefangen bei der Volksdichtung und der **Sizilianischen Schule** *Friedrichs II.* besitzt Sizilien eine reiche literarische Tradition, die in den Werken der bekannten Autoren des 19. und 20. Jh. fortgesetzt wurde. Zu ihnen gehört *Giovanni Verga* (1840–1922), der mit seiner „Cavalleria Rusticana" das „Script" für eines der erfolgreichsten Opernwerke der Geschichte schuf. Weitere bekannte Romane sind „I Malavoglia" („Die Malavoglia") und „Mastro Don Gesualdo". Verga gilt als bedeutendster Autor des „Verismo", einer Stilrichtung, die sich um besonders realistische Darstellung der sozialen Gegebenheiten bemüht.

Luigi Pirandello (1867–1936) ist wohl der bekannteste sizilianische Dramatiker („Sechs Personen suchen einen Autor") und erhielt für sein literarisches Werk 1934 den Nobelpreis. Lesenswert sind auch seine Novellen, die ein ungeschöntes Bild des sizilianischen Arbeitsalltags im 19. Jh. zeichnen. „Ciaula entdeckt den Mond" ist ein erschütternder Bericht vom Leben der Schwefelkinder, die als Lastenträger in den Schwefelgruben um Caltanissetta arbeiten mussten.

Den Nobelpreis erhielt 1959 auch Pirandellos Kollege Salvatore Quasimodo aus Mòdica (1901–1968), ein begnadeter Lyriker, der sich auch als Übersetzer griechischer und lateinischer Klassiker einen Namen machte. Der Einfluss der griechischen Texte wird in seinen Gedichtzyklen spürbar. Ins Deutsche übertragen wurden einige seiner Werke unter dem Titel „Das Leben ist kein Traum".

Der vornehmste Sizilianer unter den Autoren ist sicherlich *Giuseppe Tomasi di Lampedusa* (1896–1957). Der aus al-

Illustre Sizilianer – eine kleine Ahnengalerie

Um das Verschwinden des **Philosophen Empedokles** (500–430 v. Chr.), eines gebürtigen Agrigentiners, ranken sich geheimnisvolle Legenden. Der herumwandernde Denker und Arzt soll sich in den Feuerkrater des Ätna gestürzt haben, nur seine unverdaulichen Sandalen spie der Berg angeblich wieder aus. Tatsächlich starb *Empedokles*, der maßgeblich das Werk *Platos* beeinflusst hat, auf dem Peloponnes. *Plato* wiederum hatte ebenfalls mit und auf Sizilien zu tun. Als guter Freund des Tyrannen *Dionysios II.* versuchte er, auf der Insel seine Vorstellung von der idealen polis zu realisieren. Er scheiterte und wurde schließlich von *Dionysios* ins Gefängnis geworfen.

Hätte der **Mathematiker Archimedes** nicht im 3. Jh. v. Chr. in Syrakus gelebt, die Stadt hätte der Belagerung durch die Römer nicht so lange widerstanden. Syrakus verdankte *Archimedes* nicht nur eine hervorragend konzipierte strategische Sicherung, sondern auch allerlei Kriegstechnik, die der Erfinder der „archimedischen Schraube" (Wasserhebemaschine nach dem gleichen Prinzip wie die Schiffsschraube) zur Verteidigung der Stadt entwickelte. Manch ein Schüler wäre froh, wenn *Archimedes* nicht ein so genialer Geist gewesen wäre: Quadratwurzeln und die Berechnung der Kreisfläche blieben ihm dann (vielleicht) erspart.

Diodorus von Sizilien wirkte im 1. Jh. n. Chr. und gilt als Ahnvater der exakten, dafür aber um so langwiligeren Geschichtsschreibung. Sein vierzig Bücher umfassendes Mammutwerk beschäftigt sich mit der „Universalgeschichte" von den Uranfängen bis Cäsar. Eine wertvolle Quelle sind seine Beiträge über die Geschichte Siziliens.

Den einen war er ein großer Abenteurer, den anderen ein Schurke: **Alessandro Graf von Cagliostro** (1743–1795), der Magier aus Palermo. Mit Hilfe allerlei illusionistischer Tricks und angeblichem alchimistischen Geheimwissen verschaffte er sich Zutritt zu den vornehmsten europäischen Fürstenhäusern. Schließlich verurteilte ihn der Papst wegen Ketzerei zum Tode und wandelte später die Strafe in lebenslange Haft um. *Cagliostros* bürgerlicher Name war *Giuseppe Balsamo*.

tem Adelsgeschlecht stammende *Giuseppe Tomasi* schrieb kurz vor seinem Tod in erstaunlicher Geschwindigkeit den epischen Roman „Il Gattopardo" („Der Leopard") und setzte damit der zerrissenen sizilianischen Gesellschaft der Jahrhundertwende und der Baronie ein faszinierendes Denkmal. Von *Visconti* wurde das Werk mit *Burt Lancaster*, *Alain Delon* und *Claudia Cardinale* unter anderem an sizilianischen Originalschauplätzen verfilmt.

Unter den Schriftstellern der Neuzeit sei *Leonardo Sciascia* (1921–1989) genannt, dessen Erzählungen und Kriminalromane Unterhaltung und Gesell-

Odysseus

Hier die Skylla, und drüben schlürfte die hehre Charybdis / Fürchterlich gurgelnd ein das salzige Wasser des Meeres / Spie sie es wieder heraus, wie ein Kessel auf heftigem Feuer / Brauste es dann empor in brodelndem Strudeln, und hochauf / Spritzte der Schaum und bedeckte auf beiden Felsen die Spitzen / Schlang sie dann wieder hinunter des Meeres salziges Wasser / Sah man tief in den Strudel hinein, und fürchterlich brüllte / Ringsumher der Fels, und Erde kam drunten zum Vorschein / Schwarz von Sand; da packte die anderen bleiches Entsetzen.

Odyssee, *Homer*

Wenig nur bemerkt man heute bei der Überfahrt über den Stretto vom Festland Italiens zur Hafenstadt Messina auf der nur Steinwürfe entfernten Insel Sizilien: blauen Himmel vielleicht, ein azurnes Meer und grünbraune Küstenlinien.

Doch **Odysseus** war auf seiner Reise in die Strudel der Gezeiten geraten, auf der einen Seite die fürchterliche *Skylla*, die Hündin, in ihrer Höhle, die aus jedem passierenden Boot eine erkleckliche Zahl Männer sich griff und verschlang, auf der anderen Seite ein Felsschlund, der die Wasser in sich sog und wieder ausspie.

Genau hier, wo der geneigte Reisende europäischen Boden verlässt und in die Welt des Mittlers zu Afrika hin eintaucht, genau hier mussten die Mannen von Trojas Bezwinger ihr Leben lassen.

Und weiter ging's mit graus'gem Morden im Lande der Kyklopen, der Einäugigen, deren einer – *Polyphem* – weitere Freunde des *Odysseus* in einer Höhle festhielt und abendlich verspeiste, um schließlich geblendet und vom Listenreichen hinters und weg vom Licht geführt seinen Schmerz nur noch übers Meer brüllen zu können. „Niemand" hätte ihn erblinden lassen, tobte es aus seinem Munde, hatte doch Odysseus sich mit diesem Namen *Polyphem* vorgestellt. So hielten seine Brüder *Polyphem* nur für wunderlich und halfen ihm nicht, der Fliehenden habhaft zu werden. Seine Stimme mag man noch vernehmen, wenn man genau horcht – und wenn man sich auf Levanzo befindet, jenem winzigen Eiland vor Trapani, das heute zu den Ägadischen Inseln gerechnet wird.

Und schließlich Stromboli – *Aiolia* –, Teil des Äolischen Archipels, immer spuckender Vulkan, manchmal entvölkert, wenn er's gar zu wild treibt und die Menschen nach Lìpari geholt werden, meist aber mit allzu wenigen Menschen bewohnt, denen die Pforte zur Erdmitte im Rücken Freude bereitet. Hier lag die Höhle des *Aiolos,* des Gottes der Winde, der Odysseus das hilfreiche Geschenk eines ihm und seinem Wege freundlichen Windes in einem Lederbeutel machte. Bei Gelegenheit geöffnet erhoben sich die Lüfte und brachten ihn und was von seinen Gefährten ihm verblieb auf den rechten Weg.

Wer Zeit und Muße hat, sollte sich bei einer Sizilienreise auf die Spuren des griechischen Helden begeben. Dies gilt sowohl für diejenigen, die in der Schule einst die Odyssee gelesen haben, als auch für jene, die sie noch nicht kennen. In Schriftform oder – für Lesefaule am Strand unter brüllender Sonne und vorzüglich gesprochen – auf CD.

■ **Zu bestellen** ist die Odyssee als Hörbuch beim *Verlag für Hörbuchproduktionen,* Bahnhofstraße 24, D-35037 Marburg/Lahn, Tel. 064 21 88 91 10, www.hoerbuch.de.

schaftskritik verbinden („Der Fall Majorana"). Aufsehenerregend waren seine offenen Stellungnahmen gegen die Mafia; mindestens ebenso spektakulär war aber auch sein Artikel im „Corriere della Sera", in dem *Sciascia* 1987 gegen den Mafia-Jäger *Paolo Borsellino* polemisierte. Als *Borsellino* dann Jahre später von der Mafia ermordet wurde, kamen Vermutungen über *Sciascias* Mafia-Beziehungen auf. Trotz der – wohl unberechtigten – Zweifel an *Sciascias* Integrität sollten seine Romane oder die Essay-Sammlung „Mein Sizilien" wie auch *Lampedusas* „Der Leopard" zur Pflichtlektüre jedes Sizilienreisenden gehören, weil sie die sizilianische Gesellschaft aufs Präziseste spiegeln.

Weniger bekannt ist *Sciascias* Kollege aus Còmiso, *Gesualdo Buffalino,* dessen Novellen und Gedichte ebenfalls die typisch sizilianischen Themen – Armut, Gewalt, Mafia – behandeln (siehe auch „Literaturhinweise" im Anhang). Lange Zeit war *Lara Cardella* die einzige Frau in der illustren Autorenriege. Mit ihrem autobiografischen Roman „Volevo i pantaloni" („Ich wollte Hosen haben") beleuchtet sie die Stellung der Frau in der sizilianischen Gesellschaft. Nun hat *Cardela* von einer Landsmännin Konkurrenz bekommen, die zwar in Palermo lebt, aber nicht gebürtige Sizilianerin ist. *Dacia Maraini* schreibt spannende Romane, die um die Schicksale sizilianischer Frauen kreisen, so z.B. „Eine Kindheit auf Sizilien" oder „Die stumme Herzogin" (beide im *Piper Verlag*).

☑ In Monreale bei Palermo sind noch die typischen bunten Karren zu sehen – eine Touristenattraktion

Spannende Unterhaltung garantieren die Kriminalromane des *Andrea Camilleri*, der seinen „Commissario Montalbano" an sizilianischen Schauplätzen in teils absurde Abenteuer verwickelt. Erschienen sind u.a. „Die Form des Was-

Hochzeitstag

Es ist ein ganz gewöhnlicher Werktag in irgendeiner Kleinstadt im Südosten Siziliens. Nach und nach erwacht das öffentliche Leben aus der tiefen Siesta, Fensterläden klappern, das schrille Gekeife der „Mammas" durchschneidet die Stille über den Gassen. Ein Autokonvoi rast über die Piazza und hält mit quietschenden Reifen vor der Freitreppe, die hinaufführt zum barocken Kleinod der Stadt, dem Dom oder „chiesa madre", wie die Sizilianer sagen. Ein buntes Völkchen klettert aus den Fahrzeugen, Fotoapparate und Videokameras werden gezückt, und dann ist sie endlich da: die Braut. Ganz in Weiß schreitet sie am Arm von „Pappa" die Treppe hoch, dahinter auch irgendwo der schwitzende Bräutigam, aus der Kirche dröhnt der Hochzeitsmarsch. Eine halbe Stunde später ist alles vorbei, das Paar stolpert im Reishagel ins blendende Sonnenlicht hinaus und nimmt sein Hochzeitspräsent, das durchaus auch ein mit Geschenkbändern umwickeltes, funkelnagelneues Auto sein kann, in Empfang. Wieder eine Ehe geschlossen! Während sich die Hochzeitsgesellschaft bereits fröhlich zechend in der nächsten Trattoria vergnügt, schreitet das junge Paar, inzwischen etwas aufgelöst und erschöpft, mit unendlicher Geduld zum zehnten Male die Treppe hinauf und wieder hinab – Stoff für das Videoteam, das ganz professionell mit Scheinwerfern und mehreren Kameras dafür sorgt, dass das Ja-Wort unvergessen bleibt. Nicht ganz so wohlhabende Paare (oder die eher konservativen) posieren stattdessen unermüdlich Liebe demonstrierend für den Fotografen.

Wer am späteren Nachmittag in der Nähe einer Kirche wartet, wird mit ziemlicher Sicherheit eine Hochzeit erleben – geheiratet wird viel, laut und üppig, auch wenn Schmalhans Küchenmeister ist. Wahre Sozialstudien kann man dabei unternehmen; die ländliche Hochzeit: in strahlendem Weiß die Braut, etwas schrill geschminkt die Damen, finster und in Schwarz die Herren (bange Frage: Ist das Mafia?). – Die städtische: das Brautpaar schon etwas älter (also Ende Zwanzig), die Gäste im Mailänder Schick, Brautjungfern bewerfen die Neuvermählten stilecht mit Reis. – Die mondäne: Der Bräutigam steht kurz vor oder nach der Pensionierung, während die Gattin wohl gerade eine Model-Laufbahn an den „Ehenagel" gehängt hat; hektische Betriebsamkeit, Bussi-Bussi, Video und viele Fotografen. – Die luxuriöse: Als einzige wird man sie nicht zu Gesicht bekommen, nur Polizei sieht man, die die Zufahrtswege freihält.

Die Hochzeit ist der wichtigste Festtag im Leben eines Sizilianers, doch die Familie hat auch im konservativen Süden ihren alles übergreifenden Ehrenplatz verloren: 31.000 Ehen wurden 1995 auf Sizilien geschlossen, doch 4500 Paare haben sich im gleichen Jahr getrennt – das sind immerhin 15 %. Durchschnittlich drei Personen bilden einen Haushalt – die Zeit der vielen „bambini" und der aufopfernden „mamma", auch in Sizilien scheint sie Vergangenheit.

sers", „Der Hund aus Terracotta", „Der Dieb der süßen Dinge" und „Die Stimme der Violine".

Traditionen

Dem Ethnologen *Giuseppe Pitrè* ist zu danken, dass die sizilianische Volkskunst so hervorragend dokumentiert im **Pitrè-Museum** in Palermo besichtigt werden kann. Fröhlich-bunt kommen die *caretti*, die über und über bemalten und mit Schnitzwerk dekorierten sizilianischen Karren, daher, die noch vor fünfzig Jahren den Inselverkehr beherrschten.

Die Tradition geht wohl bis auf das 18. Jh. zurück, als die Bauern begannen, ihre Lasten nicht mehr nur auf Maultieren, sondern auch auf Karren zu transportieren. Bei der Gestaltung nahmen sich die Künstler ein Vorbild an den Kutschen der Adeligen und überzogen die *caretti* mit bäuerlich bunten Farben und Motiven aus den auf Sizilien überaus beliebten Legendenzyklen um *Karl den Großen* und seinen Ritter *Orlando* (Roland), die im Rolandslied verewigt sind. Heute sind die „caretti" nur noch in einigen Museen oder bei Folklorefestivals zu besichtigen.

Mit den Geschichten um den tapferen Ritter *Roland,* der verzweifelt gegen die Sarazenen kämpft und das Herz der schönen Angelica begehrt, beschäftigen sich auch viele Stücke, die von den **„teatri dei puppi"** aufgeführt werden. Die auf der Insel Sizilien so beliebten Puppenspiele sind wohl zwischen dem 18. und 19. Jahrhundert von Neapel her eingeführt worden und haben rasch Verbreitung gefunden. Mit bis zu 150 cm großen Puppen wird auf der Bühne gekämpft und geliebt, heldenhaft gestorben und inniglich geweint. Das (größtenteils erwachsene) Publikum steuert mit Klatschen, Ermunterungsrufen und Füßegetrampel zur ausgelassenen Stimmung bei und feuert die Spieler an, die über gehörige Körperkraft und Geschick verfügen müssen, um die großen Marionetten zu dirigieren. Mehrere berühmte Puppenspielerfamilien sind in Catania und Palermo zuhause, doch die meisten Theater sind der Konkurrenz von Video und Fernsehen zum Opfer gefallen und längst geschlossen. Eine kleine Wiederbelebung der Tradition hat der Tourismus mit sich gebracht.

Die Schauspiele mit Marionetten sind eine Spezialität Siziliens

Die Autoren | 612
Literaturhinweise | 594
Register | 603
Sprachhilfe, Kleine | 598

13 Anhang

In der Altstadt von Palermo

Literaturhinweise

Für historisch und archäologisch Interessierte

■ *Peterich, Eckart*
Sizilien, Prestel Verlag, München
Ein essayistischer Reiseführer, angenehme Lektüre für unterwegs.

Hintergrundliteratur

■ *Dickie, John*
Cosa Nostra. Die Geschichte der Mafia
S. Fischer Verlag 2006

■ *Finley, M., Mack Smith, Duggan*
Geschichte Siziliens und der Sizilianer
Beck Verlag München; auch als dtv-Taschenbuch erhältlich.
Sehr gute Darstellung der sizilianischen Geschichte von der Antike bis Mitte der 1980er Jahre.

■ *Friese, Heidrun*
Lampedusa, Historische Anthropologie einer Insel
Campus Verlag, Frankfurt a. M.

■ *Peter, Peter/Schreibmüller, Christian*
Cucina Siciliana
Hugendubel Verlag, München

■ *Peter Robb*
Sizilianische Schatten
Kunst, Geschichte, Essen, Reisen und die Mafia
DuMont Literatur und Kunst 2000
Literarisch-politischer Reisebericht.

■ *Salvatore Lupo*
Die Geschichte der Mafia
Patmos Verlag 2002
Eine messerscharfe Analyse des Phänomens Mafia sowie dessen Geschichte.

■ *Renate Siebert*
Im Schatten der Mafia
Hamburger Edition 1997
Welche Rolle spielen die Frauen? *Renate Siebert* berichtet in ihrem Buch über Mütter, Ehefrauen, Töchter der Mafiosi.

■ *Clarissa Heyman/Peter Cassidy*
Sizilien. Cucina e passione.
Droemer Knaur 2003
Das Autorenpaar liefert eine leidenschaftliche Liebeserklärung an die sizilianische Kochkunst.

■ *Susanne Wess*
Historische Gast-Häuser und Hotels
Hoffmann Verlag, 2008
Das Buch präsentiert 50 besonders schöne, historische Gasthäuser und Herbergen auf Sizilien und den Liparischen Inseln und weckt so Lust auf einen Besuch. Manche Unterkünfte sind teuer, manche durchaus erschwinglich, die Auswahlkriterien liegen nicht auf Exklusivität, sondern, ob die Betriebe eine Geschichte zu erzählen haben. So sind in dem Büchlein Luxuspaläste mit Landgasthöfen vereint.

■ *Andrea Camilleri*
M wie Mafia
Kindler, 2009
Der Autor der Kriminalromane um *Commissario Montalbano*, hat mit diesem Buch eine aufschlussreiche Beschreibung der Organisationsstruktur und Funktionsweise der sizilianischen Mafia und der psychischen Befindlichkeiten ihres Kopfes *Bernardo Provenzano* abgegeben. Als Wörterbuch angelegt (von A wie Abtauchen über P wie Prostata und Priester bis Z wie Zichoriengemüse) ist es eine unterhaltsame Einstimmung für die Anreise zur Insel.

Wandern/Fahrrad

■ *Carubba, Paolo*
A piedi in Sicilia Vol. I
Edizioni Iter, Roma
Hier wird nur der Osten Siziliens beschrieben.

Literaturhinweise

■ *Carmen Fischer/Helmut Walter*
Sizilien per Rad
Verlag Wolfgang Kettler 2011
 77 Fahrradtouren mit Höhenprofil.

■ *Greco, Roberto*
Sicilia in Mountain Bike
Ediciclo Editore, Portogruaro
 Bislang nur Vol. I, Ätna, Nebrodi Iblei und Peloritani, erschienen.

Sprache

■ *Lehmann, Martin*
Sizilianisch – Wort für Wort
Reihe Kauderwelsch, REISE KNOW-HOW Verlag. Dazu ist ein AusspracheTrainer auf Audio-CD erhältlich.

■ *Strieder, Ela*
Italienisch – Wort für Wort
Reihe Kauderwelsch, REISE KNOW-HOW Verlag. Dazu sind separat ein AusspracheTrainer auf Audio-CD sowie ein „Kauderwelsch digital" (das gesamte Buch auf CD-ROM plus AusspracheTrainer) erhältlich.

■ *Blümke, Michael*
Italienisch Slang – das andere Italienisch
Reihe Kauderwelsch, REISE KNOW-HOW Verlag. Dazu ist eine Audio-CD erhältlich.

■ *Blümke, Michael*
Italienisch kulinarisch
Reihe Kauderwelsch, REISE KNOW-HOW Verlag.

■ *Huter, Barbara*
Fehler-ABC Deutsch – Italienisch
Klett, Stuttgart

Lesestoff

■ *Durell, Lawrence*
Blühender Mandelbaum
Rowolth Verlag, Hamburg

■ *Homer*
Odyssee
Reclam Verlag Stuttgart

■ *Sciascia, Leonardo*
Mein Sizilien
Wagenbach Verlag Berlin; außerdem weitere Werke von Sciascia in deutscher Übersetzung.

■ *Tomasi di Lampedusa, Giuseppe*
Der Leopard
Piper Verlag, auch als TB erhältlich.

■ *Vergil*
Aeneis
Reclam Verlag, Stuttgart

■ Außerdem Werke von *Luigi Pirandello, Giovanni Verga, Lara Cardella, Dacia Maraini, Leonardo Sciascia* und **Andrea Camilleri** sowie die Mafia-Thriller von *Mario Puzo*.

Hörbuch

■ **Die Odyssee I und II**
Verlag für Hörbuchproduktionen
Jeweils 6 CDs.

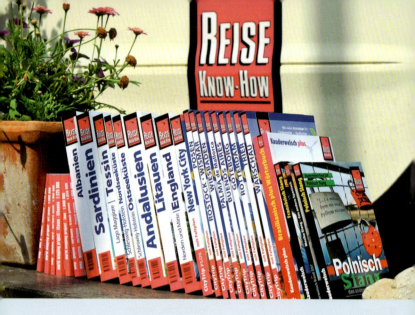

Das komplette Programm zum Reisen und Entdecken von
REISE KNOW-HOW

- **Reiseführer** – alle praktischen Reisetipps von kompetenten Landeskennern
- **CityTrip** – kompakte Informationen für Städtekurztrips
- **CityTrip^{PLUS}** – umfangreiche Informationen für ausgedehnte Städtetouren
- **InselTrip** – kompakte Informationen für den Kurztrip auf beliebte Urlaubsinseln
- **Wohnmobil-Tourguides** – alle praktischen Reisetipps für Wohnmobil-Reisende
- **Wanderführer** – exakte Tourenbeschreibungen mit Karten und Anforderungsprofilen
- **KulturSchock** – Orientierungshilfe im Reisealltag
- **Kauderwelsch Sprachführer** – vermitteln schnell und einfach die Landessprache
- **Kauderwelsch plus** – Sprachführer mit umfangreichem Wörterbuch
- **world mapping project™** – aktuelle Landkarten, wasserfest und unzerreißbar
- **Edition REISE KNOW-HOW** – Geschichten, Reportagen und Abenteuerberichte

Zu Hause und unterwegs – intuitiv und informativ
▶ www.reise-know-how.de

- **Immer und überall** bequem in unserem Shop einkaufen
- Mit **Smartphone**, **Tablet** und **Computer** die passenden Reisebücher und Landkarten finden
- **Downloads** von Büchern, Landkarten und Audioprodukten
- Alle **Verlagsprodukte** und **Erscheinungstermine** auf einen Klick
- **Online** vorab in den Büchern **blättern**
- Kostenlos **Informationen, Updates** und **Downloads** zu weltweiten Reisezielen abrufen
- **Newsletter** anschauen und abonnieren
- Ausführliche **Länderinformationen** zu fast allen Reisezielen

Kleine Sprachhilfe

Aussprache

„c" vor den hellen Vokalen „e" und „i" immer „tsch" (centro/tschentro = Zentrum)
„cc" vor den hellen Vokalen „e" und „i" immer „tsch", nur härter (faccio/fatscho = ich mache)
„g" vor den hellen Vokalen „e" und „i" immer „dsch" (gelato/dschelato = Eis)
„gi" vor den dunklen Vokalen „a", „o" und „u" immer „dsch" (giorno/dschorno = Tag)
„c" vor dunklen Vokalen „a", „o" und „u" immer „k" (caldo/kaldo = heiß)
„cc" vor den dunklen Vokalen „a", „o" und „u" immer „k" (leccare/lekare = lecken)
„g" vor den dunklen Vokalen „a", „o" und „u" immer „g" (gusto/gusto = Geschmack)
„gh" immer „g" (paghiamo/pagiamo = wir bezahlen)
„ch" immer „k" (chiuso/kiuso = geschlossen)
„cch" immer „k" (vecchio/wekio = alt)
„gl" wie „lj" (aglio/aljo = Knoblauch)
„gn" wie „nj" (magnifico/manjifiko = herrlich)
„qu" wie „ku", das „u" wird gesprochen (acqua/akua = Wasser)
„v" wie „w" (vacanze/wakanse = Ferien)
„z" wie „ds" (zucchero/dsukkero = Zucker)
„h" am Wortanfang immer stimmlos (tu hai/tu ai = du hast) und schließlich das „r" immer richtig schön rollen, dann kann bei der Verständigung auf Sizilien nichts mehr schiefgehen.

Grundlagen

ja – sì
nein – no
danke – grazie
bitte – prego (auf grazie)
gern geschehen – non c'è di che
Wie geht es? – come va?
Bis später – a più tardi
Hallo, tschüss – ciao/salve
Guten Tag – buon giorno
Guten Abend – buona sera (nachmittags)
Gute Nacht – buona notte
gestern – ieri
heute – oggi
morgen – domani
Vormittag – mattina
Mittag – mezzogiorno
Nachmittag – pomeriggio
Abend – sera
Nacht – notte

gut/schlecht – buono/cattivo
heiß/kalt – caldo/freddo
schnell/langsam – veloce/lento
groß/klein – grande/piccolo
nah/weit – vicino/lontano
viel/wenig – molto/poco
offen/geschlossen – aperto/chiuso
teuer/billig – caro/economico

Entschuldigung – scusi
Macht nichts/Bitteschön – di niente
Dürfte ich vorbei/Bitte ... – permesso
(Kann ich) bitte ... – per favore, ...

Verben

sein – essere
ich bin – io sono
du bist – tu sei
er/sie ist – lui/lei è
wir sind – noi siamo
ihr seid – voi siete
sie sind – loro sono

haben – avere
ich habe – io ho
du hast – tu hai
er/sie hat – lui/lei ha

Kleine Sprachhilfe

wir haben – noi abbiamo
ihr habt – voi avete
sie haben – loro hanno

wollen – volere
ich will – io voglio
du willst – tu vuoi
er will – lui vuole
wir wollen – noi vogliemo
ihr wollt – voi volete
sie wollen – loro vogliono

Ich möchte … – vorrei … (höflich)

Fragen

wie viel? – quanto?
wo? – dove?
warum? – perché?
wie? – come?
wann? – quando?

Ist es möglich …? – È possibile …?
Sprechen Sie … – Parla …
deutsch? – tedesco?
englisch? – inglese?
französisch? – francese?
Wie heißt das? – Come si dice?
Was kostet das? – Quanto costa?
Haben Sie …? – C'è …?
Wie viel Uhr ist es? – Che ora è?

Zahlen

1 – uno
2 – due
3 – tre
4 – quattro
5 – cinque
6 – sei
7 – sette
8 – otto
9 – nove
10 – dieci
11 – undici
12 – dodici
13 – tredici
14 – quattordici
15 – quindici
16 – sedici
17 – diciasette
18 – diciotto
19 – dicianove
20 – venti
21 – ventuno
22 – ventidue
23 – ventitre
24 – ventiquattro
31 – trentuno
32 – trentadue
33 – trentatre
40 – quaranta
50 – cinquanta
60 – sessanta
70 – settanta
80 – ottanta
90 – novanta
100 – cento
101 – centuno
102 – centodue
200 – duecento
300 – trecento
500 – cinquecento
1000 – mille
2000 – duemila
100.000 – centomila

Wochentage, Monate

Montag – lunedì
Dienstag – martedì
Mittwoch – mercoledì
Donnerstag – giovedì

Freitag – venerdì
Samstag – sabato
Sonntag – domenica

Januar – gennaio
Februar – febbraio
März – marzo
April – aprile
Mai – maggio
Juni – giugno
Juli – iuglio
August – agosto
September – settembre
Oktober – ottobre
November – novembre
Dezember – dicembre

Jahreszeiten

Frühling – primavera
Sommer – estate
Herbst – autunno
Winter – inverno

Mit dem Auto unterwegs

Tankstelle – distributore, stazione di rifornimento
Benzin/Diesel/bleifrei – benzina/gasolio/senza piombo
volltanken – pieno
Luftdruck prüfen – controllare la pressione
Wasser prüfen – controllare l'acqua
Ölstand prüfen – controllare l'olio
Auto – macchina
Motorrad – moto
Roller – scooter
Panne – guasto
Unfall – incidente
kaputt – rotto
funktioniert nicht – non funziona

Zündung – accensione
Vergaser – carburatore
Einspritzpumpe – pompa d'iniezione
Lichtmaschine – dinamo
Reifen – pneumatico
Reifen aufziehen – montare un pneumatico
Kupplung – frizione
Kupplungsrutschen – slittamento della frizione
Bremse – freno
Die Bremse greift nicht – i freni non funzionano
Motor – motore
Der Motor springt nicht an – il motore non parte/non si mette in moto
Autowerkstatt – officina
Reifenreparaturwerkstatt – gommista
Autoelektrikwerkstatt – elettrauto

Verkehrsregeln

Umleitung – deviazione
alle Richtungen – tutte le direzioni
Einbahnstraße – senso unico
gesperrt – sbarrato
Sackgasse – strada senza uscita
gefährlich – pericoloso
Steinschlag – caduta sassi
Abzweigung – bivio
langsam fahren – rallentare
Anfang/Ende – inizio/fine
Fortsetzung – continua
Straßenschäden – strada dissestata
bei Nebel/Schnee – in caso di nebbia/neve

Mit dem Zug/Bus/Schiff unterwegs

Zug – treno
Stadtbus – bus
Fernbus – pullman
Fähre – traghetto
Schiff – vaporetto
Tragflügelboot – aliscafo

Kleine Sprachhilfe

Flugzeug – aero
Bahnhof – stazione
Haltestelle – fermata
Hafen – porto
Flughafen – aeroporto
Ausgang – uscita
Eingang – entrata
Ankunft – arrivo
Abfahrt – partenza
Verspätung – ritardo
Fahrkarte – biglietto
– einfach – solo andata
– Rückfahrkarte – andata e ritorno
täglich – giornaliero
werktäglich – feriale
Sonn- und feiertäglich – festivo

Im Notfall

Erste Hilfe – pronto soccorso
Krankenhaus – ospedale
Arzt – dottore
Zahnarzt – dentista
Apotheke – farmacia
Schmerzen – dolore
Durchfall – diarrea
Erbrechen – vomito
Erkältung – raffreddore
Kopfschmerzen – mal di testa
Bauchschmerzen – mal di panica
Zahnschmerzen – mal di denti
Sonnenbrand – scottatura
Sonnenstich – insolazione

Übernachtung

Einzelzimmer – camera singola
Doppelzimmer – camera doppia
mit/ohne Bad – con/senza bagno
ruhig – tranquillo
Meerblick – vista al mare

Vollpension – pensione completa
Halbpension – mezza pensione
Frühstück – colazione
Schlüssel – chiave

In der Bank

Geldwechselstelle – ufficio di cambio
Geld wechseln – cambiare
Kurs – corso delle valute
Banknote – banconota
Geldstück – moneta

Unternehmungen

Strand – spiaggia
baden – fare il bagno
wandern – camminare
spazierengehen – andare a passeggio
segeln – veleggiare
tauchen – immergere
Tauchsport – subacqueo

Navigation

rechts – a destra
links – a sinistra
geradeaus – sempre dritto
nächste – prossima/o
Straße/Ampel – strada/semaforo
nächste – prossimo
Kreuzung – incrocio

Im Restaurant

Speisekarte – carta/menu
Weinkarte – lista dei vini
Vorspeise – antipasto
Salat – insalata

Kleine Sprachhilfe

Erster Gang – primo
Zweiter Gang – secondo
Beilage – contorno
Nachspeise – dolce
Teigwaren – pasta
Fleisch – carne
Fisch – pesce
Gemüse – verdura
Obst – frutta

Käse – formaggio
gekocht – cotto, lesso
gegrillt – alla griglia, alla brace, ai ferri
gebraten – arrostito
Die Rechnung bitte! – Il conto per favore!
Gedeck – coperto
Bedienungsgeld – servizio
Quittung – ricevuta
Trinkgeld – mancia

Reisen - Auswandern - Sprachen lernen
www.urlaubsfrei.de

Register

A

Aci Castello 170
Aci Trezza 169
Acireale 165
Acquacalda, Lìpari 459
Acquario, Messina 119
Acquedolci 98
Adrano 150
Agathen-Fest,
    Catania 187
Agira 96
Agrarflächen 576
Agrigento 293
Agriturismo 538
Agriturismus 137, 405, 548
Aidone 432
Aischylos 213
Akropolis, Selinunte 339
Albaner 578
Alberghi 547
Albergo delle Povere,
    Palermo 34
Àlcamo 407
Alcantara 139
Alcantara-Schlucht 139
Ali Terme 125
Alicudi 480
Alicudi Porto 480
Alimentari 510
Aliscafi 529
Ambulanz 520
Amphitheater 583
Ämter 522
Anaktoron 219
Anfahrt 492
Anfiteatro, Catania 179
Angeln 540
Anreise 490
Anti-Mafia Museum 409
Antike 580, 582
Antipasto 504
Archäologie 62, 546
Archäologische Zone
    Akrai 222
Archäologische Zone
    Cava d'Ìspica 248
Archäologische Zone
    Mozia 353
Archäologischer Park
    Neapolis 206
Archimedes 587
Architektur 582
Area Archeologico
    di Sant'Àngelo
    Muxaro 309
Aspra 61
Ätna 145, 160, 163, 552
Ätna-Tourismus 148
Augusta 192
Ausrüstung 543
Aussprache 596
Ausweisverlust 521
Auto 490, 531
Autobahn 534
Autodiebstähle 499
Automobilclub 521
Avola 224

B

Bäckerei 511
Baden 538
Bagheria 60
Bahn 496, 526
Balata dei Turchi 393
Ballarò 39
Banditen 567
Banken 514, 522
Barock 251, 406, 585
Bars 501, 522
Basiluzzo 477
Bauboom 570
Bauernhof,
    Ferien auf dem 548
Baumkulturen 556
Bedienungsgeld 504
Benimmregeln 490
Bentivegna,
    Filipo 327
Bestellung 504
Bier 506
Bootsfahrten 51
Bootverbindungen,
    Liparische Inseln 454
Borgese,
    Antonio 80
Botanischer Garten,
    Palermo 25
Botschaften 499
Briefe 523
Brolo 100
Bronte 152
Brucoli 191
Burgen 566
Burgio 322
Bürokratie 579
Bus 496, 527
Butera 282

C

Caccamo 68
Cala Tramontana 377
Cala Cinque Denti 391
Cala Tramontana 392
Calabernardo 233
Calascibetta 442
Caltabellotta 320
Caltagirone 419
Caltanissetta 444
Camarina 273
Camilleri,
    Andrea 311, 590

Campanile della Chiesa San Giuseppe Cafasso, Palermo 33
Campen 498
Campingplätze 547
Campobello di Mazara 335
Canneto, Lìpari 458
Capo d'Orlando 99
Capo di S. Andrea 138
Capo Faro 470
Capo Graziano, 478
Capo Peloro 125
Capo Soprano 280
Capo Zafferano 61
Cardella, Lara 589
Caronia 97
Casa del Nespolo, Aci Trezza 170
Casa Museo A. Ucello, Palazzolo Acrèide 222
Casa Museo della Civiltà contadina, Nicolosi 149
Casa Museo Scaglione, Sciacca 325
Casa Quasimodo, Mòdica 245
Casalvecchio Sicula 126
Cassibile 223
Castel di Tusa 89
Castelbuono 86
Castellammare del Golfo 405
Castello della Zisa, Palermo 34
Castello di Calatabiano 144
Castello di Donnafugata 272
Castello di Lombardia 437
Castello di Milazzo 109
Castello Eurialo 194
Castello Incantato 327
Castello Maniace 156, 206
Castello Nelson 156
Castello Normanno 151
Castello Ursino, Catania 181
Castelmola 139
Castelvetrano 331
Castroreale 105
Catacombe dei Cappuccini, Palermo 34
Catacombe di San Giovanni, Siracusa 209
Catania 176
Cattedrale di Palermo Maria SS. Assunta, Palermo 31
Cava d'Ìspica 249
Cava Grande del Cassibile 224
Cava Paradiso 234
Cefalù 69
Centro Culturale Lo Spasimo, Palermo 25
Chiaramonte Gulfi 269
Chiesa Capitolare San Cataldo, Palermo 28
Chiesa della Magione, Palermo 25
Chiesa di S. Agostino, Palermo 21
Chiesa di San Francesco d'Assisi, Palermo 26
Chiesa di San Giovanni degli Eremiti, Palermo 33
Chiesa di San Giovanni del Lebbrosi, Palermo 33
Chiesa di San Giuseppe dei Teatini, Palermo 29
Chiesa Rupestre di San Nicolò, Mòdica 244
Chiesa San Matteo Apostolo al Cassaro, Palermo 27
Chiesa Sant'Ignazio Martire dell'Olivella, Palermo 21
Chiesa Santa Maria degli Angeli, Palermo 26
Chiesa Santa Maria dell'Ammiraglio, Palermo 28
Chiesa Santa Maria della Catena, Palermo 24
Christentum 580
Ciane 212
Circumetnea-Bahn 153
Collesano 68
Còmiso 274
coperto 504
Corleone 408
Corso Umberto, Taormina 130
Corvo 508
Couscous 344
Cuba-Palast, Palermo 33
Cucina 503
Cuddia di Mida 395

D

D-Day-Museum, Catania 181
Dammusi 396
Demeter-Heiligtum, Selinunte 340
Depression 577
Dessertweine 508
Dialekt 579
Diebstähle 536
Diodorus 587

Register

Diplomatische Vertretungen 499
Ditella 476
Dokumente 535
Dolceria Antica, Mòdica 244
Donnafugata 270
Donnafugata-Palast, Ragusa 263
Drauto 476
Due Monti 160
Duomo di Monreale 47
Duomo di San Gerlando, Agrigento 296

E

EC-Karte 514
Egadische Inseln 376
Einkaufen 510
Elefantenkopf 393
Elektrizität 500
Eloro 237
Empèdokles 305, 587
ENIT 517
Enna 435
Eraclea Minoa 318
Erdbeben 554
Èrice 372
Erste Hilfe 520
Essen 501
Etnaland 165
Euro 514

F

Fähren 492, 493, 494, 531
Fährhäfen 492
Fahrrad 541, 594
Fahrzeug 490
Falconara 282
Faschismus 568
Fauna 148, 556
Favignana 378
Favignana Stadt 379
Federazione Italiane Pesca Sportive 540
Feiertage 511
Ferienhäuser 547
Ferienwohnungen 547
Ferragosto 535
Ferrovie dello Stato 527
Festung Tyndaris 104
Feste 511
Feuerwehr 520
Filicudi 478
Filicudi Porto 478
Finanzen 514
Fisch 511, 559
Fischen 540
Fischereiflotte 577
Fiumare d'Arte 89
Fiumefreddo-Reservat 144
FKK 490
Fliegen 497
Flora 556, 558
Flug 497
Flüsse 554
Fondazione Orestiadi 331
Fontane Bianche 217
Fonte Ciane 212
Fortezza Sperlinga 96
Fremdarbeiter 579
Fremdenverkehrsamt 517
Friedrich II. 192, 565
Fußbodenmosaiken 583

G

Gadir 391
Galleria d'Arte Moderna, Palermo 26
Galleria Regionale Sicilia, Palermo 26
Gangi 84
Ganimed 434
Garibaldi, Guiseppe 568
Gastronomie 501
Gebirge 552
Gebirgsstraßen 407
Gela 279, 560
Geld 514, 535
Geldautomaten 514
Geldkarten 521
Gemüse 557
Genovese-Höhle, Levanzo 376
Geografie 552
Geologie 552, 554
Geoterme Vulcano 467
Gepäck 497
Geraci Siculo 86
Geschäfte 522
Geschichte 559, 572
Gesellschaft 578
Gesundheit 515
Getränke 506
Getreide 557
Giardini Naxos 140
Giardini Panteschi 392
Gibellina 331
Gibilmanna 78
Ginostra, Stromboli 483
Gioiosa Marea 101
Giuliano, Salvatore 569
Giuseppe Tomasi di Lampedusa 284
Glaube 490
Glockengießerei 322
Gole dell'Alcantara 139
Golf 159, 329, 540
Graf von Cagliostro, Alessandro 587
Graf von Platen 216
Grammichele 416
Gran Cratere 468

Gran Priorato di Sant'Andrea, Piazza Armerina 427
Granitola-Torretta 335
Griechen 559
Grotta Azzurra 50
Grotta del Genovese, Levanzo 376
Grotta di San Francesco Vecchio 50
Grottenmuseum 249

H

Hammam 33
Handy 525
Hartweizen 557
Hauptreisezeit 535
Hauptstadt 16
Haustiere 500
Heilbäder 540
Heiligenfeste 581
Heilschlamm 467
Himera 67, 560
Hl. Lucia 215
Höchstgeschwindigkeiten 532
Hochzeitstag 590
Höhlenforschung 544
Homer 588
Honig 161, 163, 248
Hotels 547
Hund 500
Hybla 219
Hyblea Heraia, Ragusa 265

I

Ibleo-Garten, Ragusa 264
Il Parco del Gattopardo 331
Industrialisierung 570
Informationen 517, 518
Inquisition 566
Inseln 553
Islam 563, 580
Isnello 78
Isola d'Aci 169
Isola delle Femmine 48
Isola Mozia 355
Isole dello Stagnone 351
Ìspica 239
Italienisch 458, 546

J

Jalari-Parkmuseum 106
Johannisbrot 240
Jugendherbergen 547
Junggesellenfest 408

K

Kap von Messina/Stretto 124
Kap von Milazzo 111
Karneval 63, 328
Karten 517
Karthager 432
Katakomben 209
Katamarane 530
Katane 560
Kathedrale, Palermo 31
Katze 500
Keramik 322, 426, 537
Khamma 392
Kino-Museum, Catania 183
Kleidung 497
Klima 555
Kommunalstraße 534
Korallenschmuck 537
Kosmetik 464
Kosten 504
Kosten, Anfahrt 491
Krankenversicherungskarte, europäische 516
Krankenwagen 520
Kreditkarten 514
Kriminalität 536
Kultur 578, 590
Kunst 582
Kunsthandwerk 43, 537
Küstenwache 520

L

L'Atelier sul Mare 89
Lago di Pergusa 443
Lampedusa 314
Landreform 569
Landschaft 552
Landwirtschaft 556, 576
Latomien 206
Latteria 511
Lebensmittel 510
Leihwagen 532
Leni 472
Lentini 190
Leontinoi 190, 560
Letojanni 127
Levanzo 376
Libeccio 555
Licata 283
Lido d'Arenella 216
Lido di Mazzaro 138
Lingua 472
Linguaglossa 158
Linosa 317
Lìpari 456
Liparische Inseln 106
Liparische Inseln, Bootsverbindungen 454
Lira 514
Literatur 582, 586, 594

M

Macelleria 511
Madonie 77
Maestro-Karte 514
Mafia 570, 575, 578
Malerei 585
Malfa 470
Malvasia 544
Manna 77
Maraini, Dacia 589
Maréttimo 385
Maria Sanitissima
 di Gibilmanna 78
Marina di Modica 250
Marina di Caronia 97
Marina di Palma 285
Marina di Ragusa 272
Marinella 336
Marinella-Plateau 338
Märkte 511
Märkte, Catania 189
Märkte, Messina 124
Märkte, Palermo 39, 43
Marsala 346, 508, 544
Marzamemi 237
Marzipan-
 früchte 581
Mattanza 376, 387
Mazara del Vallo 341
Mazzarino 435
Meeresschildkröten 559
Meeres-
 verschmutzung 538
Megara Hyblaea 194, 560
Menfi 329
menu turistico 505
Messina 117
Metzgerei 511
Mietwagen 532
Milazzo 106
Milchgeschäft 511
Mistretta 93

Mitbringsel 537
Mitfahrgelegenheit 494
Mobilfunk 525
Mòdica 242
Monastero
 dei Cappuccini 126
Mondello 44
Mongibello 145
Monreale 45
Montagna
 Grande 394, 395
Monte de Caronia 97
Monte Fossa
 delle Felci 472
Monte Guardia
 dei Turchi 50
Monte Inferiore 164
Monte Kronio 325
Monte Silvestri
 Superiore 164
Monti Iblei 218, 552
Morgantina 433
Moscato 544
Motorrad 531
Mozia 351
Museo Agroforestale,
 Èrice 374
Museo Anti-Mafia,
 Corleone 409
Museo archeologico
 Baglio Anselmi,
 Marsala 348
Museo Archeologico
 di Aidone 433
Museo Archeologico
 Eoliano, Lipari 458
Museo archeologico
 P. Orsi 209
Museo Archeologico
 Regionale Antonino
 Salinas, Palermo 22
Museo Archeologico,
 Ragusa 266

Museo Bellomo,
 Siracusa 205
Museo Civico Baldassare
 Romano 65
Museo Civico Belliano,
 Catania 180
Museo d'Arte e di
 Cultura Siciliana 128
Museo degli Arazzi
 Fiamminghi,
 Marsala 347
Museo dei Pupi,
 Siracusa 203
Museo del Carretto
 Siciliano, Bronte 153
Museo del Cinema,
 Catania 183
Museo del Papiro,
 Siracusa 209
Museo del Risorgimento
 Vittorio Emanuele
 Orlando, Palermo 22
Museo del Satiro,
 Mazara del Vallo 343
Museo della Ceramica 91
Museo di Adrano 151
Museo di Èrice 374
Museo di Preistoria e del
 Mare, Trapani 364
Museo di Savoca 125
Museo Diocesano 178
Museo Emilio Greco,
 Catania 180
Museo Enzo
 Cammarata 431
Museo Etnografico
 Corleonese 409
Museo Etnografico
 Pitrè, Palermo 34
Museo Internazionale del
 Presepe Collezione
 Luigi Colaleo,
 Caltagirone 424

Museo Internazionale delle Marionette, Palermo 25
Museo L'Italia in Africa, Ragusa 266
Museo Mandralisca, Cefalù 72
Museo Naturalistico, Caltagirone 426
Museo Nebrodi, Sant' Agata di Militello 98
Museo Pupi Siciliani, Sortino 217
Museo Regionale Pepoli, Trapani 366
Museo Santo Spirito, Agrigento 297
Museo Storico dello Sbarco in Sicilia 1943, Catania 183
Museo Targa Florio, Collesano 69
Museo Vulcanologico, Nicolosi 149
Musik 586
Mussolini 568

N

Naro 285
Nationalpark Ätna 146
Naturparks 400
Naturpark von Zingaro 400
Natursauna 394
Naturschutzgebiete 235
Naturschutzgebiet Vendicari 235
Naturschutzgebiet Madonie 77
Naumachie 134
Neapolis 206
Nebensaison 535

Nebrodi-Gebirge 92
Nekropole 309
Nekropole von Ìspica 249
Nicolosi 148
Nicosia 94
Normannen 564, 583
Normannenpalast, Palermo 31
Notfall 520
Noto 225
Numero Blu 1530 520

O

Odyssee 588
Odysseus 588
Öffentliche Verkehrsmittel 525
Öffnungszeiten 522
Ognina 216
Oliveri 105
omertà 567
Orchideen 559
Orlando 591
Ortygia 201
Osteria 503

P

Pachino 238
Pakete 523
Palazzo Steripinto 323
Palazzolo Acreide 221
Palermo 16, 30
Palma di Montechiaro 284
Panarea 476
Panificio 511
Panineria 501
Pantàlica 218
Pantellerìa 387
Pantellerìa Stadt 388
Panuzzi 581

Papiere 521
Papyrus 212, 537, 556
Parco Archeologico della Neapolis 207
Parco Archeologico di Halaesa 90
Parco archeologico di Himera 67
Parco Archeologico di Ìspica 249
Parco Archeologico di Occhiola, Grammichele 419
Parco Minerario Floristella Grottacalda 444
Parco Museo Jalari 106
Parken 494
Parkhäuser, Palermo 48
Pasticceria 502
Patti 103
Pecorini 478
Pelagische Inseln 313
Pensionen 547
Persepio La Grotta, Scicli 252
Petralia Sottana 81
Phönizier 432
Piano Battaglia 79
Piano di Monastero 395
Piano Zucchi 79
Piazza Armerina 426
Piazza Castelnuovo, Palermo 18
Pinacoteca, Agrigento 296
Pindar 145
Pirandello, Luigi 304, 586
Pizzeria 502
Pizzo Carbonara 552
Pizzo del Corvo 377
Pizzo del Monaco 377
Pizzo Sopra 481

Pkw 490, 531
Playa di Catania 189
Politik 559, 575
Polizei 520
Polizzi Generosa 80
Pollara 470
Ponte dei Cappuccini/
  Ragusa Superiore 265
Porta Felice 24
Porticello 61
Porto di Levante,
  Vulcano 467
Porto Empèdocle 311
Portopalo di Capo
  Passero 238
Post 522, 523
Pozzallo 241
Preise 491, 501, 504, 514
Preise, Flug 497
Prepaid-Karte 525
Presepe e Pupi di
  Caltagirone 422
Prizzi 410
Promillegrenze 533
Provinzstraße 534
Prozessionen 581
Punier 432
Punta Braccetto/Punta
  Secca 273
Punta d'Arco 393
Punta Gavazzi 50
Punta Milazzese 476
Punta Tre Pietre 394
Puppen 43
Puppenspiele 591

Q

Quarare 554
Quasimodo-Haus,
  Mòdica 245
Quasimodo,
  Salvatore 586

Quattropani, Lìpari 459
Quellen 125

R

Rad fahren 541
Ragusa 257
Randazzo 156
Rauchen 490
Ravanusa 284
Regen 555
Reisebudget 514
Reisegepäck 497
Reisescheck 514
Reisezeit 534
Reisezeit,
  Liparische Inseln 456
Reiten 542
Religion 545, 580
Religiöser Tourismus 545
Residenze 547
Restaurants 522
Revolution 568
Rezepte 84, 506, 509
Ribera 319
Rifugio Sapienza 163
Rinella 472
Riserva Fiume
  Fiumefreddo 144
Riserva Naturale Orientata dello Zingaro 402
Ristorante 504
Rocca di Cerere 437
Rocche di Cusa 335
Römer 561

S

Salina 470
Saline di Trapani 367
Saline Ettore
  et Infersa 352
Salinen 366

Salinen von Mozia 352
Sambuca di Sicilia 330
Sampieri 251
San Corrado di Fuori 233
San Fratello 93
San Giorgio 101
San Giorgio-Portal,
  Ragusa 265
San Gregorio 99
San Leone 307
San Pantaleo 353
San Pellegrino,
  Caltabellotta 321
San Pietro 476
San Vito lo Capo 397
Sant'Àngelo Muxaro 309
Sant'Agata di Militello 98
Santa Flavia 61
Santa Marina 470
Santo Stefano di
  Camastra 91
Santuario dell'Annunziata, Trapani 366
Santuario di
  Gibilmanna 78
Santuario Madonna
  della Rocca,
  Taormina 134
Santuario Maria
  Santissima del
  Tindari 105
Santuario San Calogero,
  Sciacca 326
Sataria-Grotte 394
Savoca 125
Scaglione-Museum 325
Scala dei Turchi 311
Scari 482
Schiff 492, 529
Schlacht von Himera 561
Schnorcheln 540
Schutzpatrone 215
Schwefel 444, 468

Schwefelminen 444
Sciacca 322
Scicli 251
Scoglitti 277
Seccagrande 320
Segesta 402
Sehenswürdigkeiten 523
Selinunt 560
Selinunte 336
Servizio 504
Sesi 394
Seume, Johann Gottfried 491
Sferracavallo 47
Sicherheit 535
Siculiana 312
Siesta 522, 523
Sikaner 560
Siracusa 201
Sizilianer 578
Sizilianisch 546
Sizilianische Vesper 566
Solunto 61
Sortino 217
Souvenirs 43, 537
Spaghetteria 502
Spanier 566
Specchio di Venere 391
Speisen 504
Sperlinga 95
Sperrnummer 521
Spiaggia Bianca 458
Spiegel der Venus 391
Sport 538
Sprache 546, 579, 596
Sprachkurs 458
Sprachreisen 546
SS Pietro e Paolo. Sàvoca 126
Staatsstraße 534
Stauseen 554
Straßenkategorien 534
Straßenstände 511

Stretto, Brücke 125
Stromboli 481
Stromboli-Stadt 482
Strombolicchio 482
Supermärkte 510
Surfen 544
Süßigkeiten 502, 506, 537
Syrakus 560

T

Tafuri 238
Tal der Tempel 297, 304
Taormina 129
Tauchen 52, 144, 376, 387, 397, 400, 407, 466, 476, 480, 540
Tavola Calda 501
Taxi 531
Teatri dei puppi 591
Teatro Massimo, Palermo 20
Teatro Selinus, Castelvetrano 332
Teatro Vittorio Emanuele, Noto 230
Telecom Italia 524
Telefon 523
Telefongebühren 525
Telefonieren 524
Telefonkarten 524
Telefonzellen 524
Tempel 582
Tennis 542
Teppiche 537
Termini Imerese 63
Terrasini 408
Theater, klassisches 583
Thermalquellen 63
Thermen 99, 125, 167, 322, 325, 459, 540
Thunfisch 385, 387
Tierwelt 559

Tindari 103
Tomasi di Lampedusa, Giuseppe 586
Torre del Filosofo 164
Torre del Lauro 98
Torre di Federico, Enna 440
Totengedenken 581
Totenstadt 309
Tourist-Informationen 523
Touristenbüros 519
Touristenpolizei 520
Tracino 392
Traditionen 591
Trampen 494
Trapani 361
Trattoria 504
Trinken 501
Trinkgeld 505
Troina 96
Tyndaris, Festung 104
Tyrannen 560
Tyrannis 561

U

Überfälle 536
Umwelt 558
Umzüge 581
Unterkunft 546
Unterwasserpark 51
Useo Guttuso 60
Ùstica 48

V

Vaccarini 187
Valle dei Mostri 467
Valle dello Iato 35
Vendicari 235
Verga, Giovanni 586
Verkehrswege 533

Register

Versicherungen 549
Villa delle Meraviglie 431
Villa Reimann, Siracusa 209
Villa Romana del Casale 429
Villa Romana del Tellaro 235
Villa Trabia, Palermo 19
Vittoria 277
Vögel 148, 367, 559
Volksglaube 581
Vorwahl 524
Vucciria, Palermo 24
Vulcano 467
Vulkane 145, 467, 554
Vulkanologie-Museum, Nicolosi 148

W

Währung 514
Wälder 556
Wandergebiete 543
Wanderkarten 518
Wandern 498, 543, 594
Wanderungen 50, 219, 224, 249, 395, 466, 476, 481, 487
Warnwesten 533
Wasserläufe 554
Wechselkurs 515
Wein 43, 159, 294, 347, 350, 506
Weinkellerei Donnafugata 395
Weinproben 508, 544
Wetter 555
Windsurfen 544
Winter 535, 549
Wirtschaft 576
Wohnmobile 532
Wunder 215

Z

Zafferana Etnea 161
Zahlungsmittel 514
Zingaro, Naturpark 400
Zoll 499
Zona Archeologica Agrigento 298
Zona Archeologica Akrai 222
Zona Archeologica di Solunto 62
Zona Archeologica di Tindari 105
Zona Archeologica Minoa 319
Zona Archeologica Morgantina 434
Zona Archeologica Segesta 405
Zona Archeologica Selinunte 338
Zona Archeologica, Giardini Naxos 141
Zona delle Acque Calde, Vulcano 467
Zug 496, 526
Zweiter Weltkrieg 568

HILFE!

Dieser Reiseführer ist gespickt mit unzähligen Adressen, Preisen, Tipps und Infos. Nur vor Ort kann überprüft werden, was noch stimmt, was sich verändert hat, ob Preise gestiegen oder gefallen sind, ob ein Hotel, ein Restaurant immer noch empfehlenswert ist oder nicht mehr, ob ein Ziel noch erreichbar ist oder nicht, ob es eine lohnende Alternative gibt usw.

Unsere Autoren sind zwar stetig unterwegs und versuchen, alle zwei Jahre eine komplette Aktualisierung zu erstellen, aber auf die Mithilfe von Reisenden können sie nicht verzichten.

Darum: Schreiben Sie uns, was sich geändert hat, was besser sein könnte, was gestrichen bzw. ergänzt werden soll. Nur so bleibt dieses Buch immer aktuell und zuverlässig. Wenn sich die Infos direkt auf das Buch beziehen, würde die Seitenangabe uns die Arbeit sehr erleichtern. Gut verwertbare Informationen belohnt der Verlag mit einem Sprachführer Ihrer Wahl aus der über 220 Bände umfassenden Reihe „Kauderwelsch". Bitte schreiben Sie an:

REISE KNOW-HOW Verlag
Peter Rump GmbH | Postfach 140666 | 33626 Bielefeld
oder per E-Mail an: info@reise-know-how.de

Die Autoren

Daniela Schetar, Ethnologin, und **Friedrich Köthe,** Soziologe, leben als freischaffende Reisejournalisten in München. Sie sind Autoren zahlreicher Reisebücher. Bei REISE KNOW-How haben sie die Reiseführer „Bodensee", „Bulgarien", „Friaul und Venetien", „Madeira", „Namibia kompakt", „Namibia", „Portugal kompakt", „Slowenien", den City Guide „Leipzig", die CityTrips „Dubrovnik", „Florenz", „München" und „Verona" sowie den InselTrip „Madeira" veröffentlicht.